"法律法规简明实用版系列"丛书

中华人民共和国
民法典

简明实用版

法律出版社法规中心 编

法律出版社
LAW PRESS·CHINA
北京

图书在版编目（CIP）数据

中华人民共和国民法典：简明实用版／法律出版社法规中心编． -- 北京：法律出版社，2025． --（法律法规简明实用版系列）． -- ISBN 978－7－5244－0301－2

Ⅰ．D923

中国国家版本馆 CIP 数据核字第 20256UD972 号

中华人民共和国民法典（简明实用版）　　法律出版社　编　　责任编辑　李争春　翁潇潇
ZHONGHUA RENMIN GONGHEGUO　　法规中心　　　　　装帧设计　苏　慰
MINFADIAN(JIANMING SHIYONGBAN)

出版发行　法律出版社	开本　A5
编辑统筹　法规出版分社	印张　26.875　　　字数　910 千
责任校对　王晓萍	版本　2025 年 7 月第 1 版
责任印制　耿润瑜	印次　2025 年 7 月第 1 次印刷
经　　销　新华书店	印刷　北京中科印刷有限公司

地址：北京市丰台区莲花池西里 7 号（100073）
网址：www.lawpress.com.cn　　　　　　销售电话：010－83938349
投稿邮箱：info@lawpress.com.cn　　　　客服电话：010－83938350
举报盗版邮箱：jbwq@lawpress.com.cn　　咨询电话：010－63939796
版权所有·侵权必究

书号：ISBN 978－7－5244－0301－2　　　　定价：65.00 元
凡购买本社图书，如有印装错误，我社负责退换。电话：010－83938349

编辑出版说明

法治社会是构筑法治国家的基础,法治社会建设是实现国家治理体系和治理能力现代化的重要组成部分。法治社会建设以人民群众的切身利益为中心,需通过法律保障公民的权利义务,强调多元主体协同参与,形成共建共治共享的社会治理格局,推动政府、社会组织、市场主体、广大人民群众共同参与法治社会建设,使法律成为解决社会问题的基本工具。

为帮助广大读者便捷、高效、准确地理解和运用法律法规,我们精心策划并组织专业力量编写了"法律法规简明实用版系列"丛书。现将本丛书的编辑理念、主要特色介绍如下:

一、编辑宗旨与目标

1. 立足实用:本丛书的核心宗旨是服务于法律实践和应用。我们摒弃繁琐的理论阐述和冗长的历史沿革,聚焦法律条文本身的核心内容及其在现实生活中的直接应用。

2. 力求简明:针对法律文本专业性强、条文众多的特点,本丛书致力于通过精炼的提炼、清晰的编排和通俗的解读,化繁为简,使读者能够迅速把握法规的核心要义和关键条款。

3. 文本准确:收录的法律、行政法规、部门规章及重要的司法解释均现行有效,与国家正式颁布的版本一致,确保法律文本的权威性和准确性。

4. 突出便捷:在编排体例和内容呈现上,充分考虑读者查阅的便利性,力求让读者"找得快、看得懂、用得上"。

二、主要特色

1. 精选核心法规：每册围绕一个特定法律领域，精选收录最常用、最核心的法律法规文本。

2. 条文精要解读：在保持法律条文完整性的基础上，以【理解适用】的形式对重点法条进行简明扼要的解读，以【实用问答】的形式对疑难问题进行解答，旨在提示适用要点、阐明核心概念、提示常见实务问题，不做过度的学理探讨。

3. 实用参见索引：设置【条文参见】模块，帮助读者高效地查找相关内容和理解法条之间的关联。

4. 典型案例指引：特设【案例指引】模块，精选与条文密切相关的经典案例，在书中呈现裁判要旨或典型意义。

5. 附录实用信息：根据需要，附录包含配套核心法规或实用流程图等实用信息，提升书籍的实用价值。

6. 版本及时更新：密切关注立法动态，及时推出修订版或增补版，确保读者掌握最新有效的法律信息。

我们深知法律的生命在于实施。编辑出版"法律法规简明实用版系列"，正是期望能在浩繁的法律条文与具体的实践需求之间架设一座便捷、实用的桥梁。我们力求精益求精，但也深知法律解读与应用之复杂。我们诚挚欢迎广大读者在使用过程中提出宝贵的意见和建议，以便我们不断改进，更好地服务于法治实践。

法律出版社法规中心

2025年7月

《中华人民共和国民法典》适用提要

编纂民法典是党的十八届四中全会确立的重大立法任务,是以习近平同志为核心的党中央作出的重大法治建设部署,对于坚持和完善中国特色社会主义制度,推进全面依法治国、推进国家治理体系和治理能力现代化,坚持和完善社会主义基本经济制度、推动经济高质量发展,增进人民福祉、维护最广大人民根本利益,具有重大意义。

2020年5月28日,第十三届全国人民代表大会第三次会议通过了《民法典》[①]。这是新中国第一部以法典命名的法律,以法典化方式确认、巩固和发展了改革开放以来所取得的法治建设成果,开创了我国法典编纂立法的先河,是全面依法治国的标志性立法,为坚持和完善中国特色社会主义制度、推进国家治理体系和治理能力现代化提供了有力的法治保障。

《民法典》通过后,最高人民法院修改了一批与《民法典》相关的司法解释,包括27件民事类司法解释、29件商事类司法解释、19件民事诉讼类司法解释、18件执行类司法解释、18件知识产权类司法解释;并且出台了配套的相关司法解释,包括《最高人民法院关于适用〈中华人民共和国民法典〉时间效力的若干规定》《最高人民法院关于适用〈中华人民共和国民法典〉总则编若干问题的解释》《最高人民法院关于适用〈中华人民共和国民法典〉物权编的解释(一)》《最高人民法院关于适用〈中华人民共和国民法典〉合同编通则若干问题的解释》《最高人民法院关于适用〈中华人民共和国民法典〉有关担保制度的解释》《最高人民法院关于适用〈中华人民共和国民法典〉婚姻家庭编的解释(一)》《最高人民法院关于适用〈中华人民共和国民法典〉婚姻家庭编的解释(二)》《最高人民法院关于适用〈中华人民共和国民法典〉继承编的解释(一)》《最高人民法院关于适用〈中华人民共和国民法典〉侵权

---

① 为方便阅读,本书中法律法规名称均使用简称。

责任编的解释(一)》等司法解释,通过明确法律条文的具体含义和适用标准,回应了审判实践的需要,有效解决了法律适用中的争议和分歧,对于统一法律适用、解决法律争议、保护当事人合法权益具有重要意义。

《民法典》分7编及附则,共1260条,各编依次为总则、物权、合同、人格权、婚姻家庭、继承、侵权责任。

一、总则编

第1编"总则"规定民事活动必须遵循的基本原则和一般性规则,统领《民法典》各分编。第1编共10章、204条,主要内容有:

1. 关于基本规定。第1编第1章规定了《民法典》的立法目的和依据。其中,将"弘扬社会主义核心价值观"作为一项重要的立法目的,体现坚持依法治国与以德治国相结合的鲜明中国特色。同时,规定了民事权利及其他合法权益受法律保护,确立了平等、自愿、公平、诚信、守法和公序良俗等民法基本原则。为贯彻习近平生态文明思想,将绿色原则确立为民法的基本原则,规定民事主体从事民事活动,应当有利于节约资源、保护生态环境。

2. 关于民事主体。民事主体是民事关系的参与者、民事权利的享有者、民事义务的履行者和民事责任的承担者,具体包括三类:(1)自然人。自然人是最基本的民事主体。规定了自然人的民事权利能力和民事行为能力制度、监护制度、宣告失踪和宣告死亡制度,并对个体工商户和农村承包经营户作了规定。(2)法人。规定了法人的定义、成立原则和条件、住所等一般规定,并对营利法人、非营利法人、特别法人三类法人分别作了具体规定。(3)非法人组织。对非法人组织的设立、责任承担、解散、清算等作了规定。

3. 关于民事权利。保护民事权利是民事立法的重要任务。第1编第5章规定了民事权利制度,包括各种人身权利和财产权利。为建设创新型国家,对知识产权作了概括性规定,以统领各个单行的知识产权法律。同时,对数据、网络虚拟财产的保护作了原则性规定。此外,还规定了民事权利的取得和行使规则等内容。

4. 关于民事法律行为和代理。第1编第6章、第7章规定了民事法律行为制度、代理制度:(1)规定民事法律行为的定义、成立、形式和生效时间等。(2)对意思表示的生效、方式、撤回和解释等作了规定。(3)规定民事法律行为的效力制度。(4)规定了代理的适用范围、效力、类型等代理制度的内容。

5. 关于民事责任、诉讼时效和期间计算。第1编第8~10章规定了民事责任、诉讼时效和期间计算制度:(1)规定了民事责任的承担方式,并对不可抗力、正当防卫、紧急避险、自愿实施紧急救助等特殊的民事责任承担问题作了规定。(2)规定了诉讼时效的期间及其起算、法律效果,诉讼时效的中止、中断等内容。(3)规定了期间的计算单位、起算、结束和顺延等。

二、物权编

物权是民事主体依法享有的重要财产权。物权法律制度调整因物的归属和利用而产生的民事关系,是最重要的民事基本制度之一。第2编共5个分编、20章、258条,主要内容有:

1. 关于通则。第1分编为通则,规定了物权制度基础性规范,包括平等保护等物权基本原则,物权变动的具体规则,以及物权保护制度。《民法典》将有关基本经济制度的规定修改为:"国家坚持和完善公有制为主体、多种所有制经济共同发展,按劳分配为主体、多种分配方式并存,社会主义市场经济体制等社会主义基本经济制度。"

2. 关于所有权。所有权是物权的基础,是所有人对自己的不动产或者动产依法享有占有、使用、收益和处分的权利。第2分编规定了所有权制度,包括所有权人的权利,征收和征用规则,国家、集体和私人的所有权,相邻关系、共有等所有权基本制度。进一步完善了业主的建筑物区分所有权制度:(1)明确地方政府有关部门、居民委员会应当对设立业主大会和选举业主委员会给予指导和协助。(2)适当降低业主共同决定事项,特别是使用建筑物及其附属设施维修资金的表决门槛,并增加规定紧急情况下使用维修资金的特别程序。(3)结合疫情防控工作,在征用组织、个人的不动产或者动产的事由中增加"疫情防控";明确物业服务企业和业主的相关责任和义务,增加规定物业服务企业或者其他管理人应当执行政府依法实施的应急处置措施和其他管理措施,积极配合开展相关工作,业主应当依法予以配合。

3. 关于用益物权。用益物权是指权利人依法对他人的物享有占有、使用和收益的权利。第3分编规定了用益物权制度,明确了用益物权人的基本权利和义务,以及建设用地使用权、宅基地使用权、地役权等用益物权。作了进一步完善:(1)落实党中央关于完善产权保护制度依法保护产权的要求,明确住宅建设用地使用权期限届满的,自动续期;续期费用的缴纳或者减免,依照法律、行政法规的规定办理。(2)完善农村集体产权相关制度,落实农村承包地"三权分置"改革的要求,对土地承包经营权的相关规定作了完善。并且与土地管理法等作了衔接性规定。(3)增加规定"居住权"这一新型用益物权,明确居住权原则上无偿设立,居住权人有权按照合同约定或者遗嘱,经登记占有、使用他人的住宅,以满足其稳定的生活居住需要。

4. 关于担保物权。担保物权是指为了确保债务履行而设立的物权,包括抵押权、质权和留置权。第4分编对担保物权作了规定,明确了担保物权的含义、适用范围、担保范围等共同规则,以及抵押权、质权和留置权的具体规则。进一步完善了担保物权制度,为优化营商环境提供法治保障:(1)扩大担保合同的范围,明确融资租赁、保理、所有权保留等非典型担保合同的担保功能,增加规定担保合同包括抵押合同、质押合同和其他具有担保功能的合同。(2)删除有关担保物权具体登记机构的规定。(3)简化抵押合同和质押合同的一般条款。(4)明确实现担保物权的统一受偿规则。

5. 关于占有。占有是指对不动产或者动产事实上的控制与支配。第5分编对占有的调整范围、无权占有情形下的损害赔偿责任、原物及孳息的返还以及占有保护等作了规定。

三、合同编

合同制度是市场经济的基本法律制度。第3编共3个分编、29章、526条,主要内容有:

1. 关于通则。第1分编为通则,规定了合同的订立、效力、履行、保全、转让、终止、违约责任等一般性规则,完善了合同总则制度:(1)通过规定非合同之债的法律适用规则、多数人之债的履行规则等完善债法的一般性规则。(2)完善了电子合同订立规则,增加了预约合同的具体规定,完善了格式条款制度等合同订立制度。(3)结合新冠肺炎疫情防控工作,完善国家订货合同制度,规定国家根据抢险救灾、疫情防控或者其他需要下达国家订货任务、指令性计划的,有关民事主体之间应当依照有关法律、行政法规规定的权利和义务订立合同。(4)针对实践中一方当事人违反义务不办理报批手续影响合同生效的问题,明确了当事人违反报批义务的法律后果,健全合同效力制度。(5)完善合同履行制度,落实绿色原则,规定当事人在履行合同过程中应当避免浪费资源、污染环境和破坏生态。同时,在总结司法实践经验的基础上增加规定了情势变更制度。(6)完善代位权、撤销权等合同保全制度,进一步强化对债权人的保护,细化了债权转让、债务移转制度,增加了债务清偿抵充规则、完善了合同解除等合同终止制度。(7)通过吸收现行担保法有关定金规则的规定,完善违约责任制度。

2. 关于典型合同。典型合同在市场经济活动和社会生活中应用普遍。为适应现实需要,第2分编增加了四种新的典型合同:(1)吸收了担保法中关于保证的内容,增加了保证合同。(2)适应我国保理行业发展和优化营商环境的需要,增加了保理合同。(3)针对物业服务领域的突出问题,增加规定了物业服务合同。(4)增加规定合伙合同。

第3编还完善了其他典型合同:(1)通过完善检验期限的规定和所有权保留规则等完善买卖合同。(2)明确规定禁止高利放贷,借款的利率不得违反国家有关规定。(3)落实党中央提出的建立租购同权住房制度的要求,保护承租人利益,增加规定房屋承租人的优先承租权。(4)细化了客运合同当事人的权利义务。(5)修改完善了赠与合同、融资租赁合同、建设工程合同、技术合同等典型合同。

3.关于准合同。无因管理和不当得利既与合同规则同属债法性质的内容,又与合同规则有所区别,第3分编"准合同"分别对无因管理和不当得利的一般性规则作了规定。

四、人格权编

人格权是民事主体对其特定的人格利益享有的权利,关系到每个人的人格尊严,是民事主体最基本的权利。第4编"人格权"从民事法律规范的角度规定自然人和其他民事主体人格权的内容、边界和保护方式,不涉及公民政治、社会等方面权利。第4编共6章、51条,主要内容有:

1.关于一般规定。第4编第1章规定了人格权的一般性规则:(1)明确人格权的定义。(2)规定民事主体的人格权受法律保护,人格权不得放弃、转让或者继承。(3)规定了对死者人格利益的保护。(4)明确规定人格权受到侵害后的救济方式。

2.关于生命权、身体权和健康权。第4编第2章规定了生命权、身体权和健康权的具体内容,并对实践中社会比较关注的有关问题作了有针对性的规定:(1)鼓励遗体捐献的善行义举,确立器官捐献的基本规则。(2)明确与人体基因、人体胚胎等有关的医学和科研活动应遵守的规则。(3)规定了性骚扰的认定标准,以及机关、企业、学校等单位防止和制止性骚扰的义务。

3.关于姓名权和名称权。第4编第3章规定了姓名权、名称权的具体内容,并对民事主体尊重保护他人姓名权、名称权的基本义务作了规定:(1)对自然人选取姓氏的规则作了规定。(2)明确对具有一定社会知名度,被他人使用足以造成公众混淆的笔名、艺名、网名等,参照适用姓名权和名称权保护的有关规定。

4.关于肖像权。第4编第4章规定了肖像权的权利内容及许可使用肖像的规则,明确禁止侵害他人的肖像权:(1)规定禁止任何组织或者个人利用信息技术手段伪造等方式侵害他人的肖像权。并明确对自然人声音的保护,参照适用肖像权保护的有关规定。(2)规定肖像权的合理使用规则。(3)对肖像许可使用合同的解释、解除等作了规定。

5.关于名誉权和荣誉权。第4编第5章规定了名誉权和荣誉权的内容：(1)对行为人实施新闻报道、舆论监督等行为涉及的民事责任承担，以及行为人是否尽到合理核实义务的认定等作了规定。(2)规定民事主体有证据证明报刊、网络等媒体报道的内容失实，侵害其名誉权的，有权请求更正或者删除。

6.关于隐私权和个人信息保护。第4编第6章进一步强化对隐私权和个人信息的保护：(1)规定了隐私的定义，列明禁止侵害他人隐私权的具体行为。(2)界定了个人信息的定义，明确了处理个人信息应遵循的原则和条件。(3)构建自然人与信息处理者之间的基本权利义务框架，明确处理个人信息不承担责任的特定情形，合理平衡保护个人信息与维护公共利益之间的关系。(4)规定国家机关及其工作人员负有保护自然人的隐私和个人信息的义务。

五、婚姻家庭编

婚姻家庭制度是规范夫妻关系和家庭关系的基本准则。第5编共5章、79条，主要内容有：

1.关于一般规定。第5编第1章，重申了婚姻自由、一夫一妻、男女平等等婚姻家庭领域的基本原则和规则，并对以下内容作了进一步完善：(1)规定家庭应当树立优良家风，弘扬家庭美德，重视家庭文明建设。(2)增加规定了最有利于被收养人的原则。(3)界定了亲属、近亲属、家庭成员的范围。

2.关于结婚。第5编第2章规定了结婚制度，对有关规定作了完善：(1)将受胁迫一方请求撤销婚姻的期间起算点由"自结婚登记之日起"修改为"自胁迫行为终止之日起"。(2)不再将"患有医学上认为不应当结婚的疾病"作为禁止结婚的情形，并相应增加规定一方隐瞒重大疾病的，另一方可以向人民法院请求撤销婚姻。(3)增加规定婚姻无效或者被撤销的，无过错方有权请求损害赔偿。

3.关于家庭关系。第5编第3章规定了夫妻关系、父母子女关系和其他近亲属关系，并根据社会发展需要，完善了有关内容：(1)明确了夫妻共同债务的范围。(2)规范亲子关系确认和否认之诉。

4.关于离婚。第5编第4章对离婚制度作出了规定，作了进一步完善：(1)增加离婚冷静期制度。(2)针对离婚诉讼中出现的"久调不判"问题，增加规定，经人民法院判决不准离婚后，双方又分居满1年，一方再次提起离婚诉讼的，应当准予离婚。(3)关于离婚后子女的抚养，将"哺乳期内的子女，以随哺乳的母亲抚养为原则"修改为"不满两周岁的子女，以由母亲直接抚养为原则"。(4)将夫妻采用法定共同财产制的,纳入适用离婚经济补偿的范围。(5)将"有其他重大过错"增加规定为离婚损害赔偿的适用情形。

5.关于收养。第5编第5章对收养关系的成立、收养的效力、收养关系的解除作了规定,进一步完善了有关制度:(1)扩大被收养人的范围,删除被收养的未成年人仅限于不满14周岁的限制,修改为符合条件的未成年人均可被收养。(2)将收养人须无子女的要求修改为收养人无子女或者只有1名子女。(3)在收养人的条件中增加规定"无不利于被收养人健康成长的违法犯罪记录",并增加规定民政部门应当依法进行收养评估。

六、继承编

继承制度是关于自然人死亡后财富传承的基本制度。第6编共4章、45条,主要内容有:

1.关于一般规定。第6编第1章规定了继承制度的基本规则,重申了国家保护自然人的继承权,规定了继承的基本制度。作了进一步完善:(1)增加规定相互有继承关系的数人在同一事件中死亡,且难以确定死亡时间的继承规则。(2)增加规定对继承人的宽恕制度。

2.关于法定继承。法定继承是在被继承人没有对其遗产的处理立有遗嘱的情况下,继承人的范围、继承顺序等均按照法律规定确定的继承方式。第6编第2章规定了法定继承制度,明确了继承权男女平等原则,规定了法定继承人的顺序和范围,以及遗产分配的基本制度。同时,完善代位继承制度,增加规定被继承人的兄弟姐妹先于被继承人死亡的,由被继承人的兄弟姐妹的子女代位继承。

3.关于遗嘱继承和遗赠。遗嘱继承是根据被继承人生前所立遗嘱处理遗产的继承方式。第6编第3章规定了遗嘱继承和遗赠制度,进一步修改完善了遗嘱继承制度:(1)增加了打印、录像等新的遗嘱形式。(2)修改了遗嘱效力规则。

4.关于遗产的处理。第6编第4章规定了遗产处理的程序和规则,进一步完善了有关遗产处理的制度:(1)增加遗产管理人制度。增加规定了遗产管理人制度,明确了遗产管理人的产生方式、职责和权利等内容。(2)完善遗赠扶养协议制度,适当扩大扶养人的范围,明确继承人以外的组织或者个人均可以成为扶养人。(3)完善无人继承遗产的归属制度,明确归国家所有的无人继承遗产应当用于公益事业。

七、侵权责任编

侵权责任是民事主体侵害他人权益应当承担的法律后果。第7编共10

章、95条,主要内容有:

1. 关于一般规定。第7编第1章规定了侵权责任的归责原则、多数人侵权的责任承担、侵权责任的减轻或者免除等一般规则。作了进一步的完善:(1)确立"自甘风险"规则。(2)规定"自助行为"制度。

2. 关于损害赔偿。第7编第2章规定了侵害人身权益和财产权益的赔偿规则、精神损害赔偿规则等。同时,对有关规定作了进一步完善:(1)完善精神损害赔偿制度。(2)为加强对知识产权的保护,提高侵权违法成本,增加规定,故意侵害他人知识产权,情节严重的,被侵权人有权请求相应的惩罚性赔偿。

3. 关于责任主体的特殊规定。第7编第3章规定了无民事行为能力人、限制民事行为能力人及其监护人的侵权责任,用人单位的侵权责任,网络侵权责任,以及公共场所的安全保障义务等。作了进一步完善:(1)增加规定委托监护的侵权责任。(2)完善网络侵权责任制度。细化了网络侵权责任的具体规定,完善了权利人通知规则和网络服务提供者的转通知规则。

4. 关于各种具体侵权责任。第7编的其他各章分别对产品生产销售、机动车交通事故、医疗、环境污染和生态破坏、高度危险、饲养动物、建筑物和物件等领域的侵权责任规则作出了具体规定。对有关内容作了进一步完善:(1)完善生产者、销售者召回缺陷产品的责任,增加规定,依照相关规定采取召回措施的,生产者、销售者应当负担被侵权人因此支出的必要费用。(2)明确交通事故损害赔偿的顺序。(3)进一步保障患者的知情同意权,明确医务人员的相关说明义务,加强医疗机构及其医务人员对患者隐私和个人信息的保护。(4)贯彻落实习近平生态文明思想,增加规定生态环境损害的惩罚性赔偿制度,并明确规定了生态环境损害的修复和赔偿规则。(5)加强生物安全管理,完善高度危险责任,明确占有或者使用高致病性危险物造成他人损害的,应当承担侵权责任。(6)完善高空抛物坠物治理规则。规定禁止从建筑物中抛掷物品,同时针对此类事件处理的主要困难是行为人难以确定的问题,强调有关机关应当依法及时调查,查清责任人,并规定物业服务企业等建筑物管理人应当采取必要的安全保障措施防止此类行为的发生。

八、附则

"附则"明确了《民法典》与《婚姻法》《继承法》《民法通则》《收养法》《担保法》《合同法》《物权法》《侵权责任法》《民法总则》的关系。《民法典》施行后,上述民事单行法律被替代。因此,规定在《民法典》施行之时,同步废止上述民事单行法律。需要说明的是,2014年第十二届全国人大常委会第十一次会议通过的《全国人民代表大会常务委员会关于〈中华人民共和国民法通则〉第九十九条第一款、〈中华人民共和国婚姻法〉第二十二条的解释》,作为与《民法通则》《婚姻法》相关的法律解释,也同步废止。

司法解释简称表

简　　称	全　　称
《总则编解释》	《最高人民法院关于适用〈中华人民共和国民法典〉总则编若干问题的解释》
《婚姻家庭编解释一》	《最高人民法院关于适用〈中华人民共和国民法典〉婚姻家庭编的解释（一）》
《婚姻家庭编解释二》	《最高人民法院关于适用〈中华人民共和国民法典〉婚姻家庭编的解释（二）》
《合同编通则解释》	《最高人民法院关于适用〈中华人民共和国民法典〉合同编通则若干问题的解释》
《继承编解释一》	《最高人民法院关于适用〈中华人民共和国民法典〉继承编的解释（一）》
《侵权责任编解释一》	《最高人民法院关于适用〈中华人民共和国民法典〉侵权责任编的解释（一）》
《担保制度解释》	《最高人民法院关于适用〈中华人民共和国民法典〉有关担保制度的解释》
《时间效力规定》	《最高人民法院关于适用〈中华人民共和国民法典〉时间效力的若干规定》
《物权编解释一》	《最高人民法院关于适用〈中华人民共和国民法典〉物权编的解释（一）》
《城镇房屋租赁合同解释》	《最高人民法院关于审理城镇房屋租赁合同纠纷案件具体应用法律若干问题的解释》
《道损解释》	《最高人民法院关于审理道路交通事故损害赔偿案件适用法律若干问题的解释》

续表

简　称	全　称
《房屋登记规定》	《最高人民法院关于审理房屋登记案件若干问题的规定》
《夫妻债务通知》	《最高人民法院关于依法妥善审理涉及夫妻债务案件有关问题的通知》
《公司法解释二》	《最高人民法院关于适用〈中华人民共和国公司法〉若干问题的规定(二)》
《公司法解释三》	《最高人民法院关于适用〈中华人民共和国公司法〉若干问题的规定(三)》
《公司法解释四》	《最高人民法院关于适用〈中华人民共和国公司法〉若干问题的规定(四)》
《公司法解释五》	《最高人民法院关于适用〈中华人民共和国公司法〉若干问题的规定(五)》
《国有土地使用权合同解释》	《最高人民法院关于审理涉及国有土地使用权合同纠纷案件适用法律问题的解释》
《技术合同解释》	《最高人民法院关于审理技术合同纠纷案件适用法律若干问题的解释》
《检察公益诉讼解释》	《最高人民法院、最高人民检察院关于检察公益诉讼案件适用法律若干问题的解释》
《建工合同解释一》	《最高人民法院关于审理建设工程施工合同纠纷案件适用法律问题的解释(一)》
《建筑物区分所有权解释》	《最高人民法院关于审理建筑物区分所有权纠纷案件具体应用法律若干问题的解释》
《精神损害解释》	《最高人民法院关于确定民事侵权精神损害赔偿责任若干问题的解释》
《劳动争议解释一》	《最高人民法院关于审理劳动争议案件适用法律问题的解释(一)》

续表

简　　称	全　　称
《旅游纠纷规定》	《最高人民法院关于审理旅游纠纷案件适用法律若干问题的规定》
《买卖合同解释》	《最高人民法院关于审理买卖合同纠纷案件适用法律问题的解释》
《民间借贷规定》	《最高人民法院关于审理民间借贷案件适用法律若干问题的规定》
《民诉法解释》	《最高人民法院关于适用〈中华人民共和国民事诉讼法〉的解释》
《农地承包解释》	《最高人民法院关于审理涉及农村土地承包纠纷案件适用法律问题的解释》
《期货纠纷规定》	《最高人民法院关于审理期货纠纷案件若干问题的规定》
《人身损害解释》	《最高人民法院关于审理人身损害赔偿案件适用法律若干问题的解释》
《融资租赁合同解释》	《最高人民法院关于审理融资租赁合同纠纷案件适用法律问题的解释》
《商品房买卖合同解释》	《最高人民法院关于审理商品房买卖合同纠纷案件适用法律若干问题的解释》
《生态环境侵权解释》	《最高人民法院关于审理生态环境侵权责任纠纷案件适用法律若干问题的解释》
《食品安全解释一》	《最高人民法院关于审理食品安全民事纠纷案件适用法律若干问题的解释（一）》
《食品药品规定》	《最高人民法院关于审理食品药品纠纷案件适用法律若干问题的规定》
《诉讼时效规定》	《最高人民法院关于审理民事案件适用诉讼时效制度若干问题的规定》

续表

简　　称	全　　称
《铁路人损解释》	《最高人民法院关于审理铁路运输人身损害赔偿纠纷案件适用法律若干问题的解释》
《网络侵权规定》	《最高人民法院关于审理利用信息网络侵害人身权益民事纠纷案件适用法律若干问题的规定》
《物业服务解释》	《最高人民法院关于审理物业服务纠纷案件具体应用法律若干问题的解释》
《医疗损害解释》	《最高人民法院关于审理医疗损害责任纠纷案件适用法律若干问题的解释》
《执行和解规定》	《最高人民法院关于执行和解若干问题的规定》
《著作权解释》	《最高人民法院关于审理著作权民事纠纷案件适用法律若干问题的解释》
《九民纪要》	《全国法院民商事审判工作会议纪要》
《企业破产法解释二》	《最高人民法院关于适用〈中华人民共和国企业破产法〉若干问题的规定(二)》

目　录

中华人民共和国民法典

第一编　总则	005
第一章　基本规定	005
第一条　立法目的和依据	005
第二条　调整范围	006
[人身关系]	006
[财产关系]	006
第三条　民事权益受法律保护	006
第四条　平等原则	007
[平等原则]	007
第五条　自愿原则	008
[自愿原则]	008
第六条　公平原则	008
[公平原则]	008
第七条　诚信原则	009
[诚信原则]	009
第八条　守法与公序良俗原则	010
[公序良俗]	010
第九条　绿色原则	011
第十条　处理民事纠纷依据	011
第十一条　优先适用特别法	012
第十二条　效力范围	012
第二章　自然人	013
第一节　民事权利能力和民事行为能力	013

第十三条　自然人民事权利能力的起止　　013
　[民事权利能力]　　013
第十四条　自然人民事权利能力平等　　013
第十五条　自然人出生和死亡时间的判断标准　　013
　[出生证明]　　013
　[死亡证明]　　014
第十六条　胎儿利益的特殊保护　　014
第十七条　成年人与未成年人的年龄标准　　015
第十八条　完全民事行为能力人　　015
　[民事行为能力]　　015
第十九条　限制民事行为能力的未成年人　　015
第二十条　无民事行为能力的未成年人　　016
　[无民事行为能力]　　016
第二十一条　无民事行为能力的成年人　　017
第二十二条　限制民事行为能力的成年人　　018
第二十三条　法定代理人　　018
第二十四条　无民事行为能力人或限制民事行为能力人的认定与恢复　　018
第二十五条　自然人的住所　　019
　[住所]　　019
　[居所]　　019
第二节　监护　　020
第二十六条　父母子女之间的法律义务　　020
第二十七条　未成年人的监护人　　020
第二十八条　无、限制民事行为能力的成年人的监护人　　021
第二十九条　遗嘱指定监护人　　021
第三十条　协议确定监护人　　021
第三十一条　监护争议解决程序　　022
第三十二条　公职监护人　　023
第三十三条　意定监护　　023
第三十四条　监护人的职责与权利及临时生活照料措施　　024
第三十五条　监护人履行职责的原则与要求　　025
第三十六条　撤销监护人资格　　025

第三十七条　监护人资格被撤销后负担义务不免除　　　　　027
　第三十八条　恢复监护人资格　　　　　　　　　　　　　027
　第三十九条　监护关系终止的情形　　　　　　　　　　　028
第三节　宣告失踪和宣告死亡　　　　　　　　　　　　　　028
　第四十条　宣告失踪的条件　　　　　　　　　　　　　　028
　　［宣告失踪］　　　　　　　　　　　　　　　　　　　028
　第四十一条　下落不明的时间计算　　　　　　　　　　　029
　第四十二条　失踪人的财产代管人　　　　　　　　　　　029
　第四十三条　财产代管人的职责　　　　　　　　　　　　030
　第四十四条　财产代管人的变更　　　　　　　　　　　　030
　第四十五条　失踪宣告的撤销　　　　　　　　　　　　　031
　第四十六条　宣告死亡的条件　　　　　　　　　　　　　031
　　［宣告死亡］　　　　　　　　　　　　　　　　　　　032
　第四十七条　宣告死亡的优先适用　　　　　　　　　　　032
　第四十八条　被宣告死亡的人死亡日期的确定　　　　　　033
　第四十九条　被宣告死亡人实际生存时的行为效力　　　　033
　第五十条　死亡宣告的撤销　　　　　　　　　　　　　　033
　第五十一条　宣告死亡、撤销死亡宣告对婚姻关系的影响　　034
　第五十二条　撤销死亡宣告对收养关系的影响　　　　　　034
　第五十三条　死亡宣告撤销后的财产返还　　　　　　　　034
第四节　个体工商户和农村承包经营户　　　　　　　　　　034
　第五十四条　个体工商户的定义　　　　　　　　　　　　034
　第五十五条　农村承包经营户的定义　　　　　　　　　　035
　　［农村土地］　　　　　　　　　　　　　　　　　　　035
　第五十六条　债务承担规则　　　　　　　　　　　　　　036

第三章　法人　　　　　　　　　　　　　　　　　　　　　　036
第一节　一般规定　　　　　　　　　　　　　　　　　　　036
　第五十七条　法人的定义　　　　　　　　　　　　　　　036
　第五十八条　法人成立的条件　　　　　　　　　　　　　037
　第五十九条　法人民事权利能力和民事行为能力的起止　　037
　第六十条　法人民事责任承担　　　　　　　　　　　　　038
　　［法人承担民事责任］　　　　　　　　　　　　　　　038
　第六十一条　法定代表人的定义及行为的法律后果　　　　038

第六十二条　法定代表人职务侵权行为的责任承担　　040
第六十三条　法人的住所　　040
　[法人住所]　　040
第六十四条　法人变更登记　　041
第六十五条　法人实际情况与登记事项不一致的法律后果　　041
第六十六条　公示登记信息　　042
　[法人登记]　　042
第六十七条　法人合并、分立后权利义务的享有和承担　　042
　[法人合并]　　042
　[法人分立]　　042
第六十八条　法人终止的原因　　043
　[法人的终止]　　043
第六十九条　法人解散的情形　　043
　[法人解散]　　044
第七十条　法人解散后的清算　　044
　[法人清算]　　045
　[清算义务人]　　045
第七十一条　清算适用的法律依据　　045
第七十二条　清算中法人地位、清算后剩余财产的处理和法人终止　　045
　[法人清算后的剩余财产]　　045
　[注销登记]　　046
第七十三条　法人破产　　046
　[破产]　　046
第七十四条　法人分支机构及其责任承担　　047
　[法人分支机构]　　047
第七十五条　法人设立行为的法律后果　　047
　[法人的设立人]　　047
第二节　营利法人　　048
第七十六条　营利法人的定义及类型　　048
第七十七条　营利法人的成立　　048
第七十八条　营利法人的营业执照　　049
第七十九条　营利法人的章程　　049

[法人章程] 049
　　第八十条　营利法人的权力机构 050
　　第八十一条　营利法人的执行机构 050
　　第八十二条　营利法人的监督机构 051
　　第八十三条　出资人滥用权利的责任承担 051
　　　[法人人格否认] 052
　　第八十四条　限制不当利用关联关系 052
　　　[关联关系] 052
　　第八十五条　决议的撤销 053
　　第八十六条　营利法人应履行的义务 053
　第三节　非营利法人 053
　　第八十七条　非营利法人的定义及类型 053
　　　[基金会] 054
　　　[社会服务机构] 054
　　第八十八条　事业单位法人资格的取得 054
　　　[事业单位] 054
　　第八十九条　事业单位法人的组织机构及法定代表人 054
　　第九十条　社会团体法人资格的取得 055
　　　[社会团体] 055
　　第九十一条　社会团体法人的章程及组织机构 055
　　第九十二条　捐助法人资格的取得 056
　　　[捐助法人的范围] 056
　　第九十三条　捐助法人的章程及组织机构 057
　　第九十四条　捐助人的权利 057
　　第九十五条　非营利法人终止时剩余财产的处理 058
　第四节　特别法人 059
　　第九十六条　特别法人的类型 059
　　　[特别法人] 059
　　第九十七条　机关法人资格的取得 059
　　　[机关法人] 059
　　第九十八条　机关法人终止后权利义务的享有和承担 059
　　第九十九条　农村集体经济组织法人 060
　　　[农村集体经济组织] 060

第一百条　城镇农村的合作经济组织法人 　060
　　[城镇农村的合作经济组织] 　060
第一百零一条　基层群众性自治组织法人 　060
第四章　非法人组织 　061
　第一百零二条　非法人组织的定义及类型 　061
　　[非法人组织] 　061
　　[个人独资企业] 　061
　　[合伙企业] 　061
　第一百零三条　非法人组织的设立程序 　063
　　[设立非法人组织的程序] 　063
　第一百零四条　非法人组织的债务承担 　063
　　[无限责任] 　063
　第一百零五条　非法人组织的代表人 　064
　　[非法人组织代表人] 　064
　第一百零六条　非法人组织解散的情形 　064
　　[非法人组织的解散事由] 　064
　第一百零七条　非法人组织的清算 　065
　　[非法人组织的清算] 　065
　第一百零八条　参照适用 　065
第五章　民事权利 　066
　第一百零九条　人身自由、人格尊严受法律保护 　066
　　[人身自由] 　066
　　[人格尊严] 　066
　第一百一十条　民事主体的人格权 　066
　第一百一十一条　个人信息受法律保护 　066
　　[自然人的个人信息] 　067
　第一百一十二条　因婚姻家庭关系等产生的人身权利受保护 　067
　　[身份权] 　067
　第一百一十三条　财产权利平等保护 　067
　　[财产权] 　068
　第一百一十四条　物权的定义及类型 　068
　　[所有权] 　068
　　[用益物权] 　068

［担保物权］　　　　　　　　　　　　　　068
　第一百一十五条　物权客体　　　　　　　068
　　［物］　　　　　　　　　　　　　　　　069
　第一百一十六条　物权法定原则　　　　　069
　第一百一十七条　征收、征用　　　　　　069
　第一百一十八条　债权的定义　　　　　　070
　　［合同］　　　　　　　　　　　　　　　070
　　［侵权行为］　　　　　　　　　　　　　070
　　［无因管理］　　　　　　　　　　　　　070
　　［不当得利］　　　　　　　　　　　　　070
　第一百一十九条　合同的约束力　　　　　071
　　［法律约束力］　　　　　　　　　　　　071
　第一百二十条　侵权责任的承担　　　　　071
　　［侵权责任］　　　　　　　　　　　　　071
　第一百二十一条　无因管理　　　　　　　072
　第一百二十二条　不当得利　　　　　　　072
　　［不当得利类型］　　　　　　　　　　　072
　第一百二十三条　知识产权　　　　　　　073
　　［知识产权］　　　　　　　　　　　　　073
　第一百二十四条　继承权　　　　　　　　074
　　［继承权］　　　　　　　　　　　　　　074
　第一百二十五条　投资性权利　　　　　　074
　　［股权］　　　　　　　　　　　　　　　074
　　［其他投资性权利］　　　　　　　　　　074
　第一百二十六条　其他民事权益　　　　　075
　第一百二十七条　数据、网络虚拟财产的保护　075
　第一百二十八条　民事权利的特别保护　　075
　第一百二十九条　民事权利的取得方式　　075
　第一百三十条　按照自己的意愿依法行使民事权利　075
　第一百三十一条　权利义务一致　　　　　076
　第一百三十二条　不得滥用民事权利　　　076

第六章　民事法律行为　　　　　　　　　077
　第一节　一般规定　　　　　　　　　　　077

第一百三十三条 民事法律行为的定义 077
　[民事法律行为的特征] 077
第一百三十四条 民事法律行为的成立 077
　[双方民事法律行为] 078
　[多方民事法律行为] 078
　[单方民事法律行为] 078
　[决议行为] 078
第一百三十五条 民事法律行为的形式 078
　[书面形式] 078
　[口头形式] 078
第一百三十六条 民事法律行为的生效时间 079
　[民事法律行为的生效] 079

第二节　意思表示

第一百三十七条 有相对人的意思表示生效时间 080
　[意思表示] 080
第一百三十八条 无相对人的意思表示生效时间 081
　[无相对人的意思表示] 081
第一百三十九条 以公告方式作出的意思表示生效时间 081
　[以公告方式作出的意思表示] 081
第一百四十条 意思表示的作出方式 082
　[明示的意思表示] 082
　[默示的意思表示] 082
第一百四十一条 意思表示的撤回 082
　[意思表示的撤回] 082
第一百四十二条 意思表示的解释 083
　[意思表示的解释] 083

第三节　民事法律行为的效力

第一百四十三条 民事法律行为有效的条件 084
　[行为人具有相应的民事行为能力] 084
第一百四十四条 无民事行为能力人实施的民事法律行为的效力 084
第一百四十五条 限制民事行为能力人实施的民事法律行为的效力 084

第一百四十六条　虚伪表示与隐藏行为的效力　085
　　[虚伪表示]　085
　　[隐藏行为]　086
第一百四十七条　基于重大误解实施的民事法律行为的效力　086
　　[重大误解]　086
第一百四十八条　以欺诈手段实施的民事法律行为的效力　087
第一百四十九条　受第三人欺诈的民事法律行为的效力　087
第一百五十条　以胁迫手段实施的民事法律行为的效力　088
　　[胁迫]　088
第一百五十一条　显失公平的民事法律行为的效力　088
　　[显失公平]　088
第一百五十二条　撤销权的消灭　089
　　[撤销权的消灭]　089
第一百五十三条　违反强制性规定及违背公序良俗的民事法律行为的效力　090
第一百五十四条　恶意串通的民事法律行为的效力　092
　　[恶意串通]　092
第一百五十五条　无效、被撤销的民事法律行为自始无效　093
第一百五十六条　民事法律行为部分无效　093
第一百五十七条　民事法律行为无效、被撤销或确定不发生效力的法律后果　094

第四节　民事法律行为的附条件和附期限　094

第一百五十八条　附条件的民事法律行为　094
　　[民事法律行为附条件]　094
第一百五十九条　条件成就和不成就的拟制　095
第一百六十条　附期限的民事法律行为　095
　　[民事法律行为附期限]　095

第七章　代理　096

第一节　一般规定　096

第一百六十一条　代理适用范围　096
　　[代理]　096
第一百六十二条　代理的效力　096
第一百六十三条　代理的类型　097

[委托代理]　　　　　　　　　　　　　　　　097
　　[法定代理]　　　　　　　　　　　　　　　　097
　第一百六十四条　代理人不当行为的法律后果　　097
第二节　委托代理　　　　　　　　　　　　　　　098
　第一百六十五条　授权委托书　　　　　　　　　098
　第一百六十六条　共同代理　　　　　　　　　　098
　　[共同代理]　　　　　　　　　　　　　　　　098
　　[共同行使]　　　　　　　　　　　　　　　　098
　第一百六十七条　违法代理及其法律后果　　　　098
　　[代理违法承担的责任]　　　　　　　　　　　098
　第一百六十八条　禁止自己代理和双方代理及例外　099
　　[自己代理]　　　　　　　　　　　　　　　　099
　　[双方代理]　　　　　　　　　　　　　　　　099
　第一百六十九条　复代理　　　　　　　　　　　099
　　[复代理]　　　　　　　　　　　　　　　　　100
　第一百七十条　职务代理　　　　　　　　　　　100
　　[职务代理]　　　　　　　　　　　　　　　　100
　第一百七十一条　无权代理　　　　　　　　　　101
　　[催告权]　　　　　　　　　　　　　　　　　101
　　[撤销权]　　　　　　　　　　　　　　　　　101
　第一百七十二条　表见代理　　　　　　　　　　102
　　[构成表见代理的条件]　　　　　　　　　　　102
第三节　代理终止　　　　　　　　　　　　　　　102
　第一百七十三条　委托代理终止的情形　　　　　102
　　[委托代理终止]　　　　　　　　　　　　　　103
　第一百七十四条　委托代理终止的例外　　　　　103
　第一百七十五条　法定代理终止的情形　　　　　103
第八章　民事责任　　　　　　　　　　　　　　　103
　第一百七十六条　民事义务与责任　　　　　　　103
　　[民事责任]　　　　　　　　　　　　　　　　104
　第一百七十七条　按份责任　　　　　　　　　　104
　　[按份责任]　　　　　　　　　　　　　　　　104
　第一百七十八条　连带责任　　　　　　　　　　104

[连带责任] 105
第一百七十九条　承担民事责任的方式 105
　　[停止侵害] 105
　　[排除妨碍] 106
　　[消除危险] 106
　　[返还财产] 106
　　[恢复原状] 106
　　[修理、重作、更换] 106
　　[继续履行] 106
　　[赔偿损失] 106
　　[支付违约金] 106
　　[消除影响、恢复名誉] 106
　　[赔礼道歉] 106
　　[惩罚性赔偿] 107
第一百八十条　不可抗力 107
　　[不可抗力] 107
第一百八十一条　正当防卫 107
第一百八十二条　紧急避险 108
　　[紧急避险] 108
　　[紧急避险采取措施不当] 108
　　[紧急避险超过必要的限度] 108
第一百八十三条　因保护他人民事权益受损时的责任承担与
　　　　　　　　补偿办法 109
第一百八十四条　自愿实施紧急救助行为不承担民事责任 110
　　[紧急救助] 110
　　[自愿实施紧急救助行为] 110
　　[救助人] 110
第一百八十五条　侵害英烈等的姓名、肖像、名誉、荣誉的民事
　　　　　　　　责任 111
第一百八十六条　责任竞合 112
　　[违约责任与侵权责任的竞合] 112
第一百八十七条　民事责任优先承担 112
　　[法律责任竞合] 112

第九章 诉讼时效 ... 113
　第一百八十八条　普通诉讼时效、最长权利保护期间 ... 113
　　[诉讼时效] ... 113
　第一百八十九条　分期履行债务的诉讼时效 ... 114
　　[分期履行债务的分类] ... 114
　第一百九十条　对法定代理人请求权的诉讼时效 ... 114
　第一百九十一条　受性侵未成年人赔偿请求权的诉讼时效 ... 114
　第一百九十二条　诉讼时效期间届满的法律效果 ... 115
　第一百九十三条　诉讼时效援用 ... 116
　第一百九十四条　诉讼时效中止的情形 ... 116
　　[诉讼时效中止] ... 116
　第一百九十五条　诉讼时效中断的情形 ... 117
　　[诉讼时效中断] ... 117
　第一百九十六条　不适用诉讼时效的情形 ... 119
　第一百九十七条　诉讼时效法定、时效利益预先放弃无效 ... 120
　　[诉讼时效放弃] ... 120
　第一百九十八条　仲裁时效 ... 120
　第一百九十九条　除斥期间 ... 120

第十章　期间计算 ... 121
　第二百条　期间计算单位 ... 121
　第二百零一条　期间起算 ... 121
　第二百零二条　期间结束 ... 122
　第二百零三条　期间结束日顺延和末日结束点 ... 122
　第二百零四条　期间的法定或约定 ... 122

第二编　物权 ... 123
第一分编　通则 ... 123
第一章　一般规定 ... 123
　第二百零五条　物权编的调整范围 ... 123
　第二百零六条　社会主义基本经济制度与社会主义市场经济 ... 123
　第二百零七条　物权平等保护原则 ... 123
　第二百零八条　物权公示原则 ... 124

第二章 物权的设立、变更、转让和消灭   124
第一节 不动产登记   124
第二百零九条 不动产物权登记的效力   124
第二百一十条 不动产登记机构和不动产统一登记   125
第二百一十一条 不动产登记申请资料   126
第二百一十二条 登记机构的职责   127
第二百一十三条 登记机构不得从事的行为   127
第二百一十四条 不动产物权变动的生效时间   128
第二百一十五条 合同效力与物权变动区分   128
第二百一十六条 不动产登记簿的效力和管理   129
第二百一十七条 不动产登记簿与不动产权属证书的关系   129
[不动产权属证书]   129
第二百一十八条 不动产登记资料的查询、复制   130
第二百一十九条 保护权利人个人信息   130
第二百二十条 更正登记与异议登记   131
[更正登记与异议登记]   131
第二百二十一条 预告登记   132
[预告登记]   132
第二百二十二条 不动产登记错误的赔偿   132
第二百二十三条 不动产登记的费用   133
第二节 动产交付   133
第二百二十四条 动产交付的效力   133
[交付]   133
第二百二十五条 特殊动产登记的效力   133
第二百二十六条 动产物权受让人先行占有   134
第二百二十七条 指示交付   134
[指示交付]   134
第二百二十八条 占有改定   135
第三节 其他规定   135
第二百二十九条 法律文书或征收决定导致的物权变动   135
第二百三十条 因继承取得物权   135
第二百三十一条 因事实行为发生物权变动   135
第二百三十二条 处分非因民事法律行为享有的不动产物权   136

第三章　物权的保护　　　　　　　　　　　　　　　136

　　第二百三十三条　物权纠纷解决方式　　　　　　　136
　　第二百三十四条　物权确认请求权　　　　　　　　136
　　第二百三十五条　返还原物请求权　　　　　　　　136
　　第二百三十六条　排除妨害、消除危险请求权　　　137
　　　［消除危险请求权］　　　　　　　　　　　　　137
　　第二百三十七条　物权复原请求权　　　　　　　　137
　　第二百三十八条　物权损害赔偿请求权　　　　　　137
　　第二百三十九条　物权保护方式的单用与并用　　　137

第二分编　所有权　　　　　　　　　　　　　　　　138
第四章　一般规定　　　　　　　　　　　　　　　　138

　　第二百四十条　所有权的定义　　　　　　　　　　138
　　　［占有］　　　　　　　　　　　　　　　　　　138
　　　［使用］　　　　　　　　　　　　　　　　　　138
　　　［收益］　　　　　　　　　　　　　　　　　　138
　　　［处分］　　　　　　　　　　　　　　　　　　138
　　第二百四十一条　所有权人设立他物权　　　　　　138
　　　［他物权］　　　　　　　　　　　　　　　　　138
　　第二百四十二条　国家专属所有权　　　　　　　　139
　　第二百四十三条　征收　　　　　　　　　　　　　139
　　第二百四十四条　耕地保护　　　　　　　　　　　140
　　第二百四十五条　征用　　　　　　　　　　　　　140

第五章　国家所有权和集体所有权、私人所有权　　　141

　　第二百四十六条　国有财产的范围、国家所有的性质和国家所
　　　　　　　　　　有权的行使　　　　　　　　　　141
　　第二百四十七条　矿藏、水流、海域的国家所有权　141
　　　［矿藏］　　　　　　　　　　　　　　　　　　142
　　　［水流］　　　　　　　　　　　　　　　　　　142
　　　［海域］　　　　　　　　　　　　　　　　　　142
　　第二百四十八条　无居民海岛的国家所有权　　　　142
　　第二百四十九条　国家所有土地的范围　　　　　　142
　　第二百五十条　自然资源的国家所有权　　　　　　142
　　第二百五十一条　野生动植物资源的国家所有权　　143

第二百五十二条　无线电频谱资源的国家所有权　143
第二百五十三条　文物的国家所有权　143
第二百五十四条　国防资产和基础设施的国家所有权　143
第二百五十五条　国家机关的物权　144
第二百五十六条　国家举办的事业单位的物权　144
第二百五十七条　国家出资的企业出资人制度　144
　　[国家出资的企业]　145
第二百五十八条　国有财产的保护　145
第二百五十九条　国有财产管理的法律责任　145
第二百六十条　集体财产的范围　146
第二百六十一条　农民集体所有财产归属及重大事项集体决定　146
第二百六十二条　集体所有的不动产所有权行使　147
　　[村]　147
　　[村民小组]　147
第二百六十三条　城镇集体所有的财产权利行使　147
第二百六十四条　集体成员对集体财产的知情权　148
第二百六十五条　财产权保护　148
第二百六十六条　私有财产的范围　149
　　[私人]　149
第二百六十七条　私人合法财产的保护　149
　　[私人财产]　149
第二百六十八条　企业出资人权利　149
第二百六十九条　法人财产权　150
第二百七十条　社会团体法人、捐助法人合法财产的保护　150

第六章　业主的建筑物区分所有权　150

第二百七十一条　建筑物区分所有权　150
　　[建筑物区分所有权]　150
第二百七十二条　业主对专有部分的权利和义务　152
第二百七十三条　业主对共有部分的权利和义务　152
　　[业主专有部分以外的共有部分]　152
第二百七十四条　建筑区划内道路、绿地等的权利归属　153
第二百七十五条　车位、车库的归属　153
第二百七十六条　车位、车库的首要用途　154

第二百七十七条　业主自治管理组织的设立及指导和协助　154
　[业主大会]　154
第二百七十八条　业主共同决定事项及表决　155
第二百七十九条　业主改变住宅用途的限制条件　156
第二百八十条　业主大会、业主委员会决定的效力　157
第二百八十一条　建筑物及其附属设施维修资金的归属和处分　158
第二百八十二条　共有部分的收入分配　158
第二百八十三条　建筑物及其附属设施的费用分摊和收益分配　159
第二百八十四条　建筑物及其附属设施的管理主体　159
第二百八十五条　业主和物业服务企业或其他管理人的关系　159
第二百八十六条　业主的相关义务及责任　160
第二百八十七条　业主合法权益的保护　161

第七章　相邻关系　161

第二百八十八条　处理相邻关系的原则　161
　[相邻的不动产]　162
第二百八十九条　处理相邻关系的依据　162
第二百九十条　用水、排水相邻关系　163
　[自然流水的分配与使用]　163
　[自然流水以及生产、生活用水的排放]　163
　[房屋滴水]　163
第二百九十一条　通行相邻关系　163
　[不动产权人提供通行便利]　163
第二百九十二条　相邻土地的利用　164
第二百九十三条　相邻通风、采光和日照　164
第二百九十四条　相邻不动产之间不可量物侵害　164
第二百九十五条　维护相邻不动产安全　165
　[不得危及相邻不动产的安全]　165
第二百九十六条　使用相邻不动产避免造成损害　165

第八章　共有　165

第二百九十七条　共有及其类型　165
　[共有]　165
第二百九十八条　按份共有　166
　[按份共有]　166

第二百九十九条　共同共有　166
　　[共同共有]　167
第三百条　共有人对共有物的管理权　167
第三百零一条　共有物的处分、重大修缮和性质、用途变更　167
第三百零二条　共有物管理费用的负担　167
第三百零三条　共有财产的分割原则　168
　　[共有物分割请求权]　168
第三百零四条　共有物的分割方式　169
第三百零五条　按份共有人的份额处分权和其他共有人的优先购买权　169
第三百零六条　优先购买权的实现方式　170
第三百零七条　因共有财产产生的债权债务关系的对外、对内效力　170
第三百零八条　按份共有的推定　171
第三百零九条　按份共有人份额的确定　171
第三百一十条　用益物权、担保物权的准共有　171

第九章　所有权取得的特别规定　171

第三百一十一条　善意取得　171
　　[善意取得]　172
第三百一十二条　遗失物的善意取得　173
　　[遗失物的善意取得]　173
第三百一十三条　善意取得的动产上原有权利的消灭　174
第三百一十四条　拾得遗失物的返还　174
第三百一十五条　有关部门收到遗失物的处理　175
第三百一十六条　拾得人及有关部门妥善保管遗失物义务　175
　　[妥善保管义务]　175
第三百一十七条　权利人在领取遗失物时应尽义务　175
第三百一十八条　公告期满无人认领的遗失物归属　176
第三百一十九条　拾得漂流物、发现埋藏物或隐藏物　177
第三百二十条　从物所有权的转移　177
　　[主物和从物]　177
第三百二十一条　天然孳息和法定孳息的归属　177
　　[孳息]　178

第三百二十二条　添附取得物的归属　178
　　[添附]　178
第三分编　用益物权　179
第十章　一般规定　179
第三百二十三条　用益物权的定义　179
　　[用益物权的特征]　179
第三百二十四条　国有和集体所有自然资源的用益物权　180
第三百二十五条　自然资源使用制度　180
　　[自然资源有偿使用制度]　180
第三百二十六条　用益物权人权利的行使　180
第三百二十七条　用益物权人因征收、征用有权获得补偿　181
第三百二十八条　海域使用权的法律保护　181
　　[海域使用权]　181
第三百二十九条　合法探矿权等权利的法律保护　182
第十一章　土地承包经营权　182
第三百三十条　双层经营体制与土地承包经营制度　182
　　[双层经营]　182
第三百三十一条　土地承包经营权的定义　183
　　[对承包地的占有、使用、收益的权利]　183
第三百三十二条　土地承包期　184
　　[承包期限]　184
第三百三十三条　土地承包经营权的设立和登记　184
第三百三十四条　土地承包经营权的互换、转让　185
　　[土地承包经营权的互换]　185
　　[土地承包经营权的转让]　186
第三百三十五条　土地承包经营权互换、转让的登记　186
第三百三十六条　承包地的调整　186
第三百三十七条　承包地的收回　187
第三百三十八条　承包地的征收补偿　187
第三百三十九条　土地经营权的流转　188
　　[出租]　188
　　[入股]　188
　　[其他方式]　188

第三百四十条　土地经营权人享有的基本权利　188
第三百四十一条　土地经营权的设立及登记　189
第三百四十二条　其他方式承包的土地经营权流转　189
第三百四十三条　国有农用地实行承包经营的参照适用　189

第十二章　建设用地使用权　190

第三百四十四条　建设用地使用权的定义　190
　　[建筑物、构筑物、附属设施]　190
第三百四十五条　建设用地使用权的分层设立　190
第三百四十六条　建设用地使用权的设立原则　190
第三百四十七条　建设用地使用权的出让方式　191
　　[建设用地使用权的出让方式]　191
第三百四十八条　建设用地使用权出让合同　192
第三百四十九条　建设用地使用权的登记　192
　　[建设用地使用权登记]　192
第三百五十条　土地用途管制制度　193
　　[改变土地用途]　193
第三百五十一条　建设用地使用权人支付出让金等费用的义务　193
第三百五十二条　建设用地使用权人建造的建筑物等设施的权属　194
第三百五十三条　建设用地使用权的流转方式　194
第三百五十四条　处分建设用地使用权的合同形式和期限　194
第三百五十五条　建设用地使用权流转后变更登记　195
第三百五十六条　建筑物等设施随建设用地使用权的流转而一并处分　195
　　["房地一致"原则]　195
第三百五十七条　建设用地使用权随建筑物等设施的流转而一并处分　195
　　["地随房走"]　195
第三百五十八条　建设用地使用权提前收回及其补偿　196
　　[房屋所占建设用地不适用征用]　196
第三百五十九条　建设用地使用权的续期　196
第三百六十条　建设用地使用权注销登记　197
　　[建设用地使用权消灭的情形]　197

第三百六十一条　集体所有土地作为建设用地的法律适用　　197
　第十三章　宅基地使用权　　198
　　　第三百六十二条　宅基地使用权的定义　　198
　　　[宅基地归集体所有]　　198
　　　第三百六十三条　宅基地使用权取得、行使和转让的法律适用　　198
　　　第三百六十四条　宅基地的灭失和重新分配　　199
　　　第三百六十五条　宅基地使用权变更和注销登记　　200
　第十四章　居住权　　200
　　　第三百六十六条　居住权的定义　　200
　　　[居住权的法律特征]　　200
　　　第三百六十七条　居住权合同　　201
　　　第三百六十八条　居住权的设立　　202
　　　第三百六十九条　居住权的限制　　202
　　　第三百七十条　居住权的消灭　　202
　　　[居住权消灭]　　202
　　　第三百七十一条　以遗嘱方式设立居住权的参照适用　　203
　　　[以遗嘱方式设立居住权]　　203
　第十五章　地役权　　203
　　　第三百七十二条　地役权的定义　　203
　　　[地役权的特点]　　203
　　　第三百七十三条　地役权合同　　204
　　　第三百七十四条　地役权的设立与登记　　205
　　　第三百七十五条　供役地权利人的义务　　205
　　　第三百七十六条　地役权人的权利义务　　205
　　　第三百七十七条　地役权期限　　205
　　　第三百七十八条　地役权的承继　　205
　　　第三百七十九条　在先用益物权对地役权的限制　　206
　　　第三百八十条　地役权的转让　　206
　　　第三百八十一条　地役权的抵押　　206
　　　[地役权的抵押]　　206
　　　第三百八十二条　地役权对需役地及其上权利的不可分性　　206
　　　第三百八十三条　地役权对供役地及其上权利的不可分性　　207
　　　第三百八十四条　地役权消灭　　207

[地役权的滥用] 207
第三百八十五条 已登记地役权的变更、转让或消灭手续 208

第四分编 担保物权 208
第十六章 一般规定 208
第三百八十六条 担保物权的定义 208
[担保物权的特征] 209
第三百八十七条 担保物权的适用范围和反担保 209
[反担保] 209
第三百八十八条 担保合同 210
[担保合同类型及无效原因] 210
第三百八十九条 担保物权的担保范围 211
[担保物权的担保范围] 211
第三百九十条 担保物权的物上代位性及代位物的提存 212
[担保物权的物上代位性] 212
第三百九十一条 未经担保人同意转移债务的法律后果 213
第三百九十二条 人保和物保并存时担保权的实行规则 213
第三百九十三条 担保物权消灭事由 214

第十七章 抵押权 214
第一节 一般抵押权 214
第三百九十四条 抵押权的定义 214
[抵押权] 214
第三百九十五条 抵押财产的范围 215
第三百九十六条 浮动抵押 216
[浮动抵押] 216
第三百九十七条 建筑物与建设用地使用权同时抵押规则 216
第三百九十八条 乡镇、村企业的建设用地使用权抵押限制 217
第三百九十九条 禁止抵押的财产范围 218
第四百条 抵押合同 219
[抵押合同] 219
第四百零一条 流押 219
[流押] 220
第四百零二条 不动产抵押登记 220
[财产抵押及登记] 220

第四百零三条　动产抵押的效力　221
　[动产抵押登记]　221
　[第三人界定及善意的判定]　221
第四百零四条　动产抵押权对抗效力的限制　222
　[受保护的买受人的条件]　222
第四百零五条　抵押权与租赁权的关系　223
第四百零六条　抵押财产的转让　223
第四百零七条　抵押权处分的从属性　224
　[抵押权不得与债权分离而单独转让或作为其他债权的担保]　224
第四百零八条　抵押权的保护　225
第四百零九条　抵押权及其顺位的处分　225
　[抵押权人放弃抵押权及其顺位]　225
第四百一十条　抵押权的实现　226
　[折价]　226
　[拍卖]　226
　[变卖]　227
第四百一十一条　浮动抵押财产的确定　227
　[抵押财产的确定时间和当事人约定实现抵押权的时间]　227
第四百一十二条　抵押权对抵押财产孳息的效力　228
　[抵押财产的孳息]　228
第四百一十三条　抵押财产变价后的处理　229
　[抵押财产价值计算时间的确定]　229
第四百一十四条　数个抵押权的清偿顺序　230
第四百一十五条　抵押权与质权的清偿顺序　230
第四百一十六条　动产购买价款抵押担保的优先权　231
　[买卖价款抵押权的优先受偿]　231
第四百一十七条　抵押权对新增建筑物的效力　232
第四百一十八条　集体所有土地使用权抵押权的实行效果　232
第四百一十九条　抵押权存续期间　232

第二节　最高额抵押权　233

第四百二十条　最高额抵押权的定义　233
　[最高额抵押权的特征]　233
第四百二十一条　最高额抵押权担保的债权转让　234

第四百二十二条　最高额抵押合同条款变更　235
[最高额抵押合同的变更]　235
第四百二十三条　最高额抵押权所担保的债权确定　235
第四百二十四条　最高额抵押权的法律适用　236

第十八章　质权　236
第一节　动产质权　236
第四百二十五条　动产质权的定义　236
[动产质权的法律特征]　236
第四百二十六条　禁止质押的动产范围　237
第四百二十七条　质押合同　237
[质押合同]　238
第四百二十八条　流质　238
[流质]　238
第四百二十九条　质权设立　238
第四百三十条　质权人孳息收取权及孳息首要清偿用途　239
第四百三十一条　质权人擅自使用、处分质押财产的责任　239
第四百三十二条　质权人的保管义务和赔偿责任　239
[妥善保管义务及费用]　240
第四百三十三条　质权的保护　240
第四百三十四条　责任转质　240
[转质的定义及类型]　241
第四百三十五条　质权的放弃　241
[放弃质权]　241
第四百三十六条　质物返还及质权实现　242
[质权人实现质权]　242
第四百三十七条　质权的及时行使　242
第四百三十八条　质押财产变价后的处理　243
第四百三十九条　最高额质权　243
[最高额质权]　243

第二节　权利质权　244
第四百四十条　权利质权的范围　244
[汇票]　244
[本票]　244

[支票] 244
[权利质权] 244
第四百四十一条　有价证券出质的质权的设立 245
[有无权利凭证的有价证券出质的质权设立的情形] 245
第四百四十二条　有价证券出质的质权的特别实现方式 245
第四百四十三条　以基金份额、股权出质的质权设立及转让限制 246
第四百四十四条　以知识产权中的财产权出质的质权的设立及转让限制 246
第四百四十五条　以应收账款出质的质权的设立及转让限制 247
第四百四十六条　权利质权的法律适用 248

第十九章　留置权 248

第四百四十七条　留置权的一般规定 248
[留置权的特征] 248
第四百四十八条　留置财产与债权的关系 248
第四百四十九条　留置权适用范围限制 249
第四百五十条　留置财产为可分物的特殊规定 249
[可分物] 250
第四百五十一条　留置权人的保管义务 250
[妥善保管留置财物] 250
第四百五十二条　留置权人收取孳息的权利 250
[收取留置财产的孳息] 250
第四百五十三条　留置权实现的一般规定 251
第四百五十四条　留置权债务人的请求权 251
第四百五十五条　留置权的实现 251
第四百五十六条　留置权与抵押权或者质权竞合时的顺位原则 251
[留置权效力优先] 251
第四百五十七条　留置权消灭原因 252

第五分编　占有 252

第二十章　占有 252

第四百五十八条　有权占有的法律适用 252
[占有] 252
第四百五十九条　无权占有造成占有物损害的赔偿责任 253
第四百六十条　权利人的返还请求权和占有人的费用求偿权 253

第四百六十一条　占有的不动产或动产毁损、灭失时占有人的
　　　　　　　　责任　　　　　　　　　　　　　　　　　253
　　［毁损］　　　　　　　　　　　　　　　　　　　　　　254
　　［灭失］　　　　　　　　　　　　　　　　　　　　　　254
第四百六十二条　占有保护请求权　　　　　　　　　　　　254
　　［占有保护请求权］　　　　　　　　　　　　　　　　　254

第三编　合同　　　　　　　　　　　　　　　　　　　　255
第一分编　通则　　　　　　　　　　　　　　　　　　　255
第一章　一般规定　　　　　　　　　　　　　　　　　　255
第四百六十三条　合同编的调整范围　　　　　　　　　　　255
第四百六十四条　合同的定义和身份关系协议的法律适用　　255
第四百六十五条　依法成立的合同效力　　　　　　　　　　257
第四百六十六条　合同条款的解释　　　　　　　　　　　　257
　　［合同争议条款的解释规则］　　　　　　　　　　　　　257
第四百六十七条　非典型合同及涉外合同的法律适用　　　　258
　　［无名合同］　　　　　　　　　　　　　　　　　　　　259
第四百六十八条　非因合同产生的债权债务关系的法律适用　259
第二章　合同的订立　　　　　　　　　　　　　　　　　259
第四百六十九条　合同订立形式　　　　　　　　　　　　　259
　　［数据电文］　　　　　　　　　　　　　　　　　　　　260
　　［电子数据交换］　　　　　　　　　　　　　　　　　　260
第四百七十条　合同主要条款与示范文本　　　　　　　　　260
第四百七十一条　合同订立方式　　　　　　　　　　　　　261
第四百七十二条　要约的定义及构成条件　　　　　　　　　261
第四百七十三条　要约邀请　　　　　　　　　　　　　　　262
　　［要约邀请］　　　　　　　　　　　　　　　　　　　　262
第四百七十四条　要约生效时间　　　　　　　　　　　　　263
第四百七十五条　要约撤回　　　　　　　　　　　　　　　263
　　［要约的撤回］　　　　　　　　　　　　　　　　　　　263
第四百七十六条　要约不得撤销情形　　　　　　　　　　　263
　　［要约的撤销］　　　　　　　　　　　　　　　　　　　263
第四百七十七条　要约撤销　　　　　　　　　　　　　　　264

第四百七十八条　要约失效　264
　[要约失效]　264
第四百七十九条　承诺的定义　265
第四百八十条　承诺的方式　265
第四百八十一条　承诺的期限　266
　[承诺期限]　266
第四百八十二条　承诺期限的起算点　266
第四百八十三条　合同成立时间　267
第四百八十四条　承诺生效时间　268
第四百八十五条　承诺的撤回　268
　[承诺的撤回]　269
第四百八十六条　逾期承诺　269
　[必然迟到的承诺]　269
第四百八十七条　因传递迟延造成逾期承诺的法律效果　269
　[偶然迟到的承诺]　270
第四百八十八条　承诺对要约内容的实质性变更　270
第四百八十九条　承诺对要约内容的非实质性变更　270
　[要约内容的非实质性变更]　270
第四百九十条　采用书面形式订立的合同成立时间　271
　[合同履行治愈规则]　271
第四百九十一条　签订确认书的合同及电子合同成立时间　272
第四百九十二条　合同成立地点　272
　[合同成立的地点]　273
第四百九十三条　书面合同成立地点　273
第四百九十四条　强制缔约义务　274
　[强制要约]　274
　[强制承诺]　274
第四百九十五条　预约合同　275
　[预约合同]　275
第四百九十六条　格式条款　276
第四百九十七条　格式条款无效的情形　278
第四百九十八条　格式条款的解释　278
第四百九十九条　悬赏广告　279

[悬赏广告的构成条件]　　　　　　　　　　　　　　　279
　第五百条　缔约过失责任　　　　　　　　　　　　　　　280
　　　[缔约过失责任]　　　　　　　　　　　　　　　　　280
　第五百零一条　当事人保密义务　　　　　　　　　　　　281
第三章　合同的效力　　　　　　　　　　　　　　　　　　281
　第五百零二条　合同生效时间　　　　　　　　　　　　　281
　第五百零三条　被代理人对无权代理合同的追认　　　　　283
　　　[被代理人以默示方式追认无权代理行为]　　　　　　283
　第五百零四条　越权订立的合同效力　　　　　　　　　　284
　第五百零五条　超越经营范围订立的合同效力　　　　　　285
　第五百零六条　免责条款效力　　　　　　　　　　　　　286
　　　[合同中的免责条款]　　　　　　　　　　　　　　　286
　第五百零七条　争议解决条款效力　　　　　　　　　　　286
　第五百零八条　合同效力援引规定　　　　　　　　　　　287
第四章　合同的履行　　　　　　　　　　　　　　　　　　287
　第五百零九条　合同履行的原则　　　　　　　　　　　　287
　第五百一十条　合同没有约定或者约定不明的补救措施　　288
　　　[合同内容确定]　　　　　　　　　　　　　　　　　289
　第五百一十一条　合同约定不明确时的履行　　　　　　　289
　第五百一十二条　电子合同标的交付时间　　　　　　　　290
　　　[电子合同]　　　　　　　　　　　　　　　　　　　290
　第五百一十三条　政府定价、政府指导价　　　　　　　　290
　　　[政府定价]　　　　　　　　　　　　　　　　　　　290
　　　[政府指导价]　　　　　　　　　　　　　　　　　　291
　第五百一十四条　金钱之债中对于履行币种约定不明时的处理　291
　第五百一十五条　选择之债中选择权归属与移转　　　　　291
　　　[选择之债]　　　　　　　　　　　　　　　　　　　291
　第五百一十六条　选择权的行使　　　　　　　　　　　　292
　第五百一十七条　按份之债　　　　　　　　　　　　　　292
　第五百一十八条　连带之债　　　　　　　　　　　　　　293
　第五百一十九条　连带债务人的份额确定及追偿权　　　　293
　第五百二十条　连带债务涉他效力　　　　　　　　　　　294
　第五百二十一条　连带债权的内外部关系及法律适用　　　295

第五百二十二条　向第三人履行的合同	296
第五百二十三条　由第三人履行的合同	297
第五百二十四条　第三人代为履行	298
第五百二十五条　同时履行抗辩权	299
［同时履行抗辩权］	299
第五百二十六条　先履行抗辩权	300
［先履行抗辩权］	300
第五百二十七条　不安抗辩权	301
［不安抗辩权］	302
第五百二十八条　不安抗辩权的效力	302
第五百二十九条　因债权人原因致债务履行困难时的处理	303
第五百三十条　债务人提前履行债务	303
第五百三十一条　债务人部分履行债务	303
第五百三十二条　当事人姓名等变化对合同履行的影响	304
第五百三十三条　情势变更	304
［情势变更制度］	304
第五百三十四条　合同监管	306

第五章　合同的保全 ... 306

第五百三十五条　债权人代位权	306
［代位权］	306
第五百三十六条　保存行为	309
第五百三十七条　债权人代位权行使效果	310
第五百三十八条　撤销债务人无偿行为	311
［撤销权］	311
第五百三十九条　撤销债务人有偿行为	312
第五百四十条　债权人撤销权行使范围以及必要费用承担	312
第五百四十一条　债权人撤销权行使期间	313
第五百四十二条　债权人撤销权行使效果	314

第六章　合同的变更和转让 ... 314

第五百四十三条　协议变更合同	314
［合同的变更］	314
第五百四十四条　变更不明确推定为未变更	314
第五百四十五条　债权转让	315

[债权转让] 315
　　第五百四十六条　债权转让通知 315
　　第五百四十七条　债权转让时从权利一并变动 316
　　[从权利] 316
　　第五百四十八条　债权转让时债务人抗辩权 317
　　第五百四十九条　债权转让时债务人抵销权 317
　　第五百五十条　债权转让增加的履行费用的负担 318
　　第五百五十一条　债务转移 318
　　[债务转移] 318
　　第五百五十二条　债务加入 319
　　第五百五十三条　债务转移时新债务人抗辩和抵销 320
　　第五百五十四条　债务转移时从债务一并转移 320
　　[从债务] 320
　　第五百五十五条　合同权利义务一并转让 321
　　[合同权利义务的一并转让] 321
　　第五百五十六条　合同权利义务一并转让的法律适用 321
第七章　合同的权利义务终止 321
　　第五百五十七条　债权债务终止情形 321
　　第五百五十八条　后合同义务 322
　　[后合同义务] 322
　　第五百五十九条　债权的从权利消灭 322
　　[债权的从权利] 322
　　第五百六十条　债的清偿抵充顺序 323
　　[清偿抵充] 323
　　第五百六十一条　费用、利息和主债务的抵充顺序 324
　　第五百六十二条　合同约定解除 324
　　第五百六十三条　合同法定解除 325
　　[法定解除] 325
　　第五百六十四条　解除权行使期限 326
　　第五百六十五条　合同解除程序 327
　　第五百六十六条　合同解除的效力 329
　　第五百六十七条　合同终止后有关结算和清理条款效力 330
　　第五百六十八条　债务法定抵销 330

[抵销] 330
　　[法定抵销] 330
　第五百六十九条　债务约定抵销 331
　　[约定抵销] 331
　第五百七十条　标的物提存的条件 332
　　[提存] 332
　第五百七十一条　提存成立及提存对债务人效力 333
　第五百七十二条　提存通知 333
　第五百七十三条　提存期间风险、孳息和提存费用 333
　第五百七十四条　提存物的受领及受领权消灭 334
　第五百七十五条　债务免除 335
　　[免除] 335
　第五百七十六条　债权债务混同 335

第八章　违约责任 336

　第五百七十七条　违约责任 336
　第五百七十八条　预期违约责任 336
　　[预期违约] 336
　第五百七十九条　金钱债务继续履行 337
　　[金钱债务] 337
　第五百八十条　非金钱债务继续履行责任及违约责任 337
　第五百八十一条　替代履行 338
　第五百八十二条　瑕疵履行的补救 339
　第五百八十三条　违约损害赔偿责任 339
　第五百八十四条　损害赔偿范围 340
　第五百八十五条　违约金 342
　　[违约金] 342
　第五百八十六条　定金担保 343
　　[定金] 343
　第五百八十七条　定金罚则 343
　第五百八十八条　违约金与定金竞合时的责任 344
　第五百八十九条　拒绝受领和受领迟延 345
　第五百九十条　不可抗力 345
　　[不可抗力作为违约责任的免责事由] 346

第五百九十一条	减损规则	346
第五百九十二条	双方违约和与有过错	346
第五百九十三条	第三人原因造成违约时违约责任承担	347
第五百九十四条	国际贸易合同诉讼时效和仲裁时效	347

第二分编　典型合同　348
第九章　买卖合同　348

第五百九十五条	买卖合同定义	348
[买卖合同]		348
第五百九十六条	买卖合同条款	349
第五百九十七条	无权处分效力	349
第五百九十八条	出卖人基本义务	350
[标的物的交付]		350
第五百九十九条	出卖人交付有关单证和资料义务	351
[提取标的物单证以外的有关单证和资料]		351
第六百条	知识产权归属	351
第六百零一条	标的物交付期限	352
第六百零二条	标的物交付期限不明时的处理	352
第六百零三条	标的物交付地点	352
第六百零四条	标的物毁损、灭失风险承担的基本规则	353
[风险承担]		353
第六百零五条	迟延交付标的物的风险承担	353
第六百零六条	路货买卖中的标的物风险承担	354
[路货买卖]		354
第六百零七条	需要运输的标的物风险承担	354
第六百零八条	买受人不收取标的物的风险承担	355
第六百零九条	未交付单证、资料不影响风险转移	355
第六百一十条	出卖人根本违约的风险负担	355
第六百一十一条	买受人承担风险与出卖人违约责任关系	355
第六百一十二条	出卖人权利瑕疵担保义务	356
第六百一十三条	出卖人权利瑕疵担保义务免除	356
第六百一十四条	买受人的中止支付价款权	357
第六百一十五条	标的物的质量要求	357
第六百一十六条	标的物质量要求没有约定或者约定不明时	

	的处理	357
第六百一十七条	质量瑕疵担保责任	357
第六百一十八条	减轻或者免除瑕疵担保责任的例外	358
第六百一十九条	标的物包装义务	358
第六百二十条	买受人的检验义务	358
第六百二十一条	买受人的通知义务	359
第六百二十二条	检验期限或质量保证期过短时的处理	359
第六百二十三条	检验期限未约定时的处理	360
第六百二十四条	向第三人履行情形下的检验标准	360
第六百二十五条	出卖人回收义务	360
	[标的物回收范围]	360
第六百二十六条	买受人支付价款的数额和方式	361
第六百二十七条	买受人支付价款的地点	361
第六百二十八条	买受人支付价款的时间	361
第六百二十九条	出卖人多交标的物的处理	361
第六百三十条	标的物孳息的归属	362
第六百三十一条	从物与合同解除	362
	[主物]	362
	[从物]	362
第六百三十二条	数物同时出卖时的合同解除	363
第六百三十三条	分批交付标的物的合同解除	363
第六百三十四条	分期付款买卖合同	363
第六百三十五条	凭样品买卖合同	364
	[凭样品买卖合同]	364
第六百三十六条	凭样品买卖合同的隐蔽瑕疵处理	365
第六百三十七条	试用买卖的试用期限	365
	[试用买卖合同]	365
第六百三十八条	试用买卖的效力	366
第六百三十九条	试用买卖使用费的负担	366
第六百四十条	试用期间标的物灭失风险的承担	367
第六百四十一条	所有权保留	367
第六百四十二条	出卖人的取回权	367
第六百四十三条	买受人的回赎权	368

第六百四十四条　招标投标买卖　368
第六百四十五条　拍卖　369
第六百四十六条　买卖合同准用于有偿合同　369
第六百四十七条　互易合同　369
　　［易货交易合同］　369

第十章　供用电、水、气、热力合同　370
第六百四十八条　供用电合同定义及强制缔约义务　370
第六百四十九条　供用电合同内容　370
第六百五十条　供用电合同履行地　370
　　［供用电合同的履行地点］　370
第六百五十一条　供电人的安全供电义务　370
第六百五十二条　供电人中断供电时的通知义务　371
第六百五十三条　供电人的抢修义务　371
第六百五十四条　用电人的交付电费义务　371
第六百五十五条　用电人的安全用电义务　372
第六百五十六条　供用水、供用气、供用热力合同的参照适用　372

第十一章　赠与合同　372
第六百五十七条　赠与合同定义　372
第六百五十八条　赠与人任意撤销权及其限制　373
第六百五十九条　赠与财产办理有关法律手续　373
第六百六十条　受赠人的交付请求权以及赠与人的赔偿责任　373
第六百六十一条　附义务赠与合同　374
　　［附义务的赠与］　374
第六百六十二条　赠与人瑕疵担保责任　374
第六百六十三条　赠与人的法定撤销权及其行使期间　375
第六百六十四条　赠与人继承人或者法定代理人的撤销权　375
第六百六十五条　撤销赠与的法律后果　375
第六百六十六条　赠与人穷困抗辩　376

第十二章　借款合同　376
第六百六十七条　借款合同定义　376
第六百六十八条　借款合同形式和内容　376
第六百六十九条　借款人应当提供真实情况义务　377
第六百七十条　借款利息不得预先扣除　377

第六百七十一条　贷款人未按照约定提供借款以及借款人未
　　　　　　　　按照约定收取借款的后果　　　　　　　　377
第六百七十二条　贷款人的监督、检查权　　　　　　　　378
第六百七十三条　借款人未按照约定用途使用借款的责任　378
第六百七十四条　借款人支付利息的期限　　　　　　　　378
第六百七十五条　借款人返还借款的期限　　　　　　　　379
第六百七十六条　借款人逾期返还借款的责任　　　　　　379
第六百七十七条　借款人提前返还借款　　　　　　　　　379
第六百七十八条　借款展期　　　　　　　　　　　　　　380
　　[申请展期]　　　　　　　　　　　　　　　　　　　380
第六百七十九条　自然人之间借款合同的成立时间　　　　380
第六百八十条　　禁止高利放贷以及对借款利息的确定　　380

第十三章　保证合同　　　　　　　　　　　　　　　　　383
第一节　一般规定　　　　　　　　　　　　　　　　　383
第六百八十一条　保证合同定义　　　　　　　　　　　　383
第六百八十二条　保证合同的从属性及保证合同无效的法律
　　　　　　　　后果　　　　　　　　　　　　　　　　383
第六百八十三条　不得担任保证人的主体范围　　　　　　384
第六百八十四条　保证合同内容　　　　　　　　　　　　384
第六百八十五条　保证合同形式　　　　　　　　　　　　385
第六百八十六条　保证方式　　　　　　　　　　　　　　385
第六百八十七条　一般保证及先诉抗辩权　　　　　　　　385
第六百八十八条　连带责任保证　　　　　　　　　　　　387
第六百八十九条　反担保　　　　　　　　　　　　　　　388
　　[反担保]　　　　　　　　　　　　　　　　　　　　388
第六百九十条　　最高额保证合同　　　　　　　　　　　388
　　[最高额保证]　　　　　　　　　　　　　　　　　　388
第二节　保证责任　　　　　　　　　　　　　　　　　389
第六百九十一条　保证范围　　　　　　　　　　　　　　389
第六百九十二条　保证期间　　　　　　　　　　　　　　389
第六百九十三条　保证责任免除　　　　　　　　　　　　390
第六百九十四条　保证债务诉讼时效　　　　　　　　　　390
第六百九十五条　主合同变更对保证责任影响　　　　　　390

第六百九十六条　债权转让对保证责任影响　391
第六百九十七条　债务承担对保证责任影响　391
　[债务承担]　391
第六百九十八条　一般保证人保证责任免除　392
第六百九十九条　共同保证　392
第七百条　保证人追偿权　392
第七百零一条　保证人抗辩权　392
第七百零二条　抵销权和撤销权范围内的免责　392

第十四章　租赁合同　393

第七百零三条　租赁合同定义　393
第七百零四条　租赁合同主要内容　393
第七百零五条　租赁最长期限　393
第七百零六条　租赁合同的登记备案手续对合同效力影响　394
第七百零七条　租赁合同形式　394
第七百零八条　出租人交付租赁物义务和适租义务　394
第七百零九条　承租人按约定使用租赁物的义务　395
第七百一十条　承租人按约定使用租赁物的免责义务　395
第七百一十一条　租赁人未按约定使用租赁物的责任　395
第七百一十二条　出租人维修义务　396
第七百一十三条　出租人不履行维修义务的法律后果　396
第七百一十四条　承租人妥善保管租赁物义务　396
第七百一十五条　承租人对租赁物进行改善或增设他物　396
第七百一十六条　承租人对租赁物转租　397
　[转租]　398
第七百一十七条　转租期限　398
第七百一十八条　推定出租人同意转租　398
第七百一十九条　次承租人代为清偿权　398
第七百二十条　租赁物收益归属　399
第七百二十一条　租金支付期限　399
第七百二十二条　承租人违反支付租金义务的法律后果　399
　[承租人有正当理由拒付租金的情形]　399
第七百二十三条　出租人权利瑕疵担保责任　399
第七百二十四条　非承租人构成根本性违约承租人可以解除合同　400

第七百二十五条	所有权变动不破租赁	400
第七百二十六条	房屋承租人优先购买权	401
第七百二十七条	委托拍卖情况下房屋承租人优先购买权	401
第七百二十八条	房屋承租人优先购买权受到侵害的法律后果	401
第七百二十九条	不可归责于承租人的租赁物毁损、灭失的法律后果	402
第七百三十条	租赁期限没有约定或约定不明确时的法律后果	402
第七百三十一条	租赁物质量不合格时承租人解除权	402
第七百三十二条	房屋承租人死亡的租赁关系的处理	403
第七百三十三条	租赁期限届满承租人返还租赁物	403
第七百三十四条	租赁期限届满承租人继续使用租赁物及房屋承租人的优先承租权	403

第十五章　融资租赁合同　404

第七百三十五条	融资租赁合同定义	404
第七百三十六条	融资租赁合同内容和形式	404
第七百三十七条	融资租赁合同无效	405
第七百三十八条	租赁物经营许可对合同效力影响	405
第七百三十九条	融资租赁标的物交付	405
第七百四十条	承租人拒绝受领标的物的条件	405
第七百四十一条	承租人行使索赔权	406
[承租人直接向出卖人行使索赔权]		406
第七百四十二条	承租人行使索赔权不影响支付租金义务	406
第七百四十三条	索赔失败的责任承担	407
第七百四十四条	出租人不得擅自变更买卖合同内容	407
第七百四十五条	租赁物的所有权	407
第七百四十六条	融资租赁合同租金的确定	408
第七百四十七条	租赁物质量瑕疵担保责任	408
第七百四十八条	出租人保证承租人占有和使用租赁物	408
第七百四十九条	租赁物致人损害的责任承担	409
第七百五十条	承租人对租赁物的保管、使用和维修义务	409
第七百五十一条	租赁物毁损、灭失对租金给付义务的影响	409
第七百五十二条	承租人支付租金义务	409
第七百五十三条	出租人解除融资租赁合同	410

第七百五十四条　出租人或承租人解除融资租赁合同	410
第七百五十五条　承租人承担赔偿责任	411
第七百五十六条　租赁物意外毁损灭失	411
第七百五十七条　租赁期限届满租赁物归属	411
第七百五十八条　租赁物价值返还及租赁物无法返还	412
第七百五十九条　支付象征性价款后租赁物归属	412
第七百六十条　融资租赁合同无效租赁物归属	412

第十六章　保理合同　413
　　第七百六十一条　保理合同定义　413
　　　　［应收账款］　413
　　　　［资金融通］　413
　　　　［应收账款管理］　413
　　　　［应收账款催收］　413
　　　　［付款担保］　413
　　第七百六十二条　保理合同内容和形式　414
　　第七百六十三条　虚构应收账款的法律后果　414
　　第七百六十四条　保理人表明身份义务　415
　　第七百六十五条　无正当理由变更或者终止基础交易合同行为对保理人的效力　415
　　第七百六十六条　有追索权保理　415
　　　　［有追索权保理］　415
　　　　［保理人实现应收账款债权的方式］　415
　　第七百六十七条　无追索权保理　416
　　　　［无追索权保理］　416
　　　　［无追索权保理合同的方式］　416
　　第七百六十八条　多重保理的清偿顺序　416
　　第七百六十九条　适用债权转让规定　417

第十七章　承揽合同　417
　　第七百七十条　承揽合同定义和承揽主要类型　417
　　　　［加工］　417
　　　　［定作］　417
　　　　［检验］　417
　　第七百七十一条　承揽合同主要内容　418

第七百七十二条　承揽工作主要完成人	418
[主要工作]	418
第七百七十三条　承揽辅助工作转交	418
第七百七十四条　承揽人提供材料时的义务	418
第七百七十五条　定作人提供材料时双方当事人的义务	418
第七百七十六条　定作人要求不合理时双方当事人的义务	419
第七百七十七条　定作人变更工作要求的法律后果	419
第七百七十八条　定作人协助义务	419
第七百七十九条　定作人监督检验	419
[必要的监督检验]	419
第七百八十条　承揽人工作成果交付	420
第七百八十一条　工作成果不符合质量要求时的违约责任	420
第七百八十二条　定作人支付报酬的期限	420
第七百八十三条　定作人未履行付款义务时承揽人权利	420
第七百八十四条　承揽人保管义务	420
[妥善保管]	420
第七百八十五条　承揽人保密义务	421
第七百八十六条　共同承揽人连带责任	421
[共同承揽]	421
第七百八十七条　定作人任意解除权	421
第十八章　建设工程合同	421
第七百八十八条　建设工程合同定义和种类	421
[建设工程的承包人]	421
[承包人的基本义务]	422
第七百八十九条　建设工程合同的形式	422
第七百九十条　建设工程招投标活动的原则	422
第七百九十一条　建设工程的发包、承包、分包	422
[分包]	423
[转包]	423
第七百九十二条　订立国家重大建设工程合同	423
第七百九十三条　建设工程合同无效、验收不合格的处理	423
第七百九十四条　勘察、设计合同的内容	424
第七百九十五条　施工合同的内容	424

第七百九十六条　建设工程监理　425
　[建设工程监理]　425
第七百九十七条　发包人的检查权　425
第七百九十八条　隐蔽工程　426
　[隐蔽工程]　426
第七百九十九条　建设工程的竣工验收　426
　[建设工程的竣工验收]　426
第八百条　勘察人、设计人对勘察、设计的责任　427
第八百零一条　施工人对建设工程质量承担的民事责任　427
第八百零二条　合理使用期限内质量保证责任　428
第八百零三条　发包人未按约定的时间和要求提供相关物资
　　　　　　　的违约责任　428
第八百零四条　因发包人原因造成工程停建、缓建所应承担责任　428
　[因发包人的原因]　429
第八百零五条　因发包人原因造成勘察、设计的返工、停工或
　　　　　　　者修改设计所应承担责任　429
第八百零六条　合同解除及后果处理的规定　429
第八百零七条　发包人未支付工程价款的责任　430
第八百零八条　适用承揽合同　431

第十九章　运输合同　431
第一节　一般规定　431
第八百零九条　运输合同定义　431
　[运输合同的种类]　431
第八百一十条　承运人强制缔约义务　431
　[公共运输]　431
第八百一十一条　承运人安全运输义务　432
第八百一十二条　承运人合理运输义务　432
第八百一十三条　支付票款或者运输费用　432
第二节　客运合同　432
第八百一十四条　客运合同成立时间　432
第八百一十五条　旅客乘运义务的一般规定　432
第八百一十六条　旅客办理退票或者变更乘运手续　433
第八百一十七条　行李携带及托运要求　433

第八百一十八条　禁止旅客携带危险物品、违禁物品　433
第八百一十九条　承运人的告知义务和旅客的协助义务　433
第八百二十条　承运人按照约定运输的义务　433
第八百二十一条　承运人变更服务标准的后果　434
第八百二十二条　承运人救助义务　434
　[尽力]　434
第八百二十三条　旅客人身伤亡责任　434
第八百二十四条　旅客随身携带物品毁损、灭失的责任承担　435

第三节　货运合同　435

第八百二十五条　托运人如实申报义务　435
第八百二十六条　托运人提交有关文件义务　435
第八百二十七条　托运人货物包装义务　436
第八百二十八条　运输危险货物　436
第八百二十九条　托运人变更或者解除运输合同权利　436
　[托运人的变更或者解除权]　436
第八百三十条　提货　437
第八百三十一条　收货人检验货物　437
第八百三十二条　运输过程中货物毁损、灭失的责任承担　437
第八百三十三条　确定货物赔偿额　438
第八百三十四条　相继运输　438
　[相继运输]　438
第八百三十五条　货物因不可抗力灭失的运费处理　439
第八百三十六条　承运人留置权　439
　[但是当事人另有约定的除外]　439
第八百三十七条　承运人提存货物　439

第四节　多式联运合同　439

第八百三十八条　多式联运经营人应当负责履行或者组织履行合同　439
　[多式联运合同]　439
第八百三十九条　多式联运合同责任制度　440
第八百四十条　多式联运单据　440
第八百四十一条　托运人承担过错责任　440
　[多式联运中,托运人承担的责任]　440

第八百四十二条　多式联运经营人赔偿责任的法律适用　441
第二十章　技术合同　441
第一节　一般规定　441
第八百四十三条　技术合同定义　441
第八百四十四条　技术合同订立的目的　441
第八百四十五条　技术合同主要条款　441
第八百四十六条　技术合同价款、报酬及使用费　442
第八百四十七条　职务技术成果的财产权权属　442
　[技术成果]　443
　[执行法人或者非法人组织的工作任务]　443
　[物质技术条件]　443
第八百四十八条　非职务技术成果的财产权权属　443
第八百四十九条　技术成果的人身权归属　443
　[完成技术成果的个人]　444
　[技术成果文件]　444
第八百五十条　技术合同无效　444
　[非法垄断技术]　444
第二节　技术开发合同　445
第八百五十一条　技术开发合同定义及合同形式　445
　[新技术、新产品、新工艺、新品种或者新材料及其系统]　445
第八百五十二条　委托开发合同的委托人义务　446
第八百五十三条　委托开发合同的研究开发人义务　446
第八百五十四条　委托开发合同的违约责任　446
第八百五十五条　合作开发合同的当事人主要义务　446
　[分工参与研究开发工作]　446
第八百五十六条　合作开发合同的违约责任　446
第八百五十七条　技术开发合同解除　447
第八百五十八条　技术开发合同风险负担及通知义务　447
第八百五十九条　委托开发合同的技术成果归属　447
第八百六十条　合作开发合同的技术成果归属　447
第八百六十一条　技术秘密成果归属与分享　448
　[当事人均有使用和转让的权利]　448
第三节　技术转让合同和技术许可合同　448

第八百六十二条　技术转让合同和技术许可合同定义　448
第八百六十三条　技术转让合同和技术许可合同类型和形式　449
　　[专利权转让合同]　449
　　[专利申请权转让合同]　449
　　[技术秘密转让合同]　449
　　[专利实施许可合同]　449
　　[技术秘密使用许可合同]　449
　　[专利实施许可包括的方式]　450
第八百六十四条　技术转让合同和技术许可合同的限制性条款　450
　　[实施专利或者使用技术秘密的范围]　450
第八百六十五条　专利实施许可合同限制　450
　　[专利权]　450
第八百六十六条　专利实施许可合同许可人主要义务　451
　　[专利实施许可合同许可人的主要义务]　451
第八百六十七条　专利实施许可合同被许可人主要义务　451
第八百六十八条　技术秘密让与人和许可人主要义务　451
第八百六十九条　技术秘密受让人和被许可人主要义务　452
第八百七十条　技术转让合同让与人和技术许可合同许可人保证义务　452
第八百七十一条　技术转让合同受让人和技术许可合同被许可人保密义务　452
第八百七十二条　许可人和让与人违约责任　452
第八百七十三条　被许可人和受让人违约责任　453
第八百七十四条　受让人和被许可人侵权责任　453
第八百七十五条　后续技术成果的归属与分享　453
　　[后续改进]　453
第八百七十六条　其他知识产权的转让和许可　453
第八百七十七条　技术进出口合同或者专利、专利申请合同法律适用　454

第四节　技术咨询合同和技术服务合同　454
　　[技术进出口合同]　454
第八百七十八条　技术咨询合同和技术服务合同定义　454
　　[特定技术项目]　454

[特定技术问题] 454
　　第八百七十九条　技术咨询合同委托人义务 455
　　第八百八十条　技术咨询合同受托人义务 455
　　第八百八十一条　技术咨询合同的违约责任 455
　　第八百八十二条　技术服务合同委托人义务 455
　　第八百八十三条　技术服务合同受托人义务 455
　　第八百八十四条　技术服务合同的违约责任 456
　　第八百八十五条　创新技术成果归属 456
　　第八百八十六条　工作费用的负担 456
　　第八百八十七条　技术中介合同和技术培训合同法律适用 456
　　[技术中介合同] 457
　　[技术培训合同] 457
第二十一章　保管合同 457
　　第八百八十八条　保管合同定义 457
　　[保管合同的主要法律特征] 458
　　第八百八十九条　保管费 458
　　第八百九十条　保管合同成立时间 458
　　第八百九十一条　保管人出具保管凭证义务 458
　　第八百九十二条　保管人妥善保管义务 459
　　第八百九十三条　寄存人告知义务 459
　　[知道或者应当知道] 459
　　第八百九十四条　保管人亲自保管保管物义务 459
　　第八百九十五条　保管人不得使用或者许可他人使用保管物的义务 459
　　第八百九十六条　保管人返还保管物及通知寄存人的义务 460
　　第八百九十七条　保管人赔偿责任 460
　　第八百九十八条　寄存人声明义务 460
　　第八百九十九条　领取保管物 460
　　第九百条　返还保管物及其孳息 460
　　第九百零一条　消费保管合同 461
　　[消费保管] 461
　　第九百零二条　保管费支付期限 461
　　第九百零三条　保管人留置权 461

　　　　[其他费用]　　　　　　　　　　　　　　　　　　　461

第二十二章　仓储合同　　　　　　　　　　　　　　　462
　　第九百零四条　仓储合同定义　　　　　　　　　　　462
　　　　[仓储合同]　　　　　　　　　　　　　　　　　462
　　第九百零五条　仓储合同成立时间　　　　　　　　　462
　　第九百零六条　危险物品和易变质物品的储存　　　　462
　　第九百零七条　保管人验收义务以及损害赔偿　　　　462
　　第九百零八条　保管人出具仓单、入库单义务　　　　463
　　第九百零九条　仓单　　　　　　　　　　　　　　　463
　　第九百一十条　仓单性质和转让　　　　　　　　　　463
　　第九百一十一条　存货人或者仓单持有人有权检查仓储物或
　　　　　　　　　　者提取样品　　　　　　　　　　　464
　　第九百一十二条　保管人危险通知义务　　　　　　　464
　　第九百一十三条　保管人危险催告义务和紧急处置权　464
　　　　[保管人承担催告义务的条件]　　　　　　　　　464
　　第九百一十四条　储存期限不明确时仓储物提取　　　464
　　　　[给予必要的准备时间]　　　　　　　　　　　　465
　　第九百一十五条　储存期限届满仓储物提取　　　　　465
　　第九百一十六条　逾期提取仓储物　　　　　　　　　465
　　第九百一十七条　保管人的损害赔偿责任　　　　　　465
　　　　[保管不善]　　　　　　　　　　　　　　　　　465
　　第九百一十八条　适用保管合同　　　　　　　　　　466

第二十三章　委托合同　　　　　　　　　　　　　　　466
　　第九百一十九条　委托合同定义　　　　　　　　　　466
　　　　[委托合同]　　　　　　　　　　　　　　　　　466
　　　　[委托合同的特征]　　　　　　　　　　　　　　466
　　第九百二十条　委托权限　　　　　　　　　　　　　466
　　　　[特别委托]　　　　　　　　　　　　　　　　　466
　　　　[概括委托]　　　　　　　　　　　　　　　　　466
　　第九百二十一条　委托费用的预付和垫付　　　　　　467
　　第九百二十二条　受托人应当按照委托人的指示处理委托事务　467
　　第九百二十三条　受托人亲自处理委托事务　　　　　467
　　　　[转委托的条件]　　　　　　　　　　　　　　　467

第九百二十四条　受托人的报告义务　467
第九百二十五条　委托人介入权　468
　[直接约束委托人和第三人]　468
第九百二十六条　委托人对第三人的权利和第三人选择权　468
　[委托人的介入权]　468
　[第三人的选择权]　469
第九百二十七条　受托人转移利益　470
　[取得的财产]　470
第九百二十八条　委托人支付报酬　470
第九百二十九条　受托人的赔偿责任　470
第九百三十条　委托人的赔偿责任　471
第九百三十一条　委托人另行委托他人处理事务　471
第九百三十二条　共同委托　471
　[共同委托]　471
第九百三十三条　委托合同解除　471
第九百三十四条　委托合同终止　471
第九百三十五条　受托人继续处理委托事务　472
第九百三十六条　受托人的继承人等的义务　472

第二十四章　物业服务合同

第九百三十七条　物业服务合同定义　472
　[物业服务合同的特征]　472
第九百三十八条　物业服务合同内容和形式　473
　[物业服务承诺]　473
第九百三十九条　物业服务合同的约束力　473
第九百四十条　前期物业服务合同法定终止条件　473
　[前期物业服务合同终止的原因]　473
第九百四十一条　物业服务转委托的条件和限制性条款　474
第九百四十二条　物业服务人的主要义务　474
　[保护业主的人身、财产安全]　474
第九百四十三条　物业服务人信息公开义务　475
　[物业服务收费应当遵循的原则]　475
第九百四十四条　业主支付物业费义务　475
　[业主可以拒绝支付物业费的正当理由]　476

第九百四十五条　业主告知、协助义务　477
　　第九百四十六条　业主共同解除物业服务合同　477
　　第九百四十七条　物业服务合同的续订　477
　　第九百四十八条　不定期物业服务合同　477
　　第九百四十九条　物业服务人的移交义务及法律责任　478
　　第九百五十条　物业服务人的后合同义务　478
第二十五章　行纪合同　478
　　第九百五十一条　行纪合同定义　478
　　　[行纪合同的特征]　478
　　第九百五十二条　行纪人承担费用的义务　479
　　第九百五十三条　行纪人的保管义务　479
　　第九百五十四条　行纪人处置委托物的义务　479
　　第九百五十五条　行纪人依照委托人指定价格买卖的义务　479
　　第九百五十六条　行纪人的介入权　479
　　　[行纪人的介入权]　480
　　第九百五十七条　委托人及时受领、取回和处分委托物及行纪人提存委托物　480
　　第九百五十八条　行纪人的直接履行义务　480
　　第九百五十九条　行纪人的报酬请求权及留置权　480
　　　[行纪人留置委托物需具备的条件]　480
　　第九百六十条　参照适用委托合同　481
第二十六章　中介合同　481
　　第九百六十一条　中介合同定义　481
　　　[中介合同]　481
　　第九百六十二条　中介人报告义务　481
　　　[如实报告]　482
　　第九百六十三条　中介人的报酬　482
　　　[中介活动的费用]　482
　　第九百六十四条　中介人必要费用请求权　483
　　　[中介活动费用]　483
　　　[按照约定]　483
　　第九百六十五条　委托人私下与第三人订立合同后果　483
　　第九百六十六条　参照适用委托合同　483

第二十七章　合伙合同　483
　　第九百六十七条　合伙合同定义　483
　　第九百六十八条　合伙人履行出资义务　484
　　第九百六十九条　合伙财产　484
　　第九百七十条　合伙事务的执行　484
　　　[合伙事务的决定]　485
　　　[合伙事务的执行]　485
　　　[非执行合伙事务人的监督权]　485
　　　[合伙人对其他合伙人执行事务的异议权]　485
　　第九百七十一条　执行合伙事务报酬　486
　　第九百七十二条　合伙的利润分配与亏损分担　486
　　第九百七十三条　合伙人的连带责任及追偿权　486
　　　[合伙人对合伙债务承担连带责任]　486
　　第九百七十四条　合伙人转让其财产份额　487
　　　[合伙财产]　487
　　第九百七十五条　合伙人权利代位　487
　　第九百七十六条　合伙期限　488
　　　[合伙期限]　488
　　第九百七十七条　合伙合同终止　488
　　第九百七十八条　合伙剩余财产分配顺序　489

第三分编　准合同　489

第二十八章　无因管理　489
　　第九百七十九条　无因管理定义　489
　　第九百八十条　不适当无因管理制度　489
　　　[适当的无因管理]　489
　　　[不适当的无因管理]　490
　　第九百八十一条　管理人适当管理义务　490
　　第九百八十二条　管理人通知义务　490
　　　[管理人在管理事务时对受益人有通知的义务]　490
　　第九百八十三条　管理人报告和交付义务　491
　　第九百八十四条　受益人追认的法律效果　491

第二十九章　不当得利　491
　　第九百八十五条　不当得利定义　491

[不当得利] 491
　　第九百八十六条　善意得利人返还义务免除 492
　　　["取得的利益"有无的判断] 492
　　第九百八十七条　恶意得利人返还义务 492
　　第九百八十八条　第三人返还义务 492
　　　[无偿转让给第三人] 492

第四编　人格权 493
第一章　一般规定 493
　　第九百八十九条　人格权编的调整范围 493
　　　[人格权] 493
　　第九百九十条　人格权类型 493
　　第九百九十一条　人格权受法律保护 494
　　第九百九十二条　人格权禁止性规定 494
　　第九百九十三条　人格标识许可使用 494
　　　[许可他人使用] 494
　　第九百九十四条　死者人格利益保护 495
　　第九百九十五条　不适用诉讼时效的请求权 495
　　第九百九十六条　责任竞合情形下精神损害赔偿 495
　　　[精神损害赔偿] 496
　　第九百九十七条　人格权行为禁令 496
　　第九百九十八条　认定人格侵权责任应考虑的主要因素 496
　　第九百九十九条　人格权的合理使用 497
　　　[新闻报道] 497
　　　[舆论监督] 497
　　第一千条　消除影响、恢复名誉、赔礼道歉等民事责任的承担 497
　　第一千零一条　身份权的法律适用 498
第二章　生命权、身体权和健康权 499
　　第一千零二条　生命权 499
　　　[生命权] 499
　　　[生命尊严受法律保护] 499
　　第一千零三条　身体权 499
　　　[身体权] 499

第一千零四条 健康权　　500

　　[健康权]　　500

第一千零五条 法定救助义务　　500

第一千零六条 人体捐献　　501

第一千零七条 禁止人体买卖　　502

第一千零八条 人体临床试验　　502

　　[人体临床试验]　　502

第一千零九条 与人体基因、人体胚胎等有关的医学科研活动　　503

第一千零一十条 性骚扰　　503

第一千零一十一条 侵害行动自由和非法搜查身体　　504

第三章　姓名权和名称权　　505

第一千零一十二条 姓名权　　505

第一千零一十三条 名称权　　506

　　[名称权]　　506

第一千零一十四条 姓名权或名称权不得被非法侵害　　507

第一千零一十五条 自然人选取姓氏　　508

第一千零一十六条 决定、变更姓名、名称或转让名称的法定程序及法律效力　　508

第一千零一十七条 笔名、艺名等的保护　　509

第四章　肖像权　　509

第一千零一十八条 肖像权及肖像　　509

第一千零一十九条 肖像权的保护　　509

第一千零二十条 肖像权的合理使用　　511

第一千零二十一条 肖像许可使用合同解释规则　　512

第一千零二十二条 肖像许可使用合同解除权　　512

　　[肖像许可使用合同]　　512

　　[肖像许可使用合同的期限]　　512

第一千零二十三条 姓名许可和声音保护的参照适用　　513

第五章　名誉权和荣誉权　　514

第一千零二十四条 名誉权及名誉　　514

第一千零二十五条 实施新闻报道、舆论监督等行为与保护名誉权关系　　516

第一千零二十六条 合理核实义务的认定因素　　517

第一千零二十七条　文艺作品侵害名誉权　　517
第一千零二十八条　媒体报道内容失实侵害名誉权的补救　　517
第一千零二十九条　信用评价　　518
第一千零三十条　民事主体与信用信息处理者之间关系的法律适用　　518
第一千零三十一条　荣誉权　　518
　[荣誉权]　　519
　[损害民事主体荣誉权的特殊情形]　　519

第六章　隐私权和个人信息保护　　519

第一千零三十二条　隐私权及隐私　　519
　[隐私权]　　520
第一千零三十三条　隐私权侵害行为　　520
第一千零三十四条　个人信息的定义　　521
第一千零三十五条　个人信息处理的原则和条件　　522
　[合法原则]　　522
　[正当原则]　　522
　[必要原则]　　523
　[公开透明原则]　　523
第一千零三十六条　处理个人信息免责事由　　523
第一千零三十七条　个人信息主体的权利　　524
　[信息主体可以请求删除个人信息的情形]　　524
第一千零三十八条　信息处理者的信息安全保护义务　　525
第一千零三十九条　国家机关、承担行政职能的法定机构及其工作人员的保密义务　　525

第五编　婚姻家庭　　526

第一章　一般规定　　526

第一千零四十条　婚姻家庭编的调整范围　　526
第一千零四十一条　基本原则　　526
　[婚姻自由]　　526
　[结婚自由]　　527
　[离婚自由]　　527
第一千零四十二条　婚姻家庭的禁止性规定　　527

[包办婚姻] 527
　　[买卖婚姻] 527
　　[重婚] 527
　第一千零四十三条　婚姻家庭的倡导性规定 528
　第一千零四十四条　收养的基本原则 529
　第一千零四十五条　亲属、近亲属及家庭成员 529
　　[血亲] 530
　　[姻亲] 530
第二章　结婚 530
　第一千零四十六条　结婚自愿 530
　第一千零四十七条　法定结婚年龄 531
　第一千零四十八条　禁止结婚的情形 531
　第一千零四十九条　结婚登记 532
　　[婚姻登记机关不予登记的情形] 532
　第一千零五十条　婚后双方互为家庭成员 533
　第一千零五十一条　婚姻无效的情形 533
　第一千零五十二条　胁迫的可撤销婚姻 534
　　[可撤销婚姻] 534
　　[因胁迫而结婚] 534
　　[提出撤销婚姻效力申请的时间] 534
　第一千零五十三条　隐瞒疾病的可撤销婚姻 535
　第一千零五十四条　婚姻无效和被撤销的法律后果 536
　　[自始没有法律约束力] 536
　　[双方均无配偶的同居关系析产纠纷案件中,对同居期间所得的财产的处理] 537
第三章　家庭关系 537
　第一节　夫妻关系 537
　第一千零五十五条　夫妻地位平等 537
　第一千零五十六条　夫妻姓名权 538
　　[姓名权] 538
　第一千零五十七条　夫妻人身自由权 538
　第一千零五十八条　夫妻抚养、教育和保护子女的权利义务平等 538
　第一千零五十九条　夫妻相互扶养义务 538

第一千零六十条　日常家事代理权　539
　　　［夫妻日常家事代理权］　539
　　第一千零六十一条　夫妻相互继承权　539
　　第一千零六十二条　夫妻共同财产　540
　　　［知识产权的收益］　540
　　　［其他应当归共同所有的财产］　540
　　　［夫妻共同财产的特征］　540
　　第一千零六十三条　夫妻个人财产　541
　　　［婚前财产］　542
　　第一千零六十四条　夫妻共同债务　542
　　第一千零六十五条　夫妻约定财产制　544
　　　［约定财产制］　544
　　第一千零六十六条　婚姻关系存续期间夫妻共同财产的分割　545
　第二节　父母子女关系和其他近亲属关系　546
　　第一千零六十七条　父母的抚养义务和子女的赡养义务　546
　　第一千零六十八条　父母教育、保护未成年子女的权利义务　546
　　　［教育］　547
　　　［保护］　547
　　第一千零六十九条　子女应尊重父母的婚姻权利　547
　　第一千零七十条　父母子女相互继承权　548
　　第一千零七十一条　非婚生子女的权利　548
　　　［非婚生子女］　548
　　第一千零七十二条　继父母与继子女间的权利义务关系　548
　　第一千零七十三条　亲子关系异议之诉　549
　　第一千零七十四条　祖孙之间的抚养、赡养义务　550
　　第一千零七十五条　兄弟姐妹间的扶养义务　550
　　　［产生兄、姐对弟、妹的扶养义务,应当具备的条件］　550
　　　［产生弟、妹对兄、姐的扶养义务,应当具备的条件］　551
第四章　离婚　551
　　第一千零七十六条　协议离婚　551
　　　［协议离婚］　551
　　　［协议离婚的特征］　551
　　　［离婚协议的内容］　552

第一千零七十七条　离婚冷静期 552
　　[离婚冷静期] 553
第一千零七十八条　协议离婚登记 553
第一千零七十九条　诉讼离婚 553
　　[诉讼离婚] 554
　　[人民法院审理离婚案件,应当进行调解] 554
第一千零八十条　婚姻关系解除时间 554
第一千零八十一条　军婚的保护 554
　　[现役军人] 555
第一千零八十二条　男方离婚诉权的限制 555
第一千零八十三条　复婚登记 556
第一千零八十四条　离婚后的父母子女关系 556
　　[2周岁以上未成年子女的抚养] 556
　　[已满8周岁子女的抚养] 556
　　[子女直接抚养归属的变更] 556
第一千零八十五条　离婚后子女抚养费的负担 558
　　[抚养费的数额] 559
　　[子女抚养费的给付] 559
　　[子女要求有负担能力的父或者母增加抚养费的情形] 559
第一千零八十六条　父母的探望权 560
　　[探望权的限制] 560
第一千零八十七条　离婚时夫妻共同财产的处理 561
第一千零八十八条　离婚经济补偿 563
　　[离婚经济补偿] 563
第一千零八十九条　离婚时夫妻共同债务清偿 563
第一千零九十条　离婚经济帮助 564
第一千零九十一条　离婚过错赔偿 564
　　[承担离婚过错损害赔偿责任的主体] 564
第一千零九十二条　一方侵害夫妻共同财产的法律后果 565

第五章　收养

第一节　收养关系的成立

第一千零九十三条　被收养人的范围 566
　　[收养] 566

［丧失父母的孤儿］ 566
　　　［查找不到生父母的未成年人］ 566
　　　［生父母有特殊困难无力抚养的子女］ 566
　第一千零九十四条　送养人的范围 567
　　　［孤儿的监护人］ 567
　　　［儿童福利机构］ 567
　　　［有特殊困难无力抚养子女的生父母］ 567
　第一千零九十五条　监护人送养未成年人的特殊规定 567
　第一千零九十六条　监护人送养孤儿的特殊规定 568
　　　［有抚养义务的人］ 568
　第一千零九十七条　生父母送养 568
　第一千零九十八条　收养人的条件 569
　第一千零九十九条　收养三代以内旁系同辈血亲子女的特殊规定 570
　　　［三代以内旁系同辈血亲的子女］ 570
　　　［对华侨收养三代以内旁系同辈血亲子女的条件规定］ 570
　第一千一百条　收养子女的人数 570
　第一千一百零一条　共同收养 570
　　　［共同收养］ 571
　第一千一百零二条　无配偶者收养异性子女 571
　第一千一百零三条　继父母收养继子女的特殊规定 572
　第一千一百零四条　收养、送养自愿 572
　第一千一百零五条　收养登记、收养公告、收养协议、收养公证、收养评估 573
　第一千一百零六条　被收养人户口登记 573
　第一千一百零七条　生父母的亲属、朋友抚养不适用收养 573
　第一千一百零八条　抚养优先权 574
　第一千一百零九条　涉外收养 574
　第一千一百一十条　收养保密义务 575
　第二节　收养的效力 575
　第一千一百一十一条　收养拟制效力 575
　第一千一百一十二条　养子女的姓氏 575
　第一千一百一十三条　无效收养行为 576
　　　［收养行为无效］ 576

第三节 收养关系的解除	576
第一千一百一十四条 当事人协议解除及诉讼解除收养关系	576
［协议解除收养关系的特点］	576
［诉讼解除收养关系的规定］	576
第一千一百一十五条 养父母与成年养子女解除收养关系	577
第一千一百一十六条 解除收养关系登记	577
第一千一百一十七条 解除收养关系后的身份效力	578
第一千一百一十八条 解除收养关系后的财产效力	578

第六编 继承 579

第一章 一般规定 579

第一千一百一十九条 继承编的调整范围	579
［继承］	579
第一千一百二十条 继承权受国家保护	579
［继承权］	579
［继承权的具体内容］	579
第一千一百二十一条 继承开始的时间及死亡先后的推定	580
［继承开始的时间］	580
第一千一百二十二条 遗产的定义	580
［遗产的范围］	580
第一千一百二十三条 法定继承、遗嘱继承、遗赠和遗赠扶养协议的效力	581
［法定继承］	581
第一千一百二十四条 继承、受遗赠的接受和放弃	582
［放弃继承］	582
第一千一百二十五条 继承权的丧失和恢复	583
［继承权丧失］	583

第二章 法定继承 585

第一千一百二十六条 男女平等享有继承权	585
第一千一百二十七条 法定继承人的范围及继承顺序	585
［继兄弟姐妹之间的继承权］	585
第一千一百二十八条 代位继承	586
［代位继承］	586

第一千一百二十九条　丧偶儿媳、丧偶女婿的继承权　587
　　[尽了主要赡养义务]　588
第一千一百三十条　遗产分配的原则　588
　　[特殊情况下，同一顺序继承人继承遗产的份额可以不均等]　588
第一千一百三十一条　酌情分得遗产权　589
第一千一百三十二条　继承处理方式　590
　　[遗产分割的时间]　590
　　[遗产分割的办法]　591
　　[遗产分割的份额]　591

第三章　遗嘱继承和遗赠　592

第一千一百三十三条　遗嘱处分个人财产　592
　　[立遗嘱]　592
　　[遗嘱执行人]　592
第一千一百三十四条　自书遗嘱　593
　　[自书遗嘱]　593
　　[自书遗嘱成立的要求]　593
第一千一百三十五条　代书遗嘱　594
　　[代书遗嘱]　594
　　[有两个以上见证人在场见证]　594
第一千一百三十六条　打印遗嘱　594
　　[打印遗嘱]　595
第一千一百三十七条　录音录像遗嘱　595
　　[录音录像遗嘱]　595
　　[遗嘱人和见证人应当在录音录像中记录其姓名或者肖像]　595
第一千一百三十八条　口头遗嘱　596
　　[口头遗嘱]　596
　　[危急情况]　596
　　[口头遗嘱应当有两个以上见证人在场见证]　596
第一千一百三十九条　公证遗嘱　596
　　[公证遗嘱]　596
第一千一百四十条　遗嘱见证人资格的限制性规定　597
　　[遗嘱见证人]　597
第一千一百四十一条　必留份　597

[缺乏劳动能力] 598
　　[没有生活来源] 598
　第一千一百四十二条　遗嘱的撤回、变更以及遗嘱效力顺位 599
　　[遗嘱的撤回] 599
　　[遗嘱的变更] 599
　第一千一百四十三条　遗嘱无效 599
　第一千一百四十四条　附义务遗嘱 600
　　[附有义务的遗嘱继承或者遗赠] 600
第四章　遗产的处理 601
　第一千一百四十五条　遗产管理人的选任 601
　　[由遗嘱执行人担任遗产管理人] 601
　　[由继承人推选出遗产管理人] 602
　　[由继承人共同担任遗产管理人] 602
　　[由民政部门或者村民委员会担任遗产管理人] 602
　第一千一百四十六条　遗产管理人的指定 602
　第一千一百四十七条　遗产管理人的职责 603
　　[清理遗产并制作遗产清单] 603
　　[向继承人报告遗产情况] 603
　　[采取必要措施防止遗产毁损、灭失] 603
　　[处理被继承人的债权债务] 603
　　[按照遗嘱或者依照法律规定分割遗产] 604
　第一千一百四十八条　遗产管理人未尽职责的民事责任 604
　　[遗产管理人承担民事责任的构成要件] 604
　第一千一百四十九条　遗产管理人的报酬 604
　第一千一百五十条　继承开始后的通知 604
　第一千一百五十一条　遗产的保管 605
　第一千一百五十二条　转继承 605
　　[发生转继承的条件] 605
　　[代位继承与转继承的区别] 606
　第一千一百五十三条　遗产的确定 606
　第一千一百五十四条　法定继承的适用范围 606
　第一千一百五十五条　胎儿预留份 607
　第一千一百五十六条　遗产分割的原则和方法 607

　　　　[人民法院在分割遗产中的房屋、生产资料和特定职业所需
　　　　　要的财产时的处理原则]　　　　　　　　　　　　　607
　　　　[遗产分割的方式]　　　　　　　　　　　　　　　　607
　　第一千一百五十七条　再婚时对所继承遗产的处分权　　608
　　第一千一百五十八条　遗赠扶养协议　　　　　　　　　608
　　　　[遗赠扶养协议]　　　　　　　　　　　　　　　　609
　　　　[遗赠扶养协议的特征]　　　　　　　　　　　　　609
　　　　[遗赠扶养协议的主要内容]　　　　　　　　　　　609
　　第一千一百五十九条　遗产分割时的义务　　　　　　　610
　　第一千一百六十条　无人继承遗产的归属　　　　　　　610
　　　　[被继承人的遗产无人接收的原因]　　　　　　　　610
　　第一千一百六十一条　继承人对遗产债务的清偿责任　　611
　　第一千一百六十二条　遗赠与遗产税款、债务清偿　　　611
　　　　[遗赠]　　　　　　　　　　　　　　　　　　　　611
　　第一千一百六十三条　既有法定继承又有遗嘱继承、遗赠时税
　　　　　款和债务的清偿　　　　　　　　　　　　　　　612
　　　　[法定继承人的清偿责任]　　　　　　　　　　　　612
　　　　[遗嘱继承人和受遗赠人的清偿责任]　　　　　　　612

第七编　侵权责任　　　　　　　　　　　　　　　　　　612
第一章　一般规定　　　　　　　　　　　　　　　　　　612
　　第一千一百六十四条　侵权责任编的调整范围　　　　　612
　　　　[民事权益]　　　　　　　　　　　　　　　　　　612
　　第一千一百六十五条　过错责任与过错推定责任原则　　613
　　　　[过错责任]　　　　　　　　　　　　　　　　　　613
　　　　[损害]　　　　　　　　　　　　　　　　　　　　613
　　第一千一百六十六条　无过错责任原则　　　　　　　　614
　　　　[无过错责任]　　　　　　　　　　　　　　　　　614
　　　　[无过错责任的构成要件]　　　　　　　　　　　　614
　　　　[适用无过错责任原则在赔偿数额上的限制]　　　　614
　　第一千一百六十七条　危及他人人身、财产安全的责任承担方式　615
　　　　[停止侵害]　　　　　　　　　　　　　　　　　　615
　　　　[排除妨碍]　　　　　　　　　　　　　　　　　　615

[消除危险] 615
　第一千一百六十八条　共同侵权 615
　　[共同侵权] 615
　第一千一百六十九条　教唆侵权、帮助侵权 617
　　[教唆行为] 617
　　[帮助行为] 617
　　[教唆、帮助无民事行为能力人、限制民事行为能力人侵权的，教唆人、帮助人以及监护人承担的责任] 617
　第一千一百七十条　共同危险行为 618
　　[共同危险行为] 618
　　[不能确定具体侵权人] 618
　第一千一百七十一条　分别侵权承担连带责任 618
　　[同一损害] 618
　第一千一百七十二条　分别侵权承担按份责任 619
　第一千一百七十三条　与有过错 619
　第一千一百七十四条　受害人故意 619
　　[受害人故意造成损害] 620
　第一千一百七十五条　第三人过错 620
　　[第三人过错] 620
　第一千一百七十六条　自甘风险 621
　　[自甘冒险] 621
　　[自甘冒险与自愿承担损害的区别] 621
　第一千一百七十七条　自助行为 622
　第一千一百七十八条　优先适用特别规定 622
第二章　损害赔偿 622
　第一千一百七十九条　人身损害赔偿范围 622
　　[人身损害赔偿] 623
　第一千一百八十条　以相同数额确定死亡赔偿金 624
　第一千一百八十一条　被侵权人死亡后请求权主体的确定 624
　第一千一百八十二条　侵害他人人身权益造成财产损失的赔偿数额的确定 625
　　[按照被侵权人受到的损失赔偿] 625
　　[按照侵权人因此获得的利益赔偿] 625

第一千一百八十三条　精神损害赔偿　626
　　[精神损害赔偿]　626
　　[造成严重精神损害]　626
　　[具有人身意义的特定物]　626
第一千一百八十四条　财产损失计算方式　627
第一千一百八十五条　侵害知识产权的惩罚性赔偿　628
第一千一百八十六条　公平责任原则　628
第一千一百八十七条　赔偿费用支付方式　629

第三章　责任主体的特殊规定　629

第一千一百八十八条　监护人责任　629
第一千一百八十九条　委托监护责任　630
　　[委托监护]　630
　　[无民事行为能力人、限制民事行为能力人造成他人损害，监护人和受托履行监护职责的人承担的侵权责任]　630
第一千一百九十条　丧失意识侵权责任　631
第一千一百九十一条　用人单位责任和劳务派遣单位、劳务用工单位责任　631
　　[劳务派遣]　632
　　[劳务派遣单位和劳务用工单位的责任]　632
第一千一百九十二条　个人劳务关系中的侵权责任　632
第一千一百九十三条　承揽关系中的侵权责任　633
第一千一百九十四条　网络侵权责任　633
　　[网络侵权]　633
　　[网络用户利用网络侵害他人民事权益的具体类型]　634
　　[网络服务提供者]　634
第一千一百九十五条　"通知与取下"制度　634
　　[通知的内容]　634
　　[网络服务提供者的义务]　635
第一千一百九十六条　"反通知"制度　637
第一千一百九十七条　网络服务提供者的连带责任　637
　　[认定网络服务提供者是否"知道或者应当知道"，应当综合考虑的因素]　637
第一千一百九十八条　安全保障义务人责任　638

[安全保障义务] 638
第一千一百九十九条　教育机构的过错推定责任 639
第一千二百条　教育机构的过错责任 639
第一千二百零一条　在教育机构内第三人侵权时的责任分担 641
[幼儿园、学校或者其他教育机构以外的人员承担的侵权责任] 641
[幼儿园、学校或者其他教育机构承担的相应补充责任] 641

第四章　产品责任 641

第一千二百零二条　产品生产者责任 641
[产品缺陷] 642
[缺陷产品造成受害人损害的事实] 642
[缺陷产品与损害事实之间的因果关系] 642
第一千二百零三条　被侵权人请求损害赔偿的途径和先行赔偿人追偿权 643
第一千二百零四条　生产者和销售者对有过错第三人的追偿权 644
第一千二百零五条　危及他人人身、财产安全的责任承担方式 644
第一千二百零六条　流通后发现有缺陷的补救措施和侵权责任 645
[停止销售] 645
[警示] 645
[召回] 645
第一千二百零七条　产品责任惩罚性赔偿 646
[惩罚性赔偿] 646

第五章　机动车交通事故责任 647

第一千二百零八条　机动车交通事故责任的法律适用 647
第一千二百零九条　机动车所有人、管理人与使用人不一致时的侵权责任 647
第一千二百一十条　转让并交付但未办理登记的机动车侵权责任 648
第一千二百一十一条　挂靠机动车侵权责任 649
[以挂靠形式从事运输经营活动] 649
第一千二百一十二条　未经允许驾驶他人机动车侵权责任 649
第一千二百一十三条　交通事故责任承担主体赔偿顺序 650
第一千二百一十四条　拼装车或报废车侵权责任 650
第一千二百一十五条　盗窃、抢劫或抢夺机动车侵权责任 651

第一千二百一十六条　肇事后逃逸责任及受害人救济　652
第一千二百一十七条　好意同乘的责任承担　652
　　[好意同乘]　652
第六章　医疗损害责任　653
第一千二百一十八条　医疗损害责任归责原则和责任承担主体　653
第一千二百一十九条　医务人员说明义务和患者知情同意权　654
第一千二百二十条　紧急情况下实施医疗措施　654
　　[不能取得患者或者其近亲属意见]　654
第一千二百二十一条　医务人员过错诊疗的赔偿责任　655
第一千二百二十二条　推定医疗机构有过错的情形　655
　　[病历资料]　655
第一千二百二十三条　药品、消毒产品、医疗器械的缺陷，或者输入不合格血液的侵权责任　656
第一千二百二十四条　医疗机构免责情形　656
　　[已经尽到合理诊疗义务]　657
第一千二百二十五条　医疗机构对病历资料的义务、患者对病历资料的权利　657
第一千二百二十六条　患者隐私和个人信息保护　658
　　[医疗机构及其医务人员侵害患者隐私和个人信息的表现形式]　658
第一千二百二十七条　禁止违规实施不必要的检查　659
　　[不必要的检查]　659
第一千二百二十八条　维护医疗机构及其医务人员合法权益　659
第七章　环境污染和生态破坏责任　659
第一千二百二十九条　污染环境、破坏生态致损的侵权责任　659
第一千二百三十条　环境污染、生态破坏侵权举证责任　660
　　[法律规定的不承担责任或者减轻责任的情形]　660
　　[行为人的行为与损害之间不存在因果关系]　660
第一千二百三十一条　两个以上侵权人的责任大小确定　661
第一千二百三十二条　环境污染、生态破坏侵权的惩罚性赔偿　661
第一千二百三十三条　因第三人的过错污染环境、破坏生态的侵权责任　661
　　[第三人承担责任与侵权人承担责任的区别]　662

第一千二百三十四条　生态环境修复责任　662
　　[生态环境修复责任承担的方式]　662
第一千二百三十五条　生态环境损害赔偿范围　663

第八章　高度危险责任　663

第一千二百三十六条　高度危险责任的一般规定　663
　　[高度危险作业]　664
第一千二百三十七条　民用核设施或者核材料致害责任　664
　　[核事故]　664
第一千二百三十八条　民用航空器致害责任　664
　　[民用航空器造成他人损害的情形]　664
第一千二百三十九条　占有或使用高度危险物致害责任　665
　　[占有人或者使用人承担无过错责任]　665
第一千二百四十条　从事高空、高压、地下挖掘活动或者使用
　　　　　　　　　　高速轨道运输工具致害责任　665
　　[高空作业]　666
第一千二百四十一条　遗失、抛弃高度危险物致害责任　666
　　[遗失]　666
　　[抛弃]　666
第一千二百四十二条　非法占有高度危险物致害责任　666
第一千二百四十三条　高度危险场所安全保障责任　666
第一千二百四十四条　高度危险责任赔偿限额　667

第九章　饲养动物损害责任　668

第一千二百四十五条　饲养动物致害责任的一般规定　668
　　[动物致人损害的构成要件]　668
第一千二百四十六条　违反规定未对动物采取安全措施致害
　　　　　　　　　　责任　668
第一千二百四十七条　禁止饲养的危险动物致害责任　669
第一千二百四十八条　动物园的动物致害责任　669
第一千二百四十九条　遗弃、逃逸的动物致害责任　670
第一千二百五十条　因第三人的过错致使动物致害责任　670
　　[第三人的过错]　670
第一千二百五十一条　饲养动物应履行的义务　670

第十章　建筑物和物件损害责任　670
第一千二百五十二条　建筑物、构筑物或者其他设施倒塌、塌陷致害责任　670
[倒塌、塌陷]　671
第一千二百五十三条　建筑物、构筑物或者其他设施及其搁置物、悬挂物脱落、坠落致害责任　671
[使用人]　671
第一千二百五十四条　从建筑物中抛掷物、坠落物致害责任　672
[可能加害的建筑物使用人]　672
第一千二百五十五条　堆放物倒塌、滚落或者滑落致害责任　673
[堆放物]　673
第一千二百五十六条　在公共道路上堆放、倾倒、遗撒妨碍通行的物品致害责任　673
第一千二百五十七条　林木折断、倾倒或者果实坠落等致人损害的侵权责任　673
第一千二百五十八条　公共场所或者道路上施工致害责任和窨井等地下设施致害责任　674

附则　675
第一千二百五十九条　法律术语含义　675
第一千二百六十条　施行日期及旧法废止　675

附录一　配套核心法规　676
最高人民法院关于适用《中华人民共和国民法典》时间效力的若干规定（2020.12.29）　676
最高人民法院关于适用《中华人民共和国民法典》总则编若干问题的解释（2022.2.24）　679
最高人民法院关于适用《中华人民共和国民法典》物权编的解释（一）（2020.12.29）　686
最高人民法院关于适用《中华人民共和国民法典》合同编通则若干问题的解释（2023.12.4）　689
最高人民法院关于适用《中华人民共和国民法典》有关担保制度的解释（2020.12.31）　707

最高人民法院关于适用《中华人民共和国民法典》婚姻家庭编的解释（一）(2020.12.29) 724

最高人民法院关于适用《中华人民共和国民法典》婚姻家庭编的解释（二）(2025.1.15) 735

最高人民法院关于适用《中华人民共和国民法典》继承编的解释（一）(2020.12.29) 740

最高人民法院关于适用《中华人民共和国民法典》侵权责任编的解释（一）(2024.9.25) 744

附录二 其他相关法规 750

最高人民法院关于审理劳动争议案件适用法律问题的解释（一）(2020.12.29) 750

最高人民法院关于审理建设工程施工合同纠纷案件适用法律问题的解释（一）(2020.12.29) 759

最高人民法院关于审理食品安全民事纠纷案件适用法律若干问题的解释（一）(2020.12.8) 765

最高人民法院关于审理使用人脸识别技术处理个人信息相关民事案件适用法律若干问题的规定(2021.7.27) 767

最高人民法院关于办理人身安全保护令案件适用法律若干问题的规定(2022.7.14) 770

中华人民共和国民法典

（2020年5月28日第十三届全国人民代表大会第三次会议通过 2020年5月28日中华人民共和国主席令第45号公布 自2021年1月1日起施行）

目　　录

第一编　总　　则
　　第一章　基本规定
　　第二章　自然人
　　　　第一节　民事权利能力和民事行为能力
　　　　第二节　监　　护
　　　　第三节　宣告失踪和宣告死亡
　　　　第四节　个体工商户和农村承包经营户
　　第三章　法　　人
　　　　第一节　一般规定
　　　　第二节　营利法人
　　　　第三节　非营利法人
　　　　第四节　特别法人
　　第四章　非法人组织
　　第五章　民事权利
　　第六章　民事法律行为
　　　　第一节　一般规定
　　　　第二节　意思表示
　　　　第三节　民事法律行为的效力
　　　　第四节　民事法律行为的附条件和附期限
　　第七章　代　　理
　　　　第一节　一般规定
　　　　第二节　委托代理

第三节　代理终止
第八章　民事责任
第九章　诉讼时效
第十章　期间计算

第二编　物　权
　第一分编　通　则
　　第一章　一般规定
　　第二章　物权的设立、变更、转让和消灭
　　　第一节　不动产登记
　　　第二节　动产交付
　　　第三节　其他规定
　　第三章　物权的保护
　第二分编　所有权
　　第四章　一般规定
　　第五章　国家所有权和集体所有权、私人所有权
　　第六章　业主的建筑物区分所有权
　　第七章　相邻关系
　　第八章　共　有
　　第九章　所有权取得的特别规定
　第三分编　用益物权
　　第十章　一般规定
　　第十一章　土地承包经营权
　　第十二章　建设用地使用权
　　第十三章　宅基地使用权
　　第十四章　居住权
　　第十五章　地役权
　第四分编　担保物权
　　第十六章　一般规定
　　第十七章　抵押权
　　　第一节　一般抵押权
　　　第二节　最高额抵押权
　　第十八章　质　权
　　　第一节　动产质权

第二节　权利质权
　第十九章　留置权
第五分编　占　有
　第二十章　占　有
第三编　合　同
　第一分编　通　则
　　第一章　一般规定
　　第二章　合同的订立
　　第三章　合同的效力
　　第四章　合同的履行
　　第五章　合同的保全
　　第六章　合同的变更和转让
　　第七章　合同的权利义务终止
　　第八章　违约责任
　第二分编　典型合同
　　第九章　买卖合同
　　第十章　供用电、水、气、热力合同
　　第十一章　赠与合同
　　第十二章　借款合同
　　第十三章　保证合同
　　　第一节　一般规定
　　　第二节　保证责任
　　第十四章　租赁合同
　　第十五章　融资租赁合同
　　第十六章　保理合同
　　第十七章　承揽合同
　　第十八章　建设工程合同
　　第十九章　运输合同
　　　第一节　一般规定
　　　第二节　客运合同
　　　第三节　货运合同
　　　第四节　多式联运合同
　　第二十章　技术合同

第一节　一般规定
　　第二节　技术开发合同
　　第三节　技术转让合同和技术许可合同
　　第四节　技术咨询合同和技术服务合同
　第二十一章　保管合同
　第二十二章　仓储合同
　第二十三章　委托合同
　第二十四章　物业服务合同
　第二十五章　行纪合同
　第二十六章　中介合同
　第二十七章　合伙合同
　第三分编　准合同
　第二十八章　无因管理
　第二十九章　不当得利
第四编　人格权
　第一章　一般规定
　第二章　生命权、身体权和健康权
　第三章　姓名权和名称权
　第四章　肖像权
　第五章　名誉权和荣誉权
　第六章　隐私权和个人信息保护
第五编　婚姻家庭
　第一章　一般规定
　第二章　结　　婚
　第三章　家庭关系
　　第一节　夫妻关系
　　第二节　父母子女关系和其他近亲属关系
　第四章　离　　婚
　第五章　收　　养
　　第一节　收养关系的成立
　　第二节　收养的效力
　　第三节　收养关系的解除
第六编　继　　承

第一章　一般规定
第二章　法定继承
第三章　遗嘱继承和遗赠
第四章　遗产的处理

第七编　侵权责任

第一章　一般规定
第二章　损害赔偿
第三章　责任主体的特殊规定
第四章　产品责任
第五章　机动车交通事故责任
第六章　医疗损害责任
第七章　环境污染和生态破坏责任
第八章　高度危险责任
第九章　饲养动物损害责任
第十章　建筑物和物件损害责任

附　则

第一编　总　则

第一章　基本规定

第一条　【立法目的和依据】[①]

为了保护民事主体的合法权益，调整民事关系，维护社会和经济秩序，适应中国特色社会主义发展要求，弘扬社会主义核心价值观，根据宪法，制定本法。

[①] 条文主旨为编者所加，仅供参考，下同。

第二条 【调整范围】

民法调整平等主体的自然人、法人和非法人组织之间的人身关系和财产关系。

理解适用

自然人、法人、非法人组织之间的社会关系多种多样,并非所有社会关系都由民法调整,民法仅调整他们之间的民事关系。民法所调整的民事关系根据权利义务所涉及的内容不同可以分为两大类,即民事主体之间的财产关系和人身关系。

[**人身关系**]

人身关系,是指民事主体之间基于人格和身份形成的无直接物质利益因素的民事法律关系。

[**财产关系**]

财产关系,是指民事主体之间基于物质利益而形成的民事法律关系。财产关系既包括静态的财产支配关系,如所有权关系;又包括动态的财产流转关系,如债权债务关系等。

条文参见

《民事诉讼法》第3条

第三条 【民事权益受法律保护】

民事主体的人身权利、财产权利以及其他合法权益受法律保护,任何组织或者个人不得侵犯。

实用问答

人身权利和财产权利包括哪些权利?

答:人身权利包括生命权、身体权、健康权、姓名权、肖像权、名誉权、荣誉权、隐私权、婚姻自主权、监护权等。财产权利包括所有权、用益物权、担保物权、股权等。民法除保护人身权利和财产权利外,还保护兼具人身和财产性质的知识产权、继承权等。

案例指引

邹某玲诉某医院医疗服务合同纠纷案(《人民法院贯彻实施民法典典型案例(第二批)》之五)

典型意义：本案是依照《民法典》和《妇女权益保障法》相关规定的精神，保护丧偶妇女辅助生育权益的典型案例。审理法院结合案情和《人类辅助生殖技术规范》《人类辅助生殖技术和人类精子库伦理原则》有关"禁止给单身妇女实施人类辅助生殖技术"的规范目的，依法认定本案原告丧偶后与上述规定中的"单身妇女"有本质不同，从而确认了"丧偶妇女"继续实施人类辅助生殖技术的正当性。本案是依法保护女性生育权益的具体实践，体现了司法对妇女合法权益的有效维护，具有积极的导向意义。

第四条 【平等原则】

民事主体在民事活动中的法律地位一律平等。

理解适用

[平等原则]

平等原则，是指民事主体，无论法人、自然人还是非法人组织，无论法人规模大小、经济实力雄厚与否，无论自然人是男、女、老、少、贫、富，无论非法人组织经营什么业务，在从事民事活动时，他们相互之间在法律地位上都是平等的，他们的合法权益受到法律的平等保护。

实用问答

民事主体的法律地位平等主要体现在哪些方面？

答：民事主体的法律地位一律平等，主要体现在以下三个方面：(1)自然人的权利能力一律平等。(2)所有民事主体在从事民事活动时，双方的法律地位平等。(3)所有民事主体的合法权益受到法律的平等保护。我国《民事诉讼法》规定，民事诉讼当事人有平等的诉讼权利，人民法院审理民事案件对当事人在适用法律上一律平等。

条文参见

《宪法》第 33 条;《证券法》第 4 条

第五条 【自愿原则】

民事主体从事民事活动,应当遵循自愿原则,按照自己的意思设立、变更、终止民事法律关系。

理解适用

[自愿原则]

自愿原则,也称意思自治原则,即民事主体有权根据自己的意愿,自愿从事民事活动,按照自己的意思自主决定民事法律关系的内容及其设立、变更和终止,自觉承受相应的法律后果。自愿原则体现了民事活动最基本的特征。

民事主体的自愿是建立在相互尊重的基础上,必须尊重其他民事主体的自主意志。民事主体的意思自治,还受到民法的公平原则、诚信原则、守法原则等基本原则的约束。这些原则要求民事主体从事民事活动,要公平合理、诚实守信,不得违反法律,不得违背公序良俗。

条文参见

《合伙企业法》第 5 条;《商业银行法》第 5 条;《证券法》第 4 条;《劳动合同法》第 3 条

第六条 【公平原则】

民事主体从事民事活动,应当遵循公平原则,合理确定各方的权利和义务。

理解适用

[公平原则]

公平原则要求民事主体从事民事活动时要秉持公平理念,公正、平允、合理地确定各方的权利和义务,并依法承担相应的民事责任。

适用本条时,还应注意以下两个方面:(1)民事主体在从事民事活动时,按照公平观念行使权利、履行义务,不能一方承担义务而另一方只享有权利,也不能一方享受的权利和承担的义务相差悬殊。(2)民事主体合理承担民事责任,在通常情况下适用过错责任,要求责任与过错的程度相适应;在特殊情况下,也可以根据公平原则合理分担责任。

条文参见

《劳动合同法》第 3 条;《合伙企业法》第 5 条;《商业银行法》第 5 条;《信托法》第 5 条;《证券投资基金法》第 4 条;《反不正当竞争法》第 2 条;《消费者权益保护法》第 4 条;《拍卖法》第 4 条

第七条 【诚信原则】

民事主体从事民事活动,应当遵循诚信原则,秉持诚实,恪守承诺。

理解适用

[诚信原则]

诚信原则,是指民事主体从事民事活动,行使民事权利和履行民事义务时,本着真诚善意的态度,信守承诺,讲究信誉,意思表示真实、行为合法,不欺不诈,不损人利己,不以欺骗消费者等方法从事经营活动的原则。

条文参见

《个人独资企业法》第 4 条;《证券法》第 4 条;《票据法》第 10 条;《招标投标法》第 5 条;《民事诉讼法》第 13 条

案例指引

"挂床住院"不诚信,产生费用应自担——喻某诉李某等机动车交通事故责任纠纷案(《民法典颁布五周年典型案例——"传承中华美德,弘扬社会主义核心价值观"专题》之五)

典型意义:在机动车交通事故责任纠纷中,住院时间是认定被侵权人损失的重要依据。近年来,被侵权人为获得更多的住院伙食补助费、误工费、营养费等赔偿而"挂床住院"的现象不在少数。此类行为不仅有违《民法典》第 7 条规定的诚信原则,也造成公共卫生资源的浪费。本案中,喻某有 434 天无任何治疗行为,人民法院依法判决对其主张的相关损失不予支持,旗帜鲜明向该不诚信行为说不,有利于净化社会风气,倡导诚实守信的社会主义核心价值观。

第八条 【守法与公序良俗原则】

民事主体从事民事活动,不得违反法律,不得违背公序良俗。

理解适用

[公序良俗]

公序良俗,是指公共秩序和善良习俗。

守法和公序良俗原则要求,自然人、法人和非法人组织:(1)从事民事活动不得违反法律。这里的法律不仅包括民事法律,还包括其他部门法。民事主体在从事民事活动时,应当遵守法律的强制性规定。

(2)民事主体从事民事活动不得违背公序良俗。不得违背公序良俗原则,就是不得违背公共秩序和善良习俗。公共秩序强调的是国家和社会层面的价值理念,善良习俗突出的则是民间的道德观念,二者相辅相成,互为补充。

条文参见

《公司法》第19、20条;《合伙企业法》第7条;《个人独资企业法》第4条;《妇女权益保障法》第7条

案例指引

经纪公司要求网络主播违背公序良俗直播,主播拒绝履行,不承担违约责任——某传媒公司诉段某经纪合同纠纷案(《民法典颁布五周年典型案例——"传承中华美德,弘扬社会主义核心价值观"专题》之二)

典型意义:党的二十届三中全会强调"支持和规范发展新就业形态"。随着直播行业的兴起,部分网络经纪公司要求网络主播通过低俗表演吸引流量、诱导打赏等问题时有发生,不仅损害了网络主播的合法权益,而且违背了公序良俗,阻碍了网络直播行业的良性发展。本案中,某传媒公司要求主播用各种话术与观众保持暧昧联系的行为有损主播人格尊严,有害网络文明,有悖公序良俗。人民法院依法驳回了该公司关于认定拒绝擦边直播的主播构成违约的诉讼请求,在依法保护网络直播从业人员合法权益的同时,鲜明表达了依法规范网络直播行业秩序,助力营造积极向上、健康有序、和谐清朗

的网络空间的司法立场,有力弘扬了《民法典》关于从事民事活动不得违背公序良俗的立法精神和价值导向。

第九条 【绿色原则】

民事主体从事民事活动,应当有利于节约资源、保护生态环境。

条文参见

《宪法》第9条;《环境保护法》第6条;《消费者权益保护法》第5条

第十条 【处理民事纠纷依据】

处理民事纠纷,应当依照法律;法律没有规定的,可以适用习惯,但是不得违背公序良俗。

实用问答

本条规定的"习惯"是指什么?

答:根据《总则编解释》第2条第1款的规定,在一定地域、行业范围内长期为一般人从事民事活动时普遍遵守的民间习俗、惯常做法等,可以认定为《民法典》第10条规定的"习惯"。

案例指引

1. 马某臣、段某娥诉于某艳探望权纠纷案(《人民法院贯彻实施民法典典型案例(第二批)》之十一)

典型意义:近年来,(外)祖父母起诉要求探视(外)孙子女的案件不断增多,突出反映了社会生活对保障"隔代探望权"的司法需求。《民法典》虽未对隔代探望权作出规定,但《民法典》第10条明确了处理民事纠纷的依据。按照我国风俗习惯,隔代近亲属探望(外)孙子女符合社会广泛认可的人伦情理,不违背公序良俗。本案依法支持原告探望孙女的诉讼请求,符合《民法典》立法目的和弘扬社会主义核心价值观的要求,对保障未成年人身心健康成长和维护老年人合法权益具有积极意义。

2. 张某某与赵某某、赵某、王某婚约财产纠纷案(《人民法院涉彩礼纠纷典型案例》之四)

典型意义:《民法典》第10条规定,处理民事纠纷,应当依照法律;法律没有规定的,可以适用习惯,但是不得违背公序良俗。法律没有就彩礼问题予以规定,人民法院应当在不违背公序良俗的情况下按照习惯处理涉彩礼纠纷。根据中国传统习俗,缔结婚约的过程中,一般是由男女双方父母在亲朋、媒人等见证下共同协商、共同参与完成彩礼的给付。因此,在确定诉讼当事人时,亦应当考虑习惯做法。当然,各地区、各家庭情况千差万别,彩礼接收人以及对该笔款项如何使用,情况非常复杂,既有婚约当事人直接接收的,也有婚约当事人父母接收的;彩礼的去向也呈现不同样态,既有接收一方将彩礼作为嫁妆一部分返还的,也有全部返回给婚约当事人作为新家庭生活启动资金的,还有的由接收彩礼一方父母另作他用。如果婚约当事人一方的父母接收彩礼,可视为与其子女的共同行为,在婚约财产纠纷诉讼中,将婚约一方及父母共同列为当事人,符合习惯,也有利于查明彩礼数额、彩礼实际使用情况等案件事实,从而依法作出裁判。

第十一条 【优先适用特别法】

其他法律对民事关系有特别规定的,依照其规定。

条文参见

《立法法》第 103 条

第十二条 【效力范围】

中华人民共和国领域内的民事活动,适用中华人民共和国法律。法律另有规定的,依照其规定。

条文参见

《涉外民事关系法律适用法》第 2 条;《海商法》第 269 条;《总则编解释》第 1 条

第二章 自　然　人

第一节　民事权利能力和民事行为能力

第十三条　【自然人民事权利能力的起止】

自然人从出生时起到死亡时止，具有民事权利能力，依法享有民事权利，承担民事义务。

理解适用

[民事权利能力]

民事权利能力，是指民事主体参与民事法律关系，享有民事权利、承担民事义务的法律资格。

民事权利能力具有不可剥夺的特征。民事权利能力始于出生，终于死亡。在自然人生存期间，其民事权利能力不会丧失、消灭。

第十四条　【自然人民事权利能力平等】

自然人的民事权利能力一律平等。

第十五条　【自然人出生和死亡时间的判断标准】

自然人的出生时间和死亡时间，以出生证明、死亡证明记载的时间为准；没有出生证明、死亡证明的，以户籍登记或者其他有效身份登记记载的时间为准。有其他证据足以推翻以上记载时间的，以该证据证明的时间为准。

理解适用

[出生证明]

出生证明，即出生医学证明，记载有新生儿的姓名、性别、出生时间、父母姓名等。出生医学证明由国家卫生健康委员会统一印制，以省、自治区、直辖市为单位统一编号。

[死亡证明]

死亡证明,是指有关单位出具的证明自然人死亡的文书。死亡证明是记载死亡时间的原始凭证。

实用问答

死亡证明由哪些部门出具?

答:公民死于医疗单位的,由医疗单位出具死亡医学证明书;公民正常死亡但无法取得医院出具的死亡证明的,由社区、村(居)委会或者基层卫生医疗机构出具证明;公民非正常死亡或者卫生健康行政部门不能确定是否属于正常死亡的,由公安司法部门出具死亡证明;死亡公民已经火化的,由殡葬部门出具火化证明。

条文参见

《户口登记条例》第7、8条

第十六条 【胎儿利益的特殊保护】

涉及遗产继承、接受赠与等胎儿利益保护的,胎儿视为具有民事权利能力。但是,胎儿娩出时为死体的,其民事权利能力自始不存在。

理解适用

自然人的民事权利能力始于出生。胎儿尚未与母体分离,不是独立的自然人,不能依据民事权利能力的一般规定进行保护。胎儿自母亲怀孕之时,在本条规定的特殊情形下,被视为具有民事权利能力。

实用问答

父母在胎儿娩出前作为法定代理人主张相应权利的,人民法院是否支持?

答:胎儿尚未出生,不具有独立的民事主体资格,仅在继承等方面视为有民事权利能力。因此,对其利益的保护,需要由其父母在其娩出前作为法定代理人身份主张权利。《总则编解释》第4条规定,涉及遗产继承、接受赠与等胎儿利益保护,父母在胎儿娩出前作为法定代理人主张相应权利的,人民法院依法予以支持。

第十七条 【成年人与未成年人的年龄标准】

十八周岁以上的自然人为成年人。不满十八周岁的自然人为未成年人。

条文参见

《宪法》第 34 条;《未成年人保护法》第 2 条

第十八条 【完全民事行为能力人】

成年人为完全民事行为能力人,可以独立实施民事法律行为。

十六周岁以上的未成年人,以自己的劳动收入为主要生活来源的,视为完全民事行为能力人。

理解适用

[民事行为能力]

民事行为能力,是指民事主体独立参与民事活动,以自己的行为行使民事权利或者承担民事义务的法律资格。根据自然人辨识能力的不同,自然人的民事行为能力分为完全民事行为能力、限制民事行为能力和无民事行为能力。

条文参见

《劳动法》第 15 条;《预防未成年人犯罪法》第 27 条

第十九条 【限制民事行为能力的未成年人】

八周岁以上的未成年人为限制民事行为能力人,实施民事法律行为由其法定代理人代理或者经其法定代理人同意、追认;但是,可以独立实施纯获利益的民事法律行为或者与其年龄、智力相适应的民事法律行为。

理解适用

8 周岁以上的未成年人已经具有一定的辨认识别能力,法律应当允许其独立实施一定的民事法律行为。8 周岁以上的未成年人可以独立实施的民事法律行为包括两类:(1)纯获利益的民事法律行为,如接受赠与等。(2)与其年龄、智力相适应的民事法律行为,如8周岁的儿童购买学习用品等。

> 实用问答

如何认定限制民事行为能力人实施的民事法律行为与其年龄、智力、精神健康状况相适应?

答:根据《总则编解释》第5条的规定,限制民事行为能力人实施的民事法律行为是否与其年龄、智力、精神健康状况相适应,人民法院可以从行为与本人生活相关联的程度,本人的智力、精神健康状况能否理解其行为并预见相应的后果,以及标的、数量、价款或者报酬等方面认定。

> 条文参见

《广告法》第33条;《公证法》第31条

第二十条 【无民事行为能力的未成年人】

不满八周岁的未成年人为无民事行为能力人,由其法定代理人代理实施民事法律行为。

> 理解适用

[无民事行为能力]

无民事行为能力,是指不具有以自己的行为取得民事权利或者承担民事义务的资格。

> 实用问答

离婚诉讼中,一方当事人为无民事行为能力人且没有其他成年近亲属可以担任监护人时,应如何处理?[①]

答:如果当事人还没有被依法认定为无民事行为能力人,程序上应先中止离婚诉讼,告知当事人通过特别程序认定民事行为能力。在一方已经被认定为无民事行为能力人的情况下,需要由其配偶以外的监护人作为法定代理人代为诉讼。根据《民诉法解释》第83条的规定,事先没有确定监护人的,

---

① 参见《法答网精选答问(第二十三批)——婚姻家庭专题》,载最高人民法院官网2025年7月3日,https://www.court.gov.cn/zixun/xiangqing/469701.html。

可以由有监护资格的人协商确定;协商不成的,由人民法院在他们之中指定诉讼中的法定代理人。当事人没有父母、子女、其他近亲属等《民法典》第28条规定的监护人的,可以指定《民法典》第32条规定的有关组织(指民政部门、具备履行监护职责的居委会、村委会)担任诉讼中的法定代理人。对于题述情形,人民法院在离婚诉讼中可以依据上述规定直接指定有关组织作为该无民事行为能力人诉讼中的法定代理人。

第二十一条 【无民事行为能力的成年人】

不能辨认自己行为的成年人为无民事行为能力人,由其法定代理人代理实施民事法律行为。

八周岁以上的未成年人不能辨认自己行为的,适用前款规定。

理解适用

本条第1款中的"不能辨认自己行为"和本法第22条中的"不能完全辨认自己行为",是指辨认识别能力不足处于一种持续的状态,不能是暂行性或者短暂的状态。因酗酒对自己的行为暂时没有辨认识别能力的成年人,不属于本法所称的无民事行为能力人或者限制民事行为能力人。

本条第2款规定的不能辨认自己行为的8周岁以上的未成年人,指患有智力障碍、精神障碍或者因其他疾病等原因导致心智不能正常发育,辨识能力严重不足的未成年人。这些未成年人如果按照正常的年龄以及心智发育程度,可以归入限制民事行为能力人,但因其对自己行为欠缺基本的辨认识别能力,为了防止其合法权益受到侵害,本条第2款将其归入无民事行为能力人的范畴。

实用问答

无民事行为能力的成年人如何诉讼离婚?

答: 根据《婚姻登记条例》第14条第2项的规定,无民事行为能力人或者限制民事行为能力人办理离婚登记的,婚姻登记机关不予受理。故无民事行为能力人不能通过到婚姻登记机关登记离婚的方式离婚,只能通过诉讼的方式进行离婚。《民法典》第21条第1款规定,不能辨认自己行为的成年人为无民事行为能力人,由其法定代理人代理实施民事法律行为。因此,无民事行为能力的成年人要进行诉讼离婚,该诉讼法律行为应该由其法定代理人实施。若无民事行为能力人的监护人为其配偶时,应先通过特别程序要求变更监护人,再由变更后的监护人作为无民事行为能力人的法定代理人向法院提起离婚诉讼。

第二十二条 【限制民事行为能力的成年人】

不能完全辨认自己行为的成年人为限制民事行为能力人,实施民事法律行为由其法定代理人代理或者经其法定代理人同意、追认;但是,可以独立实施纯获利益的民事法律行为或者与其智力、精神健康状况相适应的民事法律行为。

条文参见

《总则编解释》第5条

第二十三条 【法定代理人】

无民事行为能力人、限制民事行为能力人的监护人是其法定代理人。

实用问答

在诉讼中,如何确定无民事行为能力人、限制民事行为能力人的法定代理人?

答:根据《民诉法解释》第83条的规定,在诉讼中,无民事行为能力人、限制民事行为能力人的监护人是他的法定代理人。事先没有确定监护人的,可以由有监护资格的人协商确定;协商不成的,由人民法院在他们之中指定诉讼中的法定代理人。当事人没有《民法典》第27、28条规定的监护人的,可以指定《民法典》第32条规定的有关组织担任诉讼中的法定代理人。

第二十四条 【无民事行为能力人或限制民事行为能力人的认定与恢复】

不能辨认或者不能完全辨认自己行为的成年人,其利害关系人或者有关组织,可以向人民法院申请认定该成年人为无民事行为能力人或者限制民事行为能力人。

被人民法院认定为无民事行为能力人或者限制民事行为能力人的,

经本人、利害关系人或者有关组织申请,人民法院可以根据其智力、精神健康恢复的状况,认定该成年人恢复为限制民事行为能力人或者完全民事行为能力人。

本条规定的有关组织包括:居民委员会、村民委员会、学校、医疗机构、妇女联合会、残疾人联合会、依法设立的老年人组织、民政部门等。

实用问答

在诉讼中,申请认定当事人无民事行为能力或限制民事行为能力的程序是如何规定的?

答:根据《民诉法解释》第347条的规定,在诉讼中,当事人的利害关系人或者有关组织提出该当事人不能辨认或者不能完全辨认自己的行为,要求宣告该当事人无民事行为能力或者限制民事行为能力的,应由利害关系人或者有关组织向人民法院提出申请,由受诉人民法院按照特别程序立案审理,原诉讼中止。

第二十五条 【自然人的住所】

自然人以户籍登记或者其他有效身份登记记载的居所为住所;经常居所与住所不一致的,经常居所视为住所。

理解适用

[住所]

住所,是指民事主体进行民事活动的中心场所或者主要场所。

[居所]

居所,是指自然人实际居住的一定处所。

居所与住所的区别是,一个自然人可以同有两个或者多个居所,但只能有一个住所。一般的居所都是自然人临时居住,为暂时性的,住所则为长期固定的。

条文参见

《户口登记条例》第6条

第二节 监 护

第二十六条 【父母子女之间的法律义务】

父母对未成年子女负有抚养、教育和保护的义务。

成年子女对父母负有赡养、扶助和保护的义务。

条文参见

《宪法》第49条;《老年人权益保障法》第14条;《未成年人保护法》第7条

第二十七条 【未成年人的监护人】

父母是未成年子女的监护人。

未成年人的父母已经死亡或者没有监护能力的,由下列有监护能力的人按顺序担任监护人:

(一)祖父母、外祖父母;

(二)兄、姐;

(三)其他愿意担任监护人的个人或者组织,但是须经未成年人住所地的居民委员会、村民委员会或者民政部门同意。

实用问答

如何认定自然人或有关组织的监护能力?

答:监护能力是对监护人的基本要求。判断监护人的监护能力,应该根据具体情况进行综合分析。根据《总则编解释》第6条的规定,人民法院认定自然人的监护能力,应当根据其年龄、身心健康状况、经济条件等因素确定;认定有关组织的监护能力,应当根据其资质、信用、财产状况等因素确定。

条文参见

《总则编解释》第6~8条

第二十八条 【无、限制民事行为能力的成年人的监护人】

无民事行为能力或者限制民事行为能力的成年人，由下列有监护能力的人按顺序担任监护人：

（一）配偶；
（二）父母、子女；
（三）其他近亲属；
（四）其他愿意担任监护人的个人或者组织，但是须经被监护人住所地的居民委员会、村民委员会或者民政部门同意。

条文参见

《总则编解释》第7、8条

第二十九条 【遗嘱指定监护人】

被监护人的父母担任监护人的，可以通过遗嘱指定监护人。

实用问答

遗嘱指定监护优先于法定监护吗？

答：遗嘱指定监护具有优先地位。遗嘱指定监护是父母通过立遗嘱选择值得信任并对保护被监护人权益最为有利的人担任监护人，应当优先于法定监护。遗嘱指定监护指定的监护人，也应当不限于《民法典》第27、28条规定的具有监护资格的人。但是，遗嘱指定的监护人应当具有监护能力，能够履行监护职责。

第三十条 【协议确定监护人】

依法具有监护资格的人之间可以协议确定监护人。协议确定监护人应当尊重被监护人的真实意愿。

实用问答

未成年人的父母与其他具有监护资格的人订立协议，约定免除具有监护能力的父母的监护职责的，该约定是否有效？

答：根据《总则编解释》第8条第1款的规定，未成年人的父母与其他依法具有监护资格的人订立协议,约定免除具有监护能力的父母的监护职责的,人民法院不予支持。协议约定在未成年人的父母丧失监护能力时由该具有监护资格的人担任监护人的,人民法院依法予以支持。

第三十一条 【监护争议解决程序】

对监护人的确定有争议的,由被监护人住所地的居民委员会、村民委员会或者民政部门指定监护人,有关当事人对指定不服的,可以向人民法院申请指定监护人;有关当事人也可以直接向人民法院申请指定监护人。

居民委员会、村民委员会、民政部门或者人民法院应当尊重被监护人的真实意愿,按照最有利于被监护人的原则在依法具有监护资格的人中指定监护人。

依据本条第一款规定指定监护人前,被监护人的人身权利、财产权利以及其他合法权益处于无人保护状态的,由被监护人住所地的居民委员会、村民委员会、法律规定的有关组织或者民政部门担任临时监护人。

监护人被指定后,不得擅自变更;擅自变更的,不免除被指定的监护人的责任。

实用问答

1. 人民法院如何按照最有利于被监护人的原则指定监护人?

答:根据《总则编解释》第 9 条的规定,人民法院依据《民法典》第 31 条第 2 款、第 36 条第 1 款的规定指定监护人时,应当尊重被监护人的真实意愿,按照最有利于被监护人的原则指定,具体参考以下因素:(1)与被监护人生活、情感联系的密切程度;(2)依法具有监护资格的人的监护顺序;(3)是否有不利于履行监护职责的违法犯罪等情形;(4)依法具有监护资格的人的监护能力、意愿、品行等。人民法院依法指定的监护人一般应当是 1 人,由数人共同担任监护人更有利于保护被监护人利益的,也可以是数人。

2. 当事人对有关单位指定监护不服的,应在多少日内向人民法院申请指定监护人? 人民法院如何处理?

答:根据《总则编解释》第 10 条的规定,有关当事人不服居民委员会、村民委员会或者民政部门的指定,在接到指定通知之日起 30 日内向人民法院申请指定监护人的,人民法院经审理认为指定并无不当,依法裁定驳回申请；认为指定不当，依法判决撤销指定并另行指定监护人。有关当事人在接到指定通知之日起30日后提出申请的，人民法院应当按照变更监护关系处理。

条文参见

《民诉法解释》第349条

第三十二条 【公职监护人】

没有依法具有监护资格的人的，监护人由民政部门担任，也可以由具备履行监护职责条件的被监护人住所地的居民委员会、村民委员会担任。

条文参见

《民诉法解释》第83条

案例指引

广州市黄埔区民政局与陈某金申请变更监护人案(《人民法院贯彻实施民法典典型案例(第一批)》之一)

典型意义：本案是人民法院、人民检察院和民政部门联动护航困境少年的典型范例。《民法典》和2020年修订的《未成年人保护法》完善了公职监护人制度，明确规定在没有依法具有监护资格的人时，由民政部门承担未成年人的监护责任。审理法院以判决形式确定由民政部门担任监护人，为民政部门规范适用相关法律履行公职监护职责提供了司法实践样本，推动《民法典》确立的以家庭、社会和国家为一体的多元监护格局落实落地。

第三十三条 【意定监护】

具有完全民事行为能力的成年人，可以与其近亲属、其他愿意担任监护人的个人或者组织事先协商，以书面形式确定自己的监护人，在自己丧失或者部分丧失民事行为能力时，由该监护人履行监护职责。

> **理解适用**

意定监护作为一种确定监护人的方式,是相对于法定监护来说的。意定监护是对成年人完全基于自己意愿选择监护人的尊重,自己意愿是起决定性的;法定监护是基于法律规定的条件和程序确定监护人。一般而言,意定监护优先法定监护予以适用。只有在意定监护协议无效或者因各种原因,如协议确定的监护人丧失监护能力,监护协议无法履行的情况下,才适用法定监护。

> **实用问答**

意定监护协议在什么情况下发生效力?

答:根据《总则编解释》第11条的规定,具有完全民事行为能力的成年人与他人依据《民法典》第33条的规定订立书面协议事先确定自己的监护人后,协议的任何一方在该成年人丧失或者部分丧失民事行为能力前请求解除协议的,人民法院依法予以支持。该成年人丧失或者部分丧失民事行为能力后,协议确定的监护人无正当理由请求解除协议的,人民法院不予支持。

第三十四条 【监护人的职责与权利及临时生活照料措施】

监护人的职责是代理被监护人实施民事法律行为,保护被监护人的人身权利、财产权利以及其他合法权益等。

监护人依法履行监护职责产生的权利,受法律保护。

监护人不履行监护职责或者侵害被监护人合法权益的,应当承担法律责任。

因发生突发事件等紧急情况,监护人暂时无法履行监护职责,被监护人的生活处于无人照料状态的,被监护人住所地的居民委员会、村民委员会或者民政部门应当为被监护人安排必要的临时生活照料措施。

> **实用问答**

1. 监护职责委托是否可以产生监护人的转移?

答:根据《总则编解释》第13条的规定,监护人因患病、外出务工等原因在一定期限内不能完全履行监护职责,将全部或者部分监护职责委托给他人,当事人主张受托人因此成为监护人的,人民法院不予支持。

2. 未成年人的父母或者其他监护人不得有哪些违反监护职责的行为?

答:根据《未成年人保护法》第 21 条的规定,未成年人的父母或者其他监护人不得使未满 8 周岁或者由于身体、心理原因需要特别照顾的未成年人处于无人看护状态,或者将其交由无民事行为能力、限制民事行为能力、患有严重传染性疾病或者其他不适宜的人员临时照护。未成年人的父母或者其他监护人不得使未满 16 周岁的未成年人脱离监护单独生活。

3. 精神障碍患者的监护人有哪些看护义务?

答:根据《精神卫生法》第 49 条的规定,精神障碍患者的监护人应当妥善看护未住院治疗的患者,按照医嘱督促其按时服药、接受随访或者治疗。村民委员会、居民委员会、患者所在单位等应当依患者或者其监护人的请求,对监护人看护患者提供必要的帮助。

第三十五条 【监护人履行职责的原则与要求】

监护人应当按照最有利于被监护人的原则履行监护职责。监护人除为维护被监护人利益外,不得处分被监护人的财产。

未成年人的监护人履行监护职责,在作出与被监护人利益有关的决定时,应当根据被监护人的年龄和智力状况,尊重被监护人的真实意愿。

成年人的监护人履行监护职责,应当最大程度地尊重被监护人的真实意愿,保障并协助被监护人实施与其智力、精神健康状况相适应的民事法律行为。对被监护人有能力独立处理的事务,监护人不得干涉。

实用问答

父母处置登记在未成年人子女名下的房屋的行为是否有效?

答:根据《婚姻家庭编解释(二)》第 15 条的规定,父母双方以法定代理人身份处分用夫妻共同财产购买并登记在未成年子女名下的房屋后,又以违反《民法典》第 35 条规定损害未成年子女利益为由向相对人主张该民事法律行为无效的,人民法院不予支持。

第三十六条 【撤销监护人资格】

监护人有下列情形之一的,人民法院根据有关个人或者组织的申请,撤销其监护人资格,安排必要的临时监护措施,并按照最有利于被监护人的原则依法指定监护人：

（一）实施严重损害被监护人身心健康的行为；

（二）怠于履行监护职责，或者无法履行监护职责且拒绝将监护职责部分或者全部委托给他人，导致被监护人处于危困状态；

（三）实施严重侵害被监护人合法权益的其他行为。

本条规定的有关个人、组织包括：其他依法具有监护资格的人，居民委员会、村民委员会、学校、医疗机构、妇女联合会、残疾人联合会、未成年人保护组织、依法设立的老年人组织、民政部门等。

前款规定的个人和民政部门以外的组织未及时向人民法院申请撤销监护人资格的，民政部门应当向人民法院申请。

【实用问答】

1. 未成年人的父母或者其他监护人不依法履行监护职责的，人民法院可以采取哪些措施？

答：根据《未成年人保护法》第108条的规定，未成年人的父母或者其他监护人不依法履行监护职责或者严重侵犯被监护的未成年人合法权益的，人民法院可以根据有关人员或者单位的申请，依法作出人身安全保护令或者撤销监护人资格。被撤销监护人资格的父母或者其他监护人应当依法继续负担抚养费用。

2. 监护人实施家庭暴力的，人民法院可以另行指定监护人吗？

答：根据《反家庭暴力法》第21条的规定，监护人实施家庭暴力严重侵害被监护人合法权益的，人民法院可以根据被监护人的近亲属、居民委员会、村民委员会、县级人民政府民政部门等有关人员或者单位的申请，依法撤销其监护人资格，另行指定监护人。被撤销监护人资格的加害人，应当继续负担相应的赡养、扶养、抚养费用。

【条文参见】

《总则编解释》第9、11条

【案例指引】

1. 梅河口市儿童福利院与张某柔申请撤销监护人资格案（《人民法院贯彻实施民法典典型案例（第一批）》之二）

典型意义： 本案是适用《民法典》相关规定，依法撤销监护人资格的典型案例。《民法典》扩大了监护人的范围,进一步严格了监护责任,对撤销监护人资格的情形作出了明确规定。本案中,未成年人生母构成遗弃罪,为切实保护未成年人合法权益,梅河口市儿童福利院申请撤销监护人资格并申请指定其作为监护人。人民法院依法判决支持其申请,彰显了司法的态度和温度。

2. 乐平市民政局申请撤销罗某监护人资格案(《人民法院贯彻实施民法典典型案例(第二批)》之一)

典型意义:本案是人民法院准确适用《民法典》关于监护制度的规定,并主动延伸司法职能,与有关部门合力守护未成年人健康成长的典型案例。本案中,人民法院根据案件具体情况依法撤销了原监护人的监护人资格,指定民政部门作为监护人,同时向民政部门发出司法建议书,协助其更好地履行监护职责,为被监护人的临时生活照料、确定收养关系、完善收养手续以及后续的生活教育提供司法服务。

第三十七条 【监护人资格被撤销后负担义务不免除】

依法负担被监护人抚养费、赡养费、扶养费的父母、子女、配偶等,被人民法院撤销监护人资格后,应当继续履行负担的义务。

条文参见

《未成年人保护法》第108条;《反家庭暴力法》第21条

第三十八条 【恢复监护人资格】

被监护人的父母或者子女被人民法院撤销监护人资格后,除对被监护人实施故意犯罪的外,确有悔改表现的,经其申请,人民法院可以在尊重被监护人真实意愿的前提下,视情况恢复其监护人资格,人民法院指定的监护人与被监护人的监护关系同时终止。

理解适用

恢复监护人资格必须要向法院申请,由人民法院决定是否予以恢复。父母与子女是最近的直系亲属关系,本条适用的对象仅限于被监护人的父母或者子女,其他个人或者组织的监护人资格一旦被撤销,即不再恢复。

第三十九条 【监护关系终止的情形】

有下列情形之一的,监护关系终止:
(一)被监护人取得或者恢复完全民事行为能力;
(二)监护人丧失监护能力;
(三)被监护人或者监护人死亡;
(四)人民法院认定监护关系终止的其他情形。

监护关系终止后,被监护人仍然需要监护的,应当依法另行确定监护人。

实用问答

监护终止事由发生争议,申请变更监护人的,人民法院应如何处理?

答:根据《总则编解释》第12条的规定,监护人、其他依法具有监护资格的人之间就监护人是否有《民法典》第39条第1款第2项、第4项规定的应当终止监护关系的情形发生争议,申请变更监护人的,人民法院应当依法受理。经审理认为理由成立的,人民法院依法予以支持。被依法指定的监护人与其他具有监护资格的人之间协议变更监护人的,人民法院应当尊重被监护人的真实意愿,按照最有利于被监护人的原则作出裁判。

第三节 宣告失踪和宣告死亡

第四十条 【宣告失踪的条件】

自然人下落不明满二年的,利害关系人可以向人民法院申请宣告该自然人为失踪人。

理解适用

[宣告失踪]

宣告失踪,是指自然人下落不明达到法定的期限,经利害关系人申请,人民法院依照法定程序宣告其为失踪人的制度。

实用问答

1. 申请自然人失踪的申请书向哪个机构提出？应当写明哪些内容？

答：根据《民事诉讼法》第190条的规定，公民下落不明满2年，利害关系人申请宣告其失踪的，向下落不明人住所地基层人民法院提出。申请书应当写明失踪的事实、时间和请求，并附有公安机关或者其他有关机关关于该公民下落不明的书面证明。

2. 人民法院审理宣告失踪案件时，《民法典》第40条规定的"利害关系人"包括哪些人？

答：根据《总则编解释》第14条的规定，人民法院审理宣告失踪案件时，下列人员应当认定为《民法典》第40条规定的利害关系人：(1)被申请人的近亲属；(2)依据《民法典》第1128条、第1129条规定对被申请人有继承权的亲属；(3)债权人、债务人、合伙人等与被申请人有民事权利义务关系的民事主体，但是不申请宣告失踪不影响其权利行使、义务履行的除外。

3. 寻找下落不明人的公告应当记载哪些内容？

答：根据《民诉法解释》第345条的规定，寻找下落不明人的公告应当记载下列内容：(1)被申请人应当在规定期间内向受理法院申报其具体地址及其联系方式。否则，被申请人将被宣告失踪、宣告死亡。(2)凡知悉被申请人生存现状的人，应当在公告期间内将其所知道情况向受理法院报告。

条文参见

《民事诉讼法》第192条

第四十一条 【下落不明的时间计算】

自然人下落不明的时间自其失去音讯之日起计算。战争期间下落不明的，下落不明的时间自战争结束之日或者有关机关确定的下落不明之日起计算。

第四十二条 【失踪人的财产代管人】

失踪人的财产由其配偶、成年子女、父母或者其他愿意担任财产代管人的人代管。

代管有争议,没有前款规定的人,或者前款规定的人无代管能力的,由人民法院指定的人代管。

实用问答

宣告失踪或者宣告死亡案件,人民法院可以指定案件审理期间的财产管理人吗?

答: 根据《民诉法解释》第341条的规定,宣告失踪或者宣告死亡案件,人民法院可以根据申请人的请求,清理下落不明人的财产,并指定案件审理期间的财产管理人。公告期满后,人民法院判决宣告失踪的,应当同时依照《民法典》第42条的规定指定失踪人的财产代管人。

第四十三条 【财产代管人的职责】

财产代管人应当妥善管理失踪人的财产,维护其财产权益。

失踪人所欠税款、债务和应付的其他费用,由财产代管人从失踪人的财产中支付。

财产代管人因故意或者重大过失造成失踪人财产损失的,应当承担赔偿责任。

实用问答

财产代管人在诉讼中的法律地位如何?

答: 根据《总则编解释》第15条的规定,失踪人的财产代管人向失踪人的债务人请求偿还债务的,人民法院应当将财产代管人列为原告。债权人提起诉讼,请求失踪人的财产代管人支付失踪人所欠的债务和其他费用的,人民法院应当将财产代管人列为被告。经审理认为债权人的诉讼请求成立的,人民法院应当判决财产代管人从失踪人的财产中支付失踪人所欠的债务和其他费用。

第四十四条 【财产代管人的变更】

财产代管人不履行代管职责、侵害失踪人财产权益或者丧失代管能力的,失踪人的利害关系人可以向人民法院申请变更财产代管人。

财产代管人有正当理由的,可以向人民法院申请变更财产代管人。

人民法院变更财产代管人的,变更后的财产代管人有权请求原财产代管人及时移交有关财产并报告财产代管情况。

实用问答

申请变更代管的程序应如何进行?

答:根据《民诉法解释》第342条的规定,失踪人的财产代管人经人民法院指定后,代管人申请变更代管的,比照《民事诉讼法》特别程序的有关规定进行审理。申请理由成立的,裁定撤销申请人的代管人身份,同时另行指定财产代管人;申请理由不成立的,裁定驳回申请。失踪人的其他利害关系人申请变更代管的,人民法院应当告知其以原指定的代管人为被告起诉,并按普通程序进行审理。

第四十五条 【失踪宣告的撤销】

失踪人重新出现,经本人或者利害关系人申请,人民法院应当撤销失踪宣告。

失踪人重新出现,有权请求财产代管人及时移交有关财产并报告财产代管情况。

条文参见

《民事诉讼法》第193条

第四十六条 【宣告死亡的条件】

自然人有下列情形之一的,利害关系人可以向人民法院申请宣告该自然人死亡:

(一)下落不明满四年;

(二)因意外事件,下落不明满二年。

因意外事件下落不明,经有关机关证明该自然人不可能生存的,申请宣告死亡不受二年时间的限制。

理解适用

[宣告死亡]

宣告死亡,是指自然人下落不明达到法定期限,经利害关系人申请,人民法院经过法定程序在法律上推定失踪人死亡的民事制度。

实用问答

1. 人民法院审理宣告死亡案件时,《民法典》第 46 条规定的利害关系人包括哪些?

答:根据《总则编解释》第 16 条的规定,人民法院审理宣告死亡案件时,被申请人的配偶、父母、子女,以及依据《民法典》第 1129 条的规定对被申请人有继承权的亲属应当认定为《民法典》第 46 条规定的利害关系人。

符合下列情形之一的,被申请人的其他近亲属,以及依据《民法典》第 1128 条的规定对被申请人有继承权的亲属应当认定为《民法典》第 46 条规定的利害关系人:(1)被申请人的配偶、父母、子女均已死亡或者下落不明的;(2)不申请宣告死亡不能保护其相应合法权益的。被申请人的债权人、债务人、合伙人等民事主体不能认定为《民法典》第 46 条规定的利害关系人,但是不申请宣告死亡不能保护其相应合法权益的除外。

2. 战争期间下落不明的,申请宣告死亡的期间如何计算?

答:根据《总则编解释》第 17 条的规定,自然人在战争期间下落不明的,利害关系人申请宣告死亡的期间适用《民法典》第 46 条第 1 款第 1 项的规定,即下落不明满 4 年,自战争结束之日或者有关机关确定的下落不明之日起计算。

条文参见

《民事诉讼法》第 192 条

第四十七条 【宣告死亡的优先适用】

对同一自然人,有的利害关系人申请宣告死亡,有的利害关系人申请宣告失踪,符合本法规定的宣告死亡条件的,人民法院应当宣告死亡。

理解适用

宣告死亡与宣告失踪在法律后果上存在明显差异。一般来说,宣告死亡与自然死亡的法律效力相同,不但影响被宣告人财产的处分,而且也影响与其相关的身份关系,如夫妻关系与父母子女关系。同时,被宣告人遗产继承开始,其遗嘱也发生效力。宣告失踪的法律后果是为其设定财产代管人,只发生财产方面的影响而不会影响身份关系的变化。

第四十八条 【被宣告死亡的人死亡日期的确定】

被宣告死亡的人,人民法院宣告死亡的判决作出之日视为其死亡的日期;因意外事件下落不明宣告死亡的,意外事件发生之日视为其死亡的日期。

第四十九条 【被宣告死亡人实际生存时的行为效力】

自然人被宣告死亡但是并未死亡的,不影响该自然人在被宣告死亡期间实施的民事法律行为的效力。

理解适用

从本质上讲,自然人被宣告死亡是一种拟制的死亡,有可能本人并没有自然死亡或者说真正死亡。这个被宣告死亡但并未真正死亡的自然人,可能在被宣告死亡期间还在从事民事活动,包括吃穿住行等各种活动。如果因为他已经被宣告死亡,就不承认其所从事的民事法律行为的效力,无疑是不合情理的,也不利于维护交易安全和社会经济秩序。

第五十条 【死亡宣告的撤销】

被宣告死亡的人重新出现,经本人或者利害关系人申请,人民法院应当撤销死亡宣告。

条文参见

《民事诉讼法》第193条

第五十一条 【宣告死亡、撤销死亡宣告对婚姻关系的影响】

被宣告死亡的人的婚姻关系，自死亡宣告之日起消除。死亡宣告被撤销的，婚姻关系自撤销死亡宣告之日起自行恢复。但是，其配偶再婚或者向婚姻登记机关书面声明不愿意恢复的除外。

第五十二条 【撤销死亡宣告对收养关系的影响】

被宣告死亡的人在被宣告死亡期间，其子女被他人依法收养的，在死亡宣告被撤销后，不得以未经本人同意为由主张收养行为无效。

第五十三条 【死亡宣告撤销后的财产返还】

被撤销死亡宣告的人有权请求依照本法第六编取得其财产的民事主体返还财产；无法返还的，应当给予适当补偿。

利害关系人隐瞒真实情况，致使他人被宣告死亡而取得其财产的，除应当返还财产外，还应当对由此造成的损失承担赔偿责任。

第四节 个体工商户和农村承包经营户

第五十四条 【个体工商户的定义】

自然人从事工商业经营，经依法登记，为个体工商户。个体工商户可以起字号。

实用问答

1. 个体工商户应当依法登记哪些事项？

答：根据《市场主体登记管理条例实施细则》第6条第7项的规定，个体工商户应依法登记的事项包括：组成形式、经营范围、经营场所，经营者姓名、住所。个体工商户使用名称的，登记事项还应当包括名称。

2. 个体工商户变更经营者应如何办理登记手续？

答：根据《市场主体登记管理条例实施细则》第38条的规定，个体工商户变更经营者,应当在办理注销登记后,由新的经营者重新申请办理登记。双方经营者同时申请办理的,登记机关可以合并办理。

条文参见

《促进个体工商户发展条例》;《市场主体登记管理条例》;《市场主体登记管理条例实施细则》

第五十五条 【农村承包经营户的定义】

农村集体经济组织的成员,依法取得农村土地承包经营权,从事家庭承包经营的,为农村承包经营户。

理解适用

[农村土地]

农村土地,是指农民集体所有和国家所有依法由农民集体使用的耕地、林地、草地,以及其他依法用于农业的土地。

家庭承包中,是按人人有份分配承包地,按户组成一个生产经营单位作为承包方。本集体经济组织的农户作为承包方,主要是针对耕地、草地和林地等适宜家庭承包的土地的承包。农户内的成员分家析产的,单独成户的成员可以对原家庭承包的土地分别进行耕作,但承包经营权仍是一个整体,不能分割。

实用问答

农村土地承包采用哪种承包方式?

答:根据《农村土地承包法》第3条第2款的规定,农村土地承包采取农村集体经济组织内部的家庭承包方式,不宜采取家庭承包方式的荒山、荒沟、荒丘、荒滩等农村土地,可以采取招标、拍卖、公开协商等方式承包。

条文参见

《农村土地承包法》

第五十六条 【债务承担规则】

个体工商户的债务,个人经营的,以个人财产承担;家庭经营的,以家庭财产承担;无法区分的,以家庭财产承担。

农村承包经营户的债务,以从事农村土地承包经营的农户财产承担;事实上由农户部分成员经营的,以该部分成员的财产承担。

第三章 法 人

第一节 一般规定

第五十七条 【法人的定义】

法人是具有民事权利能力和民事行为能力,依法独立享有民事权利和承担民事义务的组织。

理解适用

法人具有以下特点:(1)法人不是自然人,属于社会组织,是一种集合体,由法律赋予该组织单独的法律人格。法人既可以是人的集合体,也可以是财产的集合体。(2)具有民事权利能力和民事行为能力。法人可以以自己的名义,通过自身的行为享有和行使民事权利,设定和承担民事义务。法人的民事权利能力和民事行为能力,从法人成立时产生,到法人终止时消灭。(3)依法独立享受民事权利、承担民事义务。法人有自己独立的民事主体地位,可以自己的名义独立从事民事活动,享有民事权利,承担民事义务。(4)独立承担民事责任。法人以其全部财产独立承担民事责任,能否独立承担民事责任,是区别法人组织和非法人组织的重要标志。

实用问答

法人的民事权利能力和民事行为能力与自然人的有何不同?

答:法人的民事权利能力和民事行为能力与自然人有所不同:(1)法人的民事权利能力存续时间及范围同行为能力一致;(2)不同法人的民事权利能力不完全相同,法人不享有自然人人身属性的权利能力,如结婚能力、继承能力等。特别要强调的是,不能将经营范围作为营利法人的民事权利能力大小或营利法人对外签订合同效力的依据。

条文参见

《公司法》第3条

第五十八条 【法人成立的条件】

法人应当依法成立。

法人应当有自己的名称、组织机构、住所、财产或者经费。法人成立的具体条件和程序,依照法律、行政法规的规定。

设立法人,法律、行政法规规定须经有关机关批准的,依照其规定。

条文参见

《公司法》第7、29、31~33、36条

第五十九条 【法人民事权利能力和民事行为能力的起止】

法人的民事权利能力和民事行为能力,从法人成立时产生,到法人终止时消灭。

理解适用

法人的民事行为能力是法人独立地实施民事行为,行使民事权利、承担民事义务的资格。法人的民事行为能力在时间上和民事权利能力相一致,始于法人成立,终于法人消灭,在法人存续期间始终存在。法人的民事行为能力和其民事权利能力在范围上一致,即法人能够以自己的行为行使权利和承担义务的范围,民事行为能力的范围不能超出其权利能力所限定的范围。

实用问答

法人的民事行为能力和自然人的民事行为能力有何不同?

答:二者有以下不同:(1)法人的民事行为能力和民事权利能力在时间上是一致的。法人民事行为能力始于法人成立,终于法人消灭,在法人存续期间始终存在。对于法人来说,民事权利能力和民事行为能力同时发生、同时消灭。而自然人的民事行为能力受其年龄、智力、精神健康状况等因素的

影响,有民事权利能力的人不一定有民事行为能力,民事权利能力和民事行为能力的发生在时间上有一定的分离。(2)法人的民事行为能力和民事权利能力在范围上是一致的。法人能够以自己的行为取得权利和承担义务的范围,不能超出它们的民事权利能力所限定的范围。法人的民事行为能力同样要受到法律、行政命令、法人的性质及其核准登记的经营范围的限制。自然人有完全民事行为能力人、限制民事行为能力人与无民事行为能力人之分。法人是社会组织体,不存在年龄大小和是否健康、精神正常等问题。法人一旦成立,即具有民事行为能力;法人一旦终止,其民事行为能力即告消灭。(3)法人的民事行为能力是以其不同于单个自然人意思的团体意思为前提的。民事行为能力以意思能力为前提。法人作为一个统一的组织体,有自己的内部机构,能够产生并实现自己的意思,从而具有民事行为能力。法人的团体意志不同于个人的意志,也不是个人意志的简单相加,而是一种意志的综合,法人实现民事行为能力的方式也不同于自然人实现自己民事行为能力的方式。

第六十条 【法人民事责任承担】

法人以其全部财产独立承担民事责任。

理解适用

[法人承担民事责任]

民事责任,是指民事主体在民事活动中,因实施了违法行为或者存在违约行为,根据民法所承担的对其不利的民事法律后果。

法人以其全部财产独立承担民事责任,即承担有限责任。无论法人应当承担多少责任,最终都以其全部财产来承担,不承担无限责任。

条文参见

《民法典》第179条

第六十一条 【法定代表人的定义及行为的法律后果】

依照法律或者法人章程的规定,代表法人从事民事活动的负责人,为法人的法定代表人。

> 法定代表人以法人名义从事的民事活动,其法律后果由法人承受。
> 法人章程或者法人权力机构对法定代表人代表权的限制,不得对抗善意相对人。

理解适用

法人的法定代表人是代表法人行使职权的负责人,是代表法人进行民事活动的自然人。法定代表人只能是自然人,且该自然人只有代表法人从事民事活动时才具有这种身份。

法定代表人对外的职务行为即为法人行为,其后果由法人承担。法人对法定代表人所负的责任,也包括越权行为的责任。需要说明的是,法人除了要对其法定代表人的职务行为承担责任外,还要对其工作人员的职务行为承担责任。

法人章程或法人权力机构对法定代表人的对外代表权限进行了限制,但该法定代表人超越了自己的权限与相对人签订了合同,或者实施了其他法律行为的,如果相对人不知道或者不应当知道该限制规定,则法人不得以法定代表人的行为超越了其权限而主张不承担或免除其应承担的法律责任。

实用问答

1. 公司的法定代表人可以由谁担任?

答:根据《公司法》第10条第1款的规定,公司的法定代表人按照公司章程的规定,由代表公司执行公司事务的董事或者经理担任。

2. 哪些人不得担任公司、非公司企业法人的法定代表人?

答:根据《市场主体登记管理条例》第12条的规定,有下列情形之一的,不得担任公司、非公司企业法人的法定代表人:(1)无民事行为能力或者限制民事行为能力;(2)因贪污、贿赂、侵占财产、挪用财产或者破坏社会主义市场经济秩序被判处刑罚,执行期满未逾5年,或者因犯罪被剥夺政治权利,执行期满未逾5年;(3)担任破产清算的公司、非公司企业法人的法定代表人、董事或者厂长、经理,对破产负有个人责任的,自破产清算完结之日起未逾3年;(4)担任因违法被吊销营业执照、责令关闭的公司、非公司企业法人的法定代表人,并负有个人责任的,自被吊销营业执照之日起未逾3年;(5)个人所负数额较大的债务到期未清偿;(6)法律、行政法规规定的其他情形。

条文参见

《民办教育促进法》第 23 条;《民事诉讼法》第 51 条

案例指引

韦某兵与新疆宝塔房地产开发有限公司等请求变更公司登记纠纷案
(《最高人民法院公报》2022 年第 12 期)

裁判摘要:法定代表人是对外代表公司从事民事活动的公司负责人,法定代表人登记依法具有公示效力。就公司内部而言,公司与法定代表人之间为委托法律关系,法定代表人代表权的基础是公司的授权,自公司任命时取得至免除任命时终止。公司权力机关依公司章程规定免去法定代表人的职务后,法定代表人的代表权即为终止。

有限责任公司股东会依据章程规定免除公司法定代表人职务的,公司执行机关应当执行公司决议,依法办理公司法定代表人工商变更登记。

第六十二条 【法定代表人职务侵权行为的责任承担】

法定代表人因执行职务造成他人损害的,由法人承担民事责任。

法人承担民事责任后,依照法律或者法人章程的规定,可以向有过错的法定代表人追偿。

理解适用

法定代表人的行为如果与执行职务无关,则不构成职务侵权。需要指出的是,法人的法定代表人的职务侵权行为与法人一般工作人员的职务侵权行为,在归责原则上,对外都是由法人承担责任。

第六十三条 【法人的住所】

法人以其主要办事机构所在地为住所。依法需要办理法人登记的,应当将主要办事机构所在地登记为住所。

理解适用

[法人住所]

法人住所,是指法人主要办事机构所在地。

确定法人的住所,对于确定法人主要办事机构所在地和诉讼管辖地、破产清算地等具有重要意义。

法人可能有多个办事机构所在地,但主要办事机构所在地为住所,也即法人的住所只能有一个。办事机构所在地,是指执行法人的业务活动、决定和处理法人事务的法人机构所在地。法人的办事机构所在地可能与法人的厂址不在同一个地方,但应以办事机构所在地为住所;如果办事机构所在地有多个,并且分别位于不同的地方,则以其主要办事机构为住所。

条文参见

《公司法》第8条;《涉外民事关系法律适用法》第14条

第六十四条 【法人变更登记】

法人存续期间登记事项发生变化的,应当依法向登记机关申请变更登记。

实用问答

市场主体如何申请变更登记事项?

答:根据《市场主体登记管理条例》第24条的规定,市场主体变更登记事项,应当自作出变更决议、决定或者法定变更事项发生之日起30日内向登记机关申请变更登记。市场主体变更登记事项属于依法须经批准的,申请人应当在批准文件有效期内向登记机关申请变更登记。

条文参见

《公司法》第33、36条;《市场主体登记管理条例》第24~29条;《基金会管理条例》第15条

第六十五条 【法人实际情况与登记事项不一致的法律后果】

法人的实际情况与登记的事项不一致的,不得对抗善意相对人。

理解适用

登记有一个基本的公示功能,登记事项系对相对人的事先告知,对法人和相对人同等发生效力,推定各方当事人共同认可登记内容。如果法人实际

情形与登记不一致,发生的法律后果由法人自行承担,对相对人不发生效力。

条文参见

《公司法》第34条

第六十六条 【公示登记信息】

登记机关应当依法及时公示法人登记的有关信息。

理解适用

[法人登记]

法人登记,实质是公示法人主体的组织状态和营业状态。登记内容的公示则节约了法人与相对人的交易成本,有利于迅速、安全开展各种活动。

条文参见

《慈善法》第76条

第六十七条 【法人合并、分立后权利义务的享有和承担】

法人合并的,其权利和义务由合并后的法人享有和承担。

法人分立的,其权利和义务由分立后的法人享有连带债权,承担连带债务,但是债权人和债务人另有约定的除外。

理解适用

[法人合并]

法人合并,是指两个或两个以上的法人合并为一个新的法人,或者一个或多个法人并到一个现存的法人中去,或者将某个法人分成若干部分,并入其他的现存法人。法人合并分为新设合并和吸收合并。新设合并,是指原法人资格随即消灭,新法人资格随即确立。吸收合并,是指一个或多个法人归并到一个现存的法人中去,被合并的法人资格消灭,存续法人的主体资格仍然存在。

[法人分立]

法人分立,是指一个法人分成两个或两个以上的法人,或者将现有的一个或几个法人分出一部分组成新的法人。法人分立分为新设式分立和派生式分立。新设式分立,是指原法人分立为两个或者两个以上新的法人,原法人不复存在。派生式分立,是指原法人仍然存在,但从原法人中分立出来一个新的法人,原法人的资格不变。

条文参见

《公司法》第218~223条

第六十八条 【法人终止的原因】

有下列原因之一并依法完成清算、注销登记的,法人终止:
(一)法人解散;
(二)法人被宣告破产;
(三)法律规定的其他原因。
法人终止,法律、行政法规规定须经有关机关批准的,依照其规定。

理解适用

[法人的终止]

法人的终止,也就是法人的消灭。法人终止后,其民事权利能力和行为能力随之消灭。终止后的法人不能再以法人的名义对外从事民事活动。

实用问答

市场主体终止的,如何申请注销登记?

答:根据《市场主体登记管理条例》第31条的规定,市场主体因解散、被宣告破产或者其他法定事由需要终止的,应当依法向登记机关申请注销登记。经登记机关注销登记,市场主体终止。市场主体注销依法须经批准的,应当经批准后向登记机关申请注销登记。

条文参见

《企业破产法》第2、7条

第六十九条 【法人解散的情形】

有下列情形之一的,法人解散:
(一)法人章程规定的存续期间届满或者法人章程规定的其他解散

事由出现；

（二）法人的权力机构决议解散；

（三）因法人合并或者分立需要解散；

（四）法人依法被吊销营业执照、登记证书，被责令关闭或者被撤销；

（五）法律规定的其他情形。

理解适用

[法人解散]

法人解散，是指已成立的法人基于一定的合法事由而使法人消灭的法律行为。公司解散纠纷案件应以公司为被告，其他股东为第三人或共同原告，符合法定条件的且经采取必要的调解程序和挽救措施无果后，判决解散公司。法院审理解散公司诉讼案件，应当注重调解，当事人不能协商一致由公司或者股东收购股份，或者以减资等方式使公司存续的，应及时判决。股东应举证证明其采用了其他途径解决其所主张的公司经营困难事项，在未通过其他合法途径解决公司股东之间存在的冲突之前即径行提起解散公司之诉，其相应的诉讼请求不应得到支持。司法应审慎介入公司事务，凡有其他途径能够维持公司存续的，不应轻易解散公司。

条文参见

《公司法》第229条

第七十条【法人解散后的清算】

法人解散的，除合并或者分立的情形外，清算义务人应当及时组成清算组进行清算。

法人的董事、理事等执行机构或者决策机构的成员为清算义务人。法律、行政法规另有规定的，依照其规定。

清算义务人未及时履行清算义务，造成损害的，应当承担民事责任；主管机关或者利害关系人可以申请人民法院指定有关人员组成清算组进行清算。

理解适用

[法人清算]

法人清算,是指在法人解散时,清算义务人成立清算组,依据职权清理并消灭法人的全部财产关系的程序。法人除了因合并或者分立的情形而解散不需要清算的外,因其他情形而解散的,都要依法进行清算。

[清算义务人]

清算义务人,是指在法人解散后,负有清算责任的主体,也称清算人。清算义务人为法人的董事、理事等执行机构或者决策机构的成员。除董事、理事为清算义务人外,法律、行政法规对清算义务人另有规定的,依照其规定。

条文参见

《公司法》第232、233、238条;《公司法解释二》第2、7、9条

第七十一条 【清算适用的法律依据】

法人的清算程序和清算组职权,依照有关法律的规定;没有规定的,参照适用公司法律的有关规定。

条文参见

《公司法解释二》第15条

第七十二条 【清算中法人地位、清算后剩余财产的处理和法人终止】

清算期间法人存续,但是不得从事与清算无关的活动。

法人清算后的剩余财产,按照法人章程的规定或者法人权力机构的决议处理。法律另有规定的,依照其规定。

清算结束并完成法人注销登记时,法人终止;依法不需要办理法人登记的,清算结束时,法人终止。

理解适用

[法人清算后的剩余财产]

法人清算后的剩余财产,是指法人财产在分别支付清算费用、职工的工资、社会保险费用和法定补偿金,缴纳所欠税款,清偿公司债务后的剩余

财产。

[注销登记]

注销登记,是指登记主管机关依法对歇业、被撤销、宣告破产或者因其他原因终止营业的法人,取消法人资格的行为。

条文参见

《公司法》第236条

第七十三条 【法人破产】

法人被宣告破产的,依法进行破产清算并完成法人注销登记时,法人终止。

理解适用

[破产]

破产,是指债务人因不能偿债或者资不抵债时,由债权人或债务人诉请法院宣告破产并依破产程序偿还债务的一种法律制度。狭义的破产制度仅指破产清算制度,广义的破产制度还包括重整与和解制度。

实用问答

清算程序与破产程序哪个程序优先?

答:清算程序与破产程序之间的衔接应当是破产程序优先。公司强制清算中,清算组在清理公司财产、编制资产负债表和财产清单时,发现公司财产不足清偿债务的,除依据《公司法解释二》第17条的规定,通过与债权人协商制作有关债务清偿方案并清偿债务的外,应依据《公司法》第237条和《企业破产法》第7条第3款的规定向人民法院申请宣告破产。

条文参见

《企业破产法》;《公司法》第242条;《农民专业合作社法》第55条;《民办教育促进法》第58、59条

第七十四条　【法人分支机构及其责任承担】

法人可以依法设立分支机构。法律、行政法规规定分支机构应当登记的,依照其规定。

分支机构以自己的名义从事民事活动,产生的民事责任由法人承担;也可以先以该分支机构管理的财产承担,不足以承担的,由法人承担。

理解适用

[法人分支机构]

法人分支机构作为法人的组成部分,由法人依法设立,在法人主要活动地点以外的一定领域内,实现法人的全部或部分职能。分支机构以自己的名义所从事的民事活动,对法人直接产生权利义务,并构成整个法人权利义务的一部分。法人分支机构,在性质上属于法人的组成部分,不具有独立责任能力,其行为的效果仍由法人承担。

条文参见

《公司法》第13条;《商业银行法》第19条;《市场主体登记管理条例》第23条

第七十五条　【法人设立行为的法律后果】

设立人为设立法人从事的民事活动,其法律后果由法人承受;法人未成立的,其法律后果由设立人承受,设立人为二人以上的,享有连带债权,承担连带债务。

设立人为设立法人以自己的名义从事民事活动产生的民事责任,第三人有权选择请求法人或者设立人承担。

理解适用

[法人的设立人]

法人的设立人,是指申请设立法人,并在法人的设立过程中承担相应民事责任的人。

条文参见

《公司法解释三》第1~5条

第二节 营利法人

第七十六条 【营利法人的定义及类型】

以取得利润并分配给股东等出资人为目的成立的法人,为营利法人。

营利法人包括有限责任公司、股份有限公司和其他企业法人等。

理解适用

营利法人设立的宗旨是从事工商业经营活动。因此,其成立必须在市场监督管理部门进行登记。

实用问答

营利法人和公益法人有哪些不同?

答:营利法人与公益法人的不同主要表现在:(1)目的不同。营利法人以取得营利并分配给其成员为目的;公益法人以公益为目的。(2)设立准则不同。营利法人的设立依特别法如公司法的规定设立;而公益法人除有特别法外,一般依民法的规定设立。(3)设立程序不同。营利法人的设立,除有特别规定外,一般不需要得到主管机关的许可;公益法人则必须得到这种许可后才能成立。(4)法律形式不同。营利法人只能采取社团法人的形式;公益法人既可采取社团法人形式又可采取财团法人形式。(5)行为能力不同。营利法人可从事各种营利性事业,公益法人无权从事以向其成员分配营利为目的的营利性事业,否则构成违法。

第七十七条 【营利法人的成立】

营利法人经依法登记成立。

条文参见

《公司法》第29、31、32条

第七十八条 【营利法人的营业执照】

依法设立的营利法人,由登记机关发给营利法人营业执照。营业执照签发日期为营利法人的成立日期。

实用问答

1. 什么是营业执照?公司营业执照应当载明哪些事项?

答:营业执照是由市场监督管理机关颁发的准许营利法人从事某项生产经营活动的凭证。根据《公司法》第33条第2款的规定,公司营业执照应当载明公司的名称、住所、注册资本、经营范围、法定代表人姓名等事项。

2. 营业执照的正本和副本是否具有同等法律效力?电子营业执照与纸质营业执照是否具有同等法律效力?

答:根据《市场主体登记管理条例》第22条第1、2款的规定,营业执照分为正本和副本,具有同等法律效力。电子营业执照与纸质营业执照具有同等法律效力。

条文参见

《公司法》第33、36条;《市场主体登记管理条例》第21、22条

第七十九条 【营利法人的章程】

设立营利法人应当依法制定法人章程。

理解适用

[法人章程]

法人章程,是指根据法人性质、任务和业务活动需要制定的关于法人的活动范围、组织机构以及内部成员之间的权利义务等重要文件,是法人从事生产经营活动的行为准则。

条文参见

《公司法》第 5 条

第八十条 【营利法人的权力机构】

营利法人应当设权力机构。

权力机构行使修改法人章程,选举或者更换执行机构、监督机构成员,以及法人章程规定的其他职权。

实用问答

有限责任公司及股份有限公司的权力机构是什么?

答:根据《公司法》第58、111条的规定,有限责任公司、股份有限公司的权力机构是股东会,由全体股东组成。

条文参见

《公司法》第58、59、111、112 条

第八十一条 【营利法人的执行机构】

营利法人应当设执行机构。

执行机构行使召集权力机构会议,决定法人的经营计划和投资方案,决定法人内部管理机构的设置,以及法人章程规定的其他职权。

执行机构为董事会或者执行董事的,董事长、执行董事或者经理按照法人章程的规定担任法定代表人;未设董事会或者执行董事的,法人章程规定的主要负责人为其执行机构和法定代表人。

实用问答

公司的执行机构是什么? 行使哪些职权?

答:公司的执行机构是董事会,召集股东会议,决定公司的经营计划和投资方案,决定公司内部管理机构的设置,执行股东会的决议和根据公司章程的授权处理公司事务。董事会对股东会负责,行使下列职权:(1)召集股东会会议,并向股东会报告工作;(2)执行股东会的决议;(3)决定公司的经营计划和投资方案;(4)制订公司的利润分配方案和弥补亏损方案;(5)制订公

司增加或者减少注册资本以及发行公司债券的方案;(6)制订公司合并、分立、解散或者变更公司形式的方案;(7)决定公司内部管理机构的设置;(8)决定聘任或者解聘公司经理及其报酬事项,并根据经理的提名决定聘任或者解聘公司副经理、财务负责人及其报酬事项;(9)制定公司的基本管理制度;(10)公司章程规定或者股东会授予的其他职权。

条文参见

《公司法》第10、67、68、120条

第八十二条 【营利法人的监督机构】

营利法人设监事会或者监事等监督机构的,监督机构依法行使检查法人财务,监督执行机构成员、高级管理人员执行法人职务的行为,以及法人章程规定的其他职权。

理解适用

营利法人设立权力机构和执行机构是法律的强制性要求,但设立监督机构不是法律强制性的规定。这主要是考虑到营利法人的范围比较宽,除有限责任公司、股份有限公司外,还有非公司的企业法人。这些企业法人没有实行公司的治理模式,没有设立监督机构。

条文参见

《公司法》第76、78条

第八十三条 【出资人滥用权利的责任承担】

营利法人的出资人不得滥用出资人权利损害法人或者其他出资人的利益;滥用出资人权利造成法人或者其他出资人损失的,应当依法承担民事责任。

营利法人的出资人不得滥用法人独立地位和出资人有限责任损害法人债权人的利益;滥用法人独立地位和出资人有限责任,逃避债务,严重损害法人债权人的利益的,应当对法人债务承担连带责任。

理解适用

[法人人格否认]

法人人格否认,又称刺穿法人面纱或者揭开法人的面纱,是指为了阻止法人独人格的滥用和保护法人债权人利益及社会公共利益,基于法人的出资人滥用法人独立地位和出资人有限责任,逃避债务,严重损害法人债权人利益的事实,否认法人与其背后的出资人各自独立的人格及出资人的有限责任,责令出资人对法人债权人直接承担责任。

存在股权关系交叉、均为同一法人出资设立、由同一自然人担任各个公司法定代表人的关联公司,如果该法定代表人利用其对上述多个公司的控制权,无视各公司的独立人格,随意处置、混淆各个公司的财产及债权债务关系,造成各个公司的人员、财产等无法区分的,该多个公司法人表面上虽然彼此独立,但实质上构成人格混同,使债权人合法权益受到损害的,该多个公司法人应承担连带清偿责任。

条文参见

《公司法》第21条

第八十四条 【限制不当利用关联关系】

营利法人的控股出资人、实际控制人、董事、监事、高级管理人员不得利用其关联关系损害法人的利益;利用关联关系造成法人损失的,应当承担赔偿责任。

理解适用

[关联关系]

关联关系,是指公司控股股东、实际控制人、董事、监事、高级管理人员与其直接或者间接控制的企业之间的关系,以及可能导致公司利益转移的其他关系。但是,国家控股的企业之间不仅因为同受国家控股而具有关联关系。

条文参见

《公司法》第22、265条;《公司法解释五》第1条

第八十五条 【决议的撤销】

营利法人的权力机构、执行机构作出决议的会议召集程序、表决方式违反法律、行政法规、法人章程,或者决议内容违反法人章程的,营利法人的出资人可以请求人民法院撤销该决议。但是,营利法人依据该决议与善意相对人形成的民事法律关系不受影响。

实用问答

出资人对有瑕疵的决议可以提起无效或撤销之诉吗?

答:根据《公司法》第25、26条的规定,公司股东会、董事会的决议内容违反法律、行政法规的无效。公司股东会、董事会会议的召集程序、表决方式违反法律、行政法规或者公司章程,或者决议内容违反公司章程的,股东可以自决议作出之日起60日内,未被通知参加股东会的股东自知道或者应当知道股东会决议作出之日起60日内,可以请求人民法院撤销;但是,股东会、董事会会议的召集程序或者表决方式仅有轻微瑕疵,对决议未产生实质影响的除外。股东自决议作出之日起5年内没有行使撤销权的,撤销权消灭。

第八十六条 【营利法人应履行的义务】

营利法人从事经营活动,应当遵守商业道德,维护交易安全,接受政府和社会的监督,承担社会责任。

第三节 非营利法人

第八十七条 【非营利法人的定义及类型】

为公益目的或者其他非营利目的成立,不向出资人、设立人或者会员分配所取得利润的法人,为非营利法人。

非营利法人包括事业单位、社会团体、基金会、社会服务机构等。

理解适用

[基金会]

基金会，是指利用自然人、法人或者其他组织捐赠的财产，以从事公益事业为目的，按照规定成立的非营利性法人。

[社会服务机构]

社会服务机构，是指企业事业单位、社会团体和其他社会力量以及公民个人利用非国有资产举办的，从事非营利性社会服务活动的社会组织。

第八十八条 【事业单位法人资格的取得】

具备法人条件，为适应经济社会发展需要，提供公益服务设立的事业单位，经依法登记成立，取得事业单位法人资格；依法不需要办理法人登记的，从成立之日起，具有事业单位法人资格。

理解适用

[事业单位]

事业单位，是指为了社会公益目的，由国家机关举办或者其他组织利用国有资产举办的，从事教育、科技、文化、卫生等活动的社会服务组织。

实用问答

申请事业单位法人登记，应当具备哪些条件？

答：根据《事业单位登记管理暂行条例》第6条的规定，申请事业单位法人登记，应当具备下列条件：(1)经审批机关批准设立；(2)有自己的名称、组织机构和场所；(3)有与其业务活动相适应的从业人员；(4)有与其业务活动相适应的经费来源；(5)能够独立承担民事责任。

条文参见

《事业单位登记管理暂行条例》第2、3、6、11条

第八十九条 【事业单位法人的组织机构及法定代表人】

事业单位法人设理事会的，除法律另有规定外，理事会为其决策机

构。事业单位法人的法定代表人依照法律、行政法规或者法人章程的规定产生。

第九十条 【社会团体法人资格的取得】

具备法人条件,基于会员共同意愿,为公益目的或者会员共同利益等非营利目的设立的社会团体,经依法登记成立,取得社会团体法人资格;依法不需要办理法人登记的,从成立之日起,具有社会团体法人资格。

理解适用

[社会团体]

社会团体,是指基于会员共同意愿,为公益目的或者会员共同利益等非营利目的设立的社会组织。社会团体包括两种:一是为公益目的而设立的,如中国红十字会、中华慈善总会等;二是为会员共同利益设立的,如行业协会、商会等。

实用问答

成立社会团体,应当具备哪些条件?

答:根据《社会团体登记管理条例》第10条第1款的规定,成立社会团体,应当具备下列条件:(1)有50个以上的个人会员或者30个以上的单位会员;个人会员、单位会员混合组成的,会员总数不得少于50个;(2)有规范的名称和相应的组织机构;(3)有固定的住所;(4)有与其业务活动相适应的专职工作人员;(5)有合法的资产和经费来源,全国性的社会团体有10万元以上活动资金,地方性的社会团体和跨行政区域的社会团体有3万元以上活动资金;(6)有独立承担民事责任的能力。

第九十一条 【社会团体法人的章程及组织机构】

设立社会团体法人应当依法制定法人章程。
社会团体法人应当设会员大会或者会员代表大会等权力机构。

社会团体法人应当设理事会等执行机构。理事长或者会长等负责人按照法人章程的规定担任法定代表人。

理解适用

会员人数相对较少的社会团体实行会员大会制度，由全体会员组成的会员大会作为该团体的决策机构。会员人数相对较多的社会团体则实行会员代表大会制度，由全体会员选出代表他们的意志行事的一部分人召开大会，行使会员赋予的权利，对会员负责，作为该社会团体的决策机构，会员大会或者会员代表大会一般应当根据章程定期召开。

实用问答

社会团体的章程应当包括哪些事项？

答：根据《社会团体登记管理条例》第14条的规定，社会团体的章程应当包括下列事项：(1) 名称、住所；(2) 宗旨、业务范围和活动地域；(3) 会员资格及其权利、义务；(4) 民主的组织管理制度，执行机构的产生程序；(5) 负责人的条件和产生、罢免的程序；(6) 资产管理和使用的原则；(7) 章程的修改程序；(8) 终止程序和终止后资产的处理；(9) 应当由章程规定的其他事项。

第九十二条 【捐助法人资格的取得】

具备法人条件，为公益目的以捐助财产设立的基金会、社会服务机构等，经依法登记成立，取得捐助法人资格。

依法设立的宗教活动场所，具备法人条件的，可以申请法人登记，取得捐助法人资格。法律、行政法规对宗教活动场所有规定的，依照其规定。

理解适用

[捐助法人的范围]

捐助法人的范围主要包括基金会、社会服务机构、宗教活动场所等。基金会、社会服务机构、宗教活动场所等组织具备法人条件，经依法登记，取得捐助法人资格。

条文参见

《基金会管理条例》第 8~13 条;《民办非企业单位登记管理暂行条例》第 8 条;《宗教事务条例》第 20 条

第九十三条　【捐助法人的章程及组织机构】

设立捐助法人应当依法制定法人章程。

捐助法人应当设理事会、民主管理组织等决策机构,并设执行机构。理事长等负责人按照法人章程的规定担任法定代表人。

捐助法人应当设监事会等监督机构。

理解适用

在组织机构上,捐助法人不设权力机构,决策机构和执行机构根据既定的章程执行捐助法人事务。而营利法人、社会团体法人等设有权力机构,权力机构作出的决议由执行机构负责执行。捐助法人因其稳固不变的制度构造足以维持捐助法人意志不被变更,适宜运营长期稳定特别是与市场波动无关的事业。

条文参见

《慈善法》;《基金会管理条例》

第九十四条　【捐助人的权利】

捐助人有权向捐助法人查询捐助财产的使用、管理情况,并提出意见和建议,捐助法人应当及时、如实答复。

捐助法人的决策机构、执行机构或者法定代表人作出决定的程序违反法律、行政法规、法人章程,或者决定内容违反法人章程的,捐助人等利害关系人或者主管机关可以请求人民法院撤销该决定。但是,捐助法人依据该决定与善意相对人形成的民事法律关系不受影响。

理解适用

司法实践中,最常见的纠纷是捐助法人要求捐助人履行捐赠义务,交付捐赠物,或者捐助人出于某种原因,要求撤销捐助协议。

实用问答

基金会违反捐赠协议使用捐赠财产的,捐赠人可以采取哪些措施?

答:根据《基金会管理条例》第 39 条的规定,捐赠人有权向基金会查询捐赠财产的使用、管理情况,并提出意见和建议。对于捐赠人的查询,基金会应当及时如实答复。基金会违反捐赠协议使用捐赠财产的,捐赠人有权要求基金会遵守捐赠协议或者向人民法院申请撤销捐赠行为、解除捐赠协议。

条文参见

《民法典》第 663 条;《慈善法》第 42 条;《公益事业捐赠法》第 21 条;《宗教事务条例》第 57、58 条

第九十五条 【非营利法人终止时剩余财产的处理】

为公益目的成立的非营利法人终止时,不得向出资人、设立人或者会员分配剩余财产。剩余财产应当按照法人章程的规定或者权力机构的决议用于公益目的;无法按照法人章程的规定或者权力机构的决议处理的,由主管机关主持转给宗旨相同或者相近的法人,并向社会公告。

实用问答

慈善组织清算后的剩余财产如何处理?

答:根据《慈善法》第 18 条第 3 款的规定,慈善组织清算后的剩余财产,应当按照慈善组织章程的规定转给宗旨相同或者相近的慈善组织;章程未规定的,由办理其登记的民政部门主持转给宗旨相同或者相近的慈善组织,并向社会公告。

条文参见

《民办教育促进法》第 59 条;《基金会管理条例》第 33 条

第四节　特别法人

第九十六条　【特别法人的类型】

本节规定的机关法人、农村集体经济组织法人、城镇农村的合作经济组织法人、基层群众性自治组织法人，为特别法人。

理解适用

[特别法人]

特别法人，是指我国现实生活中存在的，既不属于营利法人，也不属于非营利法人，具有民事权利能力和民事行为能力，依法独立享有民事权利和承担民事义务的组织。

第九十七条　【机关法人资格的取得】

有独立经费的机关和承担行政职能的法定机构从成立之日起，具有机关法人资格，可以从事为履行职能所需要的民事活动。

理解适用

[机关法人]

机关法人，是指依照法律和行政命令组建的、享有公权力的以从事国家管理活动为主的各级国家机关。

第九十八条　【机关法人终止后权利义务的享有和承担】

机关法人被撤销的，法人终止，其民事权利和义务由继任的机关法人享有和承担；没有继任的机关法人的，由作出撤销决定的机关法人享有和承担。

条文参见

《行政诉讼法》第 26 条

第九十九条 【农村集体经济组织法人】

农村集体经济组织依法取得法人资格。

法律、行政法规对农村集体经济组织有规定的,依照其规定。

理解适用

[农村集体经济组织]

农村集体经济组织,是指在自然乡村范围内,由农民自愿联合,将其各自所有的生产资料(土地、较大型农具、耕畜)投入集体所有,由集体组织农业生产经营,农民进行集体劳动,实行各尽所能、按劳分配的农业社会主义经济组织。农村集体经济组织是农村集体资产经营管理的主体,依法代表农民集体行使农村集体资产所有权。

条文参见

《农村土地承包法》第13条

第一百条 【城镇农村的合作经济组织法人】

城镇农村的合作经济组织依法取得法人资格。

法律、行政法规对城镇农村的合作经济组织有规定的,依照其规定。

理解适用

[城镇农村的合作经济组织]

城镇农村的合作经济组织,是指按照自愿互利、民主管理、协作服务原则组建的农村经济组织,主要是指基层供销社、专业合作社、村级综合服务社等。

条文参见

《农民专业合作社法》

第一百零一条 【基层群众性自治组织法人】

居民委员会、村民委员会具有基层群众性自治组织法人资格,可以从事为履行职能所需要的民事活动。

未设立村集体经济组织的,村民委员会可以依法代行村集体经济组织的职能。

条文参见

《村民委员会组织法》第2条;《城市居民委员会组织法》第2~4条;《民诉法解释》第68条

第四章　非法人组织

第一百零二条　【非法人组织的定义及类型】

非法人组织是不具有法人资格,但是能够依法以自己的名义从事民事活动的组织。

非法人组织包括个人独资企业、合伙企业、不具有法人资格的专业服务机构等。

理解适用

[非法人组织]

非法人组织可以作为民事主体进行必要的民事活动,也可以作为民事诉讼主体以自己的名义参加民事诉讼。非法人组织毕竟不是独立的民事主体,在其财产不足以单独承担民事责任时,其出资人或设立人应当承担无限责任。实践中,并不能因为分公司等非法人组织不具有法人资格,不能独立承担民事责任,而否认其民事诉讼主体的地位。

[个人独资企业]

个人独资企业,是指依照本法在中国境内设立,由一个自然人投资,财产为投资人个人所有,投资人以其个人财产对企业债务承担无限责任的经营实体。

[合伙企业]

合伙企业,是指自然人、法人和其他组织依照本法在中国境内设立的普通合伙企业和有限合伙企业。

> **实用问答**

《民事诉讼法》中"其他组织"与《民法典》中"非法人组织"是否为同一概念?"非法人组织"是否具备诉讼主体资格?[①]

答:《民法典》中的"非法人组织"和《民事诉讼法》中的"其他组织"是基于不同规范目的而作出的规定。"非法人组织"所要解决的是民事主体资格问题,即某个组织能否以自己的名义从事民事活动、承担民事责任;而"其他组织"主要解决民事诉讼主体资格问题,即某个组织能否以自己名义参与到诉讼活动中。二者并非同一概念。根据《民法典》第 102 条第 1 款关于"非法人组织是不具有法人资格,但是能够依法以自己的名义从事民事活动的组织"的规定,非法人组织能够以自己名义从事民事活动,如果因此与其他民事主体发生民事纠纷,可以自己名义参与到民事诉讼活动中,作为民事诉讼当事人,具备诉讼主体资格,由此就落入了"其他组织"的范围。

从范围上看,《民事诉讼法》中的"其他组织"是一个更广泛的概念,除"非法人组织"外,"其他组织"还可包括其他类型的主体,如法人分支机构、业主委员会等。以业主委员会为例,其不符合《民法典》第 102 条至第 108 条所规定的非法人组织的特征。但根据《民法典》第 280 条第 2 款的规定,业主大会或者业主委员会作出的决定侵害业主合法权益的,受侵害的业主可以请求人民法院予以撤销。据此,在业主撤销权纠纷中,业主大会或者业主委员会可以作为民事诉讼当事人参与到诉讼活动中,具备诉讼主体资格。也就是说,业主委员会虽不是《民法典》所规定的"非法人组织",但属于民事诉讼法上规定的"其他组织"。

需要注意的是,并非除"自然人、法人"之外的任何组织都可认定为"其他组织"。《民诉法解释》第 52 条对于"其他组织"的定义和范围作了明确规定,并列举了相应情形。"其他组织"首先应当是依照法律规定的程序和条件成立,法律上予以认可的组织,同时应当具备一定的组织机构和财产。如果未经依法成立,则不具有"其他组织"的资格,不属于民事诉讼当事人。例如,没有依法领取营业执照的法人分支机构,不能认定为"其他组织",在诉讼中,应以设立该分支机构的法人为当事人。

[①] 参见《法答网精选答问(第十批)》,载最高人民法院官网 2024 年 10 月 31 日,https://www.court.gov.cn/zixun/xiangqing/446311.html。

条文参见

《个人独资企业法》第 2 条;《合伙企业法》第 2 条

第一百零三条 【非法人组织的设立程序】

非法人组织应当依照法律的规定登记。

设立非法人组织,法律、行政法规规定须经有关机关批准的,依照其规定。

理解适用

[设立非法人组织的程序]

设立非法人组织的程序包括两种:(1)设立登记,即设立非法人组织应当依法进行登记。(2)设立审批,即设立非法人组织须依法经有关机关批准。如果法律、行政法规规定应当经过批准才能设立某一非法人组织,则依照其规定,经批准设立。

条文参见

《个人独资企业法》第 9 条;《合伙企业法》第 9 条;《律师法》第 18 条;《注册会计师法》第 25 条

第一百零四条 【非法人组织的债务承担】

非法人组织的财产不足以清偿债务的,其出资人或者设立人承担无限责任。法律另有规定的,依照其规定。

理解适用

[无限责任]

在司法实践中,应当准确把握"无限责任"的含义。(1)出资人或者设立人对非法人组织的债务负有无限清偿责任。无限清偿责任,就是以其全部财产承担非法人组织的债务。这是为维护交易秩序、保护债权人合法权益,立法所作出的特别安排。(2)各出资人或者设立人负连带清偿责任。如《合伙企业法》规定合伙人对合伙债务应当承担无限连带清偿责任;入伙的新合伙人对入伙前的债务承担连带责任;合伙企业解散后,合伙人对合伙债务仍负连带责任。(3)出资人或者设立人对非法人组织债务承担的是补充清偿责任。所谓补充清偿责任,是指出资人或者设立人对非法人组织债务承担的不是直接清偿责任,而是一种补充清偿责任,即在穷尽非法人组织财产后仍不足以清偿债务后,方以设立人或者出资人其他财产承担连带清偿责任。

第一百零五条 【非法人组织的代表人】

非法人组织可以确定一人或者数人代表该组织从事民事活动。

理解适用

[非法人组织代表人]

非法人组织代表人,是指非法人组织根据其章程、协议或者经共同决定,来确定由其代表该组织对外从事民事活动的人。非法人组织的代表人既可以是一个人,也可以是多个人。

条文参见

《个人独资企业法》第19条;《合伙企业法》第26条

第一百零六条 【非法人组织解散的情形】

有下列情形之一的,非法人组织解散:
(一)章程规定的存续期间届满或者章程规定的其他解散事由出现;
(二)出资人或者设立人决定解散;
(三)法律规定的其他情形。

理解适用

[非法人组织的解散事由]

非法人组织解散事由包括两类:自愿解散和强制解散。自愿解散是民事主体自愿选择的结果。出资人或者设立人决定解散的,应当经全体成员同意或多数成员同意。强制解散往往涉嫌行政违法,由主管机关吊销营业执照、责令关闭或者被撤销。

实用问答

哪些情形下,合伙企业应当解散?

答:根据《合伙企业法》第85条的规定,合伙企业有下列情形之一的,应当解散:(1)合伙期限届满,合伙人决定不再经营;(2)合伙协议约定的解散事由出现;(3)全体合伙人决定解散;(4)合伙人已不具备法定人数满30天;(5)合伙协议约定的合伙目的已经实现或者无法实现;(6)依法被吊销营业执照、责令关闭或者被撤销;(7)法律、行政法规规定的其他原因。

条文参见

《个人独资企业法》第26条

第一百零七条 【非法人组织的清算】

非法人组织解散的,应当依法进行清算。

理解适用

[非法人组织的清算]

关于非法人组织的清算,各相关法律也都有专门的规定。其具体包括:(1)清算人确定。其可以由非法人组织的设立人或出资人确定,或者按照法律规定的方式确定。(2)清算人担任。其既可以由非法人组织的出资人或者设立人担任,也可以是设立人或出资人委托的人,还可以是法律规定的其他人员。(3)清算人的职责。这通常包括了结现有业务、收取债权、偿还债务和移交剩余财产等。(4)相关禁止和后续手续。清算期间,非法人组织不得开展与清算目的无关的活动。非法人组织清算完成后,依法需要登记的非法人组织,还需要到登记机关办理注销登记手续,完成注销登记手续后非法人组织终止。

条文参见

《合伙企业法》第86～90条;《个人独资企业法》第27、30、32条

第一百零八条 【参照适用】

非法人组织除适用本章规定外,参照适用本编第三章第一节的有关规定。

第五章 民事权利

第一百零九条 【人身自由、人格尊严受法律保护】

自然人的人身自由、人格尊严受法律保护。

理解适用

[人身自由]

人身自由，包括身体行动的自由和自主决定的自由，是自然人自主参加社会各项活动、参与各种社会关系、行使其他人身权和财产权的基本保障，是自然人行使其他一切权利的前提和基础。

[人格尊严]

人格尊严，既包括静态和消极的人格尊严，也包括动态和积极的人格尊严，亦即人格形成和人格发展，涉及姓名权、名誉权、荣誉权、肖像权、隐私权等。

条文参见

《宪法》第 37～38 条;《精神损害解释》第 1 条

第一百一十条 【民事主体的人格权】

自然人享有生命权、身体权、健康权、姓名权、肖像权、名誉权、荣誉权、隐私权、婚姻自主权等权利。

法人、非法人组织享有名称权、名誉权和荣誉权。

条文参见

《基本医疗卫生与健康促进法》第 4 条

第一百一十一条 【个人信息受法律保护】

自然人的个人信息受法律保护。任何组织或者个人需要获取他人个人信息的,应当依法取得并确保信息安全,不得非法收集、使用、加工、传输他人个人信息,不得非法买卖、提供或者公开他人个人信息。

理解适用

[自然人的个人信息]

自然人的个人信息,是指以电子或者其他方式记录的能够单独或者与其他信息结合识别特定自然人的各种信息,包括自然人的姓名、出生日期、身份证件号码、生物识别信息、住址、电话号码、电子邮箱、健康信息、行踪信息等。

条文参见

《网络安全法》第42、76条;《消费者权益保护法》第14、29、50条;《医师法》第23条;《居民身份证法》第19条;《刑法》第253条之一

案例指引

非法买卖个人信息民事公益诉讼案(《民法典颁布后人格权司法保护典型民事案例》之九)

典型意义: 本案准确把握《民法典》维护个人信息权益的立法精神,聚焦维护不特定社会主体的个人信息安全,明确大规模侵害个人信息行为构成对公共信息安全领域社会公共利益的侵害,彰显司法保障个人信息权益、社会公共利益的决心和力度。

第一百一十二条 【因婚姻家庭关系等产生的人身权利受保护】

自然人因婚姻家庭关系等产生的人身权利受法律保护。

理解适用

[身份权]

身份权,是指民事主体基于某种特定的身份依法享有的一种民事权利。身份权主要包括亲权、配偶权、亲属权等。

第一百一十三条 【财产权利平等保护】

民事主体的财产权利受法律平等保护。

理解适用

[财产权]

财产权是以具有经济价值的利益为客体的权利。土地、房屋、金钱和产品等是财产,文学艺术和科学作品、发明、实用新型、外观设计、商标等也是财产。

条文参见

《宪法》第12、13条

第一百一十四条 【物权的定义及类型】

民事主体依法享有物权。

物权是权利人依法对特定的物享有直接支配和排他的权利,包括所有权、用益物权和担保物权。

理解适用

[所有权]

所有权,是指权利人依法对自己的不动产和动产享有全面支配的权利。所有权具有四项权能,即占有、使用、收益和处分。

[用益物权]

用益物权,是指权利人对他人所有的不动产或者动产,依法享有占有、使用和收益的权利。《民法典》物权编规定了土地承包经营权、建设用地使用权、宅基地使用权、地役权、居住权这几种用益物权。

[担保物权]

担保物权,是指为了确保债务履行而设立的物权,当债务人不履行债务时,债权人就担保财产依法享有优先受偿的权利。

第一百一十五条 【物权客体】

物包括不动产和动产。法律规定权利作为物权客体的,依照其规定。

理解适用

[物]

法律上所指的物，主要是不动产和动产。不动产是不可移动的物，如土地以及房屋、林木等土地附着物。动产是不动产以外的可移动的物，如机动车、电视机等。

精神产品不属于物权制度的调整范围，但是在有些情况下，财产权利可以作为担保物权的标的，如可以转让的注册商标专用权、专利权、著作权等知识产权中的财产权，可以出质作为担保物权的标的，形成权利质权，由此权利也成了物权的客体。

第一百一十六条 【物权法定原则】

物权的种类和内容，由法律规定。

理解适用

物权是一种对世权、绝对权，需要物权法定原则，使物权关系明确化。物权的种类和内容法定，是指物权类型和内容除法律明确规定的外，当事人不得随意创设。

第一百一十七条 【征收、征用】

为了公共利益的需要，依照法律规定的权限和程序征收、征用不动产或者动产的，应当给予公平、合理的补偿。

实用问答

征收与征用的共同点和不同点体现在哪里？

答：征收与征用的共同点在于，二者都是为了公共利益的需要，都要经过法定程序，并且都会给予补偿。征收与征用的不同点在于，征收涉及所有权的改变，所有权发生了转移；征用只是使用权的改变，当被征用事由消失，被征用财产应返还原权利人。

条文参见

《宪法》第10、13条;《国有土地上房屋征收与补偿条例》第8条

第一百一十八条 【债权的定义】

民事主体依法享有债权。

债权是因合同、侵权行为、无因管理、不当得利以及法律的其他规定,权利人请求特定义务人为或者不为一定行为的权利。

理解适用

[合同]

合同,是指民事主体之间设立、变更、终止民事法律关系的协议。合同依法成立后,即在当事人之间产生债权债务关系。

[侵权行为]

侵权行为是侵害他人民事权益的行为。因侵权行为,侵权人与被侵权人之间形成债权债务关系。

[无因管理]

无因管理,是指没有法定的或者约定的义务,为避免他人利益受损失而进行管理的行为。因无因管理产生的债称为无因管理之债。

[不当得利]

不当得利,是指没有法律根据,取得不当利益,造成他人损失的情形。

实用问答

1. 债权的特征是什么?

答:(1)债权是在特定人之间存在的权利,债务人之外的任何人与债权人不存在权利义务关系。(2)债权是以受领他人给付的利益为内容,即债务人依约定或法律的规定履行债务时,债权人有权予以接受,并保持所得利益。(3)债权是财产权。债权作为财产权不但可以以金钱来评价,而且在许多情况下具有很强的流通性。(4)债权是期待权。债权并非一种既得利益,而是一种期待利益。

2. 除本条规定的债权产生的原因外,债权产生的其他原因包括哪些?

答:除合同、侵权行为、无因管理、不当得利,债权产生的原因还包括:(1)单方行为,即指有一方的意思表示就可以成立的民事法律行为,如遗赠

行为。(2)多方行为,即股东会、董事会、监事会、建筑物区分所有人决议、基金持有人决议等。(3)救助行为。因保护他人民事权益使自己受到损害的,由侵权人承担民事责任。(4)拾得遗失物行为。拾得人应当妥善保管遗失物。因故意或者重大过失致使遗失物毁损、灭失的,应当承担民事责任。(5)添附行为。添附主要有混合、附合、加工三种方式。(6)其他法律规定。

第一百一十九条 【合同的约束力】

依法成立的合同,对当事人具有法律约束力。

理解适用

[法律约束力]

法律约束力,是指当事人应当按照合同的约定履行自己的义务,非依法律规定或者取得对方同意,不得擅自变更或者解除合同。如果不履行合同义务或者履行合同义务不符合约定,应当承担违约责任。

第一百二十条 【侵权责任的承担】

民事权益受到侵害的,被侵权人有权请求侵权人承担侵权责任。

理解适用

[侵权责任]

侵权责任,是指民事主体违反法律规定的义务,实施侵权行为而应承担停止侵害、排除妨碍、消除危险、返还财产、恢复原状、修理、重作、更换、继续履行、赔偿损失、支付违约金、消除影响、恢复名誉、赔礼道歉的民事责任。侵权责任包括过错侵权责任、过错推定侵权责任和无过错侵权责任。过错侵权责任,是指因行为人对故意或过失侵害他人财产权和人身权,并造成损害的违法行为应当承担的民事责任。过错推定侵权责任,是指根据法律规定推定行为人有过错,行为人不能证明自己没有过错的,应当承担的侵权责任。无过错侵权责任,是指行为人损害他人民事权益,不论行为人是否具有过错,根据法律规定都要承担的侵权责任。

条文参见

《人身损害解释》第1条

第一百二十一条 【无因管理】

没有法定的或者约定的义务,为避免他人利益受损失而进行管理的人,有权请求受益人偿还由此支出的必要费用。

理解适用

理解无因管理,需要注意以下几点:

(1)无因管理是合法行为。原则上,对于私人事务,他人不得随意干涉,否则构成侵权。但无因管理中,管理人是为了公共利益或者受益人的利益进行管理行为,是符合道德准则的有益行为。为平衡个人事务禁止他人任意干涉和人们之间互助行为的关系,创设了无因管理制度,阻却管理人行为的侵权性,确认其合法性,倡导和弘扬了社会互助的道德追求,是公平正义的法律精神的体现。

(2)无因管理是事实行为。无因管理之债的发生不以当事人的意思表示为要素,管理人进行管理行为时虽然有管理他人事务的意思,但该意思无须表示于外让他人知晓,也不以发生无因管理之债为目的,只要客观上存在管理人的管理行为即可。因此,无因管理是一种事实行为而非法律行为,任何自然人、法人及其他组织都可成为无因管理的主体,且无须具备相应的民事行为能力。

第一百二十二条 【不当得利】

因他人没有法律根据,取得不当利益,受损失的人有权请求其返还不当利益。

理解适用

[不当得利类型]

不当得利包括给付不当得利和非给付不当得利。

给付不当得利,是指受益人受领他人基于给付行为而移转的财产或利益,因欠缺给付目的而发生的不当得利。非给付不当得利是基于给付以外的事由而发生的不当得利,包括人的行为、自然事件和法律规定。

第一百二十三条 【知识产权】

民事主体依法享有知识产权。

知识产权是权利人依法就下列客体享有的专有的权利:

(一)作品;

(二)发明、实用新型、外观设计;

(三)商标;

(四)地理标志;

(五)商业秘密;

(六)集成电路布图设计;

(七)植物新品种;

(八)法律规定的其他客体。

理解适用

[知识产权]

知识产权,是指民事主体对其智力活动创造的成果和经营管理活动中的标记、信誉依法享有的权利,包括著作权、专利权和商标权等。

实用问答

什么是作品？作品包括哪些形式？

答:根据《著作权法》第3条的规定,作品是指文学、艺术和科学领域内具有独创性并能以一定形式表现的智力成果,包括:(1)文字作品;(2)口述作品;(3)音乐、戏剧、曲艺、舞蹈、杂技艺术作品;(4)美术、建筑作品;(5)摄影作品;(6)视听作品;(7)工程设计图、产品设计图、地图、示意图等图形作品和模型作品;(8)计算机软件;(9)符合作品特征的其他智力成果。

条文参见

《专利法》第2条;《商标法》第3、16、57条;《农业法》第23、49条;《反不正当竞争法》第10条;《种子法》第25条;《集成电路布图设计保护条例》第2条

第一百二十四条 【继承权】

自然人依法享有继承权。

自然人合法的私有财产,可以依法继承。

理解适用

[继承权]

继承权,是指自然人依照法律的规定或者被继承人生前立下的合法有效的遗嘱而取得被继承人遗产的权利。

条文参见

《宪法》第 13 条;《未成年人保护法》第 107 条;《妇女权益保障法》第 58 条

第一百二十五条 【投资性权利】

民事主体依法享有股权和其他投资性权利。

理解适用

[股权]

股权,是指民事主体因投资公司成为公司股东而享有的权利。根据行使目的和方式的不同,股权可分为自益权和共益权两部分。自益权,是指股东基于自身利益诉求而享有的权利,可以单独行使,包括资产收益权、剩余财产分配请求权、股份转让权、新股优先认购权等。共益权,是指股东基于全体股东或者公司的利益诉求而享有的权利,包括股东会表决权、股东会召集权、提案权、质询权、公司章程及账册的查阅权、股东会决议撤销请求权等。

[其他投资性权利]

其他投资性权利,是指民事主体通过投资享有的权利。如民事主体通过购买证券、基金、保险等进行投资而享有的民事权利。

条文参见

《公司法》第 4 条

第一百二十六条 【其他民事权益】

民事主体享有法律规定的其他民事权利和利益。

第一百二十七条 【数据、网络虚拟财产的保护】

法律对数据、网络虚拟财产的保护有规定的,依照其规定。

理解适用

与数据相关联的法律概念中,联系最密切的是汇编作品和数据库。具有独创性的数据构成汇编作品受《著作权法》保护,我国未专门规定对数据库的保护。根据现有法律,对数据可以分别情况按照著作权、商业秘密来保护。

条文参见

《著作权法》第 15 条;《反不正当竞争法》第 10 条;《网络安全法》第 15 条

第一百二十八条 【民事权利的特别保护】

法律对未成年人、老年人、残疾人、妇女、消费者等的民事权利保护有特别规定的,依照其规定。

条文参见

《消费者权益保护法》;《未成年人保护法》;《老年人权益保障法》;《残疾人保障法》;《妇女权益保障法》

第一百二十九条 【民事权利的取得方式】

民事权利可以依据民事法律行为、事实行为、法律规定的事件或者法律规定的其他方式取得。

第一百三十条 【按照自己的意愿依法行使民事权利】

民事主体按照自己的意愿依法行使民事权利,不受干涉。

第一百三十一条 【权利义务一致】

民事主体行使权利时,应当履行法律规定的和当事人约定的义务。

第一百三十二条 【不得滥用民事权利】

民事主体不得滥用民事权利损害国家利益、社会公共利益或者他人合法权益。

实用问答

1. 滥用民事权利和侵权存在哪些区别?

答:滥用民事权利和侵权存在以下区别:(1)权利滥用的前提是有正当权利存在,且是权利行使或与权利行使有关的行为,侵权行为一般事先没有正当权利存在。(2)权利不得滥用原则是对民事主体行使民事权利的一定限制,通过限制民事主体不得滥用权利损害国家利益、社会公共利益或者他人合法权益,达到民事权利与国家利益、社会公共利益、他人合法权益的平衡,而侵权责任制度的目的是保护民事主体的权利。

2. 如何认定构成滥用民事权利?构成滥用民事权利的法律后果是什么?

答:根据《总则编解释》第3条的规定,对于《民法典》第132条所称的滥用民事权利,人民法院可以根据权利行使的对象、目的、时间、方式、造成当事人之间利益失衡的程度等因素作出认定。行为人以损害国家利益、社会公共利益、他人合法权益为主要目的行使民事权利的,人民法院应当认定构成滥用民事权利。构成滥用民事权利的,人民法院应当认定该滥用行为不发生相应的法律效力。滥用民事权利造成损害的,依照《民法典》第7编等有关规定处理。

条文参见

《宪法》第51条

第六章　民事法律行为

第一节　一般规定

第一百三十三条　【民事法律行为的定义】

民事法律行为是民事主体通过意思表示设立、变更、终止民事法律关系的行为。

理解适用

[民事法律行为的特征]

民事法律行为具有以下几个特征：

(1)民事法律行为是民事主体实施的行为。民事法律行为作为一种法律事实，其必须是由自然人、法人和非法人组织这些民事主体实施的行为，非民事主体实施的行为不是民事法律行为。

(2)民事法律行为应当是以发生一定的法律效果为目的的行为。民事主体在社会生产生活中会从事各种各样的活动，但并非任何行为都是民事法律行为。

(3)民事法律行为是以意思表示为核心要素的行为。意思表示，是指民事主体意欲发生一定法律效果的内心意思的外在表达，是民事法律行为最为核心的内容。民事法律行为之所以能对民事主体产生法律约束力，就是因为其是民事主体按照自己的意思作出的，这也是民事法律行为与事实行为最根本的区别。

第一百三十四条　【民事法律行为的成立】

民事法律行为可以基于双方或者多方的意思表示一致成立，也可以基于单方的意思表示成立。

法人、非法人组织依照法律或者章程规定的议事方式和表决程序作出决议的，该决议行为成立。

理解适用

[双方民事法律行为]

双方民事法律行为,是指双方当事人意思表示一致才能成立的民事法律行为。双方民事法律行为是现实社会经济生活中存在最多、运用最广的民事法律行为。最为典型的双方民事法律行为是合同。

[多方民事法律行为]

多方民事法律行为,是指根据两个以上的民事主体的意思表示一致而成立的行为。订立公司章程的行为和签订合伙协议的行为就是较为典型的多方民事法律行为。

[单方民事法律行为]

单方民事法律行为,是指根据一方的意思表示就能够成立的行为。单方民事法律行为主要可以分为两类:(1)行使个人权利而实施的单方行为,如所有权人抛弃所有权的行为等;(2)涉及他人权利变动的单方民事法律行为,如立遗嘱,授予代理权,行使撤销权、解除权、选择权等处分形成权的行为。

[决议行为]

决议行为,是指两个或者两个以上的当事人基于共同的意思表示而意图实现一定法律效果而实施的行为,其满足民事法律行为的所有条件,是一种民事法律行为。

第一百三十五条 【民事法律行为的形式】

民事法律行为可以采用书面形式、口头形式或者其他形式;法律、行政法规规定或者当事人约定采用特定形式的,应当采用特定形式。

理解适用

[书面形式]

书面形式,是指以文字等可以有形形式再现民事法律行为内容的形式。书面形式是合同书、信件、电报、电传、传真等可以有形地表现所载内容的形式。以电子数据交换、电子邮件等方式能够有形地表现所载内容,并可以随时调取查用的数据电文,视为书面形式。

[口头形式]

口头形式,是指当事人以面对面的谈话或者以电话交流等方式形成民事法律行为的形式。口头形式的特点是直接、简便和快捷,在现实生活中数额较小或者现款交易的民事法律行为通常都采用口头形式。

> **实务问答**

1. 哪些行为可以认定为《民法典》第135条规定的"其他形式"的民事法律行为?

答:根据《总则编解释》第18条的规定,当事人未采用书面形式或者口头形式,但是实施的行为本身表明已经作出相应意思表示,并符合民事法律行为成立条件的,人民法院可以认定为《民法典》第135条规定的采用其他形式实施的民事法律行为。

2. 用人单位与劳动者协商一致变更劳动合同是否可以采用口头形式?

答:根据《劳动争议解释一》第43条的规定,用人单位与劳动者协商一致变更劳动合同,虽未采用书面形式,但已经实际履行了口头变更的劳动合同超过1个月,变更后的劳动合同内容不违反法律、行政法规且不违背公序良俗,当事人以未采用书面形式为由主张劳动合同变更无效的,人民法院不予支持。

> **第一百三十六条 【民事法律行为的生效时间】**
>
> 民事法律行为自成立时生效,但是法律另有规定或者当事人另有约定的除外。
>
> 行为人非依法律规定或者未经对方同意,不得擅自变更或者解除民事法律行为。

> **理解适用**

[民事法律行为的生效]

民事法律行为的生效,是指民事法律行为产生法律约束力。需要强调两点:(1)成立时就生效的民事法律行为必须是具备一般有效要件的民事法律行为,即必须是依法成立的民事法律行为。不具备一般有效要件的民事法律行为在成立时可能有三种后果,即无效、被撤销和效力待定。(2)一些特殊的民事法律行为即使具备一般有效要件,在成立时也不立即生效,只有满足特殊生效要件后才生效。

第二节 意思表示

第一百三十七条 【有相对人的意思表示生效时间】

以对话方式作出的意思表示,相对人知道其内容时生效。

以非对话方式作出的意思表示,到达相对人时生效。以非对话方式作出的采用数据电文形式的意思表示,相对人指定特定系统接收数据电文的,该数据电文进入该特定系统时生效;未指定特定系统的,相对人知道或者应当知道该数据电文进入其系统时生效。当事人对采用数据电文形式的意思表示的生效时间另有约定的,按照其约定。

理解适用

[意思表示]

意思表示,是指行为人为了产生一定民法上的效果而将其内心意思通过一定方式表达于外部的行为。分为对话方式作出的意思表示和非对话作出的意思表示。对话方式作出的意思表示,是指通过面对面的谈话或者手语、电话或者在线即时通讯方式作出的意思表示。大多数即时付清的买卖合同就属于这种方式。非对话作出的意思表示,是指通过信函、传真、电报或者电子邮件等方式作出的意思表示。

人民法院在审理以非对话方式进行的意思表示是否生效的案件中,需要注意以下几个方面:(1)要确定其非对话方式是否符合合同要求或身份契约的形式要求,比如遗嘱是否有书面形式。(2)当事人的意思表示是否完整和准确,接受意思表示的当事人是否知悉对方当事人的基本意图。以合同为例,对方发出了邀约,另一方是否认为这就是一个订立合同的邀约,如果是否定性的,那么不能认定具有合同成立的标准。(3)数据电文系统是否接收或收到,不能仅凭当事人的陈述,而应该对其进行鉴定或检测,此外,对电子数据进行证据认证的过程要客观和公证,并体现在裁判文书说理过程中。

条文参见

《总则编解释》第29条

第一百三十八条 【无相对人的意思表示生效时间】

无相对人的意思表示,表示完成时生效。法律另有规定的,依照其规定。

> **理解适用**

[无相对人的意思表示]

无相对人的意思表示,是指没有相对人的存在也能成立的意思。无相对人的意思表示与单方民事法律行为是不同的,不能混淆。单方民事法律行为,是指仅依一方当事人的意思表示即可成立的民事法律行为,也称单独行为或一方行为,如同意、撤销、抵消、非婚生子女的自愿认领以及债务的免除等都是单方行为。司法实践中,最常见的无相对人的意思表示发出即生效的是遗嘱与遗赠。

第一百三十九条 【以公告方式作出的意思表示生效时间】

以公告方式作出的意思表示,公告发布时生效。

> **理解适用**

[以公告方式作出的意思表示]

以公告方式作出的意思表示,主要是指表意人找不到相对人或者相对人是不确定的多数人,不得已只能通过公告的方式传递意思表示,此处的公告方式包含报纸公告、电视公告、广播公告、网络平台公告等方式,既可以是私法主体发布,也可以是公权力主体受私人委托而发布。

理解本条还需要注意:(1)本条所规定的表意人并不是在任何情况下都可以采用公告方式作出意思表示,只有在表意人非因自己的过错而不知相对人的下落或者地址的情况下才可以采用公告方式作出意思表示,否则对相对人很不公平。(2)在表意人知道相对人下落的情况下,表意人不得采用公告方式作出意思表示,除非相对人同意。

第一百四十条 【意思表示的作出方式】

行为人可以明示或者默示作出意思表示。

沉默只有在有法律规定、当事人约定或者符合当事人之间的交易习惯时,才可以视为意思表示。

理解适用

[明示的意思表示]

明示的意思表示,就是行为人以作为的方式使相对人能够直接了解到意思表示的内容。以明示方式作出的意思表示具有直接、明确、不易产生纠纷等特征。

[默示的意思表示]

默示的意思表示,又称为行为默示,是指行为人虽没有以语言或文字等明示方式作出意思表示,但以行为的方式作出了意思表示。沉默是一种既无语言表示也无行为表示的纯粹的缄默,是一种完全的不作为。只有在有法律规定、当事人约定或者符合当事人之间的交易习惯时,才可以视为意思表示。

实用问答

交易习惯有哪些?

答:根据《合同编通则解释》第2条的规定,下列情形,不违反法律、行政法规的强制性规定且不违背公序良俗的,人民法院可以认定为《民法典》所称的"交易习惯":(1)当事人之间在交易活动中的惯常做法;(2)在交易行为当地或者某一领域、某一行业通常采用并为交易对方订立合同时所知道或者应当知道的做法。对于交易习惯,由提出主张的当事人一方承担举证责任。

第一百四十一条 【意思表示的撤回】

行为人可以撤回意思表示。撤回意思表示的通知应当在意思表示到达相对人前或者与意思表示同时到达相对人。

理解适用

[意思表示的撤回]

意思表示的撤回,是指在意思表示作出之后发生法律效力之前,意思表示的行为人欲使该意思表示不发生效力而作出的意思表示。意思表示的撤回原则上只有在该意思表示有相对人的情况下才有意义，若是无相对人的意思表示则不存在撤回的问题。

实用问答

意思表示的撤回与意思表示的撤销相同吗？

答：意思表示的撤回与意思表示的撤销是不同的。意思表示的撤回是在意思表示生效前使其不发生效力；而意思表示的撤销，是指在意思表示作出并生效之后，行为人又作出取消其意思表示的表示。

第一百四十二条 【意思表示的解释】

有相对人的意思表示的解释，应当按照所使用的词句，结合相关条款、行为的性质和目的、习惯以及诚信原则，确定意思表示的含义。

无相对人的意思表示的解释，不能完全拘泥于所使用的词句，而应当结合相关条款、行为的性质和目的、习惯以及诚信原则，确定行为人的真实意思。

理解适用

[意思表示的解释]

意思表示的解释，是指因意思表示不清楚或者不明确发生争议时，由人民法院或者仲裁机构对意思表示进行的解释。

实用问答

人民法院应以什么方式解释合同条款？

答：《合同编通则解释》第1条的规定，人民法院依据《民法典》第142条第1款、第466条第1款的规定解释合同条款时，应当以词句的通常含义为基础，结合相关条款、合同的性质和目的、习惯以及诚信原则，参考缔约背景、磋商过程、履行行为等因素确定争议条款的含义。有证据证明当事人之间对合同条款有不同于词句的通常含义的其他共同理解，一方主张按照词句的通常含义理解合同条款的，人民法院不予支持。对合同条款有两种以上解释，可能影响该条款效力的，人民法院应当选择有利于该条款有效的解释；属于无偿合同的，应当选择对债务人负担较轻的解释。

第三节 民事法律行为的效力

第一百四十三条 【民事法律行为有效的条件】

具备下列条件的民事法律行为有效:
(一)行为人具有相应的民事行为能力;
(二)意思表示真实;
(三)不违反法律、行政法规的强制性规定,不违背公序良俗。

理解适用

[行为人具有相应的民事行为能力]

行为人具有相应的民事行为能力。这里的"相应",强调行为人所实施的民事法律行为应当与其行为能力相匹配:对于完全民事行为能力人而言,可以从事一切民事法律行为,其行为能力不受限制;对于限制行为能力人而言,只能实施与其年龄、智力、精神健康状况等相适应的民事法律行为,实施其他行为需要经过法定代理人的同意或者追认;而无行为能力人由于不具备行为能力,其实施的民事法律行为是无效的。

第一百四十四条 【无民事行为能力人实施的民事法律行为的效力】

无民事行为能力人实施的民事法律行为无效。

实用问答

哪些人属于无民事行为能力人?
答:根据《民法典》第20、21条的规定,无民事行为能力人包括三类:(1)不满8周岁的未成年人;(2)因先天、疾病等各种原因不能辨认自己行为的成年人;(3)不能辨认自己行为的8周岁以上未成年人。

第一百四十五条 【限制民事行为能力人实施的民事法律行为的效力】

限制民事行为能力人实施的纯获利益的民事法律行为或者与其年龄、智力、精神健康状况相适应的民事法律行为有效;实施的其他民事法律行为经法定代理人同意或者追认后有效。

相对人可以催告法定代理人自收到通知之日起三十日内予以追认。法定代理人未作表示的,视为拒绝追认。民事法律行为被追认前,善意相对人有撤销的权利。撤销应当以通知的方式作出。

理解适用

相对人的催告应当以明示方式作出,期间也应从法定代理人收到通知之日起算。法定代理人对限制民事行为能力人行为的同意或者追认应当采用明示的方式作出,同时应当为行为相对人所知晓才能发生效力。

实用问答

法定代理人依据《民法典》第145条的规定向相对人作出追认的意思表示的,如何确认其追认意思表示的生效时间?

答:根据《总则编解释》第29条的规定,法定代理人依据《民法典》第145条的规定向相对人作出追认的意思表示的,人民法院应当依据《民法典》第137条的规定确认其追认意思表示的生效时间,即以对话方式作出的意思表示,相对人知道其内容时生效。以非对话方式作出的意思表示,到达相对人时生效。以非对话方式作出的采用数据电文形式的意思表示,相对人指定特定系统接收数据电文的,该数据电文进入该特定系统时生效;未指定特定系统的,相对人知道或者应当知道该数据电文进入其系统时生效。当事人对采用数据电文形式的意思表示的生效时间另有约定的,按照其约定。

第一百四十六条 【虚伪表示与隐藏行为的效力】

行为人与相对人以虚假的意思表示实施的民事法律行为无效。

以虚假的意思表示隐藏的民事法律行为的效力,依照有关法律规定处理。

理解适用

[虚伪表示]

虚伪表示,是指行为人与相对人都知道自己所表示的意思并非真意,通谋作出与真意不一致的意思表示。

[隐藏行为]

隐藏行为,又称隐匿行为,是指在虚伪表示掩盖之下行为人与相对人真心所欲达成的民事法律行为。

根据虚伪表示与隐藏行为的对应关系,有虚伪表示,未必存在隐藏行为;但有隐藏行为,则一定存在虚伪表示。当同时存在虚伪表示与隐藏行为时,虚伪表示无效,隐藏行为并不因此无效,其效力如何,应当依据有关法律规定处理。具体来说,如果这种隐藏行为本身符合该行为的生效要件,就可以生效。

第一百四十七条 【基于重大误解实施的民事法律行为的效力】

基于重大误解实施的民事法律行为,行为人有权请求人民法院或者仲裁机构予以撤销。

理解适用

[重大误解]

重大误解,是指民事主体在从事民事活动时对行为的性质、对方当事人以及标的物的品种、质量、规格和数量的错误认识,使行为后果与自己的意思相悖,并将造成较大利益损失。

需要注意的是,不是所有的民事法律行为都存在重大误解的可能,除了合同之外其他民事法律行为一般不能适用重大误解的规定,如无因管理、婚约、公司企业的决议行为、继承、遗嘱、遗赠、收养等。在合同领域,也不是所有合同可以适用重大误解,在劳动合同、部分格式合同、保险合同等也可能难以适用重大误解的规定,必须经过个案分析,从当事人自身认知判断、是商业行为还是偶发的交易行为等方面进行判断。

实用问答

如何认定《民法典》第147条规定的"重大误解"?

答:根据《总则编解释》第19条的规定,行为人对行为的性质、对方当事人或者标的物的品种、质量、规格、价格、数量等产生错误认识,按照通常理解如果不发生该错误认识行为人就不会作出相应意思表示的,人民法院可以认定为《民法典》第147条规定的重大误解。行为人能够证明自己实施民事法律行为时存在重大误解,并请求撤销该民事法律行为的,人民法院依法予以支持;但是,根据交易习惯等认定行为人无权请求撤销的除外。

第一百四十八条 【以欺诈手段实施的民事法律行为的效力】

一方以欺诈手段,使对方在违背真实意思的情况下实施的民事法律行为,受欺诈方有权请求人民法院或者仲裁机构予以撤销。

理解适用

理解本条时需注意以下几点:(1)欺诈系由民事法律行为的一方当事人实施,而相对人因此欺诈行为陷入错误判断,并进而作出了意思表示。(2)欺诈的构成并不需要受欺诈人客观上遭受损害后果的事实,只要受欺诈人因欺诈行为作出了实施民事法律行为的意思表示,即可成立欺诈。(3)欺诈的法律后果为可撤销,享有撤销权的是受欺诈人。

案例指引

主播虚构事实诱导消费构成欺诈,平台积极处置不担责——谢某诉某科技有限公司、焦某等信息网络买卖合同纠纷案(《民法典颁布五周年典型案例——"传承中华美德,弘扬社会主义核心价值观"专题》之三)

典型意义: 诚信是民事主体从事民事活动应当遵循的基本原则,也是社会主义核心价值观的重要内容。网络直播带货作为近年来非常受欢迎的一种新型销售模式,以直观的产品功能展示、优惠的市场价格、主播口碑支撑等优势在很大程度上提高了销售效率,促进了经济发展。但是随着该模式的普及,某些主播欺骗消费者、恶意炒作营销等现象也不时出现,损害了消费者合法权益,破坏了交易秩序。本案中,人民法院依照《民法典》第148条及相关司法解释的规定,认定主播虚构事实"卖惨"带货的行为构成欺诈,并适用《消费者权益保护法》第55条判决惩罚性赔偿,依法维护了消费者合法权益,对于整治网络直播中编造虚假悲情故事、博取流量和同情卖货等乱象具有积极意义。

第一百四十九条 【受第三人欺诈的民事法律行为的效力】

第三人实施欺诈行为,使一方在违背真实意思的情况下实施的民事法律行为,对方知道或者应当知道该欺诈行为的,受欺诈方有权请求人民法院或者仲裁机构予以撤销。

实用问答

如何认定《民法典》第148、149条规定的"欺诈"？

答：根据《总则编解释》第21条的规定，故意告知虚假情况，或者负有告知义务的人故意隐瞒真实情况，致使当事人基于错误认识作出意思表示的，人民法院可以认定为《民法典》第148条、第149条规定的欺诈。

第一百五十条 【以胁迫手段实施的民事法律行为的效力】

一方或者第三人以胁迫手段，使对方在违背真实意思的情况下实施的民事法律行为，受胁迫方有权请求人民法院或者仲裁机构予以撤销。

理解适用

[胁迫]

胁迫，是指行为人通过威胁、恐吓等不法手段对他人思想上施加强制，由此使他人产生恐惧心理并基于恐惧心理作出意思表示的行为。

实用问答

如何认定《民法典》第150条规定的"胁迫"？

答：根据《总则编解释》第22条的规定，以给自然人及其近亲属等的人身权利、财产权利以及其他合法权益造成损害或者以给法人、非法人组织的名誉、荣誉、财产权益等造成损害为要挟，迫使其基于恐惧心理作出意思表示的，人民法院可以认定为《民法典》第150条规定的胁迫。

第一百五十一条 【显失公平的民事法律行为的效力】

一方利用对方处于危困状态、缺乏判断能力等情形，致使民事法律行为成立时显失公平的，受损害方有权请求人民法院或者仲裁机构予以撤销。

理解适用

[显失公平]

显失公平，是指一方利用对方处于危困状态、缺乏判断能力等情形，致使双方在从事民事法律行为时权利义务明显有违公平的情形。

> **实用问答**

1. 如何认定《民法典》第151条规定的"缺乏判断能力"？

答：根据《合同编通则解释》第11条的规定，当事人一方是自然人，根据该当事人的年龄、智力、知识、经验并结合交易的复杂程度，能够认定其对合同的性质、合同订立的法律后果或者交易中存在的特定风险缺乏应有的认知能力的，人民法院可以认定该情形构成《民法典》第151条规定的"缺乏判断能力"。

2. 显失公平和正常的商业风险有何区别？

答：掌握显失公平制度要清楚其与正常的商业风险的区别。在市场经济条件下，要求各种交易中给付和对价给付都达到完全的对等是不可能的，做生意都是有赔有赚，从事交易必然要承担风险，并且这种风险都是当事人自愿承担的，这种风险造成的不平衡如果是在法律允许的限度范围之内，这种风险就是商业风险。显失公平制度并不是为免除当事人所应承担的正常商业风险，而是限制一方当事人获得超过法律允许的利益；同时在显失公平制度下，一方当事人一般是利用了另一方当事人的草率或者无经验等而订立的合同，而在正常的商业风险下，不存在这种情况。

第一百五十二条 【撤销权的消灭】

有下列情形之一的，撤销权消灭：

（一）当事人自知道或者应当知道撤销事由之日起一年内、重大误解的当事人自知道或者应当知道撤销事由之日起九十日内没有行使撤销权；

（二）当事人受胁迫，自胁迫行为终止之日起一年内没有行使撤销权；

（三）当事人知道撤销事由后明确表示或者以自己的行为表明放弃撤销权。

当事人自民事法律行为发生之日起五年内没有行使撤销权的，撤销权消灭。

> **理解适用**

[撤销权的消灭]

民事法律行为因不同事由被撤销的，其撤销权应当在一定期间内行使。

这一点是由撤销权的性质所决定的。享有撤销权的权利人必须在一定期间内决定是否行使这一权利,从而保护相对人的利益,维护交易安全。这一期间被称为除斥期间,除斥期间经过,撤销权终局性地归于消灭,可撤销的民事法律行为自此成为完全有效的民事法律行为。

第一百五十三条 【违反强制性规定及违背公序良俗的民事法律行为的效力】

违反法律、行政法规的强制性规定的民事法律行为无效。但是,该强制性规定不导致该民事法律行为无效的除外。

违背公序良俗的民事法律行为无效。

理解适用

在理解本条第 1 款时,应注意民事法律行为违反强制性规定无效有一种例外,即当该强制性规定本身并不导致民事法律行为无效时,民事法律行为并不无效。这里实际上涉及对具体强制性规定的性质判断问题。某些强制性规定尽管要求民事主体不得违反,但其并不导致民事法律行为无效。

实用问答

1. 如何认定被隐藏合同的效力?

答:根据《合同编通则解释》第 14 条的规定,当事人之间就同一交易订立多份合同,人民法院应当认定其中以虚假意思表示订立的合同无效。当事人为规避法律、行政法规的强制性规定,以虚假意思表示隐藏真实意思表示的,人民法院应当依据《民法典》第 153 条第 1 款的规定认定被隐藏合同的效力;当事人为规避法律、行政法规关于合同应当办理批准等手续的规定,以虚假意思表示隐藏真实意思表示的,人民法院应当依据《民法典》第 502 条第 2 款的规定认定被隐藏合同的效力。依据前述规定认定被隐藏合同无效或者确定不发生效力的,人民法院应当以被隐藏合同为事实基础,依据《民法典》第 157 条的规定确定当事人的民事责任。但是,法律另有规定的除外。当事人就同一交易订立的多份合同均系真实意思表示,且不存在其他影响合同效力情形的,人民法院应当在查明各合同成立先后顺序和实际履行情况的基础上,认定合同内容是否发生变更。法律、行政法规禁止变更合同内容的,人民法院应当认定合同的相应变更无效。

2. 合同违反法律、行政法规的强制性规定,何种情形下,人民法院认定该合同不因违反强制性规定无效?

答: 根据《合同编通则解释》第16条的规定,合同违反法律、行政法规的强制性规定,有下列情形之一,由行为人承担行政责任或者刑事责任能够实现强制性规定的立法目的的,人民法院可以依据《民法典》第153条第1款关于"该强制性规定不导致该民事法律行为无效的除外"的规定认定该合同不因违反强制性规定无效:(1)强制性规定虽然旨在维护社会公共秩序,但是合同的实际履行对社会公共秩序造成的影响显著轻微,认定合同无效将导致案件处理结果有失公平公正;(2)强制性规定旨在维护政府的税收、土地出让金等国家利益或者其他民事主体的合法利益而非合同当事人的民事权益,认定合同有效不会影响该规范目的的实现;(3)强制性规定旨在要求当事人一方加强风险控制、内部管理等,对方无能力或者无义务审查合同是否违反强制性规定,认定合同无效将使其承担不利后果;(4)当事人一方虽然在订立合同时违反强制性规定,但是在合同订立后其已经具备补正违反强制性规定的条件却违背诚信原则不予补正;(5)法律、司法解释规定的其他情形。

法律、行政法规的强制性规定旨在规制合同订立后的履行行为,当事人以合同违反强制性规定为由请求认定合同无效的,人民法院不予支持。但是,合同履行必然导致违反强制性规定或者法律、司法解释另有规定的除外。

依据前述认定合同有效,但是当事人的违法行为未经处理的,人民法院应当向有关行政管理部门提出司法建议。当事人的行为涉嫌犯罪的,应当将案件线索移送刑事侦查机关;属于刑事自诉案件的,应当告知当事人可以向有管辖权的人民法院另行提起诉讼。

3. 合同虽然不违反法律、行政法规的强制性规定,何种情形下,人民法院应当认定合同无效?

答: 根据《合同编通则解释》第17条的规定,合同虽然不违反法律、行政法规的强制性规定,但是有下列情形之一,人民法院应当依据《民法典》第153条第2款的规定认定合同无效:(1)合同影响政治安全、经济安全、军事安全等国家安全的;(2)合同影响社会稳定、公平竞争秩序或者损害社会公共利益等违背社会公共秩序的;(3)合同背离社会公德、家庭伦理或者有损人格尊严等违背善良风俗的。

人民法院在认定合同是否违背公序良俗时,应当以社会主义核心价值观为导向,综合考虑当事人的主观动机和交易目的、政府部门的监管强度、一定期限内当事人从事类似交易的频次、行为的社会后果等因素,并在裁判文书中充分说理。当事人确因生活需要进行交易，未给社会公共秩序造成重大影响，且不影响国家安全，也不违背善良风俗的，人民法院不应当认定合同无效。

案例指引

张某国诉江苏红战建设工程有限公司等居间合同纠纷案（《最高人民法院公报》2023年第5期）

案例要旨：当事人订立、履行合同，应当遵守法律法规，不得扰乱社会秩序，损害社会公共利益。居间合同约定的居间事项系促成签订违反法律法规强制性规定的无效建设工程施工合同的，该居间合同因扰乱建筑市场秩序，损害社会公共利益，应属无效合同，居间方据此主张居间费用的，人民法院不予支持。

第一百五十四条 【恶意串通的民事法律行为的效力】

行为人与相对人恶意串通，损害他人合法权益的民事法律行为无效。

理解适用

[恶意串通]

恶意串通，是指当事人为实现某种目的，相互串通、共同实施的损害国家、集体或者第三人利益的民事法律行为。

恶意串通在合同领域比较常见。恶意串通的合同就是合同的双方当事人非法勾结，为牟取私利，而共同订立的损害国家、集体或者第三人利益的合同。恶意串通为其实很好理解，请注意的是"无效"本身的含义。(1)无效，是指完全不发生法律效力，即尽管民事法律行为全部要件已经成立，但欠缺生效要件。(2)无效是指自始民事法律行为不发生效力，不具备生效要件，如本条的行为特征。(3)本条所说的恶意串通行为还需要受害人到人民法院或仲裁机构提起无效之诉，使其恶意串通行为归于无效。

实用问答

竞买人之间、竞买人与拍卖人之间恶意串通的拍卖是否无效？应如何处罚？

答：根据《拍卖法》第65条的规定，竞买人之间、竞买人与拍卖人之间恶意串通,给他人造成损害的,拍卖无效,应当依法承担赔偿责任。由相关部门对参与恶意串通的竞买人处最高应价10%以上30%以下的罚款;对参与恶意串通的拍卖人处最高应价10%以上50%以下的罚款。

第一百五十五条 【无效、被撤销的民事法律行为自始无效】

无效的或者被撤销的民事法律行为自始没有法律约束力。

理解适用

民事法律行为无效或者被撤销后,效力自然对将来不再发生。无效或者被撤销的民事法律行为自始没有法律约束力。自始无效意味着,民事法律行为一旦无效或者被撤销,双方的权利义务状态应当恢复到这一行为实施之前的状态,已经履行的,应当恢复原状。

第一百五十六条 【民事法律行为部分无效】

民事法律行为部分无效,不影响其他部分效力的,其他部分仍然有效。

理解适用

民事法律行为的无效事由既可以导致其全部无效,也可以导致部分无效。在部分无效时,如果不影响其他部分的效力,其他部分仍可有效。这意味着,只有在民事法律行为的内容效力可分且相互不影响的情况下,部分无效才不会导致其他部分同时无效。反之,当部分无效的民事法律行为会影响其他部分效力的,其他部分也应无效。

从合同法上来看,部分无效不影响其他部分效力的,其他部分仍然有效。这一规定包含以下两层意思:

(1)如果认定合同的某些条款无效,该部分内容与合同的其他内容相比较,应当是相对独立的,该部分与合同的其他部分具有可分性,也就是本条所说的,合同的无效部分不影响其他部分的效力。如果部分无效的条款与其他条款具有不可分性,或者当事人约定某合同条款为合同成立生效的必要条款,那么该合同的部分无效就会导致整个合同的无效,而不能在确认该部分无效时,另一部分合同内容又有效力。

(2)如果合同的目的是违法的,或者根据交易习惯或者诚实信用和公平原则,剩余部分的合同内容的效力对当事人已没有任何意义或者不公平合理的,合同应全部确认为无效。

第一百五十七条 【民事法律行为无效、被撤销或确定不发生效力的法律后果】

民事法律行为无效、被撤销或者确定不发生效力后,行为人因该行为取得的财产,应当予以返还;不能返还或者没有必要返还的,应当折价补偿。有过错的一方应当赔偿对方由此所受到的损失;各方都有过错的,应当各自承担相应的责任。法律另有规定的,依照其规定。

条文参见

《总则编解释》第23条;《合同编通则解释》第12、14条;《婚姻家庭编解释二》第7条第1款

第四节 民事法律行为的附条件和附期限

第一百五十八条 【附条件的民事法律行为】

民事法律行为可以附条件,但是根据其性质不得附条件的除外。附生效条件的民事法律行为,自条件成就时生效。附解除条件的民事法律行为,自条件成就时失效。

理解适用

[民事法律行为附条件]

民事法律行为附条件,是指当事人以未来客观上不确定发生的事实,作为民事法律行为效力的附款。

在附条件的民事法律行为中,所附条件的出现与否将直接决定民事法律行为的效力状态。附生效条件的民事法律行为,自条件成就时生效。附解除条件的民事法律行为,自条件成就时失效。需要特别指出的是,附条件的民事法律行为虽然在所附条件出现时才生效或失效,但在条件尚未具备时,民事法律行为对于当事人仍然具有法律约束力,当事人不得随意变更或者撤销。

实用问答

民事法律行为所附条件不可能发生时,人民法院应如何处理?

答:根据《总则编解释》第 24 条的规定,民事法律行为所附条件不可能发生,当事人约定为生效条件的,人民法院应当认定民事法律行为不发生效力;当事人约定为解除条件的,应当认定未附条件,民事法律行为是否失效,依照民法典和相关法律、行政法规的规定认定。

第一百五十九条 【条件成就和不成就的拟制】

附条件的民事法律行为,当事人为自己的利益不正当地阻止条件成就的,视为条件已经成就;不正当地促成条件成就的,视为条件不成就。

第一百六十条 【附期限的民事法律行为】

民事法律行为可以附期限,但是根据其性质不得附期限的除外。附生效期限的民事法律行为,自期限届至时生效。附终止期限的民事法律行为,自期限届满时失效。

理解适用

[民事法律行为附期限]

民事法律行为附期限,是指法律行为中指明一定期限,把期限的届至作为法律行为效力发生或终止的根据。

民事法律行为所附期限具有以下特点:(1)条件的发生与否属于不确定的事实,但期限的到来则是确定发生的事实;(2)附期限的民事法律行为体现了当事人对民事法律行为生效或失效的期限约定,所附期限属于民事法律行为的附属意思表示,体现了双方的意思自治;(3)期限的到来是必然确定的,但到来的具体时日却未必十分确定。根据所附期限决定民事法律行为的生效或失效,期限可以分为生效期限和终止期限。

第七章 代 理

第一节 一般规定

第一百六十一条 【代理适用范围】

民事主体可以通过代理人实施民事法律行为。

依照法律规定、当事人约定或者民事法律行为的性质,应当由本人亲自实施的民事法律行为,不得代理。

理解适用

[代理]

代理,是指代理人以被代理人的名义实施民事法律行为,由被代理人承担代理行为后果的行为。

第一百六十二条 【代理的效力】

代理人在代理权限内,以被代理人名义实施的民事法律行为,对被代理人发生效力。

实用问答

代理人与传达他人的意思表示的传达人(使者)有何不同?

答:(1)使者因其任务不同,可分为表示使者、传达使者、受领使者。表示使者仅为表示当事人已决定之意思,传达使者仅在于传达当事人已做成之意思表示,受领使者仅为代当事人接受意思表示并传达给当事人。无论何种使者,其区别于代理的主要特征在于,使者无权决定意思表示的内容。而代理,是由代理人直接作出意思表示,其意思表示的内容是由代理人决定,而不是由被代理人决定;在接受相对人的意思表示时,也是由代理人自己接受并依自己的意思作出决定。

(2)代理与传达在法律适用方面主要存在以下差别:第一,行为形式。法律行为若为要式,在代理情形,代理人的意思表示亦须符合该特定形式,而传达,仅需本人的表示符合形式要求即可。第二,民事行为能力。由于传达人只是转述他人意思表示,并未发出自己的意思表示,故没有民事行为能力要求——无民事行为能力人也可以作为使者,但代理人至少为限制行为能力人。第三,意思表示错误。通过使者传达意思表示,意思表示是否发生错误,应就本人是否发生错误予以认定。而代理人发出的是自己的意思表示,意思表示是否发生错误,应由代理人判断。第四,善意判断。在传达场合,知道或应当知道特定情形之判断应以本人为准;在代理情形,原则上以代理人的判断为准。第五,意思表示解释。若由传达人受领,意思表示以本人理解为准,而在受领代理情形,意思表示的解释则以代理人的理解为准。

第一百六十三条 【代理的类型】

代理包括委托代理和法定代理。

委托代理人按照被代理人的委托行使代理权。法定代理人依照法律的规定行使代理权。

理解适用

[委托代理]

委托代理,是指代理人根据被代理人的授权,在代理人与被代理人之间产生的代理关系。委托代理是代理的主要类型。

[法定代理]

法定代理是依照法律的规定来行使代理权的代理。法定代理人的代理权来自法律的直接规定,无须被代理人的授权,也只有在符合法律规定条件的情况下才能取消代理人的代理权。法定代理人的类型主要有监护人、失踪人的财产代管人、清算组。

第一百六十四条 【代理人不当行为的法律后果】

代理人不履行或者不完全履行职责,造成被代理人损害的,应当承担民事责任。

代理人和相对人恶意串通,损害被代理人合法权益的,代理人和相对人应当承担连带责任。

第二节 委托代理

第一百六十五条 【授权委托书】

委托代理授权采用书面形式的,授权委托书应当载明代理人的姓名或者名称、代理事项、权限和期限,并由被代理人签名或者盖章。

第一百六十六条 【共同代理】

数人为同一代理事项的代理人的,应当共同行使代理权,但是当事人另有约定的除外。

理解适用

[共同代理]
共同代理,是指数个代理人共同行使一项代理权的代理。
[共同行使]
共同行使,是指只有经过全体代理人的共同同意才能行使代理权,即数人应当共同实施代理行为,享有共同的权利义务。

第一百六十七条 【违法代理及其法律后果】

代理人知道或者应当知道代理事项违法仍然实施代理行为,或者被代理人知道或者应当知道代理人的代理行为违法未作反对表示的,被代理人和代理人应当承担连带责任。

理解适用

[代理违法承担的责任]
代理违法造成第三人损害的,应当承担民事责任,但由被代理人承担还是代理人承担应当区分不同情形加以确定:
(1)代理事项违法,但代理人不知道或者不应当知道该代理事项违法,此时应由被代理人承担民事责任。
(2)代理事项违法,代理人知道或者应当知道该代理事项违法仍然实施了代理行为,此时代理人与被代理人应当承担连带责任。

（3）代理事项不违法,但代理人实施了违法的代理行为,被代理人不知道或者不应当知道该行为违法,或者知道后表示反对的,此时应由代理人承担民事责任。

（4）代理事项不违法,但代理人实施了违法的代理行为,被代理人知道或者应当知道该行为违法未作反对表示的,此时被代理人应与代理人承担连带责任。

第一百六十八条 【禁止自己代理和双方代理及例外】

代理人不得以被代理人的名义与自己实施民事法律行为,但是被代理人同意或者追认的除外。

代理人不得以被代理人的名义与自己同时代理的其他人实施民事法律行为,但是被代理的双方同意或者追认的除外。

理解适用

[自己代理]

自己代理,是指代理人以被代理人的名义与自己实施民事法律行为。

[双方代理]

双方代理,是指代理人同时代理被代理人和相对人实施同一民事法律行为。

第一百六十九条 【复代理】

代理人需要转委托第三人代理的,应当取得被代理人的同意或者追认。

转委托代理经被代理人同意或者追认的,被代理人可以就代理事务直接指示转委托的第三人,代理人仅就第三人的选任以及对第三人的指示承担责任。

转委托代理未经被代理人同意或者追认的,代理人应当对转委托的第三人的行为承担责任;但是,在紧急情况下代理人为了维护被代理人的利益需要转委托第三人代理的除外。

> 理解适用

[复代理]

复代理,又称再代理、转代理或者次代理,是指代理人为了实施其代理权限内的行为,以自己的名义为被代理人选任代理人的代理。

> 实用问答

如何认定《民法典》第169条规定的"紧急情况"?

答:根据《总则编解释》第26条的规定,由于急病、通讯联络中断、疫情防控等特殊原因,委托代理人自己不能办理代理事项,又不能与被代理人及时取得联系,如不及时转委托第三人代理,会给被代理人的利益造成损失或者扩大损失的,人民法院应当认定为《民法典》第169条规定的紧急情况。

第一百七十条 【职务代理】

执行法人或者非法人组织工作任务的人员,就其职权范围内的事项,以法人或者非法人组织的名义实施的民事法律行为,对法人或者非法人组织发生效力。

法人或者非法人组织对执行其工作任务的人员职权范围的限制,不得对抗善意相对人。

> 理解适用

[职务代理]

职务代理,是指根据代理人所担任的职务而产生的代理,即执行法人或者非法人组织工作任务的人员,就其职权范围内的事项,以法人或者非法人组织的名义实施的民事法律行为,无须法人或者非法人组织的特别授权,对法人或者非法人组织发生效力。

需要特别注意的是,在订立合同的过程中,合同的相对人知道职员的行为超越了职权权限,仍与之订立合同,则具有恶意,此时,依据无权代理的相关规定进行处理。

第一百七十一条 【无权代理】

行为人没有代理权、超越代理权或者代理权终止后,仍然实施代理行为,未经被代理人追认的,对被代理人不发生效力。

相对人可以催告被代理人自收到通知之日起三十日内予以追认。被代理人未作表示的,视为拒绝追认。行为人实施的行为被追认前,善意相对人有撤销的权利。撤销应当以通知的方式作出。

行为人实施的行为未被追认的,善意相对人有权请求行为人履行债务或者就其受到的损害请求行为人赔偿。但是,赔偿的范围不得超过被代理人追认时相对人所能获得的利益。

相对人知道或者应当知道行为人无权代理的,相对人和行为人按照各自的过错承担责任。

理解适用

[催告权]

催告权,是指相对人催促被代理人在一定期限内明确答复是否承认无权代理行为的权利。

[撤销权]

撤销权,是指相对人在被代理人未追认无权代理行为之前,可撤回其对行为人所作的意思表示的权利。

实用问答

相对人对无权代理是否知情的举证责任由谁承担?

答:根据《总则编解释》第27条的规定,无权代理行为未被追认,相对人请求行为人履行债务或者赔偿损失的,由行为人就相对人知道或者应当知道行为人无权代理承担举证责任。行为人不能证明的,人民法院依法支持相对人的相应诉讼请求;行为人能够证明的,人民法院应当按照各自的过错认定行为人与相对人的责任。

条文参见

《总则编解释》第25、27、29条

第一百七十二条 【表见代理】

行为人没有代理权、超越代理权或者代理权终止后,仍然实施代理行为,相对人有理由相信行为人有代理权的,代理行为有效。

理解适用

[构成表见代理的条件]

构成表见代理需要满足以下两个条件:

(1)行为人没有获得被代理人的授权就以被代理人的名义与相对人实施民事法律行为。本条规定了没有代理权、超越代理权和代理权终止三种情形。

(2)相对人在主观上必须是善意、无过失的。如果相对人明知或者应知行为人没有代理权、超越代理权或者代理权已终止,而仍与行为人实施民事法律行为,那么就不构成表见代理,而成为无权代理。

实用问答

符合哪些条件的,可以认定为表见代理中的"有代理权"?因是否构成表见代理发生争议的,如何举证?

答:根据《总则编解释》第28条的规定,同时符合下列条件的,人民法院可以认定为《民法典》第172条规定的相对人有理由相信行为人有代理权:(1)存在代理权的外观;(2)相对人不知道行为人行为时没有代理权,且无过失。因是否构成表见代理发生争议的,相对人应当就无权代理符合前述第1项规定的条件承担举证责任;被代理人应当就相对人不符合前述第2项规定的条件承担举证责任。

第三节 代理终止

第一百七十三条 【委托代理终止的情形】

有下列情形之一的,委托代理终止:

(一)代理期限届满或者代理事务完成;

(二)被代理人取消委托或者代理人辞去委托;

(三)代理人丧失民事行为能力;

（四）代理人或者被代理人死亡；
（五）作为代理人或者被代理人的法人、非法人组织终止。

理解适用

[委托代理终止]

委托代理终止，是指被代理人与代理人之间的代理关系消灭。

第一百七十四条 【委托代理终止的例外】

被代理人死亡后，有下列情形之一的，委托代理人实施的代理行为有效：
（一）代理人不知道且不应当知道被代理人死亡；
（二）被代理人的继承人予以承认；
（三）授权中明确代理权在代理事务完成时终止；
（四）被代理人死亡前已经实施，为了被代理人的继承人的利益继续代理。

作为被代理人的法人、非法人组织终止的，参照适用前款规定。

第一百七十五条 【法定代理终止的情形】

有下列情形之一的，法定代理终止：
（一）被代理人取得或者恢复完全民事行为能力；
（二）代理人丧失民事行为能力；
（三）代理人或者被代理人死亡；
（四）法律规定的其他情形。

第八章 民事责任

第一百七十六条 【民事义务与责任】

民事主体依照法律规定或者按照当事人约定，履行民事义务，承担民事责任。

理解适用

[民事责任]

民事责任,是指民事主体不履行或者不完全履行民事义务的后果,也可以说是违反法定义务或者约定义务所应当承担的法律后果。

第一百七十七条 【按份责任】

二人以上依法承担按份责任,能够确定责任大小的,各自承担相应的责任;难以确定责任大小的,平均承担责任。

理解适用

[按份责任]

按份责任,是指责任人为多人时,各责任人按照一定的份额向权利人承担民事责任,各责任人之间无连带关系。

对某个按份责任人产生效力的免责事由具有特定指向性,并不当然地对其他责任人发生效力;某个按份责任人完成履行后,这一特定的责任份额即消灭,不影响其他责任人份额的存续。按份责任人应负的责任比例,在缺乏法律明文规定和当事人约定的情况下,应依据行为人的过错程度以及行为之原因力,同时考量行为人的经济状况等因素来确定,能分清各自责任大小的,按份责任人分别承担对应的责任。难以按照前述标准判定责任比例的,依循公平原则,按份责任人平均承担。

第一百七十八条 【连带责任】

二人以上依法承担连带责任的,权利人有权请求部分或者全部连带责任人承担责任。

连带责任人的责任份额根据各自责任大小确定;难以确定责任大小的,平均承担责任。实际承担责任超过自己责任份额的连带责任人,有权向其他连带责任人追偿。

连带责任,由法律规定或者当事人约定。

理解适用

[连带责任]

连带责任,是指依照法律规定或者当事人的约定,两个或者两个以上当事人对共同产生的不履行民事义务的民事责任承担全部责任,并因此引起内部债务关系的一种民事责任。

案例指引

伟富国际有限公司与黄建荣、上海海成资源(集团)有限公司等服务合同纠纷案(《最高人民法院公报》2023年第9期)

裁判要旨:认定连带责任必须以有明确的法律规定或合同约定为基础,不能通过行使自由裁量权的方式任意判定承担连带责任。

第一百七十九条 【承担民事责任的方式】

承担民事责任的方式主要有:
(一)停止侵害;
(二)排除妨碍;
(三)消除危险;
(四)返还财产;
(五)恢复原状;
(六)修理、重作、更换;
(七)继续履行;
(八)赔偿损失;
(九)支付违约金;
(十)消除影响、恢复名誉;
(十一)赔礼道歉。
法律规定惩罚性赔偿的,依照其规定。
本条规定的承担民事责任的方式,可以单独适用,也可以合并适用。

理解适用

[停止侵害]

停止侵害,是指针对加害人正予实施的侵害他人之行为,为保护财产或人身的合法权益,受害人有权要求其停止这种侵害行为。

[排除妨碍]

排除妨碍,是指针对妨碍他人行使民事权利或者享有民事权益的行为,被侵权人可依法请求侵权人排除这种妨害、障碍性行为。

[消除危险]

消除危险,是指针对他人的人身、财产安全,行为人之行为形成了潜在的威胁,对此,权利人可请求其采用有效措施来消除危险。

[返还财产]

返还财产,是指就非法侵占他人财产的行为,被侵权人得依法请求侵权人予以返还。

[恢复原状]

恢复原状有广义与狭义两种含义。广义层面指恢复到权利被侵害前的原有状态,狭义层面乃指修复损害的财产。鉴于本条将"恢复原状"与"修理、重作、更换""消除影响、恢复名誉"等方式并列,此处的"恢复原状"应指修理、消除影响、恢复名誉之外其他复归原有状态之方式。

[修理、重作、更换]

修理、重作、更换,是指针对不动产或者动产的毁损情况,被侵权人可依法请求侵权人予以修理、重作、更换。

[继续履行]

继续履行,是指当对方违约不履行合同时,由法院强制违约方继续实际履行合同债务。

[赔偿损失]

赔偿损失,是指针对不履行合同义务或不依约履行合同的行为、侵权行为及其他一些民事违法行为,给对方造成财产损失时,受损失方有权主张由违约方(或侵权人)以财产进行赔偿。

[支付违约金]

支付违约金,是指当出现完全不履行或不适当履行债务的情形时,必须依照约定给付对方一定数额的金钱,或给予金钱以外的其他财产。

[消除影响、恢复名誉]

消除影响、恢复名誉,是指在不法行为人给他人造成损害的影响范围内,运用补救手段,为受害人消除不良后果、恢复被损名誉。

[赔礼道歉]

赔礼道歉,是指针对民事主体受损的人身权(如姓名权、肖像权、名誉权、荣誉权等),以及受侵害的财产权,请求实施加害的自然人以礼节或者行动赔罪,征得对方的理解和原谅。

[惩罚性赔偿]

惩罚性赔偿,是指当侵权人(义务人)以恶意、故意、欺诈等方式实施加害行为而致权利人受到损害的,权利人可以获得实际损害赔偿之外的增加赔偿。其目的是通过对义务人施以惩罚,阻止其重复实施恶意行为,并警示他人不要采取类似行为。

第一百八十条 【不可抗力】

因不可抗力不能履行民事义务的,不承担民事责任。法律另有规定的,依照其规定。

不可抗力是不能预见、不能避免且不能克服的客观情况。

理解适用

[不可抗力]

不可抗力,一般是指根据现有的技术水平,对某事件发生没有预知能力。

第一百八十一条 【正当防卫】

因正当防卫造成损害的,不承担民事责任。

正当防卫超过必要的限度,造成不应有的损害的,正当防卫人应当承担适当的民事责任。

实用问答

1. 如何认定正当防卫? 如何判断正当防卫是否超过必要的限度?

答:根据《总则编解释》第 30 条的规定,为了使国家利益、社会公共利益、本人或者他人的人身权利、财产权利以及其他合法权益免受正在进行的不法侵害,而针对实施侵害行为的人采取的制止不法侵害的行为,应当认定为《民法典》第 181 条规定的正当防卫。

根据《总则编解释》第 31 条第 1、3 款的规定,对于正当防卫是否超过必要的限度,人民法院应当综合不法侵害的性质、手段、强度、危害程度和防卫的时机、手段、强度、损害后果等因素判断。实施侵害行为的人不能证明防卫行为造成不应有的损害,仅以正当防卫人采取的反击方式和强度与不法侵害不相当为由主张防卫过当的,人民法院不予支持。

2. 正当防卫超过必要限度的，如何承担责任？

根据《总则编解释》第31条第2款的规定，经审理，正当防卫没有超过必要限度的，人民法院应当认定正当防卫人不承担责任。正当防卫超过必要限度的，人民法院应当认定正当防卫人在造成不应有的损害范围内承担部分责任；实施侵害行为的人请求正当防卫人承担全部责任的，人民法院不予支持。

条文参见

《刑法》第20条

第一百八十二条 【紧急避险】

因紧急避险造成损害的，由引起险情发生的人承担民事责任。

危险由自然原因引起的，紧急避险人不承担民事责任，可以给予适当补偿。

紧急避险采取措施不当或者超过必要的限度，造成不应有的损害的，紧急避险人应当承担适当的民事责任。

理解适用

[紧急避险]

紧急避险，是指为了使本人或者他人的人身、财产权利免受正在发生的危险，不得已采取的紧急避险行为，造成损害的，不承担责任或者减轻责任的情形。

[紧急避险采取措施不当]

紧急避险采取措施不当，是指在当时的情况下能够采取可能减少或者避免损害的措施而未采取，或者采取的措施并非排除险情所必需。

[紧急避险超过必要的限度]

紧急避险超过必要的限度，是指采取紧急避险措施没有减轻损害，或者紧急避险所造成的损害大于所保全的利益。

实用问答

1. 如何认定紧急避险？如何判断紧急避险是否采取措施不当或者超过必要的限度？

答：根据《总则编解释》第32条的规定，为了使国家利益、社会公共利益、本人或者他人的人身权利、财产权利以及其他合法权益免受正在发生的急迫危险,不得已而采取紧急措施的,应当认定为《民法典》第182条规定的紧急避险。

根据《总则编解释》第33条第1款的规定,对于紧急避险是否采取措施不当或者超过必要的限度,人民法院应当综合危险的性质、急迫程度、避险行为所保护的权益以及造成的损害后果等因素判断。

2. 紧急避险采取措施不当或者超过必要限度的,如何承担责任?

答:根据《总则编解释》第33条第2款的规定,经审理,紧急避险采取措施并无不当且没有超过必要限度的,人民法院应当认定紧急避险人不承担责任。紧急避险采取措施不当或者超过必要限度的,人民法院应当根据紧急避险人的过错程度、避险措施造成不应有的损害的原因力大小、紧急避险人是否为受益人等因素认定紧急避险人在造成的不应有的损害范围内承担相应的责任。

条文参见

《刑法》第21条

第一百八十三条 【因保护他人民事权益受损时的责任承担与补偿办法】

因保护他人民事权益使自己受到损害的,由侵权人承担民事责任,受益人可以给予适当补偿。没有侵权人、侵权人逃逸或者无力承担民事责任,受害人请求补偿的,受益人应当给予适当补偿。

实用问答

见义勇为者可以要求受益人适当补偿吗?补偿的数额如何确定?

答:根据《总则编解释》第34条的规定,因保护他人民事权益使自己受到损害,受害人依据《民法典》第183条的规定请求受益人适当补偿的,人民法院可以根据受害人所受损失和已获赔偿的情况、受益人受益的多少及其经济条件等因素确定受益人承担的补偿数额。

案例指引

1. 李某良、钟某梅诉吴某闲等生命权纠纷案(《人民法院贯彻实施民法典典型案例(第二批)》之二)

典型意义:见义勇为是中华民族的传统美德,是社会主义核心价值观的内在要求。"一人兴善,万人可激",新时代新征程,更需要榜样的力量、榜样的激励。本案中,李某林在突发情况下毫不犹豫跳水救人后不幸溺亡,其英勇救人的行为值得肯定、褒扬和尊重。审理法院适用《民法典》"见义勇为损害救济规则",肯定李某林的见义勇为精神,通过以案释法树立是非标杆,积极倡导了崇德向善的社会风尚。

2. 依法判令受益人承担补偿责任,鼓励见义勇为——柴某诉顾某健康权纠纷案(《民法典颁布五周年典型案例——"传承中华美德,弘扬社会主义核心价值观"专题》之一)

典型意义:见义勇为、互帮互助是中华民族的传统美德,是社会主义核心价值观的重要组成部分。社会生活中,有时会出现因见义勇为使自己受到损害,但相应损失却因没有侵权人、侵权人逃逸等原因而难以得到赔偿的情况。本案中,人民法院依照《民法典》第183条的规定认定受益人应当给予适当补偿,并可根据见义勇为人所受损失和救助行为所起到的作用等实际情况确定受益人承担的补偿数额。同时,为更好激励见义勇为行为,法院还积极协调相关单位对见义勇为人予以适当奖励。本案裁判为类案提供了规则指引,同时也旗帜鲜明地彰显出鼓励好人好事的司法立场。

第一百八十四条 【自愿实施紧急救助行为不承担民事责任】

因自愿实施紧急救助行为造成受助人损害的,救助人不承担民事责任。

理解适用

[**紧急救助**]

紧急救助,是指在发生突发事件或出现自然灾害、战争等情况下,为保护他人利益而实施的紧急行为,是行为人帮助他人抵御危机、承担风险采取的防范或降低损失的方法。

[**自愿实施紧急救助行为**]

自愿实施紧急救助行为,是指一般所称的见义勇为或者乐于助人的行为,不包括专业救助行为。

[**救助人**]

救助人,是指非专业人员,即一般所称的见义勇为或者乐于助人的志愿人员。

第一百八十五条 【侵害英烈等的姓名、肖像、名誉、荣誉的民事责任】

侵害英雄烈士等的姓名、肖像、名誉、荣誉，损害社会公共利益的，应当承担民事责任。

实用问答

对侵害英雄烈士的姓名、肖像、名誉、荣誉的行为，如何提起诉讼？

答：根据《英雄烈士保护法》第25条的规定，对侵害英雄烈士的姓名、肖像、名誉、荣誉的行为，英雄烈士的近亲属可以依法向人民法院提起诉讼。英雄烈士没有近亲属或者近亲属不提起诉讼的，检察机关依法对侵害英雄烈士的姓名、肖像、名誉、荣誉，损害社会公共利益的行为向人民法院提起诉讼。负责英雄烈士保护工作的部门和其他有关部门在履行职责过程中发现第一款规定的行为，需要检察机关提起诉讼的，应当向检察机关报告。英雄烈士近亲属依照规定提起诉讼的，法律援助机构应当依法提供法律援助服务。

条文参见

《烈士褒扬条例》第8条；《军人抚恤优待条例》第8条；《精神损害解释》第3条；《时间效力规定》第6条；《检察公益诉讼解释》第13条

案例指引

1. 杭州市上城区人民检察院诉某网络科技有限公司英雄烈士保护民事公益诉讼案(《人民法院贯彻实施民法典典型案例（第一批）》之三)

典型意义：《民法典》第185条对英雄烈士等的人格利益保护作出了特别规定。本案适用《民法典》的规定，认定将雷锋姓名用于商业广告和营利宣传，曲解了雷锋精神，构成对雷锋同志人格利益的侵害，损害了社会公共利益，依法应当承担相应法律责任，为网络空间注入缅怀英烈、热爱英烈、敬仰英烈的法治正能量。

2. 杭州市临平区人民检察院诉陈某英雄烈士保护民事公益诉讼案(《人民法院贯彻实施民法典典型案例（第二批）》之三)

典型意义：《民法典》第185条"英烈条款"的核心要义是保护英雄烈士的人格利益，维护社会公共利益，弘扬尊崇英烈、扬善抑恶的精神风气。肖思远烈士为国戍边守土,遭敌围攻壮烈牺牲,其英雄事迹必将为人民群众缅怀铭记。该案适用《民法典》规定,认定陈某的行为侵害肖思远烈士的名誉、荣誉,损害了社会公共利益,鲜明表达了人民法院严厉打击和制裁抹黑英雄烈士形象行为的坚定立场,向全社会传递了热爱英雄、崇尚英雄、捍卫英雄的强烈态度。

第一百八十六条 【责任竞合】

因当事人一方的违约行为,损害对方人身权益、财产权益的,受损害方有权选择请求其承担违约责任或者侵权责任。

理解适用

[违约责任与侵权责任的竞合]

违约责任与侵权责任的竞合,是指义务人的违约行为既符合违约要件,又符合侵权要件,导致违约责任与侵权责任一并产生。

根据公平原则,本条规定,受损害方可以在两种请求权中选择行使一种请求权。这意味着受损害方只能行使一种请求权,如果受损害方选择行使一种请求权并得到实现,那么另一种请求权即告消灭。对违约方来说,这两种责任无论对方要求其承担哪一种,都是合理的。

第一百八十七条 【民事责任优先承担】

民事主体因同一行为应当承担民事责任、行政责任和刑事责任的,承担行政责任或者刑事责任不影响承担民事责任;民事主体的财产不足以支付的,优先用于承担民事责任。

理解适用

[法律责任竞合]

法律责任竞合,是指行为人的同一行为符合两个或两个以上不同性质的法律责任的构成要件,依法应当承担多种不同性质的法律责任制度。

民事责任优先原则就是解决民事责任、行政责任和刑事责任竞合时的法律原则,即某一责任主体的财产不足以同时满足民事赔偿责任与行政责任或者刑事责任中的罚款、罚金时,优先承担民事赔偿责任。

条文参见

《刑法》第 36 条;《食品安全法》第 147 条;《消费者权益保护法》第 58 条;《产品质量法》第 64 条;《公司法》第 263 条;《证券法》第 220 条;《证券投资基金法》第 150 条;《食品药品规定》第 14 条

第九章 诉 讼 时 效

第一百八十八条 【普通诉讼时效、最长权利保护期间】

向人民法院请求保护民事权利的诉讼时效期间为三年。法律另有规定的,依照其规定。

诉讼时效期间自权利人知道或者应当知道权利受到损害以及义务人之日起计算。法律另有规定的,依照其规定。但是,自权利受到损害之日起超过二十年的,人民法院不予保护,有特殊情况的,人民法院可以根据权利人的申请决定延长。

理解适用

[诉讼时效]

诉讼时效是权利人在法定期间内不行使权利,该期间届满后,发生义务人可以拒绝履行其给付义务效果的法律制度。

理解本条,应注意以下两个问题:(1)在商事领域可能存在需要短于普通诉讼时效期间的情形。法律另有规定时,根据特别规定优于一般规定的原则,优先适用特别规定。(2)关于普通诉讼时效期间的起算,"知道或者应当知道权利受到损害"和"知道或者应当知道义务人"两个条件应当同时具备。

实用问答

无民事行为能力人或者限制民事行为能力人的权利受到损害的诉讼时效期间如何计算?

答:根据《总则编解释》第 36、37 条的规定,无民事行为能力人或者限制民事行为能力人的权利受到损害的,诉讼时效期间自其法定代理人知道或者应当知道权利受到损害以及义务人之日起计算,但是法律另有规定的除外。无民事行为能力人、限制民事行为能力人的权利受到原法定代理人损害,且在取得、恢复完全民事行为能力或者在原法定代理终止并确定新的法定代理人后，相应民事主体才知道或者应当知道权利受到损害的，有关请求权诉讼时效期间的计算适用《民法典》第188条第2款、《总则编解释》第36条的规定。

条文参见

《总则编解释》第35～37条

第一百八十九条　【分期履行债务的诉讼时效】

当事人约定同一债务分期履行的，诉讼时效期间自最后一期履行期限届满之日起计算。

理解适用

[分期履行债务的分类]

分期履行的债务，依照债务的发生时间，可分两类：一类是定期给付债务，主要是继续性合同在合同履行中持续定期发生的债务，如租赁合同租金的定期支付、劳动合同中报酬的定期给付等；另一类是同一笔债权分期履行即某一债务发生后，当事人依照约定的时间分期履行，如借款合同约定债务人分期还款，买卖合同约定买方分期付款等。

第一百九十条　【对法定代理人请求权的诉讼时效】

无民事行为能力人或者限制民事行为能力人对其法定代理人的请求权的诉讼时效期间，自该法定代理终止之日起计算。

条文参见

《总则编解释》第36条

第一百九十一条　【受性侵未成年人赔偿请求权的诉讼时效】

未成年人遭受性侵害的损害赔偿请求权的诉讼时效期间，自受害人年满十八周岁之日起计算。

理解适用

理解本条规定时应注意两点：

（1）诉讼时效是权利人在法定期间内不行使权利，该期间届满后，义务人拒绝履行其给付义务的法律制度，即诉讼时效期间是权利人可以行使权利的"最晚"期间。未成年人遭受性侵害的，在年满18周岁之前，其法定代理人当然可以代为行使请求权。此处的请求权应当认为是法定代理人代为向人民法院的请求，人民法院依法作出的生效判决具有既判力，受害人在年满18周岁之后对相关处理不满意要求再次处理的，应当符合《民事诉讼法》等法律的规定。如果年满18周岁之前，其法定代理人选择与侵害人以"私了"的方式解决纠纷，受害人在年满18周岁之后，可以依据本条的规定请求损害赔偿。

（2）未成年人遭受性侵害的损害赔偿请求权的诉讼时效期间，自受害人年满18周岁之日起计算。其具体的诉讼时效期间，适用本法第188条3年的普通诉讼时效期间的规定，即从年满18周岁之日起计算3年；符合本法第194、195条诉讼时效中止、中断情形的，可以相应中止、中断。

第一百九十二条 【诉讼时效期间届满的法律效果】

诉讼时效期间届满的，义务人可以提出不履行义务的抗辩。

诉讼时效期间届满后，义务人同意履行的，不得以诉讼时效期间届满为由抗辩；义务人已经自愿履行的，不得请求返还。

理解适用

权利人享有起诉权，可以向法院主张其已过诉讼时效的权利，法院应当受理。但是，义务人行使时效抗辩权不得违反诚信原则，否则即使诉讼时效完成，义务人也不能取得时效抗辩权。

诉讼时效期间届满后，权利人虽不能请求法律的强制性保护，但法律并不否定其权利的存在。若义务人放弃时效利益自愿履行的，权利人可以受领并保持，受领不属于不当得利，义务人不得请求返还。诉讼时效期间届满后，义务人同意履行的，不得以诉讼时效期间届满为由抗辩。

条文参见

《担保制度解释》第 35 条;《诉讼时效规定》第 19 条

第一百九十三条 【诉讼时效援用】

人民法院不得主动适用诉讼时效的规定。

理解适用

诉讼时效抗辩权本质上是义务人的一项民事权利,义务人是否行使,司法不应过多干预,这是民法意思自治原则的根本要求。义务人主张抗辩,属于自由处分权利的范畴,司法也不应过多干涉,这是民事诉讼处分原则的应有之义。因此,遵循上述意思自治原则和处分原则,在义务人不提出诉讼时效抗辩的情形下,人民法院不应主动援用时效规则进行裁判,即法院不应主动援用诉讼时效的规定进行审理和裁判以及法院不应主动查明诉讼时效事实。

条文参见

《诉讼时效规定》第 2 条

第一百九十四条 【诉讼时效中止的情形】

在诉讼时效期间的最后六个月内,因下列障碍,不能行使请求权的,诉讼时效中止:

(一)不可抗力;

(二)无民事行为能力人或者限制民事行为能力人没有法定代理人,或者法定代理人死亡、丧失民事行为能力、丧失代理权;

(三)继承开始后未确定继承人或者遗产管理人;

(四)权利人被义务人或者其他人控制;

(五)其他导致权利人不能行使请求权的障碍。

自中止时效的原因消除之日起满六个月,诉讼时效期间届满。

理解适用

[诉讼时效中止]

诉讼时效中止,是因法定事由的存在使诉讼时效停止进行,待法定事由消除后继续进行的制度。

> **第一百九十五条** 【诉讼时效中断的情形】
>
> 有下列情形之一的,诉讼时效中断,从中断、有关程序终结时起,诉讼时效期间重新计算:
> (一)权利人向义务人提出履行请求;
> (二)义务人同意履行义务;
> (三)权利人提起诉讼或者申请仲裁;
> (四)与提起诉讼或者申请仲裁具有同等效力的其他情形。

理解适用

[诉讼时效中断]

诉讼时效中断,是指诉讼时效期间进行过程中,出现了权利人积极行使权利等法定事由,从而使已经经过的诉讼时效期间归于消灭,重新计算期间的制度。

实用问答

1. 如何认定《民法典》第 195 条规定的"权利人向义务人提出履行请求",产生诉讼时效中断的效力?

答:根据《诉讼时效规定》第 8 条第 1 款的规定,具有下列情形之一的,应当认定为《民法典》第 195 条规定的"权利人向义务人提出履行请求",产生诉讼时效中断的效力:(1)当事人一方直接向对方当事人送交主张权利文书,对方当事人在文书上签名、盖章、按指印或者虽未签名、盖章、按指印但能够以其他方式证明该文书到达对方当事人的;(2)当事人一方以发送信件或者数据电文方式主张权利,信件或者数据电文到达或者应当到达对方当事人的;(3)当事人一方为金融机构,依照法律规定或者当事人约定从对方当事人账户中扣收欠款本息的;(4)当事人一方下落不明,对方当事人在国家级或者下落不明的当事人一方住所地的省级有影响的媒体上刊登具有主张权利内容的公告的,但法律和司法解释另有特别规定的,适用其规定。

2. 义务人作出哪些承诺或行为,可以认定其同意履行义务?

答:根据《诉讼时效规定》第 14 条的规定,义务人作出分期履行、部分履行、提供担保、请求延期履行、制定清偿债务计划等承诺或者行为的,应当认定为《民法典》第 195 条规定的"义务人同意履行义务"。

3. 在新的诉讼时效期间内再出现中断事由的,可否认定为诉讼时效再次中断?

答:根据《总则编解释》第 38 条的规定,诉讼时效依据《民法典》第 195 条的规定中断后,在新的诉讼时效期间内,再次出现第 195 条规定的中断事由,可以认定为诉讼时效再次中断。权利人向义务人的代理人、财产代管人或者遗产管理人等提出履行请求的,可以认定为《民法典》第 195 条规定的诉讼时效中断。

4. 权利行使存在竞合的案件中,当事人撤回前案诉讼,是否构成诉讼时效中断?①

答:根据《民法典》第 195 条第 3 项的规定,权利人提起诉讼或者申请仲裁产生诉讼时效中断的法律效果。对此,《诉讼时效规定》第 10 条作了进一步细化,即"当事人一方向人民法院提交起诉状或者口头起诉的,诉讼时效从提交起诉状或者口头起诉之日起中断"。如果权利人向义务人提起民事诉讼后又撤回起诉,而起诉状副本已经送达对方当事人,一般仍然产生诉讼时效中断的法律效果,权利人再就该义务人提起该案由诉讼的诉讼时效期间从准许撤回起诉裁定书生效之日起重新计算。需要注意的是,实践中起诉后又撤诉的情况比较复杂,对相关情形是否产生诉讼时效中断的效果,要根据撤诉原因等案件具体情况具体分析。

审判实践中,权利竞合的情形时有发生,此时权利人撤回前案诉讼是否对后案发生诉讼时效中断效果,需要进一步分析:

一是基于同一事实之间产生的不同请求权存在竞合,权利人选择一个请求权起诉后撤回该诉,转而以另一个请求权提起后案之诉,应当认为其仍然在积极行使权利。故权利人提起前案之诉构成诉讼时效中断,诉讼时效期间重新起算。比如,就同一计算机软件,权利人就同一义务人提起商业秘密侵权之诉后撤回起诉,另行提起计算机软件著作权侵权之诉,鉴于两案所涉权利系基于同一事实产生,存在竞合关系,权利人就案涉软件选择撤回商业秘密侵权之诉转向另行提起计算机软件著作权侵权之诉,仍然在积极行使权利,故权利人提起商业秘密侵权之诉构成诉讼时效中断,诉讼时效期间重新

---

① 参见《法答网精选答问(第二十批)——诉讼时效专题》,载最高人民法院官网 2025 年 5 月 22 日,https://www.court.gov.cn/zixun/xiangqing/465691.html。

起算。(2023)最高法知民终337号判决书即持此种观点。又如,在侵权与违约竞合的诉讼中,权利人就同一义务人提起侵权之诉后撤回起诉,又另行提起违约之诉,鉴于两案所涉权利的竞合关系,权利人选择撤回侵权之诉转向提起违约之诉,仍然在积极行使权利,故权利人提起侵权之诉构成诉讼时效中断,诉讼时效期间应当重新起算。

二是刑事附带民事诉讼与民事诉讼存在竞合关系的情形。《刑事诉讼法》第101条第1款规定:"被害人由于被告人的犯罪行为而遭受物质损失的,在刑事诉讼过程中,有权提起附带民事诉讼。被害人死亡或者丧失行为能力的,被害人的法定代理人、近亲属有权提起附带民事诉讼。"因被告人的犯罪行为而遭受物质损失的,权利人可以在刑事案件中提起附带民事诉讼,或者另行单独提起民事诉讼。如果权利人在刑事案件中主张刑事附带民事诉讼后撤回,后又就同一事实另行提起民事诉讼,仍然在向同一义务人积极行使权利,故权利人在刑事案件中提起附带民事诉讼构成诉讼时效中断,诉讼时效期间重新起算。

三是行政诉讼与民事诉讼存在竞合关系的情形。一般而言,行政诉讼是公民、法人或者其他组织认为行政机关和行政机关工作人员的行政行为侵犯其合法权益所提起的诉讼,与民事诉讼主张权利的对象不同,不能导致后续民事上的诉讼时效中断。但如果仅是因权利人对纠纷性质系行政纠纷还是民事纠纷认识错误而提起的行政诉讼,也应认定当事人提此行政诉讼的行为系在积极行使权利,此后即使当事人撤诉,也应当认为其提起行政诉讼具有诉讼时效中断的效力。

条文参见

《诉讼时效规定》第6~19条

第一百九十六条　【不适用诉讼时效的情形】

下列请求权不适用诉讼时效的规定:
(一)请求停止侵害、排除妨碍、消除危险;
(二)不动产物权和登记的动产物权的权利人请求返还财产;
(三)请求支付抚养费、赡养费或者扶养费;
(四)依法不适用诉讼时效的其他请求权。

第一百九十七条 【诉讼时效法定、时效利益预先放弃无效】

诉讼时效的期间、计算方法以及中止、中断的事由由法律规定,当事人约定无效。

当事人对诉讼时效利益的预先放弃无效。

理解适用

[诉讼时效放弃]

诉讼时效预先放弃无效。诉讼时效放弃可以分为两种:一种是时效届满前预先放弃;另一种是诉讼时效届满后放弃。诉讼时效利益不得在时效期间届满前预先放弃。但是,诉讼时效期间届满后,义务人取得拒绝履行义务的抗辩权。根据私法自治原则,当事人有权在法律规定的范围内,自由处分其权利或者利益,选择是否放弃诉讼时效利益。放弃诉讼时效是单方法律行为,自成立时发生法律效力;同时又是处分行为,须依意思表示为之。可以在诉讼中也可以在诉讼外作出;可以明示也可以默示。

第一百九十八条 【仲裁时效】

法律对仲裁时效有规定的,依照其规定;没有规定的,适用诉讼时效的规定。

实用问答

关于仲裁时效的特别规定主要有哪些?

答:根据《劳动争议调解仲裁法》第27条第1款的规定,劳动争议申请仲裁的时效期间为1年。根据《农村土地承包经营纠纷调解仲裁法》第18条的规定,农村土地承包经营纠纷申请仲裁的时效期间为2年。根据《民法典》第594条的规定,因国际货物买卖合同和技术进出口合同争议提起诉讼或者申请仲裁的时效期间为4年。

第一百九十九条 【除斥期间】

法律规定或者当事人约定的撤销权、解除权等权利的存续期间,除法律另有规定外,自权利人知道或者应当知道权利产生之日起计算,不适用有关诉讼时效中止、中断和延长的规定。存续期间届满,撤销权、解除权等权利消灭。

> **理解适用**

撤销权、解除权是适用除斥期间最典型的权利。

除斥期间原则上应自权利行使无法律上的障碍时开始计算。但在权利人未必知道其权利存在的场合,法律通常规定自权利人知道或者应当知道其权利存在之日起开始计算。

除斥期间是权利预设期间,以促使法律关系尽早确定为目标。为达制度目的,需要规定除斥期间经过后,权利人的权利即归于消灭,要么使原本不确定的法律关系明确固定,要么使既有的法律关系归于消灭,都会引起实体法上效果的变化。所以除斥期间没有中断的可能性,一般也不会发生中止。

> **实用问答**

享有撤销权的当事人一方请求撤销合同的,是否适用《民法典》关于除斥期间的规定?

答:根据《诉讼时效规定》第5条的规定,享有撤销权的当事人一方请求撤销合同的,应适用《民法典》关于除斥期间的规定。对方当事人对撤销合同请求权提出诉讼时效抗辩的,人民法院不予支持。合同被撤销,返还财产、赔偿损失请求权的诉讼时效期间从合同被撤销之日起计算。

第十章 期 间 计 算

第二百条 【期间计算单位】

民法所称的期间按照公历年、月、日、小时计算。

第二百零一条 【期间起算】

按照年、月、日计算期间的,开始的当日不计入,自下一日开始计算。

按照小时计算期间的,自法律规定或者当事人约定的时间开始计算。

> 实用问答

期间包括哪些？如何计算期间？

答：根据《民事诉讼法》第85条的规定，期间包括法定期间和人民法院指定的期间。期间以时、日、月、年计算。期间开始的时和日，不计算在期间内。期间届满的最后一日是法定休假日的，以法定休假日后的第一日为期间届满的日期。期间不包括在途时间，诉讼文书在期满前交邮的，不算过期。

第二百零二条 【期间结束】

按照年、月计算期间的，到期月的对应日为期间的最后一日；没有对应日的，月末日为期间的最后一日。

第二百零三条 【期间结束日顺延和末日结束点】

期间的最后一日是法定休假日的，以法定休假日结束的次日为期间的最后一日。

期间的最后一日的截止时间为二十四时；有业务时间的，停止业务活动的时间为截止时间。

第二百零四条 【期间的法定或约定】

期间的计算方法依照本法的规定，但是法律另有规定或者当事人另有约定的除外。

第二编 物　权

第一分编 通　则

第一章 一般规定

第二百零五条 【物权编的调整范围】

本编调整因物的归属和利用产生的民事关系。

> **理解适用**

需要注意的是，物权编只调整平等主体之间因物的归属和利用而产生的财产关系，也就是本条规定的"民事关系"。

第二百零六条 【社会主义基本经济制度与社会主义市场经济】

国家坚持和完善公有制为主体、多种所有制经济共同发展，按劳分配为主体、多种分配方式并存，社会主义市场经济体制等社会主义基本经济制度。

国家巩固和发展公有制经济，鼓励、支持和引导非公有制经济的发展。

国家实行社会主义市场经济，保障一切市场主体的平等法律地位和发展权利。

> **条文参见**

《宪法》第6、11、15条；《民营经济促进法》

第二百零七条 【物权平等保护原则】

国家、集体、私人的物权和其他权利人的物权受法律平等保护，任何组织或者个人不得侵犯。

第二百零八条 【物权公示原则】

不动产物权的设立、变更、转让和消灭,应当依照法律规定登记。动产物权的设立和转让,应当依照法律规定交付。

实用问答

1. 以出让或者划拨方式取得土地使用权的,如何申请登记?

答:根据《城市房地产管理法》第61条第1款的规定,"以出让或者划拨方式取得土地使用权,应当向县级以上地方人民政府土地管理部门申请登记,经县级以上地方人民政府土地管理部门核实,由同级人民政府颁发土地使用权证书"。

2. 在依法取得的房地产开发用地上建成房屋的,如何申请登记?

答:根据《城市房地产管理法》第61条第2款的规定,"在依法取得的房地产开发用地上建成房屋的,应当凭土地使用权证书向县级以上地方人民政府房产管理部门申请登记,由县级以上地方人民政府房产管理部门核实并颁发房屋所有权证书"。

3. 房地产转让或者变更时,如何申请登记?

答:根据《城市房地产管理法》第61条第3款的规定,"房地产转让或者变更时,应当向县级以上地方人民政府房产管理部门申请房产变更登记,并凭变更后的房屋所有权证书向同级人民政府土地管理部门申请土地使用权变更登记,经同级人民政府土地管理部门核实,由同级人民政府更换或者更改土地使用权证书"。

第二章 物权的设立、变更、转让和消灭

第一节 不动产登记

第二百零九条 【不动产物权登记的效力】

不动产物权的设立、变更、转让和消灭,经依法登记,发生效力;未经登记,不发生效力,但是法律另有规定的除外。

依法属于国家所有的自然资源,所有权可以不登记。

理解适用

本条第1款规定的"法律另有规定的除外",主要包括三个方面的内容:(1)本条第2款所规定的,依法属于国家所有的自然资源,所有权可以不登记。(2)本章第3节规定的物权设立、变更、转让或者消灭的一些特殊情况,即主要是非依法律行为而发生的物权变动的情形。(3)考虑到现行法律的规定以及我国的实际情况尤其是农村的实际情况,本法并没有对不动产物权的设立、变更、转让和消灭,一概规定必须经依法登记才发生效力。

需要说明的是,本条第2款只是规定依法属于国家所有的自然资源,所有权可以不登记,至于在国家所有的土地、森林、海域等自然资源上设立用益物权、担保物权,则需依法登记生效。

实用问答

哪些不动产权利需要依照规定办理登记?

答:根据《不动产登记暂行条例》第5条的规定,下列不动产权利,依照规定办理登记:(1)集体土地所有权;(2)房屋等建筑物、构筑物所有权;(3)森林、林木所有权;(4)耕地、林地、草地等土地承包经营权;(5)建设用地使用权;(6)宅基地使用权;(7)海域使用权;(8)地役权;(9)抵押权;(10)法律规定需要登记的其他不动产权利。

条文参见

《不动产登记暂行条例》;《不动产登记暂行条例实施细则》

第二百一十条 【不动产登记机构和不动产统一登记】

不动产登记,由不动产所在地的登记机构办理。

国家对不动产实行统一登记制度。统一登记的范围、登记机构和登记办法,由法律、行政法规规定。

实用问答

如何确定不动产登记机构?

答:根据《不动产登记暂行条例》第7条的规定,不动产登记由不动产所在地的县级人民政府不动产登记机构办理;直辖市、设区的市人民政府可以确定本级不动产登记机构统一办理所属各区的不动产登记。

跨县级行政区域的不动产登记,由所跨县级行政区域的不动产登记机构分别办理。不能分别办理的,由所跨县级行政区域的不动产登记机构协商办理;协商不成的,由共同的上一级人民政府不动产登记主管部门指定办理。

国务院确定的重点国有林区的森林、林木和林地,国务院批准项目用海、用岛,中央国家机关使用的国有土地等不动产登记,由国务院自然资源主管部门会同有关部门规定。

第二百一十一条 【不动产登记申请资料】

当事人申请登记,应当根据不同登记事项提供权属证明和不动产界址、面积等必要材料。

实用问答

1. 当事人申请登记,应当提交哪些材料?

答:根据《不动产登记暂行条例》第16条的规定,申请人应当提交下列材料,并对申请材料的真实性负责:(1)登记申请书;(2)申请人、代理人身份证明材料、授权委托书;(3)相关的不动产权属来源证明材料、登记原因证明文件、不动产权属证书;(4)不动产界址、空间界限、面积等材料;(5)与他人利害关系的说明材料;(6)法律、行政法规以及《不动产登记暂行条例实施细则》规定的其他材料。

不动产登记机构应当在办公场所和门户网站公开申请登记所需材料目录和示范文本等信息。

2. 当事人单方申请不动产登记的情形有哪些?

答:根据《不动产登记暂行条例》第14条的规定,因买卖、设定抵押权等申请不动产登记的,应当由当事人双方共同申请。

属于下列情形之一的,可以由当事人单方申请:(1)尚未登记的不动产首次申请登记的;(2)继承、接受遗赠取得不动产权利的;(3)人民法院、仲裁委员会生效的法律文书或者人民政府生效的决定等设立、变更、转让、消灭不动产权利的;(4)权利人姓名、名称或者自然状况发生变化,申请变更登记的;(5)不动产灭失或者权利人放弃不动产权利,申请注销登记的;(6)申请更正登记或者异议登记的;(7)法律、行政法规规定可以由当事人单方申请的其他情形。

第二百一十二条 【登记机构的职责】

登记机构应当履行下列职责：
(一)查验申请人提供的权属证明和其他必要材料；
(二)就有关登记事项询问申请人；
(三)如实、及时登记有关事项；
(四)法律、行政法规规定的其他职责。
申请登记的不动产的有关情况需要进一步证明的，登记机构可以要求申请人补充材料，必要时可以实地查看。

实用问答

不动产登记机构可以对申请登记的不动产进行实地查看的情形有哪些？

答：根据《不动产登记暂行条例》第19条的规定，属于下列情形之一的，不动产登记机构可以对申请登记的不动产进行实地查看：(1)房屋等建筑物、构筑物所有权首次登记；(2)在建建筑物抵押权登记；(3)因不动产灭失导致的注销登记；(4)不动产登记机构认为需要实地查看的其他情形。

对可能存在权属争议，或者可能涉及他人利害关系的登记申请，不动产登记机构可以向申请人、利害关系人或者有关单位进行调查。

不动产登记机构进行实地查看或者调查时，申请人、被调查人应当予以配合。

第二百一十三条 【登记机构不得从事的行为】

登记机构不得有下列行为：
(一)要求对不动产进行评估；
(二)以年检等名义进行重复登记；
(三)超出登记职责范围的其他行为。

实用问答

不动产登记机构工作人员的哪些违法行为要受到处罚？

答：根据《不动产登记暂行条例实施细则》第103条的规定，不动产登记机构工作人员违反规定，有下列行为之一，依法给予处分；构成犯罪的，依法追究刑事责任：(1)对符合登记条件的登记申请不予登记，对不符合登记条件的登记申请予以登记;(2)擅自复制、篡改、毁损、伪造不动产登记簿;(3)泄露不动产登记资料、登记信息;(4)无正当理由拒绝申请人查询、复制登记资料;(5)强制要求权利人更换新的权属证书。

第二百一十四条 【不动产物权变动的生效时间】

不动产物权的设立、变更、转让和消灭,依照法律规定应当登记的,自记载于不动产登记簿时发生效力。

条文参见

《不动产登记暂行条例》第10、21条

第二百一十五条 【合同效力与物权变动区分】

当事人之间订立有关设立、变更、转让和消灭不动产物权的合同,除法律另有规定或者当事人另有约定外,自合同成立时生效;未办理物权登记的,不影响合同效力。

理解适用

不动产物权的变动只能在登记时生效,依法成立生效的合同也许不能发生物权变动的结果。这可能是因为物权因客观情势发生变迁,使物权的变动成为不可能;也可能是物权的出让人"一物二卖",其中一个买受人先行进行了不动产登记,其他的买受人便不可能取得合同约定转让的物权。有关设立、变更、转让和消灭不动产物权的合同和物权的设立、变更、转让和消灭本身是两个应当加以区分的情况。除非法律有特别规定,合同一经成立,只要不违反法律的强制性规定和社会公共利益,就可以发生效力。合同只是当事人之间的一种合意,并不必然与登记联系在一起。登记是针对民事权利的变动而设定的,它是与物权的变动联系在一起的,是一种物权变动的公示的方法。登记并不是针对合同行为,而是针对物权的变动所采取的一种公示方法,如果当事人之间仅就物权的变动达成合意,而没有办理登记,合同仍然有效。

条文参见

《民法典》第502条

第二百一十六条 【不动产登记簿的效力和管理】

不动产登记簿是物权归属和内容的根据。

不动产登记簿由登记机构管理。

实用问答

1. 什么是不动产登记簿？不动产登记簿应当记载哪些事项？

答：根据《不动产登记暂行条例》第8条的规定，不动产以不动产单元为基本单位进行登记。不动产单元具有唯一编码。不动产登记机构应当按照国务院自然资源主管部门的规定设立统一的不动产登记簿。

不动产登记簿应当记载以下事项：(1)不动产的坐落、界址、空间界限、面积、用途等自然状况；(2)不动产权利的主体、类型、内容、来源、期限、权利变化等权属状况；(3)涉及不动产权利限制、提示的事项；(4)其他相关事项。

2. 不动产登记簿就抵押财产、被担保的债权范围等所作的记载与抵押合同约定不一致的，人民法院应如何处理？

答：根据《担保制度解释》第47的规定，不动产登记簿就抵押财产、被担保的债权范围等所作的记载与抵押合同约定不一致的，人民法院应当根据登记簿的记载确定抵押财产、被担保的债权范围等事项。

第二百一十七条 【不动产登记簿与不动产权属证书的关系】

不动产权属证书是权利人享有该不动产物权的证明。不动产权属证书记载的事项，应当与不动产登记簿一致；记载不一致的，除有证据证明不动产登记簿确有错误外，以不动产登记簿为准。

理解适用

[不动产权属证书]

不动产权属证书，即不动产的所有权证、使用权证等，是登记机关颁发给权利人作为其享有权利的证明。

不动产登记机构应当根据不动产登记簿，填写并核发不动产权属证书或者不动产登记证明。电子证书证明与纸质证书证明具有同等法律效力。除办理抵押权登记、地役权登记和预告登记、异议登记，向申请人核发不动产登记证明外，不动产登记机构应当依法向权利人核发不动产权属证书。不动产权属证书和不动产登记证明,应当加盖不动产登记机构登记专用章。不动产权属证书和不动产登记证明样式,由自然资源部统一规定。

条文参见

《不动产登记暂行条例》第21条;《物权编解释一》第2条

第二百一十八条 【不动产登记资料的查询、复制】

权利人、利害关系人可以申请查询、复制不动产登记资料,登记机构应当提供。

理解适用

物权公示虽然是针对不特定的人,但这个不特定的人不是全社会的人。登记资料只要能够满足合同双方当事人以外或者物权权利人以外的人中可能和这个物权发生联系的这部分人的要求,就达到登记的目的和物权公示的目的。

实用问答

哪些主体可以申请查询、复制不动产登记资料?

答:根据《不动产登记暂行条例》第27条的规定,权利人、利害关系人可以依法查询、复制不动产登记资料,不动产登记机构应当提供。有关国家机关可以依照法律、行政法规的规定查询、复制与调查处理事项有关的不动产登记资料。

第二百一十九条 【保护权利人个人信息】

利害关系人不得公开、非法使用权利人的不动产登记资料。

实用问答

公民是否可以随意查询他人的房产资料?

答:根据《不动产登记暂行条例》第28条的规定,查询不动产登记资料的单位、个人应当向不动产登记机构说明查询目的,不得将查询获得的不动产登记资料用于其他目的;未经权利人同意,不得泄露查询获得的不动产登记资料。

第二百二十条 【更正登记与异议登记】

权利人、利害关系人认为不动产登记簿记载的事项错误的,可以申请更正登记。不动产登记簿记载的权利人书面同意更正或者有证据证明登记确有错误的,登记机构应当予以更正。

不动产登记簿记载的权利人不同意更正的,利害关系人可以申请异议登记。登记机构予以异议登记,申请人自异议登记之日起十五日内不提起诉讼的,异议登记失效。异议登记不当,造成权利人损害的,权利人可以向申请人请求损害赔偿。

理解适用

[更正登记与异议登记]

更正登记与异议登记都是保护事实上的权利人或者真正权利人以及真正权利状态的法律措施。与异议登记不同的是,更正登记是彻底地消除登记权利与真正权利不一致的状态,避免第三人依据不动产登记簿取得不动产登记簿上记载有误的物权。

异议登记,就是将事实上的权利人以及利害关系人对不动产登记簿记载的权利所提出的异议记入登记簿,异议登记的法律效力是,登记簿上所记载权利失去正确性推定的效力,第三人也不得主张依照登记的公信力而受到保护。

实用问答

权利人和利害关系人申请更正登记时需要提交哪些材料?

答:根据《不动产登记暂行条例实施细则》第79条的规定,权利人、利害关系人认为不动产登记簿记载的事项有错误,可以申请更正登记。

权利人申请更正登记的,应当提交下列材料:(1)不动产权属证书;(2)证实登记确有错误的材料;(3)其他必要材料。

利害关系人申请更正登记的,应当提交利害关系材料、证实不动产登记簿记载错误的材料以及其他必要材料。

条文参见

《物权编解释一》第3条

第二百二十一条 【预告登记】

当事人签订买卖房屋的协议或者签订其他不动产物权的协议,为保障将来实现物权,按照约定可以向登记机构申请预告登记。预告登记后,未经预告登记的权利人同意,处分该不动产的,不发生物权效力。

预告登记后,债权消灭或者自能够进行不动产登记之日起九十日内未申请登记的,预告登记失效。

理解适用

[预告登记]

预告登记,是指为保全一项请求权而进行的不动产登记,该项请求权所要达到的目的,是在将来发生不动产物权变动。

预告登记的本质特征是使被登记的请求权具有物权的效力。也就是说,进行了预告登记的请求权,对后来发生的与该项请求权内容相同的不动产物权的处分行为,具有对抗的效力。

实用问答

如何认定《民法典》第 221 条第 2 款所称的"债权消灭"?

答:根据《物权编解释一》第 5 条的规定,预告登记的买卖不动产物权的协议被认定无效、被撤销,或者预告登记的权利人放弃债权的,应当认定为《民法典》第 221 条第 2 款所称的"债权消灭"。

第二百二十二条 【不动产登记错误的赔偿】

当事人提供虚假材料申请登记,造成他人损害的,应当承担赔偿责任。

因登记错误,造成他人损害的,登记机构应当承担赔偿责任。登记机构赔偿后,可以向造成登记错误的人追偿。

实用问答

房屋登记机构工作人员与第三人恶意串通违法登记的,如何承担赔偿责任?

答:根据《房屋登记规定》第 13 条的规定,房屋登记机构工作人员与第三人恶意串通违法登记,侵犯原告合法权益的,房屋登记机构与第三人承担连带赔偿责任。

> **条文参见**

《房屋登记规定》第12、13条

> **第二百二十三条【不动产登记的费用】**
>
> 不动产登记费按件收取,不得按照不动产的面积、体积或者价款的比例收取。

> **实用问答**

不动产登记收费标准有何规定?

答:根据《国家发展改革委、财政部关于不动产登记收费标准等有关问题的通知》的规定,住宅类不动产登记收费标准为每件80元;非住宅类不动产登记收费标准为每件550元。该通知同时规定了16种实行收费减免优惠的情形。

第二节 动产交付

> **第二百二十四条【动产交付的效力】**
>
> 动产物权的设立和转让,自交付时发生效力,但是法律另有规定的除外。

> **理解适用**

[交付]

交付,是指物的直接占有的转移,即一方按照法律行为要求,将物的直接占有移转给另一方的事实。

> **第二百二十五条【特殊动产登记的效力】**
>
> 船舶、航空器和机动车等的物权的设立、变更、转让和消灭,未经登记,不得对抗善意第三人。

实用问答

如何理解《民法典》第 225 条所称的"善意第三人"？

答：《民法典》第 225 条所称的"善意第三人"，是指不知道也不应当知道物权发生了变动的物权关系相对人。根据《物权编解释一》第 6 条的规定，转让人转让船舶、航空器和机动车等所有权，受让人已经支付合理价款并取得占有，虽未经登记，但转让人的债权人主张其为《民法典》第 225 条所称的"善意第三人"的，不予支持，法律另有规定的除外。

条文参见

《海商法》第 9、10、13、14 条；《民用航空法》第 11、12、14、16、33 条；《道路交通安全法》第 8、12 条

第二百二十六条 【动产物权受让人先行占有】

动产物权设立和转让前，权利人已经占有该动产的，物权自民事法律行为生效时发生效力。

条文参见

《物权编解释一》第 17 条

第二百二十七条 【指示交付】

动产物权设立和转让前，第三人占有该动产的，负有交付义务的人可以通过转让请求第三人返还原物的权利代替交付。

理解适用

[指示交付]

指示交付，又称返还请求权的让与，是指让与动产物权的时候，如果让与人的动产由第三人占有，让与人可以将其享有的对第三人的返还请求权让与给受让人，以代替现实交付。指示交付是一种例外情形，它与现实交付具有同等效力。

第二百二十八条　【占有改定】

动产物权转让时，当事人又约定由出让人继续占有该动产的，物权自该约定生效时发生效力。

第三节　其他规定

第二百二十九条　【法律文书或征收决定导致的物权变动】

因人民法院、仲裁机构的法律文书或者人民政府的征收决定等，导致物权设立、变更、转让或者消灭的，自法律文书或者征收决定等生效时发生效力。

条文参见

《物权编解释一》第7条

第二百三十条　【因继承取得物权】

因继承取得物权的，自继承开始时发生效力。

条文参见

《民法典》第1121条

第二百三十一条　【因事实行为发生物权变动】

因合法建造、拆除房屋等事实行为设立或者消灭物权的，自事实行为成就时发生效力。

理解适用

因事实行为而导致的物权的设立或者消灭，自事实行为成就时发生效力，而不需要遵循一般的物权公示方法（不动产为登记，动产为交付）即生效。但同时根据本节规定，合法建造的房屋，固然因建造完成而取得所有权，但如果按照法律规定应当办理登记而未登记，所有权人其后的处分行为，不发生物权效力。

第二百三十二条 【处分非因民事法律行为享有的不动产物权】

处分依照本节规定享有的不动产物权，依照法律规定需要办理登记的，未经登记，不发生物权效力。

第三章 物权的保护

第二百三十三条 【物权纠纷解决方式】

物权受到侵害的，权利人可以通过和解、调解、仲裁、诉讼等途径解决。

第二百三十四条 【物权确认请求权】

因物权的归属、内容发生争议的，利害关系人可以请求确认权利。

实用问答

当事人因哪些行为对林地、林木的物权归属、内容产生争议的，可以请求人民法院确认权利？

答：根据《最高人民法院关于审理森林资源民事纠纷案件适用法律若干问题的解释》第2条的规定，当事人因下列行为，对林地、林木的物权归属、内容产生争议，依据《民法典》第234条的规定提起民事诉讼，请求确认权利的，人民法院应当依法受理：(1)林地承包；(2)林地承包经营权互换、转让；(3)林地经营权流转；(4)林木流转；(5)林地、林木担保；(6)林地、林木继承；(7)其他引起林地、林木物权变动的行为。

当事人因对行政机关作出的林地、林木确权、登记行为产生争议，提起民事诉讼的，人民法院告知其依法通过行政复议、行政诉讼程序解决。

第二百三十五条 【返还原物请求权】

无权占有不动产或者动产的，权利人可以请求返还原物。

第二百三十六条 【排除妨害、消除危险请求权】

妨害物权或者可能妨害物权的,权利人可以请求排除妨害或者消除危险。

理解适用

[消除危险请求权]

消除危险请求权是一种物权请求权,是指对于某种尚未发生但确有发生可能性的危险,物权人也可以请求有关的当事人采取预防措施加以防止。

需要注意的是,被排除的妨害需具有不法性,倘若物权人负有容忍义务,则物权人不享有排除妨害请求权。

第二百三十七条 【物权复原请求权】

造成不动产或者动产毁损的,权利人可以依法请求修理、重作、更换或者恢复原状。

第二百三十八条 【物权损害赔偿请求权】

侵害物权,造成权利人损害的,权利人可以依法请求损害赔偿,也可以依法请求承担其他民事责任。

第二百三十九条 【物权保护方式的单用与并用】

本章规定的物权保护方式,可以单独适用,也可以根据权利被侵害的情形合并适用。

第二分编 所 有 权

第四章 一般规定

第二百四十条 【所有权的定义】

所有权人对自己的不动产或者动产,依法享有占有、使用、收益和处分的权利。

理解适用

[占有]
占有,是指对财产的实际管领或控制。
[使用]
使用,是指权利主体对财产的运用,其目的在于发挥财产的使用价值。
[收益]
收益,是指通过财产的占有、使用等方式取得的经济效益。
[处分]
处分,是指财产所有人对其财产在事实上和法律上的最终处置。

第二百四十一条 【所有权人设立他物权】

所有权人有权在自己的不动产或者动产上设立用益物权和担保物权。用益物权人、担保物权人行使权利,不得损害所有权人的权益。

理解适用

[他物权]
他物权,是指基于所有权而发生的物权,其与作为自物权的所有权相对应,二者共同构成整个物权体系。
理解本条,需要注意以下几个方面:(1)根据物权法定原则,他物权人只能在法律规定的范围内行使物权,不得超越权利范围支配标的物损害所有权人的利益,如担保物权人不得就标的物进行使用和收益。(2)他物权人应当按照标的物的性质和用途合理利用标的物,不得违反法律规定或者当事人的约定擅自改变标的物的用途、损害所有权人的权益。(3)用益物权在期限届满或者担保物权在债权实现后,他物权人应当将标的物返还所有权人,以恢复所有权人对标的物的全面支配状态(此所谓所有权的弹力性或者归一性),不得设定无期限的用益物权或者以其他方式损害所有权人的权益。

第二百四十二条 【国家专属所有权】

法律规定专属于国家所有的不动产和动产,任何组织或者个人不能取得所有权。

第二百四十三条 【征收】

为了公共利益的需要,依照法律规定的权限和程序可以征收集体所有的土地和组织、个人的房屋以及其他不动产。

征收集体所有的土地,应当依法及时足额支付土地补偿费、安置补助费以及农村村民住宅、其他地上附着物和青苗等的补偿费用,并安排被征地农民的社会保障费用,保障被征地农民的生活,维护被征地农民的合法权益。

征收组织、个人的房屋以及其他不动产,应当依法给予征收补偿,维护被征收人的合法权益;征收个人住宅的,还应保障被征收人的居住条件。

任何组织或者个人不得贪污、挪用、私分、截留、拖欠征收补偿费等费用。

实用问答

哪些确需征收房屋的情形,应由市、县级人民政府作出房屋征收决定?

答:根据《国有土地上房屋征收与补偿条例》第8条的规定,为了保障国家安全、促进国民经济和社会发展等公共利益的需要,有下列情形之一,确需征收房屋的,由市、县级人民政府作出房屋征收决定:(1)国防和外交的需要;(2)由政府组织实施的能源、交通、水利等基础设施建设的需要;(3)由政府组织实施的科技、教育、文化、卫生、体育、环境和资源保护、防灾减灾、文物保护、社会福利、市政公用等公共事业的需要;(4)由政府组织实施的保障性安居工程建设的需要;(5)由政府依照城乡规划法有关规定组织实施的对危房集中、基础设施落后等地段进行旧城区改建的需要;(6)法律、行政法规规定的其他公共利益的需要。

条文参见

《宪法》第 10 条;《土地管理法》第 2、45~51、79、80 条;《国有土地上房屋征收与补偿条例》

第二百四十四条 【耕地保护】

国家对耕地实行特殊保护,严格限制农用地转为建设用地,控制建设用地总量。不得违反法律规定的权限和程序征收集体所有的土地。

实用问答

征收土地的条件与程序是什么?

答:按照《宪法》《土地管理法》等有关法律规定,征收土地的条件与程序是:(1)征收土地必须是为了公共利益的需要。(2)必须由政府作出。征地是一种政府行为,是政府的专有权力,其他任何单位和个人都没有征地权。同时,被征地单位必须服从,不得阻挠征地。(3)必须依法取得批准。(4)必须予以公告并听取相关主体的意见。(5)必须依法对被征地单位进行补偿。有关法律和行政法规对征收的具体补偿标准有专门规定。(6)征地补偿费用的情况要向集体组织成员公布,接受监督。

第二百四十五条 【征用】

因抢险救灾、疫情防控等紧急需要,依照法律规定的权限和程序可以征用组织、个人的不动产或者动产。被征用的不动产或者动产使用后,应当返还被征用人。组织、个人的不动产或者动产被征用或者征用后毁损、灭失的,应当给予补偿。

实用问答

征收和征用有什么区别?

答:虽然征收和征用都是政府通过法定权限和程序对组织和个人财产所有权的一种限制,但二者还是存在很大的差异,主要表现在以下几个方面:

(1)适用情况不同。征收是基于公共利益的需要,所谓"公共利益",是指公共道路交通、公共卫生、灾害防治、科学及文化教育事业、环境保护、文物古迹及风景名胜区的保护、公共水源及引水排水用地区域的保护、森林保护事业,以及国家法律规定的其他公共利益。征用则是基于抢险救灾、疫情防控等紧急需要。

(2)法律效果不同。征收的结果是国家取得财产的所有权。根据《民法典》的规定,所有权自人民政府的征收决定生效时发生转移。征用的目的是取得使用权,而非所有权,发生移转的是所有权中的占有权。因此,在紧急情况消失后,政府应当将财产返还组织或者个人,并补偿被征用人所受到的损失,不能返还原物的,应当补偿。

(3)适用对象不同。征收的对象仅限于不动产,动产不适用征收是因为动产一般有很多替代物。征用的对象不仅包括不动产,也包括动产。

(4)补偿标准不同。征收应按照标的物的价值进行合理补偿。征用补偿则主要考虑到被征用人所受到的损失,只有在标的物灭失或者毁损时,才基于标的物的价值进行合理补偿。

第五章　国家所有权和集体所有权、私人所有权

第二百四十六条　【国有财产的范围、国家所有的性质和国家所有权的行使】

法律规定属于国家所有的财产,属于国家所有即全民所有。

国有财产由国务院代表国家行使所有权。法律另有规定的,依照其规定。

条文参见

《宪法》第9条;《土地管理法》第2、5条;《草原法》第9、10条;《森林法》第14条

第二百四十七条　【矿藏、水流、海域的国家所有权】

矿藏、水流、海域属于国家所有。

理解适用

[矿藏]

矿藏,主要指矿产资源,即存在于地壳内部或者地表的,由地质作用形成的,在特定的技术条件下能够被探明和开采利用的,呈固态、液态或气态的自然资源。

[水流]

水流,是指江、河等的统称。此处水流应包括地表水、地下水和其他形态的水资源。

[海域]

海域,是指中华人民共和国内水、领海的水面、水体、海床和底土。

条文参见

《宪法》第9条;《水法》第3条;《矿产资源法》第4条;《乡镇煤矿管理条例》第3条;《对外合作开采海洋石油资源条例》第2条

第二百四十八条 【无居民海岛的国家所有权】

无居民海岛属于国家所有,国务院代表国家行使无居民海岛所有权。

条文参加

《海岛保护法》第4条

第二百四十九条 【国家所有土地的范围】

城市的土地,属于国家所有。法律规定属于国家所有的农村和城市郊区的土地,属于国家所有。

第二百五十条 【自然资源的国家所有权】

森林、山岭、草原、荒地、滩涂等自然资源,属于国家所有,但是法律规定属于集体所有的除外。

第二百五十一条　【野生动植物资源的国家所有权】

法律规定属于国家所有的野生动植物资源，属于国家所有。

第二百五十二条　【无线电频谱资源的国家所有权】

无线电频谱资源属于国家所有。

条文参见

《无线电管理条例》第3条

第二百五十三条　【文物的国家所有权】

法律规定属于国家所有的文物，属于国家所有。

实用问答

哪些可移动文物属于国家所有？

答：根据《文物保护法》第6条的规定，下列可移动文物，属于国家所有：(1)中国境内地下、内水和领海以及中国管辖的其他海域内出土、出水的文物，国家另有规定的除外；(2)国有文物收藏单位以及其他国家机关、部队和国有企业、事业单位等收藏、保管的文物；(3)国家征集、购买或者依法没收的文物；(4)公民、组织捐赠给国家的文物；(5)法律规定属于国家所有的其他文物。

国有可移动文物的所有权不因其收藏、保管单位的终止或者变更而改变。

第二百五十四条　【国防资产和基础设施的国家所有权】

国防资产属于国家所有。

铁路、公路、电力设施、电信设施和油气管道等基础设施，依照法律规定为国家所有的，属于国家所有。

> 实用问答

国防资产包括哪些?

答: 根据《国防法》第40条的规定,国家为武装力量建设、国防科研生产和其他国防建设直接投入的资金、划拨使用的土地等资源,以及由此形成的用于国防目的的武器装备和设备设施、物资器材、技术成果等属于国防资产。

第二百五十五条 【国家机关的物权】

国家机关对其直接支配的不动产和动产,享有占有、使用以及依照法律和国务院的有关规定处分的权利。

> 理解适用

在司法实践中,适用本条法律应注意以下问题:(1)当合同中一方当事人为国家机关时,对于国家机关违反本条规定擅自处分国家财产的行为,应当认定为无效的民事行为。(2)国家机关对其直接支配的不动产和动产的处分行为,既包括直接以上述财产作为标的物与其他民事主体进行交易的行为,也包括在诉讼中作出让步,放弃对上述财产的占有、使用权的行为。(3)人民法院在审理民事案件主持调解时,要特别注意不得要求国家机关以放弃其直接支配的不动产和动产作为达成调解协议的条件。在审查双方当事人自行达成的调解协议时也要特别注意作为一方当事人的国家机关让步,是否处分了国有财产。

第二百五十六条 【国家举办的事业单位的物权】

国家举办的事业单位对其直接支配的不动产和动产,享有占有、使用以及依照法律和国务院的有关规定收益、处分的权利。

第二百五十七条 【国家出资的企业出资人制度】

国家出资的企业,由国务院、地方人民政府依照法律、行政法规规定分别代表国家履行出资人职责,享有出资人权益。

理解适用

[国家出资的企业]

国家出资的企业,既包括国家出资兴办的企业,如国有独资公司,也包括国家控股、参股有限责任公司和股份有限公司等。当然,国家出资的企业不仅是以公司形式,还包括未进行公司制改造的其他企业。

条文参见

《企业国有资产法》;《企业国有资产监督管理暂行条例》

第二百五十八条 【国有财产的保护】

国家所有的财产受法律保护,禁止任何组织或者个人侵占、哄抢、私分、截留、破坏。

第二百五十九条 【国有财产管理的法律责任】

履行国有财产管理、监督职责的机构及其工作人员,应当依法加强对国有财产的管理、监督,促进国有财产保值增值,防止国有财产损失;滥用职权,玩忽职守,造成国有财产损失的,应当依法承担法律责任。

违反国有财产管理规定,在企业改制、合并分立、关联交易等过程中,低价转让、合谋私分、擅自担保或者以其他方式造成国有财产损失的,应当依法承担法律责任。

实用问答

国有资产转让应当遵循什么原则?如何进行转让?

答:根据《企业国有资产法》第54条的规定,国有资产转让应当遵循等价有偿和公开、公平、公正的原则。除按照国家规定可以直接协议转让的以外,国有资产转让应当在依法设立的产权交易场所公开进行。转让方应当如实披露有关信息,征集受让方;征集产生的受让方为两个以上的,转让应当采用公开竞价的交易方式。转让上市交易的股份依照《证券法》的规定进行。

第二百六十条 【集体财产的范围】

集体所有的不动产和动产包括：
（一）法律规定属于集体所有的土地和森林、山岭、草原、荒地、滩涂；
（二）集体所有的建筑物、生产设施、农田水利设施；
（三）集体所有的教育、科学、文化、卫生、体育等设施；
（四）集体所有的其他不动产和动产。

理解适用

关于集体所有的土地，有两点需要说明：(1)集体所有的土地的所有者只有农民集体，城镇集体没有土地的所有权。(2)集体所有的土地主要包括耕地，也包括宅基地和自留地、自留山。

集体所有的财产主要有两个来源：(1)集体自己出资兴建、购置的财产；(2)国家拨给或者捐赠给集体的财产。

第二百六十一条 【农民集体所有财产归属及重大事项集体决定】

农民集体所有的不动产和动产，属于本集体成员集体所有。

下列事项应当依照法定程序经本集体成员决定：
（一）土地承包方案以及将土地发包给本集体以外的组织或者个人承包；
（二）个别土地承包经营权人之间承包地的调整；
（三）土地补偿费等费用的使用、分配办法；
（四）集体出资的企业的所有权变动等事项；
（五）法律规定的其他事项。

条文参见

《土地管理法》第9、10条；《农村土地承包法》第28、52条；《村民委员会组织法》第24条

第二百六十二条 【集体所有的不动产所有权行使】

对于集体所有的土地和森林、山岭、草原、荒地、滩涂等,依照下列规定行使所有权:

(一)属于村农民集体所有的,由村集体经济组织或者村民委员会依法代表集体行使所有权;

(二)分别属于村内两个以上农民集体所有的,由村内各该集体经济组织或者村民小组依法代表集体行使所有权;

(三)属于乡镇农民集体所有的,由乡镇集体经济组织代表集体行使所有权。

理解适用

[村]

村,是指行政村,即设村民委员会的村,而非自然村。该行政村农民集体所有的土地等集体财产,就由该行政村集体经济组织来代表集体行使所有权。在农村没有村集体经济组织或者该集体经济组织已不健全,难以履行集体所有土地的经营、管理等职权的情况下,需要由行使自治权的村民委员会来代表集体行使所有权。

[村民小组]

村民小组,是指行政村内的由村民组成的自治组织。根据《村民委员会组织法》的规定,村民委员会根据居住地区划分若干个村民小组。如果村内有集体经济组织,就由村内的集体经济组织行使所有权;如果村内没有集体经济组织,则由村民小组来行使。

第二百六十三条 【城镇集体所有的财产权利行使】

城镇集体所有的不动产和动产,依照法律、行政法规的规定由本集体享有占有、使用、收益和处分的权利。

条文参见

《城镇集体所有制企业条例》

第二百六十四条 【集体成员对集体财产的知情权】

农村集体经济组织或者村民委员会、村民小组应当依照法律、行政法规以及章程、村规民约向本集体成员公布集体财产的状况。集体成员有权查阅、复制相关资料。

实用问答

1. 村民可以以集体经济组织名义对涉及农村集体土地的行政行为提起诉讼吗？

答：根据《最高人民法院关于审理涉及农村集体土地行政案件若干问题的规定》第3条的规定，村民委员会或者农村集体经济组织对涉及农村集体土地的行政行为不起诉的，过半数的村民可以以集体经济组织名义提起诉讼。农村集体经济组织成员全部转为城镇居民后，对涉及农村集体土地的行政行为不服的，过半数的原集体经济组织成员可以提起诉讼。

2. 哪些涉及村民利益的事项经村民会议讨论决定方可办理？

答：根据《村民委员会组织法》第24条的规定，涉及村民利益的下列事项，经村民会议讨论决定方可办理：(1)本村享受误工补贴的人员及补贴标准；(2)从村集体经济所得收益的使用；(3)本村公益事业的兴办和筹资筹劳方案及建设承包方案；(4)土地承包经营方案；(5)村集体经济项目的立项、承包方案；(6)宅基地的使用方案；(7)征地补偿费的使用、分配方案；(8)以借贷、租赁或者其他方式处分村集体财产；(9)村民会议认为应当由村民会议讨论决定的涉及村民利益的其他事项。

村民会议可以授权村民代表会议讨论决定前述规定的事项。法律对讨论决定村集体经济组织财产和成员权益的事项另有规定的，依照其规定。

第二百六十五条 【财产权保护】

集体所有的财产受法律保护，禁止任何组织或者个人侵占、哄抢、私分、破坏。

农村集体经济组织、村民委员会或者其负责人作出的决定侵害集体成员合法权益的，受侵害的集体成员可以请求人民法院予以撤销。

第二百六十六条 【私有财产的范围】

私人对其合法的收入、房屋、生活用品、生产工具、原材料等不动产和动产享有所有权。

理解适用

[私人]

本条中的"私人"是与国家、集体相对应的物权主体,既包括我国的公民,也包括在我国合法取得财产的外国人和无国籍人。不仅包括自然人,而且包括个人独资企业、个人合伙等非公有制企业。需要注意的是,私人只能对其合法获得的财产享有所有权,对贪污、侵占、抢夺、诈骗、盗窃、走私等方式非法获取的财产,不但不能受到法律的保护,而且行为人要依法承担没收、返还原物、赔偿损失等法律责任,构成犯罪的,还要依法追究刑事责任。

第二百六十七条 【私人合法财产的保护】

私人的合法财产受法律保护,禁止任何组织或者个人侵占、哄抢、破坏。

理解适用

[私人财产]

私有财产,是指私人拥有所有权的财产,不仅包括合法的收入、房屋、生活用品、生产工具、原材料等不动产和动产,而且包括私人合法的储蓄、投资及其收益,以及上述财产的继承权。

第二百六十八条 【企业出资人权利】

国家、集体和私人依法可以出资设立有限责任公司、股份有限公司或者其他企业。国家、集体和私人所有的不动产或者动产投到企业的,由出资人按照约定或者出资比例享有资产收益、重大决策以及选择经营管理者等权利并履行义务。

理解适用

出资人享有因出资形成的财产的所有权,但这不意味着出资人可以随心所欲操纵企业经营,出资人应当根据有关法律和章程行使权利和承担义务。

第二百六十九条 【法人财产权】

营利法人对其不动产和动产依照法律、行政法规以及章程享有占有、使用、收益和处分的权利。

营利法人以外的法人,对其不动产和动产的权利,适用有关法律、行政法规以及章程的规定。

第二百七十条 【社会团体法人、捐助法人合法财产的保护】

社会团体法人、捐助法人依法所有的不动产和动产,受法律保护。

第六章 业主的建筑物区分所有权

第二百七十一条 【建筑物区分所有权】

业主对建筑物内的住宅、经营性用房等专有部分享有所有权,对专有部分以外的共有部分享有共有和共同管理的权利。

理解适用

[建筑物区分所有权]

建筑物区分所有权,一般是指数人区分一建筑物而各有其专有部分,并就共有部分按其专有部分享有共有的权利。

实用问答

1. 哪些人应当认定为《民法典》第2编第6章所称的业主?

答:根据《建筑物区分所有权解释》第1条的规定,依法登记取得或者依据《民法典》第229条至第231条的规定取得建筑物专有部分所有权的人,应当认定为《民法典》第2编第6章所称的业主。基于与建设单位之间的商品房买卖民事法律行为,已经合法占有建筑物专有部分,但尚未依法办理所有权登记的人,可以认定为《民法典》第2编第6章所称的业主。

2. 业主在物业管理活动中,享有哪些权利?

答:根据《物业管理条例》第6条的规定,房屋的所有权人为业主。业主在物业管理活动中,享有下列权利:(1)按照物业服务合同的约定,接受物业服务企业提供的服务;(2)提议召开业主大会会议,并就物业管理的有关事项提出建议;(3)提出制定和修改管理规约、业主大会议事规则的建议;(4)参加业主大会会议,行使投票权;(5)选举业主委员会成员,并享有被选举权;(6)监督业主委员会的工作;(7)监督物业服务企业履行物业服务合同;(8)对物业共用部位、共用设施设备和相关场地使用情况享有知情权和监督权;(9)监督物业共用部位、共用设施设备专项维修资金(以下简称专项维修资金)的管理和使用;(10)法律、法规规定的其他权利。

> **案例指引**

高某清、戴某晴与张某清、袁某萍房屋买卖合同纠纷案(《最高人民法院公报》2021年第8期)

裁判摘要:业主的建筑物区分所有权包括对专有部分的所有权、对共有部分的共有权和共同管理权,且这三种权利具有不可分离性。业主转让房屋时,其基于共同管理约定所享有的共有部分专有使用权也应当一并转让,既有的共同管理约定对继受取得业主权利的房屋受让人继续有效,房屋转让人应当协助将其独占使用的共有部分交付于受让人。

依法判令物业公司承担协助安装充电桩责任,保障业主合法权益,贯彻落实绿色原则——聂某诉某物业公司物业服务合同纠纷案(《最高法发布民法典颁布五周年第二批典型案例》之二)

典型意义:把人民群众的小事当作自己的大事,通过司法审判努力解决好人民群众关心的实际问题,让人民群众居住更舒适、生活更美好,是司法为民宗旨的内在要求。我国已进入新能源汽车快速普及阶段,加强新能源汽车充电设施建设,一方面有利于节能减排,另一方面可以提升业主的居住体验和幸福指数,是关系民生的关键小事。本案中,人民法院依法认定物业公司应为业主安装电动车充电设施提供便利,不仅贯彻了《民法典》第9条规定的绿色原则,彰显了人民法院支持环保出行的司法理念,而且对破解充电桩及配套设施安装难题、维护业主合法权益发挥了良好的示范作用,是人民法院积极回应群众关切、切实保障民生的生动实践。

第二百七十二条 【业主对专有部分的权利和义务】

业主对其建筑物专有部分享有占有、使用、收益和处分的权利。业主行使权利不得危及建筑物的安全,不得损害其他业主的合法权益。

理解适用

业主对建筑物内属于自己所有的住宅、经营性用房等专有部分既可以直接占有、使用,实现居住或者营业的目的;也可以依法出租、出售,获取收益;还可以出借或者在自己的专有部分上依法设定负担。

实用问答

哪些空间应当认定为《民法典》第 2 编第 6 章所称的专有部分?

答:根据《建筑物区分所有权解释》第 2 条的规定,建筑区划内符合下列条件的房屋(包括整栋建筑物),以及车位、摊位等特定空间,应当认定为《民法典》第 2 编第 6 章所称的专有部分:(1)具有构造上的独立性,能够明确区分;(2)具有利用上的独立性,可以排他使用;(3)能够登记成为特定业主所有权的客体。规划上专属于特定房屋,且建设单位销售时已经根据规划列入该特定房屋买卖合同中的露台等,应当认定为前述所称的专有部分的组成部分。

第二百七十三条 【业主对共有部分的权利和义务】

业主对建筑物专有部分以外的共有部分,享有权利,承担义务;不得以放弃权利为由不履行义务。

业主转让建筑物内的住宅、经营性用房,其对共有部分享有的共有和共同管理的权利一并转让。

理解适用

[业主专有部分以外的共有部分]

业主专有部分以外的共有部分,通常是指除建筑物内的住宅、经营性用房等专有部分以外的部分,既包括建筑物内的走廊、楼梯、过道、电梯、外墙面、水箱、水电气管线等部分,也包括建筑区划内,由业主共同使用的物业管理用房、绿地、道路、公用设施以及其他公共场所等,但法律另有规定的除外。

> **实用问答**

除法律、法规规定的共有部分外,建筑区划内的哪些部分,也应当认定为《民法典》第 2 编第 6 章所称的共有部分?

答:根据《建筑物区分所有权解释》第 3 条的规定,除法律、行政法规规定的共有部分外,建筑区划内的以下部分,也应当认定为《民法典》第 2 编第 6 章所称的共有部分:(1)建筑物的基础、承重结构、外墙、屋顶等基本结构部分,通道、楼梯、大堂等公共通行部分,消防、公共照明等附属设施、设备,避难层、设备层或者设备间等结构部分;(2)其他不属于业主专有部分,也不属于市政公用部分或者其他权利人所有的场所及设施等。建筑区划内的土地,依法由业主共同享有建设用地使用权,但属于业主专有的整栋建筑物的规划占地或者城镇公共道路、绿地占地除外。

> **条文参见**

《物业管理条例》第 54 条;《建筑物区分所有权解释》第 3、4 条

第二百七十四条 【建筑区划内道路、绿地等的权利归属】

建筑区划内的道路,属于业主共有,但是属于城镇公共道路的除外。建筑区划内的绿地,属于业主共有,但是属于城镇公共绿地或者明示属于个人的除外。建筑区划内的其他公共场所、公用设施和物业服务用房,属于业主共有。

> **理解适用**

需要注意的是,建筑区划内的道路、绿地、其他公共场所、公用设施和物业服务用房作为建筑物的附属设施原则上归业主共有。即本条规定的绿地、道路归业主所有,不是说绿地、道路的土地所有权归业主所有,而是说绿地、道路作为土地上的附着物归业主所有。

第二百七十五条 【车位、车库的归属】

建筑区划内,规划用于停放汽车的车位、车库的归属,由当事人通过出售、附赠或者出租等方式约定。

占用业主共有的道路或者其他场地用于停放汽车的车位,属于业主共有。

实用问答

哪些车位应当认定为《民法典》第275条第2款所称的车位?

答:根据《建筑物区分所有权解释》第6条的规定,建筑区划内在规划用于停放汽车的车位之外,占用业主共有道路或者其他场地增设的车位,应当认定为《民法典》第275条第2款所称的车位。

第二百七十六条 【车位、车库的首要用途】

建筑区划内,规划用于停放汽车的车位、车库应当首先满足业主的需要。

实用问答

建设单位有哪些行为时,应当认定其符合《民法典》第276条有关"应当首先满足业主的需要"的规定?

答:根据《建筑物区分所有权解释》第5条的规定,建设单位按照配置比例将车位、车库,以出售、附赠或者出租等方式处分给业主的,应当认定其行为符合《民法典》第276条有关"应当首先满足业主的需要"的规定。前述所称配置比例是指规划确定的建筑区划内规划用于停放汽车的车位、车库与房屋套数的比例。

第二百七十七条 【业主自治管理组织的设立及指导和协助】

业主可以设立业主大会,选举业主委员会。业主大会、业主委员会成立的具体条件和程序,依照法律、法规的规定。

地方人民政府有关部门、居民委员会应当对设立业主大会和选举业主委员会给予指导和协助。

理解适用

[业主大会]

业主大会是业主的自治组织,是基于业主的建筑物区分所有权的行使产生的,由全体业主组成,是建筑区划内建筑物及其附属设施的管理机构。一个物业管理区域只能成立一个业主大会。如果建筑区划内业主人数众多,可以设立本建筑物或者建筑区划内所有建筑物的业主委员会,业主委员会是本建筑物或者建筑区划内所有建筑物的业主大会的执行机构,按照业主大会的决定履行管理的职责。

实用问答

业主委员会执行业主大会的决定事项,履行哪些职责?

答:根据《物业管理条例》第15条的规定,业主委员会执行业主大会的决定事项,履行下列职责:(1)召集业主大会会议,报告物业管理的实施情况;(2)代表业主与业主大会选聘的物业服务企业签订物业服务合同;(3)及时了解业主、物业使用人的意见和建议,监督和协助物业服务企业履行物业服务合同;(4)监督管理规约的实施;(5)业主大会赋予的其他职责。

条文参见

《物业管理条例》第8~10、15、16条

第二百七十八条 【业主共同决定事项及表决】

下列事项由业主共同决定:
(一)制定和修改业主大会议事规则;
(二)制定和修改管理规约;
(三)选举业主委员会或者更换业主委员会成员;
(四)选聘和解聘物业服务企业或者其他管理人;
(五)使用建筑物及其附属设施的维修资金;
(六)筹集建筑物及其附属设施的维修资金;
(七)改建、重建建筑物及其附属设施;
(八)改变共有部分的用途或者利用共有部分从事经营活动;
(九)有关共有和共同管理权利的其他重大事项。

业主共同决定事项,应当由专有部分面积占比三分之二以上的业主且人数占比三分之二以上的业主参与表决。决定前款第六项至第八项规定的事项,应当经参与表决专有部分面积四分之三以上的业主且参与

表决人数四分之三以上的业主同意。决定前款其他事项,应当经参与表决专有部分面积过半数的业主且参与表决人数过半数的业主同意。

实用问答

1. 哪些事项应当认定为《民法典》第 278 条第 1 款第 9 项规定的有关共有和共同管理权利的"其他重大事项"?

答:根据《建筑物区分所有权解释》第 7 条的规定,处分共有部分,以及业主大会依法决定或者管理规约依法确定应由业主共同决定的事项,应当认定为《民法典》第 278 条第 1 款第 9 项规定的有关共有和共同管理权利的"其他重大事项"。

2.《民法典》第 278 条第 2 款规定的专有部分面积如何计算?

答:根据《建筑物区分所有权解释》第 8 条的规定,《民法典》第 278 条第 2 款和第 283 条规定的专有部分面积可以按照不动产登记簿记载的面积计算;尚未进行物权登记的,暂按测绘机构的实测面积计算;尚未进行实测的,暂按房屋买卖合同记载的面积计算。

3.《民法典》第 278 条第 2 款规定的业主人数如何计算?

答:根据《建筑物区分所有权解释》第 9 条的规定,《民法典》第 278 条第 2 款规定的业主人数可以按照专有部分的数量计算,一个专有部分按一人计算。但建设单位尚未出售和虽已出售但尚未交付的部分,以及同一买受人拥有一个以上专有部分的,按一人计算。

第二百七十九条 【业主改变住宅用途的限制条件】

业主不得违反法律、法规以及管理规约,将住宅改变为经营性用房。业主将住宅改变为经营性用房的,除遵守法律、法规以及管理规约外,应当经有利害关系的业主一致同意。

实用问答

1. 业主将住宅改为经营性用房未经有利害关系的业主一致同意的,有利害关系的业主是否有权请求赔偿损失?

答:根据《建筑物区分所有权解释》第 10 条的规定,业主将住宅改变为经营性用房,未依据《民法典》第 279 条的规定经有利害关系的业主一致同意,有利害关系的业主请求排除妨害、消除危险、恢复原状或者赔偿损失的,人民法院应予支持。将住宅改变为经营性用房的业主以多数有利害关系的业主同意其行为进行抗辩的,人民法院不予支持。

2. 哪些业主应当认定为《民法典》第 279 条所称的"有利害关系的业主"?

答:根据《建筑物区分所有权解释》第 11 条的规定,业主将住宅改变为经营性用房,本栋建筑物内的其他业主,应当认定为《民法典》第 279 条所称"有利害关系的业主"。建筑区划内,本栋建筑物之外的业主,主张与自己有利害关系的,应证明其房屋价值、生活质量受到或者可能受到不利影响。

第二百八十条 【业主大会、业主委员会决定的效力】

业主大会或者业主委员会的决定,对业主具有法律约束力。

业主大会或者业主委员会作出的决定侵害业主合法权益的,受侵害的业主可以请求人民法院予以撤销。

理解适用

对业主具有约束力的业主大会或者业主委员会的决定,必须是依法设立的业主大会、业主委员会依据法定程序作出的,必须是符合法律、法规及规章,不违背公序良俗,不损害国家、公共和他人利益的决定。

实用问答

业主对业主大会或者业主委员会的决定行使撤销权是否有时间上的限制?

答:根据《建筑物区分所有权解释》第 12 条的规定,业主以业主大会或者业主委员会作出的决定侵害其合法权益或者违反了法律规定的程序为由,依据《民法典》第 280 条第 2 款的规定请求人民法院撤销该决定的,应当在知道或者应当知道业主大会或者业主委员会作出决定之日起 1 年内行使。

条文参见

《物业管理条例》第 12、19 条

案例指引

常某富诉南京秦房物业管理有限责任公司侵权责任纠纷案(《最高人民法院公报》2021 年第 9 期)

裁判摘要:业主委员会有权按照法定程序对小区公共区域的管理作出决定。在法律未对共享单车停放作出明确规定的前提下,业主委员会作出的不允许小区内部骑行、停放共享单车的决定对全体业主具有约束力,物业管理公司据此拒绝业主将共享单车骑入小区的,不构成侵权。

第二百八十一条 【建筑物及其附属设施维修资金的归属和处分】

建筑物及其附属设施的维修资金,属于业主共有。经业主共同决定,可以用于电梯、屋顶、外墙、无障碍设施等共有部分的维修、更新和改造。建筑物及其附属设施的维修资金的筹集、使用情况应当定期公布。

紧急情况下需要维修建筑物及其附属设施的,业主大会或者业主委员会可以依法申请使用建筑物及其附属设施的维修资金。

实用问答

挪用专项维修资金的,如何处罚?

答:根据《物业管理条例》第 60 条的规定,挪用专项维修资金的,由县级以上地方人民政府房地产行政主管部门追回挪用的专项维修资金,给予警告,没收违法所得,可以并处挪用数额 2 倍以下的罚款;构成犯罪的,依法追究直接负责的主管人员和其他直接责任人员的刑事责任。

条文参见

《物业管理条例》第 53、54、60 条;《住宅专项维修资金管理办法》第 3、9、30 条

第二百八十二条 【共有部分的收入分配】

建设单位、物业服务企业或者其他管理人等利用业主的共有部分产生的收入,在扣除合理成本之后,属于业主共有。

> 实用问答

利用物业共用部位、共用设施设备进行经营的，应当如何办理手续？所得收益应当如何使用？

答： 根据《物业管理条例》第54条的规定，利用物业共用部位、共用设施设备进行经营的，应当在征得相关业主、业主大会、物业服务企业的同意后，按照规定办理有关手续。业主所得收益应当主要用于补充专项维修资金，也可以按照业主大会的决定使用。

第二百八十三条 【建筑物及其附属设施的费用分摊和收益分配】

建筑物及其附属设施的费用分摊、收益分配等事项，有约定的，按照约定；没有约定或者约定不明确的，按照业主专有部分面积所占比例确定。

第二百八十四条 【建筑物及其附属设施的管理主体】

业主可以自行管理建筑物及其附属设施，也可以委托物业服务企业或者其他管理人管理。

对建设单位聘请的物业服务企业或者其他管理人，业主有权依法更换。

> 条文参见

《物业管理条例》第32～36条

第二百八十五条 【业主和物业服务企业或其他管理人的关系】

物业服务企业或者其他管理人根据业主的委托，依照本法第三编有关物业服务合同的规定管理建筑区划内的建筑物及其附属设施，接受业主的监督，并及时答复业主对物业服务情况提出的询问。

物业服务企业或者其他管理人应当执行政府依法实施的应急处置措施和其他管理措施，积极配合开展相关工作。

> **实用问答**

物业服务合同的当事人是谁？其应当对哪些内容进行约定？

答：根据《物业管理条例》第 34 条的规定，业主委员会应当与业主大会选聘的物业服务企业订立书面的物业服务合同。物业服务合同应当对物业管理事项、服务质量、服务费用、双方的权利义务、专项维修资金的管理与使用、物业管理用房、合同期限、违约责任等内容进行约定。

第二百八十六条　【业主的相关义务及责任】

业主应当遵守法律、法规以及管理规约，相关行为应当符合节约资源、保护生态环境的要求。对于物业服务企业或者其他管理人执行政府依法实施的应急处置措施和其他管理措施，业主应当依法予以配合。

业主大会或者业主委员会，对任意弃置垃圾、排放污染物或者噪声、违反规定饲养动物、违章搭建、侵占通道、拒付物业费等损害他人合法权益的行为，有权依照法律、法规以及管理规约，请求行为人停止侵害、排除妨碍、消除危险、恢复原状、赔偿损失。

业主或者其他行为人拒不履行相关义务的，有关当事人可以向有关行政主管部门报告或者投诉，有关行政主管部门应当依法处理。

> **实用问答**

业主或者其他行为人的哪些行为可以认定为《民法典》第 286 条第 2 款所称的其他"损害他人合法权益的行为"？

答：根据《建筑物区分所有权解释》第 15 条的规定，业主或者其他行为人违反法律、法规、国家相关强制性标准、管理规约，或者违反业主大会、业主委员会依法作出的决定，实施下列行为的，可以认定为《民法典》第 286 条第 2 款所称的其他"损害他人合法权益的行为"：（1）损害房屋承重结构，损害或者违章使用电力、燃气、消防设施，在建筑物内放置危险、放射性物品等危及建筑物安全或者妨碍建筑物正常使用；（2）违反规定破坏、改变建筑物外墙面的形状、颜色等损害建筑物外观；（3）违反规定进行房屋装饰装修；（4）违章加建、改建，侵占、挖掘公共通道、道路、场地或者其他共有部分。

案例指引

黄某诉某物业服务有限公司健康权纠纷案(《人民法院贯彻实施民法典典型案例(第一批)》之四)

典型意义:《民法典》明确规定,业主应当配合物业服务企业等执行政府依法实施的应急处置措施和其他管理措施,为物业企业履行疫情防控职责提供了明确的法律依据。本案是人民法院依法处理涉疫情防控措施民事纠纷,为社区依法实施应急处置措施提供坚强司法保障的典型案件。在疫情防控形势依然严峻的时候,社区是疫情联防联控的第一线,是遏制疫情扩散蔓延的重要战场,必须落实落细各项防控措施。查码通行虽然给居民日常出行增添了些许麻烦,但却是防控疫情的必要举措,意义重大,每个公民都应积极予以配合。本案中,审理法院严格把握侵权责任的归责原则,分清是非、亮明态度、不和稀泥,依法支持社区履行防疫职责,有助于引导社会公众自觉遵守防疫秩序,凸显了司法服务和保障大局的作用。

第二百八十七条 【业主合法权益的保护】

业主对建设单位、物业服务企业或者其他管理人以及其他业主侵害自己合法权益的行为,有权请求其承担民事责任。

条文参见

《民法典》第179、274、275、280~282条;《物业管理条例》第6条;《物业服务解释》第2~3条

第七章 相邻关系

第二百八十八条 【处理相邻关系的原则】

不动产的相邻权利人应当按照有利生产、方便生活、团结互助、公平合理的原则,正确处理相邻关系。

理解适用

[相邻的不动产]

相邻的不动产不仅指土地,还包括附着于土地的建筑物。不动产的相邻关系一般指相互毗邻的不动产权利人之间的关系,但也并不尽然。例如,河流上游的权利人排水需要流经下游的土地,当事人之间尽管土地并不相互毗邻,但行使权利是相互邻接的。相邻的不动产权利人,不仅包括不动产的所有人,也包括不动产的用益物权人和占有人。

案例指引

依法妥善处理老旧小区加装电梯纠纷,维护互让互谅的相邻关系——徐某等六人诉范某排除妨害纠纷案(《最高法发布民法典颁布五周年第二批典型案例》之一)

典型意义:民以居为安。老旧小区加装电梯是一项重要的民生工程,对于提升居住品质,特别是便利老年人出行具有重要意义。本案是一起因老旧小区加装电梯而引发的相邻关系纠纷,案涉楼栋加装电梯事宜已经获得该栋楼法定比例以上业主同意,程序合法。考虑到某号楼增设电梯可以显著改善该幢楼业主的居住条件及生活便利程度,且电梯井道采用的是玻璃幕墙,在保证本楼栋业主出行便利的情况下,已尽可能将相邻及低楼层业主通风采光的影响降到最低,故人民法院依照《民法典》第288条的规定,认定可能受到影响的相邻及低楼层业主应当对本楼栋业主合理合法使用不动产提供一定的便利。本案的裁判充分考虑了不同业主的诉求,既保障了增设电梯工程的顺利进行,也为相邻业主合理合法行使权利指明了路径,对于保障群众安居,促进邻里关系和谐具有积极引领作用。

第二百八十九条 【处理相邻关系的依据】

法律、法规对处理相邻关系有规定的,依照其规定;法律、法规没有规定的,可以按照当地习惯。

条文参见

《民法典》第10条

第二百九十条　【用水、排水相邻关系】

不动产权利人应当为相邻权利人用水、排水提供必要的便利。

对自然流水的利用,应当在不动产的相邻权利人之间合理分配。对自然流水的排放,应当尊重自然流向。

理解适用

[自然流水的分配与使用]

关于自然流水的分配与使用。一方擅自堵截或者独占自然流水,影响他方正常生产、生活的,他方有权请求排除妨碍;造成他方损失的,受益人应负赔偿责任。

[自然流水以及生产、生活用水的排放]

关于自然流水以及生产、生活用水的排放。相邻一方必须使用另一方的土地排水的,应当予以准许;但应在必要限度内使用并采取适当的保护措施排水,如仍造成损失的,由受益人合理补偿。相邻一方可以采取其他合理的措施排水而未采取,向他方土地排水毁损或者可能毁损他方财产,他方要求致害人停止侵害、消除危险、恢复原状、赔偿损失的,应当予以支持。

[房屋滴水]

关于房屋滴水。处理相邻房屋滴水纠纷时,对有过错的一方造成他方损害的,应当责令其排除妨碍、赔偿损失。

第二百九十一条　【通行相邻关系】

不动产权利人对相邻权利人因通行等必须利用其土地的,应当提供必要的便利。

理解适用

[不动产权人提供通行便利]

不动产权利人原则上有权禁止他人进入其土地,但他人因通行等必须利用或进入其土地的,不动产权利人应当提供必要的便利。这些情形是:(1)他人有通行权的。最高人民法院相关司法解释从审判的角度对相邻关系中的通行权作了规定,主要是:①一方必须在相邻一方使用的土地上通行的,应当予以准许;因此造成损失的,应当给予适当补偿。②对于一方所有或者使用的建筑物范围内历史形成的必经通道,所有权人或者使用权人不得堵塞。因堵塞影响他人生产、生活,他人要求排除妨碍或者恢复原状的,应当予以支持。但有条件另开通道的,可以另开通道。(2)依当地习惯,许可他人进入其未设围障的土地刈取杂草,采集枯枝、枯干,采集野生植物,或放牧牲畜等。(3)他人物品或者动物偶然失落于其土地时,应允许他人进入其土地取回。

第二百九十二条 【相邻土地的利用】

不动产权利人因建造、修缮建筑物以及铺设电线、电缆、水管、暖气和燃气管线等必须利用相邻土地、建筑物的,该土地、建筑物的权利人应当提供必要的便利。

理解适用

不动产权利人如果不利用相邻的土地、建筑物,就无法完成必要的施工或者虽能完成但所需费用巨大的,可以在一定限度内利用相邻的土地、建筑物,相邻的不动产权利人不得加以阻碍。在利用完毕后,不动产权利人应当及时清理现场、恢复原状,不得无故拖延。"必要的便利",应当按照社会通常的理解。超过必要的限度,应当予以赔偿。

第二百九十三条 【相邻通风、采光和日照】

建造建筑物,不得违反国家有关工程建设标准,不得妨碍相邻建筑物的通风、采光和日照。

理解适用

建筑物所有人获得通风、采光和日照的权利不局限于适当和必要的限度内。如建筑物所有人需要获得更佳的居住条件,可与邻近不动产权利人订立地役权合同,设立以通风、采光或日照等为内容的地役权。

第二百九十四条 【相邻不动产之间不可量物侵害】

不动产权利人不得违反国家规定弃置固体废物,排放大气污染物、水污染物、土壤污染物、噪声、光辐射、电磁辐射等有害物质。

第二百九十五条 【维护相邻不动产安全】

不动产权利人挖掘土地、建造建筑物、铺设管线以及安装设备等,不得危及相邻不动产的安全。

理解适用

[不得危及相邻不动产的安全]

不得危及相邻不动产的安全主要包括以下几个方面:(1)在自己的土地上开挖地基时,要注意避免使相邻土地的地基发生动摇或有动摇之危险,致使相邻土地上的建筑物受到损害。(2)在相邻不动产的疆界线附近处埋设水管时,要预防土沙崩溃、水或污水渗漏到相邻不动产。(3)不动产权利人在自己的土地范围内种植的竹木根枝伸延,危及另一方建筑物的安全和正常使用时,应当消除危险,恢复原状。(4)不动产权利人在相邻土地上的建筑物有倒塌的危险从而可能危及自己土地及建筑物安全时,有权要求相邻不动产权利人消除危险。

第二百九十六条 【使用相邻不动产避免造成损害】

不动产权利人因用水、排水、通行、铺设管线等利用相邻不动产的,应当尽量避免对相邻的不动产权利人造成损害。

第八章 共　　有

第二百九十七条 【共有及其类型】

不动产或者动产可以由两个以上组织、个人共有。共有包括按份共有和共同共有。

理解适用

[共有]

共有,是指某项财产由两个或两个以上的权利主体共同享有所有权。
按份共有和共同共有的区别在于,按份共有人对共有的不动产或者动产按照其份额享有所有权,共同共有人对共有的不动产或者动产共同享有所有权。

> 实用问答

共有和公有有哪些区别?

答:与公有相比,共有具有如下特点:(1)共有是法律概念,是所有权中的一种形态。而公有是经济概念,是所有制中的一种形态。共有和公有的区别正如所有权和所有制的区别。(2)共有的主体广泛。共有的主体可以是范围广泛、数量众多的组织或者个人,而公有的主体比较单一和有限,只能是国家和集体组织。(3)共有财产是私人财产。在共有关系下,财产在各个共有人的管理和控制之下,各共有人可以具体地享有权利并承担义务。但在公有关系下,财产脱离了各个具体个人的管理和控制,具体公民的加入或者退出并不影响公有财产的状况。

第二百九十八条 【按份共有】

按份共有人对共有的不动产或者动产按照其份额享有所有权。

> 理解适用

[按份共有]

按份共有,又称分别共有,是与共同共有相对应的一项制度,指数人按应有份额对共有物共同享有权利和分担义务的共有。

按份共有法律关系中,由于多个主体共享一个所有权,多个主体之间如何支配所有物就成为一个核心问题。该问题的解决方法是确定共有人对共有物所有权所享有的比例即份额。份额大,共有人享有的权利和承担的义务就大;反之,共有人享有的权利和承担的义务就小。这里的份额具有抽象性,不是对共有物本身的量的分割,而是对共有物的支配权的分割,也不是对所有权的权能的分割,而是对所有权本身的分割,每个份额及于所有权的所有权能。

第二百九十九条 【共同共有】

共同共有人对共有的不动产或者动产共同享有所有权。

理解适用

[共同共有]

共同共有,是指两个或两个以上的民事主体,根据某种共同关系而对某项财产不分份额地共同享有权利并承担义务。

共同共有的特征是:(1)共同共有根据共同关系而产生,以共同关系的存在为前提,如夫妻关系、家庭关系。(2)在共同共有关系存续期间内,共有财产不分份额。这是共同共有与按份共有的主要区别。(3)在共同共有中,各共有人平等地对共有物享受权利和承担义务。关于共同共有的形式,主要包括夫妻共有、家庭共有和遗产分割前的共有。

第三百条　【共有人对共有物的管理权】

共有人按照约定管理共有的不动产或者动产;没有约定或者约定不明确的,各共有人都有管理的权利和义务。

第三百零一条　【共有物的处分、重大修缮和性质、用途变更】

处分共有的不动产或者动产以及对共有的不动产或者动产作重大修缮、变更性质或者用途的,应当经占份额三分之二以上的按份共有人或者全体共同共有人同意,但是共有人之间另有约定的除外。

理解适用

本条区分按份共有和共同共有,对共有物的处分或者重大修缮、变更性质或者用途问题作出了不同的规定:(1)处分按份共有的不动产或者动产以及对共有的不动产或者动产重大修缮、变更性质或者用途的,应当经占份额 2/3 以上的按份共有人同意,但是共有人之间另有约定的除外。(2)处分共同共有的不动产或者动产以及对共有的不动产或者动产重大修缮、变更性质或者用途的,应当经全体共同共有人同意,但是共有人之间另有约定的除外。

第三百零二条　【共有物管理费用的负担】

共有人对共有物的管理费用以及其他负担,有约定的,按照其约定;

没有约定或者约定不明确的,按份共有人按照其份额负担,共同共有人共同负担。

实用问答

对共有物的管理费用包括哪些?

答:对共有物的管理费用主要包括以下几项:(1)对共有物的保存费用。(2)对共有物作简易修缮或者重大修缮所支出的费用。(3)对共有物的其他费用负担。

第三百零三条 【共有财产的分割原则】

共有人约定不得分割共有的不动产或者动产,以维持共有关系的,应当按照约定,但是共有人有重大理由需要分割的,可以请求分割;没有约定或者约定不明确的,按份共有人可以随时请求分割,共同共有人在共有的基础丧失或者有重大理由需要分割时可以请求分割。因分割造成其他共有人损害的,应当给予赔偿。

理解适用

[共有物分割请求权]

共有物分割请求权,是指各个共有人以单方的意思表示请求其他共有人分割共有物的权利。

实用问答

人民法院裁定债务人重整或者和解的,共有财产的分割应当如何进行?

答:根据《企业破产法解释二》第4条第2款的规定,人民法院宣告债务人破产清算,属于共有财产分割的法定事由。人民法院裁定债务人重整或者和解的,共有财产的分割应当依据《民法典》第303条的规定进行;基于重整或者和解的需要必须分割共有财产,管理人请求分割的,人民法院应予准许。

第三百零四条 【共有物的分割方式】

共有人可以协商确定分割方式。达不成协议,共有的不动产或者动产可以分割且不会因分割减损价值的,应当对实物予以分割;难以分割或者因分割会减损价值的,应当对折价或者拍卖、变卖取得的价款予以分割。

共有人分割所得的不动产或者动产有瑕疵的,其他共有人应当分担损失。

理解适用

如果共有人就共有物的分割方式无法达成协议,且共有物,如房屋,由于不具备拆分使用和内部分割后单独进行产权登记的条件而无法进行实物分割,经过多次拍卖均最终流拍,共有人未顺利变卖共有物,或者共有人一致认为评估机构评估的价格过高,均不同意接受房屋并向另一方支付相应补偿,此时,共有物的分割陷入僵局。在这种情况下,法院可以认定诉争共有物尚不具备分割条件,可以向共有人释明,待共有物具备分割条件时另行主张权利。

第三百零五条 【按份共有人的份额处分权和其他共有人的优先购买权】

按份共有人可以转让其享有的共有的不动产或者动产份额。其他共有人在同等条件下享有优先购买的权利。

实用问答

1.《民法典》第 305 条所称的"同等条件",应当综合哪些因素确定?

答:根据《物权编解释一》第 10 条的规定,《民法典》第 305 条所称的"同等条件",应当综合共有份额的转让价格、价款履行方式及期限等因素确定。

2. 按份共有人之间转让共有份额,其他按份共有人可以主张优先购买吗?

答:根据《物权编解释一》第 13 条的规定,按份共有人之间转让共有份额,其他按份共有人主张依据《民法典》第 305 条规定优先购买的,不予支持,但按份共有人之间另有约定的除外。

条文参见

《物权编解释一》第 9～13 条

第三百零六条 【优先购买权的实现方式】

按份共有人转让其享有的共有的不动产或者动产份额的,应当将转让条件及时通知其他共有人。其他共有人应当在合理期限内行使优先购买权。

两个以上其他共有人主张行使优先购买权的,协商确定各自的购买比例;协商不成的,按照转让时各自的共有份额比例行使优先购买权。

实用问答

按份共有人向共有人之外的人转让其份额,其他按份共有人可否请求按照同等条件优先购买该共有份额?

答:根据《物权编解释一》第 12 条的规定,按份共有人向共有人之外的人转让其份额,其他按份共有人根据法律、司法解释规定,请求按照同等条件优先购买该共有份额的,应予支持。其他按份共有人的请求具有下列情形之一的,不予支持:(1)未在该解释第 11 条规定的期间内主张优先购买,或者虽主张优先购买,但提出减少转让价款、增加转让人负担等实质性变更要求;(2)以其优先购买权受到侵害为由,仅请求撤销共有份额转让合同或者认定该合同无效。

条文参见

《物权编解释一》第 11～13 条

第三百零七条 【因共有财产产生的债权债务关系的对外、对内效力】

因共有的不动产或者动产产生的债权债务,在对外关系上,共有人享有连带债权、承担连带债务,但是法律另有规定或者第三人知道共有人不具有连带债权债务关系的除外;在共有人内部关系上,除共有人另有约定外,按份共有人按照份额享有债权、承担债务,共同共有人共同享有债权、承担债务。偿还债务超过自己应当承担份额的按份共有人,有权向其他共有人追偿。

> **理解适用**

在对外关系上,共有人享有连带债权、承担连带债务。连带的方法,是共有人享有连带债权时,任一共有人都可向第三人主张债权;共有人承担连带债务时,第三人可向任一共有人主张债权。

第三百零八条 【按份共有的推定】

共有人对共有的不动产或者动产没有约定为按份共有或者共同共有,或者约定不明确的,除共有人具有家庭关系等外,视为按份共有。

> **理解适用**

共同共有的共有人只有在共有关系消灭时才能协商确定各自的份额。当共有人对共有的不动产或动产没有约定为按份共有或者共同共有,或者约定不明确的,如果推定为共同共有,共有人对共有财产的份额还是不明确的。因此,本条规定,此种情况,除共有人具有家庭关系等外,视为按份共有。

第三百零九条 【按份共有人份额的确定】

按份共有人对共有的不动产或者动产享有的份额,没有约定或者约定不明确的,按照出资额确定;不能确定出资额的,视为等额享有。

第三百一十条 【用益物权、担保物权的准共有】

两个以上组织、个人共同享有用益物权、担保物权的,参照适用本章的有关规定。

第九章 所有权取得的特别规定

第三百一十一条 【善意取得】

无处分权人将不动产或者动产转让给受让人的,所有权人有权追回;除法律另有规定外,符合下列情形的,受让人取得该不动产或者动产的所有权：

（一）受让人受让该不动产或者动产时是善意；

（二）以合理的价格转让；

（三）转让的不动产或者动产依照法律规定应当登记的已经登记,不需要登记的已经交付给受让人。

受让人依据前款规定取得不动产或者动产的所有权的,原所有权人有权向无处分权人请求损害赔偿。

当事人善意取得其他物权的,参照适用前两款规定。

理解适用

[善意取得]

善意取得,是指受让人以财产所有权转移为目的,善意、对价受让且占有该财产,即使出让人无转移所有权的权利,受让人仍取得其所有权。善意取得既适用于动产,又适用于不动产。

实用问答

1. 如何认定《民法典》第311条第1款第2项所称的"合理的价格"？

答：根据《物权编解释一》第18条的规定,《民法典》第311条第1款第2项所称"合理的价格",应当根据转让标的物的性质、数量以及付款方式等具体情况,参考转让时交易地市场价格以及交易习惯等因素综合认定。

2. 哪些情形下,受让人主张依据《民法典》第311条规定取得所有权的,不予支持？

答：根据《物权编解释一》第20条具有下列情形之一,受让人主张依据《民法典》第311条规定取得所有权的,不予支持：(1)转让合同被认定无效；(2)转让合同被撤销。

条文参见

《物权编解释一》第14～20条；《公司法解释三》第7、25、27条

第三百一十二条 【遗失物的善意取得】

所有权人或者其他权利人有权追回遗失物。该遗失物通过转让被他人占有的,权利人有权向无处分权人请求损害赔偿,或者自知道或者应当知道受让人之日起二年内向受让人请求返还原物;但是,受让人通过拍卖或者向具有经营资格的经营者购得该遗失物的,权利人请求返还原物时应当支付受让人所付的费用。权利人向受让人支付所付费用后,有权向无处分权人追偿。

理解适用

[遗失物的善意取得]

遗失物的善意取得是善意取得的特殊问题,遗失物是动产的善意取得须受限制。

应当注意以下问题:(1)在行使追回权时,所有权人或者其他权利人有义务证明自己是遗失物的所有人或者占有人、管理人等对遗失物享有合法权利的人。(2)本条中的转让,包括有偿转让和无偿转让,也包括数次转让,但是权利人行使损害赔偿请求权的对象只能是无处分权人,包括拾得人和此后转让过程中的所有未依法取得遗失物所有权的转让人。(3)对于权利人而言,返还原物请求权和损害赔偿请求权只能择其一行使。在选择行使返还原物请求权时,权利人应受到"自知道或者应当知道受让人之日起二年内向受让人请求返还原物"的限制。如果受让人是通过拍卖或者从具有经营资格的经营者处购得该遗失物,则权利人请求返还原物时应当支付受让人所付的费用。(4)权利人的返还原物请求权和损害赔偿请求权是否受诉讼时效的限制,应区别对待遗失物只能是动产,根据《民法典》"总则编"第196条第2项的规定,不动产权和登记的动产物权的权利人请求返还财产不适用诉讼时效,唯有登记的动产在请求返还时不适用诉讼时效。故本条中返还原物请求权是否适用诉讼时效,应区别对待:请求返还不需要登记的动产遗失物的,适用诉讼时效的规定;请求返还需要登记的动产遗失物的,不适用诉讼时效的规定。但是由于本条中规定了2年的除斥期间,也就没有诉讼时效适用的余地了。至于权利人向无处分权人行使的损害赔偿请求权,当然应当适用诉讼时效。

第三百一十三条 【善意取得的动产上原有权利的消灭】

善意受让人取得动产后,该动产上的原有权利消灭。但是,善意受让人在受让时知道或者应当知道该权利的除外。

理解适用

司法实践中,只要动产善意取得成立,则该动产上原所有权人的所有权及所有权以外的其他物权当然消灭。受让动产上设定有其他定限物权的情形,有可能是原所有权人与第三人设定,也有可能是无处分权人与第三人设定。无论是哪种情形,该定限物权必须是符合法律规定而成立的有效物权。在转让时,如果无处分权人向受让人披露了第三人定限物权存在的事实,则双方务必会在合理价格范围内降低转让价格,以使受让人接受让与。在此情形下,受让人是自愿接受上述转让前已成立物权的约束,因此在其取得该动产所有权后,上述物权当然应继续存在。如果在转让时,无处分权人未向受让人披露第三人定限物权存在的事实,但客观事实证明受让人应当知道定限物权存在并自愿接受让与的,则其善意取得该动产所有权后,上述定限物权继续存在。如果在转让时,受让人不知道也不应当知道已设定的定限物权的存在,则该定限物权无效。证明受让人知道或应当知道定限物权存在的举证责任,应由定限物权人承担。

第三百一十四条 【拾得遗失物的返还】

拾得遗失物,应当返还权利人。拾得人应当及时通知权利人领取,或者送交公安等有关部门。

理解适用

实践中,无民事行为能力或限制民事行为能力人拾得遗失物的,不影响其成为本条中的拾得人,其依法承担的返还、通知或送交义务,应由其监护人承担。若无民事行为能力或限制民事行为能力人将物抛弃,因其欠缺意思能力,故不成立所有权的抛弃,而只是丧失占有,使物成为遗失物。

第三百一十五条 【有关部门收到遗失物的处理】

有关部门收到遗失物,知道权利人的,应当及时通知其领取;不知道的,应当及时发布招领公告。

第三百一十六条 【拾得人及有关部门妥善保管遗失物义务】

拾得人在遗失物送交有关部门前,有关部门在遗失物被领取前,应当妥善保管遗失物。因故意或者重大过失致使遗失物毁损、灭失的,应当承担民事责任。

理解适用

[妥善保管义务]

妥善保管义务,是指义务人应当按照物的特性采取相应的合理方式和手段进行保管,避免发生毁损、灭失的后果。

拾得人的妥善保管义务始于拾得之时,终于返还给权利人或送交给有关部门之日;有关部门的妥善保管义务始于接受拾得人送交遗失物之时,终于将遗失物(包括变现之后)上缴国库或者权利人领取遗失物之日。

第三百一十七条 【权利人在领取遗失物时应尽义务】

权利人领取遗失物时,应当向拾得人或者有关部门支付保管遗失物等支出的必要费用。

权利人悬赏寻找遗失物的,领取遗失物时应当按照承诺履行义务。

拾得人侵占遗失物的,无权请求保管遗失物等支出的费用,也无权请求权利人按照承诺履行义务。

理解适用

拾得人或有关部门因故意或重大过失致使遗失物毁损、灭失的,权利人可以拾得人或有关部门应负担的损失赔偿费用抵销自己应付的遗失物保管费等费用。

悬赏寻找遗失物的,要审查悬赏承诺内容有无违反法律、行政法规的强制性、效力性规定或者公序良俗而无效的情形,如果有,则悬赏承诺因无效而不发生相应的法律后果。同样,权利人在领取遗失物时拒绝按照承诺履行义务的,法院亦应当依据《民法典》物权编相关规定,支持拾得人或有关部门行使留置权。

在判断是否侵占遗失物的问题时,要从开始寻找失主或者送交有关部门的时间、是否公开拾得遗失物的信息、是否开始使用遗失物等方面综合考量。如果拾得人拾得遗失物后因自身事务繁忙,没有及时寻找失主或将遗失物送交有关部门,但是不避讳对外公开拾得遗失物的信息,并且妥善保管遗失物,待自己事务完结后积极寻找失主或将遗失物送交有关部门,则不能认定为侵占。如果拾得遗失物以后,对拾得遗失物信息三缄其口或矢口否认,没有任何寻找失主或送交有关部门的迹象,甚至对外宣称遗失物系自己所有,并以所有者的身份对遗失物加以使用,则足以认定拾得人侵占遗失物。另外,当权利人或公权力机关要求拾得人返还遗失物时,拾得人拒绝返还的,是典型的侵占遗失物。

第三百一十八条 【公告期满无人认领的遗失物归属】

遗失物自发布招领公告之日起一年内无人认领的,归国家所有。

理解适用

招领公告1年期满,遗失物归国家所有以后,权利人是否可以请求返还原物或给予适当补偿?《民事诉讼法》第204条规定,判决认定财产无主后,原财产所有人或者继承人出现,在《民法典》规定的诉讼时效期间可以对财产提出请求,人民法院审查属实后,应当作出新判决,撤销原判决。也就是说,即便是1年的公告期期满了,只要真正的权利人出现并主张自己的权利,人民法院就应作出新判决,撤销原判决,将无主财产返还给权利人。如果遗失物归国家所有以后,权利人出现并主张权利,则可以参照上述法律规定,解决公告期满后权利人又出现的权利救济问题。

实用问答

旅馆对旅客遗留的物品应如何处置?

答:根据《旅馆业治安管理办法》第8条的规定,旅馆对旅客遗留的物品,应当妥为保管,设法归还原主或揭示招领;经招领3个月后无人认领的,要登记造册,送当地公安机关按拾遗物品处理。对违禁物品和可疑物品,应当及时报告公安机关处理。

第三百一十九条 【拾得漂流物、发现埋藏物或隐藏物】

拾得漂流物、发现埋藏物或者隐藏物的,参照适用拾得遗失物的有关规定。法律另有规定的,依照其规定。

第三百二十条 【从物所有权的转移】

主物转让的,从物随主物转让,但是当事人另有约定的除外。

> **理解适用**

[主物和从物]

同一所有人所有的两个或两个以上物理上各自独立的、在用途和经济性上相互关联的物,往往结合使用才能发挥更好的效益的,其中处于核心地位、起主要作用的物是主物;处于附属地位、起辅助或配合作用的物是从物。

> **实用问答**

从物有哪些特征?

答:(1)从物的使用目的具有永久性,如仅为暂时性质辅助主物经济效用的,不为从物。例如,备胎是汽车的从物,而租房客临时带到租赁房屋使用的窗帘则不是房屋的从物。(2)从物与主物同属于一人。(3)从物须具有独立性,不为主物的一部分,主物是独立物,从物也是独立物。例如,汽车与备胎,系主物与从物关系,但各自又分别是独立之物。(4)须交易上视为从物。在交易上有特殊习惯,不被认为从物的,不得以从物论,例如,装米的麻袋。

> **条文参见**

《民法典》第631条

第三百二十一条 【天然孳息和法定孳息的归属】

天然孳息,由所有权人取得;既有所有权人又有用益物权人的,由用益物权人取得。当事人另有约定的,按照其约定。

> 法定孳息,当事人有约定的,按照约定取得;没有约定或者约定不明确的,按照交易习惯取得。

理解适用

[孳息]

孳息是与原物相对而言的,指由原物而产生的物,包括天然孳息与法定孳息。

天然孳息,是指依物的自然属性所产生的物。

法定孳息,是指依一定的法律关系由原物所生的物,是原物的所有权人进行租赁、投资等特定的民事法律活动而应当获得的合法收益。如房屋出租所得的租金,依股本金所得的股息等。法定孳息(利息、租金等),按照一般的交易规则,利息应由债权人取得,租金应由出租人取得,但也不排除其他情形的存在。

第三百二十二条 【添附取得物的归属】

> 因加工、附合、混合而产生的物的归属,有约定的,按照约定;没有约定或者约定不明确的,依照法律规定;法律没有规定的,按照充分发挥物的效用以及保护无过错当事人的原则确定。因一方当事人的过错或者确定物的归属造成另一方当事人损害的,应当给予赔偿或者补偿。

理解适用

[添附]

加工、附合、混合统称添附,是指不同所有人的物被结合、混合在一起成为一个新物,或者利用别人之物加工成为新物的事实状态。其中附合、混合为物与物相结合,加工为劳力与他人之物相结合。添附的发生有的基于人的行为,也有的基于自然的偶然因素。

案例指引

某金属表面处理公司与某铁塔公司破产债权确认纠纷案(《人民法院贯彻实施民法典典型案例(第二批)》之四)

典型意义:《民法典》新增添附制度,明确规定添附物所有权归属的认定方式，以及因此造成当事人损害的赔偿或补偿规则，使我国有关产权保护的法律规则体系更加完备。本案中，审理法院依法认定添附物的所有权优先按合同约定确定归属，同时妥善解决因确定添附物归属造成当事人损害的赔偿问题，有效维护了物的归属和利用关系，有利于保障诚信、公平的市场交易秩序。

第三分编　用 益 物 权

第十章　一 般 规 定

第三百二十三条　【用益物权的定义】

用益物权人对他人所有的不动产或者动产，依法享有占有、使用和收益的权利。

理解适用

[用益物权的特征]

用益物权有以下特征：

（1）用益物权属于他物权。他物权，即权利人根据法律规定或者合同约定、对他人所有之物享有的、以所有权的一定权能为内容、并与所有权相分离的限制性物权。用益物权的最大特点是权利人在对他人所有之物的使用中实现一定的收益。

（2）用益物权属于定限物权。用益物权是权利人对标的物的使用价值单方面利用的物权。定限物权，是指权利人基于与所有权人的合意或者依据法律规定而取得的对某物控制的权利。基于此，用益物权以对标的物实际占有为前提，这一点不同于担保物权，担保物权着眼于物的交换价值，强调担保物权人对担保物的占有、使用和收益。

（3）用益物权属于独立物权。虽然用益物权是建立在所有权基础之上，但是在法律上具有独立性，这种独立性不仅能对抗第三人，而且还能对抗所有权人。简言之，用益物权一旦设立，用益物权人便能独立地享有对标的物的使用权和收益权。这一点与担保物权具有一定的差异性，担保物权依附于主债权，如果主债权消灭，担保物权也随之消灭。

（4）用益物权是具有相容性的物权。用益物权的相容性，是指同一物的客体上可以设定不相冲突的多种用益物权。用益物权不同于所有权,所有权严格遵守一物一权原则,而用益物权以同一标的物上不能同时设立多个相同的用益物权为原则。例如,同一块土地上不能同时存在两个土地承包经营权,但是可以设立多个不同的用益物权,如某一块土地上可以同时存在宅基地使用权和建设用地使用权。

(5)用益物权属于期限性物权。用益物权是以他人的所有权为前提而存在的他物权,因此,用益物权具有一定的期限性。

条文参见

《农村土地承包法》第 21 条

第三百二十四条 【国有和集体所有自然资源的用益物权】

国家所有或者国家所有由集体使用以及法律规定属于集体所有的自然资源,组织、个人依法可以占有、使用和收益。

第三百二十五条 【自然资源使用制度】

国家实行自然资源有偿使用制度,但是法律另有规定的除外。

理解适用

[自然资源有偿使用制度]

自然资源有偿使用制度,是指国家以自然资源所有者和管理者的双重身份,为实现所有者权益,保障自然资源的可持续利用,向使用自然资源的组织和个人收取自然资源使用费的制度。

第三百二十六条 【用益物权人权利的行使】

用益物权人行使权利,应当遵守法律有关保护和合理开发利用资源、保护生态环境的规定。所有权人不得干涉用益物权人行使权利。

条文参见

《宪法》第 9、10、51 条

第三百二十七条 【用益物权人因征收、征用有权获得补偿】

因不动产或者动产被征收、征用致使用益物权消灭或者影响用益物权行使的,用益物权人有权依据本法第二百四十三条、第二百四十五条的规定获得相应补偿。

实用问答

承包地被依法征收的,承包方可以请求发包方给付地上附着物和青苗的补偿费吗? 这两项补偿费归承包方所有吗?

答:根据《农地承包解释》第20条的规定,承包地被依法征收,承包方请求发包方给付已经收到的地上附着物和青苗的补偿费的,应予支持。承包方已将土地经营权以出租、入股或者其他方式流转给第三人的,除当事人另有约定外,青苗补偿费归实际投入人所有,地上附着物补偿费归附着物所有人所有。

第三百二十八条 【海域使用权的法律保护】

依法取得的海域使用权受法律保护。

理解适用

[海域使用权]

海域使用权,是指组织或者个人依法取得对国家所有的特定海域排他性使用权。

实用问答

海域使用权最高期限如何确定?

答:根据《海域使用管理法》第25条海域使用权最高期限,按照下列用途确定:(1)养殖用海15年;(2)拆船用海20年;(3)旅游、娱乐用海25年;(4)盐业、矿业用海30年;(5)公益事业用海40年;(6)港口、修造船厂等建设工程用海50年。

条文参见

《海域使用管理法》第19~32条

第三百二十九条 【合法探矿权等权利的法律保护】

依法取得的探矿权、采矿权、取水权和使用水域、滩涂从事养殖、捕捞的权利受法律保护。

案例指引

贵州华鼎王家坝煤业有限公司与中国南方电网有限责任公司超高压输电公司等物权保护纠纷案(《最高人民法院公报》2024 年第 5 期)

裁判要旨：矿产压覆审批作出后，建设单位调整工程线路造成原审批范围外的矿产资源压覆的，原审批的法律效果不能及于新的压覆行为，建设单位应当重新报请压覆审批。但线路调整确实基于公共利益，调整后的线路已及时向自然资源行政主管部门报送，没有规避矿产资源压覆审批意图的，可以结合实际情况认定建设单位不构成侵权。

矿业权人对矿业权行使过程中新增储量享有的矿业权，并非始于原矿业权设立之时，应由矿业权人依法另行缴纳出让款后取得。矿产资源压覆情形中，矿业权人对压覆事实发生后新增储量的矿业权，相较于工程建设单位对工程项目的物权属于在后物权。矿业权人就该新增储量损失请求补偿的，人民法院不予支持。

第十一章　土地承包经营权

第三百三十条 【双层经营体制与土地承包经营制度】

农村集体经济组织实行家庭承包经营为基础、统分结合的双层经营体制。

农民集体所有和国家所有由农民集体使用的耕地、林地、草地以及其他用于农业的土地，依法实行土地承包经营制度。

理解适用

[双层经营]

"双层经营"包含两个经营层次：(1)家庭分散经营层次。家庭分散经营，是指农村集体经济组织的每一个农户家庭全体成员为一个生产经营单位,承包集体农村土地后,以家庭为单位进行的农业生产经营。(2)集体统一经营层次。集体统一经营就是农村集体经济组织以村或者村民小组(或者乡镇)为生产经营单位,对集体所有的土地、房屋等集体资产享有、行使集体所有权,并组织本集体经济组织成员开展统一的生产经营。

需要注意的是,双层经营的基础是家庭承包,但必须统分结合,不能因为家庭经营而忽略集体经营,特别是必须强调对农村土地的集体所有权,承包方享有的仅仅是对农村土地的用益物权。

条文参见

《农村土地承包法》第2条;《土地管理法》第10条;《农业法》第10条

第三百三十一条 【土地承包经营权的定义】

土地承包经营权人依法对其承包经营的耕地、林地、草地等享有占有、使用和收益的权利,有权从事种植业、林业、畜牧业等农业生产。

理解适用

[对承包地的占有、使用、收益的权利]

依法享有对承包地占有的权利。占有的权利是土地承包经营权人对本集体所有的土地直接支配和排他的权利。

依法享有对承包地使用的权利。承包人在不改变土地的农业用途的前提下,有权对其承包的土地进行合理且有效的使用。至于从事农业生产的方式、种类等均由承包人自行决定,其他任何第三人都无权进行干涉。对承包土地的使用不仅仅表现为进行传统意义上的耕作、种植等,对于因进行农业生产而修建的必要的附属设施,如建造沟渠、修建水井等构筑物,也应是对承包土地的一种使用。所修建的附属设施的所有权应当归承包人享有。

依法获取承包地收益的权利。收益权是承包人获取承包地上产生的收益的权利,这种收益主要是从承包地上种植的农林作物以及畜牧中所获得的利益。

实用问答

承包方享有哪些权利?

答:根据《农村土地承包法》第17条的规定,承包方享有下列权利:(1)依法享有承包地使用、收益的权利,有权自主组织生产经营和处置产品;(2)依法互换、转让土地承包经营权;(3)依法流转土地经营权;(4)承包地被依法征收、征用、占用的,有权依法获得相应的补偿;(5)法律、行政法规规定的其他权利。

条文参见

《农村土地承包法》第5~10、17条

第三百三十二条 【土地承包期】

耕地的承包期为三十年。草地的承包期为三十年至五十年。林地的承包期为三十年至七十年。

前款规定的承包期限届满,由土地承包经营权人依照农村土地承包的法律规定继续承包。

理解适用

[承包期限]

承包期限,是指农村土地承包经营权存续的期间,在此期间内,承包方享有土地承包经营权,依照法律的规定和合同的约定,行使权利,承担义务。

承包期限届满,由土地承包经营权人依照农村土地承包的法律规定继续承包就是承包期限的延长。根据《中共中央、国务院关于保持土地承包关系稳定并长久不变的意见》的规定,现有承包地在第二轮土地承包到期后由农户继续承包,承包期再延长30年,以各地第二轮土地承包到期为起点计算。

条文参见

《土地管理法》第13条;《农村土地承包法》第21条

第三百三十三条 【土地承包经营权的设立和登记】

土地承包经营权自土地承包经营权合同生效时设立。

登记机构应当向土地承包经营权人发放土地承包经营权证、林权证等证书,并登记造册,确认土地承包经营权。

实用问答

发包方就同一土地签订两个以上承包合同,承包方均主张取得土地经营权的,应如何处理?

答:根据《农地承包解释》第 19 条的规定,发包方就同一土地签订两个以上承包合同,承包方均主张取得土地经营权的,按照下列情形,分别处理:(1)已经依法登记的承包方,取得土地经营权;(2)均未依法登记的,生效在先合同的承包方取得土地经营权;(3)依前两项规定无法确定的,已经根据承包合同合法占有使用承包地的人取得土地经营权,但争议发生后一方强行先占承包地的行为和事实,不得作为确定土地经营权的依据。

条文参见

《农村土地承包法》第 23、24 条;《农地承包解释》第 19 条

第三百三十四条　【土地承包经营权的互换、转让】

土地承包经营权人依照法律规定,有权将土地承包经营权互换、转让。未经依法批准,不得将承包地用于非农建设。

理解适用

[土地承包经营权的互换]

互换,是指同一集体经济组织的承包方,为了方便耕种或者为了各自需要,在向发包方备案的前提下,将其拥有的土地承包经营权进行相互交换的法律行为。互换从表面上看是地块的交换,但从性质上看,是由交换承包的土地引起的权利本身的交换。互换后,原有的发包人与承包人的关系变为发包人与互换后承包人的关系,涉及原有承包权利义务的主体的变更,因此,互换应当报发包人备案。

需要注意的是:(1)土地承包经营权互换只是土地承包经营权人改变,不是土地用途及承包义务的改变,互换后的土地承包经营权人仍然要按照发包时确定的该土地的用途使用土地,履行该地块原来负担的义务,比如,发包时确定某地块用于种植粮食作物,承包经营权互换后不能用于开挖鱼塘。(2)家庭承包的土地,不仅涉及不同集体经济组织的土地权属,而且关系农户的生存保障。因此,承包方只能与属于同一集体经济组织的农户互换土地

承包经营权,不能与其他集体经济组织的农户互换土地承包经营权。

[**土地承包经营权的转让**]

转让,是指承包方征得发包方同意,将其拥有的未到期的全部或部分土地承包经营权让给本集体经济组织其他农户的法律行为。全部转让土地承包经营权的,承包人与发包人的土地承包关系即行终止,转让人也不再享有该土地承包经营权。这一点与互换不同,互换土地承包经营权,承包人与发包人的关系虽有变化,但互换土地承包经营权的双方只不过是对土地承包经营权所涉及的土地进行了置换,并未丧失该权利。土地承包经营权部分转让,只会导致土地承包经营权人的权利对象部分减少,但是不影响土地承包经营权人的承包主体身份。

第三百三十五条 【土地承包经营权互换、转让的登记】

土地承包经营权互换、转让的,当事人可以向登记机构申请登记;未经登记,不得对抗善意第三人。

第三百三十六条 【承包地的调整】

承包期内发包人不得调整承包地。

因自然灾害严重毁损承包地等特殊情形,需要适当调整承包的耕地和草地的,应当依照农村土地承包的法律规定办理。

实用问答

承包期内可否调整个别农户之间的耕地和草地?

答: 根据《农村土地承包法》第 28 条第 2 款的规定,承包期内,因自然灾害严重毁损承包地等特殊情形对个别农户之间承包的耕地和草地需要适当调整的,必须经本集体经济组织成员的村民会议 2/3 以上成员或者 2/3 以上村民代表的同意,并报乡(镇)人民政府和县级人民政府农业农村、林业和草原等主管部门批准。承包合同中约定不得调整的,按照其约定。

条文参见

《农村土地承包法》第 28 ~ 31 条;《农地承包解释》第 6 条

第三百三十七条 【承包地的收回】

承包期内发包人不得收回承包地。法律另有规定的,依照其规定。

实用问答

如何保护进城农户的土地承包经营权?

答:根据《农村土地承包法》第27条第2~4款的规定,国家保护进城农户的土地承包经营权。不得以退出土地承包经营权作为农户进城落户的条件。承包期内,承包农户进城落户的,引导支持其按照自愿有偿原则依法在本集体经济组织内转让土地承包经营权或者将承包地交回发包方,也可以鼓励其流转土地经营权。承包期内,承包方交回承包地或者发包方依法收回承包地时,承包方对其在承包地上投入而提高土地生产能力的,有权获得相应的补偿。

条文参见

《中共中央、国务院关于保持土地承包关系稳定并长久不变的意见》

第三百三十八条 【承包地的征收补偿】

承包地被征收的,土地承包经营权人有权依据本法第二百四十三条的规定获得相应补偿。

实用问答

征收农用地的土地补偿费、安置补助费标准如何确定?

答:根据《土地管理法》第48条第3款的规定,征收农用地的土地补偿费、安置补助费标准由省、自治区、直辖市通过制定公布区片综合地价确定。制定区片综合地价应当综合考虑土地原用途、土地资源条件、土地产值、土地区位、土地供求关系、人口以及经济社会发展水平等因素,并至少每3年调整或者重新公布一次。

条文参见

《土地管理法》第47、48条;《农村土地承包法》第17条;《农地承包解释》第20~22条

第三百三十九条 【土地经营权的流转】

土地承包经营权人可以自主决定依法采取出租、入股或者其他方式向他人流转土地经营权。

理解适用

[出租]

出租,是指承包方以与非本集体经济组织成员的受让方签订租赁合同的方式设立土地经营权,由受让方在合同期限内占有、使用承包地,并按照约定向承包方支付租金。

[入股]

入股,是指承包方将土地经营权作为出资方式,投入到农民专业合作社、农业公司等,并按照出资协议约定取得分红。承包方以土地经营权入股后,即成为农民专业合作社的成员或者公司的股东,享有法律规定的合作社成员或公司股东的权利,可以参与合作社、公司的经营管理,与其他成员、股东一道共担风险、共享收益。

[其他方式]

比如,根据《农村土地承包法》第47条中的规定,承包方可以用承包地的土地经营权向金融机构融资担保。这也是一种设立土地经营权的方式。在当事人以土地经营权设定担保物权时,一旦债务人未能偿还到期债务,担保物权人就有权就土地经营权优先受偿。

条文参见

《农村土地承包法》第36条;《农地承包解释》第9、11、12条;《关于开展土地经营权入股发展农业产业化经营试点的指导意见》

第三百四十条 【土地经营权人享有的基本权利】

土地经营权人有权在合同约定的期限内占有农村土地,自主开展农业生产经营并取得收益。

> 实用问答

土地经营权人的权利包括哪些?

答:根据《农村土地承包法》等相关法律的规定,土地经营权人的权利具体包括以下几个方面的内容:(1)占有权;(2)使用权;(3)收益权;(4)改良土壤、建设附属设施的权利;(5)再流转的权利;(6)以土地经营权融资担保的权利;(7)其他权利。

第三百四十一条 【土地经营权的设立及登记】

流转期限为五年以上的土地经营权,自流转合同生效时设立。当事人可以向登记机构申请土地经营权登记;未经登记,不得对抗善意第三人。

> 理解适用

需要注意的是,流转期限5年以上的未登记的土地经营权能够对抗恶意第三人,即可以对抗知情第三人。

> 条文参见

《农村土地承包法》第41条

第三百四十二条 【其他方式承包的土地经营权流转】

通过招标、拍卖、公开协商等方式承包农村土地,经依法登记取得权属证书的,可以依法采取出租、入股、抵押或者其他方式流转土地经营权。

> 条文参见

《农村土地承包法》第48~51、53条

第三百四十三条 【国有农用地实行承包经营的参照适用】

国家所有的农用地实行承包经营的,参照适用本编的有关规定。

条文参见

《土地管理法》第 13 条

第十二章　建设用地使用权

第三百四十四条　【建设用地使用权的定义】

建设用地使用权人依法对国家所有的土地享有占有、使用和收益的权利,有权利用该土地建造建筑物、构筑物及其附属设施。

理解适用

[建筑物、构筑物、附属设施]

建筑物,主要是指住宅、写字楼、厂房等。构筑物,主要是指不具有居住或者生产经营功能的人工建造物,如道路、桥梁、隧道、水池、水塔、纪念碑等。附属设施,主要是指附属于建筑物、构筑物的一些设施。

实用问答

建设用地使用权具有哪些特征?

答:建设用地使用权具有以下特征:(1)建设用地使用权的标的物是国家所有的土地,不包括农村集体所有的农用。(2)建设用地用权人使用土地的范围限于建造并经营建筑物、构筑物及其附属设施。(3)建设用地使用权属于利用国家所有的定限物权。建设用地使用权一经设立,土地所有人的所有权即受到限制,故其属于定限物权。

第三百四十五条　【建设用地使用权的分层设立】

建设用地使用权可以在土地的地表、地上或者地下分别设立。

第三百四十六条　【建设用地使用权的设立原则】

设立建设用地使用权,应当符合节约资源、保护生态环境的要求,遵守法律、行政法规关于土地用途的规定,不得损害已经设立的用益物权。

第三百四十七条 【建设用地使用权的出让方式】

设立建设用地使用权,可以采取出让或者划拨等方式。

工业、商业、旅游、娱乐和商品住宅等经营性用地以及同一土地有两个以上意向用地者的,应当采取招标、拍卖等公开竞价的方式出让。

严格限制以划拨方式设立建设用地使用权。

理解适用

[建设用地使用权的出让方式]

建设用地使用权出让的方式主要有两种:有偿出让和无偿划拨。

有偿出让是建设用地使用权出让的主要方式,是指出让人将一定期限的建设用地使用权出让给建设用地使用权人使用,建设用地使用权人向出让人支付一定的出让金。有偿出让的方式主要包括拍卖、招标和协议等。

无偿划拨是无偿取得建设用地使用权的一种方式,是指县级以上人民政府依法批准,在建设用地使用权人缴纳补偿、安置等费用后将该幅土地交付其使用,或者将建设用地使用权无偿交付给建设用地使用权人使用的行为。划拨土地没有期限的规定。

实用问答

1. 以出让方式取得土地使用权的,转让房地产时,应当符合哪些条件?

答:根据《城市房地产管理法》第39条的规定,以出让方式取得土地使用权的,转让房地产时,应当符合下列条件:(1)按照出让合同约定已经支付全部土地使用权出让金,并取得土地使用权证书;(2)按照出让合同约定进行投资开发,属于房屋建设工程的,完成开发投资总额的25%以上,属于成片开发土地的,形成工业用地或者其他建设用地条件。转让房地产时房屋已经建成的,还应当持有房屋所有权证书。

2. 哪些建设用地可以以划拨方式取得?

答:根据《土地管理法》第54条的规定,建设单位使用国有土地,应当以出让等有偿使用方式取得;但是,下列建设用地,经县级以上人民政府依法批准,可以以划拨方式取得:(1)国家机关用地和军事用地;(2)城市基础设施用地和公益事业用地;(3)国家重点扶持的能源、交通、水利等基础设施用地;(4)法律、行政法规规定的其他用地。

条文参见

《城市房地产管理法》第13、23、24、39条

第三百四十八条 【建设用地使用权出让合同】

通过招标、拍卖、协议等出让方式设立建设用地使用权的,当事人应当采用书面形式订立建设用地使用权出让合同。

建设用地使用权出让合同一般包括下列条款:

(一)当事人的名称和住所;

(二)土地界址、面积等;

(三)建筑物、构筑物及其附属设施占用的空间;

(四)土地用途、规划条件;

(五)建设用地使用权期限;

(六)出让金等费用及其支付方式;

(七)解决争议的方法。

条文参见

《城市房地产管理法》第15条;《城镇国有土地使用权出让和转让暂行条例》第11条

第三百四十九条 【建设用地使用权的登记】

设立建设用地使用权的,应当向登记机构申请建设用地使用权登记。建设用地使用权自登记时设立。登记机构应当向建设用地使用权人发放权属证书。

理解适用

[建设用地使用权登记]

建设用地使用权登记,是指县级以上人民政府将土地的权属、用途、面积等基本情况登记在登记簿上,并向建设用地使用权人颁发使用权证书。

实用问答

《土地管理法》第12条;《城市房地产管理法》第60条

第三百五十条 【土地用途管制制度】

建设用地使用权人应当合理利用土地,不得改变土地用途;需要改变土地用途的,应当依法经有关行政主管部门批准。

理解适用

[改变土地用途]

建设用地使用权人以无偿或者有偿方式取得建设用地使用权后,确需改变土地用途的,应当向有关行政主管部门提出申请。有关行政主管部门经过审查后,认为改变的土地用途仍符合规划,同意对土地用途作出调整的,还需要报市、县人民政府批准,然后出让人和建设用地使用权人应当重新签订建设用地使用权出让合同或者变更合同相应的条款,并按照规定补交不同用途和容积率的土地差价。如果是将以划拨方式取得的建设用地使用权改为有偿使用方式,在改变土地用途后,建设用地使用权人还应当补缴出让金。以变更合同条款的形式改变土地用途的,要依法到登记机构办理变更登记,签订新的建设用地使用权合同的,应办理登记手续。

实用问答

土地使用者需要改变约定的土地用途的,应经过哪些程序?

答:根据《城市房地产管理法》第18条的规定,土地使用者需要改变土地使用权出让合同约定的土地用途的,必须取得出让方和市、县人民政府城市规划行政主管部门的同意,签订土地使用权出让合同变更协议或者重新签订土地使用权出让合同,相应调整土地使用权出让金。

条文参见

《土地管理法》第4、56条;《城市房地产管理法》第18、44条;《国有土地使用权合同解释》第5、6条

第三百五十一条 【建设用地使用权人支付出让金等费用的义务】

建设用地使用权人应当依照法律规定以及合同约定支付出让金等费用。

条文参见

《城市房地产管理法》第 16、67 条;《城镇国有土地使用权出让和转让暂行条例》第 14 条;《国有土地使用权合同解释》第 3 条

第三百五十二条 【建设用地使用权人建造的建筑物等设施的权属】

建设用地使用权人建造的建筑物、构筑物及其附属设施的所有权属于建设用地使用权人,但是有相反证据证明的除外。

理解适用

建设用地使用权人建造的建筑物、构筑物及其附属设施由建设用地使用权人所有作为通常情况,但仍然存在以下例外:一部分市政公共设施,是通过开发商和有关部门约定,由开发商在房地产项目开发中配套建设的,但是所有权归国家。这部分设施,其性质属于市政公用,其归属就应当按照有充分证据证明的事先约定来确定,而不是当然地归建设用地使用权人。后续通过房地产交易成为建设用地使用权人的权利人也应当尊重这种权属划分。

第三百五十三条 【建设用地使用权的流转方式】

建设用地使用权人有权将建设用地使用权转让、互换、出资、赠与或者抵押,但是法律另有规定的除外。

条文参见

《城市房地产管理法》第 39、40、48、51 条

第三百五十四条 【处分建设用地使用权的合同形式和期限】

建设用地使用权转让、互换、出资、赠与或者抵押的,当事人应当采用书面形式订立相应的合同。使用期限由当事人约定,但是不得超过建设用地使用权的剩余期限。

条文参见

《城市房地产管理法》第 15、43 条;《城镇国有土地使用权出让和转让暂行条例》第 22 条

第三百五十五条 【建设用地使用权流转后变更登记】

建设用地使用权转让、互换、出资或者赠与的,应当向登记机构申请变更登记。

第三百五十六条 【建筑物等设施随建设用地使用权的流转而一并处分】

建设用地使用权转让、互换、出资或者赠与的,附着于该土地上的建筑物、构筑物及其附属设施一并处分。

理解适用

["房地一致"原则]

在我国,建筑物、其他附着物的归属虽然具有相对独立性,但在转让中必须实行"房地一致"原则。《城市房地产管理法》第32条规定,房地产转让、抵押时,房屋的所有权和该房屋占用范围内的土地使用权同时转让、抵押。《城镇国有土地使用权出让和转让暂行条例》第23条规定,土地使用权转让时,其地上建筑物、其他附着物所有权随之转让。第33条第1款规定,土地使用权抵押时,其地上建筑物、其他附着物随之抵押。

条文参见

《最高人民法院关于人民法院民事执行中查封、扣押、冻结财产的规定》第21条

第三百五十七条 【建设用地使用权随建筑物等设施的流转而一并处分】

建筑物、构筑物及其附属设施转让、互换、出资或者赠与的,该建筑物、构筑物及其附属设施占用范围内的建设用地使用权一并处分。

理解适用

["地随房走"]

本条规定了实现"房地一致"的另一种方式"地随房走",在理解和适用

本条规定时,要特别注意和本法第356条的衔接,这两条实际上作为一个整体,只要建设用地使用权和地上房屋有一个发生了转让,另外一个就要相应转让。从法律后果来说,不可能也不允许把"房"和"地"分别转让给不同的主体。

条文参见

《城市房地产管理法》第32条

第三百五十八条 【建设用地使用权提前收回及其补偿】

建设用地使用权期限届满前,因公共利益需要提前收回该土地的,应当依据本法第二百四十三条的规定对该土地上的房屋以及其他不动产给予补偿,并退还相应的出让金。

理解适用

[房屋所占建设用地不适用征用]

对于房屋所占用的建设用地,不适用征收的规定。征收是国家把集体所有的土地和单位、个人的不动产变为国有的财产,是一种改变所有权的法律行为。我国城市的土地属于国家所有,建设用地使用权人取得的是对土地使用的权利,国家收回本来就属于自己的建设用地,不适用有关征收的规定。但是,为了公共利益的需要,国家可以提前收回建设用地使用权。由于建设用地使用权人是按照建设用地的使用期限缴纳出让金的,所以,提前收回建设用地使用权的,出让人还应当向建设用地使用权人退还相应的出让金。

第三百五十九条 【建设用地使用权的续期】

住宅建设用地使用权期限届满的,自动续期。续期费用的缴纳或者减免,依照法律、行政法规的规定办理。

非住宅建设用地使用权期限届满后的续期,依照法律规定办理。该土地上的房屋以及其他不动产的归属,有约定的,按照约定;没有约定或者约定不明确的,依照法律、行政法规的规定办理。

实用问答

土地使用权出让的最高年限是多久?

答:根据《城镇国有土地使用权出让和转让暂行条例》第12条的规定,土地使用权出让最高年限按下列用途确定:(1)居住用地70年;(2)工业用地50年;(3)教育、科技、文化、卫生、体育用地50年;(4)商业、旅游、娱乐用地40年;(5)综合或者其他用地50年。

第三百六十条 【建设用地使用权注销登记】

建设用地使用权消灭的,出让人应当及时办理注销登记。登记机构应当收回权属证书。

理解适用

[建设用地使用权消灭的情形]

建设用地使用权消灭的情形主要包括建设用地使用权期限届满、建设用地使用权提前收回以及因自然灾害等原因造成建设用地使用权灭失等情形。

实用问答

具有哪些情形的,当事人可以申请办理注销登记?

答:根据《不动产登记暂行条例实施细则》第28条第1款的规定,有下列情形之一的,当事人可以申请办理注销登记:(1)不动产灭失的;(2)权利人放弃不动产权利的;(3)不动产被依法没收、征收或者收回的;(4)人民法院、仲裁委员会的生效法律文书导致不动产权利消灭的;(5)法律、行政法规规定的其他情形。

第三百六十一条 【集体所有土地作为建设用地的法律适用】

集体所有的土地作为建设用地的,应当依照土地管理的法律规定办理。

条文参见

《土地管理法》第23、63、66、82条

第十三章　宅基地使用权

第三百六十二条　【宅基地使用权的定义】

宅基地使用权人依法对集体所有的土地享有占有和使用的权利，有权依法利用该土地建造住宅及其附属设施。

理解适用

[宅基地归集体所有]

宅基地归集体所有，这是宅基地使用权能够成为用益物权的前提。农民使用宅基地是对集体所有的土地的使用。

实用问答

宅基地使用权有哪些特征？

答：宅基地使用权主要有以下特征：(1)享有宅基地使用权的主体只能是集体经济组织的成员。(2)宅基地使用权的客体是集体所有的土地。(3)宅基地使用权只能用于建造住宅及其附属设施，不能挪作其他用途。(4)宅基地使用权的取得和使用是无偿的。(5)宅基地使用权没有期限的限制。(6)宅基地使用权的流转受到严格限制，一户家庭只能取得一处宅基地，农村村民出卖、出租住房后再申请宅基地的，不予批准。

条文参见

《宪法》第10条；《土地管理法》第9、10、62条

第三百六十三条　【宅基地使用权取得、行使和转让的法律适用】

宅基地使用权的取得、行使和转让，适用土地管理的法律和国家有关规定。

实用问答

《土地管理法》对宅基地使用权的取得、行使和转让，有何具体规定？

答：《土地管理法》第62条对宅基地使用权的取得、行使和转让作了具

体规定,主要包括:(1)农村村民一户只能拥有一处宅基地,其宅基地的面积不得超过省、自治区、直辖市规定的标准。(2)人均土地少,不能保障一户拥有一处宅基地的地区,县级人民政府在充分尊重农村村民意愿的基础上,可以采取措施,按照省、自治区、直辖市规定的标准保障农村村民实现户有所居。(3)农村村民建住宅,应当符合乡(镇)土地利用总体规划、村庄规划,不得占用永久基本农田,并尽量使用原有的宅基地和村内空闲地。编制乡(镇)土地利用总体规划、村庄规划应当统筹并合理安排宅基地用地,改善农村村民居住环境和条件。(4)农村村民住宅用地,由乡(镇)人民政府审核批准;其中,涉及占用农用地的,依照该法第44条的规定办理审批手续。(5)农村村民出卖、出租、赠与住宅后,再申请宅基地的,不予批准。(6)国家允许进城落户的农村村民依法自愿有偿退出宅基地,鼓励农村集体经济组织及其成员盘活利用闲置宅基地和闲置住宅。(7)国务院农业农村主管部门负责全国农村宅基地改革和管理有关工作。

第三百六十四条 【宅基地的灭失和重新分配】

宅基地因自然灾害等原因灭失的,宅基地使用权消灭。对失去宅基地的村民,应当依法重新分配宅基地。

实用问答

宅基地消灭的法定原因包括哪些?

答:根据现行法律规定,宅基地使用权消灭的法定原因主要有三个:(1)作为宅基地使用权客体的土地发生灭失,使宅基地使用权丧失了存在的基础,进而导致宅基地使用权消灭。在此需要注意,如果只是宅基地上的建筑物或者其他附属物灭失,则不影响宅基地使用权的效力,宅基地使用权人有权在宅基地上重新建造房屋。(2)宅基地使用权被收回。《土地管理法》第66条规定了农村集体经济组织在原批准用地的人民政府批准的情况下,可以收回土地使用权的三种情况。(3)空闲或房屋坍塌、拆除2年以上未恢复使用的宅基地被有关机关收回。

条文参见

《确定土地所有权和使用权的若干规定》第52条

第三百六十五条 【宅基地使用权变更和注销登记】

已经登记的宅基地使用权转让或者消灭的,应当及时办理变更登记或者注销登记。

第十四章 居 住 权

第三百六十六条 【居住权的定义】

居住权人有权按照合同约定,对他人的住宅享有占有、使用的用益物权,以满足生活居住的需要。

理解适用

[居住权的法律特征]

居住权具有以下法律特征:

(1)居住权是居住权人在他人所有的住宅上设立的物权。居住权只能在他人所有的住宅上设立,不能在其他类型的房屋上设立。

(2)居住权是一种用益物权。居住权是居住权人对他人所有的住宅的全部或者部分及其附属设施享有占有、使用的权利,以满足生活居住的需要。特别应注意的是,并非所有居住他人住宅的权利均是本条规定的居住权。如果当事人之间存在抚养、扶养、赡养、租赁、借用等关系,也同样可能享有居住他人住宅的权利。但由此而享有的权利不具有物权的排他效力,不是本条所规定的居住权,不能适用本章的规定。

(3)居住权是为特定自然人设定的。居住权是住宅所有人为特定自然人的利益在自己所有的住宅上设定的权利,法人或其他组织不能享有居住权。享有居住权的主体范围具有有限性,居住权人以外的人一般不能享有居住权。

(4)居住权是为特定自然人生活居住的需要而设定的权利。居住权人只能将享有居住权的住宅用于满足其生活居住的需要,一般情况下,居住权人不能将其享有居住权的住宅出租,但是当事人另有约定的除外。

(5)居住权人按照合同约定对他人的住宅享有占有、使用的权利。一般情况下,当事人通过订立居住权合同并对居住权进行登记后设立居住权。居住权人对住宅的各种附属设施亦有使用权。

> **实用问答**

居住权和房屋承租权有哪些区别?

答:居住权是对他人房屋进行占有使用的权利,房屋承租权也是对他人房屋进行占有使用的权利,但这两种房屋使用权并不相同,在实践中要能够区分居住权与房屋承租权二者之间的区别。(1)二者的权利性质不同。居住权是一种物权,具有对抗第三人的效力;房屋承租权则为债权,一般在相对人之间发生效力。(2)二者在主体方面的限制不同。居住权的权利人具有限定性,只能是自然人;而房屋承租人则无此限制,自然人、法人和非法人组织皆可。(3)二者对房屋的使用目的不同。居住权人对房屋的使用只能限于满足生活居住需要;而房屋承租人对房屋的使用则无此限制,既可以用于满足生活居住需要,也可用于经营活动。(4)有偿与否不同。房屋承租权的获取一般是有偿的,承租人在获得房屋租赁权时需向房屋所有人支付租金等费用;而居住权根据我国法律规定以无偿为原则,以当事人约定有偿为补充。

> **第三百六十七条【居住权合同】**
>
> 设立居住权,当事人应当采用书面形式订立居住权合同。
> 居住权合同一般包括下列条款:
> (一)当事人的姓名或者名称和住所;
> (二)住宅的位置;
> (三)居住的条件和要求;
> (四)居住权期限;
> (五)解决争议的方法。

> **理解适用**

需要注意的是,本条第2款所规定的内容并非全部都是居住权合同必须约定的内容。当事人应当对"当事人的姓名或者名称和住所""住宅的位置"作出明确约定,如果欠缺这两项内容将导致居住权的主体和客体不明,不可能设立居住权。其他各项均非合同必约定的内容,如果当事人未作约定,不影响居住权的设立。

第三百六十八条 【居住权的设立】

居住权无偿设立,但是当事人另有约定的除外。设立居住权的,应当向登记机构申请居住权登记。居住权自登记时设立。

案例指引

邱某光与董某军居住权执行案(《人民法院贯彻实施民法典典型案例(第一批)》之五)

典型意义:《民法典》物权编正式确立了居住权制度,有利于更好地保障弱势群体的居住生存权益,对平衡房屋所有权人和居住权人的利益具有重要制度价值。本案申请执行人作为丧偶独居老人,其对案涉房屋的居住使用权益取得于《民法典》实施之前,执行法院依照《民法典》规定的居住权登记制度,向不动产登记机构发出协助执行通知书,为申请执行人办理了居住权登记,最大限度地保障了申请执行人既有的房屋居住使用权利,对于引导当事人尊重法院判决,推动《民法典》有关居住权制度的新规则真正惠及人民群众,具有积极的示范意义。

第三百六十九条 【居住权的限制】

居住权不得转让、继承。设立居住权的住宅不得出租,但是当事人另有约定的除外。

理解适用

居住权一般为满足特定自然人生活居住的需要设立,具有人身性和专属性,通常只具有占有、使用的权能,一般情况下居住权人不得利用房屋进行收益。

第三百七十条 【居住权的消灭】

居住权期限届满或者居住权人死亡的,居住权消灭。居住权消灭的,应当及时办理注销登记。

理解适用

[居住权消灭]

居住权消灭后,当事人双方都有义务及时办理居住权注销登记。因期限届满致居住权消灭的,如果居住权人不配合房屋所有人办理居住权注销登记,则房屋所有人可向法院起诉要求居住权人履行其相应的义务。居住权人死亡的,房屋所有人可持相关证据单方申请居住权注销登记。

第三百七十一条 【以遗嘱方式设立居住权的参照适用】

以遗嘱方式设立居住权的,参照适用本章的有关规定。

理解适用

[以遗嘱方式设立居住权]

在以遗嘱方式设立居住权时,遗嘱是居住权设立的基础,因此居住权的有效设立首先取决于遗嘱是否有效。在司法实践中,当事人对居住权是否生效发生争议时,法院应首先查明作为居住权设立基础的遗嘱是否有效。如果遗嘱无效,居住权也就不能生效。作为居住权设立基础的遗嘱有效的,所设立的居住权是否有效,还要看居住权是否办理了登记。就居住权的登记,房屋的继承人在取得房屋所有权后拒不配合遗嘱中指定的房屋居住权人办理居住权登记,居住权人向法院起诉要求房屋继承人配合自己办理居住权登记的,法院应依遗嘱的居住权安排判令房屋继承人配合居住权人办理居住权登记。

第十五章 地 役 权

第三百七十二条 【地役权的定义】

地役权人有权按照合同约定,利用他人的不动产,以提高自己的不动产的效益。

前款所称他人的不动产为供役地,自己的不动产为需役地。

理解适用

[地役权的特点]

地役权具有以下特点:(1)地役权的主体为不动产的权利人。既可以是不动产的所有权人,也可以是不动产的使用权人。(2)地役权按照合同设立。地役权合同是地役权人和供役地权利人之间达成的以设立地役权为目的和内容的合同。设立地役权,当事人应当采取书面形式订立地役权合同。

(3)地役权是利用他人的不动产。在地役权关系中,需役地和供役地属于不同的土地所有权人或者土地使用权人。利用他人的不动产来提高自己不动产的效益,是地役权设立的主要目的。(4)地役权是为了提高自己不动产的效益。地役权的设立,必须是以增加需役地的利用价值和提高其效益为前提。(5)地役权具有从属性。这种从属性主要体现在地役权的存续以需役地的存在为前提,与需役地的所有权或者其他物权相伴相随。

实用问答

地役权与相邻关系的区别是什么?

答:二者都涉及相邻不动产之间的利益冲突问题,但它们之间有本质的区别:(1)相邻关系基于法律规定产生,具有法定性;地役权由双方约定产生,具有意定性。(2)相邻关系不是一项独立的民事权利,而是基于不动产所有权或使用权的内容发生的扩张或限制;地役权是一项独立的权利,属于用益物权的一种。(3)相邻关系以不动产相互邻近为必要;而地役权不以不动产相互毗邻为限。(4)在相邻关系中,对他人不动产的限制和利用以无其他方法加以解决或其他方法过于不经济为前提;地役权无此限制,只要双方同意即可设立。

第三百七十三条 【地役权合同】

设立地役权,当事人应当采用书面形式订立地役权合同。

地役权合同一般包括下列条款:

(一)当事人的姓名或者名称和住所;
(二)供役地和需役地的位置;
(三)利用目的和方法;
(四)地役权期限;
(五)费用及其支付方式;
(六)解决争议的方法。

理解适用

对于地役权的内容法律不作严格限制,只要双方约定的内容不违反法律的强制性规定,就尊重当事人的约定。但地役权也是受限制的,如果地役权人滥用自己的权利,供役地权利人就有权解除地役权。

第三百七十四条 【地役权的设立与登记】

地役权自地役权合同生效时设立。当事人要求登记的,可以向登记机构申请地役权登记;未经登记,不得对抗善意第三人。

第三百七十五条 【供役地权利人的义务】

供役地权利人应当按照合同约定,允许地役权人利用其不动产,不得妨害地役权人行使权利。

理解适用

需要说明的是,在供役地权利人违反合同约定,阻挠、妨害地役权人行使地役权时,其行为形成违约责任与侵权责任的竞合,地役权人既可以选择根据合同请求供役地权利人承担违约责任,作为用益物权人也可以选择要求对方对侵害地役权的行为承担侵权责任。

第三百七十六条 【地役权人的权利义务】

地役权人应当按照合同约定的利用目的和方法利用供役地,尽量减少对供役地权利人物权的限制。

第三百七十七条 【地役权期限】

地役权期限由当事人约定;但是,不得超过土地承包经营权、建设用地使用权等用益物权的剩余期限。

第三百七十八条 【地役权的承继】

土地所有权人享有地役权或者负担地役权的,设立土地承包经营权、宅基地使用权等用益物权时,该用益物权人继续享有或者负担已经设立的地役权。

第三百七十九条 【在先用益物权对地役权的限制】

土地上已经设立土地承包经营权、建设用地使用权、宅基地使用权等用益物权的,未经用益物权人同意,土地所有权人不得设立地役权。

第三百八十条 【地役权的转让】

地役权不得单独转让。土地承包经营权、建设用地使用权等转让的,地役权一并转让,但是合同另有约定的除外。

实用问答

什么情况下,当事人可以申请地役权转移登记?

答:根据《不动产登记暂行条例实施细则》第62条第1款的规定,已经登记的地役权因土地承包经营权、建设用地使用权转让发生转移的,当事人应当持不动产登记证明、地役权转移合同等必要材料,申请地役权转移登记。

第三百八十一条 【地役权的抵押】

地役权不得单独抵押。土地经营权、建设用地使用权等抵押的,在实现抵押权时,地役权一并转让。

理解适用

[地役权的抵押]

地役权是为了提高土地利用的便利设立的,不能与土地经营权、建设用地使用权等用益物权分离而单独存在。对于受让地役权的主体来说,没有取得土地经营权和建设用地使用权,地役权也就无从发挥作用。地役权作为土地使用权的物上权利或者物上负担,与土地使用权紧紧联系在一起,因此应一并转让,否则设定抵押的土地价值就会降低或者丧失。

第三百八十二条 【地役权对需役地及其上权利的不可分性】

需役地以及需役地上的土地承包经营权、建设用地使用权等部分转让时,转让部分涉及地役权的,受让人同时享有地役权。

第三百八十三条 【地役权对供役地及其上权利的不可分性】

供役地以及供役地上的土地承包经营权、建设用地使用权等部分转让时,转让部分涉及地役权的,地役权对受让人具有法律约束力。

> **理解适用**

在实践中,需役地权利人将需役地以及需役地上的土地承包经营权、建设用地使用权等部分转让,该转让行为有效。需役地以及需役地上的土地承包经营权、建设用地使用权等部分转让后,供役地人或原需役地权利人以转让出去的部分不动产及其上的土地承包经营权、建设用地使用权不再对供役地有约束力而阻碍受让人行使地役权,受让人向法院起诉要求确认其受让的部分不动产及其上的土地承包经营权、建设用地使用权对原供役地的地役权的,法院要根据实际情况作出判断。如果转让出去的需役地部分仍须利用供役地提高其不动产效益,则法院应判决转让出去的需役地部分对供役地仍享有地役权;如果转让出去的需役地部分确实无须利用供役地提高其不动产效益,则法院应判决该转让出去的部分需役地的受让人不再享有地役权。

第三百八十四条 【地役权消灭】

地役权人有下列情形之一的,供役地权利人有权解除地役权合同,地役权消灭:

(一)违反法律规定或者合同约定,滥用地役权;
(二)有偿利用供役地,约定的付款期限届满后在合理期限内经两次催告未支付费用。

> **理解适用**

[地役权的滥用]

对地役权的以下利用行为可以认定为"滥用":(1)地役权人不按规定用途使用供役地,造成供役地的永久性损害,如其使用行为使得作为供役地的耕地无法复耕;(2)地役权人不按约定的用途、方法和使用范围来使用供役地,经供役地权利人多次交涉后仍不改正;(3)地役权人对供役地的利用方法违反公共秩序和善良风俗,给他人造成重大不利影响。

第三百八十五条 【已登记地役权的变更、转让或消灭手续】

已经登记的地役权变更、转让或者消灭的,应当及时办理变更登记或者注销登记。

实用问答

1. 经依法登记的地役权发生哪些情形时,当事人应当申请地役权变更登记?

答:根据《不动产登记暂行条例实施细则》第61条的规定,经依法登记的地役权发生下列情形之一的,当事人应当持地役权合同、不动产登记证明和证实变更的材料等必要材料,申请地役权变更登记:(1)地役权当事人的姓名或者名称等发生变化;(2)共有性质变更的;(3)需役地或者供役地自然状况发生变化;(4)地役权内容变更的;(5)法律、行政法规规定的其他情形。供役地分割转让办理登记,转让部分涉及地役权的,应当由受让人与地役权人一并申请地役权变更登记。

2. 已经登记的地役权,有哪些情形时,当事人可以申请地役权注销登记?

答:根据《不动产登记暂行条例实施细则》第63条的规定,已经登记的地役权,有下列情形之一的,当事人可以持不动产登记证明、证实地役权发生消灭的材料等必要材料,申请地役权注销登记:(1)地役权期限届满;(2)供役地、需役地归于同一人;(3)供役地或者需役地灭失;(4)人民法院、仲裁委员会的生效法律文书导致地役权消灭;(5)依法解除地役权合同;(6)其他导致地役权消灭的事由。

第四分编　担 保 物 权

第十六章　一 般 规 定

第三百八十六条 【担保物权的定义】

担保物权人在债务人不履行到期债务或者发生当事人约定的实现担保物权的情形,依法享有就担保财产优先受偿的权利,但是法律另有规定的除外。

理解适用

[担保物权的特征]

担保物权是以直接支配特定财产的交换价值为内容,以确保债权实现为目的而设定的物权。担保物权具有以下特征:(1)担保物权以确保债权人的债权得到完全清偿为目的。(2)担保物权具有优先受偿的效力。但需要注意的是,担保物权的优先受偿性并不是绝对的,如果本法或者其他法律有特别的规定,担保物权的优先受偿效力会受到影响。(3)担保物权是在债务人或者第三人的财产成立的权利。债务人既可以自己的财产,也可以第三人的财产为债权设立担保物权。(4)担保物权具有物上代位性。债权人设立担保物权并不以使用担保财产为目的,而是以取得该财产的交换价值为目的,因此,担保财产即使灭失、毁损,但代替该财产的交换价值还存在,担保物权的效力仍存在,但此时担保物权的效力转移到了该代替物上。这就是担保物权的物上代位性。

第三百八十七条 【担保物权的适用范围和反担保】

债权人在借贷、买卖等民事活动中,为保障实现其债权,需要担保的,可以依照本法和其他法律的规定设立担保物权。

第三人为债务人向债权人提供担保的,可以要求债务人提供反担保。反担保适用本法和其他法律的规定。

理解适用

[反担保]

反担保,是指替债务人提供担保的第三人,无论该第三人是提供人的担保还是物的担保,为了保证自己的追偿权得到实现,可以要求债务人为自己追偿权的实现提供担保。

反担保的目的在于保障第三人追偿权的实现,因此反担保也可以被称为求偿担保。无论第三人基于何种原因为债务人提供担保,在担保有效成立后,债权人与第三人之间即形成了担保权利义务关系。在债务履行期届满且债务人未履行债务时,该第三人应当承担担保责任。第三人在履行担保责任后,即取代了债权人地位,有权向债务人进行追偿。为了保障这种追偿权的实现,第三人在为债务人向债权人供担保时,可以要求债务人向自己提供适当的担保即反担保。

> 实用问答

担保合同无效，承担了赔偿责任的担保人如何救济？

答：根据《担保制度解释》第 19 条的规定，担保合同无效，承担了赔偿责任的担保人按照反担保合同的约定，在其承担赔偿责任的范围内请求反担保人承担担保责任的，人民法院应予支持。反担保合同无效的，依照该解释第 17 条的有关规定处理。当事人仅以担保合同无效为由主张反担保合同无效的，人民法院不予支持。

> **第三百八十八条　【担保合同】**

设立担保物权，应当依照本法和其他法律的规定订立担保合同。担保合同包括抵押合同、质押合同和其他具有担保功能的合同。担保合同是主债权债务合同的从合同。主债权债务合同无效的，担保合同无效，但是法律另有规定的除外。

担保合同被确认无效后，债务人、担保人、债权人有过错的，应当根据其过错各自承担相应的民事责任。

> 理解适用

[担保合同类型及无效原因]

担保合同除了包括本法规定的抵押合同、质押合同以外，还包括其他具有担保功能的合同，如融资租赁、保理、所有权保留等非典型担保合同。

需要特别强调的是，导致担保合同无效的原因很多，主债权债务合同无效导致担保合同无效只是原因之一。在主债权债务合同有效的情况下，担保合同也有可能无效。例如，担保合同因违反法律、行政法规的强制性规定而无效，担保合同因担保人为无民事行为能力人而无效，等等。也就是说，判断担保合同是否有效，不能仅以主债权债务合同是否有效为标准，还要看担保合同本身是否有本法总则编第 6 章"民事法律行为"以及合同编规定的合同无效情形。

实用问答

1. 主合同有效而第三人提供的担保合同无效,人民法院如何确定担保人的赔偿责任?

答:根据《担保制度解释》第17条的规定,主合同有效而第三人提供的担保合同无效,人民法院应当区分不同情形确定担保人的赔偿责任:(1)债权人与担保人均有过错的,担保人承担的赔偿责任不应超过债务人不能清偿部分的二分之一;(2)担保人有过错而债权人无过错的,担保人对债务人不能清偿的部分承担赔偿责任;(3)债权人有过错而担保人无过错的,担保人不承担赔偿责任。主合同无效导致第三人提供的担保合同无效,担保人无过错的,不承担赔偿责任;担保人有过错的,其承担的赔偿责任不应超过债务人不能清偿部分的三分之一。

2. 保证合同无效,债权人未在保证期间内依法行使权利的,保证人可以主张不承担赔偿责任吗?

答:根据《担保制度解释》第33条的规定,保证合同无效,债权人未在约定或者法定的保证期间内依法行使权利,保证人主张不承担赔偿责任的,人民法院应予支持。

条文参见

《担保制度解释》第2条

第三百八十九条 【担保物权的担保范围】

担保物权的担保范围包括主债权及其利息、违约金、损害赔偿金、保管担保财产和实现担保物权的费用。当事人另有约定的,按照其约定。

理解适用

[担保物权的担保范围]

担保物权的担保范围是指担保人所承担的担保责任范围。需要注意的是,对担保物权所担保的范围,当事人可以依照自己的意思进行约定。本条规定的"担保物权的担保范围包括主债权及其利息、违约金、损害赔偿金、保管担保财产和实现担保物权的费用"属于担保物权的法定担保范围,当事人约定的效力优先于本条关于担保物权的法定担保范围的规定,也就是说,当事人约定的担保物权的担保范围可以与本条规定的范围不同。

实用问答

当事人约定的担保责任的范围大于主债务的部分,是否有效?

答:根据《九民纪要》第55条的规定,担保人承担的担保责任范围不应当大于主债务,是担保从属性的必然要求。当事人约定的担保责任的范围大于主债务的,如针对担保责任约定专门的违约责任、担保责任的数额高于主债务、担保责任约定的利息高于主债务利息、担保责任的履行期先于主债务履行期届满等,均应当认定大于主债务部分的约定无效,从而使担保责任缩减至主债务的范围。

条文参见

《担保制度解释》第3条

第三百九十条　【担保物权的物上代位性及代位物的提存】

担保期间,担保财产毁损、灭失或者被征收等,担保物权人可以就获得的保险金、赔偿金或者补偿金等优先受偿。被担保债权的履行期限未届满的,也可以提存该保险金、赔偿金或者补偿金等。

理解适用

[担保物权的物上代位性]

担保物权的物上代位性,是指担保物权的效力及于担保财产因毁损、灭失所得的赔偿金等代位物上,是担保物权的重要特征。

担保期间,担保财产毁损、灭失或者被征收的,如果担保债权已到期,担保物权人可以就担保人所得的保险金、赔偿金或者补偿金等优先受偿,并且担保物权的受偿顺位不受影响,各担保物权人依照其对担保财产的受偿顺位对代位物行使权利;如果未到期,担保物权人可以请求第三人或担保人向提存机构提存该保险金、赔偿金或者补偿金等。

条文参见

《担保制度解释》第42条

第三百九十一条 【未经担保人同意转移债务的法律后果】

第三人提供担保,未经其书面同意,债权人允许债务人转移全部或者部分债务的,担保人不再承担相应的担保责任。

理解适用

本条对债权人的权利行使进行了限制,这种限制不但是对担保人利益的保护,而且是对债权人利益的保护。正确理解本条应当注意以下几点:(1)本条只适用于第三人提供担保财产的情况;(2)债权人允许债务人转移债务必须要经提供担保的第三人的书面同意;(3)未经担保人书面同意,债权人许可债务人转移全部债务的,可以免除担保人全部担保责任;债权人许可债务人转移部分债务的,可以免除担保人部分的担保责任。

司法实践中,免责的范围应视未经该担保人同意转让的债务范围来确定。如果债权人允许债务人转让全部债务且债务人已将债务向承担人实际转让,但未征得担保人同意,则担保人将全部免除担保责任。如果债权人允许债务人转让主债务的一部分且未经担保人书面同意,则担保人的免责范围应限于实际转让的债务部分,对于未转让的债务,担保人仍应承担担保责任。

第三百九十二条 【人保和物保并存时担保权的实行规则】

被担保的债权既有物的担保又有人的担保的,债务人不履行到期债务或者发生当事人约定的实现担保物权的情形,债权人应当按照约定实现债权;没有约定或者约定不明确,债务人自己提供物的担保的,债权人应当先就该物的担保实现债权;第三人提供物的担保的,债权人可以就物的担保实现债权,也可以请求保证人承担保证责任。提供担保的第三人承担担保责任后,有权向债务人追偿。

实用问答

被担保的债权物保和人保并存时,当事人对实现担保物权的顺序的约定对其有何约束力?

答:根据《民诉法解释》第363条的规定,依照《民法典》第392条的规定,被担保的债权既有物的担保又有人的担保,当事人对实现担保物权的顺序有约定,实现担保物权的申请违反该约定的,人民法院裁定不予受理;没有约定或者约定不明的,人民法院应当受理。

条文参见

《担保制度解释》第18条

第三百九十三条 【担保物权消灭事由】

有下列情形之一的,担保物权消灭:
(一)主债权消灭;
(二)担保物权实现;
(三)债权人放弃担保物权;
(四)法律规定担保物权消灭的其他情形。

第十七章 抵 押 权

第一节 一般抵押权

第三百九十四条 【抵押权的定义】

为担保债务的履行,债务人或者第三人不转移财产的占有,将该财产抵押给债权人的,债务人不履行到期债务或者发生当事人约定的实现抵押权的情形,债权人有权就该财产优先受偿。

前款规定的债务人或者第三人为抵押人,债权人为抵押权人,提供担保的财产为抵押财产。

理解适用

[抵押权]

抵押权,是指债权人对于债务人或者第三人提供的、不转移财产的占有而作为履行债务的担保的财产,在债务人不履行债务时,有权就该财产优先受偿的担保物权。

抵押权具有以下几个特征:(1)抵押权是担保物权。抵押权以抵押财产作为债权的担保,抵押权人对抵押财产享有的权利,可以对抗物的所有人以及第三人。这主要体现在抵押权人对抵押财产有追及、支配的权利。(2)抵押权是债务人或者第三人以其所有的或者有权处分的特定的财产设定的物权。(3)抵押权是不转移标的物占有的物权。(4)抵押权人有权就抵押财产优先受偿。

第三百九十五条 【抵押财产的范围】

债务人或者第三人有权处分的下列财产可以抵押：
(一)建筑物和其他土地附着物；
(二)建设用地使用权；
(三)海域使用权；
(四)生产设备、原材料、半成品、产品；
(五)正在建造的建筑物、船舶、航空器；
(六)交通运输工具；
(七)法律、行政法规未禁止抵押的其他财产。
抵押人可以将前款所列财产一并抵押。

理解适用

债务人或者第三人对抵押财产有处分权包括：(1)债务人或者第三人是抵押财产的所有权人。(2)债务人或者第三人对抵押财产享有用益物权，法律规定该用益物权可以抵押。(3)债务人或者第三人根据法律、行政法规的规定，或者经过政府主管部门批准，可以将其占有、使用的财产抵押。

实用问答

什么是房地产抵押？需要凭哪些证书办理房地产抵押？

答：根据《城市房地产管理法》第47、49条的规定，房地产抵押，是指抵押人以其合法的房地产以不转移占有的方式向抵押权人提供债务履行担保的行为。债务人不履行债务时，抵押权人有权依法以抵押的房地产拍卖所得的价款优先受偿。房地产抵押，应当凭土地使用权证书、房屋所有权证书办理。

条文参见

《城市房地产管理法》第32、48条；《农村土地承包法》第53条；《海商法》第13条；《民用航空法》第16条

第三百九十六条 【浮动抵押】

企业、个体工商户、农业生产经营者可以将现有的以及将有的生产设备、原材料、半成品、产品抵押，债务人不履行到期债务或者发生当事人约定的实现抵押权的情形，债权人有权就抵押财产确定时的动产优先受偿。

理解适用

[浮动抵押]

浮动抵押，是指债务人将其现有的以及将有的全部财产或部分财产作为抵押财产，为其债务提供担保。

按照本条以及相关规定，设立浮动抵押应当符合下列条件：(1)设立浮动抵押的主体限于企业、个体工商户、农业生产经营者。(2)设立浮动抵押的财产限于生产设备、原材料、半成品、产品。对除此以外的动产不得设立浮动抵押，对不动产也不得设立浮动抵押。(3)实现抵押权的条件是不履行到期债务或者发生当事人约定的实现抵押权的事由。(4)浮动抵押优先受偿的效力范围为抵押财产确定时的动产。

需要注意的是，浮动抵押权设定后，由于抵押人仍可对抵押财产自由处分，抵押财产具有不特定性。只有当发生法定或约定事由时，浮动抵押财产确定，抵押权人才能真正实现抵押权。浮动抵押标的物确定前，由于浮动抵押权人对未经特定化的抵押财产不具备支配力，浮动抵押权仅对抵押人有效，对包括一般债权人在内的第三人不发生对抗效力。

条文参见

《民法典》第411条

第三百九十七条 【建筑物与建设用地使用权同时抵押规则】

以建筑物抵押的，该建筑物占用范围内的建设用地使用权一并抵押。以建设用地使用权抵押的，该土地上的建筑物一并抵押。

抵押人未依据前款规定一并抵押的，未抵押的财产视为一并抵押。

> **理解适用**

由于房地的不可分性,我国在处理房地关系时的一个重要原则就是"地随房走或者房随地走"的房地一体原则。这一原则也同样适用于抵押,在设定抵押权时,房屋的所有权和建设用地使用权应当一并抵押,只有这样,才能保证实现抵押权时,房屋所有权和建设用地使用权同时转让。

> **实用问答**

"房地一体"原则在抵押制度下如何适用?

答:根据《担保制度解释》第51条的规定,当事人仅以建设用地使用权抵押,债权人主张抵押权的效力及于土地上已有的建筑物以及正在建造的建筑物已完成部分的,人民法院应予支持。债权人主张抵押权的效力及于正在建造的建筑物的续建部分以及新增建筑物的,人民法院不予支持。

当事人以正在建造的建筑物抵押,抵押权的效力范围限于已办理抵押登记的部分。当事人按照担保合同的约定,主张抵押权的效力及于续建部分、新增建筑物以及规划中尚未建造的建筑物的,人民法院不予支持。

抵押人将建设用地使用权、土地上的建筑物或者正在建造的建筑物分别抵押给不同债权人的,人民法院应当根据抵押登记的时间先后确定清偿顺序。

> **条文参见**

《城市房地产管理法》第32、48条

第三百九十八条 【乡镇、村企业的建设用地使用权抵押限制】

乡镇、村企业的建设用地使用权不得单独抵押。以乡镇、村企业的厂房等建筑物抵押的,其占用范围内的建设用地使用权一并抵押。

> **理解适用**

实践中需要注意的是,本条规定的厂房,仅限于乡镇、村企业的厂房等建筑物,不包括集体所有土地上的其他建筑物。以乡镇、村企业的厂房等建筑物抵押的,随之一并抵押的仅限于厂房等建筑物所占用范围内的建设用地使用权,而非整个地面上的建设用地使用权。法律虽然允许乡镇、村企业的建设用地使用权随厂房等建筑物一并抵押,但对实现抵押权后土地的性质和用途作了限制性规定。本法也规定以集体所有土地的使用权依法抵押的，实现抵押权后，未经法定程序，不得改变土地所有权的性质和土地用途。也就是说，当实现抵押权时，即使乡镇、村企业的建设用地使用权随其厂房等建筑物一并拍卖了，受让的土地性质仍然是农村集体所有。

第三百九十九条 【禁止抵押的财产范围】

下列财产不得抵押：

（一）土地所有权；

（二）宅基地、自留地、自留山等集体所有土地的使用权，但是法律规定可以抵押的除外；

（三）学校、幼儿园、医疗机构等为公益目的成立的非营利法人的教育设施、医疗卫生设施和其他公益设施；

（四）所有权、使用权不明或者有争议的财产；

（五）依法被查封、扣押、监管的财产；

（六）法律、行政法规规定不得抵押的其他财产。

实用问答

学校、幼儿园、养老机构可以提供担保吗？

答：根据《担保制度解释》第6条的规定，以公益为目的的非营利性学校、幼儿园、医疗机构、养老机构等提供担保的，人民法院应当认定担保合同无效，但是有下列情形之一的除外：(1)在购入或者以融资租赁方式承租教育设施、医疗卫生设施、养老服务设施和其他公益设施时，出卖人、出租人为担保价款或者租金实现而在该公益设施上保留所有权；(2)以教育设施、医疗卫生设施、养老服务设施和其他公益设施以外的不动产、动产或者财产权利设立担保物权。登记为营利法人的学校、幼儿园、医疗机构、养老机构等提供担保，当事人以其不具有担保资格为由主张担保合同无效的，人民法院不予支持。

条文参见

《担保制度解释》第6、37、48～50条

第四百条 【抵押合同】

设立抵押权,当事人应当采用书面形式订立抵押合同。

抵押合同一般包括下列条款:

(一)被担保债权的种类和数额;
(二)债务人履行债务的期限;
(三)抵押财产的名称、数量等情况;
(四)担保的范围。

理解适用

[抵押合同]

设立抵押权是双方民事法律行为,本条要求采用书面形式订立抵押合同。抵押合同除包括本条第2款规定的四项内容以外,当事人之间可能还有其他认为需要约定的事项,如抵押财产的保险责任由谁承担,抵押人如果提前偿还债权向谁提存,发生纠纷后是否申请仲裁等,这些内容也可以在协商一致的情况下在抵押合同中进行约定。

在适用本条规定时,应注意区分抵押合同的订立和抵押权的设立。订立抵押合同是在当事人之间创设与抵押权设定相关的权利义务关系,是物权变动的原因行为;抵押权的设立是基于合法有效的抵押合同产生的结果,属于物权变动的行为。抵押合同自成立时生效,抵押合同的生效,为抵押权的设定奠定了基础法律关系,是抵押权设定的必要非充分条件。抵押权的设立除满足合法有效的抵押合同的条件以外,还要符合物权变动的公示原则。

条文参见

《城市房地产管理法》第50条;《担保制度解释》第47条

第四百零一条 【流押】

抵押权人在债务履行期限届满前,与抵押人约定债务人不履行到期债务时抵押财产归债权人所有的,只能依法就抵押财产优先受偿。

理解适用

［流押］

流押,是指债权人在订立抵押合同时与抵押人约定,债务人不履行债务时抵押财产归债权人所有。当事人订立流押条款的,发生实现抵押权的情形时,抵押财产不能直接归债权人所有,而是应当根据本法第410条、第413条规定的实现抵押权的方式就抵押财产优先受偿。需要注意的是,当事人之间订有流押条款的,债权人依法就抵押财产优先受偿,需要满足抵押权设立的前提条件,即不动产抵押权经登记设立;动产抵押权经抵押合同生效设立,未登记的不得对抗善意第三人。

实务问答

债务人不履行到期债务,担保物权人是否有权将担保财产自行拍卖、变卖并就所得的价款优先受偿?

答:根据《担保制度解释》第45条第1款的规定,当事人约定当债务人不履行到期债务或者发生当事人约定的实现担保物权的情形,担保物权人有权将担保财产自行拍卖、变卖并就所得的价款优先受偿的,该约定有效。因担保人的原因导致担保物权人无法自行对担保财产进行拍卖、变卖,担保物权人请求担保人承担因此增加的费用的,人民法院应予支持。

条文参见

《时间效力规定》第7条

第四百零二条 【不动产抵押登记】

以本法第三百九十五条第一款第一项至第三项规定的财产或者第五项规定的正在建造的建筑物抵押的,应当办理抵押登记。抵押权自登记时设立。

理解适用

［财产抵押及登记］

财产抵押是重要的民事法律行为,法律除要求设立抵押权要订立书面合同以外,还要求对某些财产办理抵押登记,不经抵押登记,抵押权不发生法律效力。根据本条规定,需要进行抵押登记的财产为:(1)建筑物和其他土地附着物;(2)建设用地使用权;(3)海域使用权;(4)正在建造的建筑物。

条文参见

《城市房地产管理法》第62条;《担保制度解释》第46~52条

第四百零三条 【动产抵押的效力】

以动产抵押的,抵押权自抵押合同生效时设立;未经登记,不得对抗善意第三人。

理解适用

[动产抵押登记]

以动产抵押的,可以办理抵押登记,也可以不办理抵押登记,抵押权不以登记为生效条件,而是自抵押合同生效时设立。合同生效后,即使当事人没有办理登记,债务人不履行债务时,抵押权人仍然可以就实现抵押权的价款优先受偿。但是,办理与不办理抵押登记的法律后果是不同的,未办理抵押登记的,不得对抗善意第三人。

[第三人界定及善意的判定]

在司法适用中,应关注第三人范围界定问题和如何判定第三人是善意的问题。(1)界定第三人范围,应注意第三人是对同一个抵押标的物享有物权的人,也就是说,该第三人是在抵押权人、抵押人以外与抵押财产有利害关系的人,如自抵押人处受领抵押财产的受让人、质权人等。与抵押财产没有利害关系之人如一般债权人应排除在外。(2)对第三人是否是善意的判断,关键在于对该第三人主观的判断。善意第三人是指在自抵押人处受让抵押财产或设定质权并转移占有等时,并不知道该财产之上已存在有抵押权人的抵押权的受让人、质权人等。此处,第三人的善意应指第三人主观上的不知情,即对该抵押财产抵押权的存在根本不知情。明知或应当知道该动产之上存在抵押权的第三人应解释为恶意。

实用问答

动产抵押合同订立后未办理抵押登记,动产抵押权的效力如何处理?

答:根据《担保制度解释》第54条的规定,动产抵押合同订立后未办理抵押登记,动产抵押权的效力按照下列情形分别处理:(1)抵押人转让抵押财产,受让人占有抵押财产后,抵押权人向受让人请求行使抵押权的,人民法院不予支持,但是抵押权人能够举证证明受让人知道或者应当知道已经订立抵押合同的除外;(2)抵押人将抵押财产出租给他人并移转占有,抵押权人行使抵押权的,租赁关系不受影响,但是抵押权人能够举证证明承租人知道或者应当知道已经订立抵押合同的除外;(3)抵押人的其他债权人向人民法院申请保全或者执行抵押财产,人民法院已经作出财产保全裁定或者采取执行措施,抵押权人主张对抵押财产优先受偿的,人民法院不予支持;(4)抵押人破产,抵押权人主张对抵押财产优先受偿的,人民法院不予支持。

第四百零四条 【动产抵押权对抗效力的限制】

以动产抵押的,不得对抗正常经营活动中已经支付合理价款并取得抵押财产的买受人。

理解适用

[受保护的买受人的条件]

受到保护的买受人必须符合以下条件:(1)买受人是在正常经营活动中买受了抵押财产。(2)买受人必须已经支付合理价款。在判断买受人支付价款是否合理时,应当根据转让标的物的性质、数量以及付款方式等具体情况,参考转让时交易地市场价格以及交易习惯等因素综合认定。(3)买受人已取得抵押财产,即抵押财产的所有权已通过交付转让给买受人。具备这三个条件,无论该动产抵押是否登记,抵押财产的买受人可以对抗抵押权人,即买受人可以取得买受的抵押财产的所有权并且不受抵押权人的追及。

实用问答

买受人在出卖人正常经营活动中通过支付合理对价取得已被设立担保物权的动产,担保物权人可否请求就该动产优先受偿?

答:根据《担保制度解释》第56条第1款的规定,买受人在出卖人正常经营活动中通过支付合理对价取得已被设立担保物权的动产,担保物权人请求就该动产优先受偿的,人民法院不予支持,但是有下列情形之一的除外:(1)购买商品的数量明显超过一般买受人;(2)购买出卖人的生产设备;

(3)订立买卖合同的目的在于担保出卖人或者第三人履行债务;(4)买受人与出卖人存在直接或者间接的控制关系;(5)买受人应当查询抵押登记而未查询的其他情形。

第四百零五条 【抵押权与租赁权的关系】

抵押权设立前,抵押财产已经出租并转移占有的,原租赁关系不受该抵押权的影响。

实用问答

租赁房屋在承租人按照租赁合同占有期限内发生所有权变动,承租人可否请求房屋受让人继续履行原租赁合同?

答:根据《城镇房屋租赁合同解释》第14条的规定,租赁房屋在承租人按照租赁合同占有期限内发生所有权变动,承租人请求房屋受让人继续履行原租赁合同的,人民法院应予支持。但租赁房屋具有下列情形或者当事人另有约定的除外:(1)房屋在出租前已设立抵押权,因抵押权人实现抵押权发生所有权变动的;(2)房屋在出租前已被人民法院依法查封的。

第四百零六条 【抵押财产的转让】

抵押期间,抵押人可以转让抵押财产。当事人另有约定的,按照其约定。抵押财产转让的,抵押权不受影响。

抵押人转让抵押财产的,应当及时通知抵押权人。抵押权人能够证明抵押财产转让可能损害抵押权的,可以请求抵押人将转让所得的价款向抵押权人提前清偿债务或者提存。转让的价款超过债权数额的部分归抵押人所有,不足部分由债务人清偿。

理解适用

由于抵押权人并不占有、控制抵押财产,对于抵押财产的状态和权属状况不可能随时知悉,因此本条对抵押人规定了在转让抵押财产时及时通知抵押权人的义务。抵押人如果在转让抵押财产时未及时通知抵押权人,虽然不影响抵押权的效力,但是,如果因未及时通知造成抵押权人损害,应当承担赔偿责任。

实用问答

在存在禁止或者限制转让约定的情况下,抵押人违反约定转让抵押财产有什么后果?

答:根据《担保制度解释》第43条的规定,当事人约定禁止或者限制转让抵押财产但是未将约定登记,抵押人违反约定转让抵押财产,抵押权人请求确认转让合同无效的,人民法院不予支持;抵押财产已经交付或者登记,抵押权人请求确认转让不发生物权效力的,人民法院不予支持,但是抵押权人有证据证明受让人知道的除外;抵押权人请求抵押人承担违约责任的,人民法院依法予以支持。

当事人约定禁止或者限制转让抵押财产且已经将约定登记,抵押人违反约定转让抵押财产,抵押权人请求确认转让合同无效的,人民法院不予支持;抵押财产已经交付或者登记,抵押权人主张转让不发生物权效力的,人民法院应予支持,但是因受让人代替债务人清偿债务导致抵押权消灭的除外。

第四百零七条 【抵押权处分的从属性】

抵押权不得与债权分离而单独转让或者作为其他债权的担保。债权转让的,担保该债权的抵押权一并转让,但是法律另有规定或者当事人另有约定的除外。

理解适用

[抵押权不得与债权分离而单独转让或作为其他债权的担保]

抵押权不得与债权分离而单独转让。(1)抵押权人不得仅保留主债权而单独转让抵押权。(2)抵押权人不得仅保留抵押权而单独转让主债权。通常情况下,抵押权所担保的主债权发生转让,抵押权应随之一同转让,无须征得抵押人的同意。但例外情况是法律另有规定或当事人另有约定。

抵押权不得与债权分离作为其他债权的担保。(1)抵押权人不得自己保留主债权,而仅以抵押权作为其他债权的担保。(2)抵押权人主债权和抵押权分别作为不同债权的担保时,以主债权设定质权的部分,应认定为无抵押权担保的债权质权;以抵押权设定担保的部分,应认定为无效。

实用问答

主债权被分割或者部分转让时,各债权人可以主张就其享有的债权份额行担保物权吗?

答:根据《担保制度解释》第39条第1款的规定,主债权被分割或者部分转让,各债权人主张就其享有的债权份额行使担保物权的,人民法院应予支持,但是法律另有规定或者当事人另有约定的除外。

第四百零八条 【抵押权的保护】

抵押人的行为足以使抵押财产价值减少的,抵押权人有权请求抵押人停止其行为;抵押财产价值减少的,抵押权人有权请求恢复抵押财产的价值,或者提供与减少的价值相应的担保。抵押人不恢复抵押财产的价值,也不提供担保的,抵押权人有权请求债务人提前清偿债务。

理解适用

需要注意的是,本条规定的抵押财产价值减少,均是由于抵押人的行为造成的,即只有在抵押人对抵押财产价值减少有过错的,才按照本条的规定处理。

第四百零九条 【抵押权及其顺位的处分】

抵押权人可以放弃抵押权或者抵押权的顺位。抵押权人与抵押人可以协议变更抵押权顺位以及被担保的债权数额等内容。但是,抵押权的变更未经其他抵押权人书面同意的,不得对其他抵押权人产生不利影响。

债务人以自己的财产设定抵押,抵押权人放弃该抵押权、抵押权顺位或者变更抵押权的,其他担保人在抵押权人丧失优先受偿权益的范围内免除担保责任,但是其他担保人承诺仍然提供担保的除外。

理解适用

[抵押权人放弃抵押权及其顺位]

抵押权人不行使抵押权或者怠于行使抵押权的,不得推定抵押权人放弃抵押权。抵押权人放弃抵押权,不必经过抵押人的同意。抵押权人放弃抵押权的,抵押权消灭。抵押权顺位是抵押权人对抵押财产优先受偿的顺序,抵押权人也可放弃抵押权顺位。放弃抵押权顺位后,抵押权人不再享受优先受偿次序利益,成为最后顺位的抵押权人,原本在其后顺位的抵押权人依次向前递进。放弃抵押权或抵押权顺位是抵押权人对自己私人权益的处分,不会对其他人的权益产生影响,因此无须经过抵押人的同意。抵押权一经放弃,即归于消灭。

司法实践中,关于抵押权人放弃顺位的效力问题,主要有两种情形,这两种情形的处理结果是不同的。(1)先顺位抵押权人为了特定后顺位抵押权人的利益主动放弃自己优先受偿的顺位,此种情形下,其他抵押权人的顺位没有变动,放弃先顺位的抵押权人与该特定后顺位抵押权人成为同一顺位,将他们应受分配的金额合计后,按照各自债权额的比例予以分配。(2)先顺位的抵押权人并非为了特定后顺位抵押权人的利益放弃自己优先受偿的顺位,而是彻底放弃自己的顺位,则后顺位的抵押权人的顺位依次上升,放弃顺位的先顺位抵押权人退居于最后的顺位。

第四百一十条 【抵押权的实现】

债务人不履行到期债务或者发生当事人约定的实现抵押权的情形,抵押权人可以与抵押人协议以抵押财产折价或者以拍卖、变卖该抵押财产所得的价款优先受偿。协议损害其他债权人利益的,其他债权人可以请求人民法院撤销该协议。

抵押权人与抵押人未就抵押权实现方式达成协议的,抵押权人可以请求人民法院拍卖、变卖抵押财产。

抵押财产折价或者变卖的,应当参照市场价格。

理解适用

[折价]

折价,是指抵押权人与抵押人协议,将抵押财产参照市场价格予以作价,把抵押财产所有权转移给抵押权人,从而实现债权。

[拍卖]

拍卖,是指众多购买者通过公开竞争的方式向出卖方购买标的物。当事人可以选择委托拍卖机构拍卖,抵押权人就拍卖价款优先受偿;抵押权人和抵押人也可能因抵押权争议诉诸法院,法院依照法定程序对抵押财产进行强制性拍卖。

[变卖]

变卖,是指以拍卖以外的生活中一般买卖形式对抵押财产予以出卖,换取价款。

实用问答

当事人申请拍卖、变卖担保财产,被申请人以担保合同约定仲裁条款为由主张驳回申请的,人民法院如何处理?

答:根据《担保制度解释》第45条第2、3款的规定,当事人依照民事诉讼法有关"实现担保物权案件"的规定,申请拍卖、变卖担保财产,被申请人以担保合同约定仲裁条款为由主张驳回申请的,人民法院经审查后,应当按照以下情形分别处理:(1)当事人对担保物权无实质性争议且实现担保物权条件已经成就的,应当裁定准许拍卖、变卖担保财产;(2)当事人对实现担保物权有部分实质性争议的,可以就无争议的部分裁定准许拍卖、变卖担保财产,并告知可以就有争议的部分申请仲裁;(3)当事人对实现担保物权有实质性争议的,裁定驳回申请,并告知可以向仲裁机构申请仲裁。债权人以诉讼方式行使担保物权的,应当以债务人和担保人作为共同被告。

条文参见

《担保制度解释》第44、45、50、64、65、68条

第四百一十一条 【浮动抵押财产的确定】

依据本法第三百九十六条规定设定抵押的,抵押财产自下列情形之一发生时确定:

(一)债务履行期限届满,债权未实现;

(二)抵押人被宣告破产或者解散;

(三)当事人约定的实现抵押权的情形;

(四)严重影响债权实现的其他情形。

理解适用

[抵押财产的确定时间和当事人约定实现抵押权的时间]

司法实践中,应注意区分抵押财产的确定时间和当事人约定实现抵押权

的时间。抵押财产的确定时间,是在当事人没有就实现抵押权的时间作约定的情况下作出的法定补充条款,具有法定指引性。当事人约定实现抵押权的时间,是为了适应市场与交易的灵活性,允许当事人参照法定抵押财产确定条款就抵押权实现时间作出约定。虽然浮动抵押不具有固定特征,但只要发生本条规定中的四种情形之一,抵押财产就予以确定。包括当事人约定的实现抵押权情形一旦发生,浮动抵押的抵押财产即刻确定。浮动抵押财产确定后,变成固定抵押,在抵押权实现的规则上,与普通抵押没有区别。

第四百一十二条 【抵押权对抵押财产孳息的效力】

债务人不履行到期债务或者发生当事人约定的实现抵押权的情形,致使抵押财产被人民法院依法扣押的,自扣押之日起,抵押权人有权收取该抵押财产的天然孳息或者法定孳息,但是抵押权人未通知应当清偿法定孳息义务人的除外。

前款规定的孳息应当先充抵收取孳息的费用。

理解适用

[抵押财产的孳息]

抵押财产的孳息,是指由抵押财产而产生的收益。抵押权设立后,抵押权的效力不及于该孳息。但本条规定,抵押财产被人民法院依法扣押的,抵押权的效力及于抵押财产的孳息,自扣押之日起,抵押权人有权收取该抵押财产的天然孳息和法定孳息。

需要说明的是,抵押权的效力及于抵押财产的孳息必须具备两个条件:(1)必须是抵押财产被人民法院依法扣押后,抵押权人才能收取其孳息;(2)抵押财产被扣押后,抵押权人已经通知应当给付法定孳息的义务人。

实用问答

抵押权人对不动产抵押权的行使能否及于不动产的租金?[①]

答:《民法典》第412条规定:"债务人不履行到期债务或者发生当事人约定的实现抵押权的情形,致使抵押财产被人民法院依法扣押的,自扣押之

[①] 参见《法答网精选答问(第十一批)》,载最高人民法院官网2024年11月21日,https://www.court.gov.cn/zixun/xiangqing/448271.html。

日起,抵押权人有权收取该抵押财产的天然孳息或者法定孳息,但是抵押权人未通知应当清偿法定孳息义务人的除外。前款规定的孳息应当先充抵收取孳息的费用。"该条的立法目的在于:在抵押权已经进入实现阶段,抵押物已被采取保全措施的前提下,剥夺抵押人对抵押财产孳息的收取权,转而使这部分收益进入抵押权人优先受偿的范围。这一规则有利于抵押权的实现,也能够充分发挥抵押财产担保债权优先受偿的功能。但该条强调的是抵押财产被扣押,而针对不动产(如房屋)的保全措施通常是查封。在查封尤其是"活封"的状态下,承租人可以继续占有使用房屋,仍然可以产生租金这一法定孳息。将上述规定精神类推适用于查封情形,即产生的租金收益按照《民法典》第412条规定精神处理,也符合上述立法目的,有利于在实现物尽其用的基础上发挥抵押权的功能作用,促进交易的便捷开展。实践中,也有类似的经验做法。比如,(2020)最高法执复169号执行裁定、上海金融法院(2021)沪74执复14号执行裁定均认为抵押权人在房屋查封后有权以房屋租金优先受偿。

需要说明的是,在破产程序中,由于破产申请受理后,人民法院应当解除对债务人的保全措施,故该条的适用前提已经不复存在,而应当适用相应的法律规定处理。另外,依照《民法典》第412条规定的精神,抵押不动产被人民法院查封后,抵押权并不当然及于不动产租金。这时,抵押权人就租金收取负有向不动产承租人的通知义务。抵押权人怠于通知而承租人继续向抵押人支付租金的,仍然产生相应的清偿效果。抵押权人不得主张该清偿行为无效。

第四百一十三条 【抵押财产变价后的处理】

抵押财产折价或者拍卖、变卖后,其价款超过债权数额的部分归抵押人所有,不足部分由债务人清偿。

理解适用

[抵押财产价值计算时间的确定]

在适用本条规定时,应注意对抵押财产价值计算时间的确定。计算抵押财产价值的时间应明确为抵押权实现时,而非抵押权设定时。当事人设定抵押时,未对抵押财产进行评估或评估失误,后因市场波动等原因导致抵押财产价值发生变动,应在实现抵押权时对抵押财产价值进行重新评估,并以此时的估价为准。若此时估价比当事人设定抵押时约定的价值低,抵押权人无权按照设定抵押时的约定价值要求抵押人补充差额;若此时估价高于当事人设定抵押时约定的价值,抵押人也无权要求增加的价值脱离担保。

第四百一十四条 【数个抵押权的清偿顺序】

同一财产向两个以上债权人抵押的,拍卖、变卖抵押财产所得的价款依照下列规定清偿:
(一)抵押权已经登记的,按照登记的时间先后确定清偿顺序;
(二)抵押权已经登记的先于未登记的受偿;
(三)抵押权未登记的,按照债权比例清偿。
其他可以登记的担保物权,清偿顺序参照适用前款规定。

理解适用

确定抵押权登记的先后,以登记部门的登记材料中记载的登记时间为准。抵押登记的日期是同一天的,则抵押权顺序相同。

条文参见

《九民纪要》第64条

第四百一十五条 【抵押权与质权的清偿顺序】

同一财产既设立抵押权又设立质权的,拍卖、变卖该财产所得的价款按照登记、交付的时间先后确定清偿顺序。

实用问答

抵押权和质权在同一财产上存在的,该财产只能是动产。

根据《九民纪要》的规定,同一动产上同时设立质权和抵押权的,应当根据是否完成公示以及公示先后情况来确定清偿顺序:(1)质权有效设立、抵押权办理了抵押登记的,按照公示先后确定清偿顺序;(2)顺序相同的,按照债权比例清偿;(3)质权有效设立,抵押权未办理抵押登记的,质权优先于抵押权;(4)质权未有效设立,抵押权未办理抵押登记的,因此时抵押权已经有效设立,故抵押权优先受偿。

第四百一十六条 【动产购买价款抵押担保的优先权】

动产抵押担保的主债权是抵押物的价款,标的物交付后十日内办理抵押登记的,该抵押权人优先于抵押物买受人的其他担保物权人受偿,但是留置权人除外。

理解适用

[买卖价款抵押权的优先受偿]

对于买卖价款抵押权的优先受偿效力,本条规定"该抵押权人优先于抵押物买受人的其他担保物权人受偿"。根据本法规定,买卖价款抵押权优先于在其登记之后设立的担保物权。根据本条规定,买卖价款抵押权具有的特殊优先受偿效力还体现在其优先于在先设立的担保物权。在债务人买受的动产上存在比买卖价款抵押权设立在先的担保物权,主要指债务人先前为他人设定了浮动抵押的情形。本法第396条规定了浮动抵押制度,设定浮动抵押以后,浮动抵押权人对于抵押人现有的及将有的动产享有抵押权,抵押人嗣后取得的动产,将自动成为抵押财产的一部分。这时就产生了在先设立的浮动抵押权与在后设立的买卖价款抵押权竞存的情形。根据本条规定,在后登记的买卖价款抵押权优先于在先设立的动产浮动抵押权,而不适用本法第414条规定的按照登记的时间先后确定清偿顺序。

实用问答

人民法院应支持哪些主张其权利优先于在先设立的浮动抵押权的权利人?

答: 根据《担保制度解释》第57条的规定,担保人在设立动产浮动抵押并办理抵押登记后又购入或者以融资租赁方式承租新的动产,下列权利人为担保价款债权或者租金的实现而订立担保合同,并在该动产交付后10日内办理登记,主张其权利优先于在先设立的浮动抵押权的,人民法院应予支持:(1)在该动产上设立抵押权或者保留所有权的出卖人;(2)为价款支付提供融资而在该动产上设立抵押权的债权人;(3)以融资租赁方式出租该动产的出租人。

买受人取得动产但未付清价款或者承租人以融资租赁方式占有租赁物但是未付清全部租金,又以标的物为他人设立担保物权,前款所列权利人为担保价款债权或者租金的实现而订立担保合同,并在该动产交付后十日内办理登记,主张其权利优先于买受人为他人设立的担保物权的,人民法院应予支持。

同一动产上存在多个价款优先权的,人民法院应当按照登记的时间先后确定清偿顺序。

第四百一十七条 【抵押权对新增建筑物的效力】

建设用地使用权抵押后,该土地上新增的建筑物不属于抵押财产。该建设用地使用权实现抵押权时,应当将该土地上新增的建筑物与建设用地使用权一并处分。但是,新增建筑物所得的价款,抵押权人无权优先受偿。

理解适用

建设用地使用权抵押后,抵押人仍然有权依法对该土地进行开发,建造建筑物。该土地上新增的建筑物,由于其不在抵押合同约定的抵押财产的范围内,因此不属于抵押财产。然而,需要处分抵押财产时,为了更好地实现物的交换价值和使用价值,虽然新增建筑物不属于抵押财产,也应当"房随地走",将该土地上新增的建筑物与建设用地使用权一并处分。此时,由于新增建筑物不属于抵押财产,处分新增建筑物所得的价款,抵押权人无权优先受偿。

条文参见

《担保制度解释》第51条

第四百一十八条 【集体所有土地使用权抵押权的实行效果】

以集体所有土地的使用权依法抵押的,实现抵押权后,未经法定程序,不得改变土地所有权的性质和土地用途。

第四百一十九条 【抵押权存续期间】

抵押权人应当在主债权诉讼时效期间行使抵押权;未行使的,人民法院不予保护。

> **理解适用**
>
> 主债权诉讼时效期间届满后,抵押权人主张行使抵押权的,人民法院不予支持;抵押人以主债权诉讼时效期间届满为由,主张不承担担保责任的,人民法院应予支持。主债权诉讼时效期间届满前,债权人仅对债务人提起诉讼,经人民法院判决或者调解后未在民事诉讼法规定的申请执行时效期间内对债务人申请强制执行,其向抵押人主张行使抵押权的,人民法院不予支持。

第二节 最高额抵押权

> **第四百二十条【最高额抵押权的定义】**
>
> 为担保债务的履行,债务人或者第三人对一定期间内将要连续发生的债权提供担保财产的,债务人不履行到期债务或者发生当事人约定的实现抵押权的情形,抵押权人有权在最高债权额限度内就该担保财产优先受偿。
>
> 最高额抵押权设立前已经存在的债权,经当事人同意,可以转入最高额抵押担保的债权范围。

> **理解适用**
>
> [最高额抵押权的特征]
>
> 最高额抵押权具有以下特征:(1)最高额抵押权是限额抵押权。实际发生的债权超过最高限额的,以抵押权设定时约定的最高债权额为限优先受偿;不及最高限额的,以实际发生的债权额为限优先受偿。(2)最高额抵押权是为将来发生的债权提供担保。这里的"将来债权",是指设定抵押时尚未发生,在抵押期间将要发生的债权。(3)最高额抵押权所担保的最高债权额是确定的,但实际发生额不确定。设定最高额抵押权时,债权尚未发生,为担保将来债权的履行,抵押人和抵押权人协议确定担保的最高数额,在此额度内对债权担保。(4)最高额抵押权是对一定期间内连续发生的债权作担保。也就是指在担保的最高债权额限度内,对某一确定期间内连续多次发生的债权作担保。

实用问答

什么是最高债权额？登记的最高债权额与当事人约定的不一致的，人民法院如何确定债权人优先受偿的范围？

答：根据《担保制度解释》第 15 条的规定，最高额担保中的最高债权额，是指包括主债权及其利息、违约金、损害赔偿金、保管担保财产的费用、实现债权或者实现担保物权的费用等在内的全部债权，但是当事人另有约定的除外。登记的最高债权额与当事人约定的最高债权额不一致的，人民法院应当依据登记的最高债权额确定债权人优先受偿的范围。

条文参见

《担保制度解释》第 30 条

第四百二十一条【最高额抵押权担保的债权转让】

最高额抵押担保的债权确定前，部分债权转让的，最高额抵押权不得转让，但是当事人另有约定的除外。

理解适用

最高额抵押所担保的债权确定后，债权在约定的最高限额内就抵押财产优先受偿，此时最高额抵押与一般抵押没有区别。因此，根据一般抵押权随债权的转让而转让的原则，债权转让的，最高额抵押权一并转让。

最高额抵押担保的债权确定前，最高额抵押是对一定期间内连续发生的所有债权作担保，而不是单独对其中的某一个债权作担保。因此，最高额抵押权并不从属于特定债权，而是从属于主合同关系。部分债权转让的，只是使这部分债权脱离了最高额抵押权的担保范围，对最高额抵押权并不发生影响，最高额抵押权还要在最高债权额限度内，对已经发生的债权和尚未发生而将来可能发生的债权作担保。因此，最高额抵押担保的债权确定前，部分债权转让的，最高额抵押权并不随之转让，除非当事人另有约定。

条文参见

《不动产登记暂行条例实施细则》第 74 条

第四百二十二条 【最高额抵押合同条款变更】

最高额抵押担保的债权确定前,抵押权人与抵押人可以通过协议变更债权确定的期间、债权范围以及最高债权额。但是,变更的内容不得对其他抵押权人产生不利影响。

□ 理解适用

[最高额抵押合同的变更]

当事人可以协议变更的内容主要包括:(1)债权确定的期间。最高额抵押担保的债权确定前,当事人可以协议延长或缩短最高额抵押合同中约定的确定债权的期间。(2)债权范围。当事人可以协议变更最高额抵押权担保的债权范围。(3)最高债权额。当事人可以协议提高或者降低抵押财产担保的最高债权额。

□ 实用问答

哪些情形下,当事人应持不动产登记证明等必要材料申请最高额抵押权变更登记?

答:根据《不动产登记暂行条例实施细则》第72条的规定,有下列情形之一的,当事人应当持不动产登记证明、最高额抵押权发生变更的材料等必要材料,申请最高额抵押权变更登记:(1)抵押人、抵押权人的姓名或者名称变更的;(2)债权范围变更的;(3)最高债权额变更的;(4)债权确定的期间变更的;(5)抵押权顺位变更的;(6)法律、行政法规规定的其他情形。

因最高债权额、债权范围、债务履行期限、债权确定的期间发生变更申请最高额抵押权变更登记时,如果该变更将对其他抵押权人产生不利影响的,当事人还应当提交其他抵押权人的书面同意文件与身份证或者户口簿等。

第四百二十三条 【最高额抵押权所担保的债权确定】

有下列情形之一的,抵押权人的债权确定:

(一)约定的债权确定期间届满;

(二)没有约定债权确定期间或者约定不明确,抵押权人或者抵押人自最高额抵押权设立之日起满二年后请求确定债权;

（三）新的债权不可能发生；
（四）抵押权人知道或者应当知道抵押财产被查封、扣押；
（五）债务人、抵押人被宣告破产或者解散；
（六）法律规定债权确定的其他情形。

第四百二十四条 【最高额抵押权的法律适用】

最高额抵押权除适用本节规定外，适用本章第一节的有关规定。

第十八章 质　　权

第一节　动　产　质　权

第四百二十五条 【动产质权的定义】

为担保债务的履行，债务人或者第三人将其动产出质给债权人占有的，债务人不履行到期债务或者发生当事人约定的实现质权的情形，债权人有权就该动产优先受偿。

前款规定的债务人或者第三人为出质人，债权人为质权人，交付的动产为质押财产。

理解适用

［动产质权的法律特征］

动产质权主要具有以下法律特征：(1)动产质权是担保物权。(2)动产质权是在他人的财产上设立的物权。质权的标的既可以是债务人自己的财产，也可以是第三人的财产。(3)动产质权以债权人占有质押财产为生效条件，移转质押财产的占有是质权与抵押权的根本区别。(4)动产质权是就质押财产价值优先受偿的权利。当债务履行期限届满而债务人不履行债务或者出现债务人与债权人约定的实现质权的情形时，质权人有权以质押财产折价或者就拍卖、变卖该质押财产的价款优先受偿。

> **实用问答**

在债权人、出质人与监管人订立三方协议来提供担保的情况下,如何认定质权的设立?

答:根据《担保制度解释》第55条的规定,债权人、出质人与监管人订立三方协议,出质人以通过一定数量、品种等概括描述能够确定范围的货物为债务的履行提供担保,当事人有证据证明监管人系受债权人的委托监管并实际控制该货物的,人民法院应当认定质权于监管人实际控制货物之日起设立。监管人违反约定向出质人或者其他人放货、因保管不善导致货物毁损灭失,债权人请求监管人承担违约责任的,人民法院依法予以支持。

在前述规定情形下,当事人有证据证明监管人系受出质人委托监管该货物,或者虽然受债权人委托但是未实际履行监管职责,导致货物仍由出质人实际控制的,人民法院应当认定质权未设立。债权人可以基于质押合同的约定请求出质人承担违约责任,但是不得超过质权有效设立时出质人应当承担的责任范围。监管人未履行监管职责,债权人请求监管人承担责任的,人民法院依法予以支持。

第四百二十六条 【禁止质押的动产范围】

法律、行政法规禁止转让的动产不得出质。

> **理解适用**

禁止转让的动产主要是有可能危害国家和社会利益的动产,如枪支、弹药、毒品等。与不动产不可分离的物不适合作为质物。

第四百二十七条 【质押合同】

设立质权,当事人应当采用书面形式订立质押合同。

质押合同一般包括下列条款:

(一)被担保债权的种类和数额;

(二)债务人履行债务的期限;

(三)质押财产的名称、数量等情况;

(四)担保的范围;

(五)质押财产交付的时间、方式。

理解适用

[质押合同]

质押合同的书面形式，可以多元化。质押合同可以是单独订立的书面合同，包括当事人之间的具有担保性质的信函、传真等，也可以是主合同中的担保条款。质押合同是出质人和质权人订立的以出质人享有完全处分权的动产交付质权人进行债权担保的协议。质押合同是双方法律行为。被担保债权的种类是指主债权合同的属性；被担保债权的数额是指在抵押合同中应确定的被担保主债权的数额；债务人履行债务的期限可以使出质人清楚预见质押负担的存续期限；质押财产的名称和数量是质物区别于他物、计算质押财产价值的依据；担保范围划清了出质人承担的质押责任边界；质押财产交付的时间是质押合同的生效时间。

第四百二十八条 【流质】

质权人在债务履行期限届满前，与出质人约定债务人不履行到期债务时质押财产归债权人所有的，只能依法就质押财产优先受偿。

理解适用

[流质]

流质，是指债权人在订立质押合同时与出质人约定，债务人到期不履行债务时质押财产归债权人所有。

需要注意的是，当事人之间订有流质条款的，债权人依法就质押财产优先受偿，需要满足质权设立的前提条件，即存在合法有效的质押合同，并且通过交付或者登记设立了质权。如果质权没有有效设立，质权人不能对质押财产享有优先受偿权。

条文参见

《担保制度解释》第68条；《时间效力规定》第7条

第四百二十九条 【质权设立】

质权自出质人交付质押财产时设立。

理解适用

出质人与质权人订立动产质押合同,该合同自成立时生效。但是在移转质押财产的占有之前,并不发生担保物权的效力,出质人只有将质押财产通过交付的形式实际移转给质权人占有时,质权才发生效力。根据本条的规定,质押财产是否移转是质权是否生效的判断标准:当事人没有移转质押财产,质权无效。

条文参见

《担保制度解释》第44、55条

第四百三十条　【质权人孳息收取权及孳息首要清偿用途】

质权人有权收取质押财产的孳息,但是合同另有约定的除外。

前款规定的孳息应当先充抵收取孳息的费用。

理解适用

动产质权为担保物权而非用益物权,除非合同另有约定,质权人并不拥有对质押财产的使用收益权。但对于质押财产的天然孳息和法定孳息,如果当事人约定质权人无权收取,则从约定;如果没有约定或约定不明,则质权人可以依本条收取质押财产的孳息。

孳息首先应当充抵收取孳息的费用,然后充抵主债权的利息和主债权。理由是这项费用是为全部债权人的利益而形成的共益费用,应按照共益债务清偿的规则处理,首先用于清偿因孳息收取而产生的费用。

第四百三十一条　【质权人擅自使用、处分质押财产的责任】

质权人在质权存续期间,未经出质人同意,擅自使用、处分质押财产,造成出质人损害的,应当承担赔偿责任。

第四百三十二条　【质权人的保管义务和赔偿责任】

质权人负有妥善保管质押财产的义务;因保管不善致使质押财产毁损、灭失的,应当承担赔偿责任。

> 质权人的行为可能使质押财产毁损、灭失的，出质人可以请求质权人将质押财产提存，或者请求提前清偿债务并返还质押财产。

理解适用

[妥善保管义务及费用]

质权人在占有质押财产的同时即产生妥善保管质押财产的义务。妥善保管，即以善良管理人的注意义务加以保管。善良管理人的注意义务，是指依照一般交易上的观念，认为有相当的知识经验及诚意的人所应负的注意义务，即以一种善良的心和应当具备的知识来保管质押财产。

在司法实践中，需要注意质押财产保管费用和必要费用的边界。质押财产的保管费用由质权人承担，而且不能从质押财产折价、拍卖或变卖所得价款中折抵。而由于在质押期间，所有权依然归出质人所有，因此质物产生的必要费用，如修理费、饲养费，需由出质人承担。

第四百三十三条 【质权的保护】

> 因不可归责于质权人的事由可能使质押财产毁损或者价值明显减少，足以危害质权人权利的，质权人有权请求出质人提供相应的担保；出质人不提供的，质权人可以拍卖、变卖质押财产，并与出质人协议将拍卖、变卖所得的价款提前清偿债务或者提存。

理解适用

本条中的质权人拍卖、变卖质押财产无须经过出质人同意。拍卖、变卖所得的价款，性质上属于质押财产的替代物，质权人不当然取得价款的所有权，出质人可以用该价款提前向质权人清偿债务；如果以该价款提存，则要等债务履行期限届满，以提存的价款清偿债务。无论是提前清偿债权，还是提存后届时清偿，其价款超出所担保债权的部分，应当直接归还出质人。

第四百三十四条 【责任转质】

> 质权人在质权存续期间，未经出质人同意转质，造成质押财产毁损、灭失的，应当承担赔偿责任。

理解适用

[转质的定义及类型]

转质,是指质权人为担保自己或者他人的债务,在占有的质押财产上再次设定质权的行为。转质所成立的质权为转质权。因转质而取得质权的人为转质权人。转质既可以适用于动产质权,也可以适用于权利质权。

转质依其是否经出质人同意,分为承诺转质和责任转质。承诺转质,指经出质人同意,质权人在占有的质押财产上为第三人设定质权的行为。承诺转质事前已经取得出质人的同意,质权人对因转质权人的过错而造成的损失承担责任,并不因转质而加重法律责任。责任转质,指质权人不经出质人同意,将质押财产转质于第三人的行为。责任转质因未经出质人同意就将质押财产转质,不仅要承担质押财产因转质权人的过错而毁损、灭失的责任,还要承担转质期间发生的因不可抗力产生的质押财产毁损、灭失的风险责任,其责任要比未转质的情况更为严重。

需要注意的是,责任转质中,应允许出质人对原质权人进行清偿,出质人有权要求质权人返还质物。而如果转质权人的债权还未获清偿,质押财产依然被转质权人占有,此时出质人和原质权人可以协商,给相当于租金的补偿,等待原质权人到期清偿转质权人债权、取回质物。质物如果被转质权人行使质权变价而不再存在,就应该由转质人对出质人进行损害赔偿。

第四百三十五条　【质权的放弃】

质权人可以放弃质权。债务人以自己的财产出质,质权人放弃该质权的,其他担保人在质权人丧失优先受偿权益的范围内免除担保责任,但是其他担保人承诺仍然提供担保的除外。

理解适用

[放弃质权]

放弃质权,是指质权人放弃其因享有质权而就质押财产优先于普通债权人受清偿的权利的行为。

质权人放弃质权应当明示作出意思表示。质权人不行使质权或者怠于行使质权的,不能推定为质权人放弃质权。质权因质权人的放弃而消灭。质权人放弃质权,不得有损于其他利害关系人的利益。

第四百三十六条 【质物返还及质权实现】

债务人履行债务或者出质人提前清偿所担保的债权的,质权人应当返还质押财产。

债务人不履行到期债务或者发生当事人约定的实现质权的情形,质权人可以与出质人协议以质押财产折价,也可以就拍卖、变卖质押财产所得的价款优先受偿。

质押财产折价或者变卖的,应当参照市场价格。

理解适用

[质权人实现质权]

质权人实现质权,是指质权人在债权已届清偿期而债务人不履行债务或者发生当事人约定的实现质权的情形时,处分占有的质押财产并优先受偿的行为。

第四百三十七条 【质权的及时行使】

出质人可以请求质权人在债务履行期限届满后及时行使质权;质权人不行使的,出质人可以请求人民法院拍卖、变卖质押财产。

出质人请求质权人及时行使质权,因质权人怠于行使权利造成出质人损害的,由质权人承担赔偿责任。

理解适用

质押财产存在意外毁损、灭失以及随着市场风险的变化价值下跌的风险。因此,一旦债务履行期限届满,而债务人未清偿债务的,质权人应当及时行使质权,以免给出质人造成损失,出质人也有权请求质权人行使权利。质权人怠于行使权利可能会致使质押财产价格下跌,或者发生其他毁损、灭失等情形,质押财产无法获得与原有价值相当的变价款。在此情形下,质权人对于出质人的损失要承担赔偿责任。

在司法适用中,应注意以质权人是否怠于行使权利为核心判断依据。出质人请求质权人行使质权,质权人怠于行使而导致质押财产价格下跌等结果,给出质人造成损害的,才应对出质人承担损害赔偿责任。实务中,应考虑如下要素:(1)以出质人请求质权人行使质权为时间基点,在此之前即使质权到期甚至造成质物价值损耗也不能认定为质权人怠于行使权利。(2)质权人怠于行使质权的行为须造成了实际损害,有损害发生的可能性而未造成实际损害的情形不能视为损害赔偿的依据。(3)关于举证义务。应由出质人举证遭受了损失,而由质权人举证没有怠于行使质权。

第四百三十八条 【质押财产变价后的处理】

质押财产折价或者拍卖、变卖后,其价款超过债权数额的部分归出质人所有,不足部分由债务人清偿。

理解适用

质权人在实现质权时,应当注意以下几种情况:

(1)如果数个可分的质押财产为同一债权担保时,各个质押财产都担保债权的全部,但在实现质权时,如果质权人折价、拍卖或者变卖部分质押财产的价款足以清偿质押担保范围的债权,则应停止折价、拍卖或者变卖其余的质押财产。

(2)如果以一个质押财产作为债权担保,质押财产的变价款超出所担保的债权,应当将剩余价款还给出质人,因为出质人是质押财产的所有权人。

(3)如果质押财产的变价款不足以清偿所担保的债权,出质人以全部变价款交给质权人后,质权消灭。担保债权未清偿的部分,仍然在债权人与债务人之间存在,只是不再是质权担保的债权,而是无质权担保的普通债权,债务人仍然负有清偿债务的义务。如果债务人和出质人不是同一人,未偿还的债务由债务人承担,出质人不再承担责任。

第四百三十九条 【最高额质权】

出质人与质权人可以协议设立最高额质权。

最高额质权除适用本节有关规定外,参照适用本编第十七章第二节的有关规定。

理解适用

[最高额质权]

最高额质权,是指为担保债务的履行,债务人或者第三人对一定期间内将要连续发生的债权提供质押财产担保的,债务人不履行到期债务或者发生当事人约定的实现质权的情形,质权人有权在最高债权额限度内就该质押财产优先受偿。

第二节 权利质权

第四百四十条 【权利质权的范围】

债务人或者第三人有权处分的下列权利可以出质:
(一)汇票、本票、支票;
(二)债券、存款单;
(三)仓单、提单;
(四)可以转让的基金份额、股权;
(五)可以转让的注册商标专用权、专利权、著作权等知识产权中的财产权;
(六)现有的以及将有的应收账款;
(七)法律、行政法规规定可以出质的其他财产权利。

理解适用

[汇票]

汇票,是指出票人签发的,委托付款人在见票时或者在指定日期无条件支付确定的金额给收款人或者持票人的票据。

[本票]

本票,是指出票人签发的,承诺自己在见票时无条件支付确定的金额给收款人或者持票人的票据。

[支票]

支票,是指出票人签发的,委托办理支票存款业务的银行或者其他金融机构在见票时无条件支付确定的金额给收款人或者持票人的票据。

[权利质权]

权利质权,是指以出质人提供的财产权利为标的而设定的质权。权利质权的标的是出质人提供的作为债权担保的权利。但并不是所有的权利都可以作为权利质权的标的,其必须满足下列条件:(1)必须是财产权;(2)必须具有让与性;(3)必须是适于设定质权的权利。

第四百四十一条 【有价证券出质的质权的设立】

以汇票、本票、支票、债券、存款单、仓单、提单出质的,质权自权利凭证交付质权人时设立;没有权利凭证的,质权自办理出质登记时设立。法律另有规定的,依照其规定。

理解适用

[有无权利凭证的有价证券出质的质权设立的情形]

(1)有权利凭证的,质权自权利凭证交付质权人时设立。权利凭证,是指记载权利内容的象征性的证书,通常采用书面形式,如汇票、本票、支票、存款单、仓单、提单和一部分实物债券等都有权利凭证。

(2)没有权利凭证的,质权自办理出质登记时设立。在我国,部分债券如记账式国库券和在证券交易所上市交易的公司债券等都已经实现无纸化,这些债券没有权利凭证,如果要出质,就必须到法律、法规规定的有关登记部门办理出质登记,质权自登记时设立。

(3)法律另有规定的,依照其规定。其他法律对于以汇票、本票、支票等出质的权利质权的设立有特别规定的,依照其规定。

条文参见

《担保制度解释》第58~61条

第四百四十二条 【有价证券出质的质权的特别实现方式】

汇票、本票、支票、债券、存款单、仓单、提单的兑现日期或者提货日期先于主债权到期的,质权人可以兑现或者提货,并与出质人协议将兑现的价款或者提取的货物提前清偿债务或者提存。

理解适用

质权人兑现款项或者提取货物后不能据为己有,必须通知出质人,并与出质人协商,用兑现的款项或提取的货物提前清偿债权,或者将兑现的款项或提取的货物提存。提前清偿债权的,质权消灭;提存的,质权继续存在于提存的款项或者货物上,在主债权到期时可以以该提存的款项或货物优先受偿。出质人只能在提前清偿债权和提存中选择,不能既不同意提前清偿债权,也不同意提存。

审判实践中,如果出现有价证券兑现日期或提货日期晚于债务履行期的情况,应作如下理解:由于债务已届履行期,出质人需清偿债权或进行提存,但质物所附权利还未到兑现或提货日期,如果此时要求直接清偿,将加重有价证券的债务人的负担。因此,只能考虑质权人在证券到期日兑现或提取货物,或者通过转让证券以所得价款优先受偿。

第四百四十三条 【以基金份额、股权出质的质权设立及转让限制】

以基金份额、股权出质的,质权自办理出质登记时设立。

基金份额、股权出质后,不得转让,但是出质人与质权人协商同意的除外。出质人转让基金份额、股权所得的价款,应当向质权人提前清偿债务或者提存。

理解适用

股权质押成立的要件为质押登记,口头约定或交付不能认定为股权质押。基金份额被质押后,基金交易账户即被冻结。以转份额方式分红的基金份额进入相应的基金账户即被冻结。以现金方式分红,基金登记机构应将现金划转至基金份额持有人的资金账户一并冻结。这里的现金虽非质押原则所要求的特定物,但作为基金份额受益权的一部分,并不是单独以质物形式进行质押。

第四百四十四条 【以知识产权中的财产权出质的质权的设立及转让限制】

以注册商标专用权、专利权、著作权等知识产权中的财产权出质的,质权自办理出质登记时设立。

知识产权中的财产权出质后,出质人不得转让或者许可他人使用,但是出质人与质权人协商同意的除外。出质人转让或者许可他人使用出质的知识产权中的财产权所得的价款,应当向质权人提前清偿债务或者提存。

> **理解适用**

实践中,还会遇到商誉权与商号权是否可以进行质押的问题。商誉和商号与商主体的设立、存续、发展相伴相生,属于企业的无形资产。商号还可以授权他人使用,但商誉和商号一旦与其主体分离使用,其价值会发生很大的损耗。因此,商誉权和商号权不能单独质押,应与企业共同作为担保的对象。

> **条文参见**

《专利权质押登记办法》;《著作权质权登记办法》

第四百四十五条 【以应收账款出质的质权的设立及转让限制】

以应收账款出质的,质权自办理出质登记时设立。

应收账款出质后,不得转让,但是出质人与质权人协商同意的除外。出质人转让应收账款所得的价款,应当向质权人提前清偿债务或者提存。

> **实用问答**

1. 以现有的应收账款出质的,质权人和应收账款债务人在哪些情形下可以主张权利?

答:根据《担保制度解释》第61条第1~3款的规定,以现有的应收账款出质,应收账款债务人向质权人确认应收账款的真实性后,又以应收账款不存在或者已经消灭为由主张不承担责任的,人民法院不予支持。

以现有的应收账款出质,应收账款债务人未确认应收账款的真实性,质权人以应收账款债务人为被告,请求就应收账款优先受偿,能够举证证明办理出质登记时应收账款真实存在的,人民法院应予支持;质权人不能举证证明办理出质登记时应收账款真实存在,仅以已经办理出质登记为由,请求就应收账款优先受偿的,人民法院不予支持。

以现有的应收账款出质,应收账款债务人已经向应收账款债权人履行了债务,质权人请求应收账款债务人履行债务的,人民法院不予支持,但是应收账款债务人接到质权人要求向其履行的通知后,仍然向应收账款债权人履行的除外。

2. 以将有的应收账款出质的,质权人何时可以主张权利?

答:根据《担保制度解释》第61条第4款的规定,以基础设施和公用事业项目收益权、提供服务或者劳务产生的债权以及其他将有的应收账款出质,当事人为应收账款设立特定账户,发生法定或者约定的质权实现事由时,质权人请求就该特定账户内的款项优先受偿的,人民法院应予支持;特定账户内的款项不足以清偿债务或者未设立特定账户,质权人请求折价或者拍卖、变卖项目收益权等将有的应收账款,并以所得的价款优先受偿的,人民法院依法予以支持。

第四百四十六条 【权利质权的法律适用】

权利质权除适用本节规定外,适用本章第一节的有关规定。

第十九章 留 置 权

第四百四十七条 【留置权的一般规定】

债务人不履行到期债务,债权人可以留置已经合法占有的债务人的动产,并有权就该动产优先受偿。

前款规定的债权人为留置权人,占有的动产为留置财产。

理解适用

[留置权的特征]

留置权具有以下特征:(1)从属性。留置权以担保债权为目的而存在,因此留置权为从属于所担保债权的从权利。留置权依主债权的存在而存在,依主债权的转移而转移,并因主债权的消灭而消灭。(2)法定性。留置权为法定担保物权,只能直接依据法律的规定发生,不能由当事人自由设定。(3)不可分性。只要债权未受全部清偿,留置权人就可以对全部留置财产行使权利,不受债权分割或者部分清偿以及留置财产分割的影响。

第四百四十八条 【留置财产与债权的关系】

债权人留置的动产,应当与债权属于同一法律关系,但是企业之间留置的除外。

> 理解适用

同一法律关系，就是留置财产应当与债权所形成的债权债务关系属于同一个民事法律关系。最为常见的就是因合同产生的债权债务关系。同一法律关系还可以是因侵权形成的同一债权债务关系。

"但是企业之间留置的除外"。这意味着企业之间，只要债权人合法占有债务人的动产，债务人不履行债务，债权人即可留置其动产，而不论该动产是基于何种法律关系占有。

> 实用问答

1. 债务人不履行到期债务，债权人可否请求优先受偿留置的第三人的动产？

答：根据《担保制度解释》第62条第1款的规定，债务人不履行到期债务，债权人因同一法律关系留置合法占有的第三人的动产，并主张就该留置财产优先受偿的，人民法院应予支持。第三人以该留置财产并非债务人的财产为由请求返还的，人民法院不予支持。

2. 企业之间留置的动产与债权并非同一法律关系，哪些留置财产可予返还？

答：根据《担保制度解释》第62条第2、3款的规定，企业之间留置的动产与债权并非同一法律关系，债务人以该债权不属于企业持续经营中发生的债权为由请求债权人返还留置财产的，人民法院应予支持。

企业之间留置的动产与债权并非同一法律关系，债权人留置第三人的财产，第三人请求债权人返还留置财产的，人民法院应予支持。

第四百四十九条 【留置权适用范围限制】

法律规定或者当事人约定不得留置的动产，不得留置。

第四百五十条 【留置财产为可分物的特殊规定】

留置财产为可分物的，留置财产的价值应当相当于债务的金额。

理解适用

［可分物］

可分物，是指经分割而不损害其经济用途或者失去其价值的物。

留置权人需正当行使权利。在司法实践中有判决认为留置的财产价值远远大于欠付加工费的数额，属于被上诉人留置行为不当，存在过错，进而要求留置权人根据过错程度承担赔偿责任。

条文参见

《担保制度解释》第38条

第四百五十一条 【留置权人的保管义务】

留置权人负有妥善保管留置财产的义务；因保管不善致使留置财产毁损、灭失的，应当承担赔偿责任。

理解适用

［妥善保管留置财物］

妥善保管留置财产，是一种消极性义务，不需要留置权人有积极的作为，留置权人对留置财产并不负有保值增值的义务。留置权人只要使留置财产维持原状或者保持其正常状态，确保其不受到侵害、毁损或者灭失即可。

第四百五十二条 【留置权人收取孳息的权利】

留置权人有权收取留置财产的孳息。

前款规定的孳息应当先充抵收取孳息的费用。

理解适用

［收取留置财产的孳息］

（1）收取留置财产的孳息属于留置权人的权利。留置权人既可以行使，也可以放弃。（2）留置权人收取的孳息仅限于留置财产的孳息，不能超出此范围收取。（3）留置权人的权利仅仅是收取孳息，并非直接能获得孳息的所有权。留置权人在收取孳息后，有权控制、占有孳息，且此种权利可以对抗作为所有人的债务人,债务人在未履行债务之前不能要求留置权人返还留置财产的孳息。

> **第四百五十三条 【留置权实现的一般规定】**
>
> 留置权人与债务人应当约定留置财产后的债务履行期限;没有约定或者约定不明确的,留置权人应当给债务人六十日以上履行债务的期限,但是鲜活易腐等不易保管的动产除外。债务人逾期未履行的,留置权人可以与债务人协议以留置财产折价,也可以就拍卖、变卖留置财产所得的价款优先受偿。
>
> 留置财产折价或者变卖的,应当参照市场价格。

> **第四百五十四条 【留置权债务人的请求权】**
>
> 债务人可以请求留置权人在债务履行期限届满后行使留置权;留置权人不行使的,债务人可以请求人民法院拍卖、变卖留置财产。

条文参见

《担保制度解释》第 44 条

> **第四百五十五条 【留置权的实现】**
>
> 留置财产折价或者拍卖、变卖后,其价款超过债权数额的部分归债务人所有,不足部分由债务人清偿。

> **第四百五十六条 【留置权与抵押权或者质权竞合时的顺位原则】**
>
> 同一动产上已经设立抵押权或者质权,该动产又被留置的,留置权人优先受偿。

理解适用

[留置权效力优先]

理解本条时需注意以下两个方面:(1)留置权的效力绝对优先,同一动产上,留置权对抵押权或者质权的优先效力不受其产生时间的影响。(2)留置权对抵押权或者质权的优先效力不受留置权人在留置动产时是善意还是恶意的影响。本条并没有强调留置权优先于抵押权或者质权的效力以留置权人的善意为前提。当然,如果留置权人与债务人恶意串通成立留置权,其目的就是排除在动产上的抵押权或者质权,这已属于严重违反诚信原则的恶意串通行为。在这种情况下,不但该留置权不能优先于抵押权或者质权,而且该留置权应当被视为不存在。

第四百五十七条 【留置权消灭原因】

留置权人对留置财产丧失占有或者留置权人接受债务人另行提供担保的,留置权消灭。

理解适用

需要注意的是,若留置权人非依自己的意愿暂时丧失对留置财产占有,则留置权消灭;但这种消灭并不是终局性的消灭,留置权人可以依占有的返还原物之诉要求非法占有人返还留置物而重新获得留置权。

第五分编 占 有

第二十章 占 有

第四百五十八条 【有权占有的法律适用】

基于合同关系等产生的占有,有关不动产或者动产的使用、收益、违约责任等,按照合同约定;合同没有约定或者约定不明确的,依照有关法律规定。

理解适用

[占有]

一般而言,占有即所有,在没有争议、没有相反证据证明的情况下,应当推定占有人为有权占有。动产的所有权移转以交付为准,而交付的外部表现为转移占有。判断动产是否发生了所有权移转,只需要判断占有是否发生了移转。对不动产而言,登记是物权变动的生效要件,但在未进行不动产物权登记的情况下,需要注意保护占有人的合法权益。

第四百五十九条 【无权占有造成占有物损害的赔偿责任】

占有人因使用占有的不动产或者动产,致使该不动产或者动产受到损害的,恶意占有人应当承担赔偿责任。

理解适用

对于有权占有人因正常使用而导致不动产或者动产的损耗、折旧等,往往由所有权人负担,因为有权占有人所支付的价金即是对不动产或者动产因正常使用而发生损耗的补偿。善意占有人一般不承担赔偿责任,恶意占有人不具有占有使用的权利,应该对不动产或者动产受到的损害,承担赔偿责任。

第四百六十条 【权利人的返还请求权和占有人的费用求偿权】

不动产或者动产被占有人占有的,权利人可以请求返还原物及其孳息;但是,应当支付善意占有人因维护该不动产或者动产支出的必要费用。

理解适用

理解本条,需要明确以下几点:(1)无论被侵占的标的物是动产还是不动产,权利人都有权请求返还。(2)有返还请求权的人是权利人。这里的权利人既可以是所有权人,也可以是依法对标的物享有占有使用权的人。(3)无论善意占有人还是恶意占有人,都有义务返还。(4)应当返还的既包括原物,也包括孳息。

善意占有人对其因维护该不动产或者动产而支出的必要费用,有权请求权利人支付。必要费用,指保存或管理占有物通常所需的费用,如修缮费、饲养费、捐税、公寓大厦管理费、汽车定期保养费等。支出的费用是否必要,应以支出时的情事依客观标准认定。

第四百六十一条 【占有的不动产或动产毁损、灭失时占有人的责任】

占有的不动产或者动产毁损、灭失,该不动产或者动产的权利人请求赔偿的,占有人应当将因毁损、灭失取得的保险金、赔偿金或者补偿金等返还给权利人;权利人的损害未得到足够弥补的,恶意占有人还应当赔偿损失。

理解适用

[毁损]

毁损,是指使被占有的不动产或者动产的使用价值或者交换价值降低。

[灭失]

灭失,是指被占有的不动产或动产对于占有人来说,不复存在,这包括物的实体消灭和丧失下落,或者被第三人善意取得而不能返还。

如果占有物虽被毁损,但并未失去其通常效用,则物的权利人不能放弃物的返还请求权。权利人请求按照灭失赔偿的,应当判决占有人返还原物并承担赔偿占有物毁损的责任。占有物的毁损灭失系因第三人的侵权行为造成时,物的权利人应先向该第三人主张侵权损害赔偿责任,当第三人的赔偿不足以弥补权利人的损害时,再由恶意占有人承担赔偿责任。

第四百六十二条 【占有保护请求权】

占有的不动产或者动产被侵占的,占有人有权请求返还原物;对妨害占有的行为,占有人有权请求排除妨害或者消除危险;因侵占或者妨害造成损害的,占有人有权依法请求损害赔偿。

占有人返还原物的请求权,自侵占发生之日起一年内未行使的,该请求权消灭。

理解适用

[占有保护请求权]

占有保护请求权分为以下三种:

占有物返还请求权。占有物返还请求权发生于占有物被侵夺的情形。此种侵夺占有而构成的侵占,是指非基于占有人的意思,采取违法的行为使其丧失对物的控制与支配。需要注意的是,非因他人的侵夺而丧失占有的,如因受欺诈或者胁迫而交付的,不享有占有物返还请求权。

占有妨害排除请求权。占有被他人妨害时,占有人得请求妨害人除去妨害。排除妨害的费用应由妨害人负担。占有人自行除去妨害的,其费用可依无因管理的规定向相对人请求偿还。

占有危险消除请求权。占有危险消除请求权中的危险,应为具体的事实的危险;对于一般抽象的危险,法律不加以保护。具体的事实的危险,指其所用的方法,使外界感知到对占有的妨害。

本条第2款规定的一年除斥期间仅适用于占有物返还请求权,不适用于本条第1款所列的其他请求权。当物权请求权与占有保护请求权发生竞合时,请求权人既可以提起物权请求权之诉,也可以提起占有保护之诉。如果所有权人对占有人提起物权请求权(本权)之诉,而占有人同时对所有权人提起占有保护请求权之诉,则出现法律保护对象的选择问题。占有之诉与本权之诉实际上各自独立,互不妨碍,可合并审理。本权人给占有人造成损害的,应当承担赔偿责任,占有人给本权人造成损害的,也应予以赔偿,最终,应依据占有人与本权人之间的法律关系决定物的归属。

第三编 合 同

第一分编 通 则

第一章 一 般 规 定

第四百六十三条 【合同编的调整范围】

本编调整因合同产生的民事关系。

第四百六十四条 【合同的定义和身份关系协议的法律适用】

合同是民事主体之间设立、变更、终止民事法律关系的协议。

婚姻、收养、监护等有关身份关系的协议,适用有关该身份关系的法律规定;没有规定的,可以根据其性质参照适用本编规定。

理解适用

合同是民事主体之间的协议,即平等主体的自然人、法人和非法人组织之间的协议。民事法律关系,主要是指财产关系。合同编调整的合同是债权、物权、知识产权等民事合同;其他合同,如收养协议、监护协议、离婚协议等人身关系的民事合同不包括在内。

需要注意的是,政府对经济的管理活动,属于行政管理关系,不适用合同编,如财政拨款、征用、征购等,是政府行使行政管理职权,属于行政关系。另外,企业、单位内部的管理关系,是管理与被管理的关系,不是平等主体之间的关系,也不属于合同编调整。

> 实用问答

离婚协议中,就夫妻共同财产分割折价款的给付义务约定的违约金条款效力,应如何认定? 能否对违约金进行调整?[①]

答:(1)离婚协议就夫妻共同财产分割折价款给付义务约定的违约金条款的效力。《民法典》第464条规定:"婚姻、收养、监护等有关身份关系的协议,适用有关该身份关系的法律规定;没有规定的,可以根据其性质参照适用本编规定。"据此,在《民法典》婚姻家庭编并未明确规定离婚协议中可以约定违约金,亦未加以禁止的情况下,有关离婚协议中约定违约金条款的问题,应当遵循《民法典》第464条的规定确定相应的法律适用规则。具体而言,对于约定的违约金条款涉及纯粹身份关系内容的,除法律另有明确规定外,不宜认可其法律效力;对于离婚协议中的财产部分,则应当允许当事人约定违约金条款,此亦符合意思自治原则的要求。因此,夫妻双方针对共同财产分割产生的给付义务约定的违约金,如无其他影响该约定效力的事由,则应当认定该约定有效。

(2)关于离婚协议中违约金能否调整的问题。《民法典》合同编允许当事人请求对违约金进行调整。如果合同中约定的违约金过分高于造成的损失,违约方可以请求人民法院予以适当减少,此旨在贯彻损失填平原则,更好体现民商事交易过程中的公平原则。而离婚协议中公平原则的体现方式与民商事交易中公平原则的体现方式并不相同。在涉离婚协议中,既不强调等价有偿,也不要求平均分配。同时,男女双方为了尽快离婚或者避免诉讼离婚,往往会在离婚协议中约定一些权利义务看似失衡的条款。这些条款系双方的真实意思表示,与公平原则并不冲突,其隐含的对价是对方配合办理离

[①] 参见《法答网精选答问(第二十三批)——婚姻家庭专题》,载最高人民法院官网2025年7月3日,https://www.court.gov.cn/zixun/xiangqing/469701.html。

婚手续,快速了结双方之间的感情纠葛。以逾期付款违约金为例,该约定发挥着督促付款义务方按约付款的作用。此类纠纷发生时,男女双方通常已经办理了离婚手续,如果付款义务方违约,会导致等待取得折价款的一方因对方失信行为而难以尽快从双方之间的纠纷中解脱,故在处理涉及此种情形下的违约金调整问题时,除了依法参照适用《民法典》合同编及有关司法解释的规定外,更应侧重对诚信原则的遵循,考虑上述当事人约定违约金的具体场景来酌定。

第四百六十五条 【依法成立的合同效力】

依法成立的合同,受法律保护。

依法成立的合同,仅对当事人具有法律约束力,但是法律另有规定的除外。

理解适用

本条第1款包含两个层面的意思:(1)对当事人而言,合同依法成立后,不管是否实际生效,均对当事人产生法律约束力。(2)对当事人之外的第三人而言,合同依法成立后,当事人之外的任何组织或者个人均不得非法干预合同。

本条第2款明确确立了合同相对性原则。合同相对性原则,是指合同项下的权利与义务只由合同当事人享有和承担,合同仅对当事人具有法律约束力,对合同当事人之外的第三人不具有法律约束力。同时,合同相对性原则只有一个例外,即"法律另有规定"。目前,法律对合同相对性原则的例外规定主要有以下几种:(1)合同保全制度。(2)真正的利益第三人合同制度。(3)当事人之外的第三人对履行债务具有合法利益情形时的代为履行制度。(4)"买卖不破租赁"制度。

第四百六十六条 【合同条款的解释】

当事人对合同条款的理解有争议的,应当依据本法第一百四十二条第一款的规定,确定争议条款的含义。

合同文本采用两种以上文字订立并约定具有同等效力的,对各文本使用的词句推定具有相同含义。各文本使用的词句不一致的,应当根据合同的相关条款、性质、目的以及诚信原则等予以解释。

理解适用

[合同争议条款的解释规则]

（1）按照条款所使用的词句进行解释。对条款中词句的理解首先应当按照一个合理人通常的理解来进行。对于何谓"合理人"应当结合具体情况来判断，如果是一般的民事活动，则"合理人"应是社会一般人；如果是某种特殊交易，则"合理人"应是从事该特定领域的人。

（2）对条款中词句的理解不能孤立进行，而要结合其他相关条款、行为的性质和目的、习惯以及诚信原则，综合判断、确定争议条款的含义。①依据合同的性质进行解释，是指解释时充分考虑该合同所体现的显著区别于其他合同的本质特征。②根据行为目的即合同目的进行解释，是指应当根据当事人订立合同所追求的目的对争议条款进行解释。在解释争议条款时，应当从符合合同目的原则剖析，当条款表达意见含混不清或相互矛盾时，作出与合同目的协调一致的解释。③按照习惯进行解释，是指在某条款发生争议以后，应当根据当事人所知悉的生活和交易习惯来对争议条款进行解释。④依照诚信原则进行解释，是指根据诚信原则对有争议的条款进行解释。

实用问答

1. 如何确定争议条款的含义？

答：根据《合同编通则解释》第1条第1、2款的规定，人民法院依据《民法典》第142条第1款、第466条第1款的规定解释合同条款时，应当以词句的通常含义为基础，结合相关条款、合同的性质和目的、习惯以及诚信原则，参考缔约背景、磋商过程、履行行为等因素确定争议条款的含义。

有证据证明当事人之间对合同条款有不同于词句的通常含义的其他共同理解，一方主张按照词句的通常含义理解合同条款的，人民法院不予支持。

2. 对合同条款有两种以上解释，可能影响该条款效力的，如何确定解释规则？

答：根据《合同编通则解释》第1条第3款的规定，对合同条款有两种以上解释，可能影响该条款效力的，人民法院应当选择有利于该条款有效的解释；属于无偿合同的，应当选择对债务人负担较轻的解释。

第四百六十七条【非典型合同及涉外合同的法律适用】

本法或者其他法律没有明文规定的合同，适用本编通则的规定，并可以参照适用本编或者其他法律最相类似合同的规定。

在中华人民共和国境内履行的中外合资经营企业合同、中外合作经营企业合同、中外合作勘探开发自然资源合同,适用中华人民共和国法律。

理解适用

[无名合同]

无名合同,又称非典型合同,是指法律没有明文规定,亦未赋予一定名称的合同。

实用问答

人民法院认定当事人之间的权利义务关系时,是否要严格遵守合同名称?

答:根据《合同编通则解释》第15条的规定,人民法院认定当事人之间的权利义务关系,不应当拘泥于合同使用的名称,而应当根据合同约定的内容。当事人主张的权利义务关系与根据合同内容认定的权利义务关系不一致的,人民法院应当结合缔约背景、交易目的、交易结构、履行行为以及当事人是否存在虚构交易标的等事实认定当事人之间的实际民事法律关系。

第四百六十八条 【非因合同产生的债权债务关系的法律适用】

非因合同产生的债权债务关系,适用有关该债权债务关系的法律规定;没有规定的,适用本编通则的有关规定,但是根据其性质不能适用的除外。

第二章 合同的订立

第四百六十九条 【合同订立形式】

当事人订立合同,可以采用书面形式、口头形式或者其他形式。

书面形式是合同书、信件、电报、电传、传真等可以有形地表现所载内容的形式。

以电子数据交换、电子邮件等方式能够有形地表现所载内容,并可以随时调取查用的数据电文,视为书面形式。

理解适用

[数据电文]

数据电文,是指经由电子手段、光学手段或类似手段生成、储存或传递的信息,这些手段包括但不限于电子数据交换(EDI)、电子邮件、电报、电传或传真。

[电子数据交换]

电子数据交换,又称电子资料通联,是一种在公司、企业间传输订单、发票等商业文件进行贸易的电子化手段。它通过计算机通信网络,将贸易、运输、保险、银行和海关等行业信息,用一种国际公认的标准格式,在各有关部门或者公司、企业之间完成数据的交换与处理,实现以贸易为中心的全部过程。

订立合同可以采用其他形式,如可以根据当事人的行为或者特定情形推定合同的成立,这类合同被称为默示合同。

条文参见

《电子签名法》第4条

第四百七十条 【合同主要条款与示范文本】

合同的内容由当事人约定,一般包括下列条款:
(一)当事人的姓名或者名称和住所;
(二)标的;
(三)数量;
(四)质量;
(五)价款或者报酬;
(六)履行期限、地点和方式;
(七)违约责任;
(八)解决争议的方法。
当事人可以参照各类合同的示范文本订立合同。

理解适用

人民法院能够确定当事人名称或者姓名、标的和数量的,一般应当认定合同成立,而不得以缺少本条中规定的其他条款为由认定合同不成立,但法律另有规定或者当事人另有约定的除外。换言之,一般情况下具备三个基本要素:当事人、标的和数量,合同即视为成立。在合同欠缺其他条款的情况下,应按如下规则进行补救:(1)由当事人协议补充,这是填补合同漏洞的首选,凸显当事人的意思自治;(2)当事人不能达成补充协议的,按照合同有关条款或者交易习惯确定;(3)根据前两项规则仍不能确定合同条款的,除法律另有规定外,按照本法第511条规定处理。

条文参见

《合同编通则解释》第3条

第四百七十一条 【合同订立方式】

当事人订立合同,可以采取要约、承诺方式或者其他方式。

理解适用

要约、承诺方式是最为典型的合同订立方式。当事人形成合意的过程,是对合同内容协商一致的过程,很多都是经过要约、承诺完成的。向对方提出合同条件、作出签订合同的意思表示称为"要约",而另一方如果表示接受就称为"承诺"。除了要约、承诺方式之外,传统上还存在交叉要约、同时表示、意思实现等合同订立方式。

第四百七十二条 【要约的定义及构成条件】

要约是希望与他人订立合同的意思表示,该意思表示应当符合下列条件:

(一)内容具体确定;

(二)表明经受要约人承诺,要约人即受该意思表示约束。

理解适用

要约的内容必须具备足以使合同成立的主要条件,这要求要约的内容必须是具体的和确定的,必须明确清楚,不能模棱两可、产生歧义。一项要约的内容可以很详细,也可以较为简明,只要其内容具备使合同成立的基本条件,就可以作为一项要约。

能否构成一个要约要看这种意思表示是否表达了与受要约人订立合同的意愿,这要根据特定情况和当事人所使用的语言表达来判断。

实用问答

判断要约人所发出的要约具有订约意图并且成为一项有效的要约,需要综合考虑哪些因素?

答::(1)要约人发出意思表示时的情形。一项意思表示是否构成要约,须要约人为一个理性人,处于正常的环境之下,其意思表示是真实的。(2)要约人实际使用的言词、文字或行为所表达的意思。双方当事人缔约是个过程,其间可能有若干文书、言词或其他通讯信息的相互交换。首先,在一般情况下,要根据要约所实际使用的语言、文字及其他情况来确定要约人是否已经决定订立合同。"决定订约"意味着要约人并不是"准备"和"正在考虑"订约,而是已经决定订约。其次,表意人虽未以语言、文字明示经承诺即受约束之意思,但根据其表意行为,结合交易惯例,第三人能够合理相信其有此意思的,虽非明示,也可认为其有订约意图。(3)要约的对象。对特定之人的意思表示,视作要约的机会较大,对不特定大众所为的意思表示,如广告、估价单、橱窗陈列等,因其为一般性的文句陈述或标价,颇难推断其有订立合同的目的,原则上不宜认定为要约,而应定性为要约邀请。

第四百七十三条 【要约邀请】

要约邀请是希望他人向自己发出要约的表示。拍卖公告、招标公告、招股说明书、债券募集办法、基金招募说明书、商业广告和宣传、寄送的价目表等为要约邀请。

商业广告和宣传的内容符合要约条件的,构成要约。

理解适用

[要约邀请]

要约邀请,又称要约引诱,是邀请或者引诱他人向自己发出要约的表示,其既可以是向特定人发出的,也可以是向不特定的人发出的。

需要说明的是,一般的商业广告和宣传并不能构成要约,因其表示不够明确,内容不够确定、清楚,致相对人无法知其确切要求及拘束广告人方式而取得合意,故至多为要约邀请。但也不排除有些内容确定的商业广告和宣传构成要约。认定一项商业广告或者商业宣传是否符合要约的条件,需要根据实际情况进行判断。

|实用问答|

商品房出卖人的要约邀请和要约有什么区别?

答:根据《商品房买卖解释》第3条的规定,商品房的销售广告和宣传资料为要约邀请,但是出卖人就商品房开发规划范围内的房屋及相关设施所作的说明和允诺具体确定,并对商品房买卖合同的订立以及房屋价格的确定有重大影响的,构成要约。该说明和允诺即使未载入商品房买卖合同,亦应当为合同内容,当事人违反的,应当承担违约责任。

第四百七十四条 【要约生效时间】

要约生效的时间适用本法第一百三十七条的规定。

第四百七十五条 【要约撤回】

要约可以撤回。要约的撤回适用本法第一百四十一条的规定。

|理解适用|

[要约的撤回]

要约的撤回,是指在要约发出之后、生效以前,要约人欲使该要约不发生法律效力而作出的意思表示。

第四百七十六条 【要约不得撤销情形】

要约可以撤销,但是有下列情形之一的除外:
(一)要约人以确定承诺期限或者其他形式明示要约不可撤销;
(二)受要约人有理由认为要约是不可撤销的,并已经为履行合同做了合理准备工作。

|理解适用|

[要约的撤销]

要约的撤销,是指要约人在要约发生法律效力之后、受要约人作出承诺之前,欲使该要约失去法律效力的意思表示。

本条第2项中的"有理由认为",不应当以受要约人自己的表示以及受要约人自己的认识为判断标准,而应当以一个理性人的认识能力作为判断标准。

在实践中,必须区分对要约的撤销和对预约的撤销,在当事人发出要约后,相对人未作承诺前,合同还没有成立,所以要约可以依法撤销。但在预约中,预约合同已经成立,由于预约是一种合同,无正当理由撤销预约实际上是单方解除合同,构成违约。

第四百七十七条 【要约撤销】

撤销要约的意思表示以对话方式作出的,该意思表示的内容应当在受要约人作出承诺之前为受要约人所知道;撤销要约的意思表示以非对话方式作出的,应当在受要约人作出承诺之前到达受要约人。

理解适用

对于向公众发出的要约而言,虽然并不要求撤销要约的方式与发出要约的方式完全一致,但撤销要约的方式必须要与要约具有同样显而易见的程度。例如,要约是通过报纸广告的方式发出的,则撤销要约的方式也应当与报纸广告具有同样的显而易见的程度。

第四百七十八条 【要约失效】

有下列情形之一的,要约失效:
(一)要约被拒绝;
(二)要约被依法撤销;
(三)承诺期限届满,受要约人未作出承诺;
(四)受要约人对要约的内容作出实质性变更。

理解适用

[要约失效]

要约失效,亦称为要约的消灭或要约的终止,是指要约丧失法律效力,要约人与受要约人均不再受其约束。要约人不再承担接受承诺的义务,受要约人亦不再享有通过承诺使合同得以成立的权利。

本条第 3 项"承诺期限届满,受要约人未作出承诺"中的"未作出承诺",应该理解为承诺未到达要约人,而不应当理解为未发出承诺。否则,会与本法第 481 条第 1 款"承诺应当在要约确定的期限内到达要约人"相矛盾。承诺在承诺期限内未到达要约人，原则上要约失效，唯个别场合存有例外。

第四百七十九条 【承诺的定义】

承诺是受要约人同意要约的意思表示。

> 理解适用

（1）承诺须由受要约人作出。要约是要约人向受要约人发出的，受要约人是要约人选定的交易相对方，只有受要约人才具有作出承诺的资格，受要约人以外的第三人不具有承诺的资格。

（2）承诺须向要约人作出。承诺是对要约的同意，受要约人意在与要约人订立合同，当然要向要约人作出。如果承诺不是向要约人作出，则作出的承诺意思表示不视为承诺，不能达到与要约人订立合同的目的。

（3）承诺的内容须与要约的内容保持一致。这是承诺最核心的要件，承诺必须是对要约完全的、单纯的同意。受要约人如果想与要约人订立合同，必须使承诺在内容上与要约的内容保持一致，否则要约人就可能拒绝受要约人而使合同不能成立。

第四百八十条 【承诺的方式】

承诺应当以通知的方式作出；但是，根据交易习惯或者要约表明可以通过行为作出承诺的除外。

> 理解适用

需要注意的是，本条规定是对承诺方式的一般性规定，原则上承诺需要以通知的方式或者通过行为作出，但并没有排除沉默方式的承诺。受要约人的沉默原则上不得推定为受要约人同意要约。根据本法第 140 条第 2 款的规定，沉默视为承诺的条件非常严格，如果没有要约人与受要约人的事先约定，也没有要约人与受要约人之间的交易习惯做法，在法律没有特别规定的情况下，仅仅由要约人在要约中表明如果不答复就视为承诺是不行的。

第四百八十一条 【承诺的期限】

承诺应当在要约确定的期限内到达要约人。

要约没有确定承诺期限的,承诺应当依照下列规定到达:

(一)要约以对话方式作出的,应当即时作出承诺;

(二)要约以非对话方式作出的,承诺应当在合理期限内到达。

理解适用

[承诺期限]

承诺期限,实际上是受要约人资格的存续期限,在该期限内受要约人具有承诺资格,可以向要约人发出具有拘束力的承诺。

确定合理的期间应当考虑的因素包括:

(1)应当将承诺的期限按照一个合理的标准(如商事合同中的商人)来考虑所应当包括的时间。期限是否适当,按照客观标准从要约人的角度来认定。

(2)一般认为,合理期限的确定应当考虑:一是要约措辞的缓急。例如,要约中虽然没有规定承诺期限,但表明"速回信""见函即复"等措辞的,表明该合理期限较短。二是交易的具体情况。例如,要约表明买卖鲜活水产品,则意味着承诺期限不可能太长。要约表明"常年供货",即表示承诺并非紧迫。三是根据某种特定行业的习惯做法。四是要约人所使用的通信方法的快捷程度等因素。

(3)该期限包括三个方面:一是要约到达受要约人手中的时间。二是受要约人作出考虑的期限。该时间会因要约措辞的缓急而有所区别,如果要约中规定"请立即答复""请即刻回函",则表明要约人的意图是承诺人不应当有过多的考虑承诺的时间,在收到信函以后,应当在一两天之内就作出答复。三是承诺到达要约人手中的合理期限。

第四百八十二条 【承诺期限的起算点】

要约以信件或者电报作出的,承诺期限自信件载明的日期或者电报交发之日开始计算。信件未载明日期的,自投寄该信件的邮戳日期开始计算。要约以电话、传真、电子邮件等快速通讯方式作出的,承诺期限自要约到达受要约人时开始计算。

> **理解适用**

对于信件的理解,需要注意:(1)信件应当作广义的理解,但凡要约以非对话方式作出,且不属于电报的,皆可纳入信件的范畴。(2)如果信件既未载明日期,又无邮戳日期,如委托他人转送或亲自送达,自送达——把邮件置于受要约人的影响范围——之日开始计算。(3)如果要约明确规定了承诺起止时间、最后时间或某一特定时间,如"请在5月30日之前承诺",则依其约定。

第四百八十三条 【合同成立时间】

承诺生效时合同成立,但是法律另有规定或者当事人另有约定的除外。

> **理解适用**

"承诺生效时合同成立"属于原则性规定,除该原则外,在合同的成立问题上,尚有例外规定:(1)自签名、盖章或者按指印时成立。非对话人之间采用合同书形式订立合同场合,若承诺生效与双方当事人签名、盖章或者按指印的时间一致时,承诺生效合同成立;反之,则最后"当事人均签名、盖章或者按指印时合同成立"。有时,双方当事人无法同时完成签名、盖章或者按指印,双方当事人各自的签名、盖章或者按指印因此会有先后之分。签名、盖章或者按指印在不同时间完成的,最后签名、盖章或者按指印的时间为合同成立时间。(2)实践性合同的成立。承诺生效,在诺成性合同场合使合同成立;在实践性合同场合,若交付标的物先于承诺生效,同样使合同成立;若交付标的物在承诺生效之后,则合同自交付标的物时成立。

> **实用问答**

1. 采取招标方式订立的合同,何时成立?

答:根据《合同编通则解释》第4条第1款的规定,采取招标方式订立合同,当事人请求确认合同自中标通知书到达中标人时成立的,人民法院应予支持。合同成立后,当事人拒绝签订书面合同的,人民法院应当依据招标文件、投标文件和中标通知书等确定合同内容。

2. 采取现场拍卖、网络拍卖等公开竞价方式订立的合同,何时成立?

答:根据《合同编通则解释》第4条第2款的规定,采取现场拍卖、网络拍卖等公开竞价方式订立合同,当事人请求确认合同自拍卖师落槌、电子交易系统确认成交时成立的,人民法院应予支持。合同成立后,当事人拒绝签订成交确认书的,人民法院应当依据拍卖公告、竞买人的报价等确定合同内容。

条文参见

《合同编通则解释》第3、4条

案例指引

某物业管理有限公司与某研究所房屋租赁合同纠纷案(《最高人民法院发布民法典合同编通则司法解释相关典型案例》之一)

裁判要点:招投标程序中,中标通知书送达后,一方当事人不履行订立书面合同的义务,相对方请求确认合同自中标通知书到达中标人时成立的,人民法院应予支持。

第四百八十四条 【承诺生效时间】

以通知方式作出的承诺,生效的时间适用本法第一百三十七条的规定。

承诺不需要通知的,根据交易习惯或者要约的要求作出承诺的行为时生效。

理解适用

如果承诺不需要通知,则根据交易习惯或者要约的要求,一旦受要约人作出行为,即可使承诺生效。当然,对于一些要式合同,则以履行特定的合同形式的时间为合同成立的时间。例如,法律规定需要采用书面形式的合同,则应以当事人签订书面合同并在合同上由双方签名、盖章或者按指印后才能宣告合同成立。

第四百八十五条 【承诺的撤回】

承诺可以撤回。承诺的撤回适用本法第一百四十一条的规定。

理解适用

[承诺的撤回]

承诺的撤回,是指受要约人阻止承诺发生法律效力的意思表示。承诺是一种能够产生法律效果的意思表示,承诺作出后如果要撤回必须满足一定的条件。实务中,如何判断一个撤回承诺的通知是在承诺到达之前或与承诺同时到达,应当与承诺生效的时间的确定标准相结合。

第四百八十六条 【逾期承诺】

受要约人超过承诺期限发出承诺,或者在承诺期限内发出承诺,按照通常情形不能及时到达要约人的,为新要约;但是,要约人及时通知受要约人该承诺有效的除外。

理解适用

[必然迟到的承诺]

迟到的承诺分为必然迟到的承诺和偶然迟到的承诺。本条规定的是必然迟到的承诺。必然迟到的承诺,是指受要约人在要约人限定的承诺期限之后,向要约人发出的承诺,或虽然在承诺期限内要约人发出承诺,但按照通常情形不能及时到达要约人的承诺。

必然迟到的承诺其效力在于:(1)一般不发生承诺的法律效力。其性质不是严格意义的承诺,对要约人不再有承诺的约束力,不能因此而成立合同。(2)一般被认定为一项新要约。必然迟到的承诺不具有承诺的性质,如果对要约人的要约内容作出了响应,应当视为新要约。(3)在要约人及时认可的情况下,该迟到承诺具有承诺的法律效力。该迟到承诺到达要约人,要约人认为该迟到承诺可以接受的,应当按照当事人的意志,及时认可承诺的效力,合同成立。及时认可应当在收到该迟到承诺之后,毫不迟延地以与承诺方式相同或者不低于承诺方式的通信方式向对方声明认可。

第四百八十七条 【因传递迟延造成逾期承诺的法律效果】

受要约人在承诺期限内发出承诺,按照通常情形能够及时到达要约人,但是因其他原因致使承诺到达要约人时超过承诺期限的,除要约人及时通知受要约人因承诺超过期限不接受该承诺外,该承诺有效。

理解适用

[偶然迟到的承诺]

偶然迟到的承诺的法律效力是:原则上该承诺发生承诺的法律效力,但要约人及时通知因承诺超过期限不接受承诺的,不发生承诺的效力。所谓及时,是指要约人在收到迟到的承诺后,毫不迟延地以与承诺相同或者快于承诺的方式,通知受要约人。

第四百八十八条 【承诺对要约内容的实质性变更】

承诺的内容应当与要约的内容一致。受要约人对要约的内容作出实质性变更的,为新要约。有关合同标的、数量、质量、价款或者报酬、履行期限、履行地点和方式、违约责任和解决争议方法等的变更,是对要约内容的实质性变更。

理解适用

承诺的内容必须与要约的内容一致,不得作更改,否则视为新的要约。若承诺虽然在形式上对要约内容有变更,但实质上并没有变更的,仍然可以认为与要约一致,承诺仍为有效。

本条对实质性条款作了列举,但是,实质性条款不限于所列的这些项目,比如,对合同所适用的法律的选择一般也可以归为实质性条款。在实际交易中,哪些属于实质性变更,还需就个案进行具体分析。考虑因素主要有:(1)合同的性质;(2)要约内容的变更对当事人利益的影响;(3)要约人的意思。

第四百八十九条 【承诺对要约内容的非实质性变更】

承诺对要约的内容作出非实质性变更的,除要约人及时表示反对或者要约表明承诺不得对要约的内容作出任何变更外,该承诺有效,合同的内容以承诺的内容为准。

理解适用

[要约内容的非实质性变更]

对要约内容的非实质性变更通常有以下几种情形:(1)受要约人在承诺

中增加了要约人本来就应遵守的法定义务;(2)受要约人在承诺中增加了对要约的内容进一步说明但不超出要约原有内容的说明性条款;(3)受要约人在承诺中增加了一些建议性、希望性条款,是否接受取决于要约人的意志并且对原合同无关紧要;(4)受要约人在要约人授权范围内对要约作出的修改。

第四百九十条 【采用书面形式订立的合同成立时间】

当事人采用合同书形式订立合同的,自当事人均签名、盖章或者按指印时合同成立。在签名、盖章或者按指印之前,当事人一方已经履行主要义务,对方接受时,该合同成立。

法律、行政法规规定或者当事人约定合同应当采用书面形式订立,当事人未采用书面形式但是一方已经履行主要义务,对方接受时,该合同成立。

理解适用

[合同履行治愈规则]

本条第1款后一句及第2款后一句,又称合同履行治愈规则,是以实际履行的方式订约,来弥补合同形式要件的欠缺。在适用上需要具备以下条件:(1)必须是应当采取书面形式订立合同,在签名、盖章或按指印之前,当事人从事了实际履行行为。从原则上说,如果应当采用书面形式的,而当事人没有采用书面形式,或者采用合同书形式订立合同的,但当事人没有在合同上签名、盖章或按指印,则表明合同存在瑕疵,此种瑕疵可能导致合同不成立,所以,合同履行治愈的前提是合同形式存在缺陷。(2)必须是一方履行了主要义务,另一方接受的。只有在一方履行了主要义务而对方接受的情况下,才能从行为中推定双方已经就合同的主要条款形成了合意。如果一方履行了次要义务而对方接受的,不能认为双方就合同主要条款已经达成了合意。(3)双方的实际履行不违反法律的规定,且未损害国家、社会公共利益和第三人的利益。

条文参见

《著作权解释》第22条

第四百九十一条 【签订确认书的合同及电子合同成立时间】

当事人采用信件、数据电文等形式订立合同要求签订确认书的，签订确认书时合同成立。

当事人一方通过互联网等信息网络发布的商品或者服务信息符合要约条件的，对方选择该商品或者服务并提交订单成功时合同成立，但是当事人另有约定的除外。

理解适用

如果当事人约定了应当签订确认书，在确认书作出前，合同无法成立，合同的内容最终还需要通过确认书予以确定。但一方通过确认书变更了之前达成的协议，这些变更能否导致合同成立，应当根据"实质性变更"标准加以判断，如果确认书所作出的变更实质性地改变了当事人事先约定的内容，那么可以认为，确认一方已经实质性地变更了合同的内容，其已经拒绝了先前的要约，同时发出了新的要约；但如果不是实质性地变更合同的内容，而接受的一方如果也没有立即表示拒绝，则该变更不影响合同的成立，后来所添加的内容也应当成为合同的内容。

实用问答

买卖合同中，一方以送货单等主张存在买卖合同关系的，人民法院对买卖合同是否成立作出认定的依据有哪些？

答：根据《买卖合同解释》第1条第1款的规定，当事人之间没有书面合同，一方以送货单、收货单、结算单、发票等主张存在买卖合同关系的，人民法院应当结合当事人之间的交易方式、交易习惯以及其他相关证据，对买卖合同是否成立作出认定。

条文参见

《电子商务法》第49条第1款

第四百九十二条 【合同成立地点】

承诺生效的地点为合同成立的地点。

采用数据电文形式订立合同的,收件人的主营业地为合同成立的地点;没有主营业地的,其住所地为合同成立的地点。当事人另有约定的,按照其约定。

理解适用

[合同成立的地点]

合同成立的地点,即合同订立的地点,也称合同签订地,是确定合同纠纷案件的地域管辖的依据之一,也是选择涉外合同准据法的冲突规范的连结点之一。

一般情况下,"承诺生效的地点为合同成立的地点"。因承诺通常在承诺通知到达要约人时生效,故要约人所在地通常为合同成立的地点。具体的规则是:(1)采用直接对话方式的,承诺可以立即到达要约人,相对人知道其内容时生效。所以,一般情况下,当事人直接对话的地点是合同的成立地点。(2)承诺需要通知要约人的,承诺到达要约人时生效,通知上所载明的到达地点应当为承诺生效的地点,是合同成立的地点。(3)采用数据电文形式订立合同的,收件人的主营业地为合同成立的地点;没有主营业地的,其住所地为合同成立的地点。当事人另有约定的,按照其约定。(4)根据交易习惯或者要约的要求,以行为作为承诺方式的,应当以该承诺行为生效的地点为合同成立的地点。(5)对以合同书或确认书形式订立合同的成立地点,双方当事人签名、盖章或者按指印的地点为合同成立的地点。双方当事人签名、盖章或者按指印的地点在同一处的,双方当事人的签名、盖章或者按指印同时、同地完备,为合同成立地点。签名、盖章或者按指印不在同一地点的,当事人完成最后有效签名、盖章或者按指印的地点为合同成立地点。(6)合同约定的签订地与实际签名或者盖章地点不符的,人民法院应当认定约定的签订地为合同签订地;合同没有约定签订地,双方当事人签名、盖章或者按指印不在同一地点的,最后签名、盖章或者按指印的地点为合同签订地。

第四百九十三条 【书面合同成立地点】

当事人采用合同书形式订立合同的,最后签名、盖章或者按指印的地点为合同成立的地点,但是当事人另有约定的除外。

理解适用

如果当事人以要约与承诺达成合意后又协商签订合同书,则除非当事人另有约定,合同已于承诺生效时成立,承诺生效的地点为合同订立的地点,而不适用本条的规定。

第四百九十四条 【强制缔约义务】

国家根据抢险救灾、疫情防控或者其他需要下达国家订货任务、指令性任务的,有关民事主体之间应当依照有关法律、行政法规规定的权利和义务订立合同。

依照法律、行政法规的规定负有发出要约义务的当事人,应当及时发出合理的要约。

依照法律、行政法规的规定负有作出承诺义务的当事人,不得拒绝对方合理的订立合同要求。

理解适用

[强制要约]

强制要约,是指在某些类型的交易关系中,一方当事人必须向特定或者不特定的相对人发出要约,一旦相对人作出承诺,合同即告成立。

[强制承诺]

强制承诺,是指在某些交易中,一方当事人负有接受相对人的要约而与其订立合同的义务,非有正当理由不得拒绝承诺。

从我国现行有关法律法规的内容来看,强制缔约主要适用于如下情况:(1)公共承运人的强制缔约义务。(2)指令性计划合同。(3)供应电、水、气、热力等社会必需品的企业所负有的强制缔约义务。(4)执业医师的强制缔约义务。(5)责任险中的强制缔约义务。

条文参见

《民法典》第810条;《电力法》第26条;《医师法》第27条;《保险法》第65条

第四百九十五条 【预约合同】

当事人约定在将来一定期限内订立合同的认购书、订购书、预订书等,构成预约合同。

当事人一方不履行预约合同约定的订立合同义务的,对方可以请求其承担预约合同的违约责任。

理解适用

[预约合同]

预约合同,是指当事人之间约定在将来一定期限内应当订立合同的预先约定。

预约合同是独立合同,应当着重把握以下三点:(1)预约合同的成立,必须是双方当事人达成了合意,对双方当事人均具有约束力。(2)预约合同当事人合意的内容是将来订立本约,就将来订立本约的意思表示达成一致。(3)将来订立本约应当是确定的。本条规定的"在将来一定期限内订立合同",是指当事人在约定的期限内确定要订立合同。

预约合同与本约合同有所区别。是否要另行订立合同,是预约合同与本约合同最显著的区别。预约合同的目的在于订立本约合同,预约合同当事人的义务就是在一定期限内订立本约合同,订立本约合同是预约合同得到履行的结果。本约合同当事人可直接履行各自义务,实现合同目的,无须再另行订立合同。

实用问答

违反预约合同的违约责任应如何界定?[①]

答:《合同编通则解释》第8条第1款规定:"预约合同生效后,当事人一方不履行订立本约合同的义务,对方请求其赔偿因此造成的损失的,人民法院依法予以支持。"据此,违反预约合同的,对方当事人可以请求违约方承担损失赔偿责任,原则上不能主张继续履行。对于损失赔偿数额,根据《合同编通则解释》第8条第2款的规定,"当事人有约定的,按照约定;没有约定

---

① 参见《法答网精选答问(第十七批)——民法典合同编通则专题》,载最高人民法院官网 2025 年 3 月 13 日,https://www.court.gov.cn/zixun/xiangqing/459181.html。

的,人民法院应当综合考虑预约合同在内容上的完备程度以及订立本约合同的条件的成就程度等因素酌定",其实质是允许法官在本约合同的信赖利益与履行利益之间酌定违反预约合同的损失赔偿额。这里所说的"损失",通常包括以下内容:其一,订立预约合同所支付的各项费用;其二,准备为签订本约合同所支付的费用;其三,已付款项的法定孳息;其四,提供担保造成的损失。当然也可以根据具体情况考虑订约机会丧失的损失,但是应当提供证据予以证明。

此外,如果预约合同中约定有违约金条款的,当事人可以依照《民法典》第 585 条第 1 款的规定,请求违约方支付一定数额的违约金。如果违约金过低或者过高的,可以依照《民法典》第 585 条第 2 款关于"约定的违约金低于造成的损失的,人民法院或者仲裁机构可以根据当事人的请求予以增加;约定的违约金过分高于造成的损失的,人民法院或者仲裁机构可以根据当事人的请求予以适当减少"的规定,请求法院合理增加或者减少违约金。

条文参见

《合同编通则解释》第 6~8 条

案例指引

某通讯公司与某实业公司房屋买卖合同纠纷案(《最高人民法院发布民法典合同编通则司法解释相关典型案例》之二)

裁判要点: 判断当事人之间订立的合同是本约还是预约的根本标准应当是当事人是否有意在将来另行订立一个新的合同,以最终明确双方之间的权利义务关系。即使当事人对标的、数量以及价款等内容进行了约定,但如果约定将来一定期间仍须另行订立合同,就应认定该约定是预约而非本约。当事人在签订预约合同后,已经实施交付标的物或者支付价款等履行行为,应当认定当事人以行为的方式订立了本约合同。

第四百九十六条 【格式条款】

格式条款是当事人为了重复使用而预先拟定,并在订立合同时未与对方协商的条款。

采用格式条款订立合同的,提供格式条款的一方应当遵循公平原则确定当事人之间的权利和义务,并采取合理的方式提示对方注意免除或者减轻其责任等与对方有重大利害关系的条款,按照对方的要求,对该条款予以说明。提供格式条款的一方未履行提示或者说明义务,致使对方没有注意或者理解与其有重大利害关系的条款的,对方可以主张该条款不成为合同的内容。

理解适用

格式条款最实质的特征在于"未与对方协商"。"未与对方协商",是指格式条款提供方没有就条款内容与相对方进行实质上的磋商,相对方对条款内容并没有进行实际修改的余地。本条对格式条款的定义还用了"为了重复使用"这一表述,对格式条款的通常表现形式予以描述。格式条款的提供方通常是基于重复使用进而提高交易效率的目的来拟定格式条款。

本条第2款中,采取"合理的方式",目的在于使相对方充分注意,如实践中一些格式条款采用特别的字体予以提示。对于"合理的方式"具体指什么方式,要视具体情况而定,应能引起相对方的注意。"有重大利害关系的条款",一般来说主要包括但不限于格式条款提供方免除或者减轻自己责任、加重对方责任、限制或者排除对方主要权利等的条款。"有重大利害关系的条款"的认定,要视格式条款的具体情况而定。

实用问答

如何认定提供格式条款的一方已履行了提示、说明义务?

答:根据《合同编通则解释》第10条的规定,提供格式条款的一方在合同订立时采用通常足以引起对方注意的文字、符号、字体等明显标识,提示对方注意免除或者减轻其责任、排除或者限制对方权利等与对方有重大利害关系的异常条款的,人民法院可以认定其已经履行《民法典》第496条第2款规定的提示义务。

提供格式条款的一方按照对方的要求,就与对方有重大利害关系的异常条款的概念、内容及其法律后果以书面或者口头形式向对方作出通常能够理解的解释说明的,人民法院可以认定其已经履行《民法典》第496条第2款规定的说明义务。

提供格式条款的一方对其已经尽到提示义务或者说明义务承担举证责任。对于通过互联网等信息网络订立的电子合同,提供格式条款的一方仅以采取了设置勾选、弹窗等方式为由主张其已经履行提示义务或者说明义务的,人民法院不予支持,但是其举证符合前述规定的除外。

条文参见

《时间效力规定》第9条;《合同编通则解释》第9~10条

案例指引

刘某捷诉中国移动通信集团江苏有限公司徐州分公司电信服务合同纠纷案(最高人民法院指导案例64号)

裁判要点:1.经营者在格式合同中未明确规定对某项商品或服务的限制条件,且未能证明在订立合同时已将该限制条件明确告知消费者并获得消费者同意的,该限制条件对消费者不产生效力。

2.电信服务企业在订立合同时未向消费者告知某项服务设定了有效期限限制,在合同履行中又以该项服务超过有效期限为由限制或停止对消费者服务的,构成违约,应当承担违约责任。

第四百九十七条 【格式条款无效的情形】

有下列情形之一的,该格式条款无效:
(一)具有本法第一编第六章第三节和本法第五百零六条规定的无效情形;
(二)提供格式条款一方不合理地免除或者减轻其责任、加重对方责任、限制对方主要权利;
(三)提供格式条款一方排除对方主要权利。

第四百九十八条 【格式条款的解释】

对格式条款的理解发生争议的,应当按照通常理解予以解释。对格式条款有两种以上解释的,应当作出不利于提供格式条款一方的解释。格式条款和非格式条款不一致的,应当采用非格式条款。

理解适用

格式条款专门的解释规则:(1)按照通常理解予以解释规则。格式条款是为了重复使用而拟定的,因此对格式条款也应当按照通常理解予以解释,既不按照提供格式条款一方的理解予以解释,也不按照个别的相对方的理解予以解释,而是按照可能订立该格式条款的一般人的理解予以解释,这对保护相对方的利益是公平的。(2)不利解释规则。格式条款提供方往往处于优势地位,相对方不能实际参与格式条款内容的拟定与磋商,无法对格式条款内容施加影响,因此在对格式条款内容有两种以上解释时,有必要给予相对方倾斜性的保护,即作出不利于提供格式条款一方的解释。(3)优先采用非格式条款原则。优先采用非格式条款更符合民法上的自愿原则,对当事人也更为公平。

对格式条款的解释应当采取特殊的解释规则是必要的,这些解释规则所体现的基本精神是严格限制提供格式条款一方的权利,从而更有利于保护广大消费者。但在采用这些特殊解释规则时,必须要看到本条款与本法第466条的规定是不矛盾的,本法第466条所确立的解释合同的一般原则对格式条款的解释仍然是适用的,在很多情况下,也应当成为解释格式条款的重要规则。

第四百九十九条 【悬赏广告】

悬赏人以公开方式声明对完成特定行为的人支付报酬的,完成该行为的人可以请求其支付。

理解适用

[悬赏广告的构成条件]

悬赏广告的构成需要满足以下几个条件:(1)以公开的方式作出声明。公开的具体方式,既可以是通过广播电视、报纸期刊或者互联网等媒介发布,也可以是在公众场所发传单、在公开的宣传栏张贴广告等。(2)悬赏人在声明中提出明确的要求,即要完成特定行为。声明对于该要求,要有具体、明确的表达,不能含混不清。(3)悬赏人具有支付报酬的意思表示,即对完成特定行为的人给付一定报酬。悬赏人应当对报酬的形式、给付方式等作出明确的表达;如果报酬是给付金钱,应当明确金钱的币种、数额等。对于满足以上条件的悬赏广告,完成该特定行为的人可以请求悬赏人支付报酬,悬赏人不得拒绝。

对于特殊的两种情况,应当特别对待:(1)对不知道有悬赏广告的人完成一定行为的,不能以行为人行为时不知悬赏广告存在为由使其不享有报酬请求权。对此有两种解释：扩大承诺范围，悬赏广告的承诺以完成行为即为成立，不以知道悬赏广告为必要；将不知悬赏广告存在之情形设为特例，准用悬赏广告承诺的法律效果，即享有报酬请求权。(2) 限制行为能力人、无民事行为能力人完成一定行为的，是否享有报酬请求权。悬赏广告是契约行为，承诺人应当是适格的合同主体，以有行为能力为必要。因此，限制行为能力人、无民事行为能力人完成一定行为的，原则上不能当然作为承诺，在处理上，可以依据民法中关于限制行为能力人、无民事行为能力人订立合同的有关规定。

第五百条 【缔约过失责任】

当事人在订立合同过程中有下列情形之一，造成对方损失的，应当承担赔偿责任：

（一）假借订立合同，恶意进行磋商；
（二）故意隐瞒与订立合同有关的重要事实或者提供虚假情况；
（三）有其他违背诚信原则的行为。

理解适用

[缔约过失责任]

缔约过失责任，是指当事人在订立合同过程中，因违背诚信原则而给对方造成损失的赔偿责任。

在合同订立过程中，若当事人基于对对方的信赖，为合同的成立做了一些前期准备工作，对方当事人违背诚信原则的行为损害了当事人的信赖利益的，应当予以赔偿。缔约过失责任的赔偿范围以受损害的当事人的信赖利益的损失为限，包括直接利益的减少，如谈判中发生的费用，还包括受损害的当事人因此失去的与第三人订立合同的机会损失。具体的损失额须根据案件实际情况进行计算，但不得超过合同履行利益即合同成立并得到履行后所获得的利益。

条文参见

《期货纠纷规定》第16条

第五百零一条 【当事人保密义务】

当事人在订立合同过程中知悉的商业秘密或者其他应当保密的信息，无论合同是否成立，不得泄露或者不正当地使用；泄露、不正当地使用该商业秘密或者信息，造成对方损失的，应当承担赔偿责任。

理解适用

需要说明的是，违法泄露或者不正当地使用商业秘密的，不仅仅限于承担民事赔偿责任，还有可能承担行政责任甚至刑事责任。

条文参见

《刑法》第219条；《反不正当竞争法》第10、26条

第三章 合同的效力

第五百零二条 【合同生效时间】

依法成立的合同，自成立时生效，但是法律另有规定或者当事人另有约定的除外。

依照法律、行政法规的规定，合同应当办理批准等手续的，依照其规定。未办理批准等手续影响合同生效的，不影响合同中履行报批等义务条款以及相关条款的效力。应当办理申请批准等手续的当事人未履行义务的，对方可以请求其承担违反该义务的责任。

依照法律、行政法规的规定，合同的变更、转让、解除等情形应当办理批准等手续的，适用前款规定。

理解适用

第1款规定，"但是法律另有规定或者当事人另有约定的除外"，例如，附生效条件和附生效期限的合同，在合同成立时并不立即生效，只有在条件成就时或者期限届至时才生效。

第2款明确将履行报批等义务条款以及相关条款作为一种特殊的条款予以独立对待，即使合同整体因未办理批准等手续不生效，也不影响合同中

履行报批等义务条款以及相关条款的效力。也即合同中履行报批等义务条款以及相关条款的效力不受合同整体不生效的影响。同时，从责任形式上来说，本条"违反该义务的责任"可以参照合同违约责任，包括继续履行、赔偿损失等责任形式。

法律和行政法规规定需经批准的情形主要有：(1)针对市场准入资格的批准。例如，从事证券经纪业务、期货经纪业务主体需经批准才能从事相关业务等。在特许经营、限制经营的情形下，如果未获批准取得经营资质即从事民商事交易行为，则合同的效力将得到否定性评价。当然，在合理期限内取得资质的，合同效力不受影响。(2)针对交易行为的批准。例如，国有企业转让国有资产的合同须经批准等。对于该类批准，应为本处所说的合同的生效要件。(3)对履行行为的批准。该类批准主要涉及合同义务能否得到履行，权利能否发生变动问题，一般不影响合同的效力。例如，矿产资源转让行为，就需要批准。

实用问答

合同依法成立后，负有报批义务的当事人不履行报批义务或者履行报批义务不符合规定的，可能产生什么后果？

答：根据《合同编通则解释》第12条的规定，合同依法成立后，负有报批义务的当事人不履行报批义务或者履行报批义务不符合合同的约定或者法律、行政法规的规定，对方请求其继续履行报批义务的，人民法院应予支持；对方主张解除合同并请求其承担违反报批义务的赔偿责任的，人民法院应予支持。

人民法院判决当事人一方履行报批义务后，其仍不履行，对方主张解除合同并参照违反合同的违约责任请求其承担赔偿责任的，人民法院应予支持。

合同获得批准前，当事人一方起诉请求对方履行合同约定的主要义务，经释明后拒绝变更诉讼请求的，人民法院应当判决驳回其诉讼请求，但是不影响其另行提起诉讼。

负有报批义务的当事人已经办理申请批准等手续或者已经履行生效判决确定的报批义务，批准机关决定不予批准，对方请求其承担赔偿责任的，人民法院不予支持。但是，因迟延履行报批义务等可归责于当事人的原因导致合同未获批准，对方请求赔偿因此受到的损失的，人民法院应当依据《民法典》第157条的规定处理。

条文参见

《技术合同解释》第 8 条;《合同编通则解释》第 12~15、17 条

案例指引

某甲银行和某乙银行合同纠纷案(《最高人民法院发布民法典合同编通则司法解释相关典型案例》之三)

裁判要点: 案涉交易符合以票据贴现为手段的多链条融资交易的基本特征。案涉《回购协议》是双方虚假意思表示,目的是借用银行承兑汇票买入返售的形式为某甲银行向实际用资人提供资金通道,真实合意是资金通道合同。在资金通道合同项下,各方当事人的权利义务是,过桥行提供资金通道服务,由出资银行提供所需划转的资金并支付相应的服务费,过桥行无交付票据的义务,但应根据其过错对出资银行的损失承担相应的赔偿责任。

第五百零三条 【被代理人对无权代理合同的追认】

无权代理人以被代理人的名义订立合同,被代理人已经开始履行合同义务或者接受相对人履行的,视为对合同的追认。

理解适用

[被代理人以默示方式追认无权代理行为]

无权代理人以被代理人的名义订立合同后,被代理人对该无权代理行为享有追认的权利。一般情况下,被代理人实际进行追认的,往往会以口头或者书面等明示的方式作出追认的意思表示。但在一些情况下,被代理人没有以明示的方式作出追认或者拒绝的意思表示,已经开始履行合同义务或者接受相对人履行。本条将被代理人开始履行合同义务或者接受相对人履行的行为,视为以默示的方式对无权代理行为作出追认的意思表示,并对此作出明确的规定。

被代理人必须全部追认行为人的无权代理,如行为人签订的合同,被代理人必须追认合同的全部内容。如果被代理人仅追认合同的部分内容,则属于新的要约,不构成追认,合同对被代理人也不生效。被代理人以履行合同义务的行为追认合同,必须是履行合同全部义务,才能构成追认,如果被代理人仅履行部分合同义务,则只能视为新的要约,能否构成新的合同,则取决于

相对人是否接受被代理人的部分履行行为。如果相对人接受被代理人的部分履行，则视为接受要约，成立新的合同。此时，行为人订立的合同对被代理人并不生效，该无权代理合同仍然由行为人承担法律责任。

条文参见

《合同编通则解释》第19条

第五百零四条　【越权订立的合同效力】

法人的法定代表人或者非法人组织的负责人超越权限订立的合同，除相对人知道或者应当知道其超越权限外，该代表行为有效，订立的合同对法人或者非法人组织发生效力。

理解适用

法定代表人或者非法人组织的负责人超越权限订立合同的，一般情况下该代表行为有效，所订立的合同对法人或者非法人组织发生效力。如果合同的相对人在订立合同时知道或者应当知道法人的法定代表人或者其他组织的负责人的行为超越权限，而仍与之订立合同，则合同相对人具有恶意，此时没有对合同的相对人加以保护的必要。本条立足于维护交易安全，应当保护的是善意相对人的利益。

实用问答

在哪些情形下，人民法院应当认定法人、非法人组织的工作人员在订立合同时超越其职权范围？

答：根据《合同编通则解释》第21条的规定，法人、非法人组织的工作人员就超越其职权范围的事项以法人、非法人组织的名义订立合同，相对人主张该合同对法人、非法人组织发生效力并由其承担违约责任的，人民法院不予支持。但是，法人、非法人组织有过错的，人民法院可以参照《民法典》第157条的规定判决其承担相应的赔偿责任。前述情形，构成表见代理的，人民法院应当依据《民法典》第172条的规定处理。

合同所涉事项有下列情形之一的，人民法院应当认定法人、非法人组织的工作人员在订立合同时超越其职权范围：

（1）依法应当由法人、非法人组织的权力机构或者决策机构决议的事项;(2)依法应当由法人、非法人组织的执行机构决定的事项;(3)依法应当由法定代表人、负责人代表法人、非法人组织实施的事项;(4)不属于通常情形下依其职权可以处理的事项。

合同所涉事项未超越依据前款确定的职权范围,但是超越法人、非法人组织对工作人员职权范围的限制,相对人主张该合同对法人、非法人组织发生效力并由其承担违约责任的,人民法院应予支持。但是,法人、非法人组织举证证明相对人知道或者应当知道该限制的除外。

法人、非法人组织承担民事责任后,向故意或者有重大过失的工作人员追偿的,人民法院依法予以支持。

条文参见

《担保制度解释》第 7 条;《合同编通则解释》第 20~23 条

第五百零五条 【超越经营范围订立的合同效力】

当事人超越经营范围订立的合同的效力,应当依照本法第一编第六章第三节和本编的有关规定确定,不得仅以超越经营范围确认合同无效。

理解适用

当事人超越经营范围订立的合同原则上是有效的。要求当事人(企业)在经营范围内行为是必要的,但这并不意味着超越经营范围的行为应一概被宣告为无效。

在特殊情形下,当事人(企业)超越经营范围的合同可能被宣告无效。本条并没有肯定当事人(企业)超越经营范围订立的合同都是有效的。因为法律对一些当事人(企业)特殊经营资质的要求不是一般的管理性规范,而可能属于效力性规范。例如,法律关于一些禁止经营的规定,如禁止从事军火、军械及其配件、警用和军用物品等,这些特许经营的规定即属于效力性规定。

条文参见

《建工合同解释一》第 4 条

第五百零六条 【免责条款效力】

合同中的下列免责条款无效：
（一）造成对方人身损害的；
（二）因故意或者重大过失造成对方财产损失的。

理解适用

［合同中的免责条款］

合同中的免责条款，是指合同中的双方当事人在合同中约定的免除、限制一方或者双方当事人责任的条款。

人身损害的事先免责条款一般是绝对无效，但有些人身损害事先免责条款应当认为是有效的。例如，在竞技体育中，对于某些有严重危险的项目，事先约定免除人身损害的竞赛者的民事责任。

需要注意的是，本条款主要针对事先免责的情形，如果是事后一方免除对方责任的，一般是有效的。

第五百零七条 【争议解决条款效力】

合同不生效、无效、被撤销或者终止的，不影响合同中有关解决争议方法的条款的效力。

理解适用

本条所说的有关解决争议方法的条款包括以下几种形式：(1)仲裁条款。(2)选择受诉法院的条款。(3)选择检验、鉴定机构的条款。(4)法律适用条款。

实用问答

合同不成立、无效、被撤销或者确定不发生效力，将产生哪些法律后果？

答：根据《合同编通则解释》第24条的规定，合同不成立、无效、被撤销或者确定不发生效力，当事人请求返还财产，经审查财产能够返还的，人民法院应当根据案件具体情况，单独或者合并适用返还占有的标的物、更正登记簿册记载等方式；经审查财产不能返还或者没有必要返还的，人民法院应当以认定合同不成立、无效、被撤销或者确定不发生效力之日该财产的市场价值或者以其他合理方式计算的价值为基准判决折价补偿。

除前述规定的情形外,当事人还请求赔偿损失的,人民法院应当结合财产返还或者折价补偿的情况,综合考虑财产增值收益和贬值损失、交易成本的支出等事实,按照双方当事人的过错程度及原因力大小,根据诚信原则和公平原则,合理确定损失赔偿额。

合同不成立、无效、被撤销或者确定不发生效力,当事人的行为涉嫌违法且未经处理,可能导致一方或者双方通过违法行为获得不当利益的,人民法院应当向有关行政管理部门提出司法建议。当事人的行为涉嫌犯罪的,应当将案件线索移送刑事侦查机关;属于刑事自诉案件的,应当告知当事人可以向有管辖权的人民法院另行提起诉讼。

条文参见

《合同编通则解释》第24~25条

第五百零八条 【合同效力援引规定】

本编对合同的效力没有规定的,适用本法第一编第六章的有关规定。

第四章 合同的履行

第五百零九条 【合同履行的原则】

当事人应当按照约定全面履行自己的义务。

当事人应当遵循诚信原则,根据合同的性质、目的和交易习惯履行通知、协助、保密等义务。

当事人在履行合同过程中,应当避免浪费资源、污染环境和破坏生态。

理解适用

按照全面履行原则的要求,当事人应当履行的义务不限于合同的主要义务,对于其他义务,当事人也应当按照约定履行。不管当事人是不履行合同主要义务还是不履行合同其他义务,当事人都要承担违约责任。

> 实用问答

当事人一方未根据法律规定或者合同约定履行非主要债务的,对方能否请求继续履行该债务、赔偿因怠于履行该债务给自己造成的损失或者解除合同?

答:根据《合同编通则解释》第 26 条的规定,当事人一方未根据法律规定或者合同约定履行开具发票、提供证明文件等非主要债务,对方请求继续履行该债务并赔偿因怠于履行该债务造成的损失的,人民法院依法予以支持;对方请求解除合同的,人民法院不予支持,但是不履行该债务致使不能实现合同目的或者当事人另有约定的除外。

> 条文参见

《民法典》第 7、9 条

> 案例指引

未按约定提供养老服务,应当依法退还相应费用——向某诉某公司养老服务合同纠纷案(《最高法发布民法典颁布五周年第二批典型案例》之三)

习近平总书记强调:"我们要在全社会大力提倡尊敬老人、关爱老人、赡养老人,大力发展老龄事业,让所有老年人都能有一个幸福美满的晚年。"发展养老事业和养老产业,抓好养老服务是积极应对人口老龄化的民生大事,通过司法裁判引导、规范养老产业发展,更好维护老年人合法权益,是司法为民宗旨的内在要求。本案中,养老机构因自身经营不善,在合同约定的养老基地暂停经营后,将老年人安排至云南、四川等地,致使老年人频繁奔波,违背老年人接受养老服务的初衷。人民法院依照《民法典》第 509 条、第 566 条等的规定,认定养老机构未基于老年人身心特点和实际需求适当履行合同,依法支持原告解除合同、退还未消费的预付款的诉讼请求。本案裁判对于促推养老服务行业规范发展,更好保障和实现老年人对美好生活的向往,具有重要的规范引领作用。

第五百一十条 【合同没有约定或者约定不明的补救措施】

合同生效后,当事人就质量、价款或者报酬、履行地点等内容没有约定或者约定不明确的,可以协议补充;不能达成补充协议的,按照合同相关条款或者交易习惯确定。

理解适用

[合同内容确定]

合同内容确定,也叫作合同漏洞填补,是指当事人订立的合同条款不明确,或者没有约定,运用法律规定的原则对这些不明确或者没有规定的内容赋予确定的内容,以使合同能够适当、全面履行。

合同内容确定与合同解释的区别:(1)合同内容确定是对合同没有约定或者约定不明确的内容进行确定,合同解释则是在双方当事人对合同条款理解发生分歧时,根据法律规定的原则对合同条款内容的重新认定;(2)合同内容确定可以由当事人自己确定,也可以由权威部门确定,而合同解释则由于当事人的理解分歧,只能由权威部门即仲裁机构和人民法院进行解释。

条文参见

《合同编通则解释》第3条

第五百一十一条 【合同约定不明确时的履行】

当事人就有关合同内容约定不明确,依据前条规定仍不能确定的,适用下列规定:

(一)质量要求不明确的,按照强制性国家标准履行;没有强制性国家标准的,按照推荐性国家标准履行;没有推荐性国家标准的,按照行业标准履行;没有国家标准、行业标准的,按照通常标准或者符合合同目的的特定标准履行。

(二)价款或者报酬不明确的,按照订立合同时履行地的市场价格履行;依法应当执行政府定价或者政府指导价的,依照规定履行。

(三)履行地点不明确,给付货币的,在接受货币一方所在地履行;交付不动产的,在不动产所在地履行;其他标的,在履行义务一方所在地履行。

(四)履行期限不明确的,债务人可以随时履行,债权人也可以随时请求履行,但是应当给对方必要的准备时间。

(五)履行方式不明确的,按照有利于实现合同目的的方式履行。

(六)履行费用的负担不明确的,由履行义务一方负担;因债权人原因增加的履行费用,由债权人负担。

第五百一十二条 【电子合同标的交付时间】

通过互联网等信息网络订立的电子合同的标的为交付商品并采用快递物流方式交付的,收货人的签收时间为交付时间。电子合同的标的为提供服务的,生成的电子凭证或者实物凭证中载明的时间为提供服务时间;前述凭证没有载明时间或者载明时间与实际提供服务时间不一致的,以实际提供服务的时间为准。

电子合同的标的物为采用在线传输方式交付的,合同标的物进入对方当事人指定的特定系统且能够检索识别的时间为交付时间。

电子合同当事人对交付商品或者提供服务的方式、时间另有约定的,按照其约定。

理解适用

[电子合同]

电子合同,是指双方或多方当事人之间通过电子信息网络以电子的形式达成的设立、变更、终止财产性民事权利义务关系的协议。

本条第1款中的收货人签收,一般是指当面查验快递物流交付的商品后的签收。

条文参见

《电子商务法》第51条

第五百一十三条 【政府定价、政府指导价】

执行政府定价或者政府指导价的,在合同约定的交付期限内政府价格调整时,按照交付时的价格计价。逾期交付标的物的,遇价格上涨时,按照原价格执行;价格下降时,按照新价格执行。逾期提取标的物或者逾期付款的,遇价格上涨时,按照新价格执行;价格下降时,按照原价格执行。

理解适用

[政府定价]

政府定价,是指由政府价格主管部门或者其他有关部门按照定价权限和范围制定的价格。

[政府指导价]

政府指导价,是指由政府价格主管部门或者其他有关部门按照定价权限和范围规定基准价及其浮动幅度,指导经营者定价的价格。

合同交易中,价格通常按照市场调节价由当事人共同商定。国家对合同交易规定有政府指导价的,当事人应当在指导价的幅度内商定价格。国家对合同交易规定了政府定价的,当事人均应当遵守,一方违反价格管理规定的,另一方可以请求其退还多收的价金。

第五百一十四条 【金钱之债中对于履行币种约定不明时的处理】

以支付金钱为内容的债,除法律另有规定或者当事人另有约定外,债权人可以请求债务人以实际履行地的法定货币履行。

理解适用

金钱之债原则上必须实际履行,不存在履行不能情况。债务人不得以任何理由针对债权人的履行请求提出抗辩。因为货币是一种纯粹的可代替物,不具有任何个性,任何等额的货币价值相等,可以互相代替。其具有高度的流通性,不可能发生不可替代的灭失,也不存在履行在经济上不合理的情况,债务人可能暂时遇到经济困难而不能交付,但这只会导致履行迟延,而不会导致履行不能。

第五百一十五条 【选择之债中选择权归属与移转】

标的有多项而债务人只需履行其中一项的,债务人享有选择权;但是,法律另有规定、当事人另有约定或者另有交易习惯的除外。

享有选择权的当事人在约定期限内或者履行期限届满未作选择,经催告后在合理期限内仍未选择的,选择权转移至对方。

理解适用

[选择之债]

选择之债,是指债的关系在成立之时,确定的标的有数个,当事人在履行时可以选定其中一个而为给付的债。选择之债的两大核心要素是给付的复数性和履行的择一性。

选择之债在债的关系成立时标的并未确定,但在履行之前必须依据一定的规则对其加以确定(特定化),使选择之债成为简单之债,从而使其能够履行。选择权人一旦行使选择权,则选择之债的标的即固定化,当事人应当按照债的要求履行债务。需要指出的是,在选择之债中,如果数项可供选择的给付中有部分嗣后发生给付不能,则选择权人仅能在剩余的给付中作出选择;如果仅存一项可能的给付,则该选择之债即转化为简单之债,当事人应当按照债的要求履行债务。

第五百一十六条 【选择权的行使】

当事人行使选择权应当及时通知对方,通知到达对方时,标的确定。标的确定后不得变更,但是经对方同意的除外。

可选择的标的发生不能履行情形的,享有选择权的当事人不得选择不能履行的标的,但是该不能履行的情形是由对方造成的除外。

理解适用

有选择权的当事人行使选择权应当采用通知的方式,通知到达对方时,标的即确定,不需要经过相对方同意。标的一旦确定,对双方当事人均产生拘束力。除非经过相对方同意,享有选择权的当事人不得再自行变更标的。

从尽可能促成债务履行的角度出发,规定可选择的标的之中发生不能履行情形的,享有选择权的当事人不得选择不能履行的标的,即只能从剩余的标的中选择。同时,为了公平、合理地平衡当事人双方之间的利益作了除外规定,即"但是该不能履行的情形是由对方造成的除外"。

第五百一十七条 【按份之债】

债权人为二人以上,标的可分,按照份额各自享有债权的,为按份债权;债务人为二人以上,标的可分,按照份额各自负担债务的,为按份债务。

按份债权人或者按份债务人的份额难以确定的,视为份额相同。

理解适用

按份债权和按份债务的标的都是可分的,标的不可分不能成立按份债权或者按份债务。本条第1款对按份债权和按份债务的定义所作的界定,同时包含了按份债权和按份债务的内外部效力,即各债权人之间对内按照份额分享权利,对外按照各自份额行使权利;各债务人之间对内按照份额分担债务,对外按照各自份额履行债务。

按份债权人的份额或者按份债务人的份额,法律有规定或者当事人有约定的,依照法律规定或者当事人约定。法律没有规定,当事人也没有约定或者约定不明确,难以确定按份债权人或者按份债务人的份额的,视为份额相同,每个债权人平均分享债权,每个债务人平均分担债务。

第五百一十八条 【连带之债】

债权人为二人以上,部分或者全部债权人均可以请求债务人履行债务的,为连带债权;债务人为二人以上,债权人可以请求部分或者全部债务人履行全部债务的,为连带债务。

连带债权或者连带债务,由法律规定或者当事人约定。

理解适用

连带债务的债务人为2人以上,不管债务人之间的内部份额如何划分,债权人既可以请求全部债务人履行全部债务或者部分债务,也可以请求部分债务人履行全部债务或者部分债务。全部或者部分债务人履行一部分债务的,未履行的债务部分仍然是各债务人的连带债务,债权人有权请求全部债务人或者部分债务人履行。

连带债务的成立对债权人有利,但对各债务人影响重大。因此本条第2款规定,连带债务由法律规定或者当事人约定。既没有法律规定,也没有当事人约定的,不可成立连带债务。连带债权的各债权人共享同一债权,但可以由某一债权人单独行使该债权,这种情况也要有法律的明确规定或者当事人之间的特别约定。

第五百一十九条 【连带债务人的份额确定及追偿权】

连带债务人之间的份额难以确定的,视为份额相同。

实际承担债务超过自己份额的连带债务人,有权就超出部分在其他连带债务人未履行的份额范围内向其追偿,并相应地享有债权人的权利,但是不得损害债权人的利益。其他连带债务人对债权人的抗辩,可以向该债务人主张。

被追偿的连带债务人不能履行其应分担份额的,其他连带债务人应当在相应范围内按比例分担。

理解适用

在连带债务人内部关系中如何确定各自应当承担的债务份额,有法律规定或者当事人约定的,按照法律规定或者当事人约定;既没有法律规定也没有当事人约定,难以确定各连带债务人的债务份额的,视为份额相同,即由各连带债务人平均分担债务。

连带债务人的追偿权,是指一个连带债务人因履行债务、抵销债务等使连带债务人对债权人的债务在一定范围内消灭的,该连带债务人享有向其他连带债务人追偿的权利。本条第2款对连带债务人追偿权的成立条件进行了规定。为了合理平衡享有追偿权的连带债务人与其他连带债务人之间的利益,本条第2款还规定,其他连带债务人对债权人的抗辩,可以向该债务人主张。

基于公平考虑,本条第3款规定被追偿的连带债务人不能履行其应分担份额的,其他连带债务人应当在相应范围内按比例分担。"其他连带债务人",是指除不能履行其应分担份额的连带债务人之外的所有连带债务人,包括实际承担债务后行使追偿权的连带债务人。

第五百二十条 【连带债务涉他效力】

部分连带债务人履行、抵销债务或者提存标的物的,其他债务人对债权人的债务在相应范围内消灭;该债务人可以依据前条规定向其他债务人追偿。

部分连带债务人的债务被债权人免除的,在该连带债务人应当承担的份额范围内,其他债务人对债权人的债务消灭。

部分连带债务人的债务与债权人的债权同归于一人的,在扣除该债务人应当承担的份额后,债权人对其他债务人的债权继续存在。

债权人对部分连带债务人的给付受领迟延的,对其他连带债务人发生效力。

> **理解适用**

根据本条第1款的规定,部分连带债务人向债权人履行债务、以债权人对自己所负债务与连带债务人对债权人所负债务相抵销,或者提存标的物,均可使债权人的债权全部或者部分得到满足,其他债务人对债权人的债务也就在相应范围内消灭。

根据本条第2款的规定,债权人免除其中一个或者部分连带债务人的债务的,债权人仍可向其他债务人请求履行,但是其他债务人承担的连带债务数额要扣除被免除的连带债务人应当承担的内部份额。

根据本条第3款的规定,部分连带债务人的债务与债权人的债权同归于一人的,混同后的债权人(或者发生混同的连带债务人)仍然可以以债权人的地位,向其他连带债务人请求承担连带债务,但是连带债务的数额要扣除发生混同的连带债务人应当承担的内部份额。

本条第4款规定,债权人对部分连带债务人的给付受领迟延的,对其他连带债务人发生效力。债权人受领迟延,是指债权人无正当理由对于债务人的给付未及时受领。债权人受领迟延的,会产生一定的法律效果。例如,对于债权人受领迟延期间的利息,作出给付行为的连带债务人有权拒绝,其他连带债务人根据本款规定也有权拒绝。

第五百二十一条 【连带债权的内外部关系及法律适用】

连带债权人之间的份额难以确定的,视为份额相同。

实际受领债权的连带债权人,应当按比例向其他连带债权人返还。

连带债权参照适用本章连带债务的有关规定。

> **理解适用**

在连带债权内部关系中,如何确定各连带债权人的份额,有法律规定或者当事人约定的,按照法律规定或者当事人约定;如果既没有法律规定,也没有当事人约定,难以确定各连带债权人的份额,依照本条第1款规定,视为份额相同,即由各连带债权人平均分享债权。

如果债务人以交付特定物的方式履行债务,则受领标的物的债权人无须向其他连带债权人交付该标的物,而只需要向其他连带债权人偿还其应当分享的债权份额。此外,如果连带债权因一个债权人发生混同而消灭,则该债权人也应返还其多得的利益,因为该债权人因混同获得了超出其应享有部分的利益。

第五百二十二条 【向第三人履行的合同】

当事人约定由债务人向第三人履行债务,债务人未向第三人履行债务或者履行债务不符合约定的,应当向债权人承担违约责任。

法律规定或者当事人约定第三人可以直接请求债务人向其履行债务,第三人未在合理期限内明确拒绝,债务人未向第三人履行债务或者履行债务不符合约定的,第三人可以请求债务人承担违约责任;债务人对债权人的抗辩,可以向第三人主张。

理解适用

本条第1款规定的是不真正的利益第三人合同。由债务人向第三人履行债务,是债权人与债务人之间所作的约定,该约定不对第三人产生法律约束力。第三人不享有请求债务人履行的权利,履行请求权仍然属于作为合同当事人的债权人。债务人未向第三人履行债务或者履行债务不符合约定的,债务人应当向债权人承担违约责任,而不是向第三人承担违约责任。第三人没有享受到预期利益的,可以依据其与债权人之间的约定等另作处理。

本条第2款对真正利益第三人合同中第三人取得履行请求权的条件及相关法律效果作了规定。

(1)第三人取得履行请求权的条件包括:一是第三人取得履行请求权要有法律规定或者当事人约定。二是利益第三人合同是为第三人的利益而设置,按照民法的自愿原则,即使是为他人赋予利益,他人也有权拒绝。因此,本条对利益第三人合同还规定了第三人的拒绝权,第三人在合理期限内可以拒绝,未在合理期限内明确拒绝的,第三人就取得了直接请求债务人履行的权利,可以直接请求债务人向其履行。

(2)真正的利益第三人合同的法律效果是:债务人未向第三人履行债务或者履行债务不符合约定的,第三人可以请求债务人承担继续履行、赔偿损失等违约责任。第三人对债务人虽取得履行请求权,但由于其不是合同当事人,合同本身的权利,如解除权、撤销权等,第三人不得行使。同时,还应注意债务人的抗辩问题。债务人基于债务人地位对债权人所享有的抗辩,不应因向第三人履行而受到影响。因此,本条第2款中规定,债务人对债权人的抗辩,可以向第三人主张。

实用问答

1. 向第三人履行的合同,第三人能否主张行使撤销权、解除权等民事权利?

答:根据《合同编通则解释》第29条第1、2款的规定,《民法典》第522条第2款规定的第三人请求债务人向自己履行债务的,人民法院应予支持;请求行使撤销权、解除权等民事权利的,人民法院不予支持,但是法律另有规定的除外。合同依法被撤销或者被解除,债务人请求债权人返还财产的,人民法院应予支持。

2. 债务人按照约定向第三人履行债务,第三人拒绝受领的,债权人能否请求债务人向自己履行债务?

答:根据《合同编通则解释》第29条第3款的规定,债务人按照约定向第三人履行债务,第三人拒绝受领,债权人请求债务人向自己履行债务的,人民法院应予支持,但是债务人已经采取提存等方式消灭债务的除外。第三人拒绝受领或者受领迟延,债务人请求债权人赔偿因此造成的损失的,人民法院依法予以支持。

第五百二十三条 【由第三人履行的合同】

当事人约定由第三人向债权人履行债务,第三人不履行债务或者履行债务不符合约定的,债务人应当向债权人承担违约责任。

理解适用

由第三人履行的合同,具有以下几个特点:(1)合同是在债权人与债务人之间订立,以债权人、债务人为合同双方当事人,第三人不是合同当事人。(2)合同标的是第三人向债权人的履行行为。由第三人履行的合同,不是由债务人直接向债权人履行债务,而是由第三人向债权人履行债务。根据合同相对性原则,合同仅对合同当事人产生法律约束力。对于由第三人履行的合同,虽然合同债权人与债务人约定由第三人向债权人履行债务,但是由于第三人不是合同当事人,合同对该第三人并没有法律约束力。(3)不履行债务或者履行债务不符合约定而产生的违约责任,由债务人向债权人承担违约责任。

> **实用问答**

由第三人履行的合同是债务转移吗？

答：由第三人履行的合同与债务转移之间存在区别：(1)成立的方式不同。债务转移须债务人和债权人与第三人达成转让债务的协议；由第三人履行的合同，起决定作用的是合同当事人的约定，并且第三人单方愿意代替债务人清偿债务或者与债务人达成代替其清偿债务的协议。(2)债务人的身份不同。债务转移的接受债务的第三人已经成为合同关系的当事人；由第三人履行的合同，第三人只是履行主体而不是合同的当事人。(3)承担责任的人不同。债务转移的新债务人未能依照合同约定履行债务，债权人可直接请求其履行义务和承担违约责任；由第三人履行的合同，对其履行不适当的行为，应当由债务人承担债务不适当履行的责任。

第五百二十四条　【第三人代为履行】

债务人不履行债务，第三人对履行该债务具有合法利益的，第三人有权向债权人代为履行；但是，根据债务性质、按照当事人约定或者依照法律规定只能由债务人履行的除外。

债权人接受第三人履行后，其对债务人的债权转让给第三人，但是债务人和第三人另有约定的除外。

> **理解适用**

第三人代为履行债务，不需要考虑是否违反债务人的意思，债权人也不得拒绝。有合法利益的第三人代为履行后，债权人的债权得以实现，债权人与债务人之间的债权债务关系终止。对于第三人与债务人之间的关系，根据本条第2款的规定，债权人接受第三人履行后，其对债务人的债权转让给第三人。

> **实用问答**

哪些人是对履行债务具有合法利益的第三人？

答：根据《合同编通则解释》第30条第1款的规定，下列民事主体，人民法院可以认定为《民法典》第524条第1款规定的对履行债务具有合法利益的第三人：(1)保证人或者提供物的担保的第三人；(2)担保财产的受让人、用益物权人、合法占有人；(3)担保财产上的后顺位担保权人；(4)对债务人的财产享有合法权益且该权益将因财产被强制执行而丧失的第三人;(5)债务人为法人或者非法人组织的,其出资人或者设立人;(6)债务人为自然人的,其近亲属;(7)其他对履行债务具有合法利益的第三人。

> 案例指引

某物流有限公司诉吴某运输合同纠纷案(《人民法院贯彻实施民法典典型案例(第一批)》之六)

典型意义:《民法典》合同编新增了具有合法利益的第三人代为履行的规定,对于确保各交易环节有序运转,促进债权实现,维护交易安全,优化营商环境具有重要意义。本案是适用《民法典》关于具有合法利益的第三人代为履行规则的典型案例。审理法院适用《民法典》相关规定,依法认定原告某物流有限公司代被告吴某向承运司机支付吴某欠付的运费具有合法利益,且在原告履行后依法取得承运司机对被告吴某的债权。本案判决不仅对维护物流运输行业交易秩序、促进物流运输行业蓬勃发展具有保障作用,也对人民法院探索具有合法利益的第三人代为履行规则的适用具有积极意义。

> 第五百二十五条 【同时履行抗辩权】

当事人互负债务,没有先后履行顺序的,应当同时履行。一方在对方履行之前有权拒绝其履行请求。一方在对方履行债务不符合约定时,有权拒绝其相应的履行请求。

> 理解适用

[同时履行抗辩权]

同时履行抗辩权,是指在没有先后履行顺序的双务合同中,一方当事人在对方当事人未为履行或者履行不符合约定的情况下,享有拒绝对待给付的权利。

同时履行抗辩权的成立需要具备以下四个要件:(1)须基于同一双务合同互负债务,在履行上存在关联性。(2)当事人的债务没有先后履行顺序。(3)须双方所负的债务均已届履行期。(4)对方当事人未履行自己所负的债务或者履行债务不符合约定仍然提出履行请求。履行债务不符合约定的情况,包括部分履行、瑕疵履行等。

同时履行抗辩权属延期的抗辩权,只是暂时阻止对方当事人请求权的行使,非永久的抗辩权。对方当事人完全履行了合同义务,同时履行抗辩权消灭,当事人应当履行自己的义务。当事人行使同时履行抗辩权致使合同迟延履行的,该当事人不承担违约责任。

> 实用问答

1. 当事人互负债务的,一方能否以对方没有履行非主要债务为由拒绝履行自己的主要债务?

答:根据《合同编通则解释》第31条第1款的规定,当事人互负债务,一方以对方没有履行非主要债务为由拒绝履行自己的主要债务的,人民法院不予支持。但是,对方不履行非主要债务致使不能实现合同目的或者当事人另有约定的除外。

2. 当事人一方起诉请求对方履行债务,被告主张双方同时履行的抗辩且抗辩成立的,人民法院如何判决?

答:根据《合同编通则解释》第31条第2款的规定,当事人一方起诉请求对方履行债务,被告依据《民法典》第525条的规定主张双方同时履行的抗辩且抗辩成立,被告未提起反诉的,人民法院应当判决被告在原告履行债务的同时履行自己的债务,并在判项中明确原告申请强制执行的,人民法院应当在原告履行自己的债务后对被告采取执行行为;被告提起反诉的,人民法院应当判决双方同时履行自己的债务,并在判项中明确任何一方申请强制执行的,人民法院应当在该当事人履行自己的债务后对对方采取执行行为。

第五百二十六条 【先履行抗辩权】

当事人互负债务,有先后履行顺序,应当先履行债务一方未履行的,后履行一方有权拒绝其履行请求。先履行一方履行债务不符合约定的,后履行一方有权拒绝其相应的履行请求。

> 理解适用

[先履行抗辩权]

先履行抗辩权,是指在双务合同中应当先履行的一方当事人未履行或者履行债务不符合约定的,后履行的一方当事人享有拒绝对方履行请求或者拒绝对方相应履行请求的权利。

先履行抗辩权的成立需要具备以下要件:(1)须基于同一双务合同。双方当事人因同一合同互负债务,在履行上存在关联性。先履行抗辩权不适用于单务合同。(2)当事人的债务有先后履行顺序。这种履行顺序的确立,或依法律规定,或按当事人约定,或按交易习惯。(3)应当先履行的当事人不履行债务或者履行债务不符合约定。例如,对于应先交付租赁物再付租金的租赁合同,出租方不按时交付租赁物或者交付的租赁物不符合约定。(4)后履行一方当事人的债务已届履行期。

符合上述条件,后履行的一方当事人可以行使先履行抗辩权,对抗应先履行债务的对方当事人的履行请求。应先履行合同债务的当事人不能行使先履行抗辩权。先履行抗辩权属延期的抗辩权,只是暂时阻止对方当事人请求权的行使,非永久的抗辩权。对方当事人履行了合同义务,先履行抗辩权消灭,当事人应当履行自己的义务。后履行一方当事人行使先履行抗辩权致使合同迟延履行的,该当事人不承担违约责任,迟延履行的责任由对方承担。后履行一方当事人行使先履行抗辩权,不影响追究应当先履行一方当事人的违约责任。

实用问答

当事人一方起诉请求对方履行债务,被告主张原告应先履行的抗辩且抗辩成立的,人民法院如何判决?

答: 根据《合同编通则解释》第31条第3款的规定,当事人一方起诉请求对方履行债务,被告依据《民法典》第526条的规定主张原告应先履行的抗辩且抗辩成立的,人民法院应当驳回原告的诉讼请求,但是不影响原告履行债务后另行提起诉讼。

条文参见

《买卖合同解释》第31条

第五百二十七条 【不安抗辩权】

应当先履行债务的当事人,有确切证据证明对方有下列情形之一的,可以中止履行:

(一)经营状况严重恶化;

(二)转移财产、抽逃资金,以逃避债务;

(三)丧失商业信誉;

（四）有丧失或者可能丧失履行债务能力的其他情形。

当事人没有确切证据中止履行的，应当承担违约责任。

理解适用

[**不安抗辩权**]

不安抗辩权，是指双务合同成立后，应当先履行的当事人有确切证据证明对方不能履行义务，或者不履行合同义务的可能性较高时，在对方恢复履行能力或者提供担保之前，有权中止履行合同义务。

不安抗辩权的成立需要具备以下要件：(1)当事人须基于同一双务合同互负债务。(2)当事人互负的债务有先后履行顺序。这也是不安抗辩权和后履行抗辩权共同的成立要件。(3)后履行的当事人发生了丧失或者可能丧失债务履行能力的情形。这些情形包括经营状况严重恶化，转移财产、抽逃资金以逃避债务，丧失商业信誉和其他丧失或者可能丧失履行债务能力的情形。

需要注意的是，对于后履行的当事人发生了丧失或者可能丧失债务履行能力的情形，应当先履行债务的当事人必须要有确切的证据证明。如果有确切的证据证明，则属于正当行使不安抗辩权，可以中止履行顺序在先的债务；如果没有确切的证据证明而中止履行，则属于违约行为，应当先履行债务的当事人要承担违约责任。

第五百二十八条【不安抗辩权的效力】

当事人依据前条规定中止履行的，应当及时通知对方。对方提供适当担保的，应当恢复履行。中止履行后，对方在合理期限内未恢复履行能力且未提供适当担保的，视为以自己的行为表明不履行主要债务，中止履行的一方可以解除合同并可以请求对方承担违约责任。

理解适用

当事人行使不安抗辩权错误的，应当承担违约责任。行使不安抗辩权，举证责任在先履行合同义务的当事人，其应当有确切证据证明对方不能履行合同或者有不能履行合同的可能性。一旦对方提供适当担保的，则应当及时恢复履行。恢复是否及时，担保是否适当，应根据诚信原则，结合案涉合同标的额、当事人履约能力等具体情况加以考量。

第五百二十九条 【因债权人原因致债务履行困难时的处理】

债权人分立、合并或者变更住所没有通知债务人,致使履行债务发生困难的,债务人可以中止履行或者将标的物提存。

理解适用

在本条规定的情形下,债务人中止履行或者将标的物提存,不能认定为债务人违约。当然,如果债权人分立、合并或者变更住所没有通知债务人,但并不会使债务履行发生困难,此时债务人不得以此为由中止履行或者将标的物提存,否则属于债务人违约。除了本条列举的3种情形之外,临时关门歇业、变更联系方式而没有通知债务人,致使债务履行困难的,债务人中止履行或者将标的物提存,也应当获得司法支持。

第五百三十条 【债务人提前履行债务】

债权人可以拒绝债务人提前履行债务,但是提前履行不损害债权人利益的除外。

债务人提前履行债务给债权人增加的费用,由债务人负担。

理解适用

本条第1款规定的提前履行不损害债权人利益的举证责任,应当由请求提前履行的债务人一方承担。债务人提前履行可能会给债权人增加额外的费用,如仓储费用等。额外费用,由债务人负担。

第五百三十一条 【债务人部分履行债务】

债权人可以拒绝债务人部分履行债务,但是部分履行不损害债权人利益的除外。

债务人部分履行债务给债权人增加的费用,由债务人负担。

理解适用

本法合同编将全面履行作为合同履行的原则。当事人全面履行自己的义务包括按照约定履行全部债务。债务人履行部分债务,属于违反合同约定的行为,原则上属于违约行为,债权人当然可以拒绝并请求债务人承担违约责任。但是，如果债务人部分履行不损害债权人的利益，基于诚信原则，债权人应当接受债务人部分履行债务，不得拒绝。债权人接受债务人部分履行，可能会额外增加一些费用，这些费用由债务人负担。

第五百三十二条　【当事人姓名等变化对合同履行的影响】

合同生效后，当事人不得因姓名、名称的变更或者法定代表人、负责人、承办人的变动而不履行合同义务。

第五百三十三条　【情势变更】

合同成立后，合同的基础条件发生了当事人在订立合同时无法预见的、不属于商业风险的重大变化，继续履行合同对于当事人一方明显不公平的，受不利影响的当事人可以与对方重新协商；在合理期限内协商不成的，当事人可以请求人民法院或者仲裁机构变更或者解除合同。

人民法院或者仲裁机构应当结合案件的实际情况，根据公平原则变更或者解除合同。

理解适用

[情势变更制度]

情势变更制度，是指合同依法成立后，客观情况发生了无法预见的重大变化，致使原来订立合同的基础丧失或者动摇，如继续履行合同则对一方当事人明显不公平，因此允许变更或者解除合同以维持当事人之间的公平。

适用情势变更制度会产生下列法律效果：(1)受不利影响的当事人有权请求与对方重新协商。对于因情势变更造成的双方权利义务严重失衡的状态，受不利影响的当事人请求与对方协商的，对方应当积极回应，参与协商。双方当事人应依诚信、公平原则，重新调整权利义务关系，变更或者解除合同。(2)双方当事人在协商过程中，就合同的变更或者解除达不成一致意见，协商不成的，当事人可以请求法院或者仲裁机构作最终裁断。人民法院或者仲裁机构应当结合案件的实际情况，判断是否符合情势变更制度的适用条件，符合情势变更制度适用条件的，人民法院或者仲裁机构应当根据公平原则作出裁断。

实用问答

如何理解《民法典》第 533 条第 1 款所称的"合同的基础条件发生了当事人在订立合同时无法预见的、不属于商业风险的重大变化"？人民法院应如何处理？

答：根据《合同编通则解释》第 32 条的规定，合同成立后，因政策调整或者市场供求关系异常变动等原因导致价格发生当事人在订立合同时无法预见的、不属于商业风险的涨跌，继续履行合同对于当事人一方明显不公平的，人民法院应当认定合同的基础条件发生了《民法典》第 533 条第 1 款规定的"重大变化"。但是，合同涉及市场属性活跃、长期以来价格波动较大的大宗商品以及股票、期货等风险投资型金融产品的除外。

合同的基础条件发生了《民法典》第 533 条第 1 款规定的重大变化，当事人请求变更合同的，人民法院不得解除合同；当事人一方请求变更合同，对方请求解除合同的，或者当事人一方请求解除合同，对方请求变更合同的，人民法院应当结合案件的实际情况，根据公平原则判决变更或者解除合同。

人民法院依据《民法典》第 533 条的规定判决变更或者解除合同的，应当综合考虑合同基础条件发生重大变化的时间、当事人重新协商的情况以及因合同变更或者解除给当事人造成的损失等因素，在判项中明确合同变更或者解除的时间。

当事人事先约定排除《民法典》第 533 条适用的，人民法院应当认定该约定无效。

案例指引

某旅游管理公司与某村村民委员会等合同纠纷案（《最高人民法院发布民法典合同编通则司法解释相关典型案例》之四）

裁判要点：当事人签订具有合作性质的长期性合同，因政策变化对当事人履行合同产生影响，但该变化不属于订立合同时无法预见的重大变化，按照变化后的政策要求予以调整亦不影响合同继续履行，且继续履行不会对当事人一方明显不公平，该当事人不能依据《民法典》第 533 条请求变更或者解除合同。该当事人请求终止合同权利义务关系，守约方不同意终止合同，但双方当事人丧失合作可能性导致合同目的不能实现的，属于《民法典》第 580 条第 1 款第 2 项规定的"债务的标的不适于强制履行"，应根据违约方的请求判令终止合同权利义务关系并判决违约方承担相应的违约责任。

第五百三十四条 【合同监管】

对当事人利用合同实施危害国家利益、社会公共利益行为的,市场监督管理和其他有关行政主管部门依照法律、行政法规的规定负责监督处理。

第五章 合同的保全

第五百三十五条 【债权人代位权】

因债务人怠于行使其债权或者与该债权有关的从权利,影响债权人的到期债权实现的,债权人可以向人民法院请求以自己的名义代位行使债务人对相对人的权利,但是该权利专属于债务人自身的除外。

代位权的行使范围以债权人的到期债权为限。债权人行使代位权的必要费用,由债务人负担。

相对人对债务人的抗辩,可以向债权人主张。

理解适用

[代位权]

代位权,是指债务人怠于行使权利,债权人为保全债权,以自己的名义代位行使债务人对相对人的权利。

债务人不履行其对债权人的到期债务,又不以诉讼或者仲裁方式向相对人主张其享有的债权或者与该债权有关的从权利,致使债权人的到期债权未能实现的,人民法院可以认定为本条规定的"债务人怠于行使其债权或者与该债权有关的从权利,影响债权人的到期债权实现"。

代位权的行使范围,以债权人的到期债权为限,超越此范围,债权人不能行使。债权人行使代位权会支出一定的费用,该费用由债务人负担。

实用问答

1. 债权人代位权诉讼中,相对人能否向债务人履行债务?[①]

答:在债权人代位权诉讼中,相对人能否向债务人履行债务,现行法律和司法解释尚无直接规定。倾向于认为,债权人提起代位权诉讼后,相对人未经债权人同意,不能向债务人履行债务。主要理由是:(1)在债务人怠于行使其对相对人的债权而影响债权人到期债权实现的情况下,法律规定了代位权制度,赋予债权人突破债的相对性直接向债务人的相对人请求履行的权利。如果允许代位权诉讼中相对人向债务人履行债务,就会使得债权人本可以通过行使代位权获得清偿的目的落空,必然会使得代位权制度的功能价值大打折扣。(2)债权人提起代位权诉讼后,允许相对人直接向债务人履行债务不利于债权人合法权益的保护。代位权作为一项法定权利,债权人只能通过诉讼方式行使。在起诉时符合代位权行使条件的情况下,若允许相对人在债权人起诉后直接向债务人履行债务,将会导致债权人的主张因不再符合债权人代位权行使的条件而不被支持,进而使得债权人承担了诉讼成本却不能实现本来依法可以实现的债权,徒增诉累。这还意味着债务人和相对人可以直接影响诉讼程序进程,使债权人的权益实现完全受制于债务人和相对人的行为,很容易造成债务人与相对人恶意损害债权人利益的局面。

2. 人民法院可以认定为《民法典》第535条第1款规定的专属于债务人自身的权利有哪些?

答:根据《合同编通则解释》第34条的规定,下列权利,人民法院可以认定为《民法典》第535条第1款规定的专属于债务人自身的权利:(1)抚养费、赡养费或者扶养费请求权;(2)人身损害赔偿请求权;(3)劳动报酬请求权,但是超过债务人及其所扶养家属的生活必需费用的部分除外;(4)请求支付基本养老保险金、失业保险金、最低生活保障金等保障当事人基本生活的权利;(5)其他专属于债务人自身的权利。

3. 债权人代位权的行使是否受到仲裁协议的限制?[②]

答:对此可从两个层面来考虑。

[①] 参见《法答网精选答问(第十七批)——民法典合同编通则专题》,载最高人民法院官网2025年3月13日,https://www.court.gov.cn/zixun/xiangqing/459181.html。

[②] 参见《法答网精选答问(第四批)》,载最高人民法院官网2024年4月11日,https://www.court.gov.cn/zixun/xiangqing/429992.html。

(1)债务人与相对人之间的债权债务关系订有仲裁协议的,不影响债权人对相对人提起代位权诉讼。

首先,这是由《民法典》的制度设计所决定的。根据《民法典》第535条第1款的规定,代位权只能通过向人民法院起诉的方式行使。如果代位权诉讼受仲裁协议约束,则债务人为损害债权人利益,可能恶意采取与相对人事先订立仲裁协议的方式排除债权人行使代位权,从而导致代位权制度被实质架空。

其次,这也是由代位权的权利性质所决定的。代位权源自法律的直接规定,属于法定权利,而非约定的权利,也不能通过约定的方式排除该权利的行使。代位权既非代理权,也不同于债权转让,不存在仲裁协议也由债权人继受的法理基础。

最后,这还是由意思自治原则所决定的。在代位权诉讼中,债权人并非债务人与相对人签订的合同的一方当事人,也非该合同项下的权利义务受让人。故债务人与相对人之间约定的仲裁条款对债权人并无约束力,仲裁协议不能对抗债权人代位权诉讼的法定管辖,否则等于强迫债权人接受自己未订立的协议。

代位权诉讼不受债务人与相对人之间仲裁协议的约束,是最高人民法院一直坚持的司法立场。根据《最高人民法院关于适用〈中华人民共和国合同法〉若干问题的解释(一)》(已失效)第13条的规定,债务人怠于行使权利是指不以诉讼或者仲裁方式主张权利,据此可以直接得出代位权行使不受仲裁协议约束的结论。《合同编通则解释》)第36条也再次重申了这一立场,即债权人提起代位权诉讼后,债务人或者相对人以双方之间的债权债务关系订有仲裁协议为由对法院主管提出异议的,人民法院不予支持。需要注意的是,《合同编通则解释》第36条也特别强调了对仲裁协议的尊重和维护,即如果债务人或者相对人在首次开庭前就债务人与相对人之间的债权债务关系申请仲裁的,人民法院可以依法中止代位权诉讼。

综上,债务人与相对人之间订有仲裁协议的,不影响债权人对相对人提起代位权诉讼,但是可能会引起诉讼中止。

(2)债权人与债务人之间的债权债务关系订有仲裁协议的,也不影响债权人提起代位权诉讼。

这是因为该仲裁协议只在当事人对债权人是否享有债权及其数额大小有争议时才有意义。但是债权是否存在是代位权行使的实体条件,而非程序条件。《合同编通则解释》第40条第2款规定,债务人的相对人仅以债权人提起代位权诉讼时债权人与债务人之间的债权债务关系未经生效法律文书确认为由,主张债权人提起的诉讼不符合代位权行使条件的,人民法院不予支持。这里的生效法律文书当然也包括仲裁裁决书。据此,即使债权人与债务人之间的债权债务关系未经仲裁,也不影响人民法院就代位权诉讼作出实体裁判,自然也不能影响人民法院对相应纠纷行使管辖权。根据《合同编通则解释》第37条第1款的规定,在代位权诉讼中,债务人作为第三人参加诉讼。因此,如果债务人对债权人享有的债权及其数额没有争议,则旨在解决债务人与债权人之间纠纷的仲裁协议不会发生作用。当然,如果债务人对债权人是否享有债权及其数额大小有争议,则该争议只能通过仲裁程序解决。如果该争议直接影响受理代位权诉讼的人民法院对代位权是否成立的判断,则属于《民事诉讼法》第153条第1款第5项规定的"本案必须以另一案的审理结果为依据,而另一案尚未审结"的情形,代位权诉讼应当依法中止,等待仲裁程序就债权人与债务人之间的债权债务关系作出裁决。可见,此时也只是影响代位权诉讼的进行,仍然不影响债权人提起代位权诉讼。

综合以上两个层面考虑,倾向于认为:债权人与债务人、债务人与相对人之间的两段债权债务关系各订有仲裁协议,也不影响债权人提起代位权诉讼。与《合同编通则解释》一同发布的典型案例五"某控股株式会社与某利公司等债权人代位权纠纷案"即属此类情形。

> **条文参见**
>
> 《建工合同解释一》第44条;《合同编通则解释》第33~35、38~39条

> **案例指引**
>
> **某控股株式会社与某利公司等债权人代位权纠纷案**(《最高人民法院发布民法典合同编通则司法解释相关典型案例》之五)
>
> **裁判要点**:在代位权诉讼中,相对人以其与债务人之间的债权债务关系约定了仲裁条款为由,主张案件不属于人民法院受理案件范围的,人民法院不予支持。

> **第五百三十六条 【保存行为】**
>
> 债权人的债权到期前,债务人的债权或者与该债权有关的从权利存

在诉讼时效期间即将届满或者未及时申报破产债权等情形,影响债权人的债权实现的,债权人可以代位向债务人的相对人请求其向债务人履行、向破产管理人申报或者作出其他必要的行为。

> **理解适用**

债权人在代位实施权利保全行为时无须满足债务履行期限届满这一条件。然而,这并不代表债权人可以不满足债权人代位权成立的其他条件,人民法院在适用本条时仍要对债权人代位权"到期债权"以外的其他成立要件,根据本法第535条进行严格审查。本条适用的实质在于债权的保全而非债权的实现。

第五百三十七条 【债权人代位权行使效果】

人民法院认定代位权成立的,由债务人的相对人向债权人履行义务,债权人接受履行后,债权人与债务人、债务人与相对人之间相应的权利义务终止。债务人对相对人的债权或者与该债权有关的从权利被采取保全、执行措施,或者债务人破产的,依照相关法律的规定处理。

> **理解适用**

需要注意的是,本条规定的是"相应的"权利义务终止,即债权人与债务人、债务人与相对人之间权利义务只是就相对人向债权人履行债务的这一数额部分终止。

> **实用问答**

代位权诉讼中代位权不成立的,人民法院如何处理?

答:根据《合同编通则解释》第40条的规定,代位权诉讼中,人民法院经审理认为债权人的主张不符合代位权行使条件的,应当驳回诉讼请求,但是不影响债权人根据新的事实再次起诉。债务人的相对人仅以债权人提起代位权诉讼时债权人与债务人之间的债权债务关系未经生效法律文书确认为由,主张债权人提起的诉讼不符合代位权行使条件的,人民法院不予支持。

第五百三十八条 【撤销债务人无偿行为】

债务人以放弃其债权、放弃债权担保、无偿转让财产等方式无偿处分财产权益，或者恶意延长其到期债权的履行期限，影响债权人的债权实现的，债权人可以请求人民法院撤销债务人的行为。

理解适用

[撤销权]

撤销权亦称废罢诉权，是指债务人有减少责任财产而影响债权实现的行为时，债权人为保全债权而请求法院撤销该行为的权利。

撤销权的行使主体是指因债务人的行为影响其债权实现的债权人。债权人有多个的，每个债权人都享有撤销权，但多个债权人都提起撤销权诉讼的，法院一般合并审理。

实用问答

债权人行使撤销权是否应以生效的法律文书确认其债权为前提？[①]

答：债权人行使撤销权不以生效的法律文书确认债权为前提。主要理由是：

（1）法律并未规定在提起债权人撤销权之诉时，债权人对债务人享有的债权必须经生效判决确定。依照《民法典》第538条、第539条的规定，债权人行使撤销权的基本条件之一是债务人的不当行为"影响债权人的债权实现"。换言之，债权人行使撤销权仅以债权人与债务人之间的债权债务关系存在为前提，并未要求该债权须经生效法律文书确定。

（2）从撤销权制度的立法宗旨上看，债权人撤销权是在债务人放弃其债权、无偿转让财产等影响债权人债权实现的情形下，保全债务人责任财产的法律制度，其本身并不涉及债权人与债务人之间债权债务关系的变动。所以，债权人的债权不以其对债务人的债权清偿期届满、债权数额确定为必要，更不必以生效法律文书确认该债权为前提。

（3）代位权诉讼的类似规定可资参照。《合同编通则解释》第40条第2款规定："债务人的相对人仅以债权人提起代位权诉讼时债权人与债务人之

---

① 参见《法答网精选答问（第十七批）——民法典合同编通则专题》，载最高人民法院官网2025年3月13日，https://www.court.gov.cn/zixun/xiangqing/459181.html。

间的债权债务关系未经生效法律文书确认为由,主张债权人提起的诉讼不符合代位权行使条件的,人民法院不予支持。"作为合同保全的两种具体制度,代位权的行使与撤销权的行使均以有效的债权作为前提和基础。在代位权诉讼中,不以生效法律文书已确认债权人享有债权为前提,撤销权诉讼中亦应采取类似做法。

条文参见

《合同编通则解释》第40条

第五百三十九条 【撤销债务人有偿行为】

债务人以明显不合理的低价转让财产、以明显不合理的高价受让他人财产或者为他人的债务提供担保,影响债权人的债权实现,债务人的相对人知道或者应当知道该情形的,债权人可以请求人民法院撤销债务人的行为。

理解适用

对于"明显不合理"的低价或者高价,人民法院应当按照交易当地一般经营者的判断,并参考交易时交易地的市场交易价或者物价部门指导价予以认定。

转让价格未达到交易时交易地的市场交易价或者指导价70%的,一般可以认定为"明显不合理的低价";受让价格高于交易时交易地的市场交易价或者指导价30%的,一般可以认定为"明显不合理的高价"。债务人与相对人存在亲属关系、关联关系的,不受前款规定的70%、30%的限制。

条文参见

《合同编通则解释》第42~46条

第五百四十条 【债权人撤销权行使范围以及必要费用承担】

撤销权的行使范围以债权人的债权为限。债权人行使撤销权的必要费用,由债务人负担。

理解适用

债权人向人民法院提起诉讼,行使撤销权的目的在于恢复债务人的责任财产而保全债权,这在一定程度上限制了债务人自由处分财产的权利,突破了合同相对性原则,也会对债务人的相对人的利益产生一定影响。因此,债权人行使撤销权的范围不宜过宽,应以自己的债权为限。当然,如果债务人的行为无法分割,即使债务人减少责任财产的数额超过了债权人的债权额,债权人也可以撤销。两个或者两个以上债权人同时提起撤销权诉讼,请求撤销债务人的行为的,人民法院可以合并审理,以各债权人为原告,以债务人和债务人的相对人为共同被告,此时撤销权的行使范围以作为原告的各债权人的债权额总和为限。如果债权人人数众多,也可以通过代表人诉讼的形式行使撤销权。

债权人行使撤销权所支付的合理的律师代理费、差旅费等费用,可以认定为本条规定的"必要费用"。

条文参见

《合同编通则解释》第44、45条

案例指引

周某与丁某、薛某债权人撤销权纠纷案(《最高人民法院发布民法典合同编通则司法解释相关典型案例》之六)

裁判要点:在债权人撤销权诉讼中,债权人请求撤销债务人与相对人的行为并主张相对人向债务人返还财产的,人民法院依法予以支持。

第五百四十一条 【债权人撤销权行使期间】

撤销权自债权人知道或者应当知道撤销事由之日起一年内行使。自债务人的行为发生之日起五年内没有行使撤销权的,该撤销权消灭。

理解适用

撤销权的行使期间为除斥期间,故不存在中止、中断、延长的理由。将撤销权行使期间起算点规定为"债权人知道或者应当知道撤销事由之日起"有利于保护债权人的利益,防止其因不知撤销事由存在而错失撤销权的行使。同时规定"自债务人的行为发生之日起五年"的客观期间,有助于稳定民事法律关系,维护交易秩序。

第五百四十二条 【债权人撤销权行使效果】

债务人影响债权人的债权实现的行为被撤销的,自始没有法律约束力。

理解适用

债权人的撤销权成立,债务人的行为被人民法院撤销的,债务人的行为自始没有法律约束力。债务人放弃其债权、放弃债权担保的行为被撤销后,债务人的相对人仍对债务人负有债务、担保人仍对债务人负有担保责任。债务人无偿或者低价转让财产的行为、高价受让财产的行为被撤销后,债务人尚未给付的,不得再向相对人给付,相对人也不再享有请求债务人给付的权利;债务人已经向相对人给付的或者已经互相给付的,债务人、债务人的相对人负有返还财产、恢复原状的义务,不能返还的应当折价补偿。债务人为他人的债务提供担保的行为被撤销后,债务人不再负有担保责任;债务人已经承担担保责任的,担保权人对债务人负有返还义务。

第六章 合同的变更和转让

第五百四十三条 【协议变更合同】

当事人协商一致,可以变更合同。

理解适用

[合同的变更]

合同的变更,是指合同成立后,当事人对合同的内容进行修改或者补充。

合同的变更分为法定变更、协商变更、判决变更。本条规定的是协商变更。应注意的是,当事人之间的合同变更,未经第三人同意,不得对该第三人产生不利影响,否则对第三人不发生效力。

第五百四十四条 【变更不明确推定为未变更】

当事人对合同变更的内容约定不明确的,推定为未变更。

理解适用

当事人对变更形成合意,但是,在对变更的内容约定不明确的情况下,推定为未变更,除非当事人可以举证推翻该推定。如果当事人在约定合同变更时,对部分条款的变更约定是明确的,但另一部分条款的变更约定是不明确的,若这两类条款在内容上可以分开,则约定明确的部分有效,而约定不明确的部分推定为未变更;但如果这两类条款在内容上是不可分割的,则应当认为整个合同条款的变更约定不明确,推定为未变更。

第五百四十五条 【债权转让】

债权人可以将债权的全部或者部分转让给第三人,但是有下列情形之一的除外:
(一)根据债权性质不得转让;
(二)按照当事人约定不得转让;
(三)依照法律规定不得转让。
当事人约定非金钱债权不得转让的,不得对抗善意第三人。当事人约定金钱债权不得转让的,不得对抗第三人。

理解适用

[债权转让]
债权转让,是指不改变债权的内容,由债权人通过合同将债权转让给第三人。

根据债权性质不得转让的权利包括以下类型:(1)当事人基于信任关系订立的委托合同、赠与合同等产生的债权。(2)债权人的变动必然导致债权内容的实质性变更。(3)债权人的变动会危害债务人基于基础关系所享有的利益,实质性地增加了债务人的负担或风险,或实质性地损害了债务人的利益。此外,在债权的部分转让中,不可分的债权根据债权性质不得被部分转让。

第五百四十六条 【债权转让通知】

债权人转让债权,未通知债务人的,该转让对债务人不发生效力。
债权转让的通知不得撤销,但是经受让人同意的除外。

> **理解适用**

受让人取得转让债权不以通知债务人作为条件,债权转让合同效力不因未通知债务人而受影响。如果转让债权已经存在,则除非让与人和受让人另有约定,受让人在债权转让合同生效时即取得债权;如果被转让的权利是将来债权或者尚不具备可转让性的债权,则在债权转让合同生效之后,转让债权成为现存权利或者具备可转让性时,受让人才取得债权。如果债权转让通知了债务人,则债权转让对债务人发生效力,此时债务人即对受让人负有履行义务,并且有权以此拒绝让与人的履行请求;如果债务人仍然向让与人履行,则不发生债权消灭的效力。

> **实用问答**

债务人在接到债权转让通知前、后向让与人履行的后果是什么?

答:根据《合同编通则解释》第48条第1款的规定,债务人在接到债权转让通知前已经向让与人履行,受让人请求债务人履行的,人民法院不予支持;债务人接到债权转让通知后仍然向让与人履行,受让人请求债务人履行的,人民法院应予支持。

第五百四十七条 【债权转让时从权利一并变动】

债权人转让债权的,受让人取得与债权有关的从权利,但是该从权利专属于债权人自身的除外。

受让人取得从权利不因该从权利未办理转移登记手续或者未转移占有而受到影响。

> **理解适用**

[从权利]

从权利是指附随于主权利的权利。抵押权、质权、保证等担保权利以及附属于主债权的利息等孳息请求权,都属于主权利的从权利。

常见的随主债权一并转移的从权利有抵押权、质权、留置权、定金债权、保证债权、利息债权、违约金请求权及损害赔偿请求权等。保证债权不具有人身专属性,随主债权的转让一并转让给第三人,保证人在原保证担保的范围内对受让人承担保证责任,不会造成对保证人的不利益。但是,如果保证人与债权人事先明确约定仅对特定的债权人承担保证责任的,在债权转让时，保证责任消灭。

条文参见

《九民纪要》第62条

第五百四十八条　【债权转让时债务人抗辩权】

债务人接到债权转让通知后，债务人对让与人的抗辩，可以向受让人主张。

理解适用

债务人接到债权转让通知后，可以行使抗辩来保护自己的利益，债务人的抗辩并不随债权的转让而消灭。因此，在债权转让的情况下，债务人可以向作为新债权人的受让人行使该抗辩。这些抗辩包括阻止或者排斥债权的成立、存续或者行使的所有事由所产生的一切实体抗辩以及程序抗辩，包括：诉讼时效完成的抗辩，债权不发生的抗辩，债权因清偿、提存、免除、抵销等而消灭的抗辩，基于双务合同产生的同时履行抗辩权、不安抗辩权和后履行抗辩权，先诉抗辩权以及程序上的抗辩等。债务人可以行使这些抗辩对抗新债权人的请求。债权让与后，债务人还可能因某项事实产生新的抗辩。比如，附解除条件的合同权利转让后，合同规定的解除条件成就时，债务人可以向受让人提出终止合同的抗辩。

第五百四十九条　【债权转让时债务人抵销权】

有下列情形之一的，债务人可以向受让人主张抵销：

（一）债务人接到债权转让通知时，债务人对让与人享有债权，且债务人的债权先于转让的债权到期或者同时到期；

（二）债务人的债权与转让的债权是基于同一合同产生。

理解适用

如果债务人在接到债权转让通知时，债务人的抵销权依照法律规定已经产生，其可以行使抵销权但尚未行使，即使在债权转让后，债务人原本可以主张抵销的利益此时也应加以保护，因此在债务人接到转让通知后，仍可以向受让人主张该抵销。

第五百五十条 【债权转让增加的履行费用的负担】

因债权转让增加的履行费用,由让与人负担。

理解适用

通常情况下,债权转让不会损害债务人的利益,但可能给债务人带来额外费用,如履行地点、履行方式变化而增加的交通费、住宿费等。尽管债权转让无须债务人同意,但通知债务人即对其生效。债务人受到让与人与受让人之间的债权转让协议约束,不得拒绝向债权受让人履行债务,否则将承担违约责任。因此,让与人不应因债权转让给债务人带来其他负担,由此产生的费用由让与人承担。对于因债权转让增加的履行费用,应由债务人承担举证责任。

第五百五十一条 【债务转移】

债务人将债务的全部或者部分转移给第三人的,应当经债权人同意。

债务人或者第三人可以催告债权人在合理期限内予以同意,债权人未作表示的,视为不同意。

理解适用

[债务转移]

债务转移,是指不改变债务的内容,债务人将债务全部或者部分地转移给第三人。

转移债务要经过债权人的同意,这是债务转移制度与债权转让制度最主要的区别。债务转移需要满足以下条件:(1)要求存在债务。(2)要求存在有效的债务转移合同。(3)需要经过债权人的同意。同意是一个单方法律行为,可以事前允诺,可以事后追认。债权人可以多种方式表达同意,如催告、诉讼以及在债务人破产时申报破产财产、免除等。不论何种方式,债权人同意原则上应以明示的方式作出,沉默意味着拒绝。

除另有约定外,全部债务被转移后,第三人作为新债务人完全取代原债务人的地位,成为新的债务人,债权人有权请求该第三人履行债务,并在第三人不履行债务或者不完全履行债务时请求第三人承担责任;债务被部分转移的,除另有约定外,第三人和债务人对债权人负有按份债务。除另有约定外,债务人对第三人的履行能力不负有担保义务。

第五百五十二条 【债务加入】

第三人与债务人约定加入债务并通知债权人,或者第三人向债权人表示愿意加入债务,债权人未在合理期限内明确拒绝的,债权人可以请求第三人在其愿意承担的债务范围内和债务人承担连带债务。

理解适用

需要注意的是,由于在债务加入中,债务人并未被取代而摆脱债务,仍然要对债权人负有债务,因此,为债务人提供的担保并不因第三人加入债务而受到影响,但该担保仍然仅对债务人发生担保效力,而对加入的第三人不发生担保效力。

实用问答

1. 法定代表人依照《民法典》第552条的规定以公司名义加入债务的,人民法院在认定该行为的效力时如何处理?

答:根据《担保制度解释》第12条的规定,法定代表人依照《民法典》第552条的规定以公司名义加入债务的,人民法院在认定该行为的效力时,可以参照本解释关于公司为他人提供担保的有关规则处理。

2. 第三人加入债务,请求债务人向其履行的条件是什么?

答:根据《合同编通则解释》第51条第1款的规定,第三人加入债务并与债务人约定了追偿权,其履行债务后主张向债务人追偿的,人民法院应予支持;没有约定追偿权,第三人依照《民法典》关于不当得利等的规定,在其已经向债权人履行债务的范围内请求债务人向其履行的,人民法院应予支持,但是第三人知道或者应当知道加入债务会损害债务人利益的除外。

案例指引

蔡某勤诉姚某、杨某昊买卖合同纠纷案(《人民法院贯彻实施民法典典型案例(第二批)》之六)

典型意义:本案是适用《民法典》债务加入规则的典型案例。《民法典》

总结民商事审判经验,回应民商事实践发展需要,以立法形式对债务加入作出规定,赋予民事主体更加多元的选择,对于贯彻自愿原则、保障债权安全、优化营商环境具有重要意义。本案中,审理法院结合具体案情,依法认定被告向原告作出的还款意思表示不属于债务转移,而是构成债务加入,是人民法院适用《民法典》新增制度规则的一次生动实践。

第五百五十三条 【债务转移时新债务人抗辩和抵销】

债务人转移债务的,新债务人可以主张原债务人对债权人的抗辩;原债务人对债权人享有债权的,新债务人不得向债权人主张抵销。

理解适用

债务人转移债务的,新的债务人取代了原债务人的地位,承担其履行义务的责任。这意味着新债务人和原债务人具有相同的法律地位,因此原债务人享有的对债权人的抗辩,不因债务的转移而消灭,新债务人可以继续向债权人主张。这些抗辩只要是基于债权人和原债务人之间的法律关系所产生的,阻止或者排斥债权的成立、存续或者行使的所有事由所产生的一切实体抗辩和程序抗辩,均可由新债务人向债权人主张。

第五百五十四条 【债务转移时从债务一并转移】

债务人转移债务的,新债务人应当承担与主债务有关的从债务,但是该从债务专属于原债务人自身的除外。

理解适用

[从债务]

从债务,是指附随于主债务的债务。

从债务与主债务密切联系在一起,不能与主债务相互分离而单独存在。所以当主债务发生移转以后,从债务也要发生转移,新债务人应当承担与主债务有关的从债务。如附随于主债务的未发生的利息债务等,因主债务转移将转移给新的债务人,新债务人应当向债权人承担这些从债务。但是,有的从债务是专属于债务人本身的,这些从债务不随主债务的转移而转移。

第五百五十五条 【合同权利义务一并转让】

当事人一方经对方同意,可以将自己在合同中的权利和义务一并转让给第三人。

理解适用

[合同权利义务的一并转让]

合同权利义务的一并转让,又称概括转让或者合同地位转让,是指合同关系的一方当事人将其合同权利义务一并转移给第三人,由第三人全部承受这些权利义务。

应当注意的是,本条仅规定了通过约定进行的合同权利义务的一并转让。除此之外,还有法定的债权和债务的一并转让,此时适用特别规定。最为典型的是,法人合并和分立情形中的一并转让。法人的合并、分立不应当影响法人外部债权人的利益,合并、分立前法人的权利义务应当概括转移给合并、分立后的法人。

第五百五十六条 【合同权利义务一并转让的法律适用】

合同的权利和义务一并转让的,适用债权转让、债务转移的有关规定。

第七章 合同的权利义务终止

第五百五十七条 【债权债务终止情形】

有下列情形之一的,债权债务终止:

(一)债务已经履行;
(二)债务相互抵销;
(三)债务人依法将标的物提存;
(四)债权人免除债务;
(五)债权债务同归于一人;
(六)法律规定或者当事人约定终止的其他情形。

合同解除的,该合同的权利义务关系终止。

> **理解适用**

在适用本条判断债权债务是否终止时,还应注意各项情形,需要满足一定条件。例如,债务相互抵销一项,必须是当事人双方互负债务、互享债权,当事人双方互负的债权债务均须合法,且法律规定不得抵销的债权则不得抵销等。又如,判断债权债务是否因同归于一人而终止时,需要注意判断债权债务的对应关系,以及是否存在损害第三人利益的情况。

第五百五十八条 【后合同义务】

债权债务终止后,当事人应当遵循诚信等原则,根据交易习惯履行通知、协助、保密、旧物回收等义务。

> **理解适用**

[后合同义务]

后合同义务,是指合同的权利义务终止后,当事人依照法律的规定,遵循诚信等原则,根据交易习惯履行的各项义务。

应当注意的是,后合同义务的具体范围需要根据个案予以细致的判断,不宜以结果倒推后合同义务的范围,要考虑诚信原则所要求的不同价值之间的平衡,要考虑交易习惯的举证,结合当事人主观方面的要求、履行的对价、成本和收益的对比、当事人约定的可能性等,在个案中判断后合同义务的具体范围、内容、期限等。

> **条文参见**

《全国法院贯彻实施民法典工作会议纪要》第10条

第五百五十九条 【债权的从权利消灭】

债权债务终止时,债权的从权利同时消灭,但是法律另有规定或者当事人另有约定的除外。

> **理解适用**

[债权的从权利]

债权的从权利,是指合同的担保包括抵押权、质权、留置权等,以及其他从权利义务,如违约金债权、利息债权等。

司法实践当中需要注意的是,利息债权固然具有从权利的性质,可因为原本债权消灭而作为附从的权利同时消灭。然而,如果原本债权因受清偿已经消灭而利息债权还没有清偿之时,利息债权应有独立的性质,利息债权并不随主债权而同归于消灭。在债务人破产清算,债权人只获得部分清偿的情形下,债权人就其未获得清偿部分,依据法律规定或者当事人约定,对担保人的权利包括破产案件受理之后债权的利息,并不同归于消灭。换言之,主债因清偿而消灭,可使依附于主债的从债同归于消灭,担保合同关系应于主合同终止后消灭,但不能使未获清偿的应由担保人进一步清偿的从债归于消灭。

第五百六十条 【债的清偿抵充顺序】

债务人对同一债权人负担的数项债务种类相同,债务人的给付不足以清偿全部债务的,除当事人另有约定外,由债务人在清偿时指定其履行的债务。

债务人未作指定的,应当优先履行已经到期的债务;数项债务均到期的,优先履行对债权人缺乏担保或者担保最少的债务;均无担保或者担保相等的,优先履行债务人负担较重的债务;负担相同的,按照债务到期的先后顺序履行;到期时间相同的,按照债务比例履行。

理解适用

[清偿抵充]

清偿抵充,是指债务人对同一债权人负担的数项债务种类相同,债务人的给付不足以清偿全部债务时,确定该给付抵充这些债务中某项或者某几项债务;或者债务人在履行主债务外还应当支付利息和实现债权的有关费用,其给付不足以清偿全部债务的,确定该给付抵充该项债务中的某个或者某几个部分。

条文参见

《合同编通则解释》第 56 条

第五百六十一条 【费用、利息和主债务的抵充顺序】

债务人在履行主债务外还应当支付利息和实现债权的有关费用,其给付不足以清偿全部债务的,除当事人另有约定外,应当按照下列顺序履行:

(一)实现债权的有关费用;

(二)利息;

(三)主债务。

理解适用

在当事人对抵充顺序没有约定时,依次按照下列顺序抵充:

(1)实现债权的有关费用。其包括保管费用、诉讼费用、执行费用等。

(2)利息。利息应当先于主债务或者本金而抵充。

(3)主债务。应当注意的是,本条规定更着重于对债权人利益的保护,与第560条规定不同,本条排除了债务人指定的权利,以免与本条保护债权人利益的立场相违背。

第五百六十二条 【合同约定解除】

当事人协商一致,可以解除合同。

当事人可以约定一方解除合同的事由。解除合同的事由发生时,解除权人可以解除合同。

理解适用

需要注意的是,约定解除也属于当事人之间订立的合同。因此,该约定首先应当符合合同生效的条件。此外,人民法院在审理案件过程中,遇当事人一方要求解除合同的,应当严格依照法律规定,审查合同是否具备解除条件,防止不诚信一方当事人通过解除合同逃避债务。《九民纪要》指出,合同约定的解除条件成就时,守约方以此为由请求解除合同的,人民法院应当审查违约方的违约程度是否显著轻微,是否影响守约方合同目的的实现,根据诚实信用原则,确定合同应否解除。违约方的违约程度显著轻微,不影响守约方合同目的的实现,守约方请求解除合同的,人民法院不予支持;反之,则依法予以支持。

实用问答

对于协商解除,有哪些情形时人民法院可以认定合同解除?

答:根据《合同编通则解释》第52条第2款的规定,有下列情形之一的,除当事人一方另有意思表示外,人民法院可以认定合同解除:(1)当事人一方主张行使法律规定或者合同约定的解除权,经审理认为不符合解除权行使条件但是对方同意解除;(2)双方当事人均不符合解除权行使的条件但是均主张解除合同。

第五百六十三条 【合同法定解除】

有下列情形之一的,当事人可以解除合同:

(一)因不可抗力致使不能实现合同目的;

(二)在履行期限届满前,当事人一方明确表示或者以自己的行为表明不履行主要债务;

(三)当事人一方迟延履行主要债务,经催告后在合理期限内仍未履行;

(四)当事人一方迟延履行债务或者有其他违约行为致使不能实现合同目的;

(五)法律规定的其他情形。

以持续履行的债务为内容的不定期合同,当事人可以随时解除合同,但是应当在合理期限之前通知对方。

理解适用

[法定解除]

法定解除,是指合同具有法律约束力后,当事人在法律规定的解除事由出现时,行使解除权而使合同权利义务关系终止。

条文参见

《民法典》第180条;《商品房买卖合同解释》第11条;《买卖合同解释》第19条;《技术合同解释》第15、23条;《期货纠纷规定》第44条

案例指引

江卫民诉南京宏阳房产经纪有限公司房屋租赁合同纠纷案（《最高人民法院公报》2022年第11期）

裁判摘要： 出租人向承租人提供租赁物，应符合租赁用途。经营房屋租赁业务的出租人，应对室内空气质量进行检测、治理，使之符合国家有关环保标准。出租人如提供有害气体超标的租赁房屋，侵害了承租人的生命健康安全，致承租人的租赁目的无法实现，承租人要求解除合同并退还租金等费用的，人民法院应予支持。

第五百六十四条 【解除权行使期限】

法律规定或者当事人约定解除权行使期限，期限届满当事人不行使的，该权利消灭。

法律没有规定或者当事人没有约定解除权行使期限，自解除权人知道或者应当知道解除事由之日起一年内不行使，或者经对方催告后在合理期限内不行使的，该权利消灭。

理解适用

需要注意的是，根据本法第199条的规定，行使解除权的期限不适用有关诉讼时效中止、中断和延长的规定；并且该期间届满后，解除权消灭。

另外，解除权消灭的事由除了行使期限届满，还包括当事人知道解除事由后明确表示或者以自己的行为表明放弃解除权。解除权人无论是明确表示还是通过行为表示对解除权的放弃，均属于对自己权利的处分，依据自愿原则，法律予以准许。如果有充分的证据证明，解除权人知道自己享有解除权，但仍然请求对方当事人继续履行合同，则可以视为解除权人以自己行为表明放弃解除权。

实用问答

《民法典》施行前后合同的解除权行使期限如何确定？

答： 根据《时间效力规定》第25的规定，《民法典》施行前成立的合同，当时的法律、司法解释没有规定且当事人没有约定解除权行使期限，对方当事人也未催告的，解除权人在《民法典》施行前知道或者应当知道解除事由，自《民法典》施行之日起一年内不行使的，人民法院应当依法认定该解除权消灭；解除权人在《民法典》施行后知道或者应当知道解除事由的，适用《民法典》第 564 条第 2 款关于解除权行使期限的规定。

条文参见

《商品房买卖合同解释》第 11 条

第五百六十五条　【合同解除程序】

> 当事人一方依法主张解除合同的,应当通知对方。合同自通知到达对方时解除;通知载明债务人在一定期限内不履行债务则合同自动解除,债务人在该期限内未履行债务的,合同自通知载明的期限届满时解除。对方对解除合同有异议的,任何一方当事人均可以请求人民法院或者仲裁机构确认解除行为的效力。
>
> 当事人一方未通知对方,直接以提起诉讼或者申请仲裁的方式依法主张解除合同,人民法院或者仲裁机构确认该主张的,合同自起诉状副本或者仲裁申请书副本送达对方时解除。

实用问答

1. 当事人起诉主张解除合同后撤诉,又再次起诉主张解除合同,合同解除时间如何确定?原告起诉解除合同,后变更诉讼请求为继续履行,被告主张合同在起诉状副本送达时解除,应否支持?[①]

答:(1)对于当事人起诉主张解除合同后撤诉,又再次起诉主张解除合同时,合同解除时间如何确定的问题,应当体系化适用《民法典》第 565 条和《合同编通则解释》第 54 条的规定。具体而言:

一是依照《民法典》第 565 条第 2 款的规定,合同自起诉状副本送达对方时解除,其前提是人民法院确认当事人解除合同的主张。因此,即使当事人一方请求解除合同的起诉状副本已经到达对方当事人,在未经人民法院审理确认其主张之前,并不产生合同解除的法律效果。二是实践中存在当事人一方起诉后又撤诉的,双方当事人嗣后可能还有履行行为,或者两次起诉主张解除的理由不同等情况,如果机械地以第一次起诉状副本送达的时间为合同解除时间,不利于纠纷的有效化解,而且可能会对因相信合同未解除而继续

[①] 参见《法答网精选答问(第十七批)——民法典合同编通则专题》,载最高人民法院官网 2025 年 3 月 13 日,https://www.court.gov.cn/zixun/xiangqing/459181.html。

履行的对方当事人不公平。

需要注意的是,在当事人一方撤诉后又再次起诉前的期间内,如果该方当事人通知对方解除合同的,这时应当适用通知合同解除的规则确定合同解除的时间,即以通知到达对方的时间作为合同解除的时间。

(2)如原告起诉解除合同后又变更诉讼请求要求继续履行,也不能以起诉状副本已经送达对方当事人为由认定合同已经解除。其基本原理与前述第一个问题是一致的,即合同在起诉状副本送达对方时解除的前提是人民法院确认当事人解除合同的主张。原告起诉解除合同后又变更诉讼请求的情形下,其解除主张未经人民法院审理并确认,不发生解除效力。而且如果当事人的诉请已变更为继续履行,这时再以起诉状副本送达对方当事人来认定合同已经解除,也已明显不符合客观实际。当然,如果被告在该案中提出反诉解除合同,人民法院审理确认解除合同的,可以以反诉状副本送达之日确定解除时间。

2. 当事人一方以通知方式解除合同,并以对方未在约定的期限内提出异议为由主张合同已经解除的,人民法院应当如何处理?

答: 根据《合同编通则解释》第53条的规定,当事人一方以通知方式解除合同,并以对方未在约定的异议期限或者其他合理期限内提出异议为由主张合同已经解除的,人民法院应当对其是否享有法律规定或者合同约定的解除权进行审查。经审查,享有解除权的,合同自通知到达对方时解除;不享有解除权的,不发生合同解除的效力。

条文参见

《合同编通则解释》第53、54条

案例指引

孙某与某房地产公司合资、合作开发房地产合同纠纷案(《最高人民法院发布民法典合同编通则司法解释相关典型案例》之七)

裁判要点: 合同一方当事人以通知形式行使合同解除权的,须以享有法定或者约定解除权为前提。不享有解除权的一方向另一方发出解除通知,另一方即便未在合理期限内提出异议,也不发生合同解除的效力。

第五百六十六条 【合同解除的效力】

合同解除后，尚未履行的，终止履行；已经履行的，根据履行情况和合同性质，当事人可以请求恢复原状或者采取其他补救措施，并有权请求赔偿损失。

合同因违约解除的，解除权人可以请求违约方承担违约责任，但是当事人另有约定的除外。

主合同解除后，担保人对债务人应当承担的民事责任仍应当承担担保责任，但是担保合同另有约定的除外。

理解适用

恢复原状时，因合同而取得的财产，应当返还，财产不存在的，如果原物是种类物，则可以返还同一种类物。恢复原状还包括返还以下三类财产：(1)被返还的财产所产生的利息和其他孳息；(2)返还财产方在占有财产期间为保存或者维护该财产所花费的必要费用；(3)因返还财产所支出的必要费用。

本条第1款同时规定，合同解除后，当事人有权要求赔偿损失。关于解除合同后是否承担损害赔偿责任，应根据不同情况判断：(1)协议解除合同且当事人在协议中明确免除了对方损害赔偿责任的，协议生效后，不得再请求赔偿。(2)因不可抗力解除合同的，依据本法第590条的规定，一般不承担损害赔偿责任。但在不可抗力发生后，应当采取补救措施减少损失扩大而没有采取的，应对扩大的损失承担赔偿责任。(3)因一方根本违约或者经催告仍不履行义务而解除合同的，违约方应当赔偿另一方因己方违反合同而受到的损失。

本条第2款适用的前提是合同因违约而被解除，如果合同是因为不可抗力而被解除，则依据本法第590条的规定，不存在违约责任。此外，这里的违约责任并不包括继续履行、修理、重作、更换，因为合同解除与这些违约责任形式是互斥的。但是，合同因违约而解除后，解除权人可以请求违约方承担退货、减少价款或者报酬、赔偿损失等违约责任。其中，赔偿损失既包括法定的违约损失赔偿，也包括约定的违约损失赔偿。在当事人约定了违约金的数额、因违约产生的损失赔偿额的计算方法、定金等违约责任条款时，当事人可以在合同解除后主张这些条款。

关于本条第3款，在主合同解除后，债务人对于已经履行的债务应当恢复原状或者采取其他补救措施,对债权人利益的损失应当予以赔偿,此时债权人对债务人仍然享有请求权。担保本来就是为保障主债务的履行而设立,在合同因主债务未履行而被解除时,合同解除后所产生的债务人的责任也同样是因主债务未履行而导致的,因此担保人对债务人仍应当承担担保责任,这并不违反担保人的通常意思。担保合同中约定保证责任随主合同的解除而免除或者变更的,基于自愿原则,应承认此种约定的效力。

第五百六十七条 【合同终止后有关结算和清理条款效力】

合同的权利义务关系终止,不影响合同中结算和清理条款的效力。

第五百六十八条 【债务法定抵销】

当事人互负债务,该债务的标的物种类、品质相同的,任何一方可以将自己的债务与对方的到期债务抵销;但是,根据债务性质、按照当事人约定或者依照法律规定不得抵销的除外。

当事人主张抵销的,应当通知对方。通知自到达对方时生效。抵销不得附条件或者附期限。

理解适用

[抵销]

抵销,是指当事人双方互负债务,各以其债权充抵债务的履行,双方各自的债权和对应债务在对等额内消灭。抵销因其产生的根据不同,可分为法定抵销和约定抵销。

[法定抵销]

法定抵销,是指法律规定抵销的条件,条件具备时依当事人一方的意思表示即发生抵销的效力。

实用问答

1. 抵销权的效力如何?

答:根据《合同编通则解释》第55的规定,当事人一方依据《民法典》第568条的规定主张抵销,人民法院经审理认为抵销权成立的,应当认定通知到达对方时双方互负的主债务、利息、违约金或者损害赔偿金等债务在同等数额内消灭。

2. 侵权行为人不得主张抵销的情形有哪些?

答:根据《合同编通则解释》第57条的规定,因侵害自然人人身权益,或者故意、重大过失侵害他人财产权益产生的损害赔偿债务,侵权人主张抵销的,人民法院不予支持。

条文参见

《合同编通则解释》第55~58条

案例指引

1. 某实业发展公司与某棉纺织品公司委托合同纠纷案(《最高人民法院发布民法典合同编通则司法解释相关典型案例》之八)

裁判要点:据以行使抵销权的债权不足以抵销其全部债务,应当按照实现债权的有关费用、利息、主债务的顺序进行抵销。

2. 黄明与陈琪玲、陈泽峰、福建省丰泉环保集团有限公司民间借贷纠纷案(《最高人民法院公报》2022年第6期)

裁判摘要:抵销权的行使不得损害第三人的合法权益。当债权人同时为多个执行案件的被执行人且无实际财产可供清偿他人债务时,债务人以受让申请执行人对债权人享有的执行债权,主张抵销债权人债权的,人民法院应对主动债权的取得情况进行审查,防止主动债权变相获得优先受偿,进而损害其他债权人的利益。债务人受让的执行债权仍应当在债权人作为被执行人的执行案件中以参与分配的方式实现,以遏制恶意抵销和维护债权公平受偿的私法秩序。

第五百六十九条 【债务约定抵销】

当事人互负债务,标的物种类、品质不相同的,经协商一致,也可以抵销。

理解适用

[约定抵销]

约定抵销,是指当事人双方协商一致,使自己的债务与对方的债务在对等额内消灭。

实用问答

法定抵销和约定抵销有什么区别?

答:法定抵销与约定抵销都是将双方的债务在对等额内消灭,二者的区别则主要表现在:(1)抵销的根据不同。法定抵销是基于法律规定,只要具备法定条件,任何一方均可将自己的债务与对方的债务抵销,无须对方当事人同意;约定抵销中,双方必须协商一致,不能由单方决定抵销。(2)对抵销的债务的要求不同。法定抵销要求标的物的种类、品质相同;约定抵销标的物的种类、品质可以不同。(3)对抵销的债务的期限要求不同。法定抵销要求提出抵销的当事人一方所享有的债权也即对方的债务已经到期;约定抵销中,即使双方互负的债务没有到期,只要双方当事人协商一致,愿意在履行期到来前将互负的债务抵销,就可以抵销。(4)程序要求不同。法定抵销中,当事人主张抵销时应当通知对方,通知未到达对方的,抵销不生效;约定抵销中,双方达成抵销协议时,即发生抵销的法律效力,不必履行通知义务,但双方另有约定的除外。

第五百七十条 【标的物提存的条件】

有下列情形之一,难以履行债务的,债务人可以将标的物提存:

(一)债权人无正当理由拒绝受领;

(二)债权人下落不明;

(三)债权人死亡未确定继承人、遗产管理人,或者丧失民事行为能力未确定监护人;

(四)法律规定的其他情形。

标的物不适于提存或者提存费用过高的,债务人依法可以拍卖或者变卖标的物,提存所得的价款。

理解适用

[提存]

提存,是指由于法律规定的原因导致债务人难以向债权人履行债务时,债务人将标的物交给提存部门而消灭债务的制度。

提存的标的物主要是货币、有价证券、票据、提单、权利证书、贵重物品等适宜提存的标的物。标的物不适于提存或者提存费用过高的,债务人依法可以拍卖或者变卖标的物,提存所得的价款。标的物不适于提存,是指标的物不适于长期保管或者长期保管将损害其价值的,如易腐、易烂、易燃、易爆等物品。标的物提存费用过高,一般是指提存费与所提存的标的的价额不成比例,如需要特殊设备或者人工照顾的动物。

条文参见

《执行和解规定》第7条

第五百七十一条　【提存成立及提存对债务人效力】

债务人将标的物或者将标的物依法拍卖、变卖所得价款交付提存部门时,提存成立。

提存成立的,视为债务人在其提存范围内已经交付标的物。

理解适用

提存部门,是指国家设立的接收和保管提存物,并应债权人的请求将提存物发还债权人的机构。根据《提存公证规则》的规定,公证处为我国受理提存的机构。

提存成立,则视为债务人在其提存范围内已经交付标的物,但这并非必然、绝对地导致债务消灭。提存的标的物存在瑕疵,或者提存标的物与债的标的不符,债权人因此原因拒绝受领提存标的物的,不能构成本法第557条第1款第3项规定的"债务人依法将标的物提存",债务并不消灭。

第五百七十二条　【提存通知】

标的物提存后,债务人应当及时通知债权人或者债权人的继承人、遗产管理人、监护人、财产代管人。

第五百七十三条　【提存期间风险、孳息和提存费用】

标的物提存后,毁损、灭失的风险由债权人承担。提存期间,标的物的孳息归债权人所有。提存费用由债权人负担。

理解适用

标的物提存后,无论债权人是否领取,都视为债务人在其提存范围内已经交付标的物,因此,标的物毁损、灭失的风险就由债权人承担。标的物提存后,因不可抗力、标的物的自然变化、第三人的原因或者提存人保管不当,都可能引起标的物的毁坏、损失,甚至导致标的物不复存在。标的物毁损、灭失的风险由债权人承担,一方面由债权人承担因不可抗力、标的物自身性质而产生的毁损、灭失的后果,另一方面债权人有权向造成标的物毁损、灭失的第三人或者提存部门索赔。

标的物的孳息,是指由标的物产生的收益,包括自然孳息和法定孳息。自然孳息,是指依物的用法所产生的作为独立物的收益。法定孳息,是指依法律关系产生的收益,如金钱所产生的利息,有价证券产生的股息、红利。债权人对提存物享有收益的权利,提存期间,标的物的孳息归债权人所有。在提存期间,提存部门负责提存物孳息的收取。

提存费用由债权人负担。提存费用并非债务人履行债务所必要的费用,故应由债权人负担,除非债权人和债务人另有约定。提存费用包括提存公证费、公告费、邮电费、保管费、评估鉴定费、代管费、拍卖变卖费、保险费,以及为保管、处理、运输提存标的物所支出的其他费用。债权人应当支付提存费用,在支付提存费用前,提存部门有权留置价值相当的提存标的物。但是,在债务人依据本法第574条第2款依法取回标的物时,提存费用由债务人负担。

第五百七十四条 【提存物的受领及受领权消灭】

债权人可以随时领取提存物。但是,债权人对债务人负有到期债务的,在债权人未履行债务或者提供担保之前,提存部门根据债务人的要求应当拒绝其领取提存物。

债权人领取提存物的权利,自提存之日起五年内不行使而消灭,提存物扣除提存费用后归国家所有。但是,债权人未履行对债务人的到期债务,或者债权人向提存部门书面表示放弃领取提存物权利的,债务人负担提存费用后有权取回提存物。

理解适用

本条规定的5年期限属于除斥期间,不适用诉讼时效中止、中断或延长的规定。

在符合法律规定的情形下,提存人有权决定是否行使取回权,任何人不得强迫其取回标的物。除了本条规定以外,还可能发生提存错误或者提存原因消灭等情形,在此场合,提存人也有权取回提存物。

条文参见

《提存公证规则》第26条

第五百七十五条 【债务免除】

债权人免除债务人部分或者全部债务的,债权债务部分或者全部终止,但是债务人在合理期限内拒绝的除外。

理解适用

[免除]

免除,是指债权人抛弃债权,从而全部或者部分消灭债权债务。

免除具有如下特征:(1)免除是一种单方行为。(2)免除是一种无偿行为。(3)免除是一种无因行为。(4)免除是一种处分行为。(5)免除是一种不要式行为。免除债务不必有特定形式,口头、书面,明示、默示都可以。

第五百七十六条 【债权债务混同】

债权和债务同归于一人的,债权债务终止,但是损害第三人利益的除外。

理解适用

债权人和债务人双方混同,债权债务失去存在基础,自然应当终止。债权因混同消灭的,从属于债权的担保权利、利息权利、违约金请求权等也随之消灭。如果债权消灭将损害第三人利益,则为保护第三人的利益,债权不能因混同而消灭。

第八章 违 约 责 任

第五百七十七条 【违约责任】

当事人一方不履行合同义务或者履行合同义务不符合约定的,应当承担继续履行、采取补救措施或者赔偿损失等违约责任。

理解适用

首先,违约责任要求合同义务的有效存在。不以合同义务的存在为前提所产生的民事责任,不是违约责任。其次,违约责任要求债务人不履行合同义务或者履行合同义务不符合约定。这包括履行不能、履行迟延和不完全履行等,还包括瑕疵担保、违反附随义务和债权人受领迟延等可能与合同不履行发生关联的情形。

第五百七十八条 【预期违约责任】

当事人一方明确表示或者以自己的行为表明不履行合同义务的,对方可以在履行期限届满前请求其承担违约责任。

理解适用

[预期违约]

预期违约,又称先期违约,是指违约行为发生于合同履行期限届满之前。

应当注意的是,本条规定的预期违约,无论当事人一方明确表示或者以自己行为表明其不履行的合同义务是不是主要义务,即使是从给付义务或者附随义务等,对方都有权请求其承担违约责任。

条文参见

《执行和解规定》第11、19条

第五百七十九条 【金钱债务继续履行】

当事人一方未支付价款、报酬、租金、利息，或者不履行其他金钱债务的，对方可以请求其支付。

理解适用

[金钱债务]

金钱债务，是指以债务人给付一定货币作为内容的债务，包括以支付价款、报酬、租金、利息，或者以履行其他金钱债务为内容的债务。

当事人一方未按照合同约定履行金钱债务的，对方可以请求其履行。当事人一方迟延履行金钱债务的，除应当继续履行金钱债务外，还应当承担其他违约责任，如支付违约金、赔偿逾期利息等。

第五百八十条 【非金钱债务继续履行责任及违约责任】

当事人一方不履行非金钱债务或者履行非金钱债务不符合约定的，对方可以请求履行，但是有下列情形之一的除外：

（一）法律上或者事实上不能履行；

（二）债务的标的不适于强制履行或者履行费用过高；

（三）债权人在合理期限内未请求履行。

有前款规定的除外情形之一，致使不能实现合同目的的，人民法院或者仲裁机构可以根据当事人的请求终止合同权利义务关系，但是不影响违约责任的承担。

理解适用

不能请求继续履行具体包括以下情形：

（1）法律上或者事实上不能履行。法律上不能履行，是指基于法律规定而不能履行，或者履行将违反法律的强制性规定。事实上不能履行，是指依据自然法则已经不能履行。比如，合同标的物是特定物，该特定物已经毁损、灭失。

（2）债务的标的不适于强制履行或者履行费用过高。债务的标的不适于强制履行，是指依据债务的性质不适合强制履行。履行费用过高，是指履行虽然可能，但会导致履行方负担过重、产生不合理的过大的负担或者过高的费用。债务的标的不适于强制履行或者履行费用过高的,如果债权人请求继续履行,则债务人享有拒绝履行的抗辩权。

(3)债权人在合理期限内未请求履行。合理期限首先可以由当事人事先约定;没有约定或者约定不明确的,当事人可以协议补充;无法协议补充的,则需要在个案中结合合同种类、性质、目的和交易习惯等因素予以具体判断。债权人在合理期限内未请求继续履行,之后再请求债务人继续履行的,债务人享有拒绝履行的抗辩权。

条文参见

《时间效力规定》第11条;《合同编通则解释》第59条

案例指引

北京某旅游公司诉北京某村民委员会等合同纠纷案(《人民法院贯彻实施民法典典型案例(第二批)》之七)

典型意义: 本案是人民法院准确适用民法典关于合同权利义务关系终止和违约责任承担等制度,依法妥善化解民事纠纷的典型案例。审理法院根据案件具体情况认定所涉案件事实不构成情势变更,防止市场主体随意以构成情势变更为由逃避合同规定的义务,同时考虑到合同已经丧失继续履行的现实可行性,依法终止合同权利义务关系。本案裁判有利于指引市场主体遵循诚信原则依法行使权利、履行义务,对于维护市场交易秩序、弘扬诚实守信的社会主义核心价值观具有积极意义。

第五百八十一条 【替代履行】

当事人一方不履行债务或者履行债务不符合约定,根据债务的性质不得强制履行的,对方可以请求其负担由第三人替代履行的费用。

理解适用

在适用本条时应当注意的问题主要有:

(1)非违约方仅在合同性质不得强制履行的场合主张由第三人替代履行并由违约方负担履行费用。(2)此处的"费用"是指第三人替代履行后,其应当获得的对价。这一对价应具有合理性,自不待言。该"费用"不包含非违约方在寻求第三人替代履行的过程中产生的额外费用。对于此等额外费用,在合理范围内,非违约方可依据本法第 577 条请求违约方予以赔偿。(3)违约方不得拒绝第三人替代履行或以第三人对该债务不具有合法利益为理由进行抗辩。(4)债权债务关系并未转移。

第五百八十二条 【瑕疵履行的补救】

履行不符合约定的,应当按照当事人的约定承担违约责任。对违约责任没有约定或者约定不明确,依据本法第五百一十条的规定仍不能确定的,受损害方根据标的的性质以及损失的大小,可以合理选择请求对方承担修理、重作、更换、退货、减少价款或者报酬等违约责任。

实用问答

标的物质量不符合约定,买受人可否要求减少价款?差价如何计算?价款已经支付,买受人可否主张返还减价后多出部分价款?

答:根据《买卖合同解释》第 17 条的规定,标的物质量不符合约定,买受人依照《民法典》第 582 条的规定要求减少价款的,人民法院应予支持。当事人主张以符合约定的标的物和实际交付的标的物按交付时的市场价值计算差价的,人民法院应予支持。价款已经支付,买受人主张返还减价后多出部分价款的,人民法院应予支持。

条文参见

《买卖合同解释》第 15~17 条

第五百八十三条 【违约损害赔偿责任】

当事人一方不履行合同义务或者履行合同义务不符合约定的,在履行义务或者采取补救措施后,对方还有其他损失的,应当赔偿损失。

理解适用

尽管债务人在约定期间或者合理期间内已经继续履行或者采取了有效的补救措施,但债权人还有其他损失的,债权人仍然可以请求债务人依法赔偿。这些损失主要包括:(1)债务人最初的不履行合同义务或者履行合同义务不符合约定给债权人造成的损失;(2)嗣后的不继续履行或者继续履行不符合约定给债权人造成的损失;(3)债务人继续履行或者采取补救措施完毕前的迟延履行给债权人造成的损失;(4)补救措施本身给债权人造成的损失;(5)补救措施仍然无法弥补的债权人的损失。

第五百八十四条【损害赔偿范围】

当事人一方不履行合同义务或者履行合同义务不符合约定,造成对方损失的,损失赔偿额应当相当于因违约所造成的损失,包括合同履行后可以获得的利益;但是,不得超过违约一方订立合同时预见到或者应当预见到的因违约可能造成的损失。

理解适用

违约的赔偿损失包括法定的赔偿损失和约定的赔偿损失,本条规定的是法定的违约赔偿损失。

违约损失赔偿额应当相当于因违约所造成的损失,包括实际损失和可得利益:

(1)实际损失,即所受损害,是指因违约而导致现有利益的减少,是现实利益的损失,又称积极损失。实际损失具体包括:第一,信赖利益的损失,包括费用的支出、丧失其他交易机会的损失以及因对方违约导致自己对第三人承担违约赔偿的损失等。第二,固有利益的损失,这体现在债务人违反保护义务的情形中。

(2)可得利益,即所失利益,是指受害人在合同履行后本可以获得的,但因违约而无法获得的利益,是未来的、期待的利益的损失,又称消极损失。可得利益是合同履行后债权人所能获得的纯利润。可得利益也可能与信赖利益中的丧失其他交易机会的损失存在重合。根据交易的性质、合同的目的等因素,可得利益损失主要分为生产利润损失、经营利润损失和转售利润损失等类型。

违约赔偿的数额不得超过违约一方订立合同时预见到或者应当预见到的因违约可能造成的损失,这不仅适用于对可得利益的限制,而且适用于对实际损失的限制。根据本条的规定,可预见性规则的适用应当注意以下问题:(1)预见的主体是违约方,而不是非违约方。(2)预见的标准是客观的理性人标准,即应为一个正常勤勉的人处在违约方的位置所能合理预见到的。(3)预见的时点是订立合同之时,而不是违约之时。(4)预见的内容是损失的类型或者种类,而无须预见到损失的具体范围。

> 实用问答

违约损害赔偿数额如何确定？

答：根据《合同编通则解释》第 63 条的规定，在认定《民法典》第 584 条规定的"违约一方订立合同时预见到或者应当预见到的因违约可能造成的损失"时，人民法院应当根据当事人订立合同的目的，综合考虑合同主体、合同内容、交易类型、交易习惯、磋商过程等因素，按照与违约方处于相同或者类似情况的民事主体在订立合同时预见到或者应当预见到的损失予以确定。

除合同履行后可以获得的利益外，非违约方主张还有其向第三人承担违约责任应当支出的额外费用等其他因违约所造成的损失，并请求违约方赔偿，经审理认为该损失系违约一方订立合同时预见到或者应当预见到的，人民法院应予支持。

在确定违约损失赔偿额时，违约方主张扣除非违约方未采取适当措施导致的扩大损失、非违约方也有过错造成的相应损失、非违约方因违约获得的额外利益或者减少的必要支出的，人民法院依法予以支持。

> 条文参见

《买卖合同解释》第 22、23 条；《合同编通则解释》第 60、63 条

> 案例指引

1. 石材公司与某采石公司买卖合同纠纷案（《最高人民法院发布民法典合同编通则司法解释相关典型案例》之九）

裁判要点：非违约方主张按照违约行为发生后合理期间内合同履行地的市场价格与合同价格的差额确定合同履行后可以获得的利益的，人民法院依法予以支持。

2. 柴某与某管理公司房屋租赁合同纠纷案（《最高人民法院发布民法典合同编通则司法解释相关典型案例》之十）

裁判要点：当事人一方违约后，对方没有采取适当措施致使损失扩大的，不得就扩大的损失请求赔偿。承租人已经通过多种途径向出租人作出了解除合同的意思表示，而出租人一直拒绝接收房屋，造成涉案房屋的长期空置，不得向承租人主张全部空置期内的租金。

第五百八十五条 【违约金】

当事人可以约定一方违约时应当根据违约情况向对方支付一定数额的违约金，也可以约定因违约产生的损失赔偿额的计算方法。

约定的违约金低于造成的损失的，人民法院或者仲裁机构可以根据当事人的请求予以增加；约定的违约金过分高于造成的损失的，人民法院或者仲裁机构可以根据当事人的请求予以适当减少。

当事人就迟延履行约定违约金的，违约方支付违约金后，还应当履行债务。

理解适用

[违约金]

违约金，是指不履行或者不适当履行合同义务的违约方应当按照合同约定支付给非违约方一定数量的金钱。

违约方承担支付违约金的民事责任应当具备以下条件：(1)存在当事人违反合同的行为。(2)合同设有违约金责任的条款。(3)当事人违反合同行为不具有免责事由。

实用问答

当事人请求调整违约金的方式有哪些？举证责任由谁承担？

答：根据《合同编通则解释》第64条的规定，当事人一方通过反诉或者抗辩的方式，请求调整违约金的，人民法院依法予以支持。

违约方主张约定的违约金过分高于违约造成的损失，请求予以适当减少的，应当承担举证责任。非违约方主张约定的违约金合理的，也应当提供相应的证据。

当事人仅以合同约定不得对违约金进行调整为由主张不予调整违约金的，人民法院不予支持。

条文参见

《买卖合同解释》第18、20、21条；《民间借贷规定》第29条；《合同编通则解释》第64、65条

第五百八十六条 【定金担保】

当事人可以约定一方向对方给付定金作为债权的担保。定金合同自实际交付定金时成立。

定金的数额由当事人约定；但是，不得超过主合同标的额的百分之二十，超过部分不产生定金的效力。实际交付的定金数额多于或者少于约定数额的，视为变更约定的定金数额。

理解适用

[定金]

定金，是指当事人约定的，为保证债权的实现，由一方在履行前预先向对方给付的一定数量的货币或者其他代替物。定金是一种特殊的金钱担保。

定金担保及定金责任具有如下特征：(1)定金合同是实践性合同，自实际交付定金时成立，当然定金交付的时间由双方当事人约定。当事人订立定金合同后，不履行交付定金的约定，不承担违约责任。(2)定金合同是一种从合同，主债权债务合同无效，定金合同也随之无效。但是，在主合同因违约而被解除后，解除权人仍有权依据定金罚则请求违约方承担责任。(3)定金具有象征性。定金担保对于债权来说，仅具有外在的担保功能，在债务不履行情况下，债权人并不能从定金中获得债权之充分清偿。(4)定金具有双向性。根据本条及第587条规定的定金罚则，定金担保具有双向性。与此不同，保证、抵押、质押、留置等担保，则不具有这一特性，即担保功能是单向的，只有债务人向债权人提供担保。

同时，基于定金的实践性，如果当事人实际交付的定金数额多于或者少于合同约定的数额的，视为变更约定的定金数额，即定金金额应以实际交付的数额为准。

第五百八十七条 【定金罚则】

债务人履行债务的，定金应当抵作价款或者收回。给付定金的一方不履行债务或者履行债务不符合约定，致使不能实现合同目的的，无权请求返还定金；收受定金的一方不履行债务或者履行债务不符合约定，致使不能实现合同目的的，应当双倍返还定金。

> 理解适用

适用定金罚则的前提条件首先是按照当事人的约定和法律的规定：当法律对定金有特别规定时，应当适用特别规定；当事人另有约定时，根据自愿原则，应尊重当事人的特别约定。其次，在不存在法律另有规定或者当事人另有约定的情形中，适用定金罚则的前提条件是，当事人一方不履行债务或者履行债务不符合约定，并且该违约行为要达到致使合同目的不能实现即根本违约的程度。

> 实用问答

如何适用定金罚则？

答：根据《合同编通则解释》第68条的规定，双方当事人均具有致使不能实现合同目的的违约行为，其中一方请求适用定金罚则的，人民法院不予支持。当事人一方仅有轻微违约，对方具有致使不能实现合同目的的违约行为，轻微违约方主张适用定金罚则，对方以轻微违约方也构成违约为由抗辩的，人民法院对该抗辩不予支持。

当事人一方已经部分履行合同，对方接受并主张按照未履行部分所占比例适用定金罚则的，人民法院应予支持。对方主张按照合同整体适用定金罚则的，人民法院不予支持，但是部分未履行致使不能实现合同目的的除外。

因不可抗力致使合同不能履行，非违约方主张适用定金罚则的，人民法院不予支持。

> 条文参见

《合同编通则解释》第67、68条

第五百八十八条　【违约金与定金竞合时的责任】

当事人既约定违约金，又约定定金的，一方违约时，对方可以选择适用违约金或者定金条款。

定金不足以弥补一方违约造成的损失的，对方可以请求赔偿超过定金数额的损失。

理解适用

关于违约金和定金之间的适用关系,对方当事人享有选择权,可以选择适用违约金条款,也可以选择适用定金条款,但二者不能并用。当然,不能并用的前提是针对同一违约行为,如果违约金和定金是针对不同的违约行为,则在这些违约行为都存在的前提下,仍然存在并用的可能性,但不应超过违约行为所造成的损失总额。

约定的定金不足以弥补一方违约造成的损失的,守约方既可以请求定金,也可以就超过定金数额的部分请求法定的赔偿损失,此时,定金和损失赔偿的数额总和不会高于因违约造成的损失。

第五百八十九条 【拒绝受领和受领迟延】

债务人按照约定履行债务,债权人无正当理由拒绝受领的,债务人可以请求债权人赔偿增加的费用。

在债权人受领迟延期间,债务人无须支付利息。

理解适用

债权人无正当理由拒绝受领构成的要件包括:(1)债务人按照约定现实履行了债务,或者提出了履行债务的请求。(2)债务内容的实现以债权人的受领给付或者其他协助为必要。(3)债权人拒绝受领,这里的拒绝受领是广义的,包括迟延受领或以自己的行为表明拒绝受领等情形。(4)债权人无正当理由。

适用时需要注意,第1款中规定的"增加的费用"包括债务人提出给付的费用,如货物往返运送的费用、履行债务所支付的交通费用、通知费用等;保管给付物的必要费用;其他费用,如对不宜保存的标的物的处理费用。债务人因此所损失的可得利益,例如债务人为保管标的物而不能够将占用的仓库出租所无法获得的租金收益,不在此项范畴之内。

第五百九十条 【不可抗力】

当事人一方因不可抗力不能履行合同的,根据不可抗力的影响,部分或者全部免除责任,但是法律另有规定的除外。因不可抗力不能履行合同的,应当及时通知对方,以减轻可能给对方造成的损失,并应当在合理期限内提供证明。

当事人迟延履行后发生不可抗力的,不免除其违约责任。

理解适用

[不可抗力作为违约责任的免责事由]

不可抗力作为违约责任的免责事由,包含两个方面的含义:(1)不可抗力仅是其造成合同履行障碍范围内对应的违约责任之免责事由,即根据不可抗力的影响程度,对应地免除当事人部分或者全部的违约责任。(2)当事人迟延履行后发生不可抗力的,不发生免除违约责任的效力。以上两点,其实质是考虑不可抗力与合同履行障碍之间的因果关系。

第五百九十一条 【减损规则】

当事人一方违约后,对方应当采取适当措施防止损失的扩大;没有采取适当措施致使损失扩大的,不得就扩大的损失请求赔偿。

当事人因防止损失扩大而支出的合理费用,由违约方负担。

理解适用

本条第1款适用的关键是债权人是否采取了防止损失扩大的适当措施。措施是否适当,主要考虑债权人是否按照诚信原则的要求尽自己的努力采取措施避免损失扩大。如果采取的措施将严重损害债权人自身的利益,或者有悖于商业道德,或者所支付的代价过高,则不应认为债权人采取了适当的措施。措施是否适当还要考虑采取措施的期限是否合理。

条文参见

《买卖合同解释》第22条

第五百九十二条 【双方违约和与有过错】

当事人都违反合同的,应当各自承担相应的责任。

当事人一方违约造成对方损失,对方对损失的发生有过错的,可以减少相应的损失赔偿额。

> **理解适用**

在双务合同中,有些合同义务是彼此独立的,不具有牵连性和对价性,因此,双方违反这些相互独立的合同义务是可能的,并且不成立双务合同的履行抗辩权。在双方各自违反了相互独立的合同义务时,实际上是两个独立的违约行为,因此各自都要向对方承担相应的违约责任。

与有过错,又称过错相抵、混合过错,是指受损害一方对于损害结果的发生存在过错的,在计算损失赔偿额时应当予以相应减少。与有过错适用的前提是:(1)债权人因债务人违约遭受损失。(2)债务人的违约行为导致了损失的发生,但是,债权人的过错也是导致损失发生的原因。(3)债权人具有过错。

第五百九十三条 【第三人原因造成违约时违约责任承担】

当事人一方因第三人的原因造成违约的,应当依法向对方承担违约责任。当事人一方和第三人之间的纠纷,依照法律规定或者按照约定处理。

> **理解适用**

因第三人的原因造成债务人违约而应当由债务人向债权人承担违约责任的,主要包括但并不限于以下两类第三人:(1)履行辅助人。履行辅助人,即法定代理人和根据债务人的意思事实上从事债务履行的使用人。使用人包括委托代理人或者意定代理人,以及债务人为履行债务而与之订立合同的第三人。(2)与债务人有其他合同关系的第三人。该类第三人主要包括原材料供应人、配件供应人、产品制造人、产品上游供应商、次承租人等。

第五百九十四条 【国际贸易合同诉讼时效和仲裁时效】

因国际货物买卖合同和技术进出口合同争议提起诉讼或者申请仲裁的时效期间为四年。

第二分编 典型合同

第九章 买卖合同

第五百九十五条 【买卖合同定义】

买卖合同是出卖人转移标的物的所有权于买受人,买受人支付价款的合同。

理解适用

[买卖合同]

买卖合同是最重要的有名合同,最常见的典型合同。买卖合同的法律特征主要包括:(1)买卖合同是典型合同。(2)买卖合同是卖方转移财产所有权,买方支付价款的合同。(3)买卖合同是双务合同。出卖人与买受人互为给付,双方都享有一定的权利,又都负有相应的义务。(4)买卖合同是有偿合同。(5)买卖合同多是诺成合同。但是,买卖合同当事人也可以在合同中作出这样的约定,标的物或者价款交付时,买卖合同始为成立。此时的买卖合同即为实践合同或者称要物合同。(6)买卖合同为要式或者不要式合同,法律对合同的形式一般不作要求。

实用问答

买卖合同未约定货款支付时间,出卖人主张货款的诉讼时效起算点如何确定?[①]

答:从我国《民法典》立法的体例结构看,不论是总体结构还是各编结构,都是按照"从一般到具体"进行编排的。但在司法实践中适用《民法典》时,则应遵循"从具体到一般"的适用规则。具体到买卖合同,应当优先考虑适用民法典合同编典型合同中关于买卖合同的具体规定,没有具体规定的,再考虑适用合同编通则乃至总则编的相关规定。题述问题涉及《民法典》买

---

① 参见《法答网精选答问(第二十批)——诉讼时效专题》,载最高人民法院官网 2025 年 5 月 22 日,https://www.court.gov.cn/zixun/xiangqing/465691.html。

卖合同中第628条规定的"同时支付规则"与《民法典》合同编通则部分的第511条第4项规定的"随时履行规则"的适用关系问题。对此,应当直接适用"同时支付规则",即买受人收到标的物或者提取标的物单证的同时即应承担合同价款支付义务,并据此起算诉讼时效。理由在于:从基本的体系逻辑看,《民法典》第511条规定于合同编第一分编"通则"第四章"合同的履行"部分,第628条规定于合同编第二分编"典型合同"中的"买卖合同"部分。从民法典合同编的体系结构看,通则与典型合同、准合同构成总分关系,是一般规定与具体规定的关系,故应当优先适用分编中的具体规定。而且,从基本法理上看,对于未约定合同价款支付时间的买卖合同而言,在出卖人已按照合同约定向买受人交付买卖合同标的物或者相应单证后,买受人就负有及时支付合同价款的义务。相应地,出卖人就享有了对买受人主张支付价款的请求权,这时已与《民法典》第511条第4项规定的"履行期限不明确"不吻合。

是故,就问题所述当事人在买卖合同中未约定价款支付时间的情形,有必要先依照《民法典》第510条的规定,看当事人之间有无补充协议,或者能否通过交易习惯来判断合同价款请求权的成立时间;如若不能,则应依照民法典第628条的规定确定出卖人合同价款请求权的成立时间,进而确定诉讼时效的起算时间。

第五百九十六条 【买卖合同条款】

买卖合同的内容一般包括标的物的名称、数量、质量、价款、履行期限、履行地点和方式、包装方式、检验标准和方法、结算方式、合同使用的文字及其效力等条款。

第五百九十七条 【无权处分效力】

因出卖人未取得处分权致使标的物所有权不能转移的,买受人可以解除合同并请求出卖人承担违约责任。

法律、行政法规禁止或者限制转让的标的物,依照其规定。

【理解适用】

当出卖人对买卖合同的标的物不具有处分权时,意味着买受人无法获得标的物的所有权,也就不能实现合同的目的。

实用问答

哪些物不得成为买卖合同的标的物而流通?

答:法律禁止流通的物不得作为买卖标的物,如淫秽书刊。法律限制流通的物,只能在限定的领域流通,如枪支的买卖。

禁止流通的标的物的法律规定主要有:(1)《治安管理处罚法》规定不得出售淫秽书刊、图片、影片、音像制品等淫秽物品;(2)《枪支管理法》对枪支的买卖作出特别许可管理;(3)《文物保护法》对文物转让作出禁止和限制规定;(4)《矿产资源法》就探矿权、采矿权的转让作出限制性规定;(5)《禁毒法》禁止毒品交易;(6)《中国人民银行法》禁止伪造、变造的人民币交易;(7)《城市房地产管理法》禁止特定房地产的转让;(8)《人体器官移植条例》禁止人体器官买卖;(9)《医疗废物管理条例》禁止医疗废物买卖;(10)《古生物化石保护条例》禁止或者限制古生物化石买卖;(11)《危险化学品安全管理条例》限制剧毒化学品等的买卖。以这些为标的物的买卖合同由于违反了国家法律、行政法规的禁止性规定,原则上应当无效。

第五百九十八条 【出卖人基本义务】

出卖人应当履行向买受人交付标的物或者交付提取标的物的单证,并转移标的物所有权的义务。

理解适用

[标的物的交付]

标的物的交付一般分为两种:(1)现实的交付,是指出卖人将标的物的占有直接转移给买受人,使标的物处于买受人的实际控制之下。(2)拟制的交付,是指出卖人将对标的物占有的权利转移给买受人,以替代现实的交付。

实用问答

标的物为无需以有形载体交付的电子信息产品,何时是交付时间?

答:根据《买卖合同解释》第2条的规定,标的物为无需以有形载体交付的电子信息产品,当事人对交付方式约定不明确,且依照《民法典》第510条的规定仍不能确定的,买受人收到约定的电子信息产品或者权利凭证即为交付。

> **条文参见**

《买卖合同解释》第 2、5 条

> **第五百九十九条 【出卖人交付有关单证和资料义务】**
>
> 出卖人应当按照约定或者交易习惯向买受人交付提取标的物单证以外的有关单证和资料。

> **理解适用**

[提取标的物单证以外的有关单证和资料]

本条规定的"提取标的物单证以外的有关单证和资料",主要应当包括保险单、保修单、普通发票、增值税专用发票、产品合格证、质量保证书、质量鉴定书、品质检验证书、产品进出口检疫书、原产地证明书、使用说明书、装箱单等。

在实践中,对于提取标的物单证以外的有关单证和资料,如果买卖合同中明确约定了出卖人交付的义务或者是按照交易的习惯,出卖人应当交付,则出卖人就有义务在履行交付标的物的义务以外,向买受人交付这些单证和资料。

> **条文参见**

《买卖合同解释》第 4 条;《合同编通则解释》第 26 条

> **第六百条 【知识产权归属】**
>
> 出卖具有知识产权的标的物的,除法律另有规定或者当事人另有约定外,该标的物的知识产权不属于买受人。

> **理解适用**

本条规定意在说明作为知识产权的载体的买卖与知识产权转让有所不同。知识产权转让是权利买卖的一种。涉及权利主体转变的合同法律关系,在有关法律中一般称为权利的转让。如果一个买卖合同的标的物本身体现着一定的知识产权,除非当事人明确表示或者法律有相关规定,否则,该标的物所体现的知识产权就不转移至买受人。

条文参见

《著作权法》第 20 条

第六百零一条 【标的物交付期限】

出卖人应当按照约定的时间交付标的物。约定交付期限的,出卖人可以在该交付期限内的任何时间交付。

理解适用

合同约定在某确定时间交付。迟于此时间,即为迟延交付,属于违约;早于此时间,即为提前履行,严格意义上也是一种违约。

合同约定了交付的期限。交付期限,通常是指一个时间段。这种情况下,出卖人就可以在该交付期限内的任何时间交付标的物。

第六百零二条 【标的物交付期限不明时的处理】

当事人没有约定标的物的交付期限或者约定不明确的,适用本法第五百一十条、第五百一十一条第四项的规定。

理解适用

依据《民法典》第 510 条的规定,合同生效后,当事人就标的物的交付期限没有约定或者约定不明确时,当事人可以重新协商达成补充协议;不能达成补充协议的,按照合同相关条款或者交易习惯确定。如果这样仍然不能确定,按照第 511 条第 4 项的规定,出卖人就可以随时履行,买受人也可以随时要求出卖人履行,但应当给出卖人必要的准备时间。

第六百零三条 【标的物交付地点】

出卖人应当按照约定的地点交付标的物。

当事人没有约定交付地点或者约定不明确,依据本法第五百一十条的规定仍不能确定的,适用下列规定:

(一)标的物需要运输的,出卖人应当将标的物交付给第一承运人以运交给买受人;

（二）标的物不需要运输，出卖人和买受人订立合同时知道标的物在某一地点的，出卖人应当在该地点交付标的物；不知道标的物在某一地点的，应当在出卖人订立合同时的营业地交付标的物。

理解适用

本条第2款第1项规定的"标的物需要运输的"，是指标的物由出卖人负责办理托运，承运人系独立于买卖合同当事人之外的运输业者的情形。

条文参见

《买卖合同解释》第8条

第六百零四条　【标的物毁损、灭失风险承担的基本规则】

标的物毁损、灭失的风险，在标的物交付之前由出卖人承担，交付之后由买受人承担，但是法律另有规定或者当事人另有约定的除外。

理解适用

[风险承担]

风险承担，是指买卖的标的物在合同生效后因不可归责于当事人双方的事由，如地震、火灾、飓风等致使发生毁损、灭失时，该损失应当由哪方当事人承担。

条文参见

《买卖合同解释》第10条

第六百零五条　【迟延交付标的物的风险承担】

因买受人的原因致使标的物未按照约定的期限交付的，买受人应当自违反约定时起承担标的物毁损、灭失的风险。

理解适用

本条规定的买受人承担标的物毁损、灭失的风险的条件如下：(1)须有买受人的原因，包括故意和过失。(2)须有出卖人不能按照约定的期限交付标的物的事实存在。如果没有这一事实的存在，也不会出现本条的情况。

(3)出卖人不能按照约定的期限交付标的物的事实是由买受人引起的。
(4)买受人承担风险的期限为自约定交付之日至实际交付之时。

条文参见

《商品房买卖合同解释》第 8 条

第六百零六条 【路货买卖中的标的物风险承担】

出卖人出卖交由承运人运输的在途标的物,除当事人另有约定外,毁损、灭失的风险自合同成立时起由买受人承担。

理解适用

[路货买卖]

路货买卖,是指标的物已在运输途中,出卖人寻找买主,出卖在途中的标的物。

路货买卖可以是出卖人先把标的物装上开往某个目的地的运输工具(一般是船舶)上,然后再寻找适当的买主订立买卖合同;也可以是一个买卖合同的买受人未实际收取标的物前,再把处于运输途中的标的物转卖给另一个买受人。

条文参见

《买卖合同解释》第 10 条

第六百零七条 【需要运输的标的物风险承担】

出卖人按照约定将标的物运送至买受人指定地点并交付给承运人后,标的物毁损、灭失的风险由买受人承担。

当事人没有约定交付地点或者约定不明确,依据本法第六百零三条第二款第一项的规定标的物需要运输的,出卖人将标的物交付给第一承运人后,标的物毁损、灭失的风险由买受人承担。

理解适用

本条的核心是交付确定风险承担,对经常出现的运输途中货物的风险承担划分问题作出了规定,确定了法定的交付界限。

条文参见

《买卖合同解释》第9、11条

第六百零八条 【买受人不收取标的物的风险承担】

出卖人按照约定或者依据本法第六百零三条第二款第二项的规定将标的物置于交付地点，买受人违反约定没有收取的，标的物毁损、灭失的风险自违反约定时起由买受人承担。

第六百零九条 【未交付单证、资料不影响风险转移】

出卖人按照约定未交付有关标的物的单证和资料的，不影响标的物毁损、灭失风险的转移。

理解适用

本条中所称的"有关标的物的单证和资料"，既可能是提取标的物的单证，也可能是提取标的物单证以外的有关单证和资料。

第六百一十条 【出卖人根本违约的风险负担】

因标的物不符合质量要求，致使不能实现合同目的的，买受人可以拒绝接受标的物或者解除合同。买受人拒绝接受标的物或者解除合同的，标的物毁损、灭失的风险由出卖人承担。

第六百一十一条 【买受人承担风险与出卖人违约责任关系】

标的物毁损、灭失的风险由买受人承担的，不影响因出卖人履行义务不符合约定，买受人请求其承担违约责任的权利。

理解适用

本条规定可能与本法第610条的规定存在交叉。比如，在出卖人向买受人交付的标的物不符合质量要求，致使不能实现合同目的的情况下，买受人可以依据前条的规定主张权利。即买受人既可以通过拒收标的物或者解除合同而不承担标的物毁损、灭失的风险，同时也可以进一步要求出卖人承担相应的违约责任。

第六百一十二条 【出卖人权利瑕疵担保义务】

出卖人就交付的标的物，负有保证第三人对该标的物不享有任何权利的义务，但是法律另有规定的除外。

理解适用

买卖合同中出卖人对标的物的权利担保义务，是指出卖人应当保证对标的物享有合法的权利，没有侵犯任何第三人的权利，并且任何第三人就该标的物不享有任何权利。

出卖人的权利担保义务包括：(1)出卖人对出卖的标的物享有合法的权利，对标的物具有所有权或者处分权。(2)出卖人应当保证标的物上不存在他人实际享有的权利，如抵押权、租赁权等。(3)出卖人应当保证标的物没有侵犯他人的知识产权。

本条所规定的"但是法律另有规定的除外"，主要包括以下三个方面：(1)如果有关专门立法对有权利缺陷标的物的买卖作出特别规定，则首先要依照其规定。(2)如果有关涉及知识产权的立法就出卖人的权利有特殊规定，应当按该特殊规定处理。(3)如果买受人明知第三人对标的物享有权利，应当受其约束。

第六百一十三条 【出卖人权利瑕疵担保义务免除】

买受人订立合同时知道或者应当知道第三人对买卖的标的物享有权利的，出卖人不承担前条规定的义务。

理解适用

本条即为本法第612条中的"但是法律另有规定的除外"。

需要注意的是，该条明确规定买受人只有在"订立合同时"知道或者应当知道标的物上附着第三人的权利的，才能令出卖人免于瑕疵担保责任。所谓知道，是指买受人主观上已经明知标的物上存在第三人的权利；所谓应当知道，是指买受人若尽合理注意义务，就能知道标的物上存在其他权利，仅因买受人自身的过失而致客观上不知标的物之权利瑕疵时，也应免除出卖人的瑕疵担保责任。但与此同时，买卖合同双方共同侵权责任也因此而产生。

第六百一十四条 【买受人的中止支付价款权】

买受人有确切证据证明第三人对标的物享有权利的，可以中止支付相应的价款，但是出卖人提供适当担保的除外。

理解适用

本条规定的买受人可以中止支付相应价款的权利，是指暂时不支付还没有支付的价款，等到权利瑕疵不存在时再予以支付。

第六百一十五条 【标的物的质量要求】

出卖人应当按照约定的质量要求交付标的物。出卖人提供有关标的物质量说明的，交付的标的物应当符合该说明的质量要求。

条文参见

《买卖合同解释》第 24 条

第六百一十六条 【标的物质量要求没有约定或者约定不明时的处理】

当事人对标的物的质量要求没有约定或者约定不明确，依据本法第五百一十条的规定仍不能确定的，适用本法第五百一十一条第一项的规定。

理解适用

出卖人法定质量担保义务包括：质量要求不明确的，按照强制性国家标准履行；没有强制性国家标准的，按照推荐性国家标准履行；没有推荐性国家标准的，按照行业标准履行；没有国家标准、行业标准的，按照通常标准或者符合合同目的的特定标准履行。

第六百一十七条 【质量瑕疵担保责任】

出卖人交付的标的物不符合质量要求的，买受人可以依据本法第五百八十二条至第五百八十四条的规定请求承担违约责任。

第六百一十八条 【减轻或者免除瑕疵担保责任的例外】

当事人约定减轻或者免除出卖人对标的物瑕疵承担的责任,因出卖人故意或者重大过失不告知买受人标的物瑕疵的,出卖人无权主张减轻或者免除责任。

理解适用

在适用本条的过程中,主张出卖人存在故意或者重大过失的情形,应当由买受人承担举证责任。对于特约免除瑕疵担保责任的形式,由于该约定对双方的权利义务都存在重大影响,因此无论采取什么形式约定,都应当以明示的方式作出,而不能以默示的方式作出。

第六百一十九条 【标的物包装义务】

出卖人应当按照约定的包装方式交付标的物。对包装方式没有约定或者约定不明确,依据本法第五百一十条的规定仍不能确定的,应当按照通用的方式包装;没有通用方式的,应当采取足以保护标的物且有利于节约资源、保护生态环境的包装方式。

理解适用

"通用的包装方式",一般理解为,有强制性国家标准、推荐性国家标准、行业标准的,这些标准应当理解为"通用的包装方式"。至于何为"足以保护标的物的包装方式",则需根据具体的买卖合同的标的物作出判断。

第六百二十条 【买受人的检验义务】

买受人收到标的物时应当在约定的检验期限内检验。没有约定检验期限的,应当及时检验。

理解适用

本条中的"及时",通常应当理解为:有法定时间的,依据法定时间进行检验;没有法定时间的,应在收货时或者收货后的合理时间内进行检验。

第六百二十一条 【买受人的通知义务】

当事人约定检验期限的,买受人应当在检验期限内将标的物的数量或者质量不符合约定的情形通知出卖人。买受人怠于通知的,视为标的物的数量或者质量符合约定。

当事人没有约定检验期限的,买受人应当在发现或者应当发现标的物的数量或者质量不符合约定的合理期限内通知出卖人。买受人在合理期限内未通知或者自收到标的物之日起二年内未通知出卖人的,视为标的物的数量或者质量符合约定;但是,对标的物有质量保证期的,适用质量保证期,不适用该二年的规定。

出卖人知道或者应当知道提供的标的物不符合约定的,买受人不受前两款规定的通知时间的限制。

理解适用

在确定"合理期限"时,应当综合当事人之间的交易性质、交易目的、交易方式、交易习惯、标的物的种类、数量、性质、安装和使用情况、瑕疵的性质、买受人应尽的合理注意义务、检验方法和难易程度、买受人或者检验人所处的具体环境、自身技能以及其他合理因素,依据诚实信用原则进行判断。

本条第2款规定的"二年"是最长的合理期限。该期限为不变期间,不适用诉讼时效中止、中断或者延长的规定。

条文参见

《买卖合同解释》第12~14条

第六百二十二条 【检验期限或质量保证期过短时的处理】

当事人约定的检验期限过短,根据标的物的性质和交易习惯,买受人在检验期限内难以完成全面检验的,该期限仅视为买受人对标的物的外观瑕疵提出异议的期限。

约定的检验期限或者质量保证期短于法律、行政法规规定期限的,应当以法律、行政法规规定的期限为准。

第六百二十三条 【检验期限未约定时的处理】

当事人对检验期限未作约定,买受人签收的送货单、确认单等载明标的物数量、型号、规格的,推定买受人已经对数量和外观瑕疵进行检验,但是有相关证据足以推翻的除外。

理解适用

理解本条需要明确以下几点:(1)为实现敦促买卖双方尽快结算的宗旨,买受人负有的异议和通知义务原则上不受交付数量和约定偏离程度的影响;(2)出卖人明知或者应知实际交付的标的物数量或外观与约定不符的,买受人则不负有异议和通知义务;(3)买受人对出卖人的部分履行行为可以接受或者拒绝,但是并不影响买受人可以追究出卖人违约责任的权利。

第六百二十四条 【向第三人履行情形下的检验标准】

出卖人依照买受人的指示向第三人交付标的物,出卖人和买受人约定的检验标准与买受人和第三人约定的检验标准不一致的,以出卖人和买受人约定的检验标准为准。

第六百二十五条 【出卖人回收义务】

依照法律、行政法规的规定或者按照当事人的约定,标的物在有效使用年限届满后应予回收的,出卖人负有自行或者委托第三人对标的物予以回收的义务。

理解适用

[标的物回收范围]

标的物回收范围包括:(1)国家强制性规定的必须回收的标的物。例如,《农药管理条例》明确规定,农药生产企业、农药经营者应当回收农药废弃物。(2)当事人在合同中约定须回收的标的物。

第六百二十六条 【买受人支付价款的数额和方式】

买受人应当按照约定的数额和支付方式支付价款。对价款的数额和支付方式没有约定或者约定不明确的,适用本法第五百一十条、第五百一十一条第二项和第五项的规定。

第六百二十七条 【买受人支付价款的地点】

买受人应当按照约定的地点支付价款。对支付地点没有约定或者约定不明确,依据本法第五百一十条的规定仍不能确定的,买受人应当在出卖人的营业地支付;但是,约定支付价款以交付标的物或者交付提取标的物单证为条件的,在交付标的物或者交付提取标的物单证的所在地支付。

第六百二十八条 【买受人支付价款的时间】

买受人应当按照约定的时间支付价款。对支付时间没有约定或者约定不明确,依据本法第五百一十条的规定仍不能确定的,买受人应当在收到标的物或者提取标的物单证的同时支付。

条文参见

《买卖合同解释》第 18 条

第六百二十九条 【出卖人多交标的物的处理】

出卖人多交标的物的,买受人可以接收或者拒绝接收多交的部分。买受人接收多交部分的,按照约定的价格支付价款;买受人拒绝接收多交部分的,应当及时通知出卖人。

理解适用

出卖人多交,买受人接收,在一定程度上而言系在原买卖合同的基础上,就产品的数量达成了事实的补充条款。也就是说,在执行原合同其他条款的基础上,可以收取多交的部分。由于买受人接收了多交的部分,又对多收部分价款没有提出异议,等于同意以原价格购买该部分标的物。对于拒绝接收的,买受人应当履行通知和保管的义务,至于通知的具体方式,既可以是书面的,也可以是非书面的,如电话通知等。

条文参见

《买卖合同解释》第 3 条

第六百三十条 【标的物孳息的归属】

标的物在交付之前产生的孳息,归出卖人所有;交付之后产生的孳息,归买受人所有。但是,当事人另有约定的除外。

实用问答

在涉及所有权保留买卖之中,孳息何时转移?

答:买卖合同生效之后的交付标的物的最终目的是转移所有权。在保留所有权买卖合同中,交付与所有权转移并不同步。本条确立的孳息归属交付主义规则,是以所有权已经转移或最终能转移至受让人为适用前提。即在所有权保留合同中,天然孳息归属问题以当事人约定优先。若当事人没约定时,在买受人对买卖标的物的所有权转移的债权请求权在法律上尚能实现或已交付情况下,买受人取得对天然孳息的所有权。

第六百三十一条 【从物与合同解除】

因标的物的主物不符合约定而解除合同的,解除合同的效力及于从物。因标的物的从物不符合约定被解除的,解除的效力不及于主物。

理解适用

[主物]

主物,是指独立存在的,与同属于一人的它物合并使用而起主要经济效用的物。

[从物]

从物,是指独立存在的,与同属于一人的他物合并使用而起辅助经济效用的物。

一般情况下,从物的归属依主物的归属而定。

第六百三十二条 【数物同时出卖时的合同解除】

标的物为数物,其中一物不符合约定的,买受人可以就该物解除。但是,该物与他物分离使标的物的价值显受损害的,买受人可以就数物解除合同。

理解适用

同一交易合同项下存在数个标的物、且相互不存在主从关系,前物与后物的交易具备逻辑或时间任务上的先后关系。前一合同交付不能时,如果后一合同条件已经发生了根本变化,后一合同目的无法实现时,双方都应该有解除合同的权利。

第六百三十三条 【分批交付标的物的合同解除】

出卖人分批交付标的物的,出卖人对其中一批标的物不交付或者交付不符合约定,致使该批标的物不能实现合同目的的,买受人可以就该批标的物解除。

出卖人不交付其中一批标的物或者交付不符合约定,致使之后其他各批标的物的交付不能实现合同目的的,买受人可以就该批以及之后其他各批标的物解除。

买受人如果就其中一批标的物解除,该批标的物与其他各批标的物相互依存的,可以就已经交付和未交付的各批标的物解除。

第六百三十四条 【分期付款买卖合同】

分期付款的买受人未支付到期价款的数额达到全部价款的五分之一,经催告后在合理期限内仍未支付到期价款的,出卖人可以请求买受人支付全部价款或者解除合同。

出卖人解除合同的,可以向买受人请求支付该标的物的使用费。

理解适用

分期付款,系指买受人将应付的总价款在一定期限内至少分三次向出卖人支付。

法律对出卖人请求支付全部价款的特别约定的限制,属于法律强制性规定。当事人在合同中不得排除或者违反这些限制,否则合同无效。因此,分期付款买卖合同的约定违反本条第 1 款的规定,损害买受人利益,买受人主张该约定无效的,人民法院应予支持。

条文参见

《买卖合同解释》第 27、28 条

案例指引

汤某龙诉周某海股权转让纠纷案(最高人民法院指导案例 67 号)

裁判要点:有限责任公司的股权分期支付转让款中发生股权受让人延迟或者拒付等违约情形,股权转让人要求解除双方签订的股权转让合同的,不适用《合同法》第 167 条①关于分期付款买卖中出卖人在买受人未支付到期价款的金额达到合同全部价款的 1/5 时即可解除合同的规定。

第六百三十五条 【凭样品买卖合同】

凭样品买卖的当事人应当封存样品,并可以对样品质量予以说明。出卖人交付的标的物应当与样品及其说明的质量相同。

理解适用

[凭样品买卖合同]

凭样品买卖合同,又称货样买卖,是指买卖双方根据货物样品而订立的由出卖人按照样品交付标的物的合同。

凭样品买卖合同的一个基本特点是加强出卖人的责任,视为出卖人担保交付的买卖标的物与样品具有同一品质。这是对出卖人的一项义务性规定,出卖人必须履行这一义务。合同约定的样品质量与文字说明不一致且发生纠纷时当事人不能达成合意,样品封存后外观和内在品质没有发生变化的,人民法院应当以样品为准;外观和内在品质发生变化,或者当事人对是否发生变化有争议而又无法查明的,人民法院应当以文字说明为准。

---

① 现为《民法典》第 634 条。

实用问答

样品封存期间品质发生变化,出卖人应交付标的物的品质标准如何确定?

答:首先应考察当事人是否事先对此有约定,有约定的,依约定;如果当事人未约定的,应以提交样品时的品质状态作为出卖人应交付的标的物。

条文参见

《买卖合同解释》第29条

第六百三十六条 【凭样品买卖合同的隐蔽瑕疵处理】

凭样品买卖的买受人不知道样品有隐蔽瑕疵的,即使交付的标的物与样品相同,出卖人交付的标的物的质量仍然应当符合同种物的通常标准。

理解适用

需要特别注意的是:(1)为了减少纠纷,合同中应当将买受人了解样品的程序作出规定,特别是对于买受人所了解到的样品存在的隐蔽瑕疵的情况规定清楚;如果合同中没有规定,则需要由出卖人提供证据证明买受人知道该情况。(2)本条所讲的"同种物的通常标准",应理解为同种物的强制性国家标准、推荐性国家标准、行业标准或者同种物的通常标准、符合合同目的的特定标准,若出现这几类标准竞合的情况,原则上应适用对标的物质量要求更高的标准。

第六百三十七条 【试用买卖的试用期限】

试用买卖的当事人可以约定标的物的试用期限。对试用期限没有约定或者约定不明确,依据本法第五百一十条的规定仍不能确定的,由出卖人确定。

理解适用

[试用买卖合同]

试用买卖合同,也称试验买卖合同,是指出卖人和买受人约定,由买受人对标的物进行试用,并由买受人决定是否购买标的物的一种特殊的买卖合同。标的物的试用期限是试用买卖合同中的重要条款,基于合同的自愿原则,合同当事人可以就标的物的试用期限进行约定。

实用问答

哪些不属于试用买卖?

答:根据《买卖合同解释》第30条的规定,买卖合同存在下列约定内容之一的,不属于试用买卖。买受人主张属于试用买卖的,人民法院不予支持:(1)约定标的物经过试用或者检验符合一定要求时,买受人应当购买标的物;(2)约定第三人经试验对标的物认可时,买受人应当购买标的物;(3)约定买受人在一定期限内可以调换标的物;(4)约定买受人在一定期限内可以退还标的物。

第六百三十八条 【试用买卖的效力】

试用买卖的买受人在试用期内可以购买标的物,也可以拒绝购买。试用期限届满,买受人对是否购买标的物未作表示的,视为购买。

试用买卖的买受人在试用期内已经支付部分价款或者对标的物实施出卖、出租、设立担保物权等行为的,视为同意购买。

第六百三十九条 【试用买卖使用费的负担】

试用买卖的当事人对标的物使用费没有约定或者约定不明确的,出卖人无权请求买受人支付。

理解适用

理解本条需注意,即使出卖人无权请求买受人支付使用费,但是,如果买受人在试用期限内没有尽到一般注意义务,未能按照规定的用途或者标的物通常性能进行试用,导致标的物发生毁损、灭失的,由于当事人在试用期间并不存在权利义务关系,因此,出卖人无法向买受人主张违约责任。但是,出卖人可以依据本法侵权责任编的相关规定,在买受人的行为符合侵权责任构成要件的前提下,要求买受人承担赔偿损失等侵权责任。

第六百四十条 【试用期间标的物灭失风险的承担】

标的物在试用期内毁损、灭失的风险由出卖人承担。

理解适用

在此需要特别指出的是,本条是原则性的规定,允许存在例外。如果买卖双方约定标的物在试用期内毁损、灭失的风险由出卖人和买受人共同承担,自然应当得到尊重。在本条规定的前提下,买受人向出卖人作出同意购买标的物的意思表示时,标的物的风险才发生转移。

第六百四十一条 【所有权保留】

当事人可以在买卖合同中约定买受人未履行支付价款或者其他义务的,标的物的所有权属于出卖人。

出卖人对标的物保留的所有权,未经登记,不得对抗善意第三人。

理解适用

需要注意的是,根据《买卖合同解释》第25条的规定,本条规定的标的物所有权保留的规定不适用于不动产。

第六百四十二条 【出卖人的取回权】

当事人约定出卖人保留合同标的物的所有权,在标的物所有权转移前,买受人有下列情形之一,造成出卖人损害的,除当事人另有约定外,出卖人有权取回标的物:

(一)未按照约定支付价款,经催告后在合理期限内仍未支付;

(二)未按照约定完成特定条件;

(三)将标的物出卖、出质或者作出其他不当处分。

出卖人可以与买受人协商取回标的物;协商不成的,可以参照适用担保物权的实现程序。

理解适用

当买受人已经支付标的物总价款的75%以上,出卖人主张取回标的物的,人民法院不予支持。

将标的物出卖、出质或者作出其他不当处分时,第三人已经善意取得标的物所有权或者其他物权,出卖人主张取回标的物的,人民法院不予支持。

条文参见

《买卖合同解释》第26条

第六百四十三条 【买受人的回赎权】

出卖人依据前条第一款的规定取回标的物后,买受人在双方约定或者出卖人指定的合理回赎期限内,消除出卖人取回标的物的事由的,可以请求回赎标的物。

买受人在回赎期限内没有回赎标的物,出卖人可以以合理价格将标的物出卖给第三人,出卖所得价款扣除买受人未支付的价款以及必要费用后仍有剩余的,应当返还买受人;不足部分由买受人清偿。

理解适用

回赎期是出卖人可以行使回赎权的期间,一般包括法定期间和意定期间。出卖人单方指定的回赎期限必须是合理期限,即主要根据标的物性质来确定期限,应当具体情况具体分析。

出卖人再次出卖标的物,应当确保价格公平,否则可能对买受人产生不利。再次转卖所获得价款,扣除相应转卖费用后,剩余部分主要应当用于弥补出卖人原先未获清偿的价款。如果还有剩余,应当归原买受人所有。如果剩余部分不足以弥补出卖人未获清偿价款,此时出卖人在原买卖合同中利益还未实现,出卖人还可以继续向买受人追偿。出卖人再次出卖标的物所得价款在返还买受人前需要扣除一定的费用,总的原则是:因原买卖合同非正常履行,必然发生的费用均应从前述价款中扣除,主要包括取回和保管费用、交易费用、利息、未清偿的价金。

第六百四十四条 【招标投标买卖】

招标投标买卖的当事人的权利和义务以及招标投标程序等,依照有关法律、行政法规的规定。

条文参见

《招标投标法》

第六百四十五条 【拍卖】

拍卖的当事人的权利和义务以及拍卖程序等,依照有关法律、行政法规的规定。

条文参见

《拍卖法》

第六百四十六条 【买卖合同准用于有偿合同】

法律对其他有偿合同有规定的,依照其规定;没有规定的,参照适用买卖合同的有关规定。

条文参见

《买卖合同解释》第 32 条

第六百四十七条 【互易合同】

当事人约定易货交易,转移标的物的所有权的,参照适用买卖合同的有关规定。

理解适用

[易货交易合同]

易货交易合同,又称互易合同,一般是指当事人相互交换货币以外的标的物,转移标的物所有权的合同。互易人包括自然人、法人或者非法人组织,互易人各自享有取得对方互易标的物的权利,负有将本人的标的物转移交付对方的义务。因此,互易是双务、有偿合同。易货交易合同的当事人可以是双方,也可以是三方以上的当事人,如三角互换。易货交易合同的当事人互为互易人。

第十章　供用电、水、气、热力合同

第六百四十八条　【供用电合同定义及强制缔约义务】

供用电合同是供电人向用电人供电,用电人支付电费的合同。

向社会公众供电的供电人,不得拒绝用电人合理的订立合同要求。

条文参见

《电力法》第 26 条

第六百四十九条　【供用电合同内容】

供用电合同的内容一般包括供电的方式、质量、时间,用电容量、地址、性质,计量方式,电价、电费的结算方式,供用电设施的维护责任等条款。

条文参见

《电力法》第 27 条

第六百五十条　【供用电合同履行地】

供用电合同的履行地点,按照当事人约定;当事人没有约定或者约定不明确的,供电设施的产权分界处为履行地点。

理解适用

[供用电合同的履行地点]

供用电合同的履行地点,具体是指供电人将电力的所有权转移于用电人的转移点。

第六百五十一条　【供电人的安全供电义务】

供电人应当按照国家规定的供电质量标准和约定安全供电。供电人未按照国家规定的供电质量标准和约定安全供电,造成用电人损失的,应当承担赔偿责任。

条文参见

《电力法》第 28、59、60 条;《供电营业规则》

第六百五十二条 【供电人中断供电时的通知义务】

供电人因供电设施计划检修、临时检修、依法限电或者用电人违法用电等原因,需要中断供电时,应当按照国家有关规定事先通知用电人;未事先通知用电人中断供电,造成用电人损失的,应当承担赔偿责任。

实用问答

因故需要停止供电时,供电企业如何履行通知义务?

答:根据《电力供应与使用条例》第 28 条的规定,因需要停止供电时,应当按照下列要求事先通知用户或者进行公告:(1)因供电设施计划检修需要停电时,供电企业应当提前 7 天通知用户或者进行公告;(2)因供电设施临时检修需要停止供电时,供电企业应当提前 24 小时通知重要用户;(3)因发电、供电系统发生故障需要停电、限电时,供电企业应当按照事先确定的限电序位进行停电或者限电。引起停电或者限电的原因消除后,供电企业应当尽快恢复供电。

第六百五十三条 【供电人的抢修义务】

因自然灾害等原因断电,供电人应当按照国家有关规定及时抢修;未及时抢修,造成用电人损失的,应当承担赔偿责任。

第六百五十四条 【用电人的交付电费义务】

用电人应当按照国家有关规定和当事人的约定及时支付电费。用电人逾期不支付电费的,应当按照约定支付违约金。经催告用电人在合理期限内仍不支付电费和违约金的,供电人可以按照国家规定的程序中止供电。

供电人依据前款规定中止供电的,应当事先通知用电人。

> **实用问答**

用电人逾期不支付电费的违约金,按什么标准支付?

答:根据《电力供应与使用条例》第39条的规定,逾期未交付电费的,供电企业可以从逾期之日起,每日按照电费总额的1‰至3‰加收违约金,具体比例由供用电双方在供用电合同中约定;自逾期之日起计算超过30日,经催交仍未交付电费的,供电企业可以按照国家规定的程序停止供电。根据《供电营业规则》第98条的规定,用户在供电企业规定的期限内未交清电费时,应当承担电费滞纳的违约责任。电费违约金从逾期之日起计算至交纳日止。每日电费违约金按照下列规定计算,双方另有约定的除外:(1)居民用户每日按照欠费总额的1‰计算;(2)其他用户:当年欠费部分,每日按照欠费总额的2‰计算;跨日历年欠费部分,每日按照欠费总额的3‰计算。电费违约金收取总额按日累加计收。

第六百五十五条 【用电人的安全用电义务】

用电人应当按照国家有关规定和当事人的约定安全、节约和计划用电。用电人未按照国家有关规定和当事人的约定用电,造成供电人损失的,应当承担赔偿责任。

第六百五十六条 【供用水、供用气、供用热力合同的参照适用】

供用水、供用气、供用热力合同,参照适用供用电合同的有关规定。

> **条文参见**

《城市供水条例》;《城镇燃气管理条例》

第十一章 赠与合同

第六百五十七条 【赠与合同定义】

赠与合同是赠与人将自己的财产无偿给予受赠人,受赠人表示接受赠与的合同。

理解适用

适用本条时应当注意以下问题：(1)赠与合同的对象是赠与财产，赠与财产不限于有体物，也包括无体物、债权等财产；(2)赠与合同的特征是赠与合同区别于其他合同类型的重要体现，应当从赠与合同的单务性、无偿性等角度认定赠与合同。需要注意的是，赠与合同的成立不需要特定的合同形式和实践形式。

第六百五十八条【赠与人任意撤销权及其限制】

赠与人在赠与财产的权利转移之前可以撤销赠与。

经过公证的赠与合同或者依法不得撤销的具有救灾、扶贫、助残等公益、道德义务性质的赠与合同，不适用前款规定。

理解适用

本条第1款表述赠与财产可撤销的时间点是"权利转移"而不是"交付"。如果赠与的财产的权利已被转移，赠与人自然不得任意撤销赠与。如果赠与的财产一部分已交付并已转移其权利，任意撤销赠与仅限于未交付并未转移其权利的部分，以维护赠与合同当事人权利义务关系的稳定。

条文参见

《公益事业捐赠法》；《婚姻家庭编解释一》第32条

第六百五十九条【赠与财产办理有关法律手续】

赠与的财产依法需要办理登记或者其他手续的，应当办理有关手续。

第六百六十条【受赠人的交付请求权以及赠与人的赔偿责任】

经过公证的赠与合同或者依法不得撤销的具有救灾、扶贫、助残等公益、道德义务性质的赠与合同，赠与人不交付赠与财产的，受赠人可以请求交付。

依据前款规定应当交付的赠与财产因赠与人故意或者重大过失致使毁损、灭失的,赠与人应当承担赔偿责任。

实用问答

赠与需要符合哪些条件,公证处应出具公证书?

答:根据《赠与公证细则》第16条的规定,符合下列条件的赠与,公证处应出具公证书:(1)赠与人具有完全民事行为能力;(2)赠与财产是赠与人所有的合法财产;(3)赠与书、受赠书、赠与合同的意思表示真实、合法,条款完备、内容明确、文字表述准确;(4)办证程序符合规定。不符合前述规定条件的,应当拒绝公证,并在公证期限内将拒绝的理由通知当事人。

第六百六十一条 【附义务赠与合同】

赠与可以附义务。

赠与附义务的,受赠人应当按照约定履行义务。

理解适用

[附义务的赠与]

附义务的赠与,也称附负担的赠与,是指以受赠人对赠与人或者第三人为一定给付为条件的赠与,也即受赠人接受赠与后负担一定义务的赠与。

赠与人向受赠人给付赠与财产后,受赠人应依约履行其义务。受赠人不履行的,赠与人有权要求受赠人履行义务或者撤销赠与。赠与人撤销赠与的,受赠人应将取得的赠与财产返还赠与人。同时,受赠人仅在赠与财产的价值限度内有履行其义务的责任。如果赠与所附义务超过赠与财产的价值,受赠人对超过赠与财产价值部分的义务没有履行的责任。

第六百六十二条 【赠与人瑕疵担保责任】

赠与的财产有瑕疵的,赠与人不承担责任。附义务的赠与,赠与的财产有瑕疵的,赠与人在附义务的限度内承担与出卖人相同的责任。

赠与人故意不告知瑕疵或者保证无瑕疵,造成受赠人损失的,应当承担赔偿责任。

第六百六十三条 【赠与人的法定撤销权及其行使期间】

受赠人有下列情形之一的,赠与人可以撤销赠与:
(一)严重侵害赠与人或者赠与人近亲属的合法权益;
(二)对赠与人有扶养义务而不履行;
(三)不履行赠与合同约定的义务。

赠与人的撤销权,自知道或者应当知道撤销事由之日起一年内行使。

理解适用

赠与人的法定撤销权属于形成权。赠与人行使撤销权的期间为1年,自知道或者应当知道撤销原因之日起计算。这一期间属于除斥期间,即法律对某种权利所预定的行使期间,不存在中止、中断和延长的问题。

需要说明的是,赠与人行使法定撤销权,应当将其撤销赠与的意思表示通知受赠人。撤销赠与的意思表示既可以是明示的,也可以是默示的。

第六百六十四条 【赠与人继承人或者法定代理人的撤销权】

因受赠人的违法行为致使赠与人死亡或者丧失民事行为能力的,赠与人的继承人或者法定代理人可以撤销赠与。

赠与人的继承人或者法定代理人的撤销权,自知道或者应当知道撤销事由之日起六个月内行使。

第六百六十五条 【撤销赠与的法律后果】

撤销权人撤销赠与的,可以向受赠人请求返还赠与的财产。

理解适用

赠与的法定撤销权应为形成权,一经撤销权人行使撤销权即发生效力,使赠与人与受赠人的赠与关系自始解除。赠与财产的所有权或者赠与财产的实物已经转移给受赠人,而赠与被撤销后,赠与合同便自始没有法律效力,受赠人取得的赠与财产便失去了合法依据,因此撤销权人可以向受赠人请求返还。

第六百六十六条 【赠与人穷困抗辩】

赠与人的经济状况显著恶化,严重影响其生产经营或者家庭生活的,可以不再履行赠与义务。

第十二章 借款合同

第六百六十七条 【借款合同定义】

借款合同是借款人向贷款人借款,到期返还借款并支付利息的合同。

第六百六十八条 【借款合同形式和内容】

借款合同应当采用书面形式,但是自然人之间借款另有约定的除外。

借款合同的内容一般包括借款种类、币种、用途、数额、利率、期限和还款方式等条款。

实用问答

自然人之间的借款合同具备哪些情形时合同成立?

答:根据《民间借贷规定》第9条的规定,自然人之间的借款合同具有下列情形之一的,可以视为合同成立:(1)以现金支付的,自借款人收到借款时;(2)以银行转账、网上电子汇款等形式支付的,自资金到达借款人账户时;(3)以票据交付的,自借款人依法取得票据权利时;(4)出借人将特定资金账户支配权授权给借款人的,自借款人取得对该账户实际支配权时;(5)出借人以与借款人约定的其他方式提供借款并实际履行完成时。

条文参见

《商业银行法》第37条

第六百六十九条 【借款人应当提供真实情况义务】

订立借款合同,借款人应当按照贷款人的要求提供与借款有关的业务活动和财务状况的真实情况。

第六百七十条 【借款利息不得预先扣除】

借款的利息不得预先在本金中扣除。利息预先在本金中扣除的,应当按照实际借款数额返还借款并计算利息。

实用问答

预先在本金中扣除利息的,如何认定借款金额?

答:根据《民间借贷规定》第26条的规定,借据、收据、欠条等债权凭证载明的借款金额,一般认定为本金。预先在本金中扣除利息的,人民法院应当将实际出借的金额认定为本金。因此,在借款人对贷款人出借款项时即已收取利息的事实提出证据后,人民法院便不会以借据等证据载明的借款金额为本金,而会以该本金减去贷款人已收取的利息后的数额为本金。

第六百七十一条 【贷款人未按照约定提供借款以及借款人未按照约定收取借款的后果】

贷款人未按照约定的日期、数额提供借款,造成借款人损失的,应当赔偿损失。

借款人未按照约定的日期、数额收取借款的,应当按照约定的日期、数额支付利息。

理解适用

本条主要是针对金融机构作为贷款人的情况。由于自然人之间借款是贷款人实际交付借款时,借款合同才成立,所以自然人之间借款的,不适用本条的规定。

第六百七十二条 【贷款人的监督、检查权】

贷款人按照约定可以检查、监督借款的使用情况。借款人应当按照约定向贷款人定期提供有关财务会计报表或者其他资料。

第六百七十三条 【借款人未按照约定用途使用借款的责任】

借款人未按照约定的借款用途使用借款的,贷款人可以停止发放借款、提前收回借款或者解除合同。

理解适用

需要注意的是,贷款人明知借款人改变借款用途,仍继续发放贷款,并以此为由要求解除借款合同的,人民法院不予支持。

实用问答

借款人不按借款合同规定用途使用贷款的,应当如何处理?

答:根据《贷款通则》第71条的规定,借款人不按借款合同规定用途使用贷款的,由贷款人对其部分或全部贷款加收利息;情节特别严重的,由贷款人停止支付借款人尚未使用的贷款,并提前收回部分或全部贷款。

第六百七十四条 【借款人支付利息的期限】

借款人应当按照约定的期限支付利息。对支付利息的期限没有约定或者约定不明确,依据本法第五百一十条的规定仍不能确定,借款期间不满一年的,应当在返还借款时一并支付;借款期间一年以上的,应当在每届满一年时支付,剩余期间不满一年的,应当在返还借款时一并支付。

理解适用

在司法实践中,值得注意的是,对借款人向贷款人支付的款项未明确性质的,该款项应确定为还本还是付息?我们认为,对借款人向贷款人支付的款项,未明确性质的,应当根据合同约定确定是归还本金还是支付利息。合同未约定或约定不明的,应按照交易习惯处理,即如果已经发生结欠利息的,通常按先归还利息,后归还本金的原则处理。

第六百七十五条　【借款人返还借款的期限】

借款人应当按照约定的期限返还借款。对借款期限没有约定或者约定不明确,依据本法第五百一十条的规定仍不能确定的,借款人可以随时返还;贷款人可以催告借款人在合理期限内返还。

第六百七十六条　【借款人逾期返还借款的责任】

借款人未按照约定的期限返还借款的,应当按照约定或者国家有关规定支付逾期利息。

实用问答

在民间借贷中,借款人未按照约定的期限返还借款的,按照什么标准支付逾期利息?

答:根据《民间借贷解释》第28条的规定,借贷双方对逾期利率有约定的,从其约定,但是以不超过合同成立时一年期贷款市场报价利率4倍为限。未约定逾期利率或者约定不明的,人民法院可以区分不同情况处理:(1)既未约定借期内利率,也未约定逾期利率,出借人主张借款人自逾期还款之日起参照当时一年期贷款市场报价利率标准计算的利息承担逾期还款违约责任的,人民法院应予支持;(2)约定了借期内利率但是未约定逾期利率,出借人主张借款人自逾期还款之日起按照借期内利率支付资金占用期间利息的,人民法院应予支持。第29条规定,出借人与借款人既约定了逾期利率,又约定了违约金或者其他费用,出借人可以选择主张逾期利息、违约金或者其他费用,也可以一并主张,但是总计超过合同成立时一年期贷款市场报价利率四倍的部分,人民法院不予支持。

第六百七十七条　【借款人提前返还借款】

借款人提前返还借款的,除当事人另有约定外,应当按照实际借款的期间计算利息。

条文参见

《民间借贷规定》第 30 条

第六百七十八条 【借款展期】

借款人可以在还款期限届满前向贷款人申请展期；贷款人同意的，可以展期。

理解适用

[申请展期]

申请展期，是指借款人在借款合同约定的还款期限不能履行还款义务，在还款期限届满前向贷款人申请变更原合同约定的借款期限的行为。

条文参见

《贷款通则》第 12 条

第六百七十九条 【自然人之间借款合同的成立时间】

自然人之间的借款合同，自贷款人提供借款时成立。

理解适用

根据《民间借贷解释》第 9 条的规定，自然人之间的借款合同具有下列情形之一的，可以视为合同成立：(1)以现金支付的，自借款人收到借款时；(2)以银行转账、网上电子汇款等形式支付的，自资金到达借款人账户时；(3)以票据交付的，自借款人依法取得票据权利时；(4)出借人将特定资金账户支配权授权给借款人的，自借款人取得对该账户实际支配权时；(5)出借人以与借款人约定的其他方式提供借款并实际履行完成时。

第六百八十条 【禁止高利放贷以及对借款利息的确定】

禁止高利放贷，借款的利率不得违反国家有关规定。

借款合同对支付利息没有约定的，视为没有利息。

借款合同对支付利息约定不明确，当事人不能达成补充协议的，按照当地或者当事人的交易方式、交易习惯、市场利率等因素确定利息；自然人之间借款的，视为没有利息。

理解适用

借贷双方没有约定利息，出借人主张支付利息的，人民法院不予支持。自然人之间借贷对利息约定不明，出借人主张支付利息的，人民法院不予支持。除自然人之间借贷的外，借贷双方对借贷利息约定不明，出借人主张利息的，人民法院应当结合民间借贷合同的内容，并根据当地或者当事人的交易方式、交易习惯、市场报价利率等因素确定利息。

出借人请求借款人按照合同约定利率支付利息的，人民法院应予支持，但是双方约定的利率超过合同成立时一年期贷款市场报价利率4倍的除外。前述所称"一年期贷款市场报价利率"，是指中国人民银行授权全国银行间同业拆借中心自2019年8月20日起每月发布的一年期贷款市场报价利率。

实用问答

民间借贷合同未约定利息或者利息约定不明，出借人主张利息的，如何处理？[①]

答：对出借人的主张区分层次审查处理，详情如下：

第一个层次：民间借贷合同未约定利息。根据《民法典》第680条第2款"借款合同对支付利息没有约定的，视为没有利息"以及《民间借贷规定》第24条第1款"借贷双方没有约定利息，出借人主张支付利息的，人民法院不予支持"的规定，民间借贷合同对支付利息没有约定的，视为没有利息。出借人请求支付借款期限内利息的，应当以借贷合同约定为依据，借贷合同未约定利息，出借人主张借期内的利息的，人民法院不予支持，对此不区分是自然人之间的借贷合同还是自然人与法人、非法人组织之间或法人与非法人组织之间的借贷合同。

第二个层次：民间借贷合同对利息约定不明。根据《民法典》第680条第3款"借款合同对支付利息约定不明确，当事人不能达成补充协议的，按照当地或者当事人的交易方式、交易习惯、市场利率等因素确定利息；自然人之

---

① 参见《法答网精选答问（第三批）》，载最高人民法院官网2024年3月21日，https://www.court.gov.cn/zixun/xiangqing/428772.html。

间借款的,视为没有利息"以及《民间借贷规定》第 24 条第 2 款的规定,对于支付利息约定不明确的,应区分两种情况:一是自然人与法人、非法人组织之间的民间借贷合同以及法人、非法人组织之间的民间借贷合同,对支付利息约定不明确,当事人又不能达成补充协议的,按照当地或者当事人的交易方式、交易习惯、市场利率等因素确定利息。这里既包括确定是否应当支付利息,也包括确定利率的高低。二是自然人之间的民间借贷合同对支付利息约定不明确的,视为没有利息,出借人不享有支付利息请求权。审判实践中,自然人之间的借款合同如果约定了利率但未明确是月利率还是年利率的,属于对支付利息作了明确约定,只是对利率标准约定不明,人民法院可依据当事人之间的交易习惯等因素对利率作出认定。

第三个层次:民间借贷合同未约定利息但约定了借款期限。对于民间借贷合同既未约定借期利息,又未约定逾期利息的情形,根据《民法典》第 680 条第 2 款和《民间借贷规定》第 24 条第 1 款的规定,出借人主张借期内的利息的,依法不予支持;但对于出借人主张逾期利息的,根据《民法典》第 676 条"借款人未按照约定的期限返还借款的,应当按照约定或者国家有关规定支付逾期利息"以及《民间借贷规定》第 28 条第 2 款的规定,双方既未约定借期内利率,也未约定逾期利率,出借人主张借款人自逾期还款之日起参照当时一年期贷款市场报价利率标准计算的利息承担逾期还款违约责任的,人民法院应予支持。

第四个层次:既未约定利息又未约定借款期限,出借人主张逾期利息的,应当先确定"借款期限"问题。根据《民法典》第 675 条的规定,借贷双方可按照《民法典》第 510 条的规定确定借款期限,借款期限确定后,可按照第三个层次的方法来确定利息。如果根据《民法典》第 510 条的规定不能确定借款期限,贷款人可以催告借款人在合理期限内返还,对于"合理期限"之后的逾期利息,参照第三个层次的利息确定方法计算。

条文参见

《民间借贷解释》第 24、25 条

第十三章　保证合同

第一节　一般规定

第六百八十一条　【保证合同定义】

保证合同是为保障债权的实现,保证人和债权人约定,当债务人不履行到期债务或者发生当事人约定的情形时,保证人履行债务或者承担责任的合同。

理解适用

保证合同是保证人和债权人之间的合同。据此,解决保证合同纠纷,应当适用保证合同规范,不应适用法律关于委托合同、无因管理等的规定。只有在处理保证人和主债务人之间的关系时,若有委托合同,才适用法律关于委托合同的规定;若无委托合同,则适用法律关于无因管理的规定,也可能适用本法侵权责任编的规定。

第六百八十二条　【保证合同的从属性及保证合同无效的法律后果】

保证合同是主债权债务合同的从合同。主债权债务合同无效的,保证合同无效,但是法律另有规定的除外。

保证合同被确认无效后,债务人、保证人、债权人有过错的,应当根据其过错各自承担相应的民事责任。

理解适用

保证合同是主债权债务合同的从合同,具有附从性。具体体现如下:(1)成立上的附从性。(2)范围和强度上的附从性。(3)变更、消灭上的附从性。

在司法适用应注意:从属性是担保的基本属性,但由银行或者非银行金融机构开立的独立保函除外。独立保函纠纷案件依据《最高人民法院关于审理独立保函纠纷案件若干问题的规定》进行处理。凡是由银行或者非银行金融机构开立的符合该司法解释第 1 条、第 3 条规定情形的保函,无论是用于国际商事交易还是用于国内商事交易,均不影响保函的效力。银行或者非银行金融机构之外的当事人开立的独立保函,以及当事人有关排除担保从属性的约定,应当认定无效。

实用问答

主合同有效而第三人提供的担保合同无效,人民法院应当如何确定担保人的赔偿责任?

答:根据《担保制度解释》第17条的规定,主合同有效而第三人提供的担保合同无效,人民法院应当区分不同情形确定担保人的赔偿责任:(1)债权人与担保人均有过错的,担保人承担的赔偿责任不应超过债务人不能清偿部分的1/2;(2)担保人有过错而债权人无过错的,担保人对债务人不能清偿的部分承担赔偿责任;(3)债权人有过错而担保人无过错的,担保人不承担赔偿责任。

主合同无效导致第三人提供的担保合同无效,担保人无过错的,不承担赔偿责任;担保人有过错的,其承担的赔偿责任不应超过债务人不能清偿部分的1/3。

第六百八十三条 【不得担任保证人的主体范围】

机关法人不得为保证人,但是经国务院批准为使用外国政府或者国际经济组织贷款进行转贷的除外。

以公益为目的的非营利法人、非法人组织不得为保证人。

条文参见

《担保制度解释》第5、6条

第六百八十四条 【保证合同内容】

保证合同的内容一般包括被保证的主债权的种类、数额,债务人履行债务的期限,保证的方式、范围和期间等条款。

第六百八十五条 【保证合同形式】

保证合同可以是单独订立的书面合同,也可以是主债权债务合同中的保证条款。

第三人单方以书面形式向债权人作出保证,债权人接收且未提出异议的,保证合同成立。

条文参见

《最高人民法院关于正确确认企业借款合同纠纷案件中有关保证合同效力问题的通知》

第六百八十六条 【保证方式】

保证的方式包括一般保证和连带责任保证。

当事人在保证合同中对保证方式没有约定或者约定不明确的,按照一般保证承担保证责任。

条文参见

《担保制度解释》第 25 条

第六百八十七条 【一般保证及先诉抗辩权】

当事人在保证合同中约定,债务人不能履行债务时,由保证人承担保证责任的,为一般保证。

一般保证的保证人在主合同纠纷未经审判或者仲裁,并就债务人财产依法强制执行仍不能履行债务前,有权拒绝向债权人承担保证责任,但是有下列情形之一的除外:

(一)债务人下落不明,且无财产可供执行;

(二)人民法院已经受理债务人破产案件;

(三)债权人有证据证明债务人的财产不足以履行全部债务或者丧失履行债务能力;

(四)保证人书面表示放弃本款规定的权利。

> **理解适用**

一般保证与连带责任保证之间最大的区别在于保证人是否享有先诉抗辩权。在一般保证的情况下,保证人享有先诉抗辩权,即一般保证的保证人在就债务人的财产依法强制执行仍不能履行债务前,对债权人可以拒绝承担保证责任。先诉抗辩权既可以通过诉讼方式行使,也可以在诉讼外行使。

> **条文参见**

《担保制度解释》第25、26条

> **实用问答**

保证合同无效,一般保证人是否也享有先诉抗辩权?[1]

答:依据《民法典》第687条的规定,一般保证人的先诉抗辩权是指在主债务未经审判或仲裁,并就债务人财产依法强制执行仍不能履行债务前,保证人可以拒绝承担保证责任。在保证合同因主债权债务合同无效而无效,或因自身原因而无效时,一般保证人是否仍享有先诉抗辩权,对保证人和债权人的利益影响巨大,实践中存在分歧。经研究认为,一般保证人仍受先诉抗辩权的保护。具体理由如下:

首先,符合保证人赔偿责任的补充性质。法律赋予一般保证人先诉抗辩权,是因为主债务是债务人本来应当自己履行的债务,而一般保证人的保证责任是从债务,具有补充地位,只在主债务人不能履行时才对主债务未履行的部分承担责任。保证合同无效时,一般保证人的赔偿责任也是源于保证合同,同样属于补充性的债务。依据《担保制度解释》第17条的规定,担保合同无效时,有过错的担保人承担的赔偿责任限于债务人不能清偿的部分,同样具有补充性质。同样地,保证合同无效时,一般保证人的赔偿责任也具有补充性质,应受到先诉抗辩权制度的保护。不能仅因保证合同无效,一般保证人的责任就丧失了补充责任的性质。

其次,符合当事人订立一般保证合同时的合理预期。虽然保证合同无效后,保证人根据自身过错来确定赔偿责任,已经不同于保证合同有效时的保证责任,但债权人和保证人签订一般保证合同时,通常不会主观上认为保证

---

[1] 参见《法答网精选答问(第二批)》,载最高人民法院官网2024年3月7日,https://www.court.gov.cn/zixun/xiangqing/426912.html。

合同无效,故双方均有一般保证人受先诉抗辩权保护的预期,债权人通常也不会提前要求一般保证人承担保证合同无效的赔偿责任。

最后,符合合同效力制度体系的内部逻辑。保证合同无效时,债权人获得的利益不应当超过保证合同有效时所能获得的利益。换言之,一般保证人在保证合同无效时至少应当受到与保证合同有效时同样的保护,以维护合同效力制度体系的内部和谐。保证合同无效时,若一般保证人丧失先诉抗辩权保护,债权人则可单独起诉要求其承担赔偿责任,显然有悖于合同效力体系的逻辑秩序,使保证人丧失了保证合同有效时的期限利益。

综上,在保证合同无效时,一般保证人仍享有先诉抗辩权,这既符合保证人赔偿责任的责任性质,符合当事人的合理预期,也维护了合同效力体系的有机统一。

案例指引

青海金泰融资担保有限公司与上海金桥工程建设发展有限公司、青海三工置业有限公司执行复议案(最高人民法院指导案例 120 号)

裁判要点:在案件审理期间保证人为被执行人提供保证,承诺在被执行人无财产可供执行或者财产不足清偿债务时承担保证责任的,执行法院对保证人应当适用一般保证的执行规则。在被执行人虽有财产但严重不方便执行时,可以执行保证人在保证责任范围内的财产。

第六百八十八条 【连带责任保证】

当事人在保证合同中约定保证人和债务人对债务承担连带责任的,为连带责任保证。

连带责任保证的债务人不履行到期债务或者发生当事人约定的情形时,债权人可以请求债务人履行债务,也可以请求保证人在其保证范围内承担保证责任。

理解适用

本条的连带责任保证(理论上简称为"连带保证")要与本法第 699 条规定的共同保证中的多个保证人之间承担连带责任的情形(理论上简称为"保证连带")进行区分。本条解决的是保证人和债务人之间的关系是不是连带责任的问题;本法第 699 条解决的是多个保证人之间是否是连带责任的问题。

第六百八十九条 【反担保】

保证人可以要求债务人提供反担保。

理解适用

[反担保]

反担保,是指在商品贸易、工程承包和资金借贷等经济往来中,为了换取担保人提供保证、抵押或质押等担保方式,由债务人或第三人向该担保人新设担保,以担保该担保人在承担了担保责任后易于实现其追偿权的制度。

需要注意的是:(1)留置权不能为反担保方式。反担保产生于约定,而留置权却发生于法定。(2)定金虽然在理论上可以作为反担保的方式,但是因为支付定金会进一步削弱债务人向债权人支付价款或酬金的能力,加之往往形成原担保和反担保不成比例的局面,所以在实践中极少采用。(3)在实践中运用较多的反担保形式是保证、抵押权,然后是质权。不过,在债务人亲自向原担保人提供反担保的场合,保证就不得作为反担保的方式。

条文参见

《担保制度解释》第19条

第六百九十条 【最高额保证合同】

保证人与债权人可以协商订立最高额保证的合同,约定在最高债权额限度内就一定期间连续发生的债权提供保证。

最高额保证除适用本章规定外,参照适用本法第二编最高额抵押权的有关规定。

理解适用

[最高额保证]

最高额保证,是指保证人和债权人签订一个总的保证合同,为一定期限内连续发生的借款合同或同种类其他债权提供保证,只要债权人和债务人在保证合同约定的期限内且债权额限度内进行交易,保证人则依法承担保证责任的保证行为。

【条文参见】

《担保制度解释》第 15 条

第二节　保　证　责　任

第六百九十一条　【保证范围】

保证的范围包括主债权及其利息、违约金、损害赔偿金和实现债权的费用。当事人另有约定的，按照其约定。

【理解适用】

保证范围是保证合同的一项内容，保证人可以随意约定保证范围。约定范围与法定范围不一致的，适用约定范围，即约定范围优于法定范围。

【条文参见】

《担保制度解释》第 3 条

第六百九十二条　【保证期间】

保证期间是确定保证人承担保证责任的期间，不发生中止、中断和延长。

债权人与保证人可以约定保证期间，但是约定的保证期间早于主债务履行期限或者与主债务履行期限同时届满的，视为没有约定；没有约定或者约定不明确的，保证期间为主债务履行期限届满之日起六个月。

债权人与债务人对主债务履行期限没有约定或者约定不明确的，保证期间自债权人请求债务人履行债务的宽限期届满之日起计算。

【理解适用】

保证期间具有如下特征：(1)保证期间是就保证责任的承担所设定的期间。(2)保证期间由当事人约定或法律规定，在当事人没有约定或约定不明时，才适用法律规定的保证期间。(3)保证期间是保证合同的组成部分。只要不违反法律的强制性规定,该保证期间的约定就是有效的,其应当成为保证合同的重要组成部分。

▎条文参见▎

《担保制度解释》第 32 条

第六百九十三条 【保证责任免除】

一般保证的债权人未在保证期间对债务人提起诉讼或者申请仲裁的,保证人不再承担保证责任。

连带责任保证的债权人未在保证期间请求保证人承担保证责任的,保证人不再承担保证责任。

▎理解适用▎

保证期间和诉讼时效的区别在于,保证期间的届满会导致权利本身的消灭,而不仅仅只是导致抗辩权的产生。诉讼时效届满的后果仅仅是义务人可以据此提出抗辩。无论是一般保证还是连带责任保证,保证期间的经过都发生保证责任消灭的后果。

第六百九十四条 【保证债务诉讼时效】

一般保证的债权人在保证期间届满前对债务人提起诉讼或者申请仲裁的,从保证人拒绝承担保证责任的权利消灭之日起,开始计算保证债务的诉讼时效。

连带责任保证的债权人在保证期间届满前请求保证人承担保证责任的,从债权人请求保证人承担保证责任之日起,开始计算保证债务的诉讼时效。

▎条文参见▎

《担保制度解释》第 31 条

第六百九十五条 【主合同变更对保证责任影响】

债权人和债务人未经保证人书面同意,协商变更主债权债务合同内容,减轻债务的,保证人仍对变更后的债务承担保证责任;加重债务的,保证人对加重的部分不承担保证责任。

债权人和债务人变更主债权债务合同的履行期限,未经保证人书面同意的,保证期间不受影响。

第六百九十六条 【债权转让对保证责任影响】

债权人转让全部或者部分债权,未通知保证人的,该转让对保证人不发生效力。

保证人与债权人约定禁止债权转让,债权人未经保证人书面同意转让债权的,保证人对受让人不再承担保证责任。

理解适用

需要注意的是,保证合同关于禁止债权转让的规定,并不会真正发生阻止主债权转让的法律效力,因为保证人并非主债权的合同当事人,根据合同相对性的要求,保证人或者受让人均不得以债权人与保证人有禁止债权转让的约定而否定主债权转让效力,其直接法律效果是保证人获得免除保证责任的抗辩权。

第六百九十七条 【债务承担对保证责任影响】

债权人未经保证人书面同意,允许债务人转移全部或者部分债务,保证人对未经其同意转移的债务不再承担保证责任,但是债权人和保证人另有约定的除外。

第三人加入债务的,保证人的保证责任不受影响。

理解适用

[债务承担]

债务承担,是指在不改变债务内容的情况下移转债务,由第三人承担了原债务人的债务。

第六百九十八条 【一般保证人保证责任免除】

一般保证的保证人在主债务履行期限届满后,向债权人提供债务人可供执行财产的真实情况,债权人放弃或者怠于行使权利致使该财产不能被执行的,保证人在其提供可供执行财产的价值范围内不再承担保证责任。

第六百九十九条 【共同保证】

同一债务有两个以上保证人的,保证人应当按照保证合同约定的保证份额,承担保证责任;没有约定保证份额的,债权人可以请求任何一个保证人在其保证范围内承担保证责任。

条文参见

《担保制度解释》第13、14条

第七百条 【保证人追偿权】

保证人承担保证责任后,除当事人另有约定外,有权在其承担保证责任的范围内向债务人追偿,享有债权人对债务人的权利,但是不得损害债权人的利益。

第七百零一条 【保证人抗辩权】

保证人可以主张债务人对债权人的抗辩。债务人放弃抗辩的,保证人仍有权向债权人主张抗辩。

第七百零二条 【抵销权和撤销权范围内的免责】

债务人对债权人享有抵销权或者撤销权的,保证人可以在相应范围内拒绝承担保证责任。

理解适用

保证人的拒绝履行权是区别于抗辩权的一种法定权利。当主债务人享有抵销权和撤销权时,保证人可以行使主债务人的拒绝履行的权利。这里的撤销权,仅指因意思表示的瑕疵(如欺诈、胁迫、错误)而享有的撤销已从事的法律行为的权利,而非作为债的保全方法之一的撤销权。

第十四章 租赁合同

第七百零三条 【租赁合同定义】

租赁合同是出租人将租赁物交付承租人使用、收益,承租人支付租金的合同。

实用问答

出租人就同一房屋订立数份租赁合同,承租人均主张履行合同的,如何确定履行合同的承租人?

答:根据《城镇房屋租赁合同解释》第5条的规定,出租人就同一房屋订立数份租赁合同,在合同均有效的情况下,承租人均主张履行合同的,人民法院按照下列顺序确定履行合同的承租人:(1)已经合法占有租赁房屋的;(2)已经办理登记备案手续的;(3)合同成立在先的。不能取得租赁房屋的承租人请求解除合同、赔偿损失的,依照《民法典》的有关规定处理。

第七百零四条 【租赁合同主要内容】

租赁合同的内容一般包括租赁物的名称、数量、用途、租赁期限、租金及其支付期限和方式、租赁物维修等条款。

第七百零五条 【租赁最长期限】

租赁期限不得超过二十年。超过二十年的,超过部分无效。

租赁期限届满,当事人可以续订租赁合同;但是,约定的租赁期限自续订之日起不得超过二十年。

> 理解适用

20年实际上并不是一个绝对的最长期限,因为如果租赁合同双方当事人在20年期满时,仍然希望保持租赁关系,可以采取两个办法:(1)不终止原租赁合同,承租人仍然使用租赁物,出租人也不提出任何异议。这时法律规定视为原租赁合同继续有效,但租赁期限为不定期,如果一方当事人想解除合同随时都可以为之,这种情况被称为合同的"法定更新"。(2)双方当事人根据原合同确定的内容再续签一份租赁合同,如果需要较长的租期,当事人仍然可以再订一份租期为20年的合同,这种情况被称为"约定更新"。

第七百零六条 【租赁合同的登记备案手续对合同效力影响】

当事人未依照法律、行政法规规定办理租赁合同登记备案手续的,不影响合同的效力。

> 实用问答

办理房屋租赁登记备案,应当提交哪些材料?

答: 根据《商品房屋租赁管理办法》第15条的规定,办理房屋租赁登记备案,房屋租赁当事人应当提交下列材料:(1)房屋租赁合同;(2)房屋租赁当事人身份证明;(3)房屋所有权证书或者其他合法权属证明;(4)直辖市、市、县人民政府建设(房地产)主管部门规定的其他材料。

房屋租赁当事人提交的材料应当真实、合法、有效,不得隐瞒真实情况或者提供虚假材料。

第七百零七条 【租赁合同形式】

租赁期限六个月以上的,应当采用书面形式。当事人未采用书面形式,无法确定租赁期限的,视为不定期租赁。

第七百零八条 【出租人交付租赁物义务和适租义务】

出租人应当按照约定将租赁物交付承租人,并在租赁期限内保持租赁物符合约定的用途。

理解适用

出租人在明确知晓用途的情况下,如承租人在履行合同过程中发现租赁标的物不符合约定用途,应及时通知出租人,双方就此协商,如果能达成补充协议,合同继续履行;如果未能协商一致,或者对补救措施产生的费用负担不能达成一致,又或者出租人提供的租赁物如果按照承租人原定的用途可能违反消防或其他国家安全标准的强制性规范,导致承租人租赁合同的目的无法实现的,承租人可以解除合同。

第七百零九条　【承租人按约定使用租赁物的义务】

承租人应当按照约定的方法使用租赁物。对租赁物的使用方法没有约定或者约定不明确,依据本法第五百一十条的规定仍不能确定的,应当根据租赁物的性质使用。

第七百一十条　【承租人按约定使用租赁物的免责义务】

承租人按照约定的方法或者根据租赁物的性质使用租赁物,致使租赁物受到损耗的,不承担赔偿责任。

理解适用

本条所称的"损耗"应当与"损失、损毁"相区分。从语义上理解,损耗应当不包括严重损毁以致毁灭的程度。因此,该条与租赁物在租赁期内毁损灭失情形下责任承担与赔偿的问题应当有所区分。

第七百一十一条　【租赁人未按约定使用租赁物的责任】

承租人未按照约定的方法或者未根据租赁物的性质使用租赁物,致使租赁物受到损失的,出租人可以解除合同并请求赔偿损失。

条文参见

《城镇房屋租赁合同》第 6 条

第七百一十二条 【出租人维修义务】

出租人应当履行租赁物的维修义务,但是当事人另有约定的除外。

理解适用

维修义务主体变更为承租人的主要有以下情形:(1)法律、行政法规规定由承租人承担维修义务。如《海商法》规定,在光船租赁中,由承租人负责维修保养。(2)双方约定维修义务由承租人负担。(3)按照风俗习惯或交易惯例由承租人负担。如在汽车租赁中对汽车小的维修义务一般由承租人负担,房屋租赁市场上一般采用"大修为主、小修为客"的习俗。

第七百一十三条 【出租人不履行维修义务的法律后果】

承租人在租赁物需要维修时可以请求出租人在合理期限内维修。出租人未履行维修义务的,承租人可以自行维修,维修费用由出租人负担。因维修租赁物影响承租人使用的,应当相应减少租金或者延长租期。

因承租人的过错致使租赁物需要维修的,出租人不承担前款规定的维修义务。

第七百一十四条 【承租人妥善保管租赁物义务】

承租人应当妥善保管租赁物,因保管不善造成租赁物毁损、灭失的,应当承担赔偿责任。

第七百一十五条 【承租人对租赁物进行改善或增设他物】

承租人经出租人同意,可以对租赁物进行改善或者增设他物。

承租人未经出租人同意,对租赁物进行改善或者增设他物的,出租人可以请求承租人恢复原状或者赔偿损失。

理解适用

本条司法适用的难点在于未经出租人同意情况下,添附或增设他物的价值如何确定,以及出租人的补偿责任。正常情况下的添附或增设他物,会提升租赁物的原有价值,在租赁合同期限未届满提前终止合同时,对于承租人要求出租人对添附或增设的补偿如何处理。如果添附和增设是可移动而不减损价值的,一般要求承租人自行拆除、恢复原状;如果添附和增设是不可移动的,一旦移动将没有价值或大大贬值的,从发挥物的最大效用和经济效益最大化的角度出发,不宜要求承租人拆除,而是从受益者的角度由出租人予以适当的补偿比较合理。

实用问答

承租人经出租人同意装饰装修,合同解除时,双方对已形成附合的装饰装修物的处理没有约定的,装饰装修物该如何处置?

答:根据《城镇房屋租赁合同解释》第9条的规定,承租人经出租人同意装饰装修,合同解除时,双方对已形成附合的装饰装修物的处理没有约定的,人民法院按照下列情形分别处理:(1)因出租人违约导致合同解除,承租人请求出租人赔偿剩余租赁期内装饰装修残值损失的,应予支持;(2)因承租人违约导致合同解除,承租人请求出租人赔偿剩余租赁期内装饰装修残值损失的,不予支持。但出租人同意利用的,应在利用价值范围内予以适当补偿;(3)因双方违约导致合同解除,剩余租赁期内的装饰装修残值损失,由双方根据各自的过错承担相应的责任;(4)因不可归责于双方的事由导致合同解除的,剩余租赁期内的装饰装修残值损失,由双方按照公平原则分担。法律另有规定的,适用其规定。

条文参见

《城镇房屋租赁合同解释》第 7~12 条

第七百一十六条 【承租人对租赁物转租】

承租人经出租人同意,可以将租赁物转租给第三人。承租人转租的,承租人与出租人之间的租赁合同继续有效;第三人造成租赁物损失的,承租人应当赔偿损失。

承租人未经出租人同意转租的,出租人可以解除合同。

理解适用

[转租]

转租,是指承租人将租赁物转让给第三人使用、收益,承租人与第三人形成新的租赁合同关系,而承租人与出租人的租赁关系继续合法有效的一种交易形式。

第七百一十七条 【转租期限】

承租人经出租人同意将租赁物转租给第三人,转租期限超过承租人剩余租赁期限的,超过部分的约定对出租人不具有法律约束力,但是出租人与承租人另有约定的除外。

第七百一十八条 【推定出租人同意转租】

出租人知道或者应当知道承租人转租,但是在六个月内未提出异议的,视为出租人同意转租。

第七百一十九条 【次承租人代为清偿权】

承租人拖欠租金的,次承租人可以代承租人支付其欠付的租金和违约金,但是转租合同对出租人不具有法律约束力的除外。

次承租人代为支付的租金和违约金,可以充抵次承租人应当向承租人支付的租金;超出其应付的租金数额的,可以向承租人追偿。

理解适用

在司法适用中,应注意以下内容:(1)当出租人解除租赁合同以致次承租人不能继续使用租赁物造成的损失,次承租人只能向合同的相对方即转租人主张违约责任或损害赔偿,不能直接要求出租人承担责任。(2)对于经出租人同意的转租合同,如因转租人拖欠租金,出租人要求解除,而次承租人要求继续履行转租合同的,除非出租人与次承租人能就继续履行合同达成一致,否则,应判决解除两个租赁合同。因为两个租赁合同毕竟是独立的两份合同,出租人并非转租合同的主体,不能强制要求其继续履行转租合同的义务。(3)对于因承租人违约导致出租人解除合同的,出租人应以承租人为被告,在腾退的诉讼请求里同时应将实际占用租赁物的次承租人列为共同被告。如果出租人未将次承租人列为共同被告的,法院应依职权通知次承租人作为第三人参加诉讼。

第七百二十条 【租赁物收益归属】

在租赁期限内因占有、使用租赁物获得的收益,归承租人所有,但是当事人另有约定的除外。

第七百二十一条 【租金支付期限】

承租人应当按照约定的期限支付租金。对支付租金的期限没有约定或者约定不明确,依据本法第五百一十条的规定仍不能确定,租赁期限不满一年的,应当在租赁期限届满时支付;租赁期限一年以上的,应当在每届满一年时支付,剩余期限不满一年的,应当在租赁期限届满时支付。

第七百二十二条 【承租人违反支付租金义务的法律后果】

承租人无正当理由未支付或者迟延支付租金的,出租人可以请求承租人在合理期限内支付;承租人逾期不支付的,出租人可以解除合同。

理解适用

[**承租人有正当理由拒付租金的情形**]

承租人有正当理由拒付租金的情形主要有:(1)发生不可抗力或意外事件,致使租赁物部分或全部毁损、灭失,承租人无法使用租赁物的,可以请求不支付租金。(2)出租人未按合同约定履行维修义务,承租人可以请求扣减或不支付相应租金。(3)因承租人自身出现意外状况暂不能及时支付到期租金的,其可以请求适当延缓支付。

第七百二十三条 【出租人权利瑕疵担保责任】

因第三人主张权利,致使承租人不能对租赁物使用、收益的,承租人可以请求减少租金或者不支付租金。

第三人主张权利的,承租人应当及时通知出租人。

第七百二十四条 【非承租人构成根本性违约承租人可以解除合同】

有下列情形之一,非因承租人原因致使租赁物无法使用的,承租人可以解除合同:

(一)租赁物被司法机关或者行政机关依法查封、扣押;

(二)租赁物权属有争议;

(三)租赁物具有违反法律、行政法规关于使用条件的强制性规定情形。

实用问答

在哪些情形下,房屋不得出租?

答:根据《商品房屋租赁管理办法》第6条的规定,有下列情形之一的房屋不得出租:(1)属于违法建筑的;(2)不符合安全、防灾等工程建设强制性标准的;(3)违反规定改变房屋使用性质的;(4)法律、法规规定禁止出租的其他情形。

第七百二十五条 【所有权变动不破租赁】

租赁物在承租人按照租赁合同占有期限内发生所有权变动的,不影响租赁合同的效力。

理解适用

在哪些情形下,承租人按照城镇房屋租赁合同占有期限内发生的所有权变动,可能影响承租人继续履行原租赁合同?

答:根据《城镇房屋租赁合同解释》第14条的规定,租赁房屋在承租人按照租赁合同占有期限内发生所有权变动,承租人请求房屋受让人继续履行原租赁合同的,人民法院应予支持。但租赁房屋具有下列情形或者当事人另有约定的除外:(1)房屋在出租前已设立抵押权,因抵押权人实现抵押权发生所有权变动的;(2)房屋在出租前已被人民法院依法查封的。

第七百二十六条 【房屋承租人优先购买权】

出租人出卖租赁房屋的,应当在出卖之前的合理期限内通知承租人,承租人享有以同等条件优先购买的权利;但是,房屋按份共有人行使优先购买权或者出租人将房屋出卖给近亲属的除外。

出租人履行通知义务后,承租人在十五日内未明确表示购买的,视为承租人放弃优先购买权。

条文参见

《城镇房屋租赁合同解释》第15条

第七百二十七条 【委托拍卖情况下房屋承租人优先购买权】

出租人委托拍卖人拍卖租赁房屋的,应当在拍卖五日前通知承租人。承租人未参加拍卖的,视为放弃优先购买权。

理解适用

拍卖的特点导致其与承租人的优先购买权存在一定冲突,由于优先购买权有一定的优先效力,在拍卖程序中亦不例外。《最高人民法院关于人民法院民事执行中拍卖、变卖财产的规定》第13条第1款规定:"拍卖过程中,有最高应价时,优先购买权人可以表示以该最高价买受,如无更高应价,则拍归优先购买权人;如有更高应价,而优先购买权人不作表示的,则拍归该应价最高的竞买人。"

第七百二十八条 【房屋承租人优先购买权受到侵害的法律后果】

出租人未通知承租人或者有其他妨害承租人行使优先购买权情形的,承租人可以请求出租人承担赔偿责任。但是,出租人与第三人订立的房屋买卖合同的效力不受影响。

理解适用

本条所说的赔偿的范围是实际损失,即优先购买权人要获得类似房屋所多支出的价款损失,以及在购买房屋过程中支出的费用损失。

第七百二十九条 【不可归责于承租人的租赁物毁损、灭失的法律后果】

因不可归责于承租人的事由,致使租赁物部分或者全部毁损、灭失的,承租人可以请求减少租金或者不支付租金;因租赁物部分或者全部毁损、灭失,致使不能实现合同目的的,承租人可以解除合同。

理解适用

不可归责于承租人原因造成租赁物毁损、灭失的情形主要有:(1)不可抗力。(2)意外事件。(3)因出租人不履行义务造成租赁物毁损。(4)租赁物自身存在质量问题或设计缺陷。

第七百三十条 【租赁期限没有约定或约定不明确时的法律后果】

当事人对租赁期限没有约定或者约定不明确,依据本法第五百一十条的规定仍不能确定的,视为不定期租赁;当事人可以随时解除合同,但是应当在合理期限之前通知对方。

条文参见

《农地承包解释》第16条

第七百三十一条 【租赁物质量不合格时承租人解除权】

租赁物危及承租人的安全或者健康的,即使承租人订立合同时明知该租赁物质量不合格,承租人仍然可以随时解除合同。

理解适用

本条司法适用的难点在于租赁物质量不合格的认定。对于租赁物存在危及承租人安全或者健康情形的,承租人主张租赁物质量不合格时,一般是通过司法鉴定,依靠专业鉴定机构对租赁物的质量是否合格作出结论,租赁物自身质量是否存在缺陷,即租赁物存在危及承租人的安全或者健康的情形系自身质量存在缺陷造成的,而不是承租人使用不当原因造成的。

第七百三十二条　【房屋承租人死亡的租赁关系的处理】
　　承租人在房屋租赁期限内死亡的，与其生前共同居住的人或者共同经营人可以按照原租赁合同租赁该房屋。

理解适用

　　承租人死亡后，生前与承租人共同居住的人可以继续租赁原住房，但应与出租人办理续租手续，变更承租人。承租人死亡后无共同居住之人的，租赁关系终止。

第七百三十三条　【租赁期限届满承租人返还租赁物】
　　租赁期限届满，承租人应当返还租赁物。返还的租赁物应当符合按照约定或者根据租赁物的性质使用后的状态。

理解适用

　　司法适用的难点在于如何认定承租人的返还义务是否适当，其返还的租赁物是否符合按照约定或者根据租赁物的性质使用后的状态。如双方租赁的标的物系土地使用权，承租人在租赁土地上建造房屋或对原有建筑进行改造、添附，租赁合同终止时，对于出租人要求承租人拆除厂房设备平整土地的诉请如何处理，在司法实践中存在不同做法。经出租人同意进行的改造和添附，不宜认定承租人违约；未经出租人同意，承租人为经营所需自行改造，在改造或添附使原租赁物增值的情况下，不宜要求承租人完全恢复原状再返还给出租人。

第七百三十四条　【租赁期限届满承租人继续使用租赁物及房屋承租人的优先承租权】
　　租赁期限届满，承租人继续使用租赁物，出租人没有提出异议的，原租赁合同继续有效，但是租赁期限为不定期。
　　租赁期限届满，房屋承租人享有以同等条件优先承租的权利。

条文参见

《时间效力规定》第 21 条

第十五章　融资租赁合同

第七百三十五条　【融资租赁合同定义】

融资租赁合同是出租人根据承租人对出卖人、租赁物的选择,向出卖人购买租赁物,提供给承租人使用,承租人支付租金的合同。

理解适用

融资租赁是一种贸易与信贷相结合,融资与融物为一体的综合性交易。

实用问答

融资租赁公司可以经营哪些业务?

答:根据《融资租赁公司监督管理暂行办法》第 5 条的规定,融资租赁公司可以经营下列部分或全部业务:(1)融资租赁业务;(2)租赁业务;(3)与融资租赁和租赁业务相关的租赁物购买、残值处理与维修、租赁交易咨询、接受租赁保证金;(4)转让与受让融资租赁或租赁资产;(5)固定收益类证券投资业务。

条文参见

《融资租赁合同解释》第 1、2 条

第七百三十六条　【融资租赁合同内容和形式】

融资租赁合同的内容一般包括租赁物的名称、数量、规格、技术性能、检验方法,租赁期限,租金构成及其支付期限和方式、币种,租赁期限届满租赁物的归属等条款。

融资租赁合同应当采用书面形式。

第七百三十七条 【融资租赁合同无效】

当事人以虚构租赁物方式订立的融资租赁合同无效。

第七百三十八条 【租赁物经营许可对合同效力影响】

依照法律、行政法规的规定,对于租赁物的经营使用应当取得行政许可的,出租人未取得行政许可不影响融资租赁合同的效力。

理解适用

需要指出的是,尽管承租人是否取得行政许可不影响合同效力,但并不意味着承租人完全不用承担其他法律责任。对于未经行政许可而经营使用特定租赁物的,有关行政机关仍可依据法律、法规追究承租人的行政责任,情节恶劣的,甚至可以依法追究刑事责任。

第七百三十九条 【融资租赁标的物交付】

出租人根据承租人对出卖人、租赁物的选择订立的买卖合同,出卖人应当按照约定向承租人交付标的物,承租人享有与受领标的物有关的买受人的权利。

实用问答

对于融资租赁公司进行融资租赁交易的租赁物,有哪些要求?

答: 根据《融资租赁公司监督管理暂行办法》第7条的规定,适用于融资租赁交易的租赁物为固定资产,另有规定的除外。融资租赁公司开展融资租赁业务应当以权属清晰、真实存在且能够产生收益的租赁物为载体。融资租赁公司不得接受已设置抵押、权属存在争议、已被司法机关查封、扣押的财产或所有权存在瑕疵的财产作为租赁物。

第七百四十条 【承租人拒绝受领标的物的条件】

出卖人违反向承租人交付标的物的义务,有下列情形之一的,承租人可以拒绝受领出卖人向其交付的标的物:

（一）标的物严重不符合约定；

（二）未按照约定交付标的物，经承租人或者出租人催告后在合理期限内仍未交付。

承租人拒绝受领标的物的，应当及时通知出租人。

条文参见

《融资租赁合同解释》第3条

第七百四十一条 【承租人行使索赔权】

出租人、出卖人、承租人可以约定，出卖人不履行买卖合同义务的，由承租人行使索赔的权利。承租人行使索赔权利的，出租人应当协助。

理解适用

[承租人直接向出卖人行使索赔权]

承租人直接向出卖人行使索赔权的内容主要有以下两种：(1)出卖人交付的标的物质量不符合约定时，承租人可以要求：一是减少价金。二是修理，调换。三是支付违约金。四是解除合同并赔偿损失。(2)出卖人未交付或者迟延交付标的物的，承租人可以请求出卖人继续履行交付义务，并请求支付违约金，或者解除合同并要求损害赔偿。

第七百四十二条 【承租人行使索赔权不影响支付租金义务】

承租人对出卖人行使索赔权利，不影响其履行支付租金的义务。但是，承租人依赖出租人的技能确定租赁物或者出租人干预选择租赁物的，承租人可以请求减免相应租金。

实用问答

在哪些情形下，租赁物不符合融资租赁合同的约定时，出租人应承担相应的责任？

答：根据《融资租赁合同解释》第8条的规定，租赁物不符合融资租赁合同的约定且出租人实施了下列行为之一，承租人依照《民法典》第744条、第747条的规定，要求出租人承担相应责任的，人民法院应予支持：(1)出租人在承租人选择出卖人、租赁物时,对租赁物的选定起决定作用的;(2)出租人干预或者要求承租人按照出租人意愿选择出卖人或者租赁物的;(3)出租人擅自变更承租人已经选定的出卖人或者租赁物的。

承租人主张其系依赖出租人的技能确定租赁物或者出租人干预选择租赁物的,对上述事实承担举证责任。

第七百四十三条 【索赔失败的责任承担】

出租人有下列情形之一,致使承租人对出卖人行使索赔权利失败的,承租人有权请求出租人承担相应的责任:

(一)明知租赁物有质量瑕疵而不告知承租人;
(二)承租人行使索赔权利时,未及时提供必要协助。

出租人怠于行使只能由其对出卖人行使的索赔权利,造成承租人损失的,承租人有权请求出租人承担赔偿责任。

第七百四十四条 【出租人不得擅自变更买卖合同内容】

出租人根据承租人对出卖人、租赁物的选择订立的买卖合同,未经承租人同意,出租人不得变更与承租人有关的合同内容。

理解适用

为融资租赁而订立的融资租赁合同和买卖合同,不同于传统的租赁合同与买卖合同。在融资租赁交易中,先签订的买卖合同是租赁物的依据,后签订的融资租赁合同是买卖合同成立的前提。二者缺一不可,构成联立联动关系。

条文参见

《融资租赁合同解释》第4、8条

第七百四十五条 【租赁物的所有权】

出租人对租赁物享有的所有权,未经登记,不得对抗善意第三人。

第七百四十六条 【融资租赁合同租金的确定】

融资租赁合同的租金,除当事人另有约定外,应当根据购买租赁物的大部分或者全部成本以及出租人的合理利润确定。

第七百四十七条 【租赁物质量瑕疵担保责任】

租赁物不符合约定或者不符合使用目的的,出租人不承担责任。但是,承租人依赖出租人的技能确定租赁物或者出租人干预选择租赁物的除外。

条文参见

《融资租赁合同解释》第8条

第七百四十八条 【出租人保证承租人占有和使用租赁物】

出租人应当保证承租人对租赁物的占有和使用。
出租人有下列情形之一的,承租人有权请求其赔偿损失:
(一)无正当理由收回租赁物的;
(二)无正当理由妨碍、干扰承租人对租赁物的占有和使用;
(三)因出租人的原因致使第三人对租赁物主张权利;
(四)不当影响承租人对租赁物占有和使用的其他情形。

理解适用

应当注意的是,由于融资租赁是集融资与融物、贸易与技术更新于一体的新型金融产业,鉴于其融资与融物相结合的特点,有时出租人出于维护租赁物所有权的需要,在租赁期限内须定期或不定期地对租赁物的使用和完好状态进行查询检查,此种情形下有时难免会妨碍和干扰承租人对租赁物的占有和使用,若据此要求出租人赔偿承租人的损失,显然不合常理。基于对出租人和承租人双方利益的权衡和保护,此种情形应该认定为正当理由。当然,双方可以在合同中约定出租人行使该权利时承租人应予协助和配合,这样也能避免争议的发生。

第七百四十九条 【租赁物致人损害的责任承担】

承租人占有租赁物期间,租赁物造成第三人人身损害或者财产损失的,出租人不承担责任。

第七百五十条 【承租人对租赁物的保管、使用和维修义务】

承租人应当妥善保管、使用租赁物。

承租人应当履行占有租赁物期间的维修义务。

理解适用

在融资租赁中,承租人在租赁期间只能自己使用租赁物,而不得擅自转租,更不得处分租赁物。承租人擅自转租的,出租人可以解除合同,收回租赁物。承租人处分租赁物的,是对他人财产的处分,出租人可以解除合同,收回租赁物,或者在第三人善意取得租赁物且不能返还时请求损害赔偿。出租人不负标的物的瑕疵担保责任,因而对租赁物无维修义务,但出租人却享有于租赁物期间届满后收回标的物加以使用或者处分的期待利益。因此,承租人需保障出租人期待利益的实现,不仅需妥善保管标的物,而且负有维修保养标的物的义务。

第七百五十一条 【租赁物毁损、灭失对租金给付义务的影响】

承租人占有租赁物期间,租赁物毁损、灭失的,出租人有权请求承租人继续支付租金,但是法律另有规定或者当事人另有约定的除外。

第七百五十二条 【承租人支付租金义务】

承租人应当按照约定支付租金。承租人经催告后在合理期限内仍不支付租金的,出租人可以请求支付全部租金;也可以解除合同,收回租赁物。

实用问答

在什么情形下,出租人可以解除融资租赁合同?

答:根据《融资租赁合同解释》第5、11条的规定,有下列情形之一,出租人请求解除融资租赁合同的,人民法院应予支持:(1)承租人未按照合同约定的期限和数额支付租金,符合合同约定的解除条件,经出租人催告后在合理期限内仍不支付的;(2)合同对于欠付租金解除合同的情形没有明确约定,但承租人欠付租金达到两期以上,或者数额达到全部租金15%以上,经出租人催告后在合理期限内仍不支付的;(3)承租人违反合同约定,致使合同目的不能实现的其他情形。在上述情形下,出租人同时请求收回租赁物并赔偿损失的,人民法院应予支持。另外,根据《融资租赁合同解释》第10条第2款的规定,出租人请求承租人支付合同约定的全部未付租金,人民法院判决后承租人未予履行,出租人再行起诉请求解除融资租赁合同、收回租赁物的,人民法院应予受理。

条文参见

《担保制度解释》第65条

第七百五十三条 【出租人解除融资租赁合同】

承租人未经出租人同意,将租赁物转让、抵押、质押、投资入股或者以其他方式处分的,出租人可以解除融资租赁合同。

第七百五十四条 【出租人或承租人解除融资租赁合同】

有下列情形之一的,出租人或者承租人可以解除融资租赁合同:

(一)出租人与出卖人订立的买卖合同解除、被确认无效或者被撤销,且未能重新订立买卖合同;

(二)租赁物因不可归责于当事人的原因毁损、灭失,且不能修复或者确定替代物;

(三)因出卖人的原因致使融资租赁合同的目的不能实现。

第七百五十五条　【承租人承担赔偿责任】

融资租赁合同因买卖合同解除、被确认无效或者被撤销而解除，出卖人、租赁物系由承租人选择的，出租人有权请求承租人赔偿相应损失；但是，因出租人原因致使买卖合同解除、被确认无效或者被撤销的除外。

出租人的损失已经在买卖合同解除、被确认无效或者被撤销时获得赔偿的，承租人不再承担相应的赔偿责任。

理解适用

出租人主张损失赔偿的前提是，其对买卖合同的无效、被撤销或被解除均不具有可归责事由，否则，如出租人因其行为或过错导致买卖合同存在瑕疵并进而导致融资租赁合同被解除，其不享有求偿权。实践当中，出租人存在可归责事由的情形包括：出租人不履行价款支付义务，导致买卖合同被解除的；因出租人单独或与出卖人的共同过错，导致买卖合同无效或被撤销的；出租人干预选择出卖人、租赁物，或承租人依赖出租人的技能确定租赁物等。上述情形下，出租人或者对买卖合同的缔结施加了影响，或者对买卖合同的无效、被撤销、被解除存在过错，自然应承担由此产生的不利后果，而不应再转嫁风险，向承租人主张赔偿。

第七百五十六条　【租赁物意外毁损灭失】

融资租赁合同因租赁物交付承租人后意外毁损、灭失等不可归责于当事人的原因解除的，出租人可以请求承租人按照租赁物折旧情况给予补偿。

第七百五十七条　【租赁期限届满租赁物归属】

出租人和承租人可以约定租赁期限届满租赁物的归属；对租赁物的归属没有约定或者约定不明确，依据本法第五百一十条的规定仍不能确定的，租赁物的所有权归出租人。

第七百五十八条 【租赁物价值返还及租赁物无法返还】

当事人约定租赁期限届满租赁物归承租人所有,承租人已经支付大部分租金,但是无力支付剩余租金,出租人因此解除合同收回租赁物,收回的租赁物的价值超过承租人欠付的租金以及其他费用的,承租人可以请求相应返还。

当事人约定租赁期限届满租赁物归出租人所有,因租赁物毁损、灭失或者附合、混合于他物致使承租人不能返还的,出租人有权请求承租人给予合理补偿。

实用问答

诉讼期间承租人与出租人对租赁物的价值有争议的,如何处理?

答:根据《融资租赁合同解释》第12条的规定,诉讼期间承租人与出租人对租赁物的价值有争议的,人民法院可以按照融资租赁合同的约定确定租赁物价值;融资租赁合同未约定或者约定不明的,可以参照融资租赁合同约定的租赁物折旧以及合同到期后租赁物的残值确定租赁物价值。承租人或者出租人认为依上述标准确定的价值严重偏离租赁物实际价值的,可以请求人民法院委托有资质的机构评估或者拍卖确定。

条文参见

《担保制度解释》第65条

第七百五十九条 【支付象征性价款后租赁物归属】

当事人约定租赁期限届满,承租人仅需向出租人支付象征性价款的,视为约定的租金义务履行完毕后租赁物的所有权归承租人。

第七百六十条 【融资租赁合同无效租赁物归属】

融资租赁合同无效,当事人就该情形下租赁物的归属有约定的,按照其约定;没有约定或者约定不明确的,租赁物应当返还出租人。但是,因承租人原因致使合同无效,出租人不请求返还或者返还后会显著降低租赁物效用的,租赁物的所有权归承租人,由承租人给予出租人合理补偿。

条文参见

《九民纪要》第 34 条

第十六章 保理合同

第七百六十一条 【保理合同定义】

保理合同是应收账款债权人将现有的或者将有的应收账款转让给保理人,保理人提供资金融通、应收账款管理或者催收、应收账款债务人付款担保等服务的合同。

理解适用

[应收账款]

权利人因提供一定的货物、服务或设施而获得的要求债务人付款的权利以及依法享有的其他付款请求权,包括现有的和未来的金钱债权。

[资金融通]

保理人应债权人的申请,在债权人将应收账款转让给保理人后,为债权人提供的贷款或者应收账款转让预付款。

[应收账款管理]

又称销售分户账管理,是指保理人根据债权人的要求,定期或不定期向其提供关于应收账款的回收情况、逾期账款情况、对账单等财务和统计报表,协助其进行应收账款管理。

[应收账款催收]

保理人根据应收账款账期,主动或应债权人要求,采取电话、函件、上门等方式直至运用法律手段等对债务人进行催收。

[付款担保]

保理人与债权人签订保理合同后,为债务人核定信用额度,并在核准额度内,对债权人无商业纠纷的应收账款,提供约定的付款担保。

条文参见

《商业银行保理业务管理暂行办法》第6条;《中国银行业保理业务规范》第4条;《时间效力规定》第12条

第七百六十二条 【保理合同内容和形式】

保理合同的内容一般包括业务类型、服务范围、服务期限、基础交易合同情况、应收账款信息、保理融资款或者服务报酬及其支付方式等条款。

保理合同应当采用书面形式。

第七百六十三条 【虚构应收账款的法律后果】

应收账款债权人与债务人虚构应收账款作为转让标的,与保理人订立保理合同的,应收账款债务人不得以应收账款不存在为由对抗保理人,但是保理人明知虚构的除外。

实用问答

应收账款债权人与债务人虚构应收账款的方式主要有哪些?

答: 虚构应收账款的方式是多样的,可能是以下两种方式:(1)应收账款债权人与债务人通谋以虚假的意思表示制造了虚假应收账款的外观。这属于《民法典》第146条第1款所规定的通谋虚假行为,即行为人与相对人以虚假的意思表示实施的民事法律行为无效。(2)债务人向保理人确认应收账款的真实性,制造了虚假应收账款的外观。

案例指引

北京首铁置业有限公司与北京华弘兴业科贸有限公司等合同纠纷案
[北京市高级人民法院(2021)京民终325号]

要旨: 根据法律规定,只有在保理人明知存在虚构应收账款的情形时,债务人方可对抗保理人。本案中,北京首铁置业有限公司虽然未主张其与盛德公司之间存在通谋行为,但主张应收账款不存在。对此,出于对保理人的信赖保护,亦应当限定在善意无过失的情形下,即要求保理人就基础债权的真实性进行了必要的调查和核实,尽到了审慎的注意义务,有理由相信应收账款债权真实存在。在保理人善意无过失的情况下,应收账款债务人应当依其承诺的向保理人承担责任,而不得以应收账款不存在的理由对抗保理人。

第七百六十四条 【保理人表明身份义务】

保理人向应收账款债务人发出应收账款转让通知的,应当表明保理人身份并附有必要凭证。

第七百六十五条 【无正当理由变更或者终止基础交易合同行为对保理人的效力】

应收账款债务人接到应收账款转让通知后,应收账款债权人与债务人无正当理由协商变更或者终止基础交易合同,对保理人产生不利影响的,对保理人不发生效力。

第七百六十六条 【有追索权保理】

当事人约定有追索权保理的,保理人可以向应收账款债权人主张返还保理融资款本息或者回购应收账款债权,也可以向应收账款债务人主张应收账款债权。保理人向应收账款债务人主张应收账款债权,在扣除保理融资款本息和相关费用后有剩余的,剩余部分应当返还给应收账款债权人。

理解适用

[有追索权保理]

有追索权保理,是指保理人不承担为债务人核定信用额度和提供坏账担保的义务,仅提供包括融资在内的其他金融服务;在应收账款到期无法从债务人处收回时,保理人可以向债权人反转让应收账款,或要求债权人回购应收账款或归还融资,又称回购型保理。

[保理人实现应收账款债权的方式]

保理人实现应收账款债权有两种方式:一种是通过在有追索权保理合同中作出约定,当应收账款无法收回时,可要求应收账款债权人回购应收账款债权,并且支付保理融资款项的本息。另一种是要求应收账款债务人履行应收账款债务,当应收账款债务人履行应收账款债务后,收取的应收账款款项中多于保理人向应收款债权人提供的保理融资款项时,则应当扣除保理人向应收账款债权人保理融资款的本金和利息以及相关的必要款项,以防保理人不当得利,避免对保理金融市场环境以及债权人、第三方的利益造成影响。

第七百六十七条 【无追索权保理】

当事人约定无追索权保理的,保理人应当向应收账款债务人主张应收账款债权,保理人取得超过保理融资款本息和相关费用的部分,无需向应收账款债权人返还。

理解适用

[无追索权保理]

无追索权保理,是指保理人根据债权人提供的债务人核准信用额度,在信用额度内承购债权人对债务人的应收账款并提供坏账担保责任;债务人因发生信用风险未按基础合同约定按时足额支付应收账款时,保理人不能向债权人追索,又称买断型保理。

[无追索权保理合同的方式]

无追索权保理合同可以采取两种方式:一种是双保理,即由两家保理机构分别向买卖双方提供保理服务,此时的保理合同关系实际涉及四方当事人,包括卖方、买方、卖方保理人以及买方保理人。而如果同一保理人既与买方签订保理合同,又与卖方签订保理合同,实际上是由一家保理机构单独为买卖双方提供保理服务,此时的保理形式即转为单保理。另一种是公开保理,在无追索权保理中,保理人与应收账款债权人签订保理合同后,债权一经转让便通知债务人,要求其在约定时间向保理人履行债务。

第七百六十八条 【多重保理的清偿顺序】

应收账款债权人就同一应收账款订立多个保理合同,致使多个保理人主张权利的,已经登记的先于未登记的取得应收账款;均已经登记的,按照登记时间的先后顺序取得应收账款;均未登记的,由最先到达应收账款债务人的转让通知中载明的保理人取得应收账款;既未登记也未通知的,按照保理融资款或者服务报酬的比例取得应收账款。

条文参见

《担保制度解释》第 66 条

第七百六十九条 【适用债权转让规定】

本章没有规定的,适用本编第六章债权转让的有关规定。

第十七章 承揽合同

第七百七十条 【承揽合同定义和承揽主要类型】

承揽合同是承揽人按照定作人的要求完成工作,交付工作成果,定作人支付报酬的合同。

承揽包括加工、定作、修理、复制、测试、检验等工作。

理解适用

[加工]

加工,是指承揽人以自己的技能、设备和劳力,按照定作人的要求,将定作人提供的原材料加工为成品,定作人接受该成品并支付报酬。

[定作]

定作,是指承揽人根据定作人的要求,以自己的技能、设备和劳力,用自己的材料为定作人制作成品,定作人接受该特别制作的成品并支付报酬。

[检验]

检验,是指承揽人以自己的技术和仪器、设备等为定作人提供的特定事物的性能、问题、质量等进行检查化验,定作人接受检验成果,并支付报酬。

第七百七十一条 【承揽合同主要内容】

承揽合同的内容一般包括承揽的标的、数量、质量、报酬,承揽方式,材料的提供,履行期限,验收标准和方法等条款。

第七百七十二条 【承揽工作主要完成人】

承揽人应当以自己的设备、技术和劳力,完成主要工作,但是当事人另有约定的除外。

承揽人将其承揽的主要工作交由第三人完成的,应当就该第三人完成的工作成果向定作人负责;未经定作人同意的,定作人也可以解除合同。

理解适用

[主要工作]

主要工作,一般是指对工作成果的质量起决定性作用的工作,也可以说是技术要求高的那部分工作。

第七百七十三条 【承揽辅助工作转交】

承揽人可以将其承揽的辅助工作交由第三人完成。承揽人将其承揽的辅助工作交由第三人完成的,应当就该第三人完成的工作成果向定作人负责。

第七百七十四条 【承揽人提供材料时的义务】

承揽人提供材料的,应当按照约定选用材料,并接受定作人检验。

第七百七十五条 【定作人提供材料时双方当事人的义务】

定作人提供材料的,应当按照约定提供材料。承揽人对定作人提供的材料应当及时检验,发现不符合约定时,应当及时通知定作人更换、补齐或者采取其他补救措施。

承揽人不得擅自更换定作人提供的材料,不得更换不需要修理的零部件。

第七百七十六条 【定作人要求不合理时双方当事人的义务】

承揽人发现定作人提供的图纸或者技术要求不合理的,应当及时通知定作人。因定作人怠于答复等原因造成承揽人损失的,应当赔偿损失。

第七百七十七条 【定作人变更工作要求的法律后果】

定作人中途变更承揽工作的要求,造成承揽人损失的,应当赔偿损失。

第七百七十八条 【定作人协助义务】

承揽工作需要定作人协助的,定作人有协助的义务。定作人不履行协助义务致使承揽工作不能完成的,承揽人可以催告定作人在合理期限内履行义务,并可以顺延履行期限;定作人逾期不履行的,承揽人可以解除合同。

第七百七十九条 【定作人监督检验】

承揽人在工作期间,应当接受定作人必要的监督检验。定作人不得因监督检验妨碍承揽人的正常工作。

理解适用

[必要的监督检验]

必要的监督检验,是指如果合同中已经约定定作人监督检验的范围,定作人应当按照约定的内容按时进行检验;如果合同中未约定检验范围,定作人应当根据承揽工作的性质,对承揽工作质量进行检验,如承揽人是否使用符合约定的材料、是否按照定作人提供的图纸或者技术要求工作等。

第七百八十条 【承揽人工作成果交付】

承揽人完成工作的,应当向定作人交付工作成果,并提交必要的技术资料和有关质量证明。定作人应当验收该工作成果。

第七百八十一条 【工作成果不符合质量要求时的违约责任】

承揽人交付的工作成果不符合质量要求的,定作人可以合理选择请求承揽人承担修理、重作、减少报酬、赔偿损失等违约责任。

第七百八十二条 【定作人支付报酬的期限】

定作人应当按照约定的期限支付报酬。对支付报酬的期限没有约定或者约定不明确,依据本法第五百一十条的规定仍不能确定的,定作人应当在承揽人交付工作成果时支付;工作成果部分交付的,定作人应当相应支付。

第七百八十三条 【定作人未履行付款义务时承揽人权利】

定作人未向承揽人支付报酬或者材料费等价款的,承揽人对完成的工作成果享有留置权或者有权拒绝交付,但是当事人另有约定的除外。

第七百八十四条 【承揽人保管义务】

承揽人应当妥善保管定作人提供的材料以及完成的工作成果,因保管不善造成毁损、灭失的,应当承担赔偿责任。

理解适用

[妥善保管]

本条中的"妥善保管",是指承揽人在没有特别约定的情况下,须按照本行业的一般要求,根据物品的性质选择合理的场地、采用适当的保管方式加以保管,防止物品毁损和灭失。

第七百八十五条 【承揽人保密义务】

承揽人应当按照定作人的要求保守秘密,未经定作人许可,不得留存复制品或者技术资料。

第七百八十六条 【共同承揽人连带责任】

共同承揽人对定作人承担连带责任,但是当事人另有约定的除外。

理解适用

[共同承揽]

共同承揽,是指由两个或者两个以上的人共同完成承揽工作的合同。每一个共同承揽人都应当对承揽的全部工作向定作人负责。

第七百八十七条 【定作人任意解除权】

定作人在承揽人完成工作前可以随时解除合同,造成承揽人损失的,应当赔偿损失。

第十八章 建设工程合同

第七百八十八条 【建设工程合同定义和种类】

建设工程合同是承包人进行工程建设,发包人支付价款的合同。

建设工程合同包括工程勘察、设计、施工合同。

理解适用

[建设工程的承包人]

建设工程的承包人,是指实施建设工程的勘察、设计、施工等业务的单位,包括对建设工程实行总承包的单位、勘察承包单位、设计承包单位、施工承包单位和承包分包工程的单位。

[承包人的基本义务]

承包人的基本义务就是按质按期地进行工程建设,包括工程勘察、设计和施工。工程勘察、设计、施工是专业性很强的工作,所以一般应当由专门的具有相应资质的工程单位来完成。

第七百八十九条 【建设工程合同的形式】

建设工程合同应当采用书面形式。

第七百九十条 【建设工程招投标活动的原则】

建设工程的招标投标活动,应当依照有关法律的规定公开、公平、公正进行。

实用问答

需要进行招标的工程建设项目主要有哪些?

答: 依据《招标投标法》第3条的规定,在中华人民共和国境内进行下列工程建设项目包括项目的勘察、设计、施工、监理以及与工程建设有关的重要设备、材料等的采购,必须进行招标:(1)大型基础设施、公用事业等关系社会公共利益、公众安全的项目;(2)全部或者部分使用国有资金投资或者国家融资的项目;(3)使用国际组织或者外国政府贷款、援助资金的项目;(4)法律或者国务院规定的其他必须招标的项目。

条文参见

《建工合同解释一》第1、2条

第七百九十一条 【建设工程的发包、承包、分包】

发包人可以与总承包人订立建设工程合同,也可以分别与勘察人、设计人、施工人订立勘察、设计、施工承包合同。发包人不得将应当由一个承包人完成的建设工程支解成若干部分发包给数个承包人。

总承包人或者勘察、设计、施工承包人经发包人同意,可以将自己承包的部分工作交由第三人完成。第三人就其完成的工作成果与总承包人或者勘察、设计、施工承包人向发包人承担连带责任。承包人不得将其承包的全部建设工程转包给第三人或者将其承包的全部建设工程支解以后以分包的名义分别转包给第三人。

禁止承包人将工程分包给不具备相应资质条件的单位。禁止分包单位将其承包的工程再分包。建设工程主体结构的施工必须由承包人自行完成。

理解适用

[分包]

分包,是指总承包人或者勘察、设计、施工承包人经发包人同意,可以将自己承包的部分工作交由第三人完成。

[转包]

转包,是指建设工程的承包人将其承包的建设工程转让给第三人,使该第三人实际上成为该建设工程新的承包人的行为。

实用问答

在房屋建筑和市政基础设施工程施工分包中,哪些行为属于违法分包?

答:根据《房屋建筑和市政基础设施工程施工分包管理办法》第14条的规定,禁止将承包的工程进行违法分包。下列行为,属于违法分包:(1)分包工程发包人将专业工程或者劳务作业分包给不具备相应资质条件的分包工程承包人的;(2)施工总承包合同中未有约定,又未经建设单位认可,分包工程发包人将承包工程中的部分专业工程分包给他人的。

第七百九十二条 【订立国家重大建设工程合同】

国家重大建设工程合同,应当按照国家规定的程序和国家批准的投资计划、可行性研究报告等文件订立。

第七百九十三条 【建设工程合同无效、验收不合格的处理】

建设工程施工合同无效,但是建设工程经验收合格的,可以参照合同关于工程价款的约定折价补偿承包人。

> 建设工程施工合同无效,且建设工程经验收不合格的,按照以下情形处理:
> (一)修复后的建设工程经验收合格的,发包人可以请求承包人承担修复费用;
> (二)修复后的建设工程经验收不合格的,承包人无权请求参照合同关于工程价款的约定折价补偿。
> 发包人对因建设工程不合格造成的损失有过错的,应当承担相应的责任。

实用问答

1. 建设工程施工合同无效,一方当事人请求对方赔偿损失的,应当就哪些方面承担举证责任?损失大小无法确定的,应如何处理?

答:根据《建工合同解释一》第6条的规定,建设工程施工合同无效,一方当事人请求对方赔偿损失的,应当就对方过错、损失大小、过错与损失之间的因果关系承担举证责任。损失大小无法确定,一方当事人请求参照合同约定的质量标准、建设工期、工程价款支付时间等内容确定损失大小的,人民法院可以结合双方过错程度、过错与损失之间的因果关系等因素作出裁判。

2. 发包人的哪些情形造成建设工程质量缺陷,应承担过错责任?

答:根据《建工合同解释一》第13条的规定,发包人具有下列情形之一,造成建设工程质量缺陷,应当承担过错责任:(1)提供的设计有缺陷;(2)提供或者指定购买的建筑材料、建筑构配件、设备不符合强制性标准;(3)直接指定分包人分包专业工程。承包人有过错的,也应当承担相应的过错责任。

第七百九十四条 【勘察、设计合同的内容】

> 勘察、设计合同的内容一般包括提交有关基础资料和概预算等文件的期限、质量要求、费用以及其他协作条件等条款。

第七百九十五条 【施工合同的内容】

> 施工合同的内容一般包括工程范围、建设工期、中间交工工程的开工和竣工时间、工程质量、工程造价、技术资料交付时间、材料和设备供

应责任、拨款和结算、竣工验收、质量保修范围和质量保证期、相互协作等条款。

第七百九十六条 【建设工程监理】

建设工程实行监理的,发包人应当与监理人采用书面形式订立委托监理合同。发包人与监理人的权利和义务以及法律责任,应当依照本编委托合同以及其他有关法律、行政法规的规定。

理解适用

[建设工程监理]

建设工程监理,是指由具有法定资质条件的工程监理单位,根据发包人的委托,依照法律、行政法规以及有关的建设工程技术标准、设计文件和建设工程合同,代表发包人对承包人在施工质量、建设工期和建设资金使用等方面进行监督。建设工程监理是建设项目的发包人为了保证工程质量、控制工程造价和工期,维护自身利益而采取的监督措施,因此,对建设工程是否实行监理,原则上应由发包人自行决定。

实用问答

哪些建设工程必须实行监理?

答:根据《建设工程质量管理条例》第12条第2款的规定,下列建设工程必须实行监理:(1)国家重点建设工程;(2)大中型公用事业工程;(3)成片开发建设的住宅小区工程;(4)利用外国政府或者国际组织贷款、援助资金的工程;(5)国家规定必须实行监理的其他工程。

第七百九十七条 【发包人的检查权】

发包人在不妨碍承包人正常作业的情况下,可以随时对作业进度、质量进行检查。

第七百九十八条 【隐蔽工程】

隐蔽工程在隐蔽以前，承包人应当通知发包人检查。发包人没有及时检查的，承包人可以顺延工程日期，并有权请求赔偿停工、窝工等损失。

理解适用

［隐蔽工程］

隐蔽工程，是指地基、电气管线、供水与供热管线等需要覆盖、掩盖的工程。

实用问答

施工单位如何确保隐蔽工程的质量？

答：根据《建设工程质量管理条例》第30条的规定，施工单位必须建立、健全施工质量的检验制度，严格工序管理，做好隐蔽工程的质量检查和记录。隐蔽工程在隐蔽前，施工单位应当通知建设单位和建设工程质量监督机构。

第七百九十九条 【建设工程的竣工验收】

建设工程竣工后，发包人应当根据施工图纸及说明书、国家颁发的施工验收规范和质量检验标准及时进行验收。验收合格的，发包人应当按照约定支付价款，并接收该建设工程。

建设工程竣工经验收合格后，方可交付使用；未经验收或者验收不合格的，不得交付使用。

理解适用

［建设工程的竣工验收］

建设工程的竣工验收，是指建设工程已按照设计要求完成全部工作任务，准备交付给发包人投入使用前，由发包人或者有关主管部门依照国家关于建设工程竣工验收制度的规定，对该项工程是否合乎设计要求和工程质量标准所进行的检查、考核工作。建设工程的竣工验收是工程建设全过程的最后一道程序，是对工程质量实行控制的最后一个重要环节。

实用问答

1. 当事人对建设工程实际竣工日期有争议的,人民法院应如何认定?

答:根据《建工合同解释一》第 9 条的规定,当事人对建设工程实际竣工日期有争议的,人民法院应当分别按照以下情形予以认定:(1)建设工程经竣工验收合格的,以竣工验收合格之日为竣工日期;(2)承包人已经提交竣工验收报告,发包人拖延验收的,以承包人提交验收报告之日为竣工日期;(3)建设工程未经竣工验收,发包人擅自使用的,以转移占有建设工程之日为竣工日期。

2. 建设工程未经竣工验收,发包人擅自使用后,其是否可以以使用部分质量不符合约定为由主张权利?

答:根据《建工合同解释一》第 14 条的规定,建设工程未经竣工验收,发包人擅自使用后,又以使用部分质量不符合约定为由主张权利的,人民法院不予支持;但是承包人应当在建设工程的合理使用寿命内对地基基础工程和主体结构质量承担民事责任。

第八百条　【勘察人、设计人对勘察、设计的责任】

勘察、设计的质量不符合要求或者未按照期限提交勘察、设计文件拖延工期,造成发包人损失的,勘察人、设计人应当继续完善勘察、设计,减收或者免收勘察、设计费并赔偿损失。

条文参见

《建设工程质量管理条例》第 19 条第 1 款、第 22 条第 1 款

第八百零一条　【施工人对建设工程质量承担的民事责任】

因施工人的原因致使建设工程质量不符合约定的,发包人有权请求施工人在合理期限内无偿修理或者返工、改建。经过修理或者返工、改建后,造成逾期交付的,施工人应当承担违约责任。

实用问答

因承包人的原因造成建设工程质量不符合约定,承包人拒绝修理、返工或者改建,发包人是否可以请求减少支付工程价款?

答:根据《建工合同解释一》第 12 条的规定,因承包人的原因造成建设

工程质量不符合约定，承包人拒绝修理、返工或者改建，发包人请求减少支付工程价款的，人民法院应予支持。

案例指引

江苏南通二建集团有限公司与吴江恒森房地产开发有限公司建设工程施工合同纠纷案(《最高人民法院公报》2014年第8期)

要旨：承包人交付的建设工程应符合合同约定的交付条件及相关工程验收标准。工程实际存在明显的质量问题，承包人以工程竣工验收合格证明等主张工程质量合格的，人民法院不予支持。在双方当事人已失去合作信任的情况下，为解决双方矛盾，人民法院可以判决由发包人自行委托第三方参照修复设计方案对工程质量予以整改，所需费用由承包人承担。

第八百零二条 【合理使用期限内质量保证责任】

因承包人的原因致使建设工程在合理使用期限内造成人身损害和财产损失的，承包人应当承担赔偿责任。

条文参见

《建工合同解释一》第18条

第八百零三条 【发包人未按约定的时间和要求提供相关物资的违约责任】

发包人未按照约定的时间和要求提供原材料、设备、场地、资金、技术资料的，承包人可以顺延工程日期，并有权请求赔偿停工、窝工等损失。

第八百零四条 【因发包人原因造成工程停建、缓建所应承担责任】

因发包人的原因致使工程中途停建、缓建的，发包人应当采取措施弥补或者减少损失，赔偿承包人因此造成的停工、窝工、倒运、机械设备调迁、材料和构件积压等损失和实际费用。

> **理解适用**

[因发包人的原因]

因发包人的原因,在实践中一般指下列情况:(1)发包人变更工程量;(2)发包人提供的设计文件等技术资料有错误或者因发包人原因变更设计文件;(3)发包人未能按照约定及时提供材料、设备或者工程进度款;(4)发包人未能及时进行中间工程和隐蔽工程条件的验收并办理有关交工手续;(5)发包人不能按照合同的约定保障建设工作所需的工作条件致使建设工作无法正常进行。

第八百零五条 【因发包人原因造成勘察、设计的返工、停工或者修改设计所应承担责任】

因发包人变更计划,提供的资料不准确,或者未按照期限提供必需的勘察、设计工作条件而造成勘察、设计的返工、停工或者修改设计,发包人应当按照勘察人、设计人实际消耗的工作量增付费用。

> **理解适用**

勘察人、设计人在工作中发现发包人提供的技术资料不准确的,应当通知发包人修改技术资料,在合理期限内提供准确的技术资料。如果该技术资料有严重错误,致使勘察、设计工作无法正常进行,在发包人重新提供技术资料前,勘察人、设计人有权停工、顺延工期,停工的损失应当由发包人承担。发包人重新提供的技术资料有重大修改,需要勘察人、设计人返工、修改设计的,勘察人、设计人应当按照新的技术资料进行勘察、设计工作,发包人应当按照勘察人、设计人实际消耗的工作量相应增加支付勘察费、设计费。

第八百零六条 【合同解除及后果处理的规定】

承包人将建设工程转包、违法分包的,发包人可以解除合同。

发包人提供的主要建筑材料、建筑构配件和设备不符合强制性标准或者不履行协助义务,致使承包人无法施工,经催告后在合理期限内仍未履行相应义务的,承包人可以解除合同。

合同解除后,已经完成的建设工程质量合格的,发包人应当按照约定支付相应的工程价款；已经完成的建设工程质量不合格的，参照本法第七百九十三条的规定处理。

第八百零七条 【发包人未支付工程价款的责任】

发包人未按照约定支付价款的，承包人可以催告发包人在合理期限内支付价款。发包人逾期不支付的，除根据建设工程的性质不宜折价、拍卖外，承包人可以与发包人协议将该工程折价，也可以请求人民法院将该工程依法拍卖。建设工程的价款就该工程折价或者拍卖的价款优先受偿。

实用问答

1. 与发包人订立建设工程施工合同的承包人，可否请求其承建工程的价款就工程折价或者拍卖的价款优先受偿？

答：根据《建工合同解释一》第35条的规定，与发包人订立建设工程施工合同的承包人，依据《民法典》第807条的规定请求其承建工程的价款就工程折价或者拍卖的价款优先受偿的，人民法院应予支持。

2. 承包人根据《民法典》第807条规定享有的建设工程价款优先受偿权与抵押权和其他债权相比，何者优先？

答：根据《建工合同解释一》第36条的规定，承包人根据《民法典》第807条规定享有的建设工程价款优先受偿权优于抵押权和其他债权。

案例指引

四川中成煤炭建设（集团）有限责任公司与成都泓昌嘉泰房地产有限公司建设工程施工合同纠纷案（《最高人民法院公报》2023年第3期）

裁判要旨：建设工程中基坑工程承包人投入的建筑材料和劳动力已物化到建筑物中，与建筑物不可分割，基坑施工合同的承包人应享有优先受偿权。

对于同一建设工程，可能存在多个承包人，如承包人完成的工程属于建设工程，且共同完成的建设工程宜于折价、拍卖的，则应依法保障承包人的优先受偿权。根据建筑行业管理规范和办法，深基坑工程施工包括支护结构施工、地下水和地表水控制、土石方开挖等内容，故基坑支护、降水、土石方挖运工程施工合同的承包人，要求在未受偿工程款范围内享有优先受偿权的，人民法院应予支持。

第八百零八条 【适用承揽合同】

本章没有规定的,适用承揽合同的有关规定。

第十九章 运 输 合 同

第一节 一 般 规 定

第八百零九条 【运输合同定义】

运输合同是承运人将旅客或者货物从起运地点运输到约定地点,旅客、托运人或者收货人支付票款或者运输费用的合同。

理解适用

[运输合同的种类]

根据不同的标准,运输合同可以作出不同的分类:(1)以运输合同的标的划分,可以分为客运合同和货运合同。(2)以承运人人数划分,可以分为单一承运人的运输合同和联运合同。(3)以运输工具划分,可以分为铁路运输合同、公路运输合同、水上运输合同和航空运输合同。

第八百一十条 【承运人强制缔约义务】

从事公共运输的承运人不得拒绝旅客、托运人通常、合理的运输要求。

理解适用

[公共运输]

公共运输,是指面向社会公众的,由取得营运资格的营运人所从事的商业运输的行为,主要包括班轮、班机和班车运输,还包括其他以对外公布的固定路线、固定时间、固定价格进行商业性运输的运输行为。

第八百一十一条 【承运人安全运输义务】

承运人应当在约定期限或者合理期限内将旅客、货物安全运输到约定地点。

第八百一十二条 【承运人合理运输义务】

承运人应当按照约定的或者通常的运输路线将旅客、货物运输到约定地点。

第八百一十三条 【支付票款或者运输费用】

旅客、托运人或者收货人应当支付票款或者运输费用。承运人未按照约定路线或者通常路线运输增加票款或者运输费用的,旅客、托运人或者收货人可以拒绝支付增加部分的票款或者运输费用。

第二节 客运合同

第八百一十四条 【客运合同成立时间】

客运合同自承运人向旅客出具客票时成立,但是当事人另有约定或者另有交易习惯的除外。

第八百一十五条 【旅客乘运义务的一般规定】

旅客应当按照有效客票记载的时间、班次和座位号乘坐。旅客无票乘坐、超程乘坐、越级乘坐或者持不符合减价条件的优惠客票乘坐的,应当补交票款,承运人可以按照规定加收票款;旅客不支付票款的,承运人可以拒绝运输。

实名制客运合同的旅客丢失客票的,可以请求承运人挂失补办,承运人不得再次收取票款和其他不合理费用。

第八百一十六条 【旅客办理退票或者变更乘运手续】

旅客因自己的原因不能按照客票记载的时间乘坐的,应当在约定的期限内办理退票或者变更手续;逾期办理的,承运人可以不退票款,并不再承担运输义务。

第八百一十七条 【行李携带及托运要求】

旅客随身携带行李应当符合约定的限量和品类要求;超过限量或者违反品类要求携带行李的,应当办理托运手续。

第八百一十八条 【禁止旅客携带危险物品、违禁物品】

旅客不得随身携带或者在行李中夹带易燃、易爆、有毒、有腐蚀性、有放射性以及可能危及运输工具上人身和财产安全的危险物品或者违禁物品。

旅客违反前款规定的,承运人可以将危险物品或者违禁物品卸下、销毁或者送交有关部门。旅客坚持携带或者夹带危险物品或者违禁物品的,承运人应当拒绝运输。

第八百一十九条 【承运人的告知义务和旅客的协助义务】

承运人应当严格履行安全运输义务,及时告知旅客安全运输应当注意的事项。旅客对承运人为安全运输所作的合理安排应当积极协助和配合。

第八百二十条 【承运人按照约定运输的义务】

承运人应当按照有效客票记载的时间、班次和座位号运输旅客。承运人迟延运输或者有其他不能正常运输情形的,应当及时告知和提醒旅客,采取必要的安置措施,并根据旅客的要求安排改乘其他班次或者退票;由此造成旅客损失的,承运人应当承担赔偿责任,但是不可归责于承运人的除外。

> **案例指引**

杨某辉诉南方航空公司、民惠公司客运合同纠纷案(《最高人民法院公报》2003年第5期)

要旨：本案中，原告杨某辉持机场名称标识不明的机票，未能如期履行。参照迟延运输的处理办法，被告南方航空公司应负责全额退票，并对旅客为抵达目的地而增加的支出进行赔偿。被告民惠公司不是客运合同的主体，原告杨某辉要求民惠公司承担退票、赔偿的民事责任，不予支持。

第八百二十一条 【承运人变更服务标准的后果】

承运人擅自降低服务标准的，应当根据旅客的请求退票或者减收票款；提高服务标准的，不得加收票款。

第八百二十二条 【承运人救助义务】

承运人在运输过程中，应当尽力救助患有急病、分娩、遇险的旅客。

> **理解适用**

[尽力]

本条中的"尽力"，是指承运人尽到自己最大的努力，采取各种合理措施，以帮助照顾旅客或者对旅客进行救援等。超出承运人的能力范围的，承运人可以免责。

第八百二十三条 【旅客人身伤亡责任】

承运人应当对运输过程中旅客的伤亡承担赔偿责任；但是，伤亡是旅客自身健康原因造成的或者承运人证明伤亡是旅客故意、重大过失造成的除外。

前款规定适用于按照规定免票、持优待票或者经承运人许可搭乘的无票旅客。

第八百二十四条　【旅客随身携带物品毁损、灭失的责任承担】

在运输过程中旅客随身携带物品毁损、灭失，承运人有过错的，应当承担赔偿责任。

旅客托运的行李毁损、灭失的，适用货物运输的有关规定。

第三节　货运合同

第八百二十五条　【托运人如实申报义务】

托运人办理货物运输，应当向承运人准确表明收货人的姓名、名称或者凭指示的收货人，货物的名称、性质、重量、数量，收货地点等有关货物运输的必要情况。

因托运人申报不实或者遗漏重要情况，造成承运人损失的，托运人应当承担赔偿责任。

实用问答

对于托运人的如实申报义务，《铁路法》有哪些具体规定？

答：根据《铁路法》第19条的规定，托运人应当如实填报托运单，铁路运输企业有权对填报的货物和包裹的品名、重量、数量进行检查。经检查，申报与实际不符的，检查费用由托运人承担；申报与实际相符的，检查费用由铁路运输企业承担，因检查对货物和包裹中的物品造成的损坏由铁路运输企业赔偿。托运人因申报不实而少交的运费和其他费用应当补交，铁路运输企业按照国务院铁路主管部门的规定加收运费和其他费用。

第八百二十六条　【托运人提交有关文件义务】

货物运输需要办理审批、检验等手续的，托运人应当将办理完有关手续的文件提交承运人。

第八百二十七条 【托运人货物包装义务】

托运人应当按照约定的方式包装货物。对包装方式没有约定或者约定不明确的,适用本法第六百一十九条的规定。

托运人违反前款规定的,承运人可以拒绝运输。

第八百二十八条 【运输危险货物】

托运人托运易燃、易爆、有毒、有腐蚀性、有放射性等危险物品的,应当按照国家有关危险物品运输的规定对危险物品妥善包装,做出危险物品标志和标签,并将有关危险物品的名称、性质和防范措施的书面材料提交承运人。

托运人违反前款规定的,承运人可以拒绝运输,也可以采取相应措施以避免损失的发生,因此产生的费用由托运人负担。

实用问答

《民用航空法》对危险物品的运输有哪些规定?

答:《民用航空法》第101条规定,公共航空运输企业运输危险品,应当遵守国家有关规定。禁止以非危险品品名托运危险品。禁止旅客随身携带危险品乘坐民用航空器。除因执行公务并按照国家规定经过批准外,禁止旅客携带枪支、管制刀具乘坐民用航空器。禁止违反国务院民用航空主管部门的规定将危险品作为行李托运。危险品品名由国务院民用航空主管部门规定并公布。

第八百二十九条 【托运人变更或者解除运输合同权利】

在承运人将货物交付收货人之前,托运人可以要求承运人中止运输、返还货物、变更到达地或者将货物交给其他收货人,但是应当赔偿承运人因此受到的损失。

理解适用

[托运人的变更或者解除权]

托运人的变更或者解除权,是指货物运输合同成立后,托运人有权变更或者解除合同而无须经过承运人同意。

第八百三十条 【提货】

货物运输到达后,承运人知道收货人的,应当及时通知收货人,收货人应当及时提货。收货人逾期提货的,应当向承运人支付保管费等费用。

第八百三十一条 【收货人检验货物】

收货人提货时应当按照约定的期限检验货物。对检验货物的期限没有约定或者约定不明确,依据本法第五百一十条的规定仍不能确定的,应当在合理期限内检验货物。收货人在约定的期限或者合理期限内对货物的数量、毁损等未提出异议的,视为承运人已经按照运输单证的记载交付的初步证据。

第八百三十二条 【运输过程中货物毁损、灭失的责任承担】

承运人对运输过程中货物的毁损、灭失承担赔偿责任。但是,承运人证明货物的毁损、灭失是因不可抗力、货物本身的自然性质或者合理损耗以及托运人、收货人的过错造成的,不承担赔偿责任。

实用问答

海上运输关系中,责任期间货物发生灭失或者损坏的,承运人在哪些情形下不负赔偿责任?

答: 根据《海商法》第51条第1款的规定,在责任期间货物发生的灭失或者损坏是由于下列原因之一造成的,承运人不负赔偿责任:(1)船长、船员、引航员或者承运人的其他受雇人在驾驶船舶或者管理船舶中的过失;(2)火灾,但是由于承运人本人的过失所造成的除外;(3)天灾,海上或者其他可航水域的危险或者意外事故;(4)战争或者武装冲突;(5)政府或者主管部门的行为、检疫限制或者司法扣押;(6)罢工、停工或者劳动受到限制;(7)在海上救助或者企图救助人命或者财产;(8)托运人、货物所有人或者他们的代理人的行为;(9)货物的自然特性或者固有缺陷;(10)货物包装不良或者标志欠缺、不清;(11)经谨慎处理仍未发现的船舶潜在缺陷;(12)非由于承运人或者承运人的受雇人、代理人的过失造成的其他原因。

第八百三十三条 【确定货物赔偿额】

货物的毁损、灭失的赔偿额,当事人有约定的,按照其约定;没有约定或者约定不明确,依据本法第五百一十条的规定仍不能确定的,按照交付或者应当交付时货物到达地的市场价格计算。法律、行政法规对赔偿额的计算方法和赔偿限额另有规定的,依照其规定。

> 实用问答

铁路运输过程中承运的货物、包裹、行李发生灭失、短少、变质、污染或者损坏的,如何赔偿?

答:根据《铁路法》第17条第1、2款的规定,铁路运输企业应当对承运的货物、包裹、行李自接受承运时起到交付时止发生的灭失、短少、变质、污染或者损坏,承担赔偿责任:(1)托运人或者旅客根据自愿申请办理保价运输的,按照实际损失赔偿,但最高不超过保价额。(2)未按保价运输承运的,按照实际损失赔偿,但最高不超过国务院铁路主管部门规定的赔偿限额;如果损失是由于铁路运输企业的故意或者重大过失造成的,不适用赔偿限额的规定,按照实际损失赔偿。托运人或者旅客根据自愿可以向保险公司办理货物运输保险,保险公司按照保险合同的约定承担赔偿责任。

第八百三十四条 【相继运输】

两个以上承运人以同一运输方式联运的,与托运人订立合同的承运人应当对全程运输承担责任;损失发生在某一运输区段的,与托运人订立合同的承运人和该区段的承运人承担连带责任。

> 理解适用

[相继运输]

相继运输,又称连续运输,就是多个承运人以同一种运输方式共同完成货物运输的一种运输方式,如转车、转机、转船。在相继运输中,托运人只与数个承运人中的某一个承运人签订运输合同,在实践中,主要是与第一承运人签订运输合同。

第八百三十五条 【货物因不可抗力灭失的运费处理】

货物在运输过程中因不可抗力灭失,未收取运费的,承运人不得请求支付运费;已经收取运费的,托运人可以请求返还。法律另有规定的,依照其规定。

第八百三十六条 【承运人留置权】

托运人或者收货人不支付运费、保管费或者其他费用的,承运人对相应的运输货物享有留置权,但是当事人另有约定的除外。

理解适用

[但是当事人另有约定的除外]

"但是当事人另有约定的除外"主要有两种情况:一是指当事人如果在合同中约定即使在运费、保管费以及其他运输费用没有付清的情况下,承运人也不能留置货物的,承运人就不能留置货物;二是指如果托运人或者收货人提供了适当的担保,则承运人也不能留置货物。

第八百三十七条 【承运人提存货物】

收货人不明或者收货人无正当理由拒绝受领货物的,承运人依法可以提存货物。

第四节 多式联运合同

第八百三十八条 【多式联运经营人应当负责履行或者组织履行合同】

多式联运经营人负责履行或者组织履行多式联运合同,对全程运输享有承运人的权利,承担承运人的义务。

理解适用

[多式联运合同]

多式联运合同,是指多式联运经营人以两种以上的不同运输方式,负责将货物从接收地运至目的地交付收货人,并收取全程运费的合同。

第八百三十九条 【多式联运合同责任制度】

多式联运经营人可以与参加多式联运的各区段承运人就多式联运合同的各区段运输约定相互之间的责任;但是,该约定不影响多式联运经营人对全程运输承担的义务。

第八百四十条 【多式联运单据】

多式联运经营人收到托运人交付的货物时,应当签发多式联运单据。按照托运人的要求,多式联运单据可以是可转让单据,也可以是不可转让单据。

第八百四十一条 【托运人承担过错责任】

因托运人托运货物时的过错造成多式联运经营人损失的,即使托运人已经转让多式联运单据,托运人仍然应当承担赔偿责任。

理解适用

[多式联运中,托运人承担的责任]

在多式联运中,托运人一般应当承担以下三个方面的责任:(1)保证责任。在多式联运经营人接管货物时,托运人应视为已经向多式联运经营人保证其在多式联运单据中所提供的货物品类、标志、件数、重量、数量及危险特性的陈述准确无误,并应对违反这项保证造成的损失负赔偿责任。(2)对于凡是因为托运人或者其受雇人、代理人在受雇范围内行事时的过失或者大意而给多式联运经营人造成的损失,托运人应当向多式联运经营人赔偿责任。(3)运送危险物品的特殊责任。托运人将危险品交付多式联运经营人时,应当告知多式联运经营人危险物品的危险特性,必要时应告知需采取的预防措施,否则其要对多式联运经营人因运送这类货物所遭受的损失负赔偿责任。

第八百四十二条 【多式联运经营人赔偿责任的法律适用】

货物的毁损、灭失发生于多式联运的某一运输区段的,多式联运经营人的赔偿责任和责任限额,适用调整该区段运输方式的有关法律规定;货物毁损、灭失发生的运输区段不能确定的,依照本章规定承担赔偿责任。

第二十章　技　术　合　同

第一节　一　般　规　定

第八百四十三条 【技术合同定义】

技术合同是当事人就技术开发、转让、许可、咨询或者服务订立的确立相互之间权利和义务的合同。

第八百四十四条 【技术合同订立的目的】

订立技术合同,应当有利于知识产权的保护和科学技术的进步,促进科学技术成果的研发、转化、应用和推广。

第八百四十五条 【技术合同主要条款】

技术合同的内容一般包括项目的名称,标的的内容、范围和要求,履行的计划、地点和方式,技术信息和资料的保密,技术成果的归属和收益的分配办法,验收标准和方法,名词和术语的解释等条款。

与履行合同有关的技术背景资料、可行性论证和技术评价报告、项目任务书和计划书、技术标准、技术规范、原始设计和工艺文件,以及其他技术文档,按照当事人的约定可以作为合同的组成部分。

技术合同涉及专利的,应当注明发明创造的名称、专利申请人和专利权人、申请日期、申请号、专利号以及专利权的有效期限。

第八百四十六条 【技术合同价款、报酬及使用费】

技术合同价款、报酬或者使用费的支付方式由当事人约定,可以采取一次总算、一次总付或者一次总算、分期支付,也可以采取提成支付或者提成支付附加预付入门费的方式。

约定提成支付的,可以按照产品价格、实施专利和使用技术秘密后新增的产值、利润或者产品销售额的一定比例提成,也可以按照约定的其他方式计算。提成支付的比例可以采取固定比例、逐年递增比例或者逐年递减比例。

约定提成支付的,当事人可以约定查阅有关会计账目的办法。

实用问答

对技术合同的价款、报酬和使用费,当事人没有约定或者约定不明确的,人民法院可以按照什么原则处理?

答:根据《技术合同解释》第14条的规定,对技术合同的价款、报酬和使用费,当事人没有约定或者约定不明确的,人民法院可以按照以下原则处理:(1)对于技术开发合同和技术转让合同、技术许可合同,根据有关技术成果的研究开发成本、先进性、实施转化和应用的程度,当事人享有的权益和承担的责任,以及技术成果的经济效益等合理确定;(2)对于技术咨询合同和技术服务合同,根据有关咨询服务工作的技术含量、质量和数量,以及已经产生和预期产生的经济效益等合理确定。技术合同价款、报酬、使用费中包含非技术性款项的,应当分项计算。

第八百四十七条 【职务技术成果的财产权权属】

职务技术成果的使用权、转让权属于法人或者非法人组织的,法人或者非法人组织可以就该项职务技术成果订立技术合同。法人或者非法人组织订立技术合同转让职务技术成果时,职务技术成果的完成人享有以同等条件优先受让的权利。

职务技术成果是执行法人或者非法人组织的工作任务,或者主要是利用法人或者非法人组织的物质技术条件所完成的技术成果。

理解适用

[技术成果]

技术成果,是指利用科学技术知识、信息和经验作出的产品、工艺、材料及其改进等技术方案,包括专利、专利申请、技术秘密、计算机软件、集成电路布图设计、植物新品种等。

[执行法人或者非法人组织的工作任务]

执行法人或者非法人组织的工作任务,包括:(1)履行法人或者非法人组织的岗位职责或者承担其交付的其他技术开发任务;(2)离职后1年内继续从事与其原所在法人或者非法人组织的岗位职责或者交付的任务有关的技术开发工作,但法律、行政法规另有规定的除外。法人或者非法人组织与其职工就职工在职期间或者离职以后所完成的技术成果的权益有约定的,人民法院应当依约定确认。

[物质技术条件]

物质技术条件,包括资金、设备、器材、原材料、未公开的技术信息和资料等。

实用问答

当事人以技术成果向企业出资但未明确约定权属,接受出资的企业是否可以主张该技术成果归其享有?

答:根据《技术合同解释》第16条第1款的规定,当事人以技术成果向企业出资但未明确约定权属,接受出资的企业主张该技术成果归其享有的,人民法院一般应当予以支持,但是该技术成果价值与该技术成果所占出资额比例明显不合理损害出资人利益的除外。

第八百四十八条 【非职务技术成果的财产权权属】

非职务技术成果的使用权、转让权属于完成技术成果的个人,完成技术成果的个人可以就该项非职务技术成果订立技术合同。

第八百四十九条 【技术成果的人身权归属】

完成技术成果的个人享有在有关技术成果文件上写明自己是技术成果完成者的权利和取得荣誉证书、奖励的权利。

> **理解适用**

[完成技术成果的个人]

完成技术成果的个人,是指对技术成果单独作出或者共同作出创造性贡献的人,不包括仅提供资金、设备、材料、试验条件的人员,进行组织管理的人员,协助绘制图纸、整理资料、翻译文献等辅助服务人员。

[技术成果文件]

技术成果文件,是指专利申请书、科学技术奖励申报书、科技成果登记书等确认技术成果完成者身份和授予荣誉的证书和文件。

第八百五十条 【技术合同无效】

非法垄断技术或者侵害他人技术成果的技术合同无效。

> **理解适用**

[非法垄断技术]

属于非法垄断技术的情形有:(1)限制当事人一方在合同标的技术基础上进行新的研究开发或者限制其使用所改进的技术,或者双方交换改进技术的条件不对等,包括要求一方将其自行改进的技术无偿提供给对方、非互惠性转让给对方、无偿独占或者共享该改进技术的知识产权;(2)限制当事人一方从其他来源获得与技术提供方类似技术或者与其竞争的技术;(3)阻碍当事人一方根据市场需求,按照合理方式充分实施合同标的技术,包括明显不合理地限制技术接受方实施合同标的技术生产产品或者提供服务的数量、品种、价格、销售渠道和出口市场;(4)要求技术接受方接受并非实施技术必不可少的附带条件,包括购买非必需的技术、原材料、产品、设备、服务以及接收非必需的人员等;(5)不合理地限制技术接受方购买原材料、零部件、产品或者设备等的渠道或者来源;(6)禁止技术接受方对合同标的技术知识产权的有效性提出异议或者对提出异议附加条件。

> **实用问答**

侵害他人技术秘密的技术合同被确认无效后,取得该技术秘密的一方当事人是否可以继续使用该技术秘密?

答:根据《技术合同解释》第12条的规定,侵害他人技术秘密的技术合同被确认无效后,除法律、行政法规另有规定的以外,善意取得该技术秘密的一方当事人可以在其取得时的范围内继续使用该技术秘密,但应当向权利人支付合理的使用费并承担保密义务。当事人双方恶意串通或者一方知道或者应当知道另一方侵权仍与其订立或者履行合同的,属于共同侵权,人民法院应当判令侵权人承担连带赔偿责任和保密义务,因此取得技术秘密的当事人不得继续使用该技术秘密。

第二节 技术开发合同

第八百五十一条 【技术开发合同定义及合同形式】

技术开发合同是当事人之间就新技术、新产品、新工艺、新品种或者新材料及其系统的研究开发所订立的合同。

技术开发合同包括委托开发合同和合作开发合同。

技术开发合同应当采用书面形式。

当事人之间就具有实用价值的科技成果实施转化订立的合同,参照适用技术开发合同的有关规定。

理解适用

[新技术、新产品、新工艺、新品种或者新材料及其系统]

新技术、新产品、新工艺、新品种或者新材料及其系统,包括当事人在订立技术合同时尚未掌握的产品、工艺、材料及其系统等技术方案,但对技术上没有创新的现有产品的改型、工艺变更、材料配方调整以及对技术成果的验证、测试和使用除外。

实用问答

如何理解《民法典》第851条第4款所称的"当事人之间就具有实用价值的科技成果实施转化订立的"技术转化合同?

答:根据《技术合同解释》第18条的规定,《民法典》第851条第4款规定的"当事人之间就具有实用价值的科技成果实施转化订立的"技术转化合同,是指当事人之间就具有实用价值但尚未实现工业化应用的科技成果包括阶段性技术成果,以实现该科技成果工业化应用为目标,约定后续试验、开发和应用等内容的合同。

第八百五十二条 【委托开发合同的委托人义务】

委托开发合同的委托人应当按照约定支付研究开发经费和报酬,提供技术资料,提出研究开发要求,完成协作事项,接受研究开发成果。

第八百五十三条 【委托开发合同的研究开发人义务】

委托开发合同的研究开发人应当按照约定制定和实施研究开发计划,合理使用研究开发经费,按期完成研究开发工作,交付研究开发成果,提供有关的技术资料和必要的技术指导,帮助委托人掌握研究开发成果。

第八百五十四条 【委托开发合同的违约责任】

委托开发合同的当事人违反约定造成研究开发工作停滞、延误或者失败的,应当承担违约责任。

第八百五十五条 【合作开发合同的当事人主要义务】

合作开发合同的当事人应当按照约定进行投资,包括以技术进行投资,分工参与研究开发工作,协作配合研究开发工作。

理解适用

[分工参与研究开发工作]

分工参与研究开发工作,包括当事人按照约定的计划和分工,共同或者分别承担设计、工艺、试验、试制等工作。技术开发合同当事人一方仅提供资金、设备、材料等物质条件或者承担辅助协作事项,另一方进行研究开发工作的,属于委托开发合同。

第八百五十六条 【合作开发合同的违约责任】

合作开发合同的当事人违反约定造成研究开发工作停滞、延误或者失败的,应当承担违约责任。

第八百五十七条　【技术开发合同解除】

作为技术开发合同标的的技术已经由他人公开,致使技术开发合同的履行没有意义的,当事人可以解除合同。

第八百五十八条　【技术开发合同风险负担及通知义务】

技术开发合同履行过程中,因出现无法克服的技术困难,致使研究开发失败或者部分失败的,该风险由当事人约定;没有约定或者约定不明确,依据本法第五百一十条的规定仍不能确定的,风险由当事人合理分担。

当事人一方发现前款规定的可能致使研究开发失败或者部分失败的情形时,应当及时通知另一方并采取适当措施减少损失;没有及时通知并采取适当措施,致使损失扩大的,应当就扩大的损失承担责任。

第八百五十九条　【委托开发合同的技术成果归属】

委托开发完成的发明创造,除法律另有规定或者当事人另有约定外,申请专利的权利属于研究开发人。研究开发人取得专利权的,委托人可以依法实施该专利。

研究开发人转让专利申请权的,委托人享有以同等条件优先受让的权利。

第八百六十条　【合作开发合同的技术成果归属】

合作开发完成的发明创造,申请专利的权利属于合作开发的当事人共有;当事人一方转让其共有的专利申请权的,其他各方享有以同等条件优先受让的权利。但是,当事人另有约定的除外。

合作开发的当事人一方声明放弃其共有的专利申请权的,除当事人另有约定外,可以由另一方单独申请或者由其他各方共同申请。申请人取得专利权的,放弃专利申请权的一方可以免费实施该专利。

合作开发的当事人一方不同意申请专利的,另一方或者其他各方不得申请专利。

第八百六十一条 【技术秘密成果归属与分享】

委托开发或者合作开发完成的技术秘密成果的使用权、转让权以及收益的分配办法,由当事人约定;没有约定或者约定不明确,依据本法第五百一十条的规定仍不能确定的,在没有相同技术方案被授予专利权前,当事人均有使用和转让的权利。但是,委托开发的研究开发人不得在向委托人交付研究开发成果之前,将研究开发成果转让给第三人。

理解适用

［当事人均有使用和转让的权利］

当事人均有使用和转让的权利,包括当事人均有不经对方同意而自己使用或者以普通使用许可的方式许可他人使用技术秘密,并独占由此所获利益的权利。当事人一方将技术秘密成果的转让权让与他人,或者以独占或者排他使用许可的方式许可他人使用技术秘密,未经对方当事人同意或者追认的,应当认定该让与或者许可行为无效。

第三节 技术转让合同和技术许可合同

第八百六十二条 【技术转让合同和技术许可合同定义】

技术转让合同是合法拥有技术的权利人,将现有特定的专利、专利申请、技术秘密的相关权利让与他人所订立的合同。

技术许可合同是合法拥有技术的权利人,将现有特定的专利、技术秘密的相关权利许可他人实施、使用所订立的合同。

技术转让合同和技术许可合同中关于提供实施技术的专用设备、原材料或者提供有关的技术咨询、技术服务的约定,属于合同的组成部分。

实用问答

1. 就哪些内容订立的合同,不属于《民法典》第 862 条规定的技术转让合同或者技术许可合同?

答:根据《技术合同解释》第 22 条第 1 款的规定,就尚待研究开发的技术成果或者不涉及专利、专利申请或者技术秘密的知识、技术、经验和信息所订立的合同,不属于《民法典》第 862 条规定的技术转让合同或者技术许可合同。

2. 当事人以技术入股方式订立联营合同的,在什么情况下该合同为技术转让合同或者技术许可合同?

答:根据《技术合同解释》第 22 条第 3 款的规定,当事人以技术入股方式订立联营合同,但技术入股人不参与联营体的经营管理,并且以保底条款形式约定联营体或者联营对方支付其技术价款或者使用费的,视为技术转让合同或者技术许可合同。

第八百六十三条 【技术转让合同和技术许可合同类型和形式】

技术转让合同包括专利权转让、专利申请权转让、技术秘密转让等合同。

技术许可合同包括专利实施许可、技术秘密使用许可等合同。

技术转让合同和技术许可合同应当采用书面形式。

理解适用

[专利权转让合同]

专利权转让合同,是指专利权人作为让与人将其发明创造专利的所有权或者持有权移交受让人,受让人支付约定价款所订立的合同。

[专利申请权转让合同]

专利申请权转让合同,是指让与人将其就特定的发明创造申请专利的权利移交给受让人,受让人支付约定价款所订立的合同。

[技术秘密转让合同]

技术秘密转让合同,是指让与人将拥有的技术秘密成果转让给受让人,明确相互之间技术秘密成果使用权、转让权,受让人支付约定使用费所订立的合同。

[专利实施许可合同]

专利实施许可合同,是指专利权人或者其授权的人作为让与人许可受让人在约定的范围内实施专利,受让人支付约定使用费所订立的合同。

[技术秘密使用许可合同]

技术秘密使用许可合同,是指让与人将拥有的技术秘密成果提供给受让人,明确相互之间技术秘密成果使用权、转让权,受让人支付约定使用费所订立的合同。

[专利实施许可包括的方式]

专利实施许可包括以下方式:(1)独占实施许可,是指许可人在约定许可实施专利的范围内,将该专利仅许可一个被许可人实施,许可人依约定不得实施该专利;(2)排他实施许可,是指许可人在约定许可实施专利的范围内,将该专利仅许可一个被许可人实施,但许可人依约定可以自行实施该专利;(3)普通实施许可,是指许可人在约定许可实施专利的范围内许可他人实施该专利,并且可以自行实施该专利。

第八百六十四条 【技术转让合同和技术许可合同的限制性条款】

技术转让合同和技术许可合同可以约定实施专利或者使用技术秘密的范围,但是不得限制技术竞争和技术发展。

理解适用

[实施专利或者使用技术秘密的范围]

实施专利或者使用技术秘密的范围,包括实施专利或者使用技术秘密的期限、地域、方式以及接触技术秘密的人员等。当事人对实施专利或者使用技术秘密的期限没有约定或者约定不明确的,受让人、被许可人实施专利或者使用技术秘密不受期限限制。

第八百六十五条 【专利实施许可合同限制】

专利实施许可合同仅在该专利权的存续期限内有效。专利权有效期限届满或者专利权被宣告无效的,专利权人不得就该专利与他人订立专利实施许可合同。

理解适用

[专利权]

专利权,是指依法取得的在法律规定的有效期限内享有的独占利益的权利。专利权只有在法定的期间内才能获得法律的保护。超过法定期间,或者因法定情形失去专利权后,该技术也就成为公开的任何人均可以免费使用的技术。专利实施许可合同也只在该项专利权的存续期限内有效。

> **第八百六十六条 【专利实施许可合同许可人主要义务】**
>
> 专利实施许可合同的许可人应当按照约定许可被许可人实施专利，交付实施专利有关的技术资料，提供必要的技术指导。

理解适用

[专利实施许可合同许可人的主要义务]

专利实施许可合同许可人的主要义务是：第一，保证自己是所提供的专利技术的合法拥有人，并且保证所提供的专利技术完整、无误、有效，能够达到合同约定的目的。第二，按照合同的约定，许可被许可人实施专利，交付实施专利有关的技术资料，提供必要的技术指导，使被许可人的专业人员能够掌握、实施该专利技术。第三，排他实施许可合同的许可人不得在已经许可被许可人实施专利的范围内，就同一专利与第三人订立专利实施许可合同。独占实施许可合同的许可人不得在已经许可被许可人实施专利的范围内实施该专利。第四，依法缴纳专利年费和应对他人提出宣告专利权无效的请求。

实用问答

专利实施许可合同许可人在合同有效期内是否必须维持专利权有效？

答：根据《技术合同解释》第 26 条的规定，专利实施许可合同许可人负有在合同有效期内维持专利权有效的义务，包括依法缴纳专利年费和积极应对他人提出宣告专利权无效的请求，但当事人另有约定的除外。

> **第八百六十七条 【专利实施许可合同被许可人主要义务】**
>
> 专利实施许可合同的被许可人应当按照约定实施专利，不得许可约定以外的第三人实施该专利，并按照约定支付使用费。

> **第八百六十八条 【技术秘密让与人和许可人主要义务】**
>
> 技术秘密转让合同的让与人和技术秘密使用许可合同的许可人应当按照约定提供技术资料，进行技术指导，保证技术的实用性、可靠性，

承担保密义务。

前款规定的保密义务,不限制许可人申请专利,但是当事人另有约定的除外。

第八百六十九条 【技术秘密受让人和被许可人主要义务】

技术秘密转让合同的受让人和技术秘密使用许可合同的被许可人应当按照约定使用技术,支付转让费、使用费,承担保密义务。

第八百七十条 【技术转让合同让与人和技术许可合同许可人保证义务】

技术转让合同的让与人和技术许可合同的许可人应当保证自己是所提供的技术的合法拥有者,并保证所提供的技术完整、无误、有效,能够达到约定的目标。

第八百七十一条 【技术转让合同受让人和技术许可合同被许可人保密义务】

技术转让合同的受让人和技术许可合同的被许可人应当按照约定的范围和期限,对让与人、许可人提供的技术中尚未公开的秘密部分,承担保密义务。

第八百七十二条 【许可人和让与人违约责任】

许可人未按照约定许可技术的,应当返还部分或者全部使用费,并应当承担违约责任;实施专利或者使用技术秘密超越约定的范围的,违反约定擅自许可第三人实施该项专利或者使用该项技术秘密的,应当停止违约行为,承担违约责任;违反约定的保密义务的,应当承担违约责任。

让与人承担违约责任,参照适用前款规定。

第八百七十三条 【被许可人和受让人违约责任】

被许可人未按照约定支付使用费的,应当补交使用费并按照约定支付违约金;不补交使用费或者支付违约金的,应当停止实施专利或者使用技术秘密,交还技术资料,承担违约责任;实施专利或者使用技术秘密超越约定的范围的,未经许可人同意擅自许可第三人实施该专利或者使用该技术秘密的,应当停止违约行为,承担违约责任;违反约定的保密义务的,应当承担违约责任。

受让人承担违约责任,参照适用前款规定。

第八百七十四条 【受让人和被许可人侵权责任】

受让人或者被许可人按照约定实施专利、使用技术秘密侵害他人合法权益的,由让与人或者许可人承担责任,但是当事人另有约定的除外。

第八百七十五条 【后续技术成果的归属与分享】

当事人可以按照互利的原则,在合同中约定实施专利、使用技术秘密后续改进的技术成果的分享办法;没有约定或者约定不明确,依据本法第五百一十条的规定仍不能确定的,一方后续改进的技术成果,其他各方无权分享。

理解适用

[后续改进]

后续改进,是指在技术转让合同、技术许可合同的有效期内,一方或双方对作为合同标的的专利或者技术秘密成果所作的革新和改良。

第八百七十六条 【其他知识产权的转让和许可】

集成电路布图设计专有权、植物新品种权、计算机软件著作权等其他知识产权的转让和许可,参照适用本节的有关规定。

条文参见

《技术合同解释》第1、46条

第八百七十七条　【技术进出口合同或者专利、专利申请合同法律适用】

法律、行政法规对技术进出口合同或者专利、专利申请合同另有规定的,依照其规定。

第四节　技术咨询合同和技术服务合同

理解适用

[技术进出口合同]

技术进出口合同,是指我国境内的自然人、法人或者非法人组织从境外引进或者向境外输出技术,与技术输出国、地区或者技术引进国、地区的当事人订立的合同。

第八百七十八条　【技术咨询合同和技术服务合同定义】

技术咨询合同是当事人一方以技术知识为对方就特定技术项目提供可行性论证、技术预测、专题技术调查、分析评价报告等所订立的合同。

技术服务合同是当事人一方以技术知识为对方解决特定技术问题所订立的合同,不包括承揽合同和建设工程合同。

理解适用

[特定技术项目]

特定技术项目,包括有关科学技术与经济社会协调发展的软科学研究项目,促进科技进步和管理现代化、提高经济效益和社会效益等运用科学知识和技术手段进行调查、分析、论证、评价、预测的专业性技术项目。

[特定技术问题]

特定技术问题,包括需要运用专业技术知识、经验和信息解决的有关改进产品结构、改良工艺流程、提高产品质量、降低产品成本、节约资源能耗、保护资源环境、实现安全操作、提高经济效益和社会效益等专业技术问题。

第八百七十九条 【技术咨询合同委托人义务】

技术咨询合同的委托人应当按照约定阐明咨询的问题,提供技术背景材料及有关技术资料,接受受托人的工作成果,支付报酬。

第八百八十条 【技术咨询合同受托人义务】

技术咨询合同的受托人应当按照约定的期限完成咨询报告或者解答问题,提出的咨询报告应当达到约定的要求。

第八百八十一条 【技术咨询合同的违约责任】

技术咨询合同的委托人未按照约定提供必要的资料,影响工作进度和质量,不接受或者逾期接受工作成果的,支付的报酬不得追回,未支付的报酬应当支付。

技术咨询合同的受托人未按期提出咨询报告或者提出的咨询报告不符合约定的,应当承担减收或者免收报酬等违约责任。

技术咨询合同的委托人按照受托人符合约定要求的咨询报告和意见作出决策所造成的损失,由委托人承担,但是当事人另有约定的除外。

第八百八十二条 【技术服务合同委托人义务】

技术服务合同的委托人应当按照约定提供工作条件,完成配合事项,接受工作成果并支付报酬。

第八百八十三条 【技术服务合同受托人义务】

技术服务合同的受托人应当按照约定完成服务项目,解决技术问题,保证工作质量,并传授解决技术问题的知识。

> **实用问答**

技术服务合同受托人发现委托人提供的工作条件不符合约定,未在合理期限内通知委托人的,如何认定其行为?

答:根据《技术合同解释》第35条的规定,技术服务合同受托人发现委托人提供的资料、数据、样品、材料、场地等工作条件不符合约定,未在合理期限内通知委托人的,视为其对委托人提供的工作条件予以认可。委托人在接到受托人的补正通知后未在合理期限内答复并予补正的,发生的损失由委托人承担。

第八百八十四条 【技术服务合同的违约责任】

技术服务合同的委托人不履行合同义务或者履行合同义务不符合约定,影响工作进度和质量,不接受或者逾期接受工作成果的,支付的报酬不得追回,未支付的报酬应当支付。

技术服务合同的受托人未按照约定完成服务工作的,应当承担免收报酬等违约责任。

第八百八十五条 【创新技术成果归属】

技术咨询合同、技术服务合同履行过程中,受托人利用委托人提供的技术资料和工作条件完成的新的技术成果,属于受托人。委托人利用受托人的工作成果完成的新的技术成果,属于委托人。当事人另有约定的,按照其约定。

第八百八十六条 【工作费用的负担】

技术咨询合同和技术服务合同对受托人正常开展工作所需费用的负担没有约定或者约定不明确的,由受托人负担。

第八百八十七条 【技术中介合同和技术培训合同法律适用】

法律、行政法规对技术中介合同、技术培训合同另有规定的,依照其规定。

> 理解适用

[技术中介合同]

技术中介合同,是指当事人一方以知识、技术、经验和信息为另一方与第三方订立技术合同进行联系、介绍、组织工业化开发并对履行合同提供服务所订立的合同。

[技术培训合同]

技术培训合同,是指当事人一方委托另一方对指定的专业技术人员进行特定项目的技术指导和专业训练所订立的合同,不包括职业培训、文化学习和按照行业、单位的计划进行的职工业余教育。

> 实用问答

1. 当事人对技术培训必需的工作条件的提供和管理责任没有约定或者约定不明确的,由谁负责提供和管理?

答:根据《技术合同解释》第37条第1款的规定,当事人对技术培训必需的场地、设施和试验条件等工作条件的提供和管理责任没有约定或者约定不明确的,由委托人负责提供和管理。

2. 技术培训合同委托人派出的学员不符合约定条件,影响培训质量的,由谁支付报酬?

答:根据《技术合同解释》第37条第2款的规定,技术培训合同委托人派出的学员不符合约定条件,影响培训质量的,由委托人按照约定支付报酬。

3. 技术培训合同履行过程中,受托人有哪些情况时应当减收或者免收报酬?

答:根据《技术合同解释》第37条第3款的规定,受托人配备的教员不符合约定条件,影响培训质量,或者受托人未按照计划和项目进行培训,导致不能实现约定培训目标的,应当减收或者免收报酬。

第二十一章 保管合同

第八百八十八条 【保管合同定义】

保管合同是保管人保管寄存人交付的保管物,并返还该物的合同。

> 寄存人到保管人处从事购物、就餐、住宿等活动,将物品存放在指定场所的,视为保管,但是当事人另有约定或者另有交易习惯的除外。

理解适用

[保管合同的主要法律特征]

保管合同的主要法律特征有:第一,保管合同既可以是有偿合同,也可以是无偿合同,由保管人和寄存人自行约定。第二,保管合同为单务合同(无偿的保管合同)或者双务合同(有偿的保管合同)。第三,保管合同原则上为要物合同。本法第890条规定,保管合同的成立须交付保管物。第四,订立保管合同既可以是口头形式,也可以是书面形式,为不要式合同。第五,保管合同为继续性合同。在保管合同中,保管人要持续地履行其保管义务,并不是一次履行即告完结,具有继续性的特点。作为继续性合同的保管合同解除的效果不同于非继续性合同,保管合同的解除仅向将来发生效力。

第八百八十九条 【保管费】

寄存人应当按照约定向保管人支付保管费。

当事人对保管费没有约定或者约定不明确,依据本法第五百一十条的规定仍不能确定的,视为无偿保管。

第八百九十条 【保管合同成立时间】

保管合同自保管物交付时成立,但是当事人另有约定的除外。

第八百九十一条 【保管人出具保管凭证义务】

寄存人向保管人交付保管物的,保管人应当出具保管凭证,但是另有交易习惯的除外。

第八百九十二条 【保管人妥善保管义务】

保管人应当妥善保管保管物。

当事人可以约定保管场所或者方法。除紧急情况或者为维护寄存人利益外,不得擅自改变保管场所或者方法。

第八百九十三条 【寄存人告知义务】

寄存人交付的保管物有瑕疵或者根据保管物的性质需要采取特殊保管措施的,寄存人应当将有关情况告知保管人。寄存人未告知,致使保管物受损失的,保管人不承担赔偿责任;保管人因此受损失的,除保管人知道或者应当知道且未采取补救措施外,寄存人应当承担赔偿责任。

理解适用

[知道或者应当知道]

知道或者应当知道,是指对保管物存在瑕疵或者需要采取特殊保管措施的情况,寄存人已事先明确告知,或者寄存人虽未明确告知,但在保管物上以明显的警示标识等显著方式提示了保管人,又或者保管人根据双方的交易惯例以及以往的经验应当知道,等等。

第八百九十四条 【保管人亲自保管保管物义务】

保管人不得将保管物转交第三人保管,但是当事人另有约定的除外。

保管人违反前款规定,将保管物转交第三人保管,造成保管物损失的,应当承担赔偿责任。

第八百九十五条 【保管人不得使用或者许可他人使用保管物的义务】

保管人不得使用或者许可第三人使用保管物,但是当事人另有约定的除外。

第八百九十六条 【保管人返还保管物及通知寄存人的义务】

第三人对保管物主张权利的,除依法对保管物采取保全或者执行措施外,保管人应当履行向寄存人返还保管物的义务。

第三人对保管人提起诉讼或者对保管物申请扣押的,保管人应当及时通知寄存人。

第八百九十七条 【保管人赔偿责任】

保管期内,因保管人保管不善造成保管物毁损、灭失的,保管人应当承担赔偿责任。但是,无偿保管人证明自己没有故意或者重大过失的,不承担赔偿责任。

第八百九十八条 【寄存人声明义务】

寄存人寄存货币、有价证券或者其他贵重物品的,应当向保管人声明,由保管人验收或者封存;寄存人未声明的,该物品毁损、灭失后,保管人可以按照一般物品予以赔偿。

第八百九十九条 【领取保管物】

寄存人可以随时领取保管物。

当事人对保管期限没有约定或者约定不明确的,保管人可以随时请求寄存人领取保管物;约定保管期限的,保管人无特别事由,不得请求寄存人提前领取保管物。

第九百条 【返还保管物及其孳息】

保管期限届满或者寄存人提前领取保管物的,保管人应当将原物及其孳息归还寄存人。

第九百零一条 【消费保管合同】

保管人保管货币的,可以返还相同种类、数量的货币;保管其他可替代物的,可以按照约定返还相同种类、品质、数量的物品。

理解适用

[消费保管]

消费保管也称不规则保管,是指保管物为可替代物时,如约定将保管物的所有权移转给保管人,保管期间届满由保管人以同种类、品质、数量的物返还的保管。

第九百零二条 【保管费支付期限】

有偿的保管合同,寄存人应当按照约定的期限向保管人支付保管费。

当事人对支付期限没有约定或者约定不明确,依据本法第五百一十条的规定仍不能确定的,应当在领取保管物的同时支付。

第九百零三条 【保管人留置权】

寄存人未按照约定支付保管费或者其他费用的,保管人对保管物享有留置权,但是当事人另有约定的除外。

理解适用

[其他费用]

其他费用,是指保管人为保管保管物而实际支出的必要费用。必要费用,是保管人为了实现物的保管目的,以维持保管物之原状而支出的费用,如保管人支付的电费、场地费用、交通运输费用等。这些费用即便是在无偿保管的过程中也会产生。

第二十二章　仓 储 合 同

第九百零四条　【仓储合同定义】

仓储合同是保管人储存存货人交付的仓储物,存货人支付仓储费的合同。

理解适用

[仓储合同]

仓储合同,是指当事人双方约定由保管人(又称仓管人或仓库营业人)为存货人保管储存的货物,存货人支付仓储费的合同。

第九百零五条　【仓储合同成立时间】

仓储合同自保管人和存货人意思表示一致时成立。

第九百零六条　【危险物品和易变质物品的储存】

储存易燃、易爆、有毒、有腐蚀性、有放射性等危险物品或者易变质物品的,存货人应当说明该物品的性质,提供有关资料。

存货人违反前款规定的,保管人可以拒收仓储物,也可以采取相应措施以避免损失的发生,因此产生的费用由存货人负担。

保管人储存易燃、易爆、有毒、有腐蚀性、有放射性等危险物品的,应当具备相应的保管条件。

第九百零七条　【保管人验收义务以及损害赔偿】

保管人应当按照约定对入库仓储物进行验收。保管人验收时发现入库仓储物与约定不符合的,应当及时通知存货人。保管人验收后,发生仓储物的品种、数量、质量不符合约定的,保管人应当承担赔偿责任。

第九百零八条 【保管人出具仓单、入库单义务】

存货人交付仓储物的,保管人应当出具仓单、入库单等凭证。

> **实用问答**

仓单是否可以代替仓储合同?

答:在仓单与仓储合同的关系上,仓单不能代替仓储合同。无论采用书面形式还是采用口头形式,当事人订立仓储合同后即受合同约束。存货人交付仓储物是履行合同,而保管人出具仓单也是履行合同。尽管仓单中记载了仓储合同中的主要内容,但仓单不是仓储合同,只是仓储合同的凭证。

第九百零九条 【仓单】

保管人应当在仓单上签名或者盖章。仓单包括下列事项:
（一）存货人的姓名或者名称和住所;
（二）仓储物的品种、数量、质量、包装及其件数和标记;
（三）仓储物的损耗标准;
（四）储存场所;
（五）储存期限;
（六）仓储费;
（七）仓储物已经办理保险的,其保险金额、期间以及保险人的名称;
（八）填发人、填发地和填发日期。

> **理解适用**

无论仓单是转让还是出质,受让人和质权人并不了解存货人和保管人之间的合同的具体内容,因此本条规定了仓单应当记载的事项,以便受让人或质权人明确和行使自己的权利。

第九百一十条 【仓单性质和转让】

仓单是提取仓储物的凭证。存货人或者仓单持有人在仓单上背书并经保管人签名或者盖章的,可以转让提取仓储物的权利。

第九百一十一条 【存货人或者仓单持有人有权检查仓储物或者提取样品】

保管人根据存货人或者仓单持有人的要求,应当同意其检查仓储物或者提取样品。

第九百一十二条 【保管人危险通知义务】

保管人发现入库仓储物有变质或者其他损坏的,应当及时通知存货人或者仓单持有人。

第九百一十三条 【保管人危险催告义务和紧急处置权】

保管人发现入库仓储物有变质或者其他损坏,危及其他仓储物的安全和正常保管的,应当催告存货人或者仓单持有人作出必要的处置。因情况紧急,保管人可以作出必要的处置;但是,事后应当将该情况及时通知存货人或者仓单持有人。

理解适用

[保管人承担催告义务的条件]

(1)是保管人发现入库仓储物有变质或者其他损坏。(2)是仓储物的变质或者其他损坏已经危及其他仓储物的安全和正常保管。催告必须是针对存货人或者仓单持有人,催告的内容是要求存货人或者仓单持有人对仓储物作出必要的处置。

第九百一十四条 【储存期限不明确时仓储物提取】

当事人对储存期限没有约定或者约定不明确的,存货人或者仓单持有人可以随时提取仓储物,保管人也可以随时请求存货人或者仓单持有人提取仓储物,但是应当给予必要的准备时间。

理解适用

[给予必要的准备时间]

给予必要的准备时间,是指保管人预先通知提货,然后确定一个合理的期限,以给存货人或者仓单持有人留出必要的准备时间,在期限届至前提货即可,而并不是在通知的当时就必须提取仓储物。

第九百一十五条 【储存期限届满仓储物提取】

储存期限届满,存货人或者仓单持有人应当凭仓单、入库单等提取仓储物。存货人或者仓单持有人逾期提取的,应当加收仓储费;提前提取的,不减收仓储费。

第九百一十六条 【逾期提取仓储物】

储存期限届满,存货人或者仓单持有人不提取仓储物的,保管人可以催告其在合理期限内提取;逾期不提取的,保管人可以提存仓储物。

第九百一十七条 【保管人的损害赔偿责任】

储存期内,因保管不善造成仓储物毁损、灭失的,保管人应当承担赔偿责任。因仓储物本身的自然性质、包装不符合约定或者超过有效储存期造成仓储物变质、损坏的,保管人不承担赔偿责任。

理解适用

[保管不善]

保管不善,是指保管人没有尽到妥善保管义务,没有按照有关规定和当事人约定提供相应的保管条件和设备,没有采取相应的保管措施,没有尽到善良管理人的义务。对于保管人保管不善的行为导致了仓储物的毁损、灭失的情形,二者之间存在因果关系时,保管人才应当承担赔偿责任。如果保管人能够证明仓储物的毁损、灭失是因仓储物本身性质的原因、包装不符合约定或者仓储物超过有效储存期而造成的,不承担赔偿责任。

第九百一十八条 【适用保管合同】

本章没有规定的，适用保管合同的有关规定。

第二十三章 委托合同

第九百一十九条 【委托合同定义】

委托合同是委托人和受托人约定，由受托人处理委托人事务的合同。

理解适用

[委托合同]

委托合同又称委任合同，是指当事人双方约定一方委托他人处理事务，他人同意为其处理事务的协议。在委托合同关系中，委托他人为自己处理事务的人称委托人，接受委托的人称受托人。

[委托合同的特征]

委托合同具有以下特征：(1)委托合同的标的是劳务；(2)委托合同是诺成、非要式合同；(3)委托合同既可以是有偿的，也可以是无偿的；(4)委托合同既可以是双务合同，也可以是单务合同。

第九百二十条 【委托权限】

委托人可以特别委托受托人处理一项或者数项事务，也可以概括委托受托人处理一切事务。

理解适用

[特别委托]

特别委托，是指双方当事人约定受托人为委托人处理一项或者数项事务的委托。

[概括委托]

概括委托，是指双方当事人约定受托人为委托人处理某个方面或者范围内的一切事务的委托。

第九百二十一条 【委托费用的预付和垫付】

委托人应当预付处理委托事务的费用。受托人为处理委托事务垫付的必要费用,委托人应当偿还该费用并支付利息。

第九百二十二条 【受托人应当按照委托人的指示处理委托事务】

受托人应当按照委托人的指示处理委托事务。需要变更委托人指示的,应当经委托人同意;因情况紧急,难以和委托人取得联系的,受托人应当妥善处理委托事务,但是事后应当将该情况及时报告委托人。

第九百二十三条 【受托人亲自处理委托事务】

受托人应当亲自处理委托事务。经委托人同意,受托人可以转委托。转委托经同意或者追认的,委托人可以就委托事务直接指示转委托的第三人,受托人仅就第三人的选任及其对第三人的指示承担责任。转委托未经同意或者追认的,受托人应当对转委托的第三人的行为承担责任;但是,在紧急情况下受托人为了维护委托人的利益需要转委托第三人的除外。

理解适用

[转委托的条件]

在特殊情况下,受托人可以进行转委托,但须满足以下条件:第一,转委托须事先取得委托人的同意。委托人对于转委托的同意也包括追认,追认具有与事先同意一样的法律效果。第二,在紧急情况下受托人为了维护委托人的利益,也可以进行转委托。

第九百二十四条 【受托人的报告义务】

受托人应当按照委托人的要求,报告委托事务的处理情况。委托合同终止时,受托人应当报告委托事务的结果。

第九百二十五条 【委托人介入权】

受托人以自己的名义,在委托人的授权范围内与第三人订立的合同,第三人在订立合同时知道受托人与委托人之间的代理关系的,该合同直接约束委托人和第三人;但是,有确切证据证明该合同只约束受托人和第三人的除外。

理解适用

[直接约束委托人和第三人]

直接约束委托人和第三人,主要是指委托人介入受托人与第三人的合同关系,取代受托人在该合同中的地位,委托人可以直接向第三人行使(受托人对第三人的)权利,第三人也可以直接向委托人行使(第三人对受托人的)权利,主要是指委托人介入受托人与第三人的合同关系,取代受托人在该合同中的地位,委托人可以直接向第三人行使(受托人对第三人的)权利,第三人也可以直接向委托人行使(第三人对受托人的)权利。

第九百二十六条 【委托人对第三人的权利和第三人选择权】

受托人以自己的名义与第三人订立合同时,第三人不知道受托人与委托人之间的代理关系的,受托人因第三人的原因对委托人不履行义务,受托人应当向委托人披露第三人,委托人因此可以行使受托人对第三人的权利。但是,第三人与受托人订立合同时如果知道该委托人就不会订立合同的除外。

受托人因委托人的原因对第三人不履行义务,受托人应当向第三人披露委托人,第三人因此可以选择受托人或者委托人作为相对人主张其权利,但是第三人不得变更选定的相对人。

委托人行使受托人对第三人的权利的,第三人可以向委托人主张其对受托人的抗辩。第三人选定委托人作为其相对人的,委托人可以向第三人主张其对受托人的抗辩以及受托人对第三人的抗辩。

理解适用

[委托人的介入权]

委托人的介入权,指的是在受托人与第三人的合同关系中,委托人取代受托人的地位，介入原本是受托人与第三人的合同关系中。

[第三人的选择权]

第三人的选择权，指的是在受托人与第三人的合同关系中，因委托人的原因造成受托人不履行义务，受托人应当向第三人披露委托人，第三人因此可以选择受托人或者委托人作为相对人主张其权利，即第三人可以选择请求委托人承担违约责任，也可以请求仍然由受托人承担违约责任。但第三人只能选择其一，而且选定后不得变更。

实用问答

实际借款人涉嫌贷款诈骗罪，名义借款人与出借人签订的借款合同之效力如何认定？还款责任如何承担？[①]

答：一是关于借款人的确定问题。实际借款人委托名义借款人借款的，应当依据《民法典》第925条、第926条有关间接代理的规定来确定借款合同的当事人，即视出借人在订立借款合同时是否知情作不同处理：出借人在签订借款合同时知道或者应当知道名义借款人与实际借款人之间的代理关系的，借款合同直接约束实际借款人与出借人，因此应当认定实际借款人是借款合同当事人，除非出借人有确切证据证明借款合同只约束名义借款人。出借人对代理关系不知情的，应当认定名义借款人是借款人；名义借款人披露实际借款人的，出借人有权选择名义借款人或者实际借款人作为相对人。

二是关于借款合同效力问题。实际借款人被认定贷款诈骗犯罪，意味着刑事判决已经认定实际借款人为借款合同当事人。依据前述规则，如果民事诉讼也认定实际借款人为借款合同当事人，就涉及构成贷款诈骗罪是否影响合同效力问题。在认定合同效力时，要依据民法典有关民事法律行为效力的规则来认定，而不能简单地认为只要构成犯罪，就应一律认定合同无效。在贷款诈骗犯罪场合，依据《民法典》第148条有关欺诈的规定，应当认定该合同为可撤销合同。应当注意的是，在合同效力归属（即当事人认定）上，刑事判决认定实际借款人构成贷款诈骗犯罪，并不当然意味着民事诉讼也必须认定借款合同就发生在出借人和实际借款人之间。换言之，在行为的法律效果归属问题上，也要依据《民法典》第925条、第926条等的规定来确定借款合

[①] 参见《法答网精选答问（第四批）》，载最高人民法院官网2024年4月11日，https://www.court.gov.cn/zixun/xiangqing/429992.html。

同的当事人。如果民事判决认定名义借款人是借款合同当事人的,此时实际借款人构成贷款诈骗罪并不影响借款合同的效力。

三是关于名义借款人的责任及其与刑事责任的协调问题。如果认定合同关系发生在实际借款人和出借人之间,因名义借款人不是合同当事人,其无须承担借款合同项下的责任。如果民事判决认定合同关系发生在名义借款人与出借人之间,则名义借款人根据民事判决承担借款合同项下的还本付息责任,实际借款人根据刑事判决承担退赃退赔责任,二者构成不真正连带责任,不存在比例责任或补充责任的问题。此时,人民法院要在执行环节做好协调工作,避免债权人重复受偿。

第九百二十七条 【受托人转移利益】

受托人处理委托事务取得的财产,应当转交给委托人。

理解适用

[取得的财产]

取得的财产,包括取得的金钱、实物、金钱与实物所生的孳息以及其他财产。

第九百二十八条 【委托人支付报酬】

受托人完成委托事务的,委托人应当按照约定向其支付报酬。

因不可归责于受托人的事由,委托合同解除或者委托事务不能完成的,委托人应当向受托人支付相应的报酬。当事人另有约定的,按照其约定。

第九百二十九条 【受托人的赔偿责任】

有偿的委托合同,因受托人的过错造成委托人损失的,委托人可以请求赔偿损失。无偿的委托合同,因受托人的故意或者重大过失造成委托人损失的,委托人可以请求赔偿损失。

受托人超越权限造成委托人损失的,应当赔偿损失。

第九百三十条 【委托人的赔偿责任】

受托人处理委托事务时,因不可归责于自己的事由受到损失的,可以向委托人请求赔偿损失。

第九百三十一条 【委托人另行委托他人处理事务】

委托人经受托人同意,可以在受托人之外委托第三人处理委托事务。因此造成受托人损失的,受托人可以向委托人请求赔偿损失。

第九百三十二条 【共同委托】

两个以上的受托人共同处理委托事务的,对委托人承担连带责任。

理解适用

[共同委托]
共同委托,是指委托人委托两个以上的受托人共同行使代理权处理事务。

第九百三十三条 【委托合同解除】

委托人或者受托人可以随时解除委托合同。因解除合同造成对方损失的,除不可归责于该当事人的事由外,无偿委托合同的解除方应当赔偿因解除时间不当造成的直接损失,有偿委托合同的解除方应当赔偿对方的直接损失和合同履行后可以获得的利益。

第九百三十四条 【委托合同终止】

委托人死亡、终止或者受托人死亡、丧失民事行为能力、终止的,委托合同终止;但是,当事人另有约定或者根据委托事务的性质不宜终止的除外。

第九百三十五条 【受托人继续处理委托事务】

因委托人死亡或者被宣告破产、解散,致使委托合同终止将损害委托人利益的,在委托人的继承人、遗产管理人或者清算人承受委托事务之前,受托人应当继续处理委托事务。

第九百三十六条 【受托人的继承人等的义务】

因受托人死亡、丧失民事行为能力或者被宣告破产、解散,致使委托合同终止的,受托人的继承人、遗产管理人、法定代理人或者清算人应当及时通知委托人。因委托合同终止将损害委托人利益的,在委托人作出善后处理之前,受托人的继承人、遗产管理人、法定代理人或者清算人应当采取必要措施。

第二十四章 物业服务合同

第九百三十七条 【物业服务合同定义】

物业服务合同是物业服务人在物业服务区域内,为业主提供建筑物及其附属设施的维修养护、环境卫生和相关秩序的管理维护等物业服务,业主支付物业费的合同。

物业服务人包括物业服务企业和其他管理人。

理解适用

[物业服务合同的特征]

物业服务合同的特征主要包括:(1)其是平等主体之间的民事合同。(2)合同主体具有特殊性,为业主和物业服务人。物业服务人又包括物业服务企业和其他管理人。(3)客体是物业服务人提供的物业服务行为。(4)服务内容的综合性和专业性。(5)订立程序的特殊性。(6)物业服务合同属于双务、有偿、要式、继续性合同。

第九百三十八条 【物业服务合同内容和形式】

物业服务合同的内容一般包括服务事项、服务质量、服务费用的标准和收取办法、维修资金的使用、服务用房的管理和使用、服务期限、服务交接等条款。

物业服务人公开作出的有利于业主的服务承诺,为物业服务合同的组成部分。

物业服务合同应当采用书面形式。

理解适用

[物业服务承诺]

物业服务承诺,是指物业服务人为保证物业服务的质量和效益,向全体业主公开作出的有关物业服务内容和标准的单方意思表示。

条文参见

《物业管理条例》第 34 条

第九百三十九条 【物业服务合同的约束力】

建设单位依法与物业服务人订立的前期物业服务合同,以及业主委员会与业主大会依法选聘的物业服务人订立的物业服务合同,对业主具有法律约束力。

第九百四十条 【前期物业服务合同法定终止条件】

建设单位依法与物业服务人订立的前期物业服务合同约定的服务期限届满前,业主委员会或者业主与新物业服务人订立的物业服务合同生效的,前期物业服务合同终止。

理解适用

[前期物业服务合同终止的原因]

前期物业服务合同终止的原因包括:一是双方当事人约定的服务期限届满;二是前期物业服务合同的服务期限虽然未届满,但是全体业主通过召开业主大会,选聘新的物业服务人并订立新的物业服务合同,该合同生效时前期物业服务合同终止。

条文参见

《物业管理条例》第26条

第九百四十一条 【物业服务转委托的条件和限制性条款】

物业服务人将物业服务区域内的部分专项服务事项委托给专业性服务组织或者其他第三人的,应当就该部分专项服务事项向业主负责。

物业服务人不得将其应当提供的全部物业服务转委托给第三人,或者将全部物业服务支解后分别转委托给第三人。

条文参见

《物业管理条例》第39条

第九百四十二条 【物业服务人的主要义务】

物业服务人应当按照约定和物业的使用性质,妥善维修、养护、清洁、绿化和经营管理物业服务区域内的业主共有部分,维护物业服务区域内的基本秩序,采取合理措施保护业主的人身、财产安全。

对物业服务区域内违反有关治安、环保、消防等法律法规的行为,物业服务人应当及时采取合理措施制止、向有关行政主管部门报告并协助处理。

理解适用

[保护业主的人身、财产安全]

保护业主的人身和财产安全,是物业服务合同对物业服务人的基本要求,也可以说是最为重要的内容。此项义务主要包括两个方面的内容:一是物业服务人应当采取合理措施保护业主的人身及财产安全,消除安全隐患,预防损害的发生。二是如果出现可能危害或者已经危害到业主人身、财产安全的情形时,物业服务人应当及时制止相关行为,并且视情况采取必要措施以尽量保障业主的人身、财产安全。需要注意的是,物业服务人承担的安全保障义务,应当在一定、合理、正常范围内,不能过于苛求。

实用问答

物业存在安全隐患,危及公共利益及他人合法权益时,应当如何处理?

答:根据《物业管理条例》第55条的规定,物业存在安全隐患,危及公共利益及他人合法权益时,责任人应当及时维修养护,有关业主应当给予配合。责任人不履行维修养护义务的,经业主大会同意,可以由物业服务企业维修养护,费用由责任人承担。

第九百四十三条 【物业服务人信息公开义务】

物业服务人应当定期将服务的事项、负责人员、质量要求、收费项目、收费标准、履行情况,以及维修资金使用情况、业主共有部分的经营与收益情况等以合理方式向业主公开并向业主大会、业主委员会报告。

理解适用

[物业服务收费应当遵循的原则]

物业服务收费应当遵循合理、公开以及费用与服务水平相适应的原则,区别不同物业的性质和特点,由业主和物业服务企业按照国务院价格主管部门会同国务院住房和城乡建设主管部门制定的物业服务收费办法,在物业服务合同中约定。

第九百四十四条 【业主支付物业费义务】

业主应当按照约定向物业服务人支付物业费。物业服务人已经按照约定和有关规定提供服务的,业主不得以未接受或者无需接受相关物业服务为由拒绝支付物业费。

业主违反约定逾期不支付物业费的,物业服务人可以催告其在合理期限内支付;合理期限届满仍不支付的,物业服务人可以提起诉讼或者申请仲裁。

物业服务人不得采取停止供电、供水、供热、供燃气等方式催交物业费。

> 理解适用

[业主可以拒绝支付物业费的正当理由]

业主可以拒绝支付物业费的正当理由包括：第一，物业服务人不履行物业服务合同义务，或者履行义务不符合合同约定。第二，物业服务人违反物业服务合同约定或者法律、法规、部门规章规定，擅自扩大收费范围、提高收费标准或者重复收费，业主可以就属于违规收费的部分拒绝缴纳。

> 实用问答

1.物业服务费用的交纳主体是否仅限于业主？

答：根据《物业管理条例》第41条的规定，业主应当根据物业服务合同的约定交纳物业服务费用。业主与物业使用人约定由物业使用人交纳物业服务费用的，从其约定，业主负连带交纳责任。已竣工但尚未出售或者尚未交给物业买受人的物业，物业服务费用由建设单位交纳。

2.物业费的诉讼时效应当如何计算？[①]

答：关于物业服务费的诉讼时效计算方式，我们倾向于认为，每笔物业费债务均系独立之债，其诉讼时效应当依照《民法典》第188条的规定，分段分别起算。主要考虑：在物业服务合同中，物业服务人需要提供的物业服务和业主应当支付的物业费总额，在物业服务合同成立时尚不能确定，而是随时间的延续而发生变化；同时，物业服务合同通常约定物业服务费按照固定周期结算（如一年一交），每个周期的物业费债权相互独立，多个结算周期的物业费债务实为多个相互独立的债务集合，而非同一债务的分期履行。故物业服务费诉讼时效的起算应当适用《民法典》第188条分段分别起算的规定，不应适用《民法典》第189条关于同一债务分期履行的诉讼时效起算规则。人民法院案例库入库参考案例《广东某物业服务有限公司诉郭某物业服务合同纠纷案（入库编号：2023-16-2-121-007）》的裁判要旨已明确：物业服务合同中的每一期债务在合同履行过程中相继发生，各期债务之间虽互有关联性，但更具有可分性，独立性大于关联性，应认定为独立债务，故诉讼时效应自每一期债务履行期限届满之日分别计算。

---

① 参见《法答网精选答问（第二十批）——诉讼时效专题》，载最高人民法院官网2025年5月22日，https://www.court.gov.cn/zixun/xiangqing/465691.html。

第九百四十五条　【业主告知、协助义务】

业主装饰装修房屋的,应当事先告知物业服务人,遵守物业服务人提示的合理注意事项,并配合其进行必要的现场检查。

业主转让、出租物业专有部分、设立居住权或者依法改变共有部分用途的,应当及时将相关情况告知物业服务人。

第九百四十六条　【业主共同解除物业服务合同】

业主依照法定程序共同决定解聘物业服务人的,可以解除物业服务合同。决定解聘的,应当提前六十日书面通知物业服务人,但是合同对通知期限另有约定的除外。

依据前款规定解除合同造成物业服务人损失的,除不可归责于业主的事由外,业主应当赔偿损失。

第九百四十七条　【物业服务合同的续订】

物业服务期限届满前,业主依法共同决定续聘的,应当与原物业服务人在合同期限届满前续订物业服务合同。

物业服务期限届满前,物业服务人不同意续聘的,应当在合同期限届满前九十日书面通知业主或者业主委员会,但是合同对通知期限另有约定的除外。

第九百四十八条　【不定期物业服务合同】

物业服务期限届满后,业主没有依法作出续聘或者另聘物业服务人的决定,物业服务人继续提供物业服务的,原物业服务合同继续有效,但是服务期限为不定期。

当事人可以随时解除不定期物业服务合同,但是应当提前六十日书面通知对方。

第九百四十九条 【物业服务人的移交义务及法律责任】

物业服务合同终止的,原物业服务人应当在约定期限或者合理期限内退出物业服务区域,将物业服务用房、相关设施、物业服务所必需的相关资料等交还给业主委员会、决定自行管理的业主或者其指定的人,配合新物业服务人做好交接工作,并如实告知物业的使用和管理状况。

原物业服务人违反前款规定的,不得请求业主支付物业服务合同终止后的物业费;造成业主损失的,应当赔偿损失。

第九百五十条 【物业服务人的后合同义务】

物业服务合同终止后,在业主或者业主大会选聘的新物业服务人或者决定自行管理的业主接管之前,原物业服务人应当继续处理物业服务事项,并可以请求业主支付该期间的物业费。

条文参见

《物业管理条例》第38条;《物业服务解释》第3条

第二十五章　行纪合同

第九百五十一条 【行纪合同定义】

行纪合同是行纪人以自己的名义为委托人从事贸易活动,委托人支付报酬的合同。

理解适用

[行纪合同的特征]

行纪合同具有以下特征:(1)行纪人从事的活动限于贸易行为,这是行纪合同和委托合同的重要区别。(2)行纪人应当具有相应的资质。行纪人一般专门从事贸易活动,其开业和经营往往需要经过国家有关部门的审批或者登记,并不是所有民事主体都可以无条件地成为行纪人从事行纪业务。(3)行纪人必须以自己的名义为委托人从事贸易行为,而非委托人的名义。

(4)行纪合同为诺成合同、不要式合同、有偿合同、双务合同。

第九百五十二条 【行纪人承担费用的义务】

行纪人处理委托事务支出的费用,由行纪人负担,但是当事人另有约定的除外。

第九百五十三条 【行纪人的保管义务】

行纪人占有委托物的,应当妥善保管委托物。

第九百五十四条 【行纪人处置委托物的义务】

委托物交付给行纪人时有瑕疵或者容易腐烂、变质的,经委托人同意,行纪人可以处分该物;不能与委托人及时取得联系的,行纪人可以合理处分。

第九百五十五条 【行纪人依照委托人指定价格买卖的义务】

行纪人低于委托人指定的价格卖出或者高于委托人指定的价格买入的,应当经委托人同意;未经委托人同意,行纪人补偿其差额的,该买卖对委托人发生效力。

行纪人高于委托人指定的价格卖出或者低于委托人指定的价格买入的,可以按照约定增加报酬;没有约定或者约定不明确,依据本法第五百一十条的规定仍不能确定的,该利益属于委托人。

委托人对价格有特别指示的,行纪人不得违背该指示卖出或者买入。

第九百五十六条 【行纪人的介入权】

行纪人卖出或者买入具有市场定价的商品,除委托人有相反的意思表示外,行纪人自己可以作为买受人或者出卖人。

行纪人有前款规定情形的,仍然可以请求委托人支付报酬。

理解适用

[行纪人的介入权]

行纪人的介入权,即行纪人按照委托人的指示实施行纪行为时,有权以自己作为买受人或者出卖人与委托人进行交易活动。

第九百五十七条　【委托人及时受领、取回和处分委托物及行纪人提存委托物】

行纪人按照约定买入委托物,委托人应当及时受领。经行纪人催告,委托人无正当理由拒绝受领的,行纪人依法可以提存委托物。

委托物不能卖出或者委托人撤回出卖,经行纪人催告,委托人不取回或者不处分该物的,行纪人依法可以提存委托物。

第九百五十八条　【行纪人的直接履行义务】

行纪人与第三人订立合同的,行纪人对该合同直接享有权利、承担义务。

第三人不履行义务致使委托人受到损害的,行纪人应当承担赔偿责任,但是行纪人与委托人另有约定的除外。

第九百五十九条　【行纪人的报酬请求权及留置权】

行纪人完成或者部分完成委托事务的,委托人应当向其支付相应的报酬。委托人逾期不支付报酬的,行纪人对委托物享有留置权,但是当事人另有约定的除外。

理解适用

[行纪人留置委托物需具备的条件]

行纪人留置委托物需具备以下几个条件:(1)已合法占有委托物。(2)必须具有委托人不按照约定支付报酬的事实存在。(3)如果委托人与行纪人在行纪合同订立时已经约定,不得将委托物进行留置,行纪人就不得留置委托物,但是,行纪人可以要求委托人提供其他担保。

> **实用问答**
>
> **行纪人向委托人请求支付报酬时,报酬的数额如何确定?**
>
> 答:行纪人就自己处理委托事务的不同情况,可以按照合同的约定请求委托人支付报酬。一般而言,有以下几种情况:(1)行纪人按照委托人的指示和要求履行了全部合同的义务,有权请求全部报酬;(2)因委托人的过错使合同义务部分或者全部不能履行而使委托合同提前终止的,行纪人可以请求支付全部报酬;(3)行纪人部分完成委托事务的,可以按已履行的部分的比例请求给付报酬。委托人和行纪人也可以另行约定,比如双方约定,只要因非可归责于行纪人的原因导致委托事务不能完成的,委托人都应当支付全部报酬。

第九百六十条　【参照适用委托合同】

本章没有规定的,参照适用委托合同的有关规定。

第二十六章　中介合同

第九百六十一条　【中介合同定义】

中介合同是中介人向委托人报告订立合同的机会或者提供订立合同的媒介服务,委托人支付报酬的合同。

> **理解适用**
>
> [中介合同]
>
> 中介合同,传统理论一般将其称为居间合同,是指当事人双方约定一方接受他方的委托,并按照他方的指示要求,为他方报告订立合同的机会或者为订约提供媒介服务,委托人给付报酬的合同。

第九百六十二条　【中介人报告义务】

中介人应当就有关订立合同的事项向委托人如实报告。

中介人故意隐瞒与订立合同有关的重要事实或者提供虚假情况,损害委托人利益的,不得请求支付报酬并应当承担赔偿责任。

理解适用

［如实报告］

如实报告，就是中介人所报告的情况应当是客观真实的。这就要求中介人尽可能了解更多的情况，必要时可能还要进行深入的调查，对了解到的信息进行核实，再将掌握的实际情况向委托人进行报告，以便委托人作出判断是否订立合同。

案例指引

李某东诉上海汉宇房地产顾问有限公司居间合同纠纷案(《最高人民法院公报》2015年第2期)

要旨：在房屋买卖居间活动中，中介公司（居间人）对于受托事项及居间服务应承担符合专业主体要求的注意义务，注重审查核实与交易相关的主体身份、房产权属、委托代理、信用资信等证明材料的真实性。中介公司因未尽必要的注意义务而未能发现一方提供的相关材料存在重大瑕疵、缺陷，由此使另一方受欺诈遭受损失的，应根据其过错程度在相应的范围内承担赔偿责任。

第九百六十三条 【中介人的报酬】

中介人促成合同成立的，委托人应当按照约定支付报酬。对中介人的报酬没有约定或者约定不明确，依据本法第五百一十条的规定仍不能确定的，根据中介人的劳务合理确定。因中介人提供订立合同的媒介服务而促成合同成立的，由该合同的当事人平均负担中介人的报酬。

中介人促成合同成立的，中介活动的费用，由中介人负担。

理解适用

［中介活动的费用］

中介活动的费用，主要是指中介人为从事中介行为而支出的一些费用，如交通费、住宿费等。中介人促成合同成立的，中介活动的费用由中介人负担。中介人促成合同成立的，可以向委托人请求支付报酬，中介人的报酬中就包括了成本和利润。

第九百六十四条 【中介人必要费用请求权】

中介人未促成合同成立的,不得请求支付报酬;但是,可以按照约定请求委托人支付从事中介活动支出的必要费用。

理解适用

[中介活动费用]

中介活动费用,是中介人在促使合同成立的活动中支出的必要费用,与报酬不是一个概念。

[按照约定]

所谓"按照约定",就是在合同未成立的情况下,中介人向委托人请求支付从事中介活动的必要费用,须以中介人和委托人之间存在合同未成立中介人亦享有费用请求权的约定为前提。

第九百六十五条 【委托人私下与第三人订立合同后果】

委托人在接受中介人的服务后,利用中介人提供的交易机会或者媒介服务,绕开中介人直接订立合同的,应当向中介人支付报酬。

第九百六十六条 【参照适用委托合同】

本章没有规定的,参照适用委托合同的有关规定。

第二十七章 合伙合同

第九百六十七条 【合伙合同定义】

合伙合同是两个以上合伙人为了共同的事业目的,订立的共享利益、共担风险的协议。

实用问答

合伙协议应当载明哪些事项?

答:根据《合伙企业法》第18条的规定,合伙协议应当载明下列事项:

(1)合伙企业的名称和主要经营场所的地点;(2)合伙目的和合伙经营范围;(3)合伙人的姓名或者名称、住所;(4)合伙人的出资方式、数额和缴付期限;(5)利润分配、亏损分担方式;(6)合伙事务的执行;(7)入伙与退伙;(8)争议解决办法;(9)合伙企业的解散与清算;(10)违约责任。

第九百六十八条 【合伙人履行出资义务】

合伙人应当按照约定的出资方式、数额和缴付期限,履行出资义务。

实用问答

合伙人的出资方式有哪些?有什么需要注意的事项?

答:根据《合伙企业法》第16条的规定,合伙人可以用货币、实物、知识产权、土地使用权或者其他财产权利出资,也可以用劳务出资。合伙人以实物、知识产权、土地使用权或者其他财产权利出资,需要评估作价的,可以由全体合伙人协商确定,也可以由全体合伙人委托法定评估机构评估。合伙人以劳务出资的,其评估办法由全体合伙人协商确定,并在合伙协议中载明。

第九百六十九条 【合伙财产】

合伙人的出资、因合伙事务依法取得的收益和其他财产,属于合伙财产。

合伙合同终止前,合伙人不得请求分割合伙财产。

条文参见

《合伙企业法》第20、21条

第九百七十条 【合伙事务的执行】

合伙人就合伙事务作出决定的,除合伙合同另有约定外,应当经全体合伙人一致同意。

合伙事务由全体合伙人共同执行。按照合伙合同的约定或者全体合伙人的决定,可以委托一个或者数个合伙人执行合伙事务;其他合伙人不再执行合伙事务,但是有权监督执行情况。

合伙人分别执行合伙事务的,执行事务合伙人可以对其他合伙人执行的事务提出异议;提出异议后,其他合伙人应当暂停该项事务的执行。

理解适用

[合伙事务的决定]

由于合伙事务关系到全体合伙人的共同利益,原则上应当由全体合伙人共同决定,尤其是关于合伙事务或者合伙财产的重要事项,必须由全体合伙人一致同意才能进行。当然,合伙合同可以对此作出特别约定。

[合伙事务的执行]

每一个合伙人对企业的经营管理和其他事务的执行不但有参与权,而且权利平等。无论出资多少,出资方式是否相同,都不影响这一法定权利,不影响各合伙人在执行合伙事务时的平等资格。但是,如果所有合伙事务都由全体合伙人共同执行,则程序将变得十分烦琐,容易导致经营效率低下,不利于合伙事务的执行、处理。因此,合伙人可以在合伙合同中约定,或者在订立合伙合同后由全体合伙人共同决定,委托一个或者数个合伙人来执行合伙事务。

[非执行合伙事务人的监督权]

非执行合伙事务的合伙人虽然不直接参与合伙日常事务的经营管理,但是仍然享有对合伙重大事务的参与权和决定权。非执行事务合伙人对合伙事务执行人执行合伙事务的监督权。该监督权的内容主要包括:执行事务的合伙人要向非执行事务的合伙人报告业务经营情况;必要时非执行事务合伙人有权查阅企业的有关会计账册,查看合伙财产的实际状况,等等。

[合伙人对其他合伙人执行事务的异议权]

各执行事务合伙人既是事务执行人,也是他人执行事务的监督人。如果执行事务合伙人的行为有损合伙的利益、不当或有错误,其他执行事务的合伙人可以提出异议。一旦提出异议,就应暂停该项事务的执行。这主要是为了防止被提异议人对异议置之不理;如果已经造成损失,还可以防止损失的扩大。

实用问答

合伙人如何对合伙企业有关事项作出决议?

答:根据《合伙企业法》第30条的规定,合伙人对合伙企业有关事项作出决议,按照合伙协议约定的表决办法办理。合伙协议未约定或者约定不明确的,实行合伙人一人一票并经全体合伙人过半数通过的表决办法。该法对合伙企业的表决办法另有规定的,从其规定。

条文参见

《合伙企业法》第 26~30 条

第九百七十一条　【执行合伙事务报酬】

合伙人不得因执行合伙事务而请求支付报酬,但是合伙合同另有约定的除外。

条文参见

《合伙企业法》第 67 条

第九百七十二条　【合伙的利润分配与亏损分担】

合伙的利润分配和亏损分担,按照合伙合同的约定办理;合伙合同没有约定或者约定不明确的,由合伙人协商决定;协商不成的,由合伙人按照实缴出资比例分配、分担;无法确定出资比例的,由合伙人平均分配、分担。

实用问答

合伙协议是否可以约定将全部利润分配给部分合伙人或者由部分合伙人承担全部亏损?

答:根据《合伙企业法》第 33 条第 2 款的规定,合伙协议不得约定将全部利润分配给部分合伙人或者由部分合伙人承担全部亏损。

第九百七十三条　【合伙人的连带责任及追偿权】

合伙人对合伙债务承担连带责任。清偿合伙债务超过自己应当承担份额的合伙人,有权向其他合伙人追偿。

理解适用

[合伙人对合伙债务承担连带责任]

合伙人对合伙债务承担连带责任,是指全体合伙人以自己的所有财产向债权人承担连带责任,债权人可以请求任何一个或者数个合伙人清偿所有合伙债务。

条文参见

《合伙企业法》第38～40条

第九百七十四条 【合伙人转让其财产份额】

除合伙合同另有约定外,合伙人向合伙人以外的人转让其全部或者部分财产份额的,须经其他合伙人一致同意。

理解适用

[合伙财产]

合伙财产属于全体合伙人共同共有,对合伙财产的处分应当按照合伙合同约定,或者经过全体合伙人同意。合伙人有权将其持有的合伙财产份额转让。该转让包括向合伙内部的其他合伙人转让和向合伙人以外的人转让。

条文参见

《合伙企业法》第22、25条

第九百七十五条 【合伙人权利代位】

合伙人的债权人不得代位行使合伙人依照本章规定和合伙合同享有的权利,但是合伙人享有的利益分配请求权除外。

实用问答

合伙人发生与合伙企业无关的债务的,其应如何清偿该债务?

答:根据《合伙企业法》第41条和第42条第1款的规定,合伙人发生与合伙企业无关的债务,相关债权人不得以其债权抵销其对合伙企业的债务;也不得代位行使合伙人在合伙企业中的权利。合伙人的自有财产不足清偿其与合伙企业无关的债务的,该合伙人可以以其从合伙企业中分取的收益用于清偿;债权人也可以依法请求人民法院强制执行该合伙人在合伙企业中的财产份额用于清偿。

第九百七十六条 【合伙期限】

合伙人对合伙期限没有约定或者约定不明确,依据本法第五百一十条的规定仍不能确定的,视为不定期合伙。

合伙期限届满,合伙人继续执行合伙事务,其他合伙人没有提出异议的,原合伙合同继续有效,但是合伙期限为不定期。

合伙人可以随时解除不定期合伙合同,但是应当在合理期限之前通知其他合伙人。

理解适用

[合伙期限]

合伙期限,即合伙合同的存续期限。实践中,基于各种原因,合伙合同可能对合伙期限并没有作出约定或者约定不明确。对于这种情况,合伙人可以补充协议;不能达成补充协议的,则按照合同相关条款或者交易习惯确定。按照合同相关条款或者交易习惯仍无法确定的,视为不定期合伙。

实用问答

合伙协议未约定合伙期限的,合伙人是否可以退伙?

答:根据《合伙企业法》第46条的规定,合伙协议未约定合伙期限的,合伙人在不给合伙企业事务执行造成不利影响的情况下,可以退伙,但应当提前30日通知其他合伙人。

第九百七十七条 【合伙合同终止】

合伙人死亡、丧失民事行为能力或者终止的,合伙合同终止;但是,合伙合同另有约定或者根据合伙事务的性质不宜终止的除外。

理解适用

当合伙人死亡、丧失民事行为能力或者出现被宣告破产、解散等法定终止原因时,为了最大限度地保护全体合伙人的利益,合伙人的继承人、遗产管理人、法定代理人或者清算人应当及时通知其他合伙人,如果合伙事务的执行不宜停止,或者停止将给合伙人造成不可弥补之损失,在通知后或者一时无法通知其他合伙人的情况下,还应当继续执行原合伙人未完成的有关事务。

第九百七十八条 【合伙剩余财产分配顺序】

合伙合同终止后,合伙财产在支付因终止而产生的费用以及清偿合伙债务后有剩余的,依据本法第九百七十二条的规定进行分配。

理解适用

合伙人将自己的财产交由全体合伙人共同使用,并非作为实物出资的,在支付因终止而产生的费用和清偿合伙债务之前,合伙人有权取回。因为该财产并不属于合伙财产,合伙人可以基于所有权要求返还。

第三分编　准　合　同

第二十八章　无 因 管 理

第九百七十九条 【无因管理定义】

管理人没有法定的或者约定的义务,为避免他人利益受损失而管理他人事务的,可以请求受益人偿还因管理事务而支出的必要费用;管理人因管理事务受到损失的,可以请求受益人给予适当补偿。

管理事务不符合受益人真实意思的,管理人不享有前款规定的权利;但是,受益人的真实意思违反法律或者违背公序良俗的除外。

第九百八十条 【不适当无因管理制度】

管理人管理事务不属于前条规定的情形,但是受益人享有管理利益的,受益人应当在其获得的利益范围内向管理人承担前条第一款规定的义务。

理解适用

[适当的无因管理]

适当的无因管理,是指管理人没有法定的或者约定的义务,为避免他人利益受损失而管理他人事务,并且符合受益人真实意思的管理行为。

[不适当的无因管理]

不适当的无因管理,是指管理人没有法定的或者约定的义务,为避免他人利益受损失而管理他人事务,但不符合受益人真实意思的管理行为。

第九百八十一条 【管理人适当管理义务】

管理人管理他人事务,应当采取有利于受益人的方法。中断管理对受益人不利的,无正当理由不得中断。

实用问答

管理人适当管理义务主要体现在哪些方面?

答:管理人在管理他人事务时,应当履行一定的义务,其中最主要的是按照善良管理人的注意义务管理他人事务,这主要体现在以下方面:一是管理人依本人明示的或者可推知的意思进行管理。二是管理人应当以利于本人的方法进行管理。三是管理人应当履行继续管理义务。管理人在开始管理后,如其中途停止管理行为较不管理对本人更为不利,则管理人不得中断对事务的管理,应当继续管理事务。管理人违反该义务导致受益人的利益受到损害的,管理人应当承担损害赔偿责任。

第九百八十二条 【管理人通知义务】

管理人管理他人事务,能够通知受益人的,应当及时通知受益人。管理的事务不需要紧急处理的,应当等待受益人的指示。

理解适用

[管理人在管理事务时对受益人有通知的义务]

管理人发出通知后应当中止管理行为,等待受益人的指示。受益人指示同意管理人管理其事务的,管理人可以继续管理;受益人没有指示或者虽有指示但拒绝其管理的,管理人不得再继续管理。但是如果管理人管理的事务属于紧急事务,如处置受益人所有的即将变质的海鲜食品,若不继续管理可能对受益人的利益造成重大损害,因此,管理人可在收到受益人指示前继续管理事务。

第九百八十三条 【管理人报告和交付义务】

管理结束后,管理人应当向受益人报告管理事务的情况。管理人管理事务取得的财产,应当及时转交给受益人。

第九百八十四条 【受益人追认的法律效果】

管理人管理事务经受益人事后追认的,从管理事务开始时起,适用委托合同的有关规定,但是管理人另有意思表示的除外。

第二十九章 不当得利

第九百八十五条 【不当得利定义】

得利人没有法律根据取得不当利益的,受损失的人可以请求得利人返还取得的利益,但是有下列情形之一的除外:
(一)为履行道德义务进行的给付;
(二)债务到期之前的清偿;
(三)明知无给付义务而进行的债务清偿。

理解适用

[不当得利]

不当得利,是指没有法律根据,取得不当利益,造成他人损失的情形。

不当得利一般分为两种类型:

(1)给付型不当得利,是指基于给付而产生的不当得利。构成给付型不当得利,有以下几个要件:一是基于给付而取得利益。二是他方当事人有损失。三是具有因果关系。四是没有法律根据。

(2)非给付型不当得利,是指因给付以外的事由而发生的类型。其事由包括:一是基于受益人的行为而产生的不当得利。二是基于受害人的行为而产生的不当得利。三是基于第三人的行为而产生的不当得利。四是基于法律规定而产生的不当得利。五是基于自然事件而产生的不当得利。

第九百八十六条 【善意得利人返还义务免除】

得利人不知道且不应当知道取得的利益没有法律根据,取得的利益已经不存在的,不承担返还该利益的义务。

理解适用

["取得的利益"有无的判断]

"取得的利益"有无的判断,不同于不当得利中的个别判断标准,应抽象概括地就受领人整个财产加以判断,以取得利益的过程而产生的现有财产总额与若无此事实应有财产的总额比较,而决定有无利益的存在。

第九百八十七条 【恶意得利人返还义务】

得利人知道或者应当知道取得的利益没有法律根据的,受损失的人可以请求得利人返还其取得的利益并依法赔偿损失。

第九百八十八条 【第三人返还义务】

得利人已经将取得的利益无偿转让给第三人的,受损失的人可以请求第三人在相应范围内承担返还义务。

理解适用

[无偿转让给第三人]

关于"无偿转让给第三人",应该注意:(1)须为无偿转让,如赠与或遗赠。只要是有偿转让,不论是否支付合理对价,都不能要求第三人承担返还义务。在半卖半送的廉价买卖(混合赠与)中,赠与部分仍可要求第三人承担返还义务。(2)须为原受领人所应返还的赠与物,包括所受利益以及基于该利益更有所得者。

第四编 人格权

第一章 一般规定

第九百八十九条【人格权编的调整范围】

本编调整因人格权的享有和保护产生的民事关系。

理解适用

[人格权]

人格权,是指人对自身最基本的权利,对其特定的人格利益最重要的权利,事关人格尊严和人身自由,属于专属性的人身权,限制转让,禁止转让。

条文参见

《宪法》第37、38条;《刑法》第238条

第九百九十条【人格权类型】

人格权是民事主体享有的生命权、身体权、健康权、姓名权、名称权、肖像权、名誉权、荣誉权、隐私权等权利。

除前款规定的人格权外,自然人享有基于人身自由、人格尊严产生的其他人格权益。

实用问答

因人身权益受到侵害,自然人可以请求精神损害赔偿吗?

答:根据《最高人民法院关于确定民事侵权精神损害赔偿责任若干问题的解释》第1条的规定,因人身权益或者具有人身意义的特定物受到侵害,自然人或者其近亲属向人民法院提起诉讼请求精神损害赔偿的,人民法院应当依法予以受理。

条文参见

《网络侵权规定》第1条

案例指引

养女墓碑刻名维权案(《民法典颁布后人格权司法保护典型民事案例》之二)

典型意义：养子女在过世养父母墓碑上刻名的权益关涉人格尊严和人格平等，符合孝道传统和公序良俗，本案将此种人格权益纳入一般人格权予以保护，回应了社会发展所产生的新型人格权益保护需求，对类似案件处理具有参考价值。

第九百九十一条 【人格权受法律保护】

民事主体的人格权受法律保护，任何组织或者个人不得侵害。

条文参见

《最高人民法院关于审理使用人脸识别技术处理个人信息相关民事案件适用法律若干问题的规定》第2条

第九百九十二条 【人格权禁止性规定】

人格权不得放弃、转让或者继承。

第九百九十三条 【人格标识许可使用】

民事主体可以将自己的姓名、名称、肖像等许可他人使用，但是依照法律规定或者根据其性质不得许可的除外。

理解适用

[许可他人使用]

许可他人使用，是许可他人在商品、商标或者服务等上面使用，不包括他人正当使用别人的姓名等情形；同时，许可他人使用不仅包括以营利为目的的使用，也包括以非营利为目的的使用。是否以营利为目的，是衡量赔偿损失数额的一个重要因素。

条文参见

《商标法》第 43 条;《企业名称登记管理规定》第 23 条

第九百九十四条 【死者人格利益保护】

死者的姓名、肖像、名誉、荣誉、隐私、遗体等受到侵害的,其配偶、子女、父母有权依法请求行为人承担民事责任;死者没有配偶、子女且父母已经死亡的,其他近亲属有权依法请求行为人承担民事责任。

实用问答

死者的姓名、肖像、名誉、荣誉、隐私、遗体等受到侵害的情形有哪些?

答:死者的姓名、肖像、名誉、荣誉、隐私、遗体等受到侵害,包括但不限于以下情形:一是未经许可而擅自使用死者的姓名、肖像等;二是以侮辱、诽谤、贬损、丑化等方式,侵害死者的名誉、荣誉;三是以非法披露、利用等方式侵害死者的隐私;四是以非法利用、损害等方式侵害死者的遗体等。

条文参见

《刑法》第 302 条;《英雄烈士保护法》第 25 条;《精神损害解释》第 3 条

第九百九十五条 【不适用诉讼时效的请求权】

人格权受到侵害的,受害人有权依照本法和其他法律的规定请求行为人承担民事责任。受害人的停止侵害、排除妨碍、消除危险、消除影响、恢复名誉、赔礼道歉请求权,不适用诉讼时效的规定。

条文参见

《食品安全法》第 141 条;《消费者权益保护法》第 50 条

第九百九十六条 【责任竞合情形下精神损害赔偿】

因当事人一方的违约行为,损害对方人格权并造成严重精神损害,受损害方选择请求其承担违约责任的,不影响受损害方请求精神损害赔偿。

> **理解适用**

[精神损害赔偿]

精神损害赔偿,是指受害人因人格利益或身份利益受到损害或者遭受精神痛苦而获得的金钱赔偿。

> **条文参见**

《旅游纠纷规定》第7条

第九百九十七条 【人格权行为禁令】

民事主体有证据证明行为人正在实施或者即将实施侵害其人格权的违法行为,不及时制止将使其合法权益受到难以弥补的损害的,有权依法向人民法院申请采取责令行为人停止有关行为的措施。

> **实用问答**

1. 作出人身安全保护令应当具备哪些条件?

答:根据《反家庭暴力法》第27条的规定,作出人身安全保护令应当具备下列条件:(1)有明确的被申请人;(2)有具体的请求;(3)有遭受家庭暴力或者面临家庭暴力现实危险的情形。

2. 人身安全保护令是否有期限限制?

答:根据《反家庭暴力法》第30条的规定,人身安全保护令的有效期不超过6个月,自作出之日起生效。人身安全保护令失效前,人民法院可以根据申请人的申请撤销、变更或者延长。

> **条文参见**

《民事诉讼法》第103、104条;《反家庭暴力法》第23~32条;《婚姻家庭编解释二》第12条

第九百九十八条 【认定人格侵权责任应考虑的主要因素】

认定行为人承担侵害除生命权、身体权和健康权外的人格权的民事责任,应当考虑行为人和受害人的职业、影响范围、过错程度,以及行为的目的、方式、后果等因素。

实用问答

精神损害的赔偿数额应该根据哪些因素确定？

答：根据《精神损害解释》第5条的规定，精神损害的赔偿数额根据以下因素确定：(1)侵权人的过错程度，但是法律另有规定的除外；(2)侵权行为的目的、方式、场合等具体情节；(3)侵权行为所造成的后果；(4)侵权人的获利情况；(5)侵权人承担责任的经济能力；(6)受理诉讼法院所在地的平均生活水平。

条文参见

《宪法》第40条；《刑事诉讼法》第143条；《国家安全法》第65条

第九百九十九条 【人格权的合理使用】

为公共利益实施新闻报道、舆论监督等行为的，可以合理使用民事主体的姓名、名称、肖像、个人信息等；使用不合理侵害民事主体人格权的，应当依法承担民事责任。

理解适用

[新闻报道]

新闻报道，是指新闻单位对新近发生的事实的报道，包括有关政治、经济、军事、外交等社会公共事务的报道以及有关社会突发事件的报道。

[舆论监督]

舆论监督，是指社会公众运用各种传播媒介对社会运行过程中出现的现象表达信念、意见和态度，从而进行监督的活动。

第一千条 【消除影响、恢复名誉、赔礼道歉等民事责任的承担】

行为人因侵害人格权承担消除影响、恢复名誉、赔礼道歉等民事责任的，应当与行为的具体方式和造成的影响范围相当。

行为人拒不承担前款规定的民事责任的，人民法院可以采取在报刊、网络等媒体上发布公告或者公布生效裁判文书等方式执行，产生的费用由行为人负担。

> **理解适用**

理解本条第 2 款的规定应注意以下几点:(1)行为人拒不承担消除影响、恢复名誉、赔礼道歉的民事责任。如果行为人主动承担了这些民事责任,就不存在执行的问题。(2)执行的方式是在报刊、网络等媒体上发布公告或者公布生效裁判文书等。(3)人民法院是"可以"而非"应当"采取。鉴于侵害人格权的情形较为复杂,发布公告或者公布裁判文书可能会导致后续的损害,本款因此赋予人民法院根据情况加以酌定处理的权力。

> **实用问答**

英雄烈士保护民事公益诉讼案件判决、裁定发生法律效力后,被告拒不履行的,如何处理?

答:根据《人民检察院公益诉讼检察部门办理英雄烈士保护民事公益诉讼案件工作指引》的规定,英雄烈士保护民事公益诉讼案件判决、裁定发生法律效力后,被告如不履行,应当由人民法院移送执行。对违法行为人拒不履行判决、裁定中确定的消除影响、恢复名誉、赔礼道歉等责任的,检察机关可以商请人民法院采取公告、登报等方式,将判决的主要内容和有关情况公布于众,相关费用由被执行人承担,并可以依照《民事诉讼法》的相关规定追究被执行人的法律责任。

第一千零一条 【身份权的法律适用】

对自然人因婚姻家庭关系等产生的身份权利的保护,适用本法第一编、第五编和其他法律的相关规定;没有规定的,可以根据其性质参照适用本编人格权保护的有关规定。

> **案例指引**

颜某某申请人格权侵害禁令案(《最高人民法院发布涉婚姻家庭纠纷典型案例》之三)

典型意义: 解决分居状态下抢夺、藏匿未成年子女问题的前提是及时快速制止不法行为,尽量减少对未成年人的伤害。签发人格权侵害禁令,可以进行事先预防性保护,避免权利主体受到难以弥补的损害。《民法典》第 1001 条规定,对自然人因婚姻家庭关系等产生的身份权利的保护,在相关法律没有规定的情况下,可以根据其性质参照适用人格权保护的有关规定。父母对未成年子女抚养、教育和保护的权利是一种重要的身份权,人民法院针对抢夺、藏匿未成年子女行为参照适用《民法典》第997条的规定签发禁令,能够快速让未成年子女恢复到原来的生活状态,是人格权保护事先预防大于事后赔偿基本理念的具体体现,对不法行为形成有力的法律震慑。

第二章 生命权、身体权和健康权

第一千零二条 【生命权】

自然人享有生命权。自然人的生命安全和生命尊严受法律保护。任何组织或者个人不得侵害他人的生命权。

理解适用

[生命权]

生命权,是指自然人享有的以维护生命安全和生命尊严为内容的权利。

[生命尊严受法律保护]

生命尊严受法律保护,是指自然人有权基于人格尊严,在消极意义上禁止他人侵害自己作为生命主体者的尊严;在积极意义上要求自己作为生命主体者的尊严获得应有的尊重,提升生命的品质。

第一千零三条 【身体权】

自然人享有身体权。自然人的身体完整和行动自由受法律保护。任何组织或者个人不得侵害他人的身体权。

理解适用

[身体权]

身体权,是指自然人享有的以身体完整和行动自由受法律保护为内容的权利。

应当注意的是,虽然自然人死亡之后就不再享有身体权,但是,自然人死亡后的遗体、遗骨和骨灰也应当受到尊重。

第一千零四条 【健康权】

自然人享有健康权。自然人的身心健康受法律保护。任何组织或者个人不得侵害他人的健康权。

> 理解适用

[健康权]

健康权,是指自然人享有的以身心健康受法律保护为内容的权利。

应当注意的是,健康权的保护范围不仅限于身体健康,也应当包括心理健康,导致受害人产生精神分裂、痴呆、狂想症、恐惧症、焦虑症、抑郁症等侵害其心理健康的行为,也构成侵害健康权。另外,劳动能力的保持也属于健康权的内容之一。

> 实用问答

健康权的保护范围主要包括哪些?

答:健康权的保护范围不仅包括身体健康,也应当包括心理健康,导致受害人产生精神分裂、痴呆、狂想症、恐惧症、焦虑症、抑郁症等侵害其心理健康的行为,也构成侵害健康权。另外,劳动能力的保持也属于健康权的内容之一。

第一千零五条 【法定救助义务】

自然人的生命权、身体权、健康权受到侵害或者处于其他危难情形的,负有法定救助义务的组织或者个人应当及时施救。

> 实用问答

对需要紧急救治的患者,医师应当如何施救?因施救造成受助人损害的,需要承担民事责任吗?

答:根据《医师法》第27条的规定,对需要紧急救治的患者,医师应当采取紧急措施进行诊治,不得拒绝急救处置。因抢救生命垂危的患者等紧急情况,不能取得患者或者其近亲属意见的,经医疗机构负责人或者授权的负责人批准,可以立即实施相应的医疗措施。国家鼓励医师积极参与公共交通工具等公共场所急救服务;医师因自愿实施急救造成受助人损害的,不承担民事责任。

条文参见

《道路交通安全法》第 70 条;《消防法》第 44 条;《基本医疗卫生与健康促进法》第 27 条

第一千零六条 【人体捐献】

完全民事行为能力人有权依法自主决定无偿捐献其人体细胞、人体组织、人体器官、遗体。任何组织或者个人不得强迫、欺骗、利诱其捐献。

完全民事行为能力人依据前款规定同意捐献的,应当采用书面形式,也可以订立遗嘱。

自然人生前未表示不同意捐献的,该自然人死亡后,其配偶、成年子女、父母可以共同决定捐献,决定捐献应当采用书面形式。

理解适用

完全民事行为能力人才有权依法自主决定是否进行人体捐献。人体捐献者必须对捐献行为具有充分的判断和辨认能力,未成年人以及不能辨认或者不能完全辨认自己行为的成年人等限制民事行为能力人和无民事行为能力人,作出的同意人体捐献的决定是无效的。

实用问答

医疗机构在摘取活体器官前,有哪些告知义务?

答:根据《人体器官移植技术临床应用管理规定》第 11 条的规定,移植活体器官的,由从事人体器官移植的医疗机构获取活体器官。医疗机构在获取活体器官前,应当充分告知捐献人获取器官手术风险、术后注意事项、可能发生的并发症及预防措施等,并签署知情同意书。活体器官的接受人限于活体器官捐献人的配偶、直系血亲或者三代以内旁系血亲。医疗机构及其医务人员未经捐献人同意,不得获取活体器官。不得获取未满 18 周岁公民的活体器官用于移植。活体器官移植不应当因捐献活体器官而损害捐献人相应的正常生理功能。

条文参见

《人体器官移植条例》第7、8条

第一千零七条 【禁止人体买卖】

禁止以任何形式买卖人体细胞、人体组织、人体器官、遗体。

违反前款规定的买卖行为无效。

第一千零八条 【人体临床试验】

为研制新药、医疗器械或者发展新的预防和治疗方法,需要进行临床试验的,应当依法经相关主管部门批准并经伦理委员会审查同意,向受试者或者受试者的监护人告知试验目的、用途和可能产生的风险等详细情况,并经其书面同意。

进行临床试验的,不得向受试者收取试验费用。

理解适用

[人体临床试验]

人体临床试验,又称人体试验,是指在病人或健康志愿者等受试者的人体上进行系统性研究,以了解新药、医疗器械或者发展新的预防和治疗方法的疗效与安全性。

实用问答

开展疫苗临床试验或实施药物临床试验,由谁依法行使知情同意权?

答:根据《疫苗管理法》第18条的规定,开展疫苗临床试验,应当取得受试者的书面知情同意;受试者为无民事行为能力人的,应当取得其监护人的书面知情同意;受试者为限制民事行为能力人的,应当取得本人及其监护人的书面知情同意。根据《药品管理法》第21条的规定,实施药物临床试验,应当向受试者或者其监护人如实说明和解释临床试验的目的和风险等详细情况,取得受试者或者其监护人自愿签署的知情同意书,并采取有效措施保护受试者合法权益。

条文参见

《疫苗管理法》第 16、18 条;《药品管理法》第 19、21 条;《药品管理法实施条例》第 30 条;《涉及人的生物医学研究伦理审查办法》

第一千零九条 【与人体基因、人体胚胎等有关的医学科研活动】

从事与人体基因、人体胚胎等有关的医学和科研活动,应当遵守法律、行政法规和国家有关规定,不得危害人体健康,不得违背伦理道德,不得损害公共利益。

实用问答

与人体基因、人体胚胎等有关的医学和科研活动主要包括哪些?

答:与人体基因有关的医学和科研活动,包括基因鉴定、基因制药、基因诊断、基因治疗、基因编辑、基因克隆等。与人体胚胎有关的医学和科研活动,包括与人体胚胎干细胞等有关的治疗性研究和生殖性研究。

条文参见

《基因工程安全管理办法》第 2、3、30 条;《人胚胎干细胞研究伦理指导原则》

第一千零一十条 【性骚扰】

违背他人意愿,以言语、文字、图像、肢体行为等方式对他人实施性骚扰的,受害人有权依法请求行为人承担民事责任。

机关、企业、学校等单位应当采取合理的预防、受理投诉、调查处置等措施,防止和制止利用职权、从属关系等实施性骚扰。

实用问答

用人单位应当采取哪些措施预防和制止对妇女的性骚扰?

答:根据《妇女权益保障法》第 25 条的规定,用人单位应当采取下列措施预防和制止对妇女的性骚扰:(1)制定禁止性骚扰的规章制度;(2)明确负责机构或者人员;(3)开展预防和制止性骚扰的教育培训活动;(4)采取必要的安全保卫措施;(5)设置投诉电话、信箱等,畅通投诉渠道;(6)建立和完善调查处置程序,及时处置纠纷并保护当事人隐私和个人信息;(7)支持、协助受害妇女依法维权,必要时为受害妇女提供心理疏导;(8)其他合理的预防和制止性骚扰措施。

条文参见

《妇女权益保障法》第23条;《女职工劳动保护特别规定》第11条

案例指引

员工实施职场性骚扰,用人单位有权以严重违反单位规章制度为由解除劳动合同——黄某诉重庆某公司劳动争议案(《最高法发布民法典颁布五周年第二批典型案例》之四)

典型意义: 职场性骚扰有损劳动者权益和人格尊严,用人单位负有防止、制止职场性骚扰的法定义务。《民法典》第1010条规定,违背他人意愿对他人实施性骚扰的,受害人有权依法请求行为人承担民事责任,企业等单位应当采取合理措施,防止和制止利用职权、从属关系等实施性骚扰。本案中,人民法院依法认定,劳动者利用与女职工的上下从属关系进行性骚扰,严重违反公司规章制度的,用人单位有权解除劳动合同且无需支付解除劳动合同赔偿金,对于依法保障劳动者合法权益、营造风清气正的职场环境具有积极的规范引领作用。

第一千零一十一条 【侵害行动自由和非法搜查身体】

以非法拘禁等方式剥夺、限制他人的行动自由,或者非法搜查他人身体的,受害人有权依法请求行为人承担民事责任。

实用问答

行政机关及其工作人员实施的哪些侵犯人身权行为,受害人有权获得赔偿?

答: 根据《国家赔偿法》第3条的规定,行政机关及其工作人员在行使行政职权时有下列侵犯人身权情形之一的,受害人有取得赔偿的权利:(1)违法拘留或者违法采取限制公民人身自由的行政强制措施的;(2)非法拘禁或者以其他方法非法剥夺公民人身自由的;(3)以殴打、虐待等行为或者唆使、放纵他人以殴打、虐待等行为造成公民身体伤害或者死亡的;(4)违法使用武器、警械造成公民身体伤害或者死亡的;(5)造成公民身体伤害或者死亡的其他违法行为。

条文参见

《宪法》第37条;《精神损害解释》第1条

案例指引

朱某蔚申请无罪逮捕赔偿案(最高人民法院指导案例42号)

裁判要点：国家机关及其工作人员行使职权时侵犯公民人身自由权,严重影响受害人正常的工作、生活,导致其精神极度痛苦,属于造成精神损害严重后果。赔偿义务机关支付精神损害抚慰金的数额,应当根据侵权行为的手段、场合、方式等具体情节,侵权行为造成的影响、后果,以及当地平均生活水平等综合因素确定。

第三章　姓名权和名称权

第一千零一十二条　【姓名权】

自然人享有姓名权,有权依法决定、使用、变更或者许可他人使用自己的姓名,但是不得违背公序良俗。

案例指引

1. 未成年人姓名变更维权案(《民法典颁布后人格权司法保护典型民事案例》之一)

典型意义：本案系适用《民法典》保护未成年人合法姓名变更权的典型案例。实务中,因夫妻离异后一方变更未成年人姓名而频频引发纠纷。本案审理法院坚持以未成年人利益最大化为原则,将《民法典》人格权编最新规定与《未成年人保护法》有机结合,充分听取具有一定判断能力和合理认知的未成年人的意愿,尊重公民姓名选择的自主权,最大限度地保护了未成年人的人格利益,收到了良好的社会效果。

2. 迈克尔·杰弗里·乔丹与国家工商行政管理总局商标评审委员会、乔丹体育股份有限公司"乔丹"商标争议行政纠纷案(最高人民法院指导案例113号)

裁判要点：姓名权是自然人对其姓名享有的人身权,姓名权可以构成商标法规定的在先权利。外国自然人外文姓名的中文译名符合条件的,可以依法主张作为特定名称按照姓名权的有关规定予以保护。

外国自然人就特定名称主张姓名权保护的,该特定名称应当符合以下三项条件:(1)该特定名称在我国具有一定的知名度,为相关公众所知悉;(2)相关公众使用该特定名称指代该自然人;(3)该特定名称已经与该自然人之间建立了稳定的对应关系。

使用是姓名权人享有的权利内容之一,并非姓名权人主张保护其姓名权的法定前提条件。特定名称按照姓名权受法律保护的,即使自然人并未主动使用,也不影响姓名权人按照商标法关于在先权利的规定主张权利。

违反诚实信用原则,恶意申请注册商标,侵犯他人现有在先权利的"商标权人",以该商标的宣传、使用、获奖、被保护等情况形成了"市场秩序"或者"商业成功"为由,主张该注册商标合法有效的,人民法院不予支持。

第一千零一十三条 【名称权】

法人、非法人组织享有名称权,有权依法决定、使用、变更、转让或者许可他人使用自己的名称。

理解适用

[名称权]

名称权,是指法人以及非法人组织对其用以确定和代表自身并区别他人的符号和标记所享有的权利。

实用问答

企业名称主要由哪些内容组成?

答:根据《企业名称登记管理规定》第6条的规定,企业名称由行政区划名称、字号、行业或者经营特点、组织形式组成。跨省、自治区、直辖市经营的企业,其名称可以不含行政区划名称;跨行业综合经营的企业,其名称可以不含行业或者经营特点。

条文参见

《市场主体登记管理条例》第10条;《企业名称登记管理规定》第3、6、7、9、10、13条

> **案例指引**

天津中国青年旅行社诉天津国青国际旅行社擅自使用他人企业名称纠纷案(最高人民法院指导案例第 29 号)

裁判要点: 对于企业长期、广泛对外使用,具有一定市场知名度、为相关公众所知悉,已实际具有商号作用的企业名称简称,可以视为企业名称予以保护。擅自将他人已实际具有商号作用的企业名称简称作为商业活动中互联网竞价排名关键词,使相关公众产生混淆误认的,属于不正当竞争行为。

第一千零一十四条 【姓名权或名称权不得被非法侵害】

任何组织或者个人不得以干涉、盗用、假冒等方式侵害他人的姓名权或者名称权。

> **条文参见**

《英雄烈士保护法》第 22、23 条;《精神损害解释》第 1 条

> **案例指引**

网络竞价排名侵害名称权案(《民法典颁布后人格权司法保护典型民事案例》之三)

典型意义: 名称权是企业从事商事活动的重要标识性权利,已逐渐成为企业的核心资产。本案立足于数字经济发展新赛道,通过揭示竞价排名广告的商业逻辑,明确他人合法注册的企业名称受到保护,任何人不得通过"蹭热点""傍名牌"等方式侵害他人企业名称权。同时,本案还对网络服务提供者的审查义务进行了厘定,敦促其利用技术优势实质性审查"竞价排名"关键词的权属情况等,对制约商标侵权、不正当竞争行为,规范行业竞争秩序,构筑健康的品牌经济具有积极作用。

成都同德福合川桃片有限公司诉重庆市合川区同德福桃片有限公司、余某华侵害商标权及不正当竞争纠纷案(最高人民法院指导案例第 58 号)

裁判要点: 与"老字号"无历史渊源的个人或企业将"老字号"或与其近似的字号注册为商标后,以"老字号"的历史进行宣传的,应认定为虚假宣传,构成不正当竞争。与"老字号"具有历史渊源的个人或企业在未违反诚实信用原则的前提下,将"老字号"注册为个体工商户字号或企业名称,未

引人误认且未突出使用该字号的,不构成不正当竞争或侵犯注册商标专用权。

第一千零一十五条 【自然人选取姓氏】

自然人应当随父姓或者母姓,但是有下列情形之一的,可以在父姓和母姓之外选取姓氏:
(一)选取其他直系长辈血亲的姓氏;
(二)因由法定扶养人以外的人扶养而选取扶养人姓氏;
(三)有不违背公序良俗的其他正当理由。
少数民族自然人的姓氏可以遵从本民族的文化传统和风俗习惯。

条文参见

《婚姻家庭编解释一》第59条

案例指引

"北雁云依"诉济南市公安局历下区分局燕山派出所公安行政登记案(最高人民法院指导案例第89号)

裁判要点:公民选取或创设姓氏应当符合中华传统文化和伦理观念。仅凭个人喜好和愿望在父姓、母姓之外选取其他姓氏或者创设新的姓氏,不属于"有不违反公序良俗的其他正当理由"。

第一千零一十六条 【决定、变更姓名、名称或转让名称的法定程序及法律效力】

自然人决定、变更姓名,或者法人、非法人组织决定、变更、转让名称的,应当依法向有关机关办理登记手续,但是法律另有规定的除外。
民事主体变更姓名、名称的,变更前实施的民事法律行为对其具有法律约束力。

理解适用

我国法律法规以及规章对法人、非法人组织的设定、变更、转让作了相关规定,设定了一定的程序,特别是登记程序。原则上,法人或者非法人组织变更自己的名称或者转让自己的名称都需要进行变更或者转让登记。需要指出的是,根据我国相关法律法规的规定,并非所有法人或者非法人组织变更或者转让自己的名称都需要进行登记,如本法总则编规定的机关法人的决定或者变更就不需要办理登记手续。因此,本条特别规定"但是法律另有规定的除外"。

条文参见

《高等教育法》第 29 条;《律师法》第 21 条;《互联网上网服务营业场所管理条例》第 13 条

第一千零一十七条 【笔名、艺名等的保护】

具有一定社会知名度,被他人使用足以造成公众混淆的笔名、艺名、网名、译名、字号、姓名和名称的简称等,参照适用姓名权和名称权保护的有关规定。

条文参见

《反不正当竞争法》第 7 条

第四章 肖 像 权

第一千零一十八条 【肖像权及肖像】

自然人享有肖像权,有权依法制作、使用、公开或者许可他人使用自己的肖像。

肖像是通过影像、雕塑、绘画等方式在一定载体上所反映的特定自然人可以被识别的外部形象。

条文参见

《广告法》第 33 条;《妇女权益保障法》第 28 条

第一千零一十九条 【肖像权的保护】

任何组织或者个人不得以丑化、污损,或者利用信息技术手段伪造等方式侵害他人的肖像权。未经肖像权人同意,不得制作、使用、公开肖像权人的肖像,但是法律另有规定的除外。

未经肖像权人同意,肖像作品权利人不得以发表、复制、发行、出租、展览等方式使用或者公开肖像权人的肖像。

实用问答

在广告中使用他人名义或者形象的,是否应提前得到授权?

答:根据《广告法》第33条的规定,广告主或者广告经营者在广告中使用他人名义或者形象的,应当事先取得其书面同意;使用无民事行为能力人、限制民事行为能力人的名义或者形象的,应当事先取得其监护人的书面同意。

案例指引

1. 楼某熙诉杜某峰、某网络技术有限公司肖像权纠纷案(参见《人民法院贯彻实施民法典典型案例(第一批)》之七)

典型意义: 本案是人民法院依法打击网络侵权行为,保护自然人人格权益的典型案件。本案中,行为人于"七七事变"纪念日在微博上发表不当言论,并附有他人清晰脸部和身体特征的图片,意图达到贬低、丑化祖国和中国人的效果。该行为不仅侵犯了他人的肖像权,而且冲击了社会公共利益和良好的道德风尚。审理法院在本案判决中依法适用《民法典》的规定保护他人的肖像权,同时结合案情,将"爱国"这一社会主义核心价值观要求融入裁判说理,既依法维护了当事人的合法权益,也充分发挥了司法裁判的引领示范作用,突出弘扬了爱国主义精神的鲜明价值导向,有利于净化网络环境,维护网络秩序。

2. 擅用他人肖像供用户"换脸",应承担肖像权侵权责任——彭某某诉某软件运营公司肖像权纠纷案(《最高法发布利用网络、信息技术侵害人格权典型案例》之三)

典型意义: 当前,信息技术迅猛发展,AI技术在一定程度上代表和领航新兴技术发展的方向。一方面,AI技术驱动的产业形态和经营模式不断涌现,为经济增添了新的引擎,注入了强劲活力。另一方面,也要注意防止技术无序发展、向害发展。本案中,某软件运营公司利用AI技术供用户"换脸",构成侵权。而且,随着这类软件逐步增多,客观上会加大个人肖像权受侵害的范围和程度。该公司未经他人许可使用他人肖像进行商业经营,直接侵害了他人的肖像权,应当承担相应民事责任。本案裁判结果提示相关主体在开发和应用 AI 技术时,必须遵守相关法律法规,尊重并保护个人肖像权等人格权益。

第一千零二十条　【肖像权的合理使用】

合理实施下列行为的,可以不经肖像权人同意:

(一)为个人学习、艺术欣赏、课堂教学或者科学研究,在必要范围内使用肖像权人已经公开的肖像;

(二)为实施新闻报道,不可避免地制作、使用、公开肖像权人的肖像;

(三)为依法履行职责,国家机关在必要范围内制作、使用、公开肖像权人的肖像;

(四)为展示特定公共环境,不可避免地制作、使用、公开肖像权人的肖像;

(五)为维护公共利益或者肖像权人合法权益,制作、使用、公开肖像权人的肖像的其他行为。

实用问答

在舆论监督中肖像权的合理使用如何认定?[①]

答:舆论监督中合理使用肖像权涉及《民法典》第 999 条、第 1020 条第 2 项、第 5 项的适用。一般认为,适用舆论监督合理使用肖像权应当满足两个要件:(1)目的的公益性,即对肖像权的制作、公开、使用,是为公共利益实施新闻报道、舆论监督等行为所必需的。比如,最高人民法院公报案例"施某某、张某某、桂某某诉徐某某肖像权、名誉权、隐私权纠纷案"[(2015)江宁少民初字第 7 号]的裁判要旨即认为,为保护未成年人利益和揭露可能存在的犯罪行为,发帖人在其微博中发表未成年人受伤害信息,使用了施某某受伤的九张照片(使用时已经对脸部作了模糊处理),所发微博的内容与客观事实基本一致,符合社会公共利益保护和儿童利益最大化原则,不应认定此行为构成侵权。(2)手段的相当性,即为公共利益实施新闻报道、舆论监督等

[①] 参见《法答网精选答问(第十九批)——人格权专题》,载最高人民法院官网 2025 年 5 月 8 日,https://www.court.gov.cn/zixun/xiangqing/465691.html。

行为所制作、使用、公开的肖像应当具有合法来源。比如,新闻从业人员进行新闻采访应当符合相应准则,不得以非法侵入等不当方式侵扰权利人的生活安宁。同时,在使用当事人的肖像时已经采取了必要、合理的保护措施。比如,在舆论监督不可避免使用未成年人肖像时,就有必要通过打马赛克等方式对未成年人权益进行进一步保护。此外,对合理使用的认定,还需要结合《民法典》第 998 条的规定,综合考虑行为人和受害人的职业、影响范围、过错程度,以及行为的目的、方式、后果等因素。

条文参见

《著作权法》第 24、25 条

第一千零二十一条 【肖像许可使用合同解释规则】

当事人对肖像许可使用合同中关于肖像使用条款的理解有争议的,应当作出有利于肖像权人的解释。

第一千零二十二条 【肖像许可使用合同解除权】

当事人对肖像许可使用期限没有约定或者约定不明确的,任何一方当事人可以随时解除肖像许可使用合同,但是应当在合理期限之前通知对方。

当事人对肖像许可使用期限有明确约定,肖像权人有正当理由的,可以解除肖像许可使用合同,但是应当在合理期限之前通知对方。因解除合同造成对方损失的,除不可归责于肖像权人的事由外,应当赔偿损失。

理解适用

[肖像许可使用合同]

肖像许可使用合同,是指肖像权人与他人通过签订合同的方式约定他人在特定期限、特定范围内以特定方式使用自己的肖像。

[肖像许可使用合同的期限]

本条第 1 款的规定实际上赋予了双方当事人在肖像许可使用合同对肖像许可使用期限没有约定或者约定不明确的情况下任意解除合同的权利,但任何一方当事人行使这种任意解除权,应当在合理期限之前通知对方当事人,至于"合理期限"有多长,应当根据个案确定。这与一般合同的期限约定不明或者没有约定的情况下的处理规则不完全相同。

本条第 2 款的规定实际上赋予了肖像权人即使在许可使用期限约定明确的情况下,也可以单方解除肖像许可使用合同的权利。赋予肖像权人单方解除权也是为了更好地保护肖像权人的人格利益。但肖像权人行使这种单方解除权要受以下条件相应限制。

第一千零二十三条 【姓名许可和声音保护的参照适用】

对姓名等的许可使用,参照适用肖像许可使用的有关规定。

对自然人声音的保护,参照适用肖像权保护的有关规定。

实用问答

对自然人声音的保护,如何参照适用肖像权保护的有关规定?[1]

答: 自然人的声音具有独特性、唯一性、稳定性特点,一旦定型后除非通过科技手段,否则难以改变。因此,自然人的声音与肖像一样都可以成为标表自然人的人格标志,可以对外展示个人行为和身份,具有一定的人格属性。实践中两者也经常同时使用,如在广告中使用他人肖像的同时还往往配上其声音。《民法典》第 1023 条第 2 款规定,对自然人声音的保护,参照适用肖像权保护的有关规定。据此,《民法典》第 1018 条有关肖像权权能的规定、第 1019 条有关禁止侵害肖像权行为的规定、第 1020 条有关肖像权合理使用的规定、第 1021 条至第 1022 条有关肖像权商业利用的规定,均可参照适用于对自然人声音权益的保护。

具体而言,对自然人声音的保护客体是自然人的声音本身,即纯粹的声音,既非声音的载体,也非声音中的具体内容。具体权能体现为依法制作、使用、公开或者许可他人使用自己的声音;任何组织或者个人不得未经许可擅自使用、公开他人的声音。比如,在"殷某桢诉北京某智能科技公司等人格权纠纷案"(入库编号:2025-07-2-474-001)的裁判要旨即认为,未经自然人许可使用经人工智能技术处理的声音,构成对自然人声音权益的侵权。

---

[1] 参见《法答网精选答问(第十九批)——人格权专题》,载最高人民法院官网 2025 年 5 月 8 日,https://www.court.gov.cn/zixun/xiangqing/465691.html。

在符合《民法典》第1020条规定的为教学科研、实施新闻报道、依法履行职责、展示特定公共环境以及维护公共利益或者权利人的合法权益等情形下，行为人对声音的使用可以构成合理使用，不构成对自然人相关声音权益的侵犯。

自然人可以许可他人在商业活动中使用其声音，并依法获取一定的利益。在声音许可使用合同的解释等方面，也与肖像权许可使用合同遵循同样的规则。需要注意的是，受到保护的声音应当足以识别到特定的自然人，具有明显的特征指向性。另外，单纯模仿他人的声音，比如电视台举办的"模仿秀"等，不宜认定为构成侵权，不宜简单化适用肖像权保护的相关规则。

案例指引

未经许可AI化使用他人声音，应承担人格权侵权责任——殷某某诉甲公司、乙公司等人格权纠纷案（《最高法发布利用网络、信息技术侵害人格权典型案例》之二）

典型意义：声音作为一种人格权益，具有专属性，任何自然人的声音均应受到法律保护。实践中，声音被收集、合成、制作、模仿甚至篡改的现象较为普遍，这对声音权益的保护提出挑战。随着网络、AI等信息技术快速发展，声音作为人格权益予以保护显得更加必要。民法典人格权编首次以立法形式保护声音权益，明确参照适用肖像权的规则保护自然人的声音，体现了对人格权益的全面尊重和保护。本案中，人民法院按照民法典的规定认定甲公司、乙公司、丙公司构成侵权并判令承担相应侵权责任，彰显了声音的人格属性，有利于提升人格权全面保护的意识和水平。

第五章　名誉权和荣誉权

第一千零二十四条　【名誉权及名誉】

民事主体享有名誉权。任何组织或者个人不得以侮辱、诽谤等方式侵害他人的名誉权。

名誉是对民事主体的品德、声望、才能、信用等的社会评价。

理解适用

在判断某一行为是否构成侵害他人的名誉权时，需要注意以下几点：（1）受害人的社会评价是否降低，受害人社会评价没有降低就不存在名誉权受损害的问题。(2)如果行为人发布的信息或者所作的陈述真实客观,且没有包含侮辱性的内容,即使受害人认为自己的名誉受到了损害,也不构成名誉权侵权。(3)行为人侵害他人名誉权的行为需要受害人以外的人知悉。如果行为人的侵害行为没有被受害人以外的人知悉,受害人的社会评价就不存在降低或者受损的问题,自然也就不存在名誉权受损害的问题。(4)行为人的行为具有过错。名誉权侵权属于一般侵权行为,因此,行为人的行为具有过错也是侵害名誉权的构成要件,这种过错既可以表现为故意,也可以表现为过失。(5)在判断是否构成名誉权侵权以及承担损害赔偿责任的程度时,除了要考虑前述要件外,还需要考虑多种因素。

条文参见

《英雄烈士保护法》第22条;《妇女权益保障法》第28条

案例指引

1. 安徽某医疗科技公司诉安徽某健康科技公司名誉权纠纷案(参见《人民法院贯彻实施民法典典型案例(第二批)》之八)

典型意义:党的二十大报告强调要优化民营企业发展环境,依法保护民营企业产权和企业家权益,促进民营经济发展壮大。企业名誉是企业赖以生存和发展的重要基础,依法保护企业名誉权是构建法治化营商环境的应有之义。《民法典》第110条确认了法人、非法人组织享有名誉权,第1024条规定任何组织和个人不得以侮辱、诽谤等方式侵害他人名誉权。本案中,安徽某健康科技公司未经核实,采取投诉、公开发布指责声明的方式,侵犯同行业安徽某医疗科技公司名誉,致使其商业信誉降低,构成侵犯企业名誉权。人民法院依法判决安徽某健康科技公司停止侵害、删除发布在网站上的不实信息并登报赔礼道歉,既保护了被侵权企业的合法权益,也有利于维护市场竞争秩序,促进行业在良性竞争中发展。

2. 个人擅自发布悬赏广告征集他人违法犯罪线索,可构成名誉权侵权——某发展公司诉郑某某名誉权纠纷案(《最高法发布利用网络、信息技术侵害人格权典型案例》之一)

典型意义:悬赏广告是悬赏人以广告形式声明对完成特定行为的人给予报酬的行为。对完成特定行为予以悬赏,有利于实现悬赏人的特定目的。公安等公权力机关在依法行使职权过程中,无疑可以通过悬赏的方式征集相关主体的违法犯罪线索。民事主体发布悬赏广告,应具有正当目的,且不得损害他人合法权益。民事主体擅自发布悬赏广告征集他人违法犯罪线索,很可能使一般公众对被征集者产生涉嫌违法犯罪的认识,相应地降低被征集者的社会评价。尤其是,民事主体在网络平台发布征集违法犯罪线索的悬赏广告,由于网络的快速传播,更容易放大对被征集者的不利影响。本案中人民法院对郑某某的行为给予否定性评价,判令其承担赔礼道歉及赔偿损失责任,有利于引导民事主体正确使用悬赏广告,避免侵害他人权益。

3. 利用网络账号"挂人"并号召粉丝投诉和网暴,构成名誉权侵权——陈某与孟某等人名誉权纠纷案(《最高法发布利用网络、信息技术侵害人格权典型案例》之四)

典型意义:网络账号的使用者将他人网络身份信息置顶公示、号召他人投诉,容易使公众对"被挂者"的形象和名誉产生误解或负面评价,甚至逐渐演变为对"被挂者"的网暴,制造社会矛盾和冲突。对此,应予杜绝和制止。无论是个人还是组织,都不得利用网络平台进行诽谤、网暴等行为。本案裁判结果有利于帮助提高公众法律意识,使社会知晓组织特定群体在网络平台恶意、批量地以言语攻击他人可以构成对他人名誉权等人格权的损害。本案对于维护社会良好秩序,减少网络暴力也具有积极意义。

4. 追星中侮辱、诽谤他人,应依法承担侵权责任——魏某诉何某等三人网络侵权责任纠纷案(《最高法发布民法典颁布五周年第二批典型案例》之五)

典型意义:粉丝群体在网上互撕谩骂、应援打榜、造谣攻击等行为,损害了他人合法权益,破坏了清朗网络环境,人民群众反映强烈。本案中,人民法院依照《民法典》人格权编的相关规定,认定粉丝在追星过程中侮辱、诽谤他人,可构成人格权侵权,为网络用户身份确定、侵权行为界定等问题提供了清晰明确的审理思路,有利于进一步引导网络用户理性发言,促进依法治理"饭圈"乱象,营造健康向上的网络环境。

第一千零二十五条 【实施新闻报道、舆论监督等行为与保护名誉权关系】

行为人为公共利益实施新闻报道、舆论监督等行为,影响他人名誉的,不承担民事责任,但是有下列情形之一的除外:

(一)捏造、歪曲事实;

（二）对他人提供的严重失实内容未尽到合理核实义务；
（三）使用侮辱性言辞等贬损他人名誉。

第一千零二十六条 【合理核实义务的认定因素】

认定行为人是否尽到前条第二项规定的合理核实义务，应当考虑下列因素：
（一）内容来源的可信度；
（二）对明显可能引发争议的内容是否进行了必要的调查；
（三）内容的时限性；
（四）内容与公序良俗的关联性；
（五）受害人名誉受贬损的可能性；
（六）核实能力和核实成本。

第一千零二十七条 【文艺作品侵害名誉权】

行为人发表的文学、艺术作品以真人真事或者特定人为描述对象，含有侮辱、诽谤内容，侵害他人名誉权的，受害人有权依法请求该行为人承担民事责任。

行为人发表的文学、艺术作品不以特定人为描述对象，仅其中的情节与该特定人的情况相似的，不承担民事责任。

第一千零二十八条 【媒体报道内容失实侵害名誉权的补救】

民事主体有证据证明报刊、网络等媒体报道的内容失实，侵害其名誉权的，有权请求该媒体及时采取更正或者删除等必要措施。

实用问答

出版物的内容不真实或者不公正，相关出版单位如何承担民事责任？

答：根据《出版管理条例》第 27 条的规定，出版物的内容不真实或者不公正，致使公民、法人或者其他组织的合法权益受到侵害的，其出版单位应当公开更正，消除影响，并依法承担其他民事责任。报纸、期刊发表的作品内容不真实或者不公正，致使公民、法人或者其他组织的合法权益受到侵害，当事人有权要求有关出版单位更正或者答辩，有关出版单位应当在其近期出版的报纸、期刊上予以发表；拒绝发表的，当事人可以向人民法院提起诉讼。

条文参见

《英雄烈士保护法》第 23 条

第一千零二十九条 【信用评价】

民事主体可以依法查询自己的信用评价；发现信用评价不当的，有权提出异议并请求采取更正、删除等必要措施。信用评价人应当及时核查，经核查属实的，应当及时采取必要措施。

条文参见

《征信业管理条例》第 17、25 条

案例指引

债务人诉金融机构名誉侵权案（《民法典颁布后人格权司法保护典型民事案例》之六）

典型意义：本案依法适用《民法典》关于"信用评价"的相关规定，明确金融机构具有如实记录、准确反映、及时更新用户信用记录的义务，对督促金融机构积极作为，加强日常征信管理，优化信用环境，引导公民增强个人信用意识，合法维护信用权益，具有积极意义。

第一千零三十条 【民事主体与信用信息处理者之间关系的法律适用】

民事主体与征信机构等信用信息处理者之间的关系，适用本编有关个人信息保护的规定和其他法律、行政法规的有关规定。

第一千零三十一条 【荣誉权】

民事主体享有荣誉权。任何组织或者个人不得非法剥夺他人的荣誉称号,不得诋毁、贬损他人的荣誉。

获得的荣誉称号应当记载而没有记载的,民事主体可以请求记载;获得的荣誉称号记载错误的,民事主体可以请求更正。

理解适用

[荣誉权]

荣誉权,是指民事主体对自己所获得的荣誉及其利益所享有的保持、支配的权利。

[损害民事主体荣誉权的特殊情形]

(1)民事主体获得的荣誉称号应当记载而没有记载。荣誉称号是民事主体享有荣誉权的主要表现形式和载体,应当被相关单位记载在民事主体的档案等正式材料中,这既是对民事主体荣誉的承认,也是对其荣誉权的尊重。民事主体获得的荣誉应当记载而没有记载的,其有权请求记载。(2)民事主体获得的荣誉称号被错误记载。荣誉称号是荣誉权的重要体现,若被错误记载,将对荣誉权人的荣誉造成贬损,损害民事主体的荣誉权。因此,相关单位有义务准确记载民事主体的荣誉称号。荣誉权人发现自己的荣誉称号被错误记载的,也有权请求义务人予以更正。

条文参见

《英雄烈士保护法》第 22 条;《妇女权益保障法》第 28 条

第六章　隐私权和个人信息保护

第一千零三十二条　【隐私权及隐私】

自然人享有隐私权。任何组织或者个人不得以刺探、侵扰、泄露、公开等方式侵害他人的隐私权。

隐私是自然人的私人生活安宁和不愿为他人知晓的私密空间、私密活动、私密信息。

理解适用

[隐私权]

隐私权,是指自然人享有的私人生活安宁和不愿为他人知晓的私密空间、私密活动、私密信息依法受到保护,不受他人非法刺探、侵扰、泄露和公开的一种人格权。

第一千零三十三条 【隐私权侵害行为】

除法律另有规定或者权利人明确同意外,任何组织或者个人不得实施下列行为:

(一)以电话、短信、即时通讯工具、电子邮件、传单等方式侵扰他人的私人生活安宁;

(二)进入、拍摄、窥视他人的住宅、宾馆房间等私密空间;

(三)拍摄、窥视、窃听、公开他人的私密活动;

(四)拍摄、窥视他人身体的私密部位;

(五)处理他人的私密信息;

(六)以其他方式侵害他人的隐私权。

案例指引

孙某燕与某通信公司某市分公司等隐私权、个人信息保护纠纷案(《人民法院贯彻实施民法典典型案例(第二批)》之九)

典型意义:《民法典》在总则编和人格权编对隐私权和个人信息保护作出专门规定,丰富和完善了隐私权和个人信息保护的规则。特别是第1033条第1项对群众反映强烈的以电话、短信、即时通信工具、电子邮件等方式侵扰他人私人生活安宁的行为进行了严格规制,回应了社会关切。本案中,原告孙某燕使用被告某通信公司某市分公司提供的移动通信号码,并向其支付费用,故原、被告之间存在电信服务合同关系。某通信公司某市分公司在孙某燕多次明确表示不接受电话推销业务后,仍继续向孙某燕进行电话推销,其行为构成对孙某燕隐私权的侵犯。本案虽系依据《民法总则》作出裁判,但也充分体现了《民法典》第1032条、第1033条第1项的规定精神,其裁判结果不仅维护了当事人的隐私权,更对当前群众反映强烈的问题作出了回应,亮明了司法态度。

非法获取他人家庭监控摄像头控制权,情节严重的,构成非法控制计算机信息系统罪——韩某非法控制计算机信息系统案(《最高法发布利用网络、信息技术侵害人格权典型案例》之六)

典型意义:随着智能家居的普及,非法获取智能家居设备控制权的违法行为日益增多,对公民隐私权和个人信息安全的保护带来严重挑战。本案中,家庭监控摄像头被依法认定为计算机信息系统,韩某实施非法控制,侵犯个人隐私和信息安全,控制数量达"情节特别严重"标准,构成非法控制计算机信息系统罪。非法控制行为隐蔽性强、危害范围广,对此类行为应当予以严惩。本案裁判结果凸显对公民个人信息和居家安全的司法保护力度,彰显对非法控制智能家居设备行为的零容忍态度,也充分提示公众加强对智能家居设备账号密码的保护,防止合法权益受到侵害。

第一千零三十四条 【个人信息的定义】

自然人的个人信息受法律保护。

个人信息是以电子或者其他方式记录的能够单独或者与其他信息结合识别特定自然人的各种信息,包括自然人的姓名、出生日期、身份证件号码、生物识别信息、住址、电话号码、电子邮箱、健康信息、行踪信息等。

个人信息中的私密信息,适用有关隐私权的规定;没有规定的,适用有关个人信息保护的规定。

实用问答

经过处理无法识别特定自然人且不能复原的信息,属于公民个人信息吗?

答:根据《检察机关办理侵犯公民个人信息案件指引》的规定,经过处理无法识别特定自然人且不能复原的信息,虽然也可能反映自然人活动情况,但与特定自然人无直接关联,不属于公民个人信息的范畴。

条文参见

《个人信息保护法》

> **案例指引**

非法买卖人脸信息情节严重的,构成侵犯公民个人信息罪——徐某、李某侵犯公民个人信息案(《最高法发布利用网络、信息技术侵害人格权典型案例》之五)

典型意义:人脸照片、视频等公民个人信息也是刑法保护的对象。非法获取、出售或提供人脸照片、视频等公民个人信息,情节严重的,将构成侵犯公民个人信息罪。本案中,人民法院对徐某、李某通过网络等渠道非法获取、出售或提供人脸照片、视频等公民个人信息的犯罪行为依法予以惩处,一是明确人脸信息属于侵犯公民个人信息罪的犯罪对象,有利于法律适用的统一;二是充分保护广大群众的人格权益,维护正常的生产和生活秩序;三是警示有非法出售或提供他人人脸信息行为企图的人悬崖勒马,否则可能受到刑罚处罚。

第一千零三十五条 【个人信息处理的原则和条件】

处理个人信息的,应当遵循合法、正当、必要原则,不得过度处理,并符合下列条件:

(一)征得该自然人或者其监护人同意,但是法律、行政法规另有规定的除外;

(二)公开处理信息的规则;

(三)明示处理信息的目的、方式和范围;

(四)不违反法律、行政法规的规定和双方的约定。

个人信息的处理包括个人信息的收集、存储、使用、加工、传输、提供、公开等。

> **理解适用**

[合法原则]

合法原则,是指信息处理者处理个人信息必须要有合法的依据,且处理的方法应当符合法律的规定。合法的依据主要来自两个方面:一是法律法规的明确规定;二是信息主体的同意。

[正当原则]

正当原则,是指处理个人信息的目的和手段要正当,应当尊重公序良俗和遵循诚信原则,并且要尽量满足透明的要求,以便当事人能够充分了解情况,自主行使自己的权利。

[必要原则]

必要原则,是指处理个人信息的目的应当特定,处理应当受到一定的限制。处理个人信息应当有特定目的,并且应当依据该特定的、明确的目的进行,通常不得超出目的范围处理个人信息,不得处理与实现所涉目的无关的个人信息。

[公开透明原则]

公开透明原则,是指信息处理者在处理个人信息时应当公开处理信息的规则,并明示处理信息的目的、方式和范围,确保信息主体享有知情权。

实用问答

处理人脸信息具有哪些情形的,应认定为侵害自然人人格权益的行为?

答:根据《最高人民法院关于审理使用人脸识别技术处理个人信息相关民事案件适用法律若干问题的规定》第2条的规定,信息处理者处理人脸信息有下列情形之一的,人民法院应当认定属于侵害自然人人格权益的行为:(1)在宾馆、商场、银行、车站、机场、体育场馆、娱乐场所等经营场所、公共场所违反法律、行政法规的规定使用人脸识别技术进行人脸验证、辨识或者分析;(2)未公开处理人脸信息的规则或者未明示处理的目的、方式、范围;(3)基于个人同意处理人脸信息的,未征得自然人或者其监护人的单独同意,或者未按照法律、行政法规的规定征得自然人或者其监护人的书面同意;(4)违反信息处理者明示或者双方约定的处理人脸信息的目的、方式、范围等;(5)未采取应有的技术措施或者其他必要措施确保其收集、存储的人脸信息安全,致使人脸信息泄露、篡改、丢失;(6)违反法律、行政法规的规定或者双方的约定,向他人提供人脸信息;(7)违背公序良俗处理人脸信息;(8)违反合法、正当、必要原则处理人脸信息的其他情形。

条文参见

《核安全法》第69条;《测绘法》第47条;《电信和互联网用户个人信息保护规定》

第一千零三十六条　【处理个人信息免责事由】

处理个人信息,有下列情形之一的,行为人不承担民事责任:

(一)在该自然人或者其监护人同意的范围内合理实施的行为;

（二）合理处理该自然人自行公开的或者其他已经合法公开的信息，但是该自然人明确拒绝或者处理该信息侵害其重大利益的除外；

（三）为维护公共利益或者该自然人合法权益，合理实施的其他行为。

理解适用

行为人在自然人或者其监护人同意的范围内实施的处理个人信息的行为即使对该自然人的权益造成了影响，也是符合信息主体意愿的，行为人无须承担民事责任。但是，对超出合理范围处理个人信息的行为，行为人仍应承担相应的责任。

第一千零三十七条 【个人信息主体的权利】

自然人可以依法向信息处理者查阅或者复制其个人信息；发现信息有错误的，有权提出异议并请求及时采取更正等必要措施。

自然人发现信息处理者违反法律、行政法规的规定或者双方的约定处理其个人信息的，有权请求信息处理者及时删除。

理解适用

[信息主体可以请求删除个人信息的情形]

信息主体可以请求删除个人信息的情形主要有以下几种：一是处理个人信息的行为不合法。二是信息处理者处理个人信息的目的已不存在，其没有必要再保存个人信息。三是信息主体与信息处理者约定的处理个人信息的期限已届满，根据约定，信息主体有权要求信息处理者删除其个人信息。

实用问答

个人发现网络运营者违法收集、使用其个人信息或收集、存储错误信息的，有权采取哪些措施？

答：根据《网络安全法》第43条的规定，个人发现网络运营者违反法律、行政法规的规定或者双方的约定收集、使用其个人信息的，有权要求网络运营者删除其个人信息；发现网络运营者收集、存储的其个人信息有错误的，有权要求网络运营者予以更正。网络运营者应当采取措施予以删除或者更正。

第一千零三十八条 【信息处理者的信息安全保护义务】

信息处理者不得泄露或者篡改其收集、存储的个人信息；未经自然人同意，不得向他人非法提供其个人信息，但是经过加工无法识别特定个人且不能复原的除外。

信息处理者应当采取技术措施和其他必要措施，确保其收集、存储的个人信息安全，防止信息泄露、篡改、丢失；发生或者可能发生个人信息泄露、篡改、丢失的，应当及时采取补救措施，按照规定告知自然人并向有关主管部门报告。

实用问答

哪些行为可以认定为《刑法》第253条之一规定的"提供公民个人信息"？如何处罚？

答：根据《最高人民法院、最高人民检察院关于办理侵犯公民个人信息刑事案件适用法律若干问题的解释》第3条的规定，向特定人提供公民个人信息，以及通过信息网络或者其他途径发布公民个人信息的，或者未经被收集者同意，将合法收集的公民个人信息向他人提供的，属于《刑法》第253条之一规定的"提供公民个人信息"，但是经过处理无法识别特定个人且不能复原的除外。侵犯公民个人信息，情节严重的，处3年以下有期徒刑或者拘役，并处或者单处罚金；情节特别严重的，处3年以上7年以下有期徒刑，并处罚金。

条文参见

《精神卫生法》第23条；《律师法》第38条；《传染病防治法》第12条；《未成年人保护法》第63条

第一千零三十九条 【国家机关、承担行政职能的法定机构及其工作人员的保密义务】

国家机关、承担行政职能的法定机构及其工作人员对于履行职责过程中知悉的自然人的隐私和个人信息，应当予以保密，不得泄露或者向他人非法提供。

> **实用问答**

监察机关行使监督、调查权时,应对哪些信息承担保密义务?

答: 根据《监察法》第 18 条的规定,监察机关行使监督、调查职权,有权依法向有关单位和个人了解情况,收集、调取证据。有关单位和个人应当如实提供。监察机关及其工作人员对监督、调查过程中知悉的国家秘密、工作秘密、商业秘密、个人隐私和个人信息,应当保密。任何单位和个人不得伪造、隐匿或者毁灭证据。

第五编　婚姻家庭

第一章　一般规定

第一千零四十条　【婚姻家庭编的调整范围】

本编调整因婚姻家庭产生的民事关系。

> **理解适用**

婚姻家庭编的调整范围是因婚姻家庭产生的民事法律关系,既调整基于婚姻而产生的夫妻之间的人身和财产关系,也调整家庭之中一定范围的亲属之间的人身和财产关系。

第一千零四十一条　【基本原则】

婚姻家庭受国家保护。

实行婚姻自由、一夫一妻、男女平等的婚姻制度。

保护妇女、未成年人、老年人、残疾人的合法权益。

> **理解适用**

[婚姻自由]

婚姻自由,又称婚姻自主,是指婚姻当事人享有自主地决定自己的婚姻的权利。婚姻自由包括结婚自由和离婚自由。

[结婚自由]

结婚自由,就是结婚须男女双方本人完全自愿,禁止任何一方对他方加以强迫,禁止任何组织或者个人加以干涉。

[离婚自由]

离婚自由,是指婚姻当事人有权自主地处理离婚问题。双方自愿离婚的,可以协商离婚;一方要求离婚的,可以诉至法院解决。

条文参见

《宪法》第45、48、49条;《妇女权益保障法》第2条;《残疾人保障法》第3、9条;《老年人权益保障法》;《未成年人保护法》

第一千零四十二条 【婚姻家庭的禁止性规定】

禁止包办、买卖婚姻和其他干涉婚姻自由的行为。禁止借婚姻索取财物。

禁止重婚。禁止有配偶者与他人同居。

禁止家庭暴力。禁止家庭成员间的虐待和遗弃。

理解适用

[包办婚姻]

包办婚姻,是指第三人违反婚姻自主的原则,包办强迫他人婚姻的违法行为。

[买卖婚姻]

买卖婚姻,是指第三人以索取大量财物为目的,强迫他人婚姻的违法行为。

[重婚]

重婚,是指有配偶的人又与他人结婚的违法行为,或者明知他人有配偶而与之登记结婚的违法行为。

实用问答

1. 何种强度的家庭暴力,构成"虐待"?构成虐待罪的刑罚是什么?

答:根据《婚姻家庭编解释一》第1条的规定,家庭成员间持续性、经常性的家庭暴力,构成虐待。《刑法》第260条第1、2款规定,虐待家庭成员,情节恶劣的,处2年以下有期徒刑、拘役或者管制。犯虐待罪致使被害人重伤、死亡的,处2年以上7年以下有期徒刑。《刑法》第260条之一第1款规定,对未成年人、老年人、患病的人、残疾人等负有监护、看护职责的人虐待被监护、看护的人,情节恶劣的,处3年以下有期徒刑或者拘役。

2. 什么样的情形,构成"与他人同居"？构成重婚罪的刑罚是什么？

答：根据《婚姻家庭编解释一》第2条的规定,有配偶者与婚外异性,不以夫妻名义,持续、稳定地共同居住,构成"与他人同居"。《刑法》第258条规定,有配偶而重婚的,或者明知他人有配偶而与之结婚的,处2年以下有期徒刑或者拘役。《刑法》第259条第1款规定,明知是现役军人的配偶而与之同居或者结婚的,处3年以下有期徒刑或者拘役。

3. 公职人员实施家庭暴力、虐待、遗弃家庭成员的,应如何处罚？

答：根据《公职人员政务处分法》第40条第1款的规定,公职人员实施家庭暴力、虐待、遗弃家庭成员的,应予以警告、记过或者记大过；情节较重的,予以降级或者撤职；情节严重的,予以开除。

条文参见

《婚姻家庭编解释一》第1~2条；《妇女权益保障法》第65条；《老年人权益保障法》第3条；《未成年人保护法》第17条；《刑法》第258、260、261条；《反家庭暴力法》

第一千零四十三条 【婚姻家庭的倡导性规定】

家庭应当树立优良家风,弘扬家庭美德,重视家庭文明建设。

夫妻应当互相忠实,互相尊重,互相关爱；家庭成员应当敬老爱幼,互相帮助,维护平等、和睦、文明的婚姻家庭关系。

理解适用

当事人仅以本条为依据提起诉讼的,人民法院不予受理；已经受理的,裁定驳回起诉。

条文参见

《婚姻家庭编解释一》第4条

案例指引

崔某某与叶某某及高某某赠与合同纠纷案(《最高人民法院发布涉婚姻家庭纠纷典型案例》之四)

典型意义:根据《民法典》第1043条的规定,夫妻应当互相忠实,互相尊重,互相关爱。婚姻关系存续期间,夫妻一方为重婚、与他人同居以及其他违反夫妻忠实义务等目的,私自将夫妻共同财产赠与他人,不仅侵害了夫妻共同财产平等处理权,更是一种严重违背公序良俗的行为,法律对此坚决予以否定。权益受到侵害的夫妻另一方主张该民事法律行为无效并请求返还全部财产的,人民法院应予支持。不能因已消费而免除其返还责任。该判决对于贯彻落实婚姻家庭受国家保护的《宪法》和《民法典》基本原则,践行和弘扬社会主义核心价值观具有示范意义。

第一千零四十四条 【收养的基本原则】

收养应当遵循最有利于被收养人的原则,保障被收养人和收养人的合法权益。

禁止借收养名义买卖未成年人。

实用问答

借收养名义拐卖儿童的,如何处理?

答:根据《公安部关于打击拐卖妇女儿童犯罪适用法律和政策有关问题的意见》的规定,借收养名义拐卖儿童的,出卖捡拾的儿童的,均以拐卖儿童罪立案侦查。对于被解救的儿童,如买主对该儿童既没有虐待行为又不阻碍解救,其父母又自愿送养,双方符合收养和送养条件的,可依法办理收养手续。

第一千零四十五条 【亲属、近亲属及家庭成员】

亲属包括配偶、血亲和姻亲。

配偶、父母、子女、兄弟姐妹、祖父母、外祖父母、孙子女、外孙子女为近亲属。

配偶、父母、子女和其他共同生活的近亲属为家庭成员。

理解适用

[血亲]

血亲,是指根据自然生殖,以出生的事实引起的存在遗传上的血缘关系的亲属。法律意义上的血亲,还包括拟制血亲,是指养父母子女关系、有抚养关系的继父母子女关系等。

[姻亲]

姻亲,是指以婚姻为中介形成的亲属,但不包括己身的配偶。一类是配偶的血亲,如岳父母、公婆;另一类是血亲的配偶,如儿媳、女婿、嫂、弟媳、姐夫、妹夫。

案例指引

曾某泉、曾某军、曾某、李某军与孙某学婚姻家庭纠纷案(《人民法院贯彻实施民法典典型案例(第二批)》之十二)

典型意义:本案是人民法院弘扬新时代优良家风,维护尽到赡养义务的成年继子女权益的典型案例。《民法典》明确规定了有扶养关系的继子女与婚生子女、非婚生子女、养子女同属于子女范畴。审理法院依法认定对继父母尽到赡养义务的成年继子女属于有扶养关系的继子女,享有继父母死亡抚恤金分配权,同时确定年老患病的遗孀享有更多分配份额,为弘扬敬老爱老的传统美德,鼓励互助互爱的优良家风提供了现实样例。

第二章 结 婚

第一千零四十六条 【结婚自愿】

结婚应当男女双方完全自愿,禁止任何一方对另一方加以强迫,禁止任何组织或者个人加以干涉。

实用问答

暴力干涉他人婚姻自由的,会受到什么样的处罚?

答:根据《刑法》第257条第1、2款的规定,以暴力干涉他人婚姻自由的,处2年以下有期徒刑或者拘役。致使被害人死亡的,处2年以上7年以下有期徒刑。

条文参见

《民法典》第1042、1052条;《刑法》第257条;《婚姻登记条例》第9条

第一千零四十七条 【法定结婚年龄】

结婚年龄,男不得早于二十二周岁,女不得早于二十周岁。

实用问答

法定结婚年龄是全国普遍适用吗?

答:婚龄具有普遍适用性,但特殊情况下,法律也允许对婚龄有例外规定。比如,考虑我国多民族的特点,我国一些民族自治地方对法定婚龄作了变通规定。如新疆、内蒙古、西藏等自治区和一些自治州、自治县,均以男20周岁、女18周岁作为本地区的最低婚龄。但这些变通规定仅适用于少数民族,不适用于生活在该地区的汉族。

第一千零四十八条 【禁止结婚的情形】

直系血亲或者三代以内的旁系血亲禁止结婚。

理解适用

三代以内旁系血亲包括:(1)同源于父母的兄弟姊妹(含同父异母、同母异父的兄弟姊妹),即同一父母的子女之间不能结婚。(2)不同辈的叔、伯、姑、舅、姨与侄(女)、甥(女)。(3)同源于祖父母、外祖父母的堂兄弟姐妹、表兄弟姐妹。

实用问答

1. 堂姐、堂弟的子女能否结婚?

答:根据《民政部关于堂姐、堂弟的子女能否结婚问题的复函》的规定,堂姐、堂弟的子女属于第四代旁系血亲,如果在其他问题上也符合法律关于结婚的规定,婚姻登记机关可予以登记。

2. 表姨和表外甥能否结婚?

答:根据《民政部民政司关于表姨和表外甥能否结婚的复函》的规定,表姨和表外甥并不是同一外祖父母,因此不属三代以内的旁系血亲,不属禁婚之列。但是,从遗传学角度考虑,血缘过近的婚配,不利于优生,应慎重考虑,

以另外择偶为好。

条文参见

《婚姻家庭编解释一》第 6~8 条

第一千零四十九条 【结婚登记】

要求结婚的男女双方应当亲自到婚姻登记机关申请结婚登记。符合本法规定的,予以登记,发给结婚证。完成结婚登记,即确立婚姻关系。未办理结婚登记的,应当补办登记。

理解适用

[婚姻登记机关不予登记的情形]

根据《婚姻登记条例》第 9 条的规定,申请结婚登记的当事人有下列情形之一的,婚姻登记机关不予登记:(1)未到法定结婚年龄的;(2)非男女双方完全自愿的;(3)一方或者双方已有配偶的;(4)属于直系血亲或者三代以内旁系血亲的。

实用问答

1. 当事人双方办理了结婚登记手续但未共同生活,能否要求返还彩礼?

答:根据《婚姻家庭编解释一》第 5 条的规定,当事人请求返还按照习俗给付的彩礼的,如果查明属于以下情形,人民法院应当予以支持:(1)双方未办理结婚登记手续;(2)双方办理结婚登记手续但确未共同生活;(3)婚前给付并导致给付人生活困难。存在前述(2)(3)项情形的,应当以双方离婚为条件。

2. 未办理结婚登记而以夫妻名义共同生活的男女,提起诉讼要求离婚的,应如何处理?

答:根据《婚姻家庭编解释一》第 7 条的规定,未办理结婚登记而以夫妻名义共同生活的男女,提起诉讼要求离婚的,应当区别对待:(1)1994 年 2 月 1 日民政部《婚姻登记管理条例》公布实施以前,男女双方已经符合结婚实质要件的,按事实婚姻处理;(2)1994 年 2 月 1 日民政部《婚姻登记管理条例》公布实施以后,男女双方符合结婚实质要件的,人民法院应当告知其补办结婚登记。未补办结婚登记的,当事人提起诉讼仅请求解除同居关系的,人民法院不予受理;已经受理的,裁定驳回起诉。当事人因同居期间财产分割或者子女抚养纠纷提起诉讼的,人民法院应当受理。

条文参见

《婚姻登记条例》第7、8、9、11条;《婚姻家庭编解释一》第6~8条

第一千零五十条 【婚后双方互为家庭成员】

登记结婚后,按照男女双方约定,女方可以成为男方家庭的成员,男方可以成为女方家庭的成员。

第一千零五十一条 【婚姻无效的情形】

有下列情形之一的,婚姻无效:
(一)重婚;
(二)有禁止结婚的亲属关系;
(三)未到法定婚龄。

实用问答

1. 人民法院受理请求确认婚姻无效案件后,原告能否申请撤诉? 能否进行调解?

答:根据《婚姻家庭编解释一》第11条的规定,人民法院受理请求确认婚姻无效案件后,原告申请撤诉的,不予准许。对婚姻效力的审理不适用调解,应当依法作出判决。涉及财产分割和子女抚养的,可以调解。调解达成协议的,另行制作调解书;未达成调解协议的,应当一并作出判决。

2. 利害关系人请求确认婚姻无效的,如何确定原、被告?

答:根据《婚姻家庭编解释一》第15条的规定,利害关系人依据《民法典》第1051条的规定,请求人民法院确认婚姻无效的,利害关系人为原告,婚姻关系当事人双方为被告。夫妻一方死亡的,生存一方为被告。

3. 当事人能否以结婚登记程序存在瑕疵为由提起民事诉讼主张撤销结婚登记?

答:根据《婚姻家庭编解释一》第17条的规定,当事人以《民法典》第1051条规定的三种无效婚姻以外的情形请求确认婚姻无效的,人民法院应当判决

驳回当事人的诉讼请求。当事人以结婚登记程序存在瑕疵为由提起民事诉讼,主张撤销结婚登记的,告知其可以依法申请行政复议或者提起行政诉讼。

条文参见

《婚姻家庭编解释一》第 9~17 条;《婚姻家庭编解释二》第 1 条

第一千零五十二条 【胁迫的可撤销婚姻】

因胁迫结婚的,受胁迫的一方可以向人民法院请求撤销婚姻。

请求撤销婚姻的,应当自胁迫行为终止之日起一年内提出。

被非法限制人身自由的当事人请求撤销婚姻的,应当自恢复人身自由之日起一年内提出。

理解适用

[可撤销婚姻]

可撤销婚姻,是指当事人因意思表示不真实而成立的婚姻,或者当事人成立的婚姻在结婚的要件上有欠缺,通过有撤销权的当事人行使撤销权,使已经发生法律效力的婚姻关系失去法律效力。

[因胁迫而结婚]

因胁迫而结婚,主要是指婚姻关系中的一方当事人或者婚姻关系之外的第三人,对婚姻关系中的另一方当事人,予以威胁或者强迫,其违背自己的意愿而缔结婚姻关系。

[提出撤销婚姻效力申请的时间]

依据本条规定,受胁迫方行使请求撤销婚姻效力的请求权的期限是 1 年。本条规定的这一期限的起算时间有两种情形:第一,自受胁迫方胁迫行为终止之日起算,即受胁迫方应当在胁迫行为终止之日起 1 年内决定是否申请撤销其婚姻的效力。第二,被非法限制人身自由的自受胁迫方恢复人身自由之日起算,即受胁迫方自恢复人身自由之日起 1 年内决定是否申请撤销其婚姻的效力。

实用问答

1. 行为人以给另一方当事人的名誉造成损害为要挟,迫使其结婚的,构成"胁迫"行为吗?

答:根据《婚姻家庭编解释一》第 18 条的规定,行为人以给另一方当事人或者其近亲属的生命、身体、健康、名誉、财产等方面造成损害为要挟,迫使另一方当事人违背真实意愿结婚的,可以认定为《民法典》第 1052 条所称的"胁迫"。因受胁迫而请求撤销婚姻的,只能是受胁迫一方的婚姻关系当事人本人。

2. 受胁迫的当事人应当如何请求撤销其婚姻?

答:根据《婚姻登记条例》第 12 条的规定,因胁迫结婚的,受胁迫的当事人可以依据《民法典》第 1052 条的规定向人民法院请求撤销婚姻。一方当事人患有重大疾病的,应当在结婚登记前如实告知另一方当事人;不如实告知的,另一方当事人可以依据《民法典》第 1053 条的规定向人民法院请求撤销婚姻。

3. 当事人自胁迫行为终止之日起 1 年内没有提出请求撤销婚姻的,1 年后是否还可以提出请求?

答:根据《婚姻家庭编解释一》第 19 条的规定,《民法典》第 1052 条规定的"一年",不适用诉讼时效中止、中断或者延长的规定。受胁迫或者被非法限制人身自由的当事人请求撤销婚姻的,不适用《民法典》第 152 条第 2 款"当事人自民事法律行为发生之日起五年内没有行使撤销权的,撤销权消灭"的规定。根据《民法典》第 152 条第 1 款第 2 项的规定,当事人受胁迫,自胁迫行为终止之日起 1 年内没有行使撤销权的,撤销权消灭。

条文参见

《婚姻家庭编解释一》第 18、19 条;《时间效力规定》第 26 条

第一千零五十三条 【隐瞒疾病的可撤销婚姻】

一方患有重大疾病的,应当在结婚登记前如实告知另一方;不如实告知的,另一方可以向人民法院请求撤销婚姻。

请求撤销婚姻的,应当自知道或者应当知道撤销事由之日起一年内提出。

实用问答

婚前医学检查包括哪些内容?

答:根据《母婴保健法》第 8 条第 1 款、第 38 条的规定,婚前医学检查包括对下列疾病的检查:(1)严重遗传性疾病;(2)指定传染病;(3)有关精神

病。严重遗传性疾病,是指由于遗传因素先天形成,患者全部或者部分丧失自主生活能力,后代再现风险高,医学上认为不宜生育的遗传性疾病。指定传染病,是指《传染病防治法》中规定的艾滋病、淋病、梅毒、麻风病以及医学上认为影响结婚和生育的其他传染病。有关精神病,是指精神分裂症、躁狂抑郁型精神病以及其他重型精神病。

条文参见

《婚姻登记条例》第 12 条

案例指引

林某诉张某撤销婚姻纠纷案(《人民法院贯彻实施民法典典型案例(第二批)》之十)

典型意义: 本案是依法适用《民法典》相关规定判决撤销婚姻的典型案例。对于一方患有重大疾病,未在结婚登记前如实告知另一方的情形,《民法典》明确另一方可以向人民法院请求撤销婚姻。本案中,人民法院依法适用《民法典》相关规定,判决撤销双方的婚姻关系,不仅有效保护了案件中无过错方的合法权益,也符合社会大众对公平正义、诚实信用的良好期待,弘扬了社会主义核心价值观。

第一千零五十四条 【婚姻无效和被撤销的法律后果】

无效的或者被撤销的婚姻自始没有法律约束力,当事人不具有夫妻的权利和义务。同居期间所得的财产,由当事人协议处理;协议不成的,由人民法院根据照顾无过错方的原则判决。对重婚导致的无效婚姻的财产处理,不得侵害合法婚姻当事人的财产权益。当事人所生的子女,适用本法关于父母子女的规定。

婚姻无效或者被撤销的,无过错方有权请求损害赔偿。

理解适用

[自始没有法律约束力]

自始没有法律约束力,是指无效婚姻或者可撤销婚姻在依法被确认无效或者被撤销时,才确定该婚姻自始不受法律保护。

[双方均无配偶的同居关系析产纠纷案件中,对同居期间所得的财产的处理]

双方均无配偶的同居关系析产纠纷案件中,对同居期间所得的财产,有约定的,按照约定处理;没有约定且协商不成的,人民法院按照以下情形分别处理:(1)各自所得的工资、奖金、劳务报酬、知识产权收益,各自继承或者受赠的财产以及单独生产、经营、投资的收益等,归各自所有;(2)共同出资购置的财产或者共同生产、经营、投资的收益以及其他无法区分的财产,以各自出资比例为基础,综合考虑共同生活情况、有无共同子女、对财产的贡献大小等因素进行分割。

实用问答

婚姻被确认无效后,结婚证自动失效吗? 同居期间所得的财产如何处理?

答:根据《婚姻家庭编解释一》第21、22条的规定,人民法院根据当事人的请求,依法确认婚姻无效或者撤销婚姻的,应当收缴双方的结婚证书并将生效的判决书寄送当地婚姻登记管理机关。被确认无效或者被撤销的婚姻,当事人同居期间所得的财产,除有证据证明为当事人一方所有的以外,按共同共有处理。

条文参见

《婚姻家庭编解释一》第20~22条;《婚姻家庭编解释二》第4条

第三章 家 庭 关 系

第一节 夫 妻 关 系

第一千零五十五条 【夫妻地位平等】

夫妻在婚姻家庭中地位平等。

条文参见

《宪法》第48条;《妇女权益保障法》第60、66、70条

第一千零五十六条 【夫妻姓名权】

夫妻双方都有各自使用自己姓名的权利。

理解适用

[姓名权]

姓名权,是指自然人依法享有的决定、使用、变更或者许可他人使用自己的姓名并排除他人干涉或者非法使用的权利。姓名权的内容包括:(1)姓名决定权。(2)姓名变更权。(3)姓名使用权。姓名使用权,是指自然人依法使用自己姓名的权利,包括自己使用、不使用和禁止他人使用的权利。(4)姓名许可他人使用权。姓名许可他人使用权,是指自然人依法许可他人使用自己姓名的权利。(5)姓名维护权。姓名维护权,是指自然人在自己的姓名权受到侵害时,有权提出停止侵害、排除妨害、赔偿损失等请求,以保护自己的姓名权。

第一千零五十七条 【夫妻人身自由权】

夫妻双方都有参加生产、工作、学习和社会活动的自由,一方不得对另一方加以限制或者干涉。

条文参见

《宪法》第 37 条;《妇女权益保障法》第 18、19 条

第一千零五十八条 【夫妻抚养、教育和保护子女的权利义务平等】

夫妻双方平等享有对未成年子女抚养、教育和保护的权利,共同承担对未成年子女抚养、教育和保护的义务。

第一千零五十九条 【夫妻相互扶养义务】

夫妻有相互扶养的义务。

需要扶养的一方,在另一方不履行扶养义务时,有要求其给付扶养费的权利。

理解适用

有扶养能力的一方,对于因失业、残疾、患病、年老等原因没有固定收入、缺乏生活来源的另一方,必须主动履行扶养义务。当夫或妻一方不履行扶养义务时,需要扶养的一方可以根据本条第2款的规定,要求对方给付扶养费。对方拒绝给付或者双方就扶养费数额、支付方式等具体内容产生争议的,需要扶养的一方可以直接向人民法院提起诉讼,或者向人民调解组织提出调解申请,要求获得扶养费。

实用问答

丈夫对患病的妻子不履行扶养义务,情节恶劣的,需要承担什么刑事责任?

答:根据《刑法》第261条的规定,对于年老、年幼、患病或者其他没有独立生活能力的人,负有扶养义务而拒绝扶养,情节恶劣的,处5年以下有期徒刑、拘役或者管制。

条文参见

《婚姻家庭编解释二》第11条

第一千零六十条 【日常家事代理权】

夫妻一方因家庭日常生活需要而实施的民事法律行为,对夫妻双方发生效力,但是夫妻一方与相对人另有约定的除外。

夫妻之间对一方可以实施的民事法律行为范围的限制,不得对抗善意相对人。

理解适用

[夫妻日常家事代理权]

夫妻日常家事代理权,是指夫妻一方因家庭日常生活需要而与第三方进行一定民事法律行为时互为代理的权利。

第一千零六十一条 【夫妻相互继承权】

夫妻有相互继承遗产的权利。

> **实用问答**

继承遗产时,按照什么顺序进行?

答:根据《民法典》第1126、1127条的规定,继承权男女平等。遗产按照下列顺序继承:(1)第一顺序是配偶、子女、父母;(2)第二顺序是兄弟姐妹、祖父母、外祖父母。继承开始后,由第一顺序继承人继承,第二顺序继承人不继承;没有第一顺序继承人继承的,由第二顺序继承人继承。

第一千零六十二条 【夫妻共同财产】

夫妻在婚姻关系存续期间所得的下列财产,为夫妻的共同财产,归夫妻共同所有:

（一）工资、奖金、劳务报酬；

（二）生产、经营、投资的收益；

（三）知识产权的收益；

（四）继承或者受赠的财产,但是本法第一千零六十三条第三项规定的除外；

（五）其他应当归共同所有的财产。

夫妻对共同财产,有平等的处理权。

> **理解适用**

[知识产权的收益]

知识产权的收益,是指婚姻关系存续期间,实际取得或者已经明确可以取得的财产性收益。

[其他应当归共同所有的财产]

其他应当归共同所有的财产,是指:(1)一方以个人财产投资取得的收益;(2)男女双方实际取得或者应当取得的住房补贴、住房公积金;(3)男女双方实际取得或者应当取得的基本养老金、破产安置补偿费。

[夫妻共同财产的特征]

夫妻共同财产具有以下特征:(1)夫妻共同财产的主体,是具有婚姻关系的夫妻。未形成婚姻关系的男女两性,如未婚同居、婚外同居等,以及无效或者被撤销婚姻的男女双方,不能成为夫妻共同财产的主体。(2)夫妻共同财产,是在婚姻关系存续期间取得的财产。夫妻任何一方的婚前财产不属于夫妻共同财产。(3)夫妻共同财产的来源,为夫妻双方或者一方所得的财产,既包括夫妻通过劳动所得的财产,也包括其他非劳动所得的合法财产。(4)夫妻对共同财产享有平等的所有权,双方享有同等的权利,承担同等的义务。

实用问答

1. 夫妻一方个人财产在婚后产生的收益,属于夫妻一方个人财产吗?

答:根据《婚姻家庭编解释一》第26条的规定,夫妻一方个人财产在婚后产生的收益,除孳息和自然增值外,应认定为夫妻共同财产。

2. 夫妻一方婚前承租、婚后共同购买的房屋,登记在一方名下,属于夫妻一方个人财产吗?

答:根据《婚姻家庭编解释一》第27条的规定,由一方婚前承租、婚后用共同财产购买的房屋,登记在一方名下的,应当认定为夫妻共同财产。

3. 夫妻一方未经另一方同意出售共同所有的房屋,另一方能主张追回吗?

答:根据《婚姻家庭编解释一》第28条的规定,一方未经另一方同意出售夫妻共同所有的房屋,第三人善意购买、支付合理对价并已办理不动产登记,另一方主张追回该房屋的,人民法院不予支持。夫妻一方擅自处分共同所有的房屋造成另一方损失,离婚时另一方请求赔偿损失的,人民法院应予支持。

条文参见

《婚姻家庭编解释一》第24~29、71条

第一千零六十三条 【夫妻个人财产】

下列财产为夫妻一方的个人财产:
(一)一方的婚前财产;
(二)一方因受到人身损害获得的赔偿或者补偿;
(三)遗嘱或者赠与合同中确定只归一方的财产;
(四)一方专用的生活用品;
(五)其他应当归一方的财产。

理解适用

[婚前财产]

婚前财产,是指夫妻在结婚之前各自所有的财产,包括婚前个人劳动所得财产、继承或者受赠的财产以及其他合法财产。婚前财产归各自所有,不属于夫妻共同财产。

实用问答

1. 当事人一方的父母出资购买的房屋,属于夫妻一方的个人财产吗?

答: 根据《婚姻家庭编解释一》第29条的规定,当事人结婚前,父母为双方购置房屋出资的,该出资应当认定为对自己子女个人的赠与,但父母明确表示赠与双方的除外。当事人结婚后,父母为双方购置房屋出资的,依照约定处理;没有约定或者约定不明确的,按照《民法典》第1062条第1款第4项规定的原则处理。

2. 军人的医药生活补助费属于军人的个人财产吗?

答: 根据《婚姻家庭编解释一》第30条的规定,军人的伤亡保险金、伤残补助金、医药生活补助费属于个人财产。

3. 夫妻一方的个人财产,会随着婚姻关系延续而转化为夫妻共同财产吗?

答: 根据《婚姻家庭编解释一》第31条的规定,夫妻一方的个人财产,不因婚姻关系的延续而转化为夫妻共同财产。但当事人另有约定的除外。

4. 夫妻一方将个人所有的房产赠与另一方,后又反悔,可以撤销赠与吗?

答: 根据《婚姻家庭编解释一》第32条的规定,婚前或者婚姻关系存续期间,当事人约定将一方所有的房产赠与另一方或者共有,赠与方在赠与房产变更登记之前撤销赠与,另一方请求判令继续履行的,人民法院可以按照《民法典》第658条的规定处理,即赠与人在赠与财产的权利转移之前可以撤销赠与,但经过公证的赠与合同或者依法不得撤销的具有救灾、扶贫、助残等公益、道德义务性质的赠与合同,不能撤销。

第一千零六十四条 【夫妻共同债务】

夫妻双方共同签名或者夫妻一方事后追认等共同意思表示所负的债务,以及夫妻一方在婚姻关系存续期间以个人名义为家庭日常生活需要所负的债务,属于夫妻共同债务。

夫妻一方在婚姻关系存续期间以个人名义超出家庭日常生活需要所负的债务,不属于夫妻共同债务;但是,债权人能够证明该债务用于夫妻共同生活、共同生产经营或者基于夫妻双方共同意思表示的除外。

实用问答

1. 夫妻一方的婚前债务,债权人可以要求其配偶承担吗?

答:根据《婚姻家庭编解释一》第33条的规定,债权人就一方婚前所负个人债务向债务人的配偶主张权利的,人民法院不予支持。但债权人能够证明所负债务用于婚后家庭共同生活的除外。

2. 夫妻一方与第三人串通虚构的债务,第三人可以要求其配偶承担吗?

答:根据《婚姻家庭编解释一》第34条第1款的规定,夫妻一方与第三人串通,虚构债务,第三人主张该债务为夫妻共同债务的,人民法院不予支持。

3. 对于夫妻一方的赌债等非法债务,可以要求配偶承担吗?

答:根据《婚姻家庭编解释一》第34条第2款的规定,夫妻一方在从事赌博、吸毒等违法犯罪活动中所负债务,第三人主张该债务为夫妻共同债务的,人民法院不予支持。根据《夫妻债务通知》的规定,在案件审理中,对夫妻一方在从事赌博、吸毒等违法犯罪活动中所负的债务,不予法律保护;对债权人知道或者应当知道夫妻一方举债用于赌博、吸毒等违法犯罪活动而向其出借款项,不予法律保护;对夫妻一方以个人名义举债后用于个人违法犯罪活动,举债人就该债务主张按夫妻共同债务处理的,不予支持。

4. 夫妻一方死亡的,生存一方还需要承担共同债务吗?

答:根据《婚姻家庭编解释一》第36条的规定,夫或妻一方死亡的,生存一方应当对婚姻关系存续期间的夫妻共同债务承担清偿责任。

条文参见

《婚姻家庭编解释一》第33~36条

第一千零六十五条 【夫妻约定财产制】

男女双方可以约定婚姻关系存续期间所得的财产以及婚前财产归各自所有、共同所有或者部分各自所有、部分共同所有。约定应当采用书面形式。没有约定或者约定不明确的,适用本法第一千零六十二条、第一千零六十三条的规定。

夫妻对婚姻关系存续期间所得的财产以及婚前财产的约定,对双方具有法律约束力。

夫妻对婚姻关系存续期间所得的财产约定归各自所有,夫或者妻一方对外所负的债务,相对人知道该约定的,以夫或者妻一方的个人财产清偿。

理解适用

[约定财产制]

约定财产制,是指法律允许夫妻用协议的方式,对夫妻在婚前和婚姻关系存续期间所得财产的所有权的归属、管理、使用、收益、处分以及对第三人债务的清偿、婚姻解除时财产的分割等事项作出约定,从而排除或者部分排除夫妻法定财产制适用的制度。

约定分为优先效力、对内效力和对外效力:(1)关于优先效力。约定财产制的优先效力,是指约定财产制的效力优先于法定财产制。只有在当事人未就夫妻财产作出约定,或者所作约定不明确,或者所作约定无效时,才适用夫妻法定财产制。(2)关于对内效力。约定财产制的对内效力,是指夫妻财产约定对婚姻关系当事人的效力。夫妻对财产关系的约定,对双方具有法律约束力,双方按照约定享有财产所有权以及管理权等其他权利,并承担相应的义务。(3)关于对外效力。约定财产制的对外效力,是指夫妻财产约定对婚姻关系当事人以外的第三人即相对人的效力。在相对人与夫妻一方发生债权债务关系时,如果相对人知道其夫妻财产已经约定归各自所有,就以其一方的财产清偿;相对人不知道该约定,该约定对相对人不产生效力,夫妻一方对相对人所负的债务,按照在夫妻共同财产制下的清偿原则进行偿还。

实用问答

夫妻一方对外的债务,相对人知道夫妻关于财产的约定的,由谁承担举证责任?

答:根据《婚姻家庭编解释一》第37条的规定,夫或者妻一方对外所负的债务,相对人知道该约定的,夫或者妻一方对此负有举证责任,即由对外借债一方的配偶举证证明在发生债权债务关系时,相对人知道夫妻婚后所得归各自所有的约定。

条文参见

《婚姻家庭编解释二》第4条

案例指引

崔某某与陈某某离婚纠纷案(《最高人民法院发布涉婚姻家庭纠纷典型案例》之一)

典型意义:根据《民法典》第1065条的规定,男女双方可以约定婚姻关系存续期间所得的财产以及婚前财产归各自所有、共同所有或者部分各自所有、部分共同所有。夫妻对婚姻关系存续期间所得的财产以及婚前财产的约定,对双方具有法律约束力。婚姻关系存续期间,夫妻一方将其个人所有的婚前财产变更为夫妻共同所有,该种给予行为一般是以建立、维持婚姻关系的长久稳定并期望共同享有房产利益为基础。离婚分割夫妻共同财产时,应当根据诚实信用原则妥善平衡双方利益。本案中,双方共同生活时间较长,但婚后给予方负担了较多的家庭开销,人民法院综合考虑共同生活情况、双方对家庭的贡献、房屋市场价格等因素,判决房屋归给予方所有,并酌定给予方补偿对方120万元,既保护了给予方的财产权益,也肯定了接受方对家庭付出的价值,较为合理。

第一千零六十六条 【婚姻关系存续期间夫妻共同财产的分割】

婚姻关系存续期间,有下列情形之一的,夫妻一方可以向人民法院请求分割共同财产:

(一)一方有隐藏、转移、变卖、毁损、挥霍夫妻共同财产或者伪造夫妻共同债务等严重损害夫妻共同财产利益的行为;

(二)一方负有法定扶养义务的人患重大疾病需要医治,另一方不同意支付相关医疗费用。

条文参见

《婚姻家庭编解释一》第38条;《婚姻家庭编解释二》第6条、第7条第2款、第9、20条

第二节　父母子女关系和其他近亲属关系

第一千零六十七条　【父母的抚养义务和子女的赡养义务】

父母不履行抚养义务的,未成年子女或者不能独立生活的成年子女,有要求父母给付抚养费的权利。

成年子女不履行赡养义务的,缺乏劳动能力或者生活困难的父母,有要求成年子女给付赡养费的权利。

实用问答

1. 如何认定《民法典》第 1067 条第 1 款中的"不能独立生活的成年子女"?

答:根据《婚姻家庭编解释一》第 41 条的规定,尚在校接受高中及其以下学历教育,或者丧失、部分丧失劳动能力等非因主观原因而无法维持正常生活的成年子女,可以认定为《民法典》第 1067 条第 1 款规定的"不能独立生活的成年子女"。

2. 抚养费包括什么内容? 父母不履行抚养义务的,未成年子女是否可以要求父母承担?

答:根据《婚姻家庭编解释一》第 42、43 条的规定,抚养费包括子女生活费、教育费、医疗费等费用。婚姻关系存续期间,父母双方或者一方拒不履行抚养子女义务,未成年子女或者不能独立生活的成年子女请求支付抚养费的,人民法院应予支持。

条文参见

《宪法》第 49 条;《刑法》第 260 条之一、第 261 条;《婚姻家庭编解释二》第 16、17 条

第一千零六十八条　【父母教育、保护未成年子女的权利义务】

父母有教育、保护未成年子女的权利和义务。未成年子女造成他人损害的,父母应当依法承担民事责任。

理解适用

[教育]

教育,是指父母要按照法律规定和道德要求,采取正确的方法,对其未成年子女进行教导,并对其行为进行必要的约束,其目的是保障未成年子女的身心健康。

[保护]

保护,是指父母应当保护其未成年子女的人身安全和合法权益,预防和排除来自外界的危害,使其未成年子女的身心处于安全状态。父母对其未成年子女的保护主要包括人身保护和财产保护。对未成年子女的人身保护主要包括:照顾未成年子女的生活,保护其身体健康;保护未成年子女的人身不受侵害;为未成年子女提供住所,等等。对未成年子女的财产保护,主要是指为未成年子女的利益管理和保护其财产权益,除为未成年子女的利益外,不得处理属于该未成年子女的财产。

第一千零六十九条 【子女应尊重父母的婚姻权利】

子女应当尊重父母的婚姻权利,不得干涉父母离婚、再婚以及婚后的生活。子女对父母的赡养义务,不因父母的婚姻关系变化而终止。

理解适用

子女对父母的赡养义务是无期限的,只要父母需要赡养,子女就应当履行这一义务。父母婚姻关系的变化不导致子女赡养义务的解除。在有赡养能力的子女不履行赡养义务时,没有劳动能力或生活困难的父母,有要求子女给付赡养费的权利。父母可以直接向子女索要赡养费,也可以请求有关组织,如子女所在单位、居民委员会、村民委员会调解,还可以直接向人民法院起诉要求给付赡养费。

条文参见

《民法典》第 26、1067 条;《老年人权益保障法》第 21、76 条;《刑法》第 257、261 条

第一千零七十条 【父母子女相互继承权】

父母和子女有相互继承遗产的权利。

理解适用

有抚养和赡养关系的继子女在继承继父母遗产的同时,仍然有权继承自己生父母的遗产。但是,如果有赡养能力和赡养条件的继子女对其生父或者生母未尽赡养义务,在遗产分割上,就应当少分或不分。

第一千零七十一条 【非婚生子女的权利】

非婚生子女享有与婚生子女同等的权利,任何组织或者个人不得加以危害和歧视。

不直接抚养非婚生子女的生父或者生母,应当负担未成年子女或者不能独立生活的成年子女的抚养费。

理解适用

[非婚生子女]

非婚生子女,是指没有婚姻关系的男女所生的子女,包括未婚男女双方所生的子女或者已婚男女与婚外第三人发生两性关系所生的子女。根据本法规定,对非婚生子女的保护主要有以下几个方面:(1)对非婚生子女不得歧视和危害;(2)非婚生子女的生父、生母都应当负担子女的抚养费;(3)非婚生子女与生父母间有相互继承遗产的权利。

实用问答

人工授精所生的子女,属于婚生子女吗?

答:根据《婚姻家庭编解释一》第40条的规定,婚姻关系存续期间,夫妻双方一致同意进行人工授精,所生子女应视为婚生子女,父母子女间的权利义务关系适用《民法典》的有关规定。

第一千零七十二条 【继父母与继子女间的权利义务关系】

继父母与继子女间,不得虐待或者歧视。

继父或者继母和受其抚养教育的继子女间的权利义务关系,适用本法关于父母子女关系的规定。

条文参见

《婚姻家庭编解释二》第 18、19 条

第一千零七十三条 【亲子关系异议之诉】

对亲子关系有异议且有正当理由的,父或者母可以向人民法院提起诉讼,请求确认或者否认亲子关系。

对亲子关系有异议且有正当理由的,成年子女可以向人民法院提起诉讼,请求确认亲子关系。

理解适用

理解本条第 1 款规定,需要注意以下几个问题:(1)关于提起诉讼的主体。本款规定的提起诉讼的主体限于"父或者母"。(2)关于诉讼请求。根据本款规定,父或者母诉讼请求为"确认或者否认亲子关系"。(3)关于提起诉讼的条件。根据本款规定,父或者母向人民法院请求确认或者否认亲子关系的诉讼请求,必须满足"对亲子关系有异议且有正当理由"的条件。

理解本条第 2 款规定,需要注意以下几个问题:(1)关于提起诉讼的主体。本款规定的提起诉讼的主体限于"成年子女"。这里的"子女"仅指生子女,即不包括养子女和继子女。(2)关于诉讼请求。根据本款规定,成年子女的诉讼请求为"确认亲子关系"。与本条第 1 款规定不同的是,成年子女不能请求人民法院否认亲子关系,即不允许成年子女提起否认亲子关系之诉。(3)关于提起诉讼的条件。根据本款规定,成年子女向人民法院请求确认亲子关系的诉讼请求,必须满足"对亲子关系有异议且有正当理由"的条件。

实用问答

父母一方要做亲子鉴定,另一方拒绝的,法院如何认定?

答:根据《婚姻家庭编解释一》第 39 条的规定,父或者母向人民法院起诉请求否认亲子关系,并已提供必要证据予以证明,另一方没有相反证据又拒绝做亲子鉴定的,人民法院可以认定否认亲子关系一方的主张成立。父或者母以及成年子女起诉请求确认亲子关系,并提供必要证据予以证明,另一方没有相反证据又拒绝做亲子鉴定的,人民法院可以认定确认亲子关系一方的主张成立。

第一千零七十四条 【祖孙之间的抚养、赡养义务】

有负担能力的祖父母、外祖父母,对于父母已经死亡或者父母无力抚养的未成年孙子女、外孙子女,有抚养的义务。

有负担能力的孙子女、外孙子女,对于子女已经死亡或者子女无力赡养的祖父母、外祖父母,有赡养的义务。

理解适用

实践中抚养或者赡养的方式主要有以下两种,当事人可以根据自身的情况来选择:(1)共同生活抚养或者赡养,即被抚养或者赡养人与抚养或者赡养义务人共同居住在一起,进行直接抚养或者赡养;(2)通过给付抚养费或者赡养费、探视、扶助等方式完成抚养或者赡养义务。

条文参见

《老年人权益保障法》第19条

第一千零七十五条 【兄弟姐妹间的扶养义务】

有负担能力的兄、姐,对于父母已经死亡或者父母无力抚养的未成年弟、妹,有扶养的义务。

由兄、姐扶养长大的有负担能力的弟、妹,对于缺乏劳动能力又缺乏生活来源的兄、姐,有扶养的义务。

理解适用

[产生兄、姐对弟、妹的扶养义务,应当具备的条件]

产生兄、姐对弟、妹的扶养义务,应当同时具备以下三个条件:第一,弟、妹须为未成年人,即不满18周岁。如果弟、妹已经成年,虽无独立生活能力,兄、姐亦无法定扶养义务。第二,父母已经死亡或者父母无力抚养。第三,兄、姐有负担能力。

[产生弟、妹对兄、姐的扶养义务,应当具备的条件]

产生弟、妹对兄、姐的扶养义务,应当具备以下三个条件:第一,兄、姐缺乏劳动能力又缺乏生活来源。如果兄、姐虽缺乏劳动能力但并不缺少经济来源,如受到他人经济上的捐助或自己有可供生活的积蓄,则不产生弟、妹的扶养义务。同时,如果兄、姐虽缺少生活来源,但有劳动能力,兄、姐可通过自己的劳动取得劳动收入,在此情况下,弟、妹亦无扶养兄、姐的义务。第二,兄、姐没有第一顺序的扶养义务人,或者第一顺序的扶养义务人没有扶养能力。第三,弟、妹由兄、姐扶养长大且有负担能力。这里包含两方面的因素:一是弟、妹是由兄、姐扶养长大的。这表明在弟、妹未成年时,父母已经死亡或父母无抚养能力,兄、姐对弟、妹的成长尽了扶养义务。按照权利义务对等原则,弟、妹应承担兄、姐的扶养责任。二是弟、妹有扶养能力。若无扶养能力则不负扶养义务。

条文参见

《老年人权益保障法》第23条

第四章 离 婚

第一千零七十六条 【协议离婚】

夫妻双方自愿离婚的,应当签订书面离婚协议,并亲自到婚姻登记机关申请离婚登记。

离婚协议应当载明双方自愿离婚的意思表示和对子女抚养、财产以及债务处理等事项协商一致的意见。

理解适用

[协议离婚]

协议离婚,也称"双方自愿离婚",是指婚姻关系当事人达成离婚合意并通过婚姻登记程序解除婚姻关系的法律制度。

[协议离婚的特征]

协议离婚的主要特征如下:(1)当事人双方在离婚以及子女和财产问题上意愿一致,达成协议;(2)按照婚姻登记程序办理离婚登记,取得离婚证,即解除婚姻关系。

[离婚协议的内容]

离婚协议应当具有如下内容:(1)有双方自愿离婚的意思表示。双方自愿离婚的意思必须要以文字的形式体现在离婚协议上。(2)有对子女抚养、财产及债务处理等事项协商一致的意见。这是协议离婚的必备内容。具体包括:一是子女抚养等事项;二是财产及债务处理等事项。需要注意的是,如果婚姻关系当事人不能对子女抚养、财产及债务处理等事项达成一致意见,则不能通过婚姻登记程序离婚,而只能通过诉讼程序离婚。

实用问答

1. 夫妻双方协议离婚,后离婚未成,一方对财产处理协议反悔的,应该如何处理?

答:根据《婚姻家庭编解释一》第 69 条的规定,当事人达成的以协议离婚或者到人民法院调解离婚为条件的财产以及债务处理协议,如果双方离婚未成,一方在离婚诉讼中反悔的,人民法院应当认定该财产以及债务处理协议没有生效,并根据实际情况依照《民法典》第 1087 条和第 1089 条的规定判决。当事人签订的离婚协议中关于财产以及债务处理的条款,对男女双方具有法律约束力。登记离婚后当事人因履行上述协议发生纠纷提起诉讼的,人民法院应当受理。

2. 夫妻双方协议离婚后就财产分割反悔的,可以请求撤销财产分割协议吗?

答:根据《婚姻家庭编解释一》第 70 条的规定,夫妻双方协议离婚后就财产分割问题反悔,请求撤销财产分割协议的,人民法院应当受理。人民法院审理后,未发现订立财产分割协议时存在欺诈、胁迫等情形的,应当依法驳回当事人的诉讼请求。

条文参见

《婚姻登记条例》第 13、15 条

第一千零七十七条 【离婚冷静期】

自婚姻登记机关收到离婚登记申请之日起三十日内,任何一方不愿意离婚的,可以向婚姻登记机关撤回离婚登记申请。

前款规定期限届满后三十日内,双方应当亲自到婚姻登记机关申请发给离婚证;未申请的,视为撤回离婚登记申请。

理解适用

[离婚冷静期]

离婚冷静期,是指夫妻离婚时,政府给申请离婚的双方当事人一段时间,强制当事人暂时搁置离婚纠纷,在法定期限内冷静思考离婚问题,考虑清楚后再行决定是否离婚。法律规定当事人冷静思考离婚问题的期限为离婚冷静期。

第一千零七十八条 【协议离婚登记】

婚姻登记机关查明双方确实是自愿离婚,并已经对子女抚养、财产以及债务处理等事项协商一致的,予以登记,发给离婚证。

条文参见

《婚姻登记条例》第 16 条

第一千零七十九条 【诉讼离婚】

夫妻一方要求离婚的,可以由有关组织进行调解或者直接向人民法院提起离婚诉讼。

人民法院审理离婚案件,应当进行调解;如果感情确已破裂,调解无效的,应当准予离婚。

有下列情形之一,调解无效的,应当准予离婚:

(一)重婚或者与他人同居;

(二)实施家庭暴力或者虐待、遗弃家庭成员;

(三)有赌博、吸毒等恶习屡教不改;

(四)因感情不和分居满二年;

(五)其他导致夫妻感情破裂的情形。

一方被宣告失踪,另一方提起离婚诉讼的,应当准予离婚。

经人民法院判决不准离婚后,双方又分居满一年,一方再次提起离婚诉讼的,应当准予离婚。

理解适用

[诉讼离婚]

诉讼离婚,是婚姻当事人向人民法院提出离婚请求,由人民法院调解或判决而解除其婚姻关系的一项离婚制度。

诉讼离婚制度,适用于当事人双方对离婚有分歧的情况,包括一方要求离婚但另一方不同意离婚而发生的离婚纠纷;或者双方虽然同意离婚,但在子女抚养、财产及债务处理等事项上不能达成一致意见、作出适当处理的情况。

[人民法院审理离婚案件,应当进行调解]

这表明调解是人民法院审理离婚案件的必经程序。通过调解达成协议,必须当事人双方自愿,不得强迫;调解也不是无原则的,应当本着合法的原则进行,调解协议的内容不得违反法律规定。对于调解无效的案件,人民法院应当依法判决。判决应当根据当事人的婚姻状况,判决准予离婚或者判决不准离婚。一审判决离婚的,当事人在判决发生法律效力前不得另行结婚。当事人不服一审判决的,有权依法提出上诉。双方当事人在15日的上诉期内均不上诉的,判决书发生法律效力。第二审人民法院审理上诉案件可以进行调解。经调解双方达成协议的,自调解书送达时起原审判决即视为撤销。第二审人民法院作出的判决是终审判决。对于判决不准离婚或者调解和好的离婚案件,没有新情况、新理由,原告在6个月内又起诉的,人民法院不予受理。

条文参见

《婚姻家庭编解释一》第2、23、63、64条;《时间效力规定》第22条

第一千零八十条 【婚姻关系解除时间】

完成离婚登记,或者离婚判决书、调解书生效,即解除婚姻关系。

第一千零八十一条 【军婚的保护】

现役军人的配偶要求离婚,应当征得军人同意,但是军人一方有重大过错的除外。

理解适用

[现役军人]

现役军人,指有军籍的人,包括在中国人民解放军服现役、具有军籍和军衔的军官、士兵。中国人民武装警察部队虽然不属于中国人民解放军的编制序列,但是在婚姻问题上仍按现役军人婚姻问题处理。

实用问答

1. 如何认定"军人一方有重大过错"?

答:根据《婚姻家庭编解释一》第64条的规定,"军人一方有重大过错",可以依据《民法典》第1079条第3款前3项规定,即存在重婚或者与他人同居,实施家庭暴力或者虐待、遗弃家庭成员,有赌博、吸毒等恶习屡教不改等情形及军人有其他重大过错导致夫妻感情破裂的情形予以判断。

2. 军人婚姻诉讼中,复员费、自主择业费属于夫妻共同财产吗?

答:根据《婚姻家庭编解释一》第71条的规定,人民法院审理离婚案件,涉及分割发放到军人名下的复员费、自主择业费等一次性费用的,以夫妻婚姻关系存续年限乘以年平均值,所得数额为夫妻共同财产。年平均值,是指将发放到军人名下的上述费用总额按具体年限均分得出的数额。其具体年限为人均寿命70岁与军人入伍时实际年龄的差额。

条文参见

《刑法》第259条;《国防法》第62条

第一千零八十二条 【男方离婚诉权的限制】

女方在怀孕期间、分娩后一年内或者终止妊娠后六个月内,男方不得提出离婚;但是,女方提出离婚或者人民法院认为确有必要受理男方离婚请求的除外。

理解适用

本条规定限制的主体是男方,而不是女方;限制的是男方在一定期限内的起诉权,而不是否定和剥夺男方的起诉权,只是推迟了男方提出离婚的时间,并不涉及准予离婚与不准予离婚的实体性问题。也就是说,只是对男方离婚请求权暂时性的限制,超过法律规定的期限,不再适用此规定。

第一千零八十三条 【复婚登记】

离婚后,男女双方自愿恢复婚姻关系的,应当到婚姻登记机关重新进行结婚登记。

条文参见

《婚姻登记条例》第 18 条

第一千零八十四条 【离婚后的父母子女关系】

父母与子女间的关系,不因父母离婚而消除。离婚后,子女无论由父或者母直接抚养,仍是父母双方的子女。

离婚后,父母对于子女仍有抚养、教育、保护的权利和义务。

离婚后,不满两周岁的子女,以由母亲直接抚养为原则。已满两周岁的子女,父母双方对抚养问题协议不成的,由人民法院根据双方的具体情况,按照最有利于未成年子女的原则判决。子女已满八周岁的,应当尊重其真实意愿。

理解适用

[2 周岁以上未成年子女的抚养]

对 2 周岁以上的未成年子女,是由父亲还是母亲直接抚养,首先应由父母双方协议决定。当父母双方对由谁直接抚养发生争议时,法院应当进行调解,尽可能争取当事人以协议方式解决。如果当事人双方因子女抚养问题达不成协议,法院应结合父母双方的抚养能力和抚养条件等具体情况,按照最有利于子女健康成长的原则妥善地作出判决。

[已满 8 周岁子女的抚养]

本条明确规定子女已满 8 周岁的,应当尊重其真实意愿。在离婚时,无论是父母协商确定由谁抚养,还是人民法院判决确定,都要事先听取 8 周岁以上子女的意见,在子女提出自己的意见后,再根据其年龄、社会经验、认知能力和判断能力等,探求、尊重其真实的意愿。

[子女直接抚养归属的变更]

父母离婚后,在一定条件下,可以根据父母双方或子女的实际情况的变化,对子女直接抚养归属依法予以变更。父母双方协议变更子女直接抚养关系的,只要有利于子女身心健康和保障子女合法权益,则应予准予。一方要求变更子女直接抚养归属的,双方对此不能达成协议时,应另行起诉。

> 实用问答

1. 离婚案件中不满 2 周岁的子女,父亲可以请求直接抚养吗?

答:根据《婚姻家庭编解释一》第 44、45 条的规定,离婚案件涉及未成年子女抚养的,对不满 2 周岁的子女,以由母亲直接抚养为原则。母亲有下列情形之一,父亲请求直接抚养的,人民法院应予支持:(1)患有久治不愈的传染性疾病或者其他严重疾病,子女不宜与其共同生活;(2)有抚养条件不尽抚养义务,而父亲要求子女随其生活的;(3)因其他原因,子女确不宜随母亲生活。父母双方协议不满 2 周岁子女由父亲直接抚养,并对子女健康成长无不利影响的,人民法院应予支持。

2. 离婚案件中,孩子选择跟随生活的一方条件比另一方差很多,应如何处理?[①]

答:《民法典》第 1084 条第 3 款规定:"离婚后,不满两周岁的子女,以由母亲直接抚养为原则。已满两周岁的子女,父母双方对抚养问题协议不成的,由人民法院根据双方的具体情况,按照最有利于未成年子女的原则判决。子女已满八周岁的,应当尊重其真实意愿。"可见,最有利于未成年子女原则是解决未成年子女抚养问题的基本原则,应以此作为处理相关问题的基本出发点和落脚点。

具体到离婚纠纷中确定未成年子女由哪一方直接抚养更合适,要根据其年龄情况作区分处理:(1)对于不满 2 周岁的子女,应以母亲直接抚养为原则,除非存在《婚姻家庭编解释一》第 44 条规定的确实不宜随母亲共同生活的特殊情况。(2)对于已满 8 周岁的子女,应当尊重其真实意愿。首先,应当尽量保证未成年子女在不受干扰的情况下发表意见,确保其意愿客观、真实。在征求未成年子女意见时,要根据未成年人的年龄和智力发育情况,选择其能够理解的方式。比如,可以采取入户调查、走访亲友、征求未成年子女住所地村(居)民委员会意见等家事调查方式,探寻其真实意愿。其次,在确定系未成年子女真实意愿的前提下,原则上应当尊重其真实意愿。这不仅是

---

① 参见《法答网精选答问(第一批)》,载最高人民法院官网 2024 年 2 月 29 日,https://www.court.gov.cn/zixun/xiangqing/426272.html。

法律的明确规定,也是最有利于未成年子女原则的应有之义,是尊重未成年子女人格尊严的必然要求。需要注意的是,对于未成年子女来讲,物质条件只是确定一方抚养条件优劣的因素之一,而不是全部。未成年子女受哪一方生活上照顾较多,哪一方更能够提供情感需求、陪伴需求,更尊重其人格尊严,更有利于其身心健康发展等,均应当作为"条件"的考量要素。而物质需求还可以通过另一方支付抚养费等方式予以解决。(3)对于已满2周岁不满8周岁子女的直接抚养问题,应按照《婚姻家庭编解释一》第46条、第47条规定的具体考虑因素来判断,同时也要尽量尊重其真实意愿,根据最有利于未成年子女原则作出判决。

条文参见

《婚姻家庭编解释一》第44~48、55条;《婚姻家庭编解释二》第13、14、16、17条

案例指引

刘某某与王某某离婚纠纷案(《最高人民法院发布人民法院反家庭暴力典型案例(第二批)》之三)

典型意义: 根据《民法典》第1084条的规定,离婚纠纷中,对于已满8周岁的子女,在确定由哪一方直接抚养时,应当尊重其真实意愿。由于未成年人年龄及智力发育尚不完全,基于情感、经济依赖等因素,其表达的意愿可能会受到成年人一定程度的影响,因此,应当全面考察未成年人的生活状况,深入了解其真实意愿,并按照最有利于未成年人的原则判决。本案中,由于儿子表达的意见存在反复,说明其对于和哪一方共同生活以及该生活对自己后续身心健康的影响尚无清晰认识,人民法院慎重考虑王某某的家暴因素,坚持最有利于未成年子女的原则,判决孩子由最有利于其成长的母亲直接抚养,有助于及时阻断家暴代际传递,也表明了对婚姻家庭中施暴方在法律上予以否定性评价的立场。

第一千零八十五条 【离婚后子女抚养费的负担】

离婚后,子女由一方直接抚养的,另一方应当负担部分或者全部抚养费。负担费用的多少和期限的长短,由双方协议;协议不成的,由人民法院判决。

> 前款规定的协议或者判决,不妨碍子女在必要时向父母任何一方提出超过协议或者判决原定数额的合理要求。

理解适用

[抚养费的数额]

抚养费的数额,可以根据子女的实际需要、父母双方的负担能力和当地的实际生活水平确定。有固定收入的,抚养费一般可以按其月总收入的20%至30%的比例给付。负担2个以上子女抚养费的,比例可以适当提高,但一般不得超过月总收入的50%。无固定收入的,抚养费的数额可以依据当年总收入或者同行业平均收入,参照上述比例确定。有特殊情况的,可以适当提高或者降低上述比例。

[子女抚养费的给付]

抚养费应当定期给付,有条件的可以一次性给付。父母一方无经济收入或者下落不明的,可以用其财物折抵抚养费。父母双方可以协议由一方直接抚养子女并由直接抚养方负担子女全部抚养费。但是,直接抚养方的抚养能力明显不能保障子女所需费用,影响子女健康成长的,人民法院不予支持。抚养费的给付期限,一般至子女18周岁为止。16周岁以上不满18周岁,以其劳动收入为主要生活来源,并能维持当地一般生活水平的,父母可以停止给付抚养费。

[子女要求有负担能力的父或者母增加抚养费的情形]

根据《婚姻家庭编解释一》第58条的规定,具有下列情形之一,子女要求有负担能力的父或者母增加抚养费的,人民法院应予支持:(1)原定抚养费数额不足以维持当地实际生活水平的;(2)因子女患病、上学,实际需要已超过原定数额;(3)有其他正当理由应当增加。

实用问答

夫妻一方起诉离婚时是否可以向另外一方主张分居期间子女的抚养费?

答:从实体上看,《婚姻家庭编解释一》第43条规定:"婚姻关系存续期间,父母双方或者一方拒不履行抚养子女义务,未成年子女或者不能独立生活的成年子女请求支付抚养费的,人民法院应予支持。"可见,分居期间未尽到对子女抚养义务的,未成年子女或者不能独立生活的成年子女可以请求支付抚养费。从程序上看,虽然离婚纠纷与抚养费纠纷属于两个不同案由,当事人也存在差别,但从减少当事人诉累的角度看,对于分居期间的抚养费,在离婚诉讼中一并处理效果更好,否则,子女还要再另外提起一个诉讼。

条文参见

《婚姻家庭编解释一》第49~53、55、58~60条

第一千零八十六条 【父母的探望权】

离婚后,不直接抚养子女的父或者母,有探望子女的权利,另一方有协助的义务。

行使探望权利的方式、时间由当事人协议;协议不成的,由人民法院判决。

父或者母探望子女,不利于子女身心健康的,由人民法院依法中止探望;中止的事由消失后,应当恢复探望。

理解适用

[探望权的限制]

父或者母探望子女,不利于子女身心健康的,由人民法院依法中止探望。不直接抚养子女的父母一方的探望权,只有在特殊的情况下才能被限制。这种特殊情况主要是指探望有可能不利于子女的身心健康。如父母一方患精神疾病、传染性疾病,以及有吸毒行为或对子女有暴力骚扰等行为。

实用问答

1. 父母一方是否可以提出对子女的探望权诉讼?

答:根据《婚姻家庭编解释一》第65条的规定,人民法院作出的生效的离婚判决中未涉及探望权,当事人就探望权问题单独提起诉讼的,人民法院应予受理。

2. 中止探望需要履行什么程序?

答:根据《婚姻家庭编解释一》第66、67条的规定,未成年子女、直接抚养子女的父或者母以及其他对未成年子女负担抚养、教育、保护义务的法定监护人,有权向人民法院提出中止探望的请求。当事人在履行生效判决、裁定或者调解书的过程中,一方请求中止探望的,人民法院在征询双方当事人意见后,认为需要中止探望的,依法作出裁定;中止探望的情形消失后,人民

法院应当根据当事人的请求书面通知其恢复探望。

3. 抚养子女的一方拒绝协助另一方行使探望权,法院可以采取哪些措施?

答:根据《婚姻家庭编解释一》第 68 条的规定,对于拒不协助另一方行使探望权的有关个人或者组织,可以由人民法院依法采取拘留、罚款等强制措施,但是不能对子女的人身、探望行为进行强制执行。

第一千零八十七条 【离婚时夫妻共同财产的处理】

离婚时,夫妻的共同财产由双方协议处理;协议不成的,由人民法院根据财产的具体情况,按照照顾子女、女方和无过错方权益的原则判决。

对夫或者妻在家庭土地承包经营中享有的权益等,应当依法予以保护。

实用问答

1. 离婚时对股票、债券等有价证券的共同财产,应该怎么分配?

答:根据《婚姻家庭编解释一》第 72 条的规定,夫妻双方分割共同财产中的股票、债券、投资基金份额等有价证券以及未上市股份有限公司股份时,协商不成或者按市价分配有困难的,人民法院可以根据数量按比例分配。

2. 夫妻双方对房屋价值和归属无法达成协议时,应该怎么处理?

答:根据《婚姻家庭编解释一》第 76 条的规定,双方对夫妻共同财产中的房屋价值及归属无法达成协议时,人民法院按以下情形分别处理:(1)双方均主张房屋所有权并且同意竞价取得的,应当准许;(2)一方主张房屋所有权的,由评估机构按市场价格对房作出评估,取得房屋所有权的一方应当给予另一方相应的补偿;(3)双方均不主张房屋所有权的,根据当事人的申请拍卖、变卖房屋,就所得价款进行分割。

3. 夫妻一方婚前签订房屋买卖合同并付了首付款,婚后用夫妻共同财产还贷,该房屋应该怎么处理?

答:根据《婚姻家庭编解释一》第 78 条的规定,夫妻一方婚前签订不动产买卖合同,以个人财产支付首付款并在银行贷款,婚后用夫妻共同财产还贷,不动产登记于首付款支付方名下的,离婚时该不动产由双方协议处理。不能达成协议的,人民法院可以判决该不动产归登记一方,尚未归还的贷款为不动产登记一方的个人债务。双方婚后共同还贷支付的款项及其相对应财产增值部分,离婚时应根据《民法典》第1087条第1款规定的原则,由不动产登记一方对另一方进行补偿。

4. 夫妻双方共同出资购买以一方父母名义参加房改的房屋,登记在一方父母名下,该房屋应该如何处理?

答:根据《婚姻家庭编解释一》第79条的规定,婚姻关系存续期间,双方用夫妻共同财产出资购买以一方父母名义参加房改的房屋,登记在一方父母名下,离婚时另一方主张按照夫妻共同财产对该房屋进行分割的,人民法院不予支持。购买该房屋时的出资,可以作为债权处理。

5. 养老金可以作为共同财产进行分割吗?

答:根据《婚姻家庭编解释一》第80条的规定,离婚时夫妻一方尚未退休、不符合领取基本养老金条件,另一方请求按照夫妻共同财产分割基本养老金的,人民法院不予支持;婚后以夫妻共同财产缴纳基本养老保险费,离婚时一方主张将养老金账户中婚姻关系存续期间个人实际缴纳部分及利息作为夫妻共同财产分割的,人民法院应予支持。

6. 夫妻一方可继承的财产,可以作为夫妻共同财产分割吗?

答:根据《婚姻家庭编解释一》第81条的规定,婚姻关系存续期间,夫妻一方作为继承人依法可以继承的遗产,在继承人之间尚未实际分割,起诉离婚时另一方请求分割的,人民法院应当告知当事人在继承人之间实际分割遗产后另行起诉。

【条文参见】

《妇女权益保障法》第55、56、66、69条;《婚姻家庭编解释一》第72~82条;《婚姻家庭编解释二》第5、8、10条

【案例指引】

范某某与许某某离婚纠纷案(《最高人民法院发布涉婚姻家庭纠纷典型案例》之二)

典型意义: 根据《民法典》第1087条的规定,离婚时,夫妻的共同财产由双方协议处理;协议不成的,由人民法院根据财产的具体情况,按照照顾子女、女方和无过错方权益的原则判决。婚姻关系存续期间,由一方父母全额出资购置的房屋转移登记至夫妻双方名下,离婚分割夫妻共同财产时,可以根据该财产的出资来源情况,判决该房屋归出资方子女所有,但需综合考虑共同生活及孕育共同子女情况、离婚过错、离婚时房屋市场价格等因素,确定

是否由获得房屋一方对另一方予以补偿以及补偿的具体数额。本案中，人民法院综合考虑婚姻关系存续时间较短、未孕育共同子女、房屋市场价格等因素，判决房屋归出资方子女所有，并酌定出资方子女补偿对方 7 万元，既保护了父母的合理预期和财产权益，也肯定和鼓励了对家庭的投入和付出，较好地平衡了双方利益。

第一千零八十八条 【离婚经济补偿】

夫妻一方因抚育子女、照料老年人、协助另一方工作等负担较多义务的，离婚时有权向另一方请求补偿，另一方应当给予补偿。具体办法由双方协议；协议不成的，由人民法院判决。

理解适用

[离婚经济补偿]

离婚经济补偿，又称为家务劳动补偿，是指夫妻一方因在家务等方面付出较多义务，在离婚时可请求另一方给予相应补偿的权利。

离婚诉讼中，夫妻一方有证据证明在婚姻关系存续期间因抚育子女、照料老年人、协助另一方工作等负担较多义务，依据本条规定请求另一方给予补偿的，人民法院可以综合考虑负担相应义务投入的时间、精力和对双方的影响以及给付方负担能力、当地居民人均可支配收入等因素，确定补偿数额。

条文参见

《妇女权益保障法》第 68 条；《婚姻家庭编解释二》第 21 条

第一千零八十九条 【离婚时夫妻共同债务清偿】

离婚时，夫妻共同债务应当共同偿还。共同财产不足清偿或者财产归各自所有的，由双方协议清偿；协议不成的，由人民法院判决。

理解适用

婚姻关系终结时，依法属于夫妻共同债务的，夫妻应当以共同财产共同偿还，这是一个基本原则。但是，如果夫妻共同财产不足致使不能清偿，或者双方约定财产归各自所有而没有共同财产清偿，夫妻双方对共同债务如何偿还以及清偿比例等，可以由双方当事人协商确定；如果双方协商不能达成一致意见,由人民法院考虑双方当事人的具体情况依法判决确定。需要注意的是,无论是双方当事人协商确定,还是人民法院判决确定的清偿方式、清偿比例等内容,仅在离婚的双方当事人之间有效,对债权人是没有法律效力的,债权人可以依照本法第178条第1款"二人以上依法承担连带责任的,权利人有权请求部分或者全部连带责任人承担责任"的规定来要求双方履行其债务。

条文参见

《婚姻家庭编解释一》第69条

第一千零九十条 【离婚经济帮助】

离婚时,如果一方生活困难,有负担能力的另一方应当给予适当帮助。具体办法由双方协议;协议不成的,由人民法院判决。

条文参见

《妇女权益保障法》第69条;《婚姻家庭编解释二》第22条

第一千零九十一条 【离婚过错赔偿】

有下列情形之一,导致离婚的,无过错方有权请求损害赔偿:
(一)重婚;
(二)与他人同居;
(三)实施家庭暴力;
(四)虐待、遗弃家庭成员;
(五)有其他重大过错。

理解适用

[承担离婚过错损害赔偿责任的主体]

承担本条规定的损害赔偿责任的主体,为离婚诉讼当事人中无过错方的配偶。

实用问答

《民法典》第1091条规定的"损害赔偿",包括精神损害赔偿吗?

答:根据《婚姻家庭编解释一》第86条的规定,《民法典》第1091条规定的"损害赔偿",包括物质损害赔偿和精神损害赔偿。涉及精神损害赔偿的,适用《精神损害解释》的有关规定。

> 条文参见

《民法典》第1183条;《精神损害解释》;《婚姻家庭编解释一》第1、2、86~90条

> **第一千零九十二条 【一方侵害夫妻共同财产的法律后果】**
>
> 夫妻一方隐藏、转移、变卖、毁损、挥霍夫妻共同财产,或者伪造夫妻共同债务企图侵占另一方财产的,在离婚分割夫妻共同财产时,对该方可以少分或者不分。离婚后,另一方发现有上述行为的,可以向人民法院提起诉讼,请求再次分割夫妻共同财产。

> 理解适用

需要说明的是,本条对少分的具体份额或比例以及在何种情况下可以不分、少分,没有作出明确规定,只是规定了"可以"少分或者不分。法院在审判实践中,应当根据违法行为的情节和案件的具体情况作出处理。

> 实用问答

请求再次分割夫妻共同财产的诉讼时效是多久?

答:根据《婚姻家庭编解释一》第84条的规定,当事人依据《民法典》第1092条的规定向人民法院提起诉讼,请求再次分割夫妻共同财产的诉讼时效期间为3年,从当事人发现之日起计算。

> 条文参见

《婚姻家庭编解释一》第83、84条;《婚姻家庭编解释二》第3条

第五章 收 养

第一节 收养关系的成立

第一千零九十三条 【被收养人的范围】

下列未成年人,可以被收养:
(一)丧失父母的孤儿;
(二)查找不到生父母的未成年人;
(三)生父母有特殊困难无力抚养的子女。

理解适用

[收养]

收养,是指自然人领养他人的子女为自己的子女,依法创设拟制血亲关系的身份法律行为。

[丧失父母的孤儿]

此处的"丧失",应指被收养人的父母已经死亡或者被宣告死亡。"父母"不仅包括生父母,还包括养父母以及有扶养关系的继父母。这里需要指出的是,该项不包括父母被宣告失踪的情形。如果父母因查找不到而被宣告失踪,可以考虑适用本条第2项,即"查找不到生父母的未成年人"可以被收养。

[查找不到生父母的未成年人]

本项规定的"查找不到",是指通过各种方式均无法找到。虽然本条未对"查找不到"的时间加以限制,但从维护收养关系的角度,在操作方面应当有一个合理期间的限制,个人或者有关机关经过一定期间仍查找不到父母的未成年人,可以作为被收养人。此外,需要强调的是,对于暂时脱离生父母,但嗣后又被找回的未成年人,不属于此处的"查找不到",不应当成为被收养的对象。

[生父母有特殊困难无力抚养的子女]

本项的"有特殊困难"属于一个包容性较强的表述,既包括生父母因经济困难无力抚养,也包括生父母因身体或者精神原因自身不具备抚养能力等,具体应由有关部门根据情况进行判断是否适用收养。

第一千零九十四条 【送养人的范围】

下列个人、组织可以作送养人:
(一)孤儿的监护人;
(二)儿童福利机构;
(三)有特殊困难无力抚养子女的生父母。

理解适用

[孤儿的监护人]

(1)担任孤儿监护人的主体是有顺序限制的,即首先是祖父母、外祖母,其次是兄、姐,最后是其他愿意担任其监护人的个人或者组织,但须经未成年人住所地的居委会、村委会或者民政部门同意。当然,以上主体担任监护人的前提是必须具备监护能力。(2)孤儿的监护人实施送养行为时,应当受到一定限制。即监护人送养孤儿的,应当征得有抚养义务的人同意。

[儿童福利机构]

儿童福利机构,是指民政部门设立的,主要收留抚养由民政部门担任监护人的未满18周岁儿童的机构,包括按照事业单位法人登记的儿童福利院、设有儿童部的社会福利院等。

[有特殊困难无力抚养子女的生父母]

生父母作为子女的法定监护人,在一般情况下要履行监护职责,不得随意将应由自己承担的责任转由他人承担。但在特殊情况下,生父母因存在特殊困难无力承担这一责任时,从有利于未成年人健康成长的角度,可以由生父母将未成年人送养,这也符合收养领域确立的最有利于被收养人的原则要求。

第一千零九十五条 【监护人送养未成年人的特殊规定】

未成年人的父母均不具备完全民事行为能力且可能严重危害该未成年人的,该未成年人的监护人可以将其送养。

第一千零九十六条 【监护人送养孤儿的特殊规定】

监护人送养孤儿的,应当征得有抚养义务的人同意。有抚养义务的人不同意送养、监护人不愿意继续履行监护职责的,应当依照本法第一编的规定另行确定监护人。

理解适用

理解本条需要注意以下几点:(1)孤儿的父母死亡后,有资格担任孤儿监护人的主体并不单一,有监护能力的祖父母、外祖父母、兄、姐都可以作为监护主体。但一般情况下,监护人不可能由多人担任,因此,在监护人确定后,为尊重其他有抚养义务的人的意愿,实质上也是为了最大限度地遵循保护未成年人利益的原则,法律要求送养应当征得有抚养义务的人的同意。(2)如果有抚养义务的人不同意送养,监护人又不愿意继续履行监护职责,则要通过变更监护人的方式确保未成年人的利益不受损害。(3)变更监护人应当依照本法总则编的有关规定进行。

[有抚养义务的人]

有抚养义务的人,是指孤儿的有负担能力的祖父母、外祖父母、兄、姐。

第一千零九十七条 【生父母送养】

生父母送养子女,应当双方共同送养。生父母一方不明或者查找不到的,可以单方送养。

理解适用

理解本条,需要明确以下两点:(1)生父母送养子女应当双方共同送养,这是原则要求。基于父母双方对于抚养子女的平等地位,送养应当双方共同进行。在实践操作层面,可以双方共同表示送养的意思,也可以由一方表达出送养意愿,另一方表示同意。在后一种情况下,这种同意的表示应是明确的、具体的。(2)生父母送养子女可以单方送养,这是例外规定,应当严格限于法律规定的两种情形,即生父母一方不明或者查找不到。"生父母一方不明",是指不能确认被收养人的生父或者生母为谁的情况。在这种情况下,如果生父或生母无力抚养子女,应当允许其送养该子女,给子女提供一个更好的成长环境。"查找不到",是指经过一定期间,无法查找到生父或者生母的情况。

> **实用问答**

借送养之名,实则出卖亲生子女的,应当如何处理?

答:根据《最高人民法院、最高人民检察院、公安部、司法部关于依法惩治拐卖妇女儿童犯罪的意见》第17条的规定,要严格区分借送养之名出卖亲生子女与民间送养行为的界限。区分的关键在于行为人是否具有非法获利的目的。应当通过审查将子女"送"人的背景和原因、有无收取钱财及收取钱财的多少、对方是否具有抚养目的及有无抚养能力等事实,综合判断行为人是否具有非法获利的目的。具有下列情形之一的,可以认定属于出卖亲生子女,应当以拐卖妇女、儿童罪论处:(1)将生育作为非法获利手段,生育后即出卖子女的;(2)明知对方不具有抚养目的,或者根本不考虑对方是否具有抚养目的,为收取钱财将子女"送"给他人的;(3)为收取明显不属于"营养费""感谢费"的巨额钱财将子女"送"给他人的;(4)其他足以反映行为人具有非法获利目的的"送养"行为的。不是出于非法获利目的,而是迫于生活困难,或者受重男轻女思想影响,私自将没有独立生活能力的子女送给他人抚养,包括收取少量"营养费""感谢费"的,属于民间送养行为,不能以拐卖妇女、儿童罪论处。对私自送养导致子女身心健康受到严重损害,或者具有其他恶劣情节,符合遗弃罪特征的,可以遗弃罪论处;情节显著轻微危害不大的,可由公安机关依法予以行政处罚。

第一千零九十八条 【收养人的条件】

收养人应当同时具备下列条件:
(一)无子女或者只有一名子女;
(二)有抚养、教育和保护被收养人的能力;
(三)未患有在医学上认为不应当收养子女的疾病;
(四)无不利于被收养人健康成长的违法犯罪记录;
(五)年满三十周岁。

> **理解适用**

无不利于被收养人健康成长的违法犯罪记录,即只有收养人从事过与未成年人健康成长有关的违法犯罪行为的,才会被限制收养。如果收养人的违法犯罪行为不影响未成年人健康成长,则不受该项条件的限制。

第一千零九十九条 【收养三代以内旁系同辈血亲子女的特殊规定】

收养三代以内旁系同辈血亲的子女,可以不受本法第一千零九十三条第三项、第一千零九十四条第三项和第一千一百零二条规定的限制。

华侨收养三代以内旁系同辈血亲的子女,还可以不受本法第一千零九十八条第一项规定的限制。

理解适用

[三代以内旁系同辈血亲的子女]

三代以内旁系同辈血亲的子女,是指兄弟姊妹的子女、堂兄弟姊妹的子女、表兄弟姊妹的子女。

[对华侨收养三代以内旁系同辈血亲子女的条件规定]

要注意以下两点:(1)华侨收养三代以内旁系同辈血亲的子女,首先与一般主体收养三代以内旁系同辈血亲的子女的要求一致,即被收养人可以不受生父母有特殊困难无力抚养子女的限制、送养人可以不受有特殊困难无力抚养子女的生父母的限制以及无配偶者收养异性子女须与被收养人存在40周岁以上年龄差的限制。(2)在上述基础上,对于华侨收养三代以内旁系同辈血亲的子女,本法进一步放宽限制,即还可以不受收养人须无子女或者只有一名子女的限制。也就是说,已拥有两名及两名以上子女的华侨,还可以收养三代以内旁系同辈血亲的子女。

第一千一百条 【收养子女的人数】

无子女的收养人可以收养两名子女;有子女的收养人只能收养一名子女。

收养孤儿、残疾未成年人或者儿童福利机构抚养的查找不到生父母的未成年人,可以不受前款和本法第一千零九十八条第一项规定的限制。

第一千一百零一条 【共同收养】

有配偶者收养子女,应当夫妻共同收养。

理解适用

[共同收养]

共同收养,是指夫妻双方就收养子女问题达成一致,共同作为收养人办理收养手续。

实用问答

夫妻共同收养子女的,如何办理收养登记手续?

答:根据《中国公民收养子女登记办法》第 5 条第 2 款的规定,夫妻共同收养子女的,应当共同到收养登记机关办理登记手续;一方因故不能亲自前往的,应当书面委托另一方办理登记手续,委托书应当经过村民委员会或者居民委员会证明或者经过公证。

第一千一百零二条 【无配偶者收养异性子女】

无配偶者收养异性子女的,收养人与被收养人的年龄应当相差四十周岁以上。

实用问答

单身男性私自收养非社会福利机构抚养的查找不到生父母的女性弃婴和儿童,年龄相差不到 40 周岁的,应当如何处理?

答:根据《民政部、公安部、司法部、卫生部、人口计生委关于解决国内公民私自收养子女有关问题的通知》的规定,单身男性私自收养非社会福利机构抚养的查找不到生父母的女性弃婴和儿童,年龄相差不到 40 周岁的,由当事人常住户口所在地的乡(镇)人民政府、街道办事处,动员其将弃婴和儿童送交当地县(市)人民政府民政部门指定的社会福利机构抚养。夫妻双方在婚姻关系存续期间私自收养女性弃婴和儿童,后因离婚或者丧偶,女婴由男方抚养,年龄相差不到 40 周岁,抚养事实满 1 年的,可凭公证机构出具的抚养事实公证书,以及人民法院离婚判决书、离婚调解书、离婚证或者其妻死亡证明等相关证明材料,到县(市)人民政府民政部门申请办理收养登记。

第一千一百零三条 【继父母收养继子女的特殊规定】

继父或者继母经继子女的生父母同意，可以收养继子女，并可以不受本法第一千零九十三条第三项、第一千零九十四条第三项、第一千零九十八条和第一千一百条第一款规定的限制。

理解适用

尽管本条对于继父母收养继子女作出了多方面的放宽规定，但这并不意味着在收养关系形成后，继父或者继母对于继子女所应承担的义务和责任可以有所减轻。根据本法第1111条的规定，自收养关系成立之日起，养父母与养子女间的权利义务关系，适用本法关于父母子女关系的规定。同时，养子女与生父母及其他近亲属间的权利义务关系，因收养关系的成立而消除。因此，继父母自身份转变为养父母后，父母子女间的权利义务都应依法承担，不得推诿。

第一千一百零四条 【收养、送养自愿】

收养人收养与送养人送养，应当双方自愿。收养八周岁以上未成年人的，应当征得被收养人的同意。

理解适用

理解本条，需要注意以下几点：(1)成立有效的收养关系，需要收养人有真实、自愿的收养意思表示。这里需要强调的是，收养人收养意愿的作出必须是真实、自愿的，如果收养的意思表示是在受胁迫、欺诈等情况下作出，就不会产生有效的收养关系，也必将有损被收养人的合法权益。(2)成立有效的收养关系，还需要有送养人同意送养的真实意愿。根据本法第1094条的规定，可以担任送养人的个人和组织包括孤儿的监护人、儿童福利机构以及有特殊困难无力抚养子女的生父母。这些主体在依法送养未成年人时，必须要有同意送养的真实意思表示。(3)如果被收养人属于8周岁以上的未成年人，还必须征得被收养人的同意。被收养的未成年人如果年龄在8周岁以上，则其同意被收养是该收养关系成立的前提条件。换言之，即使送养人与收养人达成了收养合意，如果年满8周岁的被收养人不同意被收养，则收养关系不成立。这也是收养应当最有利于被收养人利益的原则体现。

第一千一百零五条 【收养登记、收养公告、收养协议、收养公证、收养评估】

收养应当向县级以上人民政府民政部门登记。收养关系自登记之日起成立。

收养查找不到生父母的未成年人的,办理登记的民政部门应当在登记前予以公告。

收养关系当事人愿意签订收养协议的,可以签订收养协议。

收养关系当事人各方或者一方要求办理收养公证的,应当办理收养公证。

县级以上人民政府民政部门应当依法进行收养评估。

理解适用

收养公证并非收养的必经程序,只有收养关系的各方当事人或者一方当事人提出办理收养公证的要求时,才依法予以办理。从办理顺序上看,公证一般应当在签订收养协议并且办理收养登记后进行;如果尚未办理收养登记,仅就收养协议进行公证,只能证明协议是真实合法的,并不能证明收养关系已经成立。

条文参见

《中国公民收养子女登记办法》第2~7条;《收养登记工作规范》

第一千一百零六条 【被收养人户口登记】

收养关系成立后,公安机关应当按照国家有关规定为被收养人办理户口登记。

条文参见

《中国公民收养子女登记办法》第8、9条

第一千一百零七条 【生父母的亲属、朋友抚养不适用收养】

孤儿或者生父母无力抚养的子女,可以由生父母的亲属、朋友抚养;抚养人与被抚养人的关系不适用本章规定。

理解适用

如果生父母的亲属、朋友在承担了对未成年人的抚养义务之后,因为各种原因出现了无力承担抚养教育未成年人的情形时,从保护未成年人利益的角度考虑,应当及时、再次变更抚养权人,以确保未成年人的利益不致受到损害。

第一千一百零八条 【抚养优先权】

配偶一方死亡,另一方送养未成年子女的,死亡一方的父母有优先抚养的权利。

第一千一百零九条 【涉外收养】

外国人依法可以在中华人民共和国收养子女。

外国人在中华人民共和国收养子女,应当经其所在国主管机关依照该国法律审查同意。收养人应当提供由其所在国有权机构出具的有关其年龄、婚姻、职业、财产、健康、有无受过刑事处罚等状况的证明材料,并与送养人签订书面协议,亲自向省、自治区、直辖市人民政府民政部门登记。

前款规定的证明材料应当经收养人所在国外交机关或者外交机关授权的机构认证,并经中华人民共和国驻该国使领馆认证,但是国家另有规定的除外。

实用问答

收养人所在国法律的规定与中国法律的规定不一致时,如何处理?

答:根据《外国人在中华人民共和国收养子女登记办法》第3条的规定,外国人在华收养子女,应当符合中国有关收养法律的规定,并应当符合收养人所在国有关收养法律的规定;因收养人所在国法律的规定与中国法律的规定不一致而产生的问题,由两国政府有关部门协商处理。

条文参见

《外国人在中华人民共和国收养子女登记办法》

第一千一百一十条 【收养保密义务】

收养人、送养人要求保守收养秘密的,其他人应当尊重其意愿,不得泄露。

第二节 收养的效力

第一千一百一十一条 【收养拟制效力】

自收养关系成立之日起,养父母与养子女间的权利义务关系,适用本法关于父母子女关系的规定;养子女与养父母的近亲属间的权利义务关系,适用本法关于子女与父母的近亲属关系的规定。

养子女与生父母以及其他近亲属间的权利义务关系,因收养关系的成立而消除。

理解适用

理解本条,需要注意以下几点:

(1)关于养父母与养子女间的权利义务关系。根据本条规定,自收养关系成立之日起,养父母与养子女间的权利义务关系,适用本法关于父母子女关系的规定。尽管收养形成的是拟制血亲,但在法律适用方面,其与自然血亲并无差别。

(2)关于养子女与养父母的近亲属间的权利义务关系。收养关系成立后,养父母子女之间同自然血亲的父母子女关系并无差别,因此,在养子女与养父母近亲属关系方面,也同样适用本法关于子女与父母的近亲属之间关系的规定。

(3)本条第2款规定,养子女与生父母以及其他近亲属间的权利义务关系,因收养关系的成立而消除。即收养关系成立后,养父母与养子女间形成了拟制的父母子女关系。

第一千一百一十二条 【养子女的姓氏】

养子女可以随养父或者养母的姓氏,经当事人协商一致,也可以保留原姓氏。

第一千一百一十三条 【无效收养行为】

有本法第一编关于民事法律行为无效规定情形或者违反本编规定的收养行为无效。

无效的收养行为自始没有法律约束力。

理解适用

[收养行为无效]

收养行为无效,是指收养行为欠缺法定有效要件,不能发生收养法律效果的收养行为。

第三节 收养关系的解除

第一千一百一十四条 【当事人协议解除及诉讼解除收养关系】

收养人在被收养人成年以前,不得解除收养关系,但是收养人、送养人双方协议解除的除外。养子女八周岁以上的,应当征得本人同意。

收养人不履行抚养义务,有虐待、遗弃等侵害未成年养子女合法权益行为的,送养人有权要求解除养父母与子女间的收养关系。送养人、收养人不能达成解除收养关系协议的,可以向人民法院提起诉讼。

理解适用

[协议解除收养关系的特点]

(1)原则上,在被收养人成年以前,收养人不得单方解除收养关系。(2)收养人与送养人经协商一致,可以解除收养关系。(3)养子女8周岁以上的,应当征得其同意。在送养人、收养人就解除收养关系达成一致的前提下,如果养子女已经属于8周岁以上的限制行为能力人,则还需要征得养子女的同意才可解除收养关系。

[诉讼解除收养关系的规定]

需要注意以下几点:(1)适用规定的前提是被收养人尚未成年。(2)适用的对象仅为送养人,不适用于收养人或者被收养人。即为保护被收养人的合法权益,赋予送养人在一定条件下提起解除收养关系之诉的权利。(3)适用情形有严格限制,即收养人不履行抚养义务,有虐待、遗弃等侵害未成年养子女合法权益的行为。如果收养人不存在这些行为,则送养人无权提起解除收养关系的诉讼。

第一千一百一十五条 【养父母与成年养子女解除收养关系】

养父母与成年养子女关系恶化、无法共同生活的,可以协议解除收养关系。不能达成协议的,可以向人民法院提起诉讼。

理解适用

需要注意以下几点:(1)本条解决的是养父母与成年养子女关系恶化、无法共同生活时收养关系的解除,不包括养子女为未成年人时的情形。(2)本条所规范的养父母与成年养子女之间收养关系的解除,既包括协议解除,也包括诉讼解除。(3)养父母与成年养子女解除收养关系的原因是双方关系恶化、无法共同生活,至于引起关系恶化的具体原因本条未作规定。实践中,成年养子女既可能因为生活方式、价值理念的不同而与养父母关系恶化,也可能存在成年后为逃避赡养义务而故意与养父母交恶,无论出于何种原因,此时勉强维持收养关系于双方无益,应允许解除收养关系。

第一千一百一十六条 【解除收养关系登记】

当事人协议解除收养关系的,应当到民政部门办理解除收养关系登记。

理解适用

根据《中国公民收养子女登记办法》第10条的规定,收养关系当事人协议解除收养关系的,应当持居民户口簿、居民身份证、收养登记证和解除收养关系的书面协议,共同到被收养人常住户口所在地的收养登记机关办理解除收养关系登记。

条文参见

《中国公民收养子女登记办法》第10、11条

第一千一百一十七条 【解除收养关系后的身份效力】

收养关系解除后,养子女与养父母以及其他近亲属间的权利义务关系即行消除,与生父母以及其他近亲属间的权利义务关系自行恢复。但是,成年养子女与生父母以及其他近亲属间的权利义务关系是否恢复,可以协商确定。

第一千一百一十八条 【解除收养关系后的财产效力】

收养关系解除后,经养父母抚养的成年养子女,对缺乏劳动能力又缺乏生活来源的养父母,应当给付生活费。因养子女成年后虐待、遗弃养父母而解除收养关系的,养父母可以要求养子女补偿收养期间支出的抚养费。

生父母要求解除收养关系的,养父母可以要求生父母适当补偿收养期间支出的抚养费;但是,因养父母虐待、遗弃养子女而解除收养关系的除外。

【理解适用】

正确理解和适用本条,需要注意以下几点:

(1)收养关系解除后,成年养子女应对抚养过自己的、缺乏劳动能力又缺乏生活来源的养父母给付生活费。这里不区分协议解除还是诉讼解除,只要养父母对养子女尽了抚养义务,养子女成年后,对于缺乏劳动能力又缺乏生活来源的养父母,都应当给付生活费。

(2)养父母与成年养子女关系恶化、无法共同生活的,既可以协议解除收养关系,也可以通过诉讼方式解除收养关系。此种情况下收养关系的解除,既可能因双方生活观念不符所致,也可能因成年养子女有虐待、遗弃养父母的行为所致。在后一种情况下,尽管收养关系最终解除,但养父母可以要求养子女补偿收养期间支出的抚养费。

(3)生父母提出解除收养关系的,养父母可以要求生父母适当补偿收养期间支出的抚养费。但这种请求权有两个方面的限制:一是养父母可以要求适当补偿抚养费支出。养父母可以结合自己抚养教育养子女的具体情况,提出一个适当、大致的补偿标准。二是解除收养关系的请求虽由生父母提出,但其原因在于养父母虐待、遗弃养子女的,由于养父母自身存在过错,其无权提出补偿抚养费的请求。

第六编 继 承

第一章 一般规定

第一千一百一十九条 【继承编的调整范围】

本编调整因继承产生的民事关系。

理解适用

[继承]

继承,是指自然人死亡后,按照法律规定或者遗嘱处理分配其所遗留的个人财产的制度。

第一千一百二十条 【继承权受国家保护】

国家保护自然人的继承权。

理解适用

[继承权]

继承权是一种民事权利,是自然人依法享有继承被继承人死亡时遗留的遗产的权利。

[继承权的具体内容]

继承权的具体内容包括三个方面:(1)接受与放弃继承的权利。任何人不能强迫继承人接受、放弃继承。(2)取得遗产的权利。继承人如果不放弃继承,即可依法取得被继承人所遗留的遗产。(3)继承权受到侵害时获得救济的权利。继承人可以根据侵权责任编的有关规定主张权利,这种权利被称为继承恢复请求权。

第一千一百二十一条 【继承开始的时间及死亡先后的推定】

继承从被继承人死亡时开始。

相互有继承关系的数人在同一事件中死亡,难以确定死亡时间的,推定没有其他继承人的人先死亡。都有其他继承人,辈份不同的,推定长辈先死亡;辈份相同的,推定同时死亡,相互不发生继承。

> **理解适用**

[继承开始的时间]

继承从被继承人生理死亡或者被宣告死亡时开始。宣告死亡的,根据《民法典》第48条规定确定的死亡日期,为继承开始的时间。

继承开始的时间非常重要,决定着以下重要问题:(1)继承人、受遗赠人范围。(2)遗产的范围。被继承人死亡的时间是确定被继承人所遗留遗产的时点。(3)遗产所有权的转移,继承人死亡的时间是遗产所有权移转的时间。(4)遗嘱的效力。遗嘱订立后并不发生效力,只有在被继承人死亡时,遗嘱才生效。如果被继承人留有数份遗嘱,各遗嘱之间的内容有抵触的,应当以被继承人生前所立最后的那份遗嘱为准。(5)继承权的放弃。继承人有权放弃继承,放弃继承必须在继承开始后遗产分割之前,继承人不能在继承开始之前表明放弃继承,继承开始的时间决定一个人所作的放弃继承的意思表示是否有效。

第一千一百二十二条 【遗产的定义】

遗产是自然人死亡时遗留的个人合法财产。

依照法律规定或者根据其性质不得继承的遗产,不得继承。

> **理解适用**

[遗产的范围]

遗产的范围,理解时需要从以下三个方面把握:(1)遗产是财产或财产性权益,非财产性权利(人格权、人身权或相关权益)不得作为遗产继承;(2)遗产必须是合法的财产,非法的财产也不属于遗产的范围;(3)遗产必须是被继承人个人的财产,非个人财产不属于遗产的范围。

不得继承的遗产主要有两类:(1)根据其性质不得继承的遗产。这主要是与被继承人人身有关的专属性权利,如被继承人所签订的劳动合同上的权利义务,被继承人所签订的演出合同上的权利义务。(2)根据法律规定不得继承的遗产。根据本法第8条的规定,民事主体从事民事活动,不得违反法律,不得违背公序良俗。如果法律有明确规定某些财产是不得继承,继承人自然不得继承。

实用问答

承包人应得的承包利益,是否可以继承?

答: 根据《农村土地承包法》第32条的规定,承包人应得的承包收益,依照法律规定继承。林地承包的承包人死亡,其继承人可以在承包期内继续承包。根据《继承编解释一》第2条的规定,承包人死亡时尚未取得承包收益的,可以将死者生前对承包所投入的资金和所付出的劳动及其增值和孳息,由发包单位或者接续承包合同的人合理折价、补偿。其价额作为遗产。

条文参见

《著作权法》第21条;《农村土地承包法》第32、54条;《海域使用管理法》第27条第3款;《个人独资企业法》第17条;《合伙企业法》第50条第1款、第80条;《台湾同胞投资保护法》第5条;《社会保险法》第14条;《保险法》第42条第1款;《住房公积金管理条例》第24条第3款

第一千一百二十三条 【法定继承、遗嘱继承、遗赠和遗赠扶养协议的效力】

继承开始后,按照法定继承办理;有遗嘱的,按照遗嘱继承或者遗赠办理;有遗赠扶养协议的,按照协议办理。

理解适用

[**法定继承**]

法定继承,是指被继承人生前没有留有有效的遗嘱,其个人合法遗产的继承根据本法继承编所规定的继承人的范围、顺序、遗产分配方法等,确定各继承人之间所得遗产的一种继承方式。

实用问答

被继承人生前与他人订有遗赠扶养协议,同时又立有遗嘱的,如何处理?

答:根据《继承编解释一》第3条的规定,被继承人生前与他人订有遗赠扶养协议,同时又立有遗嘱的,继承开始后,如果遗赠扶养协议与遗嘱没有抵触,遗产分别按协议和遗嘱处理;如果有抵触,按协议处理,与协议抵触的遗嘱全部或者部分无效。

第一千一百二十四条 【继承、受遗赠的接受和放弃】

继承开始后,继承人放弃继承的,应当在遗产处理前,以书面形式作出放弃继承的表示;没有表示的,视为接受继承。

受遗赠人应当在知道受遗赠后六十日内,作出接受或者放弃受遗赠的表示;到期没有表示的,视为放弃受遗赠。

理解适用

[放弃继承]

放弃继承,是指继承人作出不接受继承、不参与遗产分割的意思表示。

放弃继承的继承人既可以是遗嘱继承人,也可以是法定继承人。放弃继承的意思表示既可以是继承人本人作出,也可以通过其代理人作出。放弃继承,必须在继承开始后,遗产处理前,作出意思表示。

实用问答

1. 如果继承人放弃继承权,致使其不能履行法定义务,放弃的行为有效吗?

答:根据《继承编解释一》第32条的规定,继承人因放弃继承权,致其不能履行法定义务的,放弃继承权的行为无效。

2. 继承人口头表达放弃继承权的意愿,是否有效?

答:根据《继承编解释一》第33、34条的规定,继承人放弃继承应当以书面形式向遗产管理人或者其他继承人表示。在诉讼中,继承人向人民法院以口头方式表示放弃继承的,要制作笔录,由放弃继承的人签名。

3. 继承人在遗产分割后表示要放弃继承权,是否有效?

答:根据《继承编解释一》第35条的规定,继承人放弃继承的意思表示,应当在继承开始后、遗产分割前作出。遗产分割后表示放弃的不再是继承权,而是所有权。

4. 在继承权诉讼进行中,继承人对放弃继承的行为反悔了,法院应该如何处理?

答:根据《继承编解释一》第36条的规定,遗产处理前或者在诉讼进行中,继承人对放弃继承反悔的,由人民法院根据其提出的具体理由,决定是否承认。遗产处理后,继承人对放弃继承反悔的,不予承认。

5. 放弃继承的效力,可以追溯到何时?

答:根据《继承编解释一》第37条的规定,放弃继承的效力,追溯到继承开始的时间。

6. 继承人已经书面放弃继承,在继承诉讼中是否仍要被列为当事人?

答:根据《继承编解释一》第44条的规定,继承诉讼开始后,如继承人、受遗赠人中有既不愿参加诉讼,又不表示放弃实体权利的,应当追加为共同原告;继承人已书面表示放弃继承、受遗赠人在知道受遗赠后60日内表示放弃受遗赠或者到期没有表示的,不再列为当事人。

第一千一百二十五条 【继承权的丧失和恢复】

继承人有下列行为之一的,丧失继承权:
(一)故意杀害被继承人;
(二)为争夺遗产而杀害其他继承人;
(三)遗弃被继承人,或者虐待被继承人情节严重的;
(四)伪造、篡改、隐匿或者销毁遗嘱,情节严重的;
(五)以欺诈、胁迫手段迫使或者妨碍被继承人设立、变更或者撤回遗嘱,情节严重的。

继承人有前款第三项至第五项行为,确有悔改表现,被继承人表示宽恕或者事后在遗嘱中将其列为继承人的,该继承人不丧失继承权。

受遗赠人有本条第一款规定行为的,丧失受遗赠权。

理解适用

[继承权丧失]

继承权丧失,是指继承人因对被继承人或者其他继承人实施了法律所禁止的行为,而依法被取消继承被继承人遗产的资格。

实用问答

1. 如何认定继承人"虐待被继承人情节严重"?

答:根据《继承编解释一》第6条的规定,继承人是否符合"虐待被继承人情节严重",可以从实施虐待行为的时间、手段、后果和社会影响等方面认定。虐待被继承人情节严重的,不论是否追究刑事责任,均可确认其丧失继承权。

2. 继承人故意杀害被继承人未遂,是否丧失继承权?

答:根据《继承编解释一》第7条的规定,继承人故意杀害被继承人的,不论是既遂还是未遂,均应当确认其丧失继承权。

3. 继承人有故意杀害被继承人的行为,而遗嘱又指定由该继承人继承,该遗嘱是否有效?

答:根据《继承编解释一》第8条的规定,继承人有故意杀害被继承人或者为争夺遗产而杀害其他继承人的行为,而被继承人以遗嘱将遗产指定由该继承人继承的,可以确认遗嘱无效,并确认该继承人丧失继承权。

4. 如何认定继承人伪造、篡改、隐匿或者销毁遗嘱的行为情节严重?

答:根据《继承编解释一》第9条的规定,继承人伪造、篡改、隐匿或者销毁遗嘱,侵害了缺乏劳动能力又无生活来源的继承人的利益,并造成其生活困难的,应当认定为"情节严重"。

条文参见

《刑法》第232、260~261条;《时间效力规定》第13条

案例指引

高某乙诉高小某法定继承纠纷案(《最高法发布第二批继承纠纷典型案例》之四)

典型意义:《民法典》第1125条规定,继承人有下列行为之一的,丧失继承权:"(三)遗弃被继承人,或者虐待被继承人情节严重。"孝敬父母,是我国传统美德的重要组成部分。父母给予子女生命和关爱,当父母年老体衰时,子女对其进行赡养是应有之义。赡养义务不因父母有收入、身体状况良好而免除。本案中,高小某三十余年对父母没有任何赡养行为,法院认定其行为构成遗弃,并判决其丧失继承权,对其行为作出了否定性评价,彰显了法律对社会价值的正面引导,有利于弘扬中华民族孝亲敬老的传统美德。

第二章 法定继承

第一千一百二十六条 【男女平等享有继承权】

继承权男女平等。

第一千一百二十七条 【法定继承人的范围及继承顺序】

遗产按照下列顺序继承：

（一）第一顺序：配偶、子女、父母；

（二）第二顺序：兄弟姐妹、祖父母、外祖父母。

继承开始后，由第一顺序继承人继承，第二顺序继承人不继承；没有第一顺序继承人继承的，由第二顺序继承人继承。

本编所称子女，包括婚生子女、非婚生子女、养子女和有扶养关系的继子女。

本编所称父母，包括生父母、养父母和有扶养关系的继父母。

本编所称兄弟姐妹，包括同父母的兄弟姐妹、同父异母或者同母异父的兄弟姐妹、养兄弟姐妹、有扶养关系的继兄弟姐妹。

理解适用

[继兄弟姐妹之间的继承权]

继兄弟姐妹之间的继承权，因继兄弟姐妹之间的扶养关系而发生。没有扶养关系的，不能互为第二顺序继承人。继兄弟姐妹之间相互继承了遗产的，不影响其继承亲兄弟姐妹的遗产。

实用问答

养子女与生子女之间、养子女与养子女之间，可以相互继承吗？

答：根据《继承编解释一》第12条第1款的规定，养子女与生子女之间、养子女与养子女之间，系养兄弟姐妹，可以互为第二顺序继承人。

条文参见

《继承编解释一》第11～13条

第一千一百二十八条 【代位继承】

被继承人的子女先于被继承人死亡的,由被继承人的子女的直系晚辈血亲代位继承。

被继承人的兄弟姐妹先于被继承人死亡的,由被继承人的兄弟姐妹的子女代位继承。

代位继承人一般只能继承被代位继承人有权继承的遗产份额。

理解适用

[代位继承]

代位继承,也称间接继承,是相对于本位继承而言的,指具有法定继承权的人因主客观原因不能继承时,由其直系晚辈血亲按照该继承人的继承地位和顺序,继承被继承人遗产的制度。

实用问答

1. 被继承人的外孙子女,可以代位继承吗?

答:根据《继承编解释一》第14条的规定,被继承人的孙子女、外孙子女、曾孙子女、外曾孙子女都可以代位继承,代位继承人不受辈数的限制。

2. 继承人丧失继承权的,晚辈直系血亲可以代位继承吗?

答:根据《继承编解释一》第17条的规定,继承人丧失继承权的,其晚辈直系血亲不得代位继承。如该代位继承人缺乏劳动能力又没有生活来源,或者对被继承人尽赡养义务较多的,可以适当分给遗产。

3. 丧偶儿媳再婚的,是否影响其子女代位继承?

答:根据《民法典》第1129条的规定,丧偶儿媳对公婆,丧偶女婿对岳父母,尽了主要赡养义务的,作为第一顺序继承人。根据《继承编解释一》第18条的规定,丧偶儿媳对公婆、丧偶女婿对岳父母,无论其是否再婚,作为第一顺序继承人时,不影响其子女代位继承。

4. 代位继承人成年后从未履行赡养义务,应否均分遗产?[①]

答: 从现行法律规定来看,法定继承以均等继承为原则,对于尽到较多赡养义务的也只是规定"可以"多分而非"应当"多分。但是就代位继承而言,代位继承人仅仅是承继了其父或母作为被继承人的第一顺位继承人的继承权,并不涉及赡养义务问题。这样的制度安排体现了对赡养的正向鼓励,但仍然强调维护以身份为基础的继承权利义务关系。因此,对于代位继承人而言,决定其能否均等继承的根本在于其身份是否符合代位继承的构成要件。当然,此种情况下,如果其他继承人尽到较多赡养义务,也应当是让有关继承人多分,而不是让该代位继承人少分。

条文参见

《继承编解释一》第 14~18 条;《时间效力规定》第 14 条

案例指引

苏某甲诉李某田等法定继承纠纷案(《人民法院贯彻实施民法典典型案例(第一批)》之八)

典型意义: 本案是适用《民法典》关于侄甥代位继承制度的典型案例。侄甥代位继承系《民法典》新设立的制度,符合我国民间传统,有利于保障财产在血缘家族内部的流转,减少产生遗产无人继承的状况,同时促进亲属关系的发展,引导人们重视亲属亲情,从而减少家族矛盾、促进社会和谐。本案中,审理法院还适用了遗产的酌给制度,即对继承人以外的对被继承人扶养较多的人适当分给遗产,体现了权利义务相一致原则,弘扬了积极妥善赡养老人的传统美德,充分体现了社会主义核心价值观的要求。

第一千一百二十九条 【丧偶儿媳、丧偶女婿的继承权】

丧偶儿媳对公婆,丧偶女婿对岳父母,尽了主要赡养义务的,作为第一顺序继承人。

[①] 参见《法答网精选答问(第四批)》,载最高人民法院官网 2024 年 4 月 11 日,https://www.court.gov.cn/zixun/xiangqing/429992.html。

理解适用

[尽了主要赡养义务]

对被继承人生活提供了主要经济来源,或者在劳务等方面给予了主要扶助的,应当认定其尽了主要赡养义务或主要扶养义务。

第一千一百三十条 【遗产分配的原则】

同一顺序继承人继承遗产的份额,一般应当均等。

对生活有特殊困难又缺乏劳动能力的继承人,分配遗产时,应当予以照顾。

对被继承人尽了主要扶养义务或者与被继承人共同生活的继承人,分配遗产时,可以多分。

有扶养能力和有扶养条件的继承人,不尽扶养义务的,分配遗产时,应当不分或者少分。

继承人协商同意的,也可以不均等。

理解适用

[特殊情况下,同一顺序继承人继承遗产的份额可以不均等]

特殊情况下,同一顺序继承人继承遗产的份额可以不均等,主要有以下四种情况:

第一,对生活有特殊困难的缺乏劳动能力的继承人,分配遗产时,应当予以照顾。应当予以照顾的继承人必须同时满足以下两个条件:一是生活有特殊困难,而不是有一般困难;二是缺乏劳动能力,根本无法通过参加劳动改变生活困难的局面,而不是劳动能力不强。

第二,对被继承人尽了主要扶养义务或者与被继承人共同生活的继承人,分配遗产时,可以多分。对被继承人尽了主要扶养义务的继承人,是指对被继承人在经济上提供主要来源或者在生活上给予主要照顾的继承人,在分配遗产时给予这类继承人适当倾斜。但是,与被继承人共同生活,有扶养能力和扶养条件却对需要扶养的被继承人不尽扶养义务的,则不适用这一规定。

第三,有扶养能力和有扶养条件的继承人,不尽扶养义务的,分配遗产时,应当不分或者少分。对于这类继承人不分或者少分遗产必须同时符合以下两个条件:一是继承人有扶养能力和扶养条件;二是继承人不尽扶养义务。

继承人是否尽到了扶养义务一般是从客观上来判断，实践中也存在继承人有扶养能力和扶养条件，愿意尽扶养义务，但是被继承人因有固定收入和劳动能力，明确表示不要求其扶养的情形。在这种情况下，尽管继承人客观上并没有扶养被继承人，但是在分配遗产时，一般不应当以此为依据对该继承人不分或者少分遗产。如果被继承人生前需要继承人扶养，继承人有扶养能力和扶养条件却不尽扶养义务，不仅违背公序良俗原则，而且还违反法律的规定，情节严重的甚至可能构成遗弃、虐待被继承人的刑事犯罪，对这部分继承人，应当不分或者少分遗产，情节严重的还应当丧失继承权。

第四，继承人协商同意的，也可以不均等。本法充分尊重当事人之间的意思自治。各法定继承人经协商一致，同意不均分遗产的，继承份额也可以不均等。

条文参见

《继承编解释一》第 4、22 条；《妇女权益保障法》第 59 条

第一千一百三十一条 【酌情分得遗产权】

> 对继承人以外的依靠被继承人扶养的人，或者继承人以外的对被继承人扶养较多的人，可以分给适当的遗产。

理解适用

不是继承人范围内的人，只要其与被继承人之间具有扶养关系，可以依据本条规定分得适当的遗产。与被继承人之间具有扶养关系，既包括依靠被继承人扶养的情形，也包括对被继承人扶养较多的情形。扶养，是指经济来源的提供、劳务帮助等方面的扶助，包括扶养、抚养和赡养三种类型。

在分配遗产时，对于被继承人以外的人，可以综合考虑其与被继承人之间扶养关系的程度、遗产数额以及法定继承人的具体情况等因素，由当事人之间协商确定或者由法院确定适当的遗产份额。

条文参见

《继承编解释一》第 20、21、23 条

案例指引

1. 严某诉某保险公司人身保险合同纠纷案(《最高法发布第二批继承纠纷典型案例》之三)

典型意义：根据《保险法》第42条的规定，人身保险被保险人死亡后，若没有指定受益人的，保险金作为被保险人的遗产，由保险人依照继承相关规定履行给付保险金的义务。本案中，徐某系人身保险的被保险人，没有指定受益人，故其死亡后，保险金应作为其遗产，由保险公司给付继承人。经过事实查明，徐某系"五保户"，无第一顺序和第二顺序继承人，所在集体经济组织又承诺放弃案涉保险合同权益，该种情形下，人民法院根据《民法典》第1131条"对继承人以外的依靠被继承人扶养的人，或者继承人以外的对被继承人扶养较多的人，可以分给适当的遗产"的规定，认定严某属于可以分得适当遗产的人，并判决保险公司向其给付保险金，是对遗产酌给制度的适用。区别于继承制度较强的身份性特征，遗产酌给制度系通过法律规定对自愿进行扶养行为者赋予权利，倡导友善、互助的价值理念。本案裁判符合中华民族传统美德，有利于减少扶养人顾虑，鼓励在全社会形成养老爱老的良好社会氛围。

2. 顾某甲、顾某乙、顾某丙申请指定遗产管理人案(《最高人民法院公报》2023年第12期)

案例要旨：继承开始后，没有继承人的，对被继承人没有法定扶养义务但事实上扶养较多的人，符合《民法典》第1131条规定"可以分给适当的遗产"的条件，遗产的妥善保管与其存在法律上的利害关系，其有权向人民法院申请指定遗产管理人。

第一千一百三十二条 【继承处理方式】

继承人应当本着互谅互让、和睦团结的精神，协商处理继承问题。遗产分割的时间、办法和份额，由继承人协商确定；协商不成的，可以由人民调解委员会调解或者向人民法院提起诉讼。

理解适用

[遗产分割的时间]

遗产分割的时间，一般来说由继承人之间协商确定，既可以在继承开始后请求分割,也可以约定在一定的期间后或者特定的条件成就时再分割遗产。

[遗产分割的办法]

遗产分割的办法,主要有四种办法,即实物分割、变价分割、补偿分割和保留共有。

[遗产分割的份额]

遗产分割的份额,应当以法律规定的或者当事人协商的各个继承人应当继承的遗产份额为依据。

实用问答

在继承遗产的诉讼中,部分继承人起诉,其他继承人不愿意参加诉讼又未明确放弃继承权的,人民法院如何处理?

答:根据《民诉法解释》第 70 条的规定,在继承遗产的诉讼中,部分继承人起诉的,人民法院应通知其他继承人作为共同原告参加诉讼;被通知的继承人不愿意参加诉讼又未明确表示放弃实体权利的,人民法院仍应将其列为共同原告。

条文参见

《民事诉讼法》第 34 条;《人民调解法》

案例指引

秦某某与程某英等继承纠纷案(《最高法发布继承纠纷典型案例(第一批)》之三)

典型意义:《民法典》第 1132 条规定,"继承人应当本着互谅互让、和睦团结的精神,协商处理继承问题"。本案中,村委会作为基层自治组织,主动帮助子女不在身边的村民处理身后事;继承人感恩帮扶,最终一致决定将遗产捐赠,也是一种善意的传递,弘扬了社会主义核心价值观。同时,本案也是一起通过诉前调解和司法确认,多元化解继承纠纷的典型案例。人民法院从纠纷产生便主动参与调解,与当地基层自治组织、综治中心协力促成当事人间矛盾的化解,后又应当事人申请进行了司法确认,并见证了当事人将案涉遗产赠与村委会及村委会将遗产用于修缮当地道路,参与了纠纷处理的全过程,帮助当事人既解开了法结,又打开了心结,保全了珍贵的亲情。

第三章 遗嘱继承和遗赠

> **第一千一百三十三条 【遗嘱处分个人财产】**
>
> 自然人可以依照本法规定立遗嘱处分个人财产,并可以指定遗嘱执行人。
>
> 自然人可以立遗嘱将个人财产指定由法定继承人中的一人或者数人继承。
>
> 自然人可以立遗嘱将个人财产赠与国家、集体或者法定继承人以外的组织、个人。
>
> 自然人可以依法设立遗嘱信托。

理解适用

[立遗嘱]

立遗嘱,是指自然人生前依照法律规定预先处分其个人财产,安排与此有关的事务,并于其死亡后发生效力的单方民事法律行为。自然人死亡后遗留的个人财产,既可以通过法定继承的方式进行分配,也可以按照自然人所立的遗嘱的内容进行分配,在自然人立有合法有效的遗嘱时,优先适用遗嘱分配遗产。

[遗嘱执行人]

遗嘱执行人,是指遗嘱人在遗嘱中指定的负责实现遗嘱的财产处分内容的人,主要职责为遗产管理、处理遗嘱人的债权债务、按照遗嘱内容分割与交付遗产等。遗嘱执行人既可以是法定继承人,也可以是法定继承人以外的人。在继承开始后,遗嘱执行人即为遗产管理人,适用本编第 4 章中有关遗产管理人的规定。

实用问答

夫妻一方立遗嘱处分了夫妻共有的房屋,遗嘱是否有效?

答:根据《继承编解释一》第 26 条的规定,遗嘱人以遗嘱处分了国家、集体或者他人财产的,应当认定该部分遗嘱无效。因此,夫妻一方以遗嘱处分共有房屋的,对属于配偶的一半房屋的处分遗嘱无效,属于遗嘱人的一半房屋按遗嘱处理。

条文参见

《信托法》第 13 条

第一千一百三十四条 【自书遗嘱】

自书遗嘱由遗嘱人亲笔书写，签名，注明年、月、日。

理解适用

[自书遗嘱]

自书遗嘱，是指遗嘱人本人将处分遗产的意思表示亲自用文字手写出来的遗嘱。自书遗嘱形式要求较为简单，可以随时设立，不需要有见证人在场见证，设立过程私密，是最简便易行的遗嘱形式。

[自书遗嘱成立的要求]

自书遗嘱如果要有效成立，在形式上需要符合以下三个方面的要求：

(1) 遗嘱人必须亲笔书写。自书遗嘱必须由遗嘱人亲笔书写遗嘱的全部内容，，只能由遗嘱人本人亲自用笔将自己处分财产的意思表示记录下来。遗嘱的全部内容都必须由遗嘱人亲笔书写，如果遗嘱中有部分内容是由他人书写，则不构成自书遗嘱。

(2) 遗嘱人必须签名。自书遗嘱必须由遗嘱人签名，即亲笔书写其姓名。遗嘱人亲笔签名既可以将遗嘱与遗嘱人联系起来，表明立遗嘱人的身份，又可以表示遗嘱人对遗嘱内容的确认，表明该遗嘱是出于遗嘱人的真实意思表示。因此，任何形式的书面遗嘱都要求遗嘱人签名。没有签名的自书遗嘱无效。

(3) 遗嘱人必须注明年、月、日。自书遗嘱中未注明日期或者所注明的日期不具体的，遗嘱不能生效。遗嘱中必须注明年、月、日主要有以下作用：一是注明年、月、日可以确定遗嘱设立的时间，如果在遗嘱设立以后遗嘱人撤回、变更了该遗嘱，或者遗嘱人实施了与该遗嘱内容相反的民事法律行为，那么该遗嘱的部分或者全部内容将不发生法律效力。二是在遗嘱人立有数份遗嘱时，如果遗嘱之间内容相抵触，以最后的遗嘱为准，此时可以以遗嘱中注明的年、月、日来判断遗嘱设立的先后。三是遗嘱中注明的年、月、日，还可以用来确定遗嘱人在立遗嘱时是否具有遗嘱能力，从而判断遗嘱人所立的遗嘱是否有效。

> 实用问答

自然人在遗书中涉及个人财产处分的内容,可作为自书遗嘱吗?

答: 根据《继承编解释一》第 27 条的规定,自然人在遗书中涉及死后个人财产处分的内容,确为死者的真实意思表示,有本人签名并注明了年、月、日,又无相反证据的,可以按自书遗嘱对待。

第一千一百三十五条 【代书遗嘱】

代书遗嘱应当有两个以上见证人在场见证,由其中一人代书,并由遗嘱人、代书人和其他见证人签名,注明年、月、日。

> 理解适用

[代书遗嘱]

代书遗嘱,是指根据遗嘱人表达的遗嘱内容,由他人代为书写的遗嘱。

[有两个以上见证人在场见证]

在代书遗嘱中,见证人也需要符合一定的条件。首先,见证人需要符合一定的资格条件,一方面必须要有见证遗嘱真实性的能力,另一方面要有中立性,即与遗嘱的内容没有利害关系。本法第1140条规定,无民事行为能力人、限制民事行为能力人以及其他不具有见证能力的人,继承人、受遗赠人以及与继承人、受遗赠人有利害关系的人,不能作为遗嘱见证人。其次,见证人还需符合数量方面的要求,本法规定代书遗嘱、打印遗嘱、录音录像遗嘱、口头遗嘱都需要两个以上的见证人在场见证。最后,符合资格、数量要求的见证人须在场见证,即必须在场全程参与立遗嘱的过程,不能在事后签个名来代替在场见证。因此,代书遗嘱如果不符合上述见证人的资格、数量、在场见证等方面的要求,则该遗嘱无效。

第一千一百三十六条 【打印遗嘱】

打印遗嘱应当有两个以上见证人在场见证。遗嘱人和见证人应当在遗嘱每一页签名,注明年、月、日。

理解适用

[打印遗嘱]

打印遗嘱,实质上是一种书面遗嘱,遗嘱内容以数据电文形式存储在计算机等设备上的不构成遗嘱,遗嘱人须通过打印机等将遗嘱内容从电子数据形式转换为书面形式。

案例指引

刘某起与刘某海、刘某霞、刘某华遗嘱继承纠纷案(《人民法院贯彻实施民法典典型案例(第二批)》之十三)

典型意义:《民法典》顺应时代的变化,回应人民群众的新需要,将打印遗嘱新增规定为法定遗嘱形式。本案依据打印遗嘱规则,准确认定打印遗嘱的成立和生效要件,明确打印人的不同不影响打印遗嘱的认定。打印遗嘱应当有两个以上见证人在场见证,否则不符合法律规定的形式要件,应认定打印遗嘱无效。本案有利于推动打印遗嘱规则在司法实践中的正确适用,有利于践行《民法典》的新增亮点规定,对于依法维护老年人的遗嘱权益,保障继承权的行使具有重要意义。

第一千一百三十七条 【录音录像遗嘱】

以录音录像形式立的遗嘱,应当有两个以上见证人在场见证。遗嘱人和见证人应当在录音录像中记录其姓名或者肖像,以及年、月、日。

理解适用

[录音录像遗嘱]

录音录像遗嘱分为录音遗嘱与录像遗嘱。录音遗嘱是遗嘱人口述遗嘱内容并用录音的方式记录而成的遗嘱;录像遗嘱是遗嘱人表达遗嘱内容并用录像的方式记录而成的遗嘱。无论采用哪种形式,遗嘱人在录音录像遗嘱中都应该亲自表达遗嘱内容,不能由他人转述。

[遗嘱人和见证人应当在录音录像中记录其姓名或者肖像]

由于录音录像遗嘱不是书面遗嘱,遗嘱人和见证人无法签名,因此要运用符合录音录像遗嘱形式特点的方式表明遗嘱人和见证人的身份、确认遗嘱内容以及表明在场见证。在录音遗嘱中,遗嘱人和见证人应当在录音中用口述的方式分别记录其姓名,表明遗嘱人与见证人的身份,并体现见证人在场见证。在录像遗嘱中,遗嘱人和见证人应当在录像中展示其肖像,在记录肖像的同时遗嘱人和见证人也可以用口述或者其他方式表明其姓名,这样可以通过视频画面得知遗嘱人与见证人的身份、遗嘱人立遗嘱与见证人在场见证的过程。

第一千一百三十八条 【口头遗嘱】

遗嘱人在危急情况下,可以立口头遗嘱。口头遗嘱应当有两个以上见证人在场见证。危急情况消除后,遗嘱人能够以书面或者录音录像形式立遗嘱的,所立的口头遗嘱无效。

理解适用

[口头遗嘱]

口头遗嘱,是指遗嘱人用口述的方式表达其处分遗产的意思表示的遗嘱形式。

[危急情况]

危急情况,主要是指遗嘱人生命垂危或者遇到了重大灾害或意外等紧急情况,随时有生命危险而来不及或者没有条件立其他形式的遗嘱。

[口头遗嘱应当有两个以上见证人在场见证]

遗嘱人在危急的情况下用口述的方式表达其处分遗产的意思表示,由于没有记录的载体,因此需要有两个以上见证人在场见证。见证人须符合本法规定的资格、数量、在场见证等方面的要求,否则遗嘱人所立的口头遗嘱无效。相对于其他形式的遗嘱,本法继承编对口头遗嘱没有增加规定见证人须将口头遗嘱的内容作成书面形式、签名并注明年月日的形式要求。

第一千一百三十九条 【公证遗嘱】

公证遗嘱由遗嘱人经公证机构办理。

理解适用

[公证遗嘱]

公证遗嘱,是遗嘱人经公证机构办理的遗嘱。公证遗嘱的有效成立除了需要遵守本法关于遗嘱效力的规定以外,还需要遵守我国有关公证的法律的相关规定。公证遗嘱必须由遗嘱人本人亲自办理,不得委托他人办理公证。

公证遗嘱必须由遗嘱人本人亲自办理,不得委托他人办理公证。遗嘱人办理遗嘱公证时,应当亲自到住所地或者遗嘱行为发生地的公证处提出申请。遗嘱人亲自到公证处有困难的,可以书面或者口头形式请求有管辖权的公证处指派公证人员到其住所或者临时处所办理。公证人员在办理遗嘱公证时,要依法对遗嘱人立遗嘱行为的真实性、合法性予以审查。

条文参见

《公证法》;《公证程序规则》;《遗嘱公证细则》

第一千一百四十条 【遗嘱见证人资格的限制性规定】

下列人员不能作为遗嘱见证人:
(一)无民事行为能力人、限制民事行为能力人以及其他不具有见证能力的人;
(二)继承人、受遗赠人;
(三)与继承人、受遗赠人有利害关系的人。

理解适用

[遗嘱见证人]

遗嘱见证人,是指在现场亲历遗嘱人立遗嘱的过程,能够证明遗嘱真实性的人。根据本法的规定,代书遗嘱、打印遗嘱、录音录像遗嘱、口头遗嘱均需要有两个以上见证人在场见证。

实用问答

继承人的债权人,可以作为遗嘱见证人吗?

答:根据《继承编解释一》第24条的规定,继承人、受遗赠人的债权人、债务人,共同经营的合伙人,也应当视为与继承人、受遗赠人有利害关系,不能作为遗嘱的见证人。

第一千一百四十一条 【必留份】

遗嘱应当为缺乏劳动能力又没有生活来源的继承人保留必要的遗产份额。

理解适用

［缺乏劳动能力］

缺乏劳动能力，是指该继承人不具备或不完全具备独立劳动的能力，不能依靠自身的劳动取得必要收入以维持自己的生活。

［没有生活来源］

没有生活来源，是指该继承人没有固定的工资、没有稳定的经济收入，无法有效地从他人或社会处获取必要的生活资料。

实用问答

遗嘱人未保留缺乏劳动能力又没有生活来源的继承人必要的遗产份额，如何处理？

答：根据《继承编解释一》第25条的规定，遗嘱人未保留缺乏劳动能力又没有生活来源的继承人的遗产份额，遗产处理时，应当为该继承人留下必要的遗产，所剩余的部分，才可参照遗嘱确定的分配原则处理。继承人是否缺乏劳动能力又没有生活来源，应当按遗嘱生效时该继承人的具体情况确定。

案例指引

刘某与范小某遗嘱继承纠纷案（《最高法发布第二批继承纠纷典型案例》之二）

典型意义：《民法典》第1141条规定："遗嘱应当为缺乏劳动能力又没有生活来源的继承人保留必要的遗产份额。"该条规定的必留份制度是对遗嘱自由的限制，旨在平衡遗嘱自由和法定继承人的利益，以求最大限度保护缺乏劳动能力又没有生活来源的继承人的生存权利。遗嘱人未为缺乏劳动能力又没有生活来源的继承人保留遗产份额的，遗产处理时，应当为该继承人留下必要的遗产，所剩余的部分，才可参照遗嘱确定的分配原则处理。本案裁判通过房屋折价补偿的方式，既保障了缺乏劳动能力又没有生活来源的范小某的权益，又尊重了范某遗嘱中财产由刘某继承的遗愿，实现了保护弱势群体权益和尊重遗嘱自由的有效平衡。

第一千一百四十二条 【遗嘱的撤回、变更以及遗嘱效力顺位】

遗嘱人可以撤回、变更自己所立的遗嘱。

立遗嘱后,遗嘱人实施与遗嘱内容相反的民事法律行为的,视为对遗嘱相关内容的撤回。

立有数份遗嘱,内容相抵触的,以最后的遗嘱为准。

理解适用

[遗嘱的撤回]

遗嘱的撤回,是指遗嘱人在立遗嘱后又对该遗嘱加以取消。

[遗嘱的变更]

遗嘱的变更,是指遗嘱人在立遗嘱后又对该遗嘱作出修改。

实用问答

被继承人之前立有公证遗嘱,《民法典》施行后又立有遗嘱,数份遗嘱内容相抵触的,以哪份遗嘱为准?

答: 根据《时间效力规定》第23条的规定,被继承人在《民法典》施行前立有公证遗嘱,《民法典》施行后又立有新遗嘱,其死亡后,因该数份遗嘱内容相抵触发生争议的,适用《民法典》第1142条第3款的规定,即立有数份遗嘱,内容相抵触的,以最后的遗嘱为准。

第一千一百四十三条 【遗嘱无效】

无民事行为能力人或者限制民事行为能力人所立的遗嘱无效。

遗嘱必须表示遗嘱人的真实意思,受欺诈、胁迫所立的遗嘱无效。

伪造的遗嘱无效。

遗嘱被篡改的,篡改的内容无效。

理解适用

伪造的遗嘱与遗嘱被篡改的内容属于虚假的遗嘱,遗嘱人并未作出相应的意思表示,因此无效。需要注意的是,伪造与篡改有所区别:伪造的遗嘱整个遗嘱的意思表示都是假的,因此遗嘱全部无效;而篡改的遗嘱是在真实遗嘱的基础上对遗嘱的部分内容进行改动,由于遗嘱的内容可能是多方面的,并且各项内容之间可以是互相独立的,因此遗嘱被篡改的,只是被篡改的内容无效,不必然导致整个遗嘱无效,遗嘱中未被篡改的内容仍然有效,这也体现了对遗嘱人真实意思表示的尊重。

实用问答

无民事行为能力人所立遗嘱,如果后来具有完全行为能力,遗嘱是否有效?

答:根据《继承编解释一》第28条的规定,遗嘱人立遗嘱时必须具有完全民事行为能力。无民事行为能力人或者限制民事行为能力人所立的遗嘱,即使其本人后来具有完全民事行为能力,仍属无效遗嘱。遗嘱人立遗嘱时具有完全民事行为能力,后来成为无民事行为能力人或者限制民事行为能力人的,不影响遗嘱的效力。

第一千一百四十四条 【附义务遗嘱】

遗嘱继承或者遗赠附有义务的,继承人或者受遗赠人应当履行义务。没有正当理由不履行义务的,经利害关系人或者有关组织请求,人民法院可以取消其接受附义务部分遗产的权利。

理解适用

[附有义务的遗嘱继承或者遗赠]

附有义务的遗嘱继承或者遗赠,是指遗嘱继承人或者受遗赠人在继承遗嘱人的财产时需要履行遗嘱人对其附加的特定义务,否则其接受附义务部分遗产的权利可能被法院取消的遗嘱继承或者遗赠。

在理解本条规定时,需要注意以下几个方面:

(1)遗嘱继承人或者受遗赠人履行遗嘱所附义务的前提为接受继承或者遗赠。立遗嘱是单方民事法律行为,遗嘱人在遗嘱中为遗嘱继承人或者受遗赠人附加义务时,并不需要和遗嘱继承人或者受遗赠人达成合意。由于遗嘱所附的义务附随于遗嘱继承权或者受遗赠权,在遗嘱生效后,遗嘱继承人和受遗赠人可以通过接受或者放弃继承和受遗赠的方式选择是否履行遗嘱所附加的义务。遗嘱继承人或者受遗赠人如果接受继承或者受遗赠,则应当履行该义务;如果放弃继承或者受遗赠,则不必履行该义务。

(2)遗嘱继承人或者受遗赠人不履行遗嘱所附义务的法律后果,法院取消其接受附义务部分遗产的权利。如果遗嘱人在遗嘱中为继承人或者受遗赠人接受遗产附加了义务，实际上为继承人或者受遗赠人取得遗产设置了条件，继承人或者受遗赠人只有履行了相关义务，才符合取得遗产的条件。如果继承人或者受遗赠人无正当理由不履行遗嘱所附义务，就不符合取得遗产的条件，其取得遗产的行为违背了遗嘱人的意愿，法律需要规定相应的救济措施。

（3）可以向法院申请取消义务人接受遗产的权利的主体为利害关系人或者有关组织。由于遗嘱生效时遗嘱人已经死亡，为了保障遗嘱中所附义务的履行和遗嘱人意愿的实现，就需要由相关主体监督义务人履行相应的义务。利害关系人或者有关组织可以为法定继承人、遗嘱执行人、因遗嘱所附义务的履行而受益的自然人和组织等。

实用问答

遗嘱继承人或者受遗赠人不履行遗嘱所附义务的，人民法院如何处理？

答：根据《继承编解释一》第29条的规定，附义务的遗嘱继承或者遗赠，如义务能够履行，而继承人、受遗赠人无正当理由不履行，经受益人或者其他继承人请求，人民法院可以取消其接受附义务部分遗产的权利，由提出请求的继承人或者受益人负责按遗嘱人的意愿履行义务，接受遗产。

第四章　遗产的处理

第一千一百四十五条　【遗产管理人的选任】

继承开始后，遗嘱执行人为遗产管理人；没有遗嘱执行人的，继承人应当及时推选遗产管理人；继承人未推选的，由继承人共同担任遗产管理人；没有继承人或者继承人均放弃继承的，由被继承人生前住所地的民政部门或者村民委员会担任遗产管理人。

理解适用

[由遗嘱执行人担任遗产管理人]

被继承人在遗嘱中有指定遗嘱执行人的情况下，由遗嘱执行人担任遗产管理人更为合理：一方面，遗嘱执行人是被继承人信任的人，由其管理遗产更符合被继承人意愿;另一方面,遗嘱执行人执行遗嘱本来就需要处理遗产,由其担任遗产管理人也更为便利。

[由继承人推选出遗产管理人]

被继承人对于由谁管理遗产并未作出任何意思表示的,可以由全体继承人共同推举出其中一名或者数名继承人为遗产管理人。至于全体继承人之间按照何种规则推选,是按照少数服从多数的规则还是全体一致同意的规则,则由继承人之间协商确定。

[由继承人共同担任遗产管理人]

如果继承人未推选遗产管理人,则由全体继承人共同担任遗产管理人。在全体继承人担任遗产管理人时,就涉及全体继承人如何作出决策的问题,此时也需要由全体继承人协商达成一致。

[由民政部门或者村民委员会担任遗产管理人]

被继承人死亡后,如果没有继承人或者继承人均放弃继承时,遗产就属于无人继承的遗产,根据本法继承编的规定,此种遗产的归属需要根据被继承人的身份作不同的处理:如果被继承人是集体所有制组织成员,遗产归其生前所在的集体所有制组织所有;如果被继承人并非集体所有制组织成员,则其遗产归国家所有并用于公益事业。

第一千一百四十六条 【遗产管理人的指定】

对遗产管理人的确定有争议的,利害关系人可以向人民法院申请指定遗产管理人。

案例指引

欧某士申请指定遗产管理人案(《人民法院贯彻实施民法典典型案例(第一批)》之九)

典型意义:侨乡涉侨房产因年代久远、继承人散落海外往往析产确权困难,存在管养维护责任长期处于搁置或争议状态的窘境,不少历史风貌建筑因此而残破贬损。本案中,审理法院巧用《民法典》新创设的遗产管理人法律制度,创造性地在可查明的继承人中引入管养房屋方案"竞标"方式,让具有管养维护遗产房屋优势条件的部分继承人担任侨房遗产管理人,妥善解决了涉侨祖宅的管养维护问题,充分彰显了《民法典》以人为本、物尽其用的价值追求,为侨乡历史建筑的司法保护开创了一条全新路径。

第一千一百四十七条 【遗产管理人的职责】

遗产管理人应当履行下列职责：
（一）清理遗产并制作遗产清单；
（二）向继承人报告遗产情况；
（三）采取必要措施防止遗产毁损、灭失；
（四）处理被继承人的债权债务；
（五）按照遗嘱或者依照法律规定分割遗产；
（六）实施与管理遗产有关的其他必要行为。

理解适用

[清理遗产并制作遗产清单]

清理遗产就是要清查整理所有的遗产，既要清理被继承人遗留的动产，也要清理不动产；既要清理有形财产，也要清理无形资产；既要清理债权，也要清理债务。遗产管理人在清理遗产后，应当制作书面的遗产清单，详细列明被继承人遗留的所有财产情况、债权债务情况等。

[向继承人报告遗产情况]

首先，遗产管理人应当向全体继承人报告，既包括遗嘱继承人，也包括法定继承人，不包括受遗赠人和被继承人的债权人。其次，报告的形式应当是书面形式。最后，遗产管理人应当向继承人全面报告遗产情况，如果被继承人在遗嘱中特别说明，某项遗产应当秘密归属于某个特定的继承人，则不宜向全体继承人公布。

[采取必要措施防止遗产毁损、灭失]

遗产管理人不仅需要清点遗产，还需要承担起积极妥善保管遗产的职责。需要注意的是，遗产管理人仅有防止遗产毁损、灭失的职责，而没有确保遗产增值的义务。如果遗产管理人是由全体继承人共同担任，在全体继承人协商一致的情况下，对遗产实行必要的处分，也是可以的。

[处理被继承人的债权债务]

首先是处理债权。遗产管理人在清理遗产时，发现被继承人生前有债权的，应当依法向债务人主张债权，这种债权既包括合同之债，也包括侵权之债，还包括不当得利和无因管理之债。其次是处理债务。在分割遗产之前，应当清偿被继承人生前债务。因此，遗产管理人如果发现被继承人生前负有债务，也应当以遗产偿还此债务。

[按照遗嘱或者依照法律规定分割遗产]

如果被继承人生前留下了遗嘱,遗产管理人需要根据被继承人所立遗嘱处理遗产。如果被继承人生前没有留下遗嘱,遗产管理人则需要按照法定继承的相关规则来分割遗产。如果被继承人生前签订了遗赠扶养协议,那么遗产管理人就应当优先按照遗赠扶养协议的约定来处理遗产。

第一千一百四十八条 【遗产管理人未尽职责的民事责任】

遗产管理人应当依法履行职责,因故意或者重大过失造成继承人、受遗赠人、债权人损害的,应当承担民事责任。

理解适用

[遗产管理人承担民事责任的构成要件]

遗产管理人承担民事责任的构成要件包括:(1)遗产管理人在客观上实施了不当的遗产管理行为;(2)遗产管理人在主观上有故意或者重大过失;(3)遗产管理人的行为给继承人、受遗赠人、债权人造成了损害,即遗产管理人的不当管理行为造成遗产的损失,进而损害了继承人、受遗赠人、债权人的利益。

第一千一百四十九条 【遗产管理人的报酬】

遗产管理人可以依照法律规定或者按照约定获得报酬。

第一千一百五十条 【继承开始后的通知】

继承开始后,知道被继承人死亡的继承人应当及时通知其他继承人和遗嘱执行人。继承人中无人知道被继承人死亡或者知道被继承人死亡而不能通知的,由被继承人生前所在单位或者住所地的居民委员会、村民委员会负责通知。

实用问答

在继承诉讼中,人民法院知道有继承人而无法通知的,是否要保留该继承人的份额?

答:根据《继承编解释一》第30条的规定,人民法院在审理继承案件时,如果知道有继承人而无法通知的,分割遗产时,要保留其应继承的遗产,并确定该遗产的保管人或者保管单位。

第一千一百五十一条 【遗产的保管】

存有遗产的人,应当妥善保管遗产,任何组织或者个人不得侵吞或者争抢。

理解适用

存有遗产的人有妥善保管遗产的义务,而对于其他人而言,则不得侵害遗产。不仅个人不得争抢遗产,任何组织也不得争抢遗产。当然,如果遗产被依法征收、征用,需要由享有法定权限的机关按照法定程序实施,也必须依法给予补偿。

实用问答

继承人有隐匿财产的行为,可以少分遗产吗?

答:根据《继承编解释一》第43条的规定,人民法院对故意隐匿、侵吞或者争抢遗产的继承人,可以酌情减少其应继承的遗产。

第一千一百五十二条 【转继承】

继承开始后,继承人于遗产分割前死亡,并没有放弃继承的,该继承人应当继承的遗产转给其继承人,但是遗嘱另有安排的除外。

理解适用

[发生转继承的条件]

发生转继承的条件包括:(1)被转继承人在被继承人死亡后,遗产分割前死亡。被转继承人只有在此特定的时段死亡才发生转继承的问题。如果在被继承人死亡前死亡,则可能发生代位继承的问题;如果在遗产分割之后死亡,则是一个新的继承问题,不存在转继承。(2)被转继承人未放弃继承。如果被继承人死亡后,继承人放弃继承,继承人的继承权已经不复存在,所谓的转继承也就无从谈起。(3)遗嘱没有其他安排。被继承人在其遗嘱中,没有特别说明所留遗产仅限于给继承人本人,不得转继承给其他人。

[代位继承与转继承的区别]

代位继承与转继承有一定的相似之处,代位继承和转继承发生的前提都是继承人死亡,但二者也有诸多不同:(1)基础事实不同。虽然代位继承与转继承中继承人死亡是基础,但代位继承中继承人是先于被继承人死亡,而转继承中继承人是后于被继承人死亡。(2)继承人的范围不同。代位继承中代位继承人的范围限于被继承人的子女的直系晚辈血亲及被继承人的兄弟姐妹的子女;转继承中所转的继承人包括所有法定继承人。(3)适用范围不同。代位继承仅限法定继承;转继承则既适用于法定继承,也适用于遗嘱继承。

第一千一百五十三条 【遗产的确定】

夫妻共同所有的财产,除有约定的外,遗产分割时,应当先将共同所有的财产的一半分出为配偶所有,其余的为被继承人的遗产。

遗产在家庭共有财产之中的,遗产分割时,应当先分出他人的财产。

理解适用

夫妻在婚姻关系存续期间所得的下列财产,为夫妻的共同财产,归夫妻共同所有:(1)工资、奖金、劳务报酬;(2)生产、经营、投资的收益;(3)知识产权的收益;(4)继承或者受赠的财产,但是本法第1063条第3项规定的除外;(5)其他应当归共同所有的财产。

第一千一百五十四条 【法定继承的适用范围】

有下列情形之一的,遗产中的有关部分按照法定继承办理:

(一)遗嘱继承人放弃继承或者受遗赠人放弃受遗赠;
(二)遗嘱继承人丧失继承权或者受遗赠人丧失受遗赠权;
(三)遗嘱继承人、受遗赠人先于遗嘱人死亡或者终止;
(四)遗嘱无效部分所涉及的遗产;
(五)遗嘱未处分的遗产。

理解适用

根据本法第1123条的规定,在涉及遗产处理的各种方式中,遗赠扶养协议最具有优先效力。如果被继承人生前签订了遗赠扶养协议,应当先按照遗赠扶养协议的内容处理遗产;如果被继承人立了遗嘱,则应当再按照遗嘱的内容处理遗产;最后才是按照法定继承来处理遗产。

需要注意的是,在法定继承情况下,继承人先于被继承人死亡的,可能将会发生代位继承,继承人的晚辈直系血亲或者其兄弟姐妹的子女将因代位继承而获得遗产。

第一千一百五十五条 【胎儿预留份】

遗产分割时,应当保留胎儿的继承份额。胎儿娩出时是死体的,保留的份额按照法定继承办理。

理解适用

遗产分割时,应当保留胎儿的继承份额。这里的继承份额,既包括法定继承时继承份额,也包括遗嘱继承时的份额。

实用问答

没有为胎儿保留份额的,这部分遗产是否可以扣回?

答:根据《继承编解释一》第31条的规定,应当为胎儿保留的遗产份额没有保留的,应从继承人所继承的遗产中扣回。为胎儿保留的遗产份额,如胎儿出生后死亡的,由其继承人继承;如胎儿娩出时是死体的,由被继承人的继承人继承。

第一千一百五十六条 【遗产分割的原则和方法】

遗产分割应当有利于生产和生活需要,不损害遗产的效用。
不宜分割的遗产,可以采取折价、适当补偿或者共有等方法处理。

理解适用

[人民法院在分割遗产中的房屋、生产资料和特定职业所需要的财产时的处理原则]

人民法院在分割遗产中的房屋、生产资料和特定职业所需要的财产时,应当依据有利于发挥其使用效益和继承人的实际需要,兼顾各继承人的利益进行处理。

[遗产分割的方式]

一般而言,遗产分割的方式包括四种:一是实物分割。实物分割,是指对遗产进行物理上的分离,继承人按照各自份额分别占有不同部分。二是变价分割。有的遗产不适合进行实物分割,进行实物分割可能导致该遗产失去价值,或者所有继承人都不想取得该遗产的实物,就可以变卖该遗产取得价款,由继承人按照各自的继承份额对价款进行分割。三是补偿分割。对于不宜进行实物分割的遗产,如果其中有继承人愿意取得该遗产,就可以由该继承人取得遗产的所有权,再由取得遗产所有权的继承人根据其他继承人对该遗产的价值所应取得的比例,支付相应的价金,对其他继承人予以补偿。四是保留共有。有的遗产不宜进行实物分割,所有继承人都愿意取得该遗产,或者继承人基于某种生产或生活的目的,愿意继续维持遗产的共有状况,就可以由继承人对该遗产继续保留共有权。这里的共有属于按份共有,即根据各继承人应继承的份额共同享有所有权。

第一千一百五十七条 【再婚时对所继承遗产的处分权】

夫妻一方死亡后另一方再婚的,有权处分所继承的财产,任何组织或者个人不得干涉。

理解适用

理解本条,需要注意以下几点:

(1)夫妻任何一方死亡,另一方均有再婚的权利。(2)在世的配偶一方不论是否再婚,都有权处分自己继承取得的财产。继承的遗产不管是动产,还是不动产,从法律上而言都是其个人所有的财产。根据法律的规定,所有人有权处分自己的财产。(3)如果在世配偶再婚,有权依法处分自己继承所获得的财产。(4)其他组织或者个人都不得干涉。无论是再婚者的子女、公婆或者岳父母、兄弟姐妹,还是妯娌或者其他姻亲、血亲以及其他家族人员等,都不得干涉。所谓干涉就是施加影响力,包括阻止、破坏、阻挠。

第一千一百五十八条 【遗赠扶养协议】

自然人可以与继承人以外的组织或者个人签订遗赠扶养协议。按照协议,该组织或者个人承担该自然人生养死葬的义务,享有受遗赠的权利。

> **理解适用**

［遗赠扶养协议］

遗赠扶养协议,是自然人(遗赠人、受扶养人)与继承人以外的组织或者个人(扶养人)签订的,由扶养人负责受扶养人的生养死葬,并享有受遗赠权利的协议。

［遗赠扶养协议的特征］

遗赠扶养协议的特征有以下几点:

(1)遗赠扶养协议需要双方当事人意思表示达成一致方能成立。这是遗赠扶养协议与遗赠、遗嘱的本质区别。(2)遗赠扶养协议是双务有偿法律行为。不仅扶养人有扶养另一方的义务,受扶养人也需要按照约定将自己的遗产赠与对方。(3)遗赠扶养协议为要式法律行为,需要以书面方式作出。

［遗赠扶养协议的主要内容］

遗赠扶养协议应当包括以下主要内容:

(1)协议双方当事人的基本信息。(2)扶养人的义务,即受扶养人的权利。扶养人的主要义务包括两个方面:一方面是"生养";另一方面是"死葬"。(3)受扶养人的义务,即扶养人的权利。扶养人的权利主要就是根据协议取得受扶养人所赠与的遗产。因此,双方应当在协议中写明,受扶养人拟将哪些遗产赠与扶养人。同时,还应约定受扶养人在世期间不得擅自处分协议所涉及的财产。(4)协议的解除。双方可以在协议中约定,如果一方违反约定,另一方有权要求解除遗赠扶养协议,并要求对方承担相应的补偿责任。(5)争议解决条款。双方可以在协议中约定一旦发生争议,可以通过哪些途径解决,是通过仲裁方式,还是通过调解或者诉讼方式。同时应尽量明确约定争议解决的具体机构。

> **实用问答**

继承人以外的组织或者个人与自然人签订遗赠扶养协议后不履行协议内容,是否可以享有受遗赠的权利?

答: 根据《继承编解释一》第40条的规定,继承人以外的组织或者个人与自然人签订遗赠扶养协议后,无正当理由不履行,导致协议解除的,不能享有受遗赠的权利,其支付的供养费用一般不予补偿;遗赠人无正当理由不履行,导致协议解除的,则应当偿还继承人以外的组织或者个人已支付的供养费用。

案例指引

蔡某诉庞小某等遗赠扶养协议纠纷案(《最高法发布第二批继承纠纷典型案例》之一)

典型意义:《民法典》第1158条规定,"自然人可以与继承人以外的组织或者个人签订遗赠扶养协议。按照协议,该组织或者个人承担该自然人生养死葬的义务,享有受遗赠的权利"。遗赠扶养协议制度为人民群众提供了行为准则和价值引导,有利于保障老年人"老有所养,老有所依"。如果扶养人如约履行协议约定的生养死葬的义务,人民法院应当尊重当事人意思自治,对扶养人的合法权益予以保护。

第一千一百五十九条 【遗产分割时的义务】

分割遗产,应当清偿被继承人依法应当缴纳的税款和债务;但是,应当为缺乏劳动能力又没有生活来源的继承人保留必要的遗产。

理解适用

被继承人生前所欠税款和债务,应当在分割遗产之前予以清偿。遗产管理人在清理被继承人的债权债务后,需要及时予以处理,该缴纳的税款应当缴纳,该清偿的债务必须及时清偿,在清理完债权债务之后,再按照遗嘱的内容处分剩余遗产,或赠与,或按照遗嘱继承,或按照法定继承分割遗产。如果在分割遗产之前不知道被继承人存在遗产债务,在遗产分割之后,仍需要依法以遗产予以清偿。

第一千一百六十条 【无人继承遗产的归属】

无人继承又无人受遗赠的遗产,归国家所有,用于公益事业;死者生前是集体所有制组织成员的,归所在集体所有制组织所有。

理解适用

[被继承人的遗产无人接收的原因]

被继承人的遗产无人接收,原因可能是多种多样的。(1)无人继承的遗产,可能客观上既没有继承人,也没有受遗赠人。(2)虽然被继承人有继承人或者通过遗嘱确定了受遗赠人,但是继承人全部放弃继承,受遗赠人也都放弃受遗赠。(3)被继承人死亡后,虽然有继承人,但继承人全部丧失继承权且未得以恢复。(4)被继承人死亡后,没有法定继承人或者法定继承人丧失继承权,仅在遗赠中处理了部分遗产,其余遗产也构成无人继承遗产。

> **实用问答**
>
> 对继承人以外依靠被继承人扶养的人,可以分得遗产吗?
>
> 答:根据《继承编解释一》第41条的规定,遗产因无人继承又无人受遗赠归国家或者集体所有制组织所有时,对继承人以外的依靠被继承人扶养的人,或者继承人以外的对被继承人扶养较多的人提出取得遗产的诉讼请求,人民法院应当视情况适当分给遗产。

> **第一千一百六十一条 【继承人对遗产债务的清偿责任】**
>
> 继承人以所得遗产实际价值为限清偿被继承人依法应当缴纳的税款和债务。超过遗产实际价值部分,继承人自愿偿还的不在此限。
>
> 继承人放弃继承的,对被继承人依法应当缴纳的税款和债务可以不负清偿责任。

> **理解适用**

本条第2款规定,继承人放弃继承的,对被继承人依法应当缴纳的税款和债务可以不负清偿责任。这里的"放弃继承",是指既放弃了遗嘱继承,也放弃了法定继承。因此,如果继承人放弃了继承,就无须对被继承人的债务承担偿还责任。如果一部分继承人参与遗产分割获得了遗产,另一部分继承人放弃了继承,在清偿被继承人的遗产债务时,参与遗产分割的部分继承人负有清偿责任,需要以所得遗产的实际价值为限予以偿还,放弃了继承的继承人无须承担任何清偿责任。

> **第一千一百六十二条 【遗赠与遗产税款、债务清偿】**
>
> 执行遗赠不得妨碍清偿遗赠人依法应当缴纳的税款和债务。

> **理解适用**

[遗赠]

遗赠是遗赠人无偿赠与受遗赠人遗产的行为。虽然遗产属于遗赠人的个人财产,其有权处分,但这种无偿处分行为不应损害债权人的利益。

第一千一百六十三条 【既有法定继承又有遗嘱继承、遗赠时税款和债务的清偿】

既有法定继承又有遗嘱继承、遗赠的,由法定继承人清偿被继承人依法应当缴纳的税款和债务;超过法定继承遗产实际价值部分,由遗嘱继承人和受遗赠人按比例以所得遗产清偿。

理解适用

[法定继承人的清偿责任]

如果遗产已经分割,清偿遗产债务需要先从法定继承人获得的遗产中清偿。

[遗嘱继承人和受遗赠人的清偿责任]

超过法定继承遗产实际价值部分,由遗嘱继承人和受遗赠人按比例以所得遗产清偿。超过法定继承遗产实际价值部分,是指法定继承人所获得遗产的实际价值不足以偿还被继承人的遗产债务。遗嘱继承人和受遗赠人按比例清偿,是指由遗嘱继承人和受遗赠人按照所获得遗产的实际价值的比例来清偿。

第七编 侵 权 责 任

第一章 一 般 规 定

第一千一百六十四条 【侵权责任编的调整范围】

本编调整因侵害民事权益产生的民事关系。

理解适用

[民事权益]

民事权益,是指民事主体依法所享有的人身权益和财产权益。民事权益包括民事权利和利益,本质上就是受法律保护的民事权利和利益。

第一千一百六十五条 【过错责任与过错推定责任原则】

行为人因过错侵害他人民事权益造成损害的,应当承担侵权责任。

依照法律规定推定行为人有过错,其不能证明自己没有过错的,应当承担侵权责任。

理解适用

[过错责任]

过错责任,是指造成损害并不必然承担侵权责任,还要看行为人是否有过错。有过错有责任,无过错无责任。

[损害]

损害,是指行为人的行为对受害人的民事权益造成的不利后果,通常表现为财产减少、生命丧失、身体残疾、名誉受损、精神痛苦等。需要强调的是,这里的"损害"是一个范围比较广的概念,不仅包括已经现实存在的现实损害,还包括构成现实威胁的不利后果。

案例指引

1. 柳某诉张某莲、某物业公司健康权纠纷案(《人民法院贯彻实施民法典典型案例(第二批)》之十四)

典型意义:与邻为善、邻里互助是中华民族优秀传统美德,是社会主义核心价值观在社会生活领域的重要体现。本案适用《民法典》侵权责任编的相关规定,严格审查行为与后果之间的因果关系,坚守法律底线,不因有人受伤而扩大赔偿主体范围,明确自愿为小区购买游乐设施的业主不承担赔偿责任。本案的裁判贯彻了社会主义核心价值观的要求,依法保护无过错方权益,为善行正名、为义举护航,就对与错、赔与不赔等是非问题予以明确回应,不让好人无端担责或受委屈,维护了人民群众心中的公平正义,表明了司法的态度和温度,弘扬了时代新风新貌。

2. 丁某某诉季某某等教育机构责任纠纷案(《最高人民法院公报》2023年第12期)

案例要旨:因教育培训机构教学需要,无民事行为能力人的监护人无法实际履行监护职责,在此期间,教育培训机构应对该无民事行为能力人承担监督、管理和保护职责。教育培训机构因自身原因未履行上述职责,导致无民事行为能力人在教育培训机构学习、生活期间,对他人实施帮助行为致人损害,且无民事行为能力人主观上没有伤害故意,客观上不具备预见帮助行为可能导致损害的认知能力的,教育培训机构依法应当承担侵权责任。

3. 刘某莲、郭某丽、郭某双诉孙某、河南兰庭物业管理有限公司信阳分公司生命权纠纷案(最高人民法院指导案例第142号)

裁判要点: 行为人为了维护因碰撞而受伤害一方的合法权益,劝阻另一方不要离开碰撞现场且没有超过合理限度的,属于合法行为。被劝阻人因自身疾病发生猝死,其近亲属请求行为人承担侵权责任的,人民法院不予支持。

4. 北京兰世达光电科技有限公司、黄某兰诉赵某名誉权纠纷案(最高人民法院指导案例第142号)

裁判要点: 认定微信群中的言论构成侵犯他人名誉权,应当符合名誉权侵权的全部构成要件,还应当考虑信息网络传播的特点并结合侵权主体、传播范围、损害程度等具体因素进行综合判断。不特定关系人组成的微信群具有公共空间属性,公民在此类微信群中发布侮辱、诽谤、污蔑或者贬损他人的言论构成名誉权侵权,应当依法承担法律责任。

第一千一百六十六条 【无过错责任原则】

行为人造成他人民事权益损害,不论行为人有无过错,法律规定应当承担侵权责任的,依照其规定。

理解适用

[无过错责任]

无过错责任,是指不以行为人的过错为要件,只要其活动或者所管理的人、物损害了他人的民事权益,除非有法定的免责事由,否则行为人就要承担侵权责任,也称严格责任。

[无过错责任的构成要件]

无过错责任的构成要件有四个:(1)行为;(2)受害人的损害;(3)行为与损害之间具有因果关系;(4)法律规定应当承担侵权责任,即不存在法定的免责情形。

[适用无过错责任原则在赔偿数额上的限制]

适用无过错责任原则在赔偿数额上可能存在限制。基于特定行业的风险性和保护该行业发展的需要,我国在航空、海运等方面的特别法规往往规定了最高赔偿数额。

第一千一百六十七条　【危及他人人身、财产安全的责任承担方式】

　　侵权行为危及他人人身、财产安全的,被侵权人有权请求侵权人承担停止侵害、排除妨碍、消除危险等侵权责任。

理解适用

[停止侵害]

停止侵害,主要是要求行为人不实施某种侵害。这种责任方式能够及时制止侵害,防止侵害后果的扩大。行为人实施的侵权仍在继续的,受害人可依法请求法院责令行为人承担停止侵害。

[排除妨碍]

排除妨碍,是指行为人实施的行为使他人无法行使或者不能正常行使人身、财产权益的,受害人可以要求行为人排除妨害权益实施的障碍。行为人不排除妨碍的,受害人可以请求人民法院责令其排除妨碍。

[消除危险]

消除危险,是指行为人的行为对他人人身权、财产权益造成威胁的,他人有权要求行为人采取有效措施消除这种威胁。

条文参见

《著作权法》第 56 条;《专利法》第 72 条;《商标法》第 65 条

第一千一百六十八条　【共同侵权】

　　二人以上共同实施侵权行为,造成他人损害的,应当承担连带责任。

理解适用

[共同侵权]

共同侵权,是指数人共同不法侵害他人权益造成损害的行为。

在数人侵权情形下,如果构成一般侵权,则数个行为人分别根据各自行为造成损害后果的可能性承担按份责任。如果构成共同侵权,则数个行为人对受害人承担连带责任,受害人可以要求任一行为人承担全部侵权责任,法律后果更重。

实用问答

1. 食品检验机构故意出具虚假检验报告或过失出具不实检验报告的,是否应承担连带责任?

答:根据《食品药品规定》第12条的规定,食品检验机构故意出具虚假检验报告,造成消费者损害,消费者请求其承担连带责任的,人民法院应予支持。食品检验机构因过失出具不实检验报告,造成消费者损害,消费者请求其承担相应责任的,人民法院应予支持。

2. 旅游经营者准许挂靠人从事旅游业务,造成旅游者人身损害的,是否应承担连带责任?

答:根据《旅游纠纷规定》第14条的规定,旅游经营者准许他人挂靠其名下从事旅游业务,造成旅游者人身损害、财产损失,旅游者依据《民法典》第1168条的规定请求旅游经营者与挂靠人承担连带责任的,人民法院应予支持。

案例指引

1. 稳健股份公司诉苏州稳健公司、某包装公司、滑某侵害商标权及不正当竞争纠纷案(《人民法院贯彻实施民法典典型案例(第二批)》之十五)

典型意义:本案是人民法院依法保护企业字号和商标权益,服务保障疫情防控和经济社会发展的典型案例。本案中,稳健股份公司是知名医用卫生材料生产企业,商标及企业字号在业内知名度较高。侵权人故意以该字号为名称注册企业,生产销售口罩产品,有组织、有分工地实施严重的商标侵权及不正当竞争行为。对此,审理法院判决通过适用惩罚性赔偿、加大赔偿力度、认定共同侵权、责令停止使用字号等方式予以严厉惩治,有力保护了权利人的知识产权和相关权利,诠释了人民法院全面加强知识产权司法保护、维护公平竞争秩序的基本理念,实现了政治效果、法律效果和社会效果有机统一。

2. 重庆市人民政府、重庆两江志愿服务发展中心诉重庆藏金阁物业管理有限公司、重庆首旭环保科技有限公司生态环境损害赔偿、环境民事公益诉讼案(最高人民法院指导案例130号)

裁判要点:取得排污许可证的企业,负有确保其排污处理设备正常运行且排放物达到国家和地方排放标准的法定义务,委托其他单位处理的,应当对受托单位履行监管义务;明知受托单位违法排污不予制止甚或提供便利的,应当对环境污染损害承担连带责任。污染者向水域排污造成生态环境损害,生态环境修复费用难以计算的,可以根据生态环境部门关于生态环境损害鉴定评估有关规定,采用虚拟治理成本法对损害后果进行量化,根据违法排污的污染物种类、排污量及污染源排他性等因素计算生态环境损害量化数额。

第一千一百六十九条 【教唆侵权、帮助侵权】

教唆、帮助他人实施侵权行为的,应当与行为人承担连带责任。

教唆、帮助无民事行为能力人、限制民事行为能力人实施侵权行为的,应当承担侵权责任;该无民事行为能力人、限制民事行为能力人的监护人未尽到监护职责的,应当承担相应的责任。

理解适用

[教唆行为]

教唆行为,是指对他人进行开导、说服,或通过刺激、利诱、怂恿等方法使该人从事侵权行为。教唆行为只能以积极的作为方式作出,消极的不作为不能成立教唆行为。教唆行为可以通过口头、书面或者其他形式加以表达,可以公开进行也可以秘密进行,可以当面教唆也可以通过别人传信的方式间接教唆。

[帮助行为]

帮助行为,是指给予他人帮助,如提供工具或者指导方法,以使该人易于实施侵权行为。帮助行为通常以积极的作为方式作出,但具有作为义务的人故意不作为时也可能构成帮助行为。帮助的内容可以是物质上的,也可以是精神上的;帮助行为的发生可以在行为人实施侵权行为前,也可以在实施过程中。

[教唆、帮助无民事行为能力人、限制民事行为能力人侵权的,教唆人、帮助人以及监护人承担的责任]

教唆、帮助无民事行为能力人、限制民事行为能力人实施侵权行为,被侵权人合并请求教唆人、帮助人以及监护人承担侵权责任的,依照本条第2款的规定,教唆人、帮助人承担侵权人应承担的全部责任;监护人在未尽到监护职责的范围内与教唆人、帮助人共同承担责任,但责任主体实际支付的赔偿费用总和不应超出被侵权人应受偿的损失数额。监护人先行支付赔偿费用后,就超过自己相应责任的部分向教唆人、帮助人追偿的,人民法院应予支持。

条文参见

《侵权责任编解释一》第 11~13 条

第一千一百七十条 【共同危险行为】

二人以上实施危及他人人身、财产安全的行为,其中一人或者数人的行为造成他人损害,能够确定具体侵权人的,由侵权人承担责任;不能确定具体侵权人的,行为人承担连带责任。

理解适用

[共同危险行为]

共同危险行为,是指数人的危险行为对他人的合法权益造成了某种危险,但是无法查明实际造成的损害具体是何人所为,法律为保护被侵权人的利益,将该数个行为人视为侵权行为人。

[不能确定具体侵权人]

在共同危险行为制度中,数个行为人实施的危及行为存在偶合性,事实上只有部分行为人的行为造成了损害后果。但是,由于受害人无法掌握所有行为人的行为动机、行为方式等证据,无法准确判断哪个行为人的行为才是真正的侵权行为,为了保护受害人的合法权益,降低受害人的举证难度,避免其因不能指认真正侵权人而无法行使请求权,同时由于每个行为人都实施了危及行为,在道德上具有可责难性,所以法律规定由所有实施危及行为的人承担连带责任是合理的。如果受害人能够指认或者法院能够查明具体侵权人,那就是普通的侵权行为,由具体侵权人承担侵权责任。

第一千一百七十一条 【分别侵权承担连带责任】

二人以上分别实施侵权行为造成同一损害,每个人的侵权行为都足以造成全部损害的,行为人承担连带责任。

理解适用

[同一损害]

同一损害,是指数个侵权行为所造成的损害的性质是相同的,都是身体伤害或者财产损失,并且损害内容具有关联性。

第一千一百七十二条 【分别侵权承担按份责任】

二人以上分别实施侵权行为造成同一损害,能够确定责任大小的,各自承担相应的责任;难以确定责任大小的,平均承担责任。

实用问答

两艘或者两艘以上船舶泄漏油类造成油污损害,如何承担赔偿责任?

答:根据《最高人民法院关于审理船舶油污损害赔偿纠纷案件若干问题的规定》第3条的规定,两艘或者两艘以上船舶泄漏油类造成油污损害,受损害人请求各泄漏油船舶所有人承担赔偿责任,按照泄漏油数量及泄漏油类对环境的危害性等因素能够合理分开各自造成的损害,由各泄漏油船舶所有人分别承担责任;不能合理分开各自造成的损害,各泄漏油船舶所有人承担连带责任。但泄漏油船舶所有人依法免予承担责任的除外。各泄漏油船舶所有人对受损害人承担连带责任的,相互之间根据各自责任大小确定相应的赔偿数额;难以确定责任大小的,平均承担赔偿责任。泄漏油船舶所有人支付超出自己应赔偿的数额,有权向其他泄漏油船舶所有人追偿。

条文参见

《生态环境侵权解释》第6条;《道损解释》第10条;《食品药品规定》第12、13条

第一千一百七十三条 【与有过错】

被侵权人对同一损害的发生或者扩大有过错的,可以减轻侵权人的责任。

条文参见

《道路交通安全法》第76条

第一千一百七十四条 【受害人故意】

损害是因受害人故意造成的,行为人不承担责任。

理解适用

[受害人故意造成损害]

受害人故意造成损害,是指受害人明知自己的行为会发生损害自己的后果,而希望或者放任此种结果的发生。受害人故意分为直接故意和间接故意。直接故意,是指受害人从主观上追求损害自己的结果发生。间接故意,是指受害人已经预见到自己的行为可能发生损害自己的结果,但也不停止该行为,而是放任损害结果的发生。

实用问答

行人故意碰撞机动车造成交通事故的,机动车一方是否承担赔偿责任?

答:根据《道路交通安全法》第76条第2款的规定,交通事故的损失是由非机动车驾驶人、行人故意碰撞机动车造成的,机动车一方不承担赔偿责任。

第一千一百七十五条 【第三人过错】

损害是因第三人造成的,第三人应当承担侵权责任。

理解适用

[第三人过错]

第三人过错,是指原告(受害人)起诉被告以后,被告提出的该损害完全或者部分由于第三人的过错造成,从而提出免除或者减轻自己责任的抗辩事由。第三人的过错包括故意和过失。

实用问答

因用户或者第三人的过错给其他用户造成损害的,应由谁承担赔偿责任?

答:根据《电力法》第60条第3款的规定,因用户或者第三人的过错给电力企业或者其他用户造成损害的,该用户或者第三人应当依法承担赔偿责任。

第一千一百七十六条 【自甘风险】

自愿参加具有一定风险的文体活动,因其他参加者的行为受到损害的,受害人不得请求其他参加者承担侵权责任;但是,其他参加者对损害的发生有故意或者重大过失的除外。

活动组织者的责任适用本法第一千一百九十八条至第一千二百零一条的规定。

理解适用

[自甘冒险]

自甘冒险,又称自愿承受危险,是指受害人自愿承担可能发生的损害而将自己置于危险环境或场合的,行为人对造成的损害不承担责任。

[自甘冒险与自愿承担损害的区别]

自甘冒险其构成要件是:(1)受害人作出了自愿承受危险的意思表示,通常是将自己置于可能发生危险的状况之下;(2)这种潜在的危险不是法律、法规所禁止的,也不是社会公序良俗所反对的,且此种危险通常被社会所认可是存在或者难以避免的。自愿承担损害的构成要件是:(1)受害人明确作出了同意他人对其实施加害的意思表示,知道或者应当知道他人对其实施加害行为的法律后果;(2)同意加害的内容不违反法律和公序良俗,且不超出受害人同意的范围。

案例指引

宋某祯诉周某身体权纠纷案(《人民法院贯彻实施民法典典型案例(第一批)》之十)

典型意义:本案是《民法典》施行后,首例适用《民法典》第1176条"自甘冒险"规定作出判决的案件。《民法典》施行前,由于法律规定不明确,人民法院在处理文体活动中身体受伤引发的民事纠纷时,容易出现认识分歧,进而引发争议。《民法典》确立"自甘冒险"规则,既统一了思想认识,也统一了裁判尺度。本案审理法院结合具体案情,适用"自甘冒险"规则,明确判决对损害发生无故意、无重大过失的文体活动参加者,不承担赔偿责任,亮明了拒绝"和稀泥"的司法态度,宣示了冒险者须对自己行为负责的规则,不仅弘扬了社会主义核心价值观,促进了文体活动的健康有序发展,也为《民法典》新规则的实施提供了有益的司法经验。

第一千一百七十七条 【自助行为】

合法权益受到侵害,情况紧迫且不能及时获得国家机关保护,不立即采取措施将使其合法权益受到难以弥补的损害的,受害人可以在保护自己合法权益的必要范围内采取扣留侵权人的财物等合理措施;但是,应当立即请求有关国家机关处理。

受害人采取的措施不当造成他人损害的,应当承担侵权责任。

理解适用

对本条的理解和适用应注意如下问题:(1)情况紧迫且不能及时获得国家机关保护,这是前提条件。(2)不立即采取措施将使其合法权益受到难以弥补的损害,这是必要条件。(3)在保护自己合法权益的必要范围内采取扣留侵权人的财物等合理措施,这是范围条件。(4)应当立即请求有关国家机关处理,这是合法条件。自助行为结束后,行为人必须及时寻求公权力机关救济。若行为人怠于寻求公权力机关救济,或被公权力机关驳回,或被公权力机关认定行为超出必要限度,则不排除其行为的不法性,仍应依侵权行为承担相应后果。"立即请求",是指自助行为完成后,"情况紧迫"的阻却事由消失,受害人应当立刻、无迟延地向有关国家机关报告自己实施了自力救济的事实,由公权力及时介入处理。只有这样,自力救济才具有正当性,成为民法上的免责事由。

第一千一百七十八条 【优先适用特别规定】

本法和其他法律对不承担责任或者减轻责任的情形另有规定的,依照其规定。

第二章 损害赔偿

第一千一百七十九条 【人身损害赔偿范围】

侵害他人造成人身损害的,应当赔偿医疗费、护理费、交通费、营养费、住院伙食补助费等为治疗和康复支出的合理费用,以及因误工减少的收入。造成残疾的,还应当赔偿辅助器具费和残疾赔偿金;造成死亡的,还应当赔偿丧葬费和死亡赔偿金。

理解适用

[人身损害赔偿]

人身损害赔偿,是指行为人侵犯他人的生命健康权益造成伤害、残疾、死亡等后果的,应当承担金钱赔偿责任的一种民事法律救济制度。

实用问答

1. 人身损害赔偿中的医疗费的赔偿数额如何确定?

答: 根据《人身损害解释》第6条的规定,医疗费根据医疗机构出具的医药费、住院费等收款凭证,结合病历和诊断证明等相关证据确定。赔偿义务人对治疗的必要性和合理性有异议的,应当承担相应的举证责任。医疗费的赔偿数额,按照一审法庭辩论终结前实际发生的数额确定。器官功能恢复训练所必要的康复费、适当的整容费以及其他后续治疗费,赔偿权利人可以待实际发生后另行起诉。但根据医疗证明或者鉴定结论确定必然发生的费用,可以与已经发生的医疗费一并予以赔偿。

2. 人身损害赔偿中的交通费如何计算?

答: 根据《人身损害解释》第9条的规定,交通费根据受害人及其必要的陪护人员因就医或者转院治疗实际发生的费用计算。交通费应当以正式票据为凭;有关凭据应当与就医地点、时间、人数、次数相符合。

条文参见

《人身损害解释》第6~22条

案例指引

依法支持赔付误工费,保障老年劳动者合法权益——罗某诉李某、某保险公司机动车交通事故责任纠纷案(《最高法发布民法典颁布五周年第二批典型案例》之六)

典型意义: 随着人民生活水平和医疗保健条件的提高,劳动者在退休后继续从事劳动的情况已经较为普遍,加强对超过退休年龄的老年劳动者的劳动权益保护,对于发挥好老年人积极作用,让老年人共享改革发展成果、安享幸福晚年具有重要意义。本案中,原告虽已超过60周岁,但仍具备劳动能力,且实际从事劳动,发生事故后因治疗和养伤耽误了劳动时间,导致收入减少。人民法院认定,若单纯以其超过60周岁为由不支持其误工费不仅与事实不符,客观上也有失公平,故依照民法典相关规定,支持超过退休年龄劳动者的误工费请求。本案裁判是司法助力实现老有所养、老有所为,推动"银发力量"更好服务于中国式现代化建设的生动写照。

第一千一百八十条 【以相同数额确定死亡赔偿金】

因同一侵权行为造成多人死亡的,可以以相同数额确定死亡赔偿金。

理解适用

本条在适用中需要注意以下几点:(1)以相同数额确定死亡赔偿金并非确定死亡赔偿金的一般方式,若分别计算死亡赔偿金较为容易,则可以不采用这种方式。(2)根据本法的规定,以相同数额确定死亡赔偿金原则上仅适用于因同一侵权行为造成多人死亡的案件。(3)本条特别强调,对因同一侵权行为造成多人死亡的,只是"可以"以相同数额确定死亡赔偿金,而不是任何因同一侵权行为造成多人死亡的案件都"必须"或者"应当"以相同数额确定死亡赔偿金。至于什么情况下可以,什么情况下不可以,法院可以根据具体案情,综合考虑各种因素后决定。(4)以相同数额确定死亡赔偿金的,原则上不考虑受害人的年龄、收入状况等个人因素。

第一千一百八十一条 【被侵权人死亡后请求权主体的确定】

被侵权人死亡的,其近亲属有权请求侵权人承担侵权责任。被侵权人为组织,该组织分立、合并的,承继权利的组织有权请求侵权人承担侵权责任。

被侵权人死亡的,支付被侵权人医疗费、丧葬费等合理费用的人有权请求侵权人赔偿费用,但是侵权人已经支付该费用的除外。

条文参见

《人身损害解释》第1条;《精神损害解释》第3条

第一千一百八十二条 【侵害他人人身权益造成财产损失的赔偿数额的确定】

侵害他人人身权益造成财产损失的，按照被侵权人因此受到的损失或者侵权人因此获得的利益赔偿；被侵权人因此受到的损失以及侵权人因此获得的利益难以确定，被侵权人和侵权人就赔偿数额协商不一致，向人民法院提起诉讼的，由人民法院根据实际情况确定赔偿数额。

理解适用

[按照被侵权人受到的损失赔偿]

这主要包括以下两种情形：(1)侵害他人生命、健康、身体等权益造成的财产损失的赔偿范围，一般包括积极的财产损失和可得利益的损失。依照本法第1179条的规定，侵害他人造成人身损害的，应当赔偿医疗费、护理费、交通费、营养费、住院伙食补助费等为治疗和康复支出的合理费用，以及因误工减少的收入。造成残疾的，还应当赔偿辅助器具费和残疾赔偿金；造成死亡的，还应当赔偿丧葬费和死亡赔偿金。其中，因治疗而支出的医疗费、护理费、交通费、营养费、住院伙食补助费等为治疗和康复实际支出的费用；被侵权人残疾所需要的辅助器具费等因侵权行为导致被侵权人实际支出的费用；被侵权人死亡所支付的丧葬费以及办理丧葬事宜所支出的交通、住宿等其他合理费用，即为积极的财产损失。被侵权人因误工而减少的收入以及受害人死亡其亲属因办理丧事而误工所减少的收入；被侵权人因全部或者部分丧失劳动能力而减少的预期收入；被侵权人死亡的，其因死亡而不能获得的未来一定期限内的预期收入等，为可得利益的损失，即因侵权行为的发生导致被侵权人本应获得而无法获得的可得利益损失。(2)侵害他人名誉权、荣誉权、姓名权、肖像权和隐私权等人身权益造成的财产损失。侵害非物质性人身权益的财产损失，可以根据不同的侵权行为和相关证据具体判断处理：有实际财产损失的，按照实际损失赔偿；没有实际损失的，可以根据法律的相关规定给予救济。

[按照侵权人因此获得的利益赔偿]

一些侵害人身权益的行为，被侵权人的财产损失难以确定，尤其是在被侵权人的名誉受损、知识产权被侵害等情况下，很难确定财产损失。在侵害他人人身权益的情况下，可将侵权人的获利情况作为司法实践中确定赔偿数额的重要考虑因素。

> 实用问答

自然人因人脸信息侵害造成财产损失的,可以申请赔偿吗？为制止侵权行为所支付的合理开支主要包括哪些？

答：根据《最高人民法院关于审理使用人脸识别技术处理个人信息相关民事案件适用法律若干问题的规定》第8条的规定,信息处理者处理人脸信息侵害自然人人格权益造成财产损失,该自然人依据《民法典》第1182条主张财产损害赔偿的,人民法院依法予以支持。自然人为制止侵权行为所支付的合理开支,可以认定为《民法典》第1182条规定的财产损失。合理开支包括该自然人或者委托代理人对侵权行为进行调查、取证的合理费用。人民法院根据当事人的请求和具体案情,可以将合理的律师费用计算在赔偿范围内。

第一千一百八十三条 【精神损害赔偿】

侵害自然人人身权益造成严重精神损害的,被侵权人有权请求精神损害赔偿。

因故意或者重大过失侵害自然人具有人身意义的特定物造成严重精神损害的,被侵权人有权请求精神损害赔偿。

> 理解适用

[精神损害赔偿]

精神损害赔偿,是受害人因人格利益或身份利益受到损害或者遭受精神痛苦而获得的金钱赔偿。

[造成严重精神损害]

并非只要侵害他人人身权益,被侵权人就可以获得精神损害赔偿,对"严重"的解释,应当采取容忍限度理论,即超出了社会一般人的容忍限度,就认为是"严重"。

[具有人身意义的特定物]

具有人身意义的特定物在实践中主要涉及的物品类型为:与近亲属死者相关的特定纪念物品(如遗像、墓碑、骨灰盒、遗物等);与结婚礼仪相关的特定纪念物品(如录像、照片等);与家族祖先相关的特定纪念物品(如祖坟、族谱、祠堂等）。

> **实用问答**

经营者因搜查身体造成消费者精神损害的，是否应承担赔偿责任？

答：根据《消费者权益保护法》第51条的规定，经营者有侮辱诽谤、搜查身体、侵犯人身自由等侵害消费者或者其他受害人人身权益的行为，造成严重精神损害的，受害人可以要求精神损害赔偿。

> **条文参见**

《精神损害解释》第1、2条；《网络侵权规定》第8条；《侵权责任编解释一》第2条

第一千一百八十四条 【财产损失计算方式】

侵害他人财产的，财产损失按照损失发生时的市场价格或者其他合理方式计算。

> **理解适用**

因侵权行为导致的财产损失，一般按照财产损失发生时的市场价格计算。也就是以财产损失发生的那个时间，该财产在市场上的价格为计算标准，完全毁损、灭失的，要按照该物在市场上所对应的标准全价计算；如果该物已经使用多年，则其全价应当是在市场上相应的折旧价格。

> **实用问答**

侵犯他人财产权，按照错误执行行为发生时的市场价格不足以弥补受害人损失的，可以采用哪些方式计算损失？

答：根据《最高人民法院关于审理涉执行司法赔偿案件适用法律若干问题的解释》第15条的规定，侵犯公民、法人和其他组织的财产权，按照错误执行行为发生时的市场价格不足以弥补受害人损失或者该价格无法确定的，可以采用下列方式计算损失：(1)按照错误执行行为发生时的市场价格计算财产损失并支付利息，利息计算期间从错误执行行为实施之日起至赔偿决定作出之日止；(2)错误执行行为发生时的市场价格无法确定，或者因时间跨度长、市场价格波动大等因素按照错误执行行为发生时的市场价格计算显失公

平的,可以参照赔偿决定作出时同类财产市场价格计算;(3)其他合理方式。

第一千一百八十五条 【侵害知识产权的惩罚性赔偿】

故意侵害他人知识产权,情节严重的,被侵权人有权请求相应的惩罚性赔偿。

案例指引

某种业科技有限公司诉某农业产业发展有限公司侵害植物新品种权纠纷案(《人民法院贯彻实施民法典典型案例(第一批)》之十二)

典型意义: 本案是适用《民法典》规定的惩罚性赔偿制度,打击种子套牌侵权、净化种业市场秩序的典型案件。《民法典》侵权责任编新增规定了知识产权侵权惩罚性赔偿制度,为各类知识产权纠纷适用惩罚性赔偿提供了一般规则,对于建设知识产权强国,保障经济社会高质量发展具有重要作用。本案中,审理法院秉持强化植物新品种权保护的司法理念,在侵权人拒不提供交易记录、相关账簿的情况下,依法适用举证妨碍制度,参考其宣传的交易额合理推定侵权获利达到 100 万元以上,并依法适用《民法典》及《种子法》规定的惩罚性赔偿制度,按照计算基数的 2 倍确定惩罚性赔偿金额为 200 万元,实际赔偿总额为基数的 3 倍。本案判决对于切实解决知识产权侵权维权难度大、赔偿数额低的问题,形成对恶意侵权行为的强有力威慑,彰显种业知识产权司法保护力度,具有积极示范作用。

第一千一百八十六条 【公平责任原则】

受害人和行为人对损害的发生都没有过错的,依照法律的规定由双方分担损失。

理解适用

公平分担损失的规定是本法侵权责任编根据实际情况作出的特别规定,与过错责任原则和无过错责任原则均有不同。公平分担损失适用于行为人和受害人对损害的发生均无过错的情况。如果损害由受害人过错造成,则应当由受害人自己负责;如果损害由行为人或者第三人过错造成,则应当由行为人或者第三人负责;如果行为人和受害人对损害的发生都有过错,则应当根据他们的过错程度和原因力分配责任。也就是说,只要有过错责任人,就不适用本条规定。

第一千一百八十七条 【赔偿费用支付方式】

损害发生后,当事人可以协商赔偿费用的支付方式。协商不一致的,赔偿费用应当一次性支付;一次性支付确有困难的,可以分期支付,但是被侵权人有权请求提供相应的担保。

理解适用

当事人对赔偿费用支付方式的协商包括是一次性支付还是分期支付。如果是分期支付,分几期、每次付多少、要不要考虑物价变化因素、要不要支付利息、利息如何计算等。当事人可以根据赔偿数额的多少、受害人对赔偿费用的需求程度、侵权人的支付能力等实际情况对赔偿费用的支付进行协商。

当事人协商确定支付方式后,侵权行为人应当按照约定的方式支付赔偿费用,不能将协商作为拖延给付赔偿费用的手段。如果侵权行为人以合法形式掩盖非法目的,违反约定到期不履行支付赔偿费用的义务,则受害人有权请求人民法院宣告该约定无效,强制侵权人履行赔偿义务。

条文参见

《人身损害解释》第18~20条

第三章 责任主体的特殊规定

第一千一百八十八条 【监护人责任】

无民事行为能力人、限制民事行为能力人造成他人损害的,由监护人承担侵权责任。监护人尽到监护职责的,可以减轻其侵权责任。

有财产的无民事行为能力人、限制民事行为能力人造成他人损害的,从本人财产中支付赔偿费用;不足部分,由监护人赔偿。

实用问答

被侵权人是否可以请求监护人承担侵权人应承担的全部责任？赔偿费用应当怎样支付？

答：根据《侵权责任编解释一》第5条第1款、第3款的规定，无民事行为能力人、限制民事行为能力人造成他人损害，被侵权人请求监护人承担侵权人应承担的全部责任的，人民法院应予支持，并在判决中明确，赔偿费用可以先从被监护人财产中支付，不足部分由监护人支付。从被监护人财产中支付赔偿费用的，应当保留被监护人所必需的生活费和完成义务教育所必需的费用。

条文参见

《侵权责任编解释一》第4～9条

第一千一百八十九条 【委托监护责任】

无民事行为能力人、限制民事行为能力人造成他人损害，监护人将监护职责委托给他人的，监护人应当承担侵权责任；受托人有过错的，承担相应的责任。

理解适用

[委托监护]

委托监护，是指监护人委托他人代行监护的职责，是一种双方的民事法律行为，是被监护人的监护人与受托人之间关于受托人为委托人履行监护职责、处理监护事务的协议，须有监护人委托与受委托人接受委托的意思表示一致才能成立。

[无民事行为能力人、限制民事行为能力人造成他人损害，监护人和受托履行监护职责的人承担的侵权责任]

无民事行为能力人、限制民事行为能力人造成他人损害，被侵权人合并请求监护人和受托履行监护职责的人承担侵权责任的，依照本条的规定，监护人承担侵权人应承担的全部责任；受托人在过错范围内与监护人共同承担责任，但责任主体实际支付的赔偿费用总和不应超出被侵权人应受偿的损失数额。监护人承担责任后向受托人追偿的，人民法院可以参照本法第929条的规定处理。仅一般过失的无偿受托人承担责任后向监护人追偿的，人民法院应予支持。

条文参见

《民法典》第 33 条;《侵权责任编解释一》第 10 条

第一千一百九十条 【丧失意识侵权责任】

完全民事行为能力人对自己的行为暂时没有意识或者失去控制造成他人损害有过错的,应当承担侵权责任;没有过错的,根据行为人的经济状况对受害人适当补偿。

完全民事行为能力人因醉酒、滥用麻醉药品或者精神药品对自己的行为暂时没有意识或者失去控制造成他人损害的,应当承担侵权责任。

理解适用

如果行为人暂时没有意识或者失去控制不是由于自己的过错造成,而是由于其他原因导致,则行为人可以不承担侵权责任,但应根据公平分担损失的规定,适当分担被侵权人的损失。需要说明的是,这里对受害人是"补偿"而不是"赔偿"。因为赔偿一般采取"填平"的原则,受害人损失多少赔多少,而补偿的情况中行为人通常没有过错,是根据行为人的经济能力,适当弥补受害人的损失。

条文参见

《刑法》第 18 条

第一千一百九十一条 【用人单位责任和劳务派遣单位、劳务用工单位责任】

用人单位的工作人员因执行工作任务造成他人损害的,由用人单位承担侵权责任。用人单位承担侵权责任后,可以向有故意或者重大过失的工作人员追偿。

劳务派遣期间,被派遣的工作人员因执行工作任务造成他人损害的,由接受劳务派遣的用工单位承担侵权责任;劳务派遣单位有过错的,承担相应的责任。

> **理解适用**
>
> [劳务派遣]
>
> 劳务派遣,是指劳务派遣机构与员工签订劳务派遣合同后,将工作人员派遣到用工单位工作。
>
> [劳务派遣单位和劳务用工单位的责任]
>
> 劳务派遣的用人形式不同于一般的用人形式,劳务派遣单位虽然与被派遣的员工签订了劳动合同,但不对被派遣员工进行使用和具体管理。在劳务派遣期间,被派遣的工作人员是为接受劳务派遣的用工单位工作,接受用工单位的指示和管理,同时由用工单位为被派遣的工作人员提供相应的劳动条件和劳动保护。所以,被派遣的工作人员因工作造成他人损害的,其责任应当由用工单位承担。劳务派遣单位在派遣工作人员方面存在过错的,应当承担相应的责任。

> **条文参见**
>
> 《侵权责任编解释一》第15~17条

第一千一百九十二条 【个人劳务关系中的侵权责任】

> 个人之间形成劳务关系,提供劳务一方因劳务造成他人损害的,由接受劳务一方承担侵权责任。接受劳务一方承担侵权责任后,可以向有故意或者重大过失的提供劳务一方追偿。提供劳务一方因劳务受到损害的,根据双方各自的过错承担相应的责任。
>
> 提供劳务期间,因第三人的行为造成提供劳务一方损害的,提供劳务一方有权请求第三人承担侵权责任,也有权请求接受劳务一方给予补偿。接受劳务一方补偿后,可以向第三人追偿。

> **实用问答**

1. 无偿提供劳务的帮工人,在从事帮工活动中致人损害的,由谁承担赔偿责任?

答:根据《人身损害解释》第4条的规定,无偿提供劳务的帮工人,在从事帮工活动中致人损害的,被帮工人应当承担赔偿责任。被帮工人承担赔偿责任后向有故意或者重大过失的帮工人追偿的,人民法院应予支持。被帮工人明确拒绝帮工的,不承担赔偿责任。

2. 无偿提供劳务的帮工人因帮工活动遭受人身损害的,如何承担赔偿责任?

答:根据《人身损害解释》第5条的规定,无偿提供劳务的帮工人因帮工活动遭受人身损害的,根据帮工人和被帮工人各自的过错承担相应的责任;被帮工人明确拒绝帮工的,被帮工人不承担赔偿责任,但可以在受益范围内予以适当补偿。帮工人在帮工活动中因第三人的行为遭受人身损害的,有权请求第三人承担赔偿责任,也有权请求被帮工人予以适当补偿。被帮工人补偿后,可以向第三人追偿。

第一千一百九十三条 【承揽关系中的侵权责任】

承揽人在完成工作过程中造成第三人损害或者自己损害的,定作人不承担侵权责任。但是,定作人对定作、指示或者选任有过错的,应当承担相应的责任。

理解适用

需要指出的是,本法第1192条个人之间形成劳务关系,个人之间因提供劳务造成他人损害和自己损害的责任的规定,不适用本条因承揽关系产生的纠纷。承揽合同与劳务合同的区别在于:承揽合同的劳动者所交付的标的是劳动成果,而劳务合同的劳动者交付的标的是劳动,定作人与承揽人之间不存在劳务关系。

条文参见

《侵权责任编解释一》第18条

第一千一百九十四条 【网络侵权责任】

网络用户、网络服务提供者利用网络侵害他人民事权益的,应当承担侵权责任。法律另有规定的,依照其规定。

理解适用

[网络侵权]

网络侵权,是指发生在互联网上的各种侵害他人民事权益的行为,它不是指侵害某种特定权利(利益)的具体侵权行为,也不属于在构成要件方面具有某种特殊性的特殊侵权行为,而是指一切发生于互联网空间的侵权行为。

[网络用户利用网络侵害他人民事权益的具体类型]

网络用户利用网络侵害他人民事权益,大体可以分为以下三种类型:(1)侵害人格权。主要表现为:一是盗用或者假冒他人姓名,侵害姓名权;二是未经许可使用他人肖像,侵害肖像权;三是发表攻击、诽谤他人的文章,侵害名誉权;四是非法侵入他人电脑、非法截取他人传输的信息、擅自披露他人个人信息、大量发送垃圾邮件,侵害隐私权和个人信息受保护的权利。(2)侵害财产利益。基于网络活动的便捷性,通过网络侵害财产利益的情形较为常见。最典型的是侵害网络虚拟财产利益,如窃取他人网络游戏装备、虚拟货币等。(3)侵害知识产权。主要表现为侵犯他人著作权、商标权和专利权等知识产权。

[网络服务提供者]

网络服务提供者是一个概括性表述,既包括提供接入、缓存、信息存储空间、搜索以及链接等服务类型的技术服务提供者,也包括主动向网络用户提供内容的内容服务提供者,还包括在电子商务中为交易双方或者多方提供网络经营场所、交易撮合、信息发布等服务,供交易双方或者多方独立开展交易活动的电子商务平台经营者。

第一千一百九十五条 【"通知与取下"制度】

网络用户利用网络服务实施侵权行为的,权利人有权通知网络服务提供者采取删除、屏蔽、断开链接等必要措施。通知应当包括构成侵权的初步证据及权利人的真实身份信息。

网络服务提供者接到通知后,应当及时将该通知转送相关网络用户,并根据构成侵权的初步证据和服务类型采取必要措施;未及时采取必要措施的,对损害的扩大部分与该网络用户承担连带责任。

权利人因错误通知造成网络用户或者网络服务提供者损害的,应当承担侵权责任。法律另有规定的,依照其规定。

理解适用

[通知的内容]

通知应当包括构成侵权的初步证据及权利人的真实身份信息。一般而言,一份合格的权利通知应当包括两方面内容:(1)权利人的真实身份信息;

（2）构成侵权的初步证据，应当附有证明其权利的证据或者相关信息涉嫌侵权的初步证据。另外，通知中一般还应当附有涉嫌侵权信息的网址链接或其他可以定位侵权商品或信息的有效方法等。

[网络服务提供者的义务]

网络服务提供者的义务：(1)及时将该通知转送相关网络用户；(2)根据构成侵权的初步证据和服务类型采取必要措施。未及时采取必要措施的，对损害的扩大部分与该网络用户承担连带责任。

实用问答

网络服务提供者的名誉权侵权责任应当如何认定？[①]

答：对于网络服务提供者在名誉权侵权案件中是否应当承担责任的问题，应当重点把握以下两点：

（1）网络服务提供者在接到受害人的通知后是否及时转送行为人或采取必要措施。根据《民法典》第1195条第2款的规定，网络服务提供者在接到权利人要求就侵权行为采取必要措施的通知后，未将通知转送相关网络用户，或者未及时采取删帖等必要措施，由此导致损害扩大的，对扩大部分与行为人承担连带责任。此种情形隐含的前提是，权利人应当先行向网络服务提供者发送相关通知，而后网络服务提供者负有及时将通知转送和采取删帖等必要措施的义务。需要注意的是，对于以营利为目的的网络服务提供者的法律责任认定，尚不能完全局限于是否依法履行通知转送、删除等义务。因为作为以内容获取点击量和广告收入的网络服务提供者，其对于侵权行为人发布的谣言及不实内容，非但没有直接经济利益损失；相反还可能获取网页点击量，得到经济收入，甚至还可能提高其影响力和知名度。故对于以内容获取点击量和广告收入的网络服务提供者，还应当承担与其收益相对应的注意义务。在判断网络服务提供者应当采取哪些必要措施时，应当充分考虑该因素。比如，在"广州某文化传播有限公司诉北京某科技有限公司等侵害作品信息网络传播权纠纷案"（入库编号：2023－09－2－158－043）中，裁判要旨认为，应结合法律规定、技术手段、获利模式、公众利益四个维度，将网络服务提供者的注意义务在"通知—删除"的基础上延伸为"必要预防措施＋删

[①] 参见《法答网精选答问（第十九批）——人格权专题》，载最高人民法院官网2025年5月8日，https://www.court.gov.cn/zixun/xiangqing/465691.html。

除",从而平衡权利人、网络服务提供者和社会公众的利益。该案虽为信息网络传播权纠纷,但对于名誉权侵权案件中网络服务提供者的法律责任认定,也具有参考价值。

(2)网络服务提供者是否知道或者应当知道行为人对受害人实施了侵权行为。网络侵权的惯常模式是行为人通过网络服务提供者提供的网络服务,对受害人实施侵权行为。网络服务提供者并非直接造成侵权责任的主体,而是为行为人提供了实施侵权行为的"途径"。根据《民法典》第1197条的规定,网络服务提供者在知道或应当知道侵权人实施侵权行为而未采取必要措施时,与侵权人承担连带责任。具体而言,需要考察两个方面:一是主观上网络服务提供者对有关信息和事实的知悉状态,二是客观上违背对其传输的信息应尽到的合理注意义务。对于前者,判断的直接证据可以是网络服务提供者的工作人员明确承认、相关文件的明确记载等。对于后者,注意义务的设置应当在网络服务提供者实际履行能力的范围之内。

条文参见

《电子商务法》第42条;《信息网络传播权保护条例》第14条;《网络侵权规定》第2、4、5条;《食品安全解释一》第3条

案例指引

威海嘉易烤生活家电有限公司诉永康市金仕德工贸有限公司、浙江天猫网络有限公司侵害发明专利权纠纷案(最高人民法院指导案例83号)

裁判要点: 网络用户利用网络服务实施侵权行为,被侵权人依据侵权责任法向网络服务提供者所发出的要求其采取必要措施的通知,包含被侵权人身份情况、权属凭证、侵权人网络地址、侵权事实初步证据等内容的,即属有效通知。网络服务提供者自行设定的投诉规则,不得影响权利人依法维护其自身合法权利。《侵权责任法》第36条第2款[1]所规定的网络服务提供者接到通知后所应采取的必要措施包括但并不限于删除、屏蔽、断开链接。"必要措施"应遵循审慎、合理的原则,根据所侵害权利的性质、侵权的具体情形和技术条件等来加以综合确定。

---

[1] 现为《民法典》第1195条。

第一千一百九十六条 【"反通知"制度】

网络用户接到转送的通知后,可以向网络服务提供者提交不存在侵权行为的声明。声明应当包括不存在侵权行为的初步证据及网络用户的真实身份信息。

网络服务提供者接到声明后,应当将该声明转送发出通知的权利人,并告知其可以向有关部门投诉或者向人民法院提起诉讼。网络服务提供者在转送声明到达权利人后的合理期限内,未收到权利人已经投诉或者提起诉讼通知的,应当及时终止所采取的措施。

理解适用

需要说明的是,通知与反通知程序只是为快速应对纠纷而采取的一种程序性救济手段,网络服务提供者并非司法机关,其没有能力解决当事人之间的具体争议。即使权利人在合理期限内没有采取相应的法律行动,也不影响其实体权利,权利人仍然可以在合理期限后向有关部门投诉或者向法院起诉。

第一千一百九十七条 【网络服务提供者的连带责任】

网络服务提供者知道或者应当知道网络用户利用其网络服务侵害他人民事权益,未采取必要措施的,与该网络用户承担连带责任。

理解适用

[认定网络服务提供者是否"知道或者应当知道",应当综合考虑的因素]

人民法院依据本条认定网络服务提供者是否"知道或者应当知道",应当综合考虑下列因素:(1)网络服务提供者是否以人工或者自动方式对侵权网络信息以推荐、排名、选择、编辑、整理、修改等方式作出处理;(2)网络服务提供者应当具备的管理信息的能力,以及所提供服务的性质、方式及其引发侵权的可能性大小;(3)该网络信息侵害人身权益的类型及明显程度;(4)该网络信息的社会影响程度或者一定时间内的浏览量;(5)网络服务提供者采取预防侵权措施的技术可能性及其是否采取了相应的合理措施;(6)网络服务提供者是否针对同一网络用户的重复侵权行为或者同一侵权信息采取了相应的合理措施;(7)与本案相关的其他因素。

条文参见

《网络侵权规定》第2、6条

第一千一百九十八条 【安全保障义务人责任】

宾馆、商场、银行、车站、机场、体育场馆、娱乐场所等经营场所、公共场所的经营者、管理者或者群众性活动的组织者,未尽到安全保障义务,造成他人损害的,应当承担侵权责任。

因第三人的行为造成他人损害的,由第三人承担侵权责任;经营者、管理者或者组织者未尽到安全保障义务的,承担相应的补充责任。经营者、管理者或者组织者承担补充责任后,可以向第三人追偿。

理解适用

[安全保障义务]

安全保障义务,是指宾馆、商场、银行、车站、机场、体育场馆、娱乐场所等经营场所、公共场所的经营者、管理者或者群众性活动的组织者,所负有的在合理限度范围内保护他人人身和财产安全的义务。

实用问答

旅游经营者未尽到安全保障义务是否承担责任?因第三人的行为造成旅游者损失的,由谁承担责任?

答:根据《旅游纠纷规定》第7条的规定,旅游经营者、旅游辅助服务者未尽到安全保障义务,造成旅游者人身损害、财产损失,旅游者请求旅游经营者、旅游辅助服务者承担责任的,人民法院应予支持。因第三人的行为造成旅游者人身损害、财产损失,由第三人承担责任;旅游经营者、旅游辅助服务者未尽安全保障义务,旅游者请求其承担相应补充责任的,人民法院应予支持。

条文参见

《侵权责任编解释一》第24、25条

案例指引

1. 李某月等诉广州市花都区梯面镇红山村村民委员会违反安全保障义务责任纠纷案(最高人民法院指导案例140号)

裁判要点:公共场所经营管理者的安全保障义务,应限于合理限度范围内,与其管理和控制能力相适应。完全民事行为能力人因私自攀爬景区内果树采摘果实而不慎跌落致其自身损害,主张经营管理者承担赔偿责任的,人民法院不予支持。

2. 支某1等诉北京市永定河管理处生命权、健康权、身体权纠纷案(最高人民法院指导案例141号)

裁判要点:消力池属于禁止公众进入的水利工程设施,不属于《侵权责任法》第37条第1款①规定的"公共场所"。消力池的管理人和所有人采取了合理的安全提示和防护措施,完全民事行为能力人擅自进入造成自身损害,请求管理人和所有人承担赔偿责任的,人民法院不予支持。

第一千一百九十九条 【教育机构的过错推定责任】

无民事行为能力人在幼儿园、学校或者其他教育机构学习、生活期间受到人身损害的,幼儿园、学校或者其他教育机构应当承担侵权责任;但是,能够证明尽到教育、管理职责的,不承担侵权责任。

理解适用

由幼儿园、学校和其他教育机构承担侵权责任的侵权行为的范围,应当限于发生在幼儿园、学校和其他教育机构的教育、教学活动中或者其负有管理责任的校舍、场地、其他教育教学设施、生活设施中的侵权行为。

第一千二百条 【教育机构的过错责任】

限制民事行为能力人在学校或者其他教育机构学习、生活期间受到人身损害,学校或者其他教育机构未尽到教育、管理职责的,应当承担侵权责任。

---

① 现为《民法典》第1198条。

理解适用

《教育法》《未成年人保护法》以及其他法规和部门规章中,对于学校和其他教育机构的教育、管理职责已经作了广泛、具体的规定,只要能够证明学校或者其他教育机构违反了这些职责,使限制民事行为能力人在学习、生活期间受到人身损害的,学校或者其他教育机构就要承担责任。

实用问答

哪些情形造成的学生伤害事故,学校应当承担相应的责任?

答: 根据《学生伤害事故处理办法》第9条的规定,因下列情形之一造成的学生伤害事故,学校应当依法承担相应的责任:(1)学校的校舍、场地、其他公共设施,以及学校提供给学生使用的学具、教育教学和生活设施、设备不符合国家规定的标准,或者有明显不安全因素的;(2)学校的安全保卫、消防、设施设备管理等安全管理制度有明显疏漏,或者管理混乱,存在重大安全隐患,而未及时采取措施的;(3)学校向学生提供的药品、食品、饮用水等不符合国家或者行业的有关标准、要求的;(4)学校组织学生参加教育教学活动或者校外活动,未对学生进行相应的安全教育,并未在可预见的范围内采取必要的安全措施的;(5)学校知道教师或者其他工作人员患有不适宜担任教育教学工作的疾病,但未采取必要措施的;(6)学校违反有关规定,组织或者安排未成年学生从事不宜未成年人参加的劳动、体育运动或者其他活动的;(7)学生有特异体质或者特定疾病,不宜参加某种教育教学活动,学校知道或者应当知道,但未予以必要的注意的;(8)学生在校期间突发疾病或者受到伤害,学校发现,但未根据实际情况及时采取相应措施,导致不良后果加重的;(9)学校教师或者其他工作人员体罚或者变相体罚学生,或者在履行职责过程中违反工作要求、操作规程、职业道德或者其他有关规定的;(10)学校教师或者其他工作人员在负有组织、管理未成年学生的职责期间,发现学生行为具有危险性,但未进行必要的管理、告诫或者制止的;(11)对未成年学生擅自离校等与学生人身安全直接相关的信息,学校发现或者知道,但未及时告知未成年学生的监护人,导致未成年学生因脱离监护人的保护而发生伤害的;(12)学校有未依法履行职责的其他情形的。

第一千二百零一条　【在教育机构内第三人侵权时的责任分担】

无民事行为能力人或者限制民事行为能力人在幼儿园、学校或者其他教育机构学习、生活期间,受到幼儿园、学校或者其他教育机构以外的第三人人身损害的,由第三人承担侵权责任;幼儿园、学校或者其他教育机构未尽到管理职责的,承担相应的补充责任。幼儿园、学校或者其他教育机构承担补充责任后,可以向第三人追偿。

理解适用

[幼儿园、学校或者其他教育机构以外的人员承担的侵权责任]

幼儿园、学校或者其他教育机构以外的人员的侵权行为直接造成人身损害后果的发生,其作为侵权人就应当依法承担侵权责任。

[幼儿园、学校或者其他教育机构承担的相应补充责任]

幼儿园、学校或者其他教育机构未尽到管理职责的,对损害的发生也具有过错,其未尽到管理职责的行为是造成损害发生的间接原因,应当承担补充责任。幼儿园、学校或者其他教育机构是否尽到管理职责,要根据人身损害发生时的具体情况判断。理解这一规定时应当注意第三人的侵权责任和安全保障义务人的补充责任有先后顺序:先由第三人承担侵权责任,在无法找到第三人或者第三人没有能力全部承担侵权责任时,才由幼儿园、学校或者其他教育机构承担侵权责任。如果第三人已经全部承担侵权责任,则幼儿园、学校或者其他教育机构不再承担侵权责任。

条文参见

《侵权责任编解释一》第14条

第四章　产品责任

第一千二百零二条　【产品生产者责任】

因产品存在缺陷造成他人损害的,生产者应当承担侵权责任。

理解适用

[产品缺陷]

产品缺陷是构成产品责任的首要条件。《产品质量法》的规定从法律上确立了判断产品是否存在缺陷的基本标准。具体运用该标准判断产品是否存在缺陷时,要根据每个案件、每种产品的情况具体分析,得出结论。

[缺陷产品造成受害人损害的事实]

缺陷产品造成受害人损害的事实,是指缺陷产品的使用人或者第三人因缺陷产品而受到损害的客观存在。损害事实包括人身损害、财产损害。

[缺陷产品与损害事实之间的因果关系]

产品责任中的因果关系,是指产品的缺陷与受害人损害事实之间存在引起与被引起的关系。在一般侵权案件中,原则上是"谁主张,谁举证"。产品责任是一种特殊的侵权,通常要求生产者就不存在缺陷或缺陷与损害之间不存在因果关系举证。如果生产者不能举证证明,则认定产品存在缺陷且缺陷与损害之间存在因果关系。

实用问答

因产品存在缺陷造成受害人人身、财产损害的,如何承担责任?

答:根据《产品质量法》第44条的规定,因产品存在缺陷造成受害人人身伤害的,侵害人应当赔偿医疗费、治疗期间的护理费、因误工减少的收入等费用;造成残疾的,还应当支付残疾者生活自助具费、生活补助费、残疾赔偿金以及由其扶养的人所必需的生活费等费用;造成受害人死亡的,并应当支付丧葬费、死亡赔偿金以及由死者生前扶养的人所必需的生活费等费用。因产品存在缺陷造成受害人财产损失的,侵害人应当恢复原状或者折价赔偿。受害人因此遭受其他重大损失的,侵害人应当赔偿损失。

条文参见

《产品质量法》第26、41、44、46条;《侵权责任编解释一》第19条

案例指引

檀某某诉某农业机械销售有限公司产品责任纠纷案(《最高人民法院发布涉产品质量典型案例》之四)

典型意义: 本案为一起涉农用机械产品缺陷引发的产品责任纠纷。妥善

处理每一起涉农资产品责任纠纷,确保农机产品质量过硬、农业生产秩序良好,以司法手段护航农业生产是人民法院应尽的职责。即使产品过了保修期,如果产品存在危及人身财产安全的重大产品缺陷,生产者仍然应当依法承担责任。农业机械是农民的重要生产工具和财产,本案依法判决经营者赔偿农机产品缺陷造成的损失,对于维护农民合法权益、保护农业生产具有积极意义。

> **第一千二百零三条** 【被侵权人请求损害赔偿的途径和先行赔偿人追偿权】
>
> 因产品存在缺陷造成他人损害的,被侵权人可以向产品的生产者请求赔偿,也可以向产品的销售者请求赔偿。
>
> 产品缺陷由生产者造成的,销售者赔偿后,有权向生产者追偿。因销售者的过错使产品存在缺陷的,生产者赔偿后,有权向销售者追偿。

理解适用

根据本条的规定,生产者、销售者中先行赔偿的一方有权向应当承担责任的一方追偿自己已经向被侵权人垫付的赔偿费用。需要明确的是,生产者和销售者承担产品责任的原则是不同的,生产者承担无过错责任,销售者承担过错责任。先行垫付赔偿费用的一方只有在另一方符合承担产品侵权责任条件的情形下,才可以向对方行使追偿权。

实用问答

1. 消费者因不符合食品安全标准的食品受到损害的,如何申请赔偿?

答:根据《食品安全法》第148条的规定,消费者因不符合食品安全标准的食品受到损害的,可以向经营者要求赔偿损失,也可以向生产者要求赔偿损失。接到消费者赔偿要求的生产经营者,应当实行首负责任制,先行赔付,不得推诿;属于生产者责任的,经营者赔偿后有权向生产者追偿;属于经营者责任的,生产者赔偿后有权向经营者追偿。生产不符合食品安全标准的食品或者经营明知是不符合食品安全标准的食品,消费者除要求赔偿损失外,还可以向生产者或者经营者要求支付价款10倍或者损失3倍的赔偿金;增加赔偿的金额不足1000元的,为1000元。但是,食品的标签、说明书存在不影响食品安全且不会对消费者造成误导的瑕疵的除外。

2. 消费者出现"知假买假"的行为，应如何处理？

答：根据《食品药品规定》第 3 条的规定，因食品、药品质量问题发生纠纷，购买者向生产者、销售者主张权利，生产者、销售者以购买者明知食品、药品存在质量问题而仍然购买为由进行抗辩的，人民法院不予支持。也就是说，"知假买假"行为不影响消费者维护自身权益。

3. 商家是否应当对赠品的质量安全承担责任？

答：食品、药品事关消费者的人身安全，即使是赠品，也必须保证质量安全。消费者对赠品虽未支付对价，但是赠品的成本实际上已经分摊到付费商品中。赠送的食品、药品因质量问题造成消费者权益损害的，生产者与销售者亦应承担赔偿责任。根据《食品药品规定》第 4 条的规定，食品、药品生产者、销售者提供给消费者的食品或者药品的赠品发生质量安全问题，造成消费者损害，消费者主张权利，生产者、销售者以消费者未对赠品支付对价为由进行免责抗辩的，人民法院不予支持。

条文参见

《消费者权益保护法》第 40 条；《食品安全解释一》第 1、2 条；《侵权责任编解释一》第 19 条

第一千二百零四条　【生产者和销售者对有过错第三人的追偿权】

因运输者、仓储者等第三人的过错使产品存在缺陷，造成他人损害的，产品的生产者、销售者赔偿后，有权向第三人追偿。

第一千二百零五条　【危及他人人身、财产安全的责任承担方式】

因产品缺陷危及他人人身、财产安全的，被侵权人有权请求生产者、销售者承担停止侵害、排除妨碍、消除危险等侵权责任。

理解适用

被侵权人在请求排除妨碍时，应当注意以下几个问题：（1）妨碍必须是不法的。无论妨碍人主观是否预见妨碍后果，均不影响被侵权人提出请求。但如果妨碍是正当行使权利的合法行为，则妨碍人可以拒绝当事人的请求。（2）妨碍既可以是已经发生的，也可以是可能出现的。被侵权人不仅可以对

已经发生的妨碍要求排除，也可以对尚未发生但又确有可能发生的妨碍请求排除。(3)妨碍是权利人行使权利的障碍，只要不法行为妨碍他人行使物权、人身权等，被侵权人均可请求排除妨碍。

第一千二百零六条 【流通后发现有缺陷的补救措施和侵权责任】

产品投入流通后发现存在缺陷的，生产者、销售者应当及时采取停止销售、警示、召回等补救措施；未及时采取补救措施或者补救措施不力造成损害扩大的，对扩大的损害也应当承担侵权责任。

依据前款规定采取召回措施的，生产者、销售者应当负担被侵权人因此支出的必要费用。

理解适用

[停止销售]

停止销售，是对正在销售的产品采取下架、封存等不再出售的措施。停止销售可以避免侵权行为的扩大化，最大限度地减少损失。

[警示]

警示，是对与产品有关的危险或产品的正确使用给予说明，提醒使用者在使用该产品时注意已经存在的危险或者潜在可能发生的危险，防止或者减少对使用者的损害。警示的作用有两个：一是告知使用者产品有危险，明示产品的缺陷；二是让使用者知道在使用该产品时如何避免危险的发生，以保证人身、财产的安全。

[召回]

召回，是指产品的生产者、销售者依法定程序，对其生产或者销售的缺陷产品以换货、退货、更换零配件等方式，及时消除或减少缺陷产品危害的行为。

实用问答

经营者发现其提供的商品有危及人身、财产安全危险的，应及时采取哪些措施？

答：根据《消费者权益保护法》第19条的规定，经营者发现其提供的商品或者服务存在缺陷，有危及人身、财产安全危险的，应当立即向有关行政部门报告和告知消费者，并采取停止销售、警示、召回、无害化处理、销毁、停止生产或者服务等措施。采取召回措施的,经营者应当承担消费者因商品被召回支出的必要费用。

条文参见

《食品安全法》第 63 条

第一千二百零七条 【产品责任惩罚性赔偿】

明知产品存在缺陷仍然生产、销售,或者没有依据前条规定采取有效补救措施,造成他人死亡或者健康严重损害的,被侵权人有权请求相应的惩罚性赔偿。

理解适用

[惩罚性赔偿]

惩罚性赔偿,是加害人给付受害人超过其实际损害数额的一种金钱赔偿,是一种集补偿、惩罚、遏制等功能于一身的赔偿制度。

实用问答

经营者提供的商品有欺诈行为,或者明知商品存在缺陷仍然向消费者提供而致人伤亡的,受害人可否请求增加赔偿或惩罚性赔偿?

答:根据《消费者权益保护法》第 55 条的规定,经营者提供商品或者服务有欺诈行为的,应当按照消费者的要求增加赔偿其受到的损失,增加赔偿的金额为消费者购买商品的价款或者接受服务的费用的 3 倍;增加赔偿的金额不足 500 元的,为 500 元。法律另有规定的,依照其规定。经营者明知商品或者服务存在缺陷,仍然向消费者提供,造成消费者或者其他受害人死亡或者健康严重损害的,受害人有权要求经营者依照该法第 49、51 条等法律规定赔偿损失,并有权要求所受损失 2 倍以下的惩罚性赔偿。

条文参见

《食品安全法》第 148 条;《食品药品规定》第 15 条;《旅游纠纷规定》第 15 条;《食品安全解释一》第 6～12 条

第五章　机动车交通事故责任

第一千二百零八条　【机动车交通事故责任的法律适用】

机动车发生交通事故造成损害的,依照道路交通安全法律和本法的有关规定承担赔偿责任。

理解适用

本条主要有以下几层含义:(1)首先由保险公司在机动车第三者责任强制保险责任限额范围内予以赔偿。(2)在强制保险责任限额范围内赔偿后不足部分的责任承担。一是机动车之间发生交通事故的赔偿责任。机动车之间发生交通事故的赔偿责任,由有过错的一方承担赔偿责任;双方都有过错的,按照各自过错的比例分担责任。二是机动车与非机动车驾驶人、行人之间发生交通事故的赔偿责任。在归责原则上,机动车与非机动车驾驶人、行人之间发生交通事故,主要适用过错推定原则;同时,机动车一方还要承担一部分无过错责任。(3)机动车一方不承担责任的情形。机动车与非机动车驾驶人、行人之间发生交通事故,如果交通事故的损失是因非机动车驾驶人、行人自杀、自伤、有意冲撞("碰瓷")等行为故意造成,则机动车一方不承担赔偿责任。

第一千二百零九条　【机动车所有人、管理人与使用人不一致时的侵权责任】

因租赁、借用等情形机动车所有人、管理人与使用人不是同一人时,发生交通事故造成损害,属于该机动车一方责任的,由机动车使用人承担赔偿责任;机动车所有人、管理人对损害的发生有过错的,承担相应的赔偿责任。

实用问答

机动车所有人或者管理人发生哪些情形的,应当认定其对交通事故承担过错赔偿责任?

答:根据《道损解释》第1条的规定,机动车发生交通事故造成损害,机动车所有人或者管理人有下列情形之一，人民法院应当认定其对损害的发生有过错，并适用《民法典》第1209条的规定确定其相应的赔偿责任：(1)知道或者应当知道机动车存在缺陷，且该缺陷是交通事故发生原因之一的；(2)知道或者应当知道驾驶人无驾驶资格或者未取得相应驾驶资格的；(3)知道或者应当知道驾驶人因饮酒、服用国家管制的精神药品或者麻醉药品，或者患有妨碍安全驾驶机动车的疾病等依法不能驾驶机动车的；(4)其他应当认定机动车所有人或者管理人有过错的。

第一千二百一十条 【转让并交付但未办理登记的机动车侵权责任】

当事人之间已经以买卖或者其他方式转让并交付机动车但是未办理登记，发生交通事故造成损害，属于该机动车一方责任的，由受让人承担赔偿责任。

理解适用

本条在理解和适用上需要把握以下两点：

(1)根据本法的规定，当事人之间已经以买卖、赠与等方式转让并交付机动车但未办理登记的，原机动车所有人已经不是真正的所有人，赔偿义务应当由买受人、受赠人等对机动车运行有实质影响力和支配力的机动车的实际所有人、占有人来承担。

(2)本条中的"交付"与本法物权编中的"交付"不应完全等同。物权理论中的拟制交付有简易交付、指示交付和占有改定等方式的区分，简易交付可以适用本条的规则。本条的"交付"主要是指"实际交付"。

实用问答

被多次转让但未办理登记的机动车发生交通事故的，应由谁承担赔偿责任？

答：根据《道损解释》第2条的规定，被多次转让但是未办理登记的机动车发生交通事故造成损害，属于该机动车一方责任，当事人请求由最后一次转让并交付的受让人承担赔偿责任的，人民法院应予支持。

第一千二百一十一条 【挂靠机动车侵权责任】

以挂靠形式从事道路运输经营活动的机动车,发生交通事故造成损害,属于该机动车一方责任的,由挂靠人和被挂靠人承担连带责任。

理解适用

[以挂靠形式从事运输经营活动]

以挂靠形式从事运输经营活动,是指为了交通营运的方便,将车辆登记在某个具有运输经营权资质的经营主体名下,以该主体的名义进行运营,并由挂靠者向被挂靠主体支付一定费用的形式。

以挂靠形式从事道路运输经营活动一般有三个特点:(1)四证统一。即车辆行驶证、道路运输证、驾驶证、营业性道路运输驾驶员从业资格证上记载的车主、业户、单位、服务单位均为被挂靠主体。(2)挂靠机动车向被挂靠主体交纳费用。(3)具有隐蔽性,虽然挂靠双方之间存在关于运输经营的合同或内部协议,但发生交通事故造成损害时,被侵权人无法从外观上判断挂靠机动车是否属于被挂靠主体。

第一千二百一十二条 【未经允许驾驶他人机动车侵权责任】

未经允许驾驶他人机动车,发生交通事故造成损害,属于该机动车一方责任的,由机动车使用人承担赔偿责任;机动车所有人、管理人对损害的发生有过错的,承担相应的赔偿责任,但是本章另有规定的除外。

理解适用

理解本条需要把握以下三点:(1)未经允许驾驶他人机动车,发生交通事故造成损害,属于该机动车一方责任的,由机动车使用人承担赔偿责任。(2)机动车所有人、管理人对损害的发生有过错的,承担相应的赔偿责任。此处的"对损害的发生有过错"可理解为机动车所有人、管理人没有履行一般人应有的谨慎注意义务。(3)本条规定了"但书",而且是仅限于"本章"另有规定的除外。该"但书"仅指一种情形,即本法1215条第1款中规定的"盗窃人、抢劫人或者抢夺人与机动车使用人不是同一人,发生交通事故造成损害,属于该机动车一方责任的,由盗窃人、抢劫人或者抢夺人与机动车使用人承担连带责任"。

第一千二百一十三条 【交通事故责任承担主体赔偿顺序】

机动车发生交通事故造成损害,属于该机动车一方责任的,先由承保机动车强制保险的保险人在强制保险责任限额范围内予以赔偿;不足部分,由承保机动车商业保险的保险人按照保险合同的约定予以赔偿;仍然不足或者没有投保机动车商业保险的,由侵权人赔偿。

实用问答

1. 同时投保机动车强制保险和机动车商业保险的机动车发生交通事故,如何确定赔偿责任?

答:根据《道损解释》第13条的规定,同时投保机动车第三者责任强制保险和第三者责任商业保险的机动车发生交通事故造成损害,当事人同时起诉侵权人和保险公司的,人民法院应当依照《民法典》第1213条的规定,确定赔偿责任。即先由承保机动车强制保险的保险人在强制保险责任限额范围内予以赔偿;不足部分,由承保机动车商业保险的保险人按照保险合同的约定予以赔偿;仍然不足的,由侵权人赔偿。被侵权人或者其近亲属请求承保机动车强制保险的保险公司优先赔偿精神损害的,人民法院应予支持。

2. 机动车驾驶人离开本车后,因未采取制动措施等自身过错受到本车碰撞、碾压造成损害的,应当由谁承担侵权责任?

答:根据《侵权责任编解释一》第22条的规定,机动车驾驶人离开本车后,因未采取制动措施等自身过错受到本车碰撞、碾压造成损害,机动车驾驶人请求承保本车机动车强制保险的保险人在强制保险责任限额范围内,以及承保本车机动车商业第三者责任保险的保险人按照保险合同的约定赔偿的,人民法院不予支持,但可以依据机动车车上人员责任保险的有关约定支持相应的赔偿请求。

第一千二百一十四条 【拼装车或报废车侵权责任】

以买卖或者其他方式转让拼装或者已经达到报废标准的机动车,发生交通事故造成损害的,由转让人和受让人承担连带责任。

理解适用

拼装和已经达到报废标准的机动车,由于其不能达到机动车上路行驶的安全标准,上路行驶后极易造成其他机动车、非机动车驾驶人和行人的损害。转让拼装的或者已经达到报废标准的机动车,该行为本身即具有违法性,此种机动车上路行驶又具有更大的危险性。因此,对以买卖、赠与等方式转让拼装的或者已经达到报废标准的机动车,由买卖、赠与等的转让人和受让人、赠与人和受赠人等承担连带责任。

实用问答

1. 出售已达到报废标准的机动车应如何处罚?

答:根据《道路交通安全法》第100条第3款的规定,出售已达到报废标准的机动车的,没收违法所得,处销售金额等额的罚款,对该机动车予以收缴,强制报废。

2. 被多次转让的拼装车或已达到报废标准的机动车等发生交通事故的,可否由所有转让人和受让人承担连带责任?

答:根据《道损解释》第4条的规定,拼装车、已达到报废标准的机动车或者依法禁止行驶的其他机动车被多次转让,并发生交通事故造成损害,当事人请求由所有的转让人和受让人承担连带责任的,人民法院应予支持。

第一千二百一十五条 【盗窃、抢劫或抢夺机动车侵权责任】

盗窃、抢劫或者抢夺的机动车发生交通事故造成损害的,由盗窃人、抢劫人或者抢夺人承担赔偿责任。盗窃人、抢劫人或者抢夺人与机动车使用人不是同一人,发生交通事故造成损害,属于该机动车一方责任的,由盗窃人、抢劫人或者抢夺人与机动车使用人承担连带责任。

保险人在机动车强制保险责任限额范围内垫付抢救费用的,有权向交通事故责任人追偿。

理解适用

盗窃、抢劫或者抢夺的机动车发生交通事故造成损害的,由盗窃人、抢劫人或抢夺人承担赔偿责任。本法第1212条关于未经允许驾驶他人机动车侵权责任的规定中,对"机动车所有人、管理人对损害的发生有过错的,承担相应的赔偿责任"作了"本章另有规定的除外"这一明确的排除规定,该排除规定即是指本条规定的情形。也就是说,未经允许驾驶他人机动车发生交通事故造成损害时,属于该机动车一方责任的,如果机动车所有人、管理人对损害的发生有过错,则应承担相应的赔偿责任。但是本条下的机动车所有人、管理人不承担责任。

第一千二百一十六条 【肇事后逃逸责任及受害人救济】

机动车驾驶人发生交通事故后逃逸,该机动车参加强制保险的,由保险人在机动车强制保险责任限额范围内予以赔偿;机动车不明、该机动车未参加强制保险或者抢救费用超过机动车强制保险责任限额,需要支付被侵权人人身伤亡的抢救、丧葬等费用的,由道路交通事故社会救助基金垫付。道路交通事故社会救助基金垫付后,其管理机构有权向交通事故责任人追偿。

实用问答

哪些情形下,交通事故受害人人身伤亡的丧葬费用、抢救费用,可以由救助基金先行垫付?

答: 根据《机动车交通事故责任强制保险条例》第24条的规定,国家设立道路交通事故社会救助基金。有下列情形之一时,道路交通事故中受害人人身伤亡的丧葬费用、部分或者全部抢救费用,由救助基金先行垫付,救助基金管理机构有权向道路交通事故责任人追偿:(1)抢救费用超过机动车交通事故责任强制保险责任限额的;(2)肇事机动车未参加机动车交通事故责任强制保险的;(3)机动车肇事后逃逸的。

第一千二百一十七条 【好意同乘的责任承担】

非营运机动车发生交通事故造成无偿搭乘人损害,属于该机动车一方责任的,应当减轻其赔偿责任,但是机动车使用人有故意或者重大过失的除外。

理解适用

[好意同乘]

好意同乘,主要是指非营运机动车的驾驶人基于亲情或者友情在上下班、出游途中无偿搭载自己的亲朋好友、邻居同事的情形,亦即"搭便车"。好意同乘不适用于营运机动车。但是,出租汽车在上班前或者下班后等非营运的时间,免费搭乘邻居、朋友的,应当适用本条规定,即"非营运机动车"包括"处于非营运状态的营运机动车"这一情形。

> **实用问答**

能否依据交通事故责任认定中的"全责"或"主责"认定"好意同乘"规定中的"重大过失"?[①]

答:《民法典》第1217条规定的"好意同乘"中驾驶人重大过失一般指严重违反最基本的注意义务,例如,驾驶人存在酒后驾驶、无证驾驶、行驶中闯红灯等明显违法行为情形。交通事故责任认定书中对驾驶人作出的全责或主责认定,只能作为评判的考量因素,不能仅凭此当然认定驾驶人存在重大过失。例如,驾驶人仅因通常认为的一般过失造成交通事故,但如果对方完全没有过错或者造成的是单方事故,在交通事故责任认定上仍会被评判为"全责";反之,如果一方驾驶人存在无证驾驶等重大过失,但对方驾驶人同时存在醉酒驾驶等更为严重且直接导致事故的违法行为,在事故责任认定上可能会评判对方驾驶人为主责,无证驾驶一方因此仅被评判为次责,但在侵权责任过错评价上,可以评判双方都存在重大过失。因此,不能单纯以交通事故认定书上的事故责任认定判断行为人是否构成重大过失,而应当根据驾驶人的客观行为表现及主观心理状态等全案事实作出综合判断。

第六章　医疗损害责任

第一千二百一十八条　【医疗损害责任归责原则和责任承担主体】

患者在诊疗活动中受到损害,医疗机构或者其医务人员有过错的,由医疗机构承担赔偿责任。

> **实用问答**

1. 患者主张医疗机构承担赔偿责任的,应当提交哪些证据?

答:根据《医疗损害解释》第4条第1、2款的规定,患者依据《民法典》第

[①] 参见《法答网精选答问(第五批)》,载最高人民法院官网2024年5月30日,https://www.court.gov.cn/zixun/xiangqing/433701.html。

1218条规定主张医疗机构承担赔偿责任的,应当提交到该医疗机构就诊、受到损害的证据。患者无法提交医疗机构或者其医务人员有过错、诊疗行为与损害之间具有因果关系的证据,依法提出医疗损害鉴定申请的,人民法院应予准许。

2. 对医疗机构或其医务人员过错的认定依据是什么？可综合考虑哪些因素？

答：根据《医疗损害解释》第16条的规定,对医疗机构或者其医务人员的过错,应当依据法律、行政法规、规章以及其他有关诊疗规范进行认定,可以综合考虑患者病情的紧急程度、患者个体差异、当地的医疗水平、医疗机构与医务人员资质等因素。

第一千二百一十九条 【医务人员说明义务和患者知情同意权】

医务人员在诊疗活动中应当向患者说明病情和医疗措施。需要实施手术、特殊检查、特殊治疗的,医务人员应当及时向患者具体说明医疗风险、替代医疗方案等情况,并取得其明确同意;不能或者不宜向患者说明的,应当向患者的近亲属说明,并取得其明确同意。

医务人员未尽到前款义务,造成患者损害的,医疗机构应当承担赔偿责任。

条文参见

《医疗损害解释》第5、17条

第一千二百二十条 【紧急情况下实施医疗措施】

因抢救生命垂危的患者等紧急情况,不能取得患者或者其近亲属意见的,经医疗机构负责人或者授权的负责人批准,可以立即实施相应的医疗措施。

理解适用

[不能取得患者或者其近亲属意见]

不能取得患者或者其近亲属意见,主要是指患者不能表达意志,也无近亲属陪伴,又联系不到近亲属的情况,不包括患者或者其近亲属明确表示拒绝采取医疗措施的情况。

实用问答

哪些情形可以认定为不能取得患者近亲属意见的法定情形?

答: 根据《医疗损害解释》第18条第1款的规定,因抢救生命垂危的患者等紧急情况且不能取得患者意见时,下列情形可以认定为《民法典》第1220条规定的不能取得患者近亲属意见:(1)近亲属不明的;(2)不能及时联系到近亲属的;(3)近亲属拒绝发表意见的;(4)近亲属达不成一致意见的;(5)法律、法规规定的其他情形。

第一千二百二十一条 【医务人员过错诊疗的赔偿责任】

医务人员在诊疗活动中未尽到与当时的医疗水平相应的诊疗义务,造成患者损害的,医疗机构应当承担赔偿责任。

理解适用

尽到诊疗义务的一个重要方面,是诊疗行为符合法律、行政法规、规章以及诊疗规范的有关要求。需要说明的是,医务人员的注意义务与诊疗行为合法合规并非完全等同,这是两个概念。医务人员应当具有的诊疗水平,并非完全能够被法律、行政法规、规章以及诊疗规范的有关要求所涵盖。本条规定的诊疗义务可以理解为一般情况下医务人员可以尽到的,通过谨慎的作为或者不作为避免患者受到损害的义务。出于公平合理的要求,判断是否尽到诊疗义务,应当以诊疗行为发生时的诊疗水平为参照。

第一千二百二十二条 【推定医疗机构有过错的情形】

患者在诊疗活动中受到损害,有下列情形之一的,推定医疗机构有过错:

(一)违反法律、行政法规、规章以及其他有关诊疗规范的规定;
(二)隐匿或者拒绝提供与纠纷有关的病历资料;
(三)遗失、伪造、篡改或者违法销毁病历资料。

理解适用

[病历资料]

病历资料,包括医疗机构保管的门诊病历、住院志、体温单、医嘱单、检验报告、医学影像检查资料、特殊检查(治疗)同意书、手术同意书、手术及麻醉记录、病理资料、护理记录、出院记录以及国务院卫生健康行政主管部门规定的其他病历资料。

实用问答

医生篡改病历如何处罚？

答：根据《医师法》第 24 条第 1 款、第 56 条第 3 项的规定，医师实施医疗、预防、保健措施，签署有关医学证明文件，必须亲自诊查、调查，并按照规定及时填写病历等医学文书，不得隐匿、伪造、篡改或者擅自销毁病历等医学文书及有关资料。隐匿、伪造、篡改或者擅自销毁病历等医学文书及有关资料的，由县级以上人民政府卫生健康主管部门责令改正，给予警告，没收违法所得，并处 1 万元以上 3 万元以下的罚款；情节严重的，责令暂停 6 个月以上 1 年以下执业活动直至吊销医师执业证书。

条文参见

《医疗损害解释》第 6 条

第一千二百二十三条　【药品、消毒产品、医疗器械的缺陷，或者输入不合格血液的侵权责任】

因药品、消毒产品、医疗器械的缺陷，或者输入不合格的血液造成患者损害的，患者可以向药品上市许可持有人、生产者、血液提供机构请求赔偿，也可以向医疗机构请求赔偿。患者向医疗机构请求赔偿的，医疗机构赔偿后，有权向负有责任的药品上市许可持有人、生产者、血液提供机构追偿。

条文参见

《医疗损害解释》第 7、21~23 条

第一千二百二十四条　【医疗机构免责情形】

患者在诊疗活动中受到损害，有下列情形之一的，医疗机构不承担赔偿责任：

（一）患者或者其近亲属不配合医疗机构进行符合诊疗规范的诊疗；

（二）医务人员在抢救生命垂危的患者等紧急情况下已经尽到合理诊疗义务；

（三）限于当时的医疗水平难以诊疗。

前款第一项情形中，医疗机构或者其医务人员也有过错的，应当承担相应的赔偿责任。

理解适用

[已经尽到合理诊疗义务]

根据现行的诊疗规范，紧急情况下合理的诊疗义务包括如下四个方面：(1)对患者伤病的准确诊断。(2)治疗措施的合理、适当，包括治疗措施和治疗用药的合理、适当。(3)谨慎履行说明告知义务。紧急情况下，如果事前告知不可行，那么采取紧急救治措施后仍应履行该项义务。(4)将紧急救治措施对患者造成的损害控制在合理限度之内。结合上述情况，如果医务人员已经尽到在紧急救治情况下医务人员通常应尽到的诊疗义务，即合理诊疗义务，则医疗机构不承担赔偿责任；否则，即便是为抢救生命垂危的患者，医疗机构也难以完全免除其赔偿责任。

实用问答

哪些情形不属于医疗事故？

答：根据《医疗事故处理条例》第33条的规定，有下列情形之一的，不属于医疗事故：(1)在紧急情况下为抢救垂危患者生命而采取紧急医学措施造成不良后果的；(2)在医疗活动中由于患者病情异常或者患者体质特殊而发生医疗意外的；(3)在现有医学科学技术条件下，发生无法预料或者不能防范的不良后果的；(4)无过错输血感染造成不良后果的；(5)因患方原因延误诊疗导致不良后果的；(6)因不可抗力造成不良后果的。

第一千二百二十五条 【医疗机构对病历资料的义务、患者对病历资料的权利】

医疗机构及其医务人员应当按照规定填写并妥善保管住院志、医嘱单、检验报告、手术及麻醉记录、病理资料、护理记录等病历资料。

患者要求查阅、复制前款规定的病历资料的,医疗机构应当及时提供。

实用问答

患者对病历资料享有哪些权利?医疗机构应如何配合?

答:根据《医疗纠纷预防和处理条例》第16条的规定,患者有权查阅、复制其门诊病历、住院志、体温单、医嘱单、化验单(检验报告)、医学影像检查资料、特殊检查同意书、手术同意书、手术及麻醉记录、病理资料、护理记录、医疗费用以及国务院卫生主管部门规定的其他属于病历的全部资料。患者要求复制病历资料的,医疗机构应当提供复制服务,并在复制的病历资料上加盖证明印记。复制病历资料时,应当有患者或者其近亲属在场。医疗机构应患者的要求为其复制病历资料,可以收取工本费,收费标准应当公开。患者死亡的,其近亲属可以依照规定查阅、复制病历资料。

第一千二百二十六条 【患者隐私和个人信息保护】

医疗机构及其医务人员应当对患者的隐私和个人信息保密。泄露患者的隐私和个人信息,或者未经患者同意公开其病历资料的,应当承担侵权责任。

理解适用

[医疗机构及其医务人员侵害患者隐私和个人信息的表现形式]

医疗机构及其医务人员侵犯患者隐私权和个人信息的情况可大体分为如下两种:一是泄露患者的隐私和个人信息。二是未经患者同意公开其医学文书及有关资料。

实用问答

医师泄露患者隐私或者个人信息的,如何处罚?

答:根据《医师法》第56条第1项的规定,医师在执业活动中泄露患者隐私或者个人信息的,由县级以上人民政府卫生健康主管部门责令改正,给予警告,没收违法所得,并处1万元以上3万元以下的罚款;情节严重的,责令暂停6个月以上1年以下执业活动直至吊销医师执业证书。

第一千二百二十七条 【禁止违规实施不必要的检查】

医疗机构及其医务人员不得违反诊疗规范实施不必要的检查。

理解适用

[不必要的检查]

不必要的检查,一般是指由医疗机构提供的超出患者个体和社会保健实践需求的医疗检查服务,医学伦理学界把它称为"过度检查"。不必要的检查具有以下特征:(1)超出疾病诊疗的基本需求,不符合疾病的规律与特点。(2)采用非"金标准"的诊疗手段。所谓"金标准",是指当前临床医学界公认的诊断疾病最可靠的方法。(3)费用超出对疾病基本诊疗的需求,导致无关的过度消费。

第一千二百二十八条 【维护医疗机构及其医务人员合法权益】

医疗机构及其医务人员的合法权益受法律保护。

干扰医疗秩序,妨碍医务人员工作、生活,侵害医务人员合法权益的,应当依法承担法律责任。

理解适用

需要说明的是,干扰医疗秩序,妨碍医务人员工作、生活,侵害医务人员合法权益的,不仅涉及民事赔偿责任,还涉及行政责任和刑事责任。

第七章 环境污染和生态破坏责任

第一千二百二十九条 【污染环境、破坏生态致损的侵权责任】

因污染环境、破坏生态造成他人损害的,侵权人应当承担侵权责任。

条文参见

《生态环境侵权解释》第1、2条

> **案例指引**

吕某奎等 79 人诉山海关船舶重工有限责任公司海上污染损害责任纠纷案（最高人民法院指导案例 127 号）

裁判要点：根据《海洋环境保护法》等有关规定，海洋环境污染中的"污染物"不限于国家或者地方环境标准明确列举的物质。污染者向海水水域排放未纳入国家或者地方环境标准的含有铁物质等成分的污水，造成渔业生产者养殖物损害的，污染者应当承担环境侵权责任。

> **第一千二百三十条 【环境污染、生态破坏侵权举证责任】**

因污染环境、破坏生态发生纠纷，行为人应当就法律规定的不承担责任或者减轻责任的情形及其行为与损害之间不存在因果关系承担举证责任。

> **理解适用**

[法律规定的不承担责任或者减轻责任的情形]

可能造成环境侵权的活动在广义上属于高度危险作业，适用无过错责任归责原则，每种高度危险作业的免责事由是不一样的，多数情形下不可抗力可以免责，有的情形下则不可以。环境保护单行法有规定的，首先适用单行法的规定；单行法没有规定的，适用本法总则编和侵权责任编有关免责事由的规定。

[行为人的行为与损害之间不存在因果关系]

我国对环境侵权实行因果关系的举证责任倒置，将通常应由提出事实主张的当事人所负担的举证责任分配给对方，由对方对否定该事实承担举证责任，如果对方当事人不能就此举证证明，则推定事实主张成立，其实质是免除本应由原告承担的举证责任，而由被告就待证事实的反面事实承担举证责任。

需要注意的是，在环境侵权中适用因果关系举证责任倒置，并不意味着受害人就不用负担任何举证义务。在诉讼中，受害人应当首先证明污染行为与损害结果之间存在联系，即存在因果关系的可能性和初步证据，只是这种可能性并不需要如相当因果关系理论要求的那样达到高度盖然性。

第一千二百三十一条　【两个以上侵权人的责任大小确定】

　　两个以上侵权人污染环境、破坏生态的,承担责任的大小,根据污染物的种类、浓度、排放量,破坏生态的方式、范围、程度,以及行为对损害后果所起的作用等因素确定。

条文参见

《生态环境侵权解释》第5~9条

第一千二百三十二条　【环境污染、生态破坏侵权的惩罚性赔偿】

　　侵权人违反法律规定故意污染环境、破坏生态造成严重后果的,被侵权人有权请求相应的惩罚性赔偿。

案例指引

浮梁县人民检察院诉某化工集团有限公司环境污染民事公益诉讼案
(《人民法院贯彻实施民法典典型案例(第一批)》之十一)

　　典型意义:本案是我国首例适用《民法典》惩罚性赔偿条款的环境污染民事公益诉讼案件。《民法典》侵权责任编新增规定了污染环境和破坏生态的惩罚性赔偿制度,贯彻了"绿水青山就是金山银山"的环保理念,增强了生态环境保护力度,是构建天蓝地绿水净的美好家园的法治保障。审理法院在判令被告承担生态环境修复费用、环境功能性损失等补偿性费用之外,采取"基数+倍数"的计算方式,结合具体案情决定以环境功能性损失费用为计算基数,综合考虑侵权人主观过错程度、侵权后果的严重程度、侵权人的经济能力、赔偿态度、受到行政处罚的情况等调节因素确定倍数,进而确定最终的惩罚性赔偿数额,为正确实施环境污染和生态破坏责任惩罚性赔偿制度提供了有益借鉴。

第一千二百三十三条　【因第三人的过错污染环境、破坏生态的侵权责任】

　　因第三人的过错污染环境、破坏生态的,被侵权人可以向侵权人请求赔偿,也可以向第三人请求赔偿。侵权人赔偿后,有权向第三人追偿。

理解适用

[第三人承担责任与侵权人承担责任的区别]

第三人承担责任与侵权人承担责任存在明显区别:侵权人承担的是无过错责任,被侵权人无须证明侵权人的主观过错,不存在因果关系的举证责任由侵权人承担;而第三人承担的是过错责任,需要符合一般侵权的构成要件,即不法行为、主观过错、损害后果、不法行为与损害后果之间存在因果关系,这些都需要由被侵权人承担举证责任,不适用举证责任倒置的规定。

条文参见

《生态环境侵权解释》第18~20条;《医疗损害解释》第3条

第一千二百三十四条 【生态环境修复责任】

违反国家规定造成生态环境损害,生态环境能够修复的,国家规定的机关或者法律规定的组织有权请求侵权人在合理期限内承担修复责任。侵权人在期限内未修复的,国家规定的机关或者法律规定的组织可以自行或者委托他人进行修复,所需费用由侵权人负担。

理解适用

[生态环境修复责任承担的方式]

生态环境修复责任承担主要有两种方式:(1)请求侵权人在合理期限内承担修复责任;(2)自行或者委托他人进行修复。根据本条的规定,侵权人在期限内未修复的,权利人可以自行或者委托他人履行修复义务,这实际上借鉴了执行程序中的代履行制度,所需费用由侵权人承担。从形式上看,完成生态环境修复工程的是权利人或者其委托的第三人,但修复责任仍然由侵权人承担。

实用问答

生态环境修复费用主要包括哪些?

答:根据《环境公益诉讼解释》第20条第3款的规定,生态环境修复费用包括制定、实施修复方案的费用,修复期间的监测、监管费用,以及修复完成后的验收费用、修复效果后评估费用等。

> **案例指引**
>
> **上海市奉贤区生态环境局与张某新、童某勇、王某平生态环境损害赔偿诉讼案**(《人民法院贯彻实施民法典典型案例(第二批)》之十六)
>
> **典型意义**：本案系人民法院践行习近平生态文明思想,适用《民法典》相关规定判决由国家规定的机关委托修复生态环境,所需费用由侵权人负担的典型案例。本案依法认定生态修复刻不容缓而侵权人客观上无法履行修复义务的,行政机关有权委托他人进行修复,并可根据《民法典》第1234条直接主张费用赔偿,既有力推动了生态环境修复,也为《民法典》施行前发生的环境污染纠纷案件准确适用法律提供了参考借鉴。
>
> **山东省烟台市人民检察院诉王某殿、马某凯环境民事公益诉讼案**(最高人民法院指导案例133号)
>
> **裁判要点**：污染者违反国家规定向水域排污造成生态环境损害,以被污染水域有自净功能、水质得到恢复为由主张免除或者减轻生态环境修复责任的,人民法院不予支持。

第一千二百三十五条 【生态环境损害赔偿范围】

违反国家规定造成生态环境损害的,国家规定的机关或者法律规定的组织有权请求侵权人赔偿下列损失和费用：

(一)生态环境受到损害至修复完成期间服务功能丧失导致的损失；

(二)生态环境功能永久性损害造成的损失；

(三)生态环境损害调查、鉴定评估等费用；

(四)清除污染、修复生态环境费用；

(五)防止损害的发生和扩大所支出的合理费用。

第八章 高度危险责任

第一千二百三十六条 【高度危险责任的一般规定】

从事高度危险作业造成他人损害的,应当承担侵权责任。

理解适用

[高度危险作业]

高度危险作业，既包括使用民用核设施、高速轨道运输工具的活动和高压、高空、地下挖掘活动等高度危险活动，也包括占有、使用易燃、易爆、剧毒、高放射性、强腐蚀性、高致病性等高度危险物的行为。高度危险作业是一个开放性的概念，包括一切对周围环境产生高度危险的作业形式。

第一千二百三十七条 【民用核设施或者核材料致害责任】

民用核设施或者运入运出核设施的核材料发生核事故造成他人损害的，民用核设施的营运单位应当承担侵权责任；但是，能够证明损害是因战争、武装冲突、暴乱等情形或者受害人故意造成的，不承担责任。

理解适用

[核事故]

核事故，是指核设施内的核燃料、放射性产物、放射性废物或者运入运出核设施的核材料所发生的放射性、毒害性、爆炸性或者其他危害性事故。

条文参见

《核安全法》第2条、第90条第1款、第93条

第一千二百三十八条 【民用航空器致害责任】

民用航空器造成他人损害的，民用航空器的经营者应当承担侵权责任；但是，能够证明损害是因受害人故意造成的，不承担责任。

理解适用

[民用航空器造成他人损害的情形]

民用航空器造成他人损害的，包括两种情形：一种情形是民用航空器在运输旅客、货物的过程中，对所载运的旅客、货物造成的损害；另一种情形是民用航空器对地面第三人的人身、财产造成的损害。

实用问答

航空运输中,哪些原因造成货物的毁灭、遗失或者损坏的,承运人不承担责任?

答:根据《民用航空法》第 125 条第 4 款的规定,因发生在航空运输期间的事件,造成货物毁灭、遗失或者损坏的,承运人应当承担责任;但是,承运人证明货物的毁灭、遗失或者损坏完全是由于下列原因之一造成的,不承担责任:(1)货物本身的自然属性、质量或者缺陷;(2)承运人或者其受雇人、代理人以外的人包装货物的,货物包装不良;(3)战争或者武装冲突;(4)政府有关部门实施的与货物入境、出境或者过境有关的行为。

第一千二百三十九条 【占有或使用高度危险物致害责任】

占有或者使用易燃、易爆、剧毒、高放射性、强腐蚀性、高致病性等高度危险物造成他人损害的,占有人或者使用人应当承担侵权责任;但是,能够证明损害是因受害人故意或者不可抗力造成的,不承担责任。被侵权人对损害的发生有重大过失的,可以减轻占有人或者使用人的责任。

理解适用

[占有人或者使用人承担无过错责任]

只要是易燃、易爆、剧毒、高放射性、强腐蚀性、高致病性等高度危险物造成他人人身、财产损害的,占有人或者使用人就应当承担侵权责任。这里的"侵权责任"并不限于赔偿损失,而应当包括在事故发生后,占有人或者使用人迅速采取有效措施,如组织抢救、防止事故扩大、减少人员伤亡和财产损失的责任等。

第一千二百四十条 【从事高空、高压、地下挖掘活动或者使用高速轨道运输工具致害责任】

从事高空、高压、地下挖掘活动或者使用高速轨道运输工具造成他人损害的,经营者应当承担侵权责任;但是,能够证明损害是因受害人故意或者不可抗力造成的,不承担责任。被侵权人对损害的发生有重大过失的,可以减轻经营者的责任。

理解适用

[高空作业]

高空作业,也称高处作业,根据《高处作业分级》国家标准,在可能坠落的高处进行施工作业,当坠落高度距离基准面在2米或2米以上时可称为高处作业。

第一千二百四十一条 【遗失、抛弃高度危险物致害责任】

遗失、抛弃高度危险物造成他人损害的,由所有人承担侵权责任。所有人将高度危险物交由他人管理的,由管理人承担侵权责任;所有人有过错的,与管理人承担连带责任。

理解适用

[遗失]

遗失,是指所有人或管理人非基于主观意思丧失对高度危险物的占有,高度危险物处于无人占有管理的无主状态。

[抛弃]

抛弃,是指所有人或管理人基于主观意思抛弃高度危险物,放弃对高度危险物的占有。

第一千二百四十二条 【非法占有高度危险物致害责任】

非法占有高度危险物造成他人损害的,由非法占有人承担侵权责任。所有人、管理人不能证明对防止非法占有尽到高度注意义务的,与非法占有人承担连带责任。

第一千二百四十三条 【高度危险场所安全保障责任】

未经许可进入高度危险活动区域或者高度危险物存放区域受到损害,管理人能够证明已经采取足够安全措施并尽到充分警示义务的,可以减轻或者不承担责任。

实用问答

铁路运输企业已履行安全警示义务，受害人依然强行通过铁路平交道口造成人身损害的，铁路运输企业是否承担赔偿责任？

答：根据《铁路人损解释》第6条第2款的规定，铁路运输企业已充分履行安全防护、警示等义务，受害人不听从值守人员劝阻强行通过铁路平交道口、人行过道，或者明知危险后果仍然无视警示规定沿铁路线路纵向行走、坐卧故意造成人身损害的，铁路运输企业不承担赔偿责任，但是有证据证明并非受害人故意造成损害的除外。

第一千二百四十四条 【高度危险责任赔偿限额】

承担高度危险责任，法律规定赔偿限额的，依照其规定，但是行为人有故意或者重大过失的除外。

实用问答

1. 国内航空运输承运人的赔偿责任限额如何规定？

答：根据《国内航空运输承运人赔偿责任限额规定》第3条的规定，除《民用航空法》另有规定的外，国内航空运输承运人应当在下列规定的赔偿责任限额内按照实际损害承担赔偿责任：(1)对每名旅客的赔偿责任限额为人民币40万元；(2)对每名旅客随身携带物品的赔偿责任限额为人民币3000元；(3)对旅客托运的行李和对运输的货物的赔偿责任限额，为每公斤人民币100元。

2. 国际航空运输承运人的赔偿责任限额如何规定？

答：根据《民用航空法》第129条的规定，国际航空运输承运人的赔偿责任限额按照下列规定执行：(1)对每名旅客的赔偿责任限额为16600计算单位；但是，旅客可以同承运人书面约定高于本项规定的赔偿责任限额。(2)对托运行李或者货物的赔偿责任限额，每公斤为17计算单位。旅客或者托运人在交运托运行李或者货物时，特别声明在目的地点交付时的利益，并在必要时支付附加费的，除承运人证明旅客或者托运人声明的金额高于托运行李或者货物在目的地点交付时的实际利益外，承运人应当在声明金额范围内承担责任。托运行李或者货物的一部分或者托运行李、货物中的任何物件毁灭、遗失、损坏或者延误的，用以确定承运人赔偿责任限额的重量，仅为该一包件或者数包件的总重量;但是,因托运行李或者货物的一部分或者托运行李、货物中的任何物件的毁灭、遗失、损坏或者延误,影响同一份行李票或者同一份航空货运单所列其他包件的价值的,确定承运人的赔偿责任限额时,此种包件的总重量也应当考虑在内。(3)对每名旅客随身携带的物品的赔偿责任限额为332计算单位。

第九章　饲养动物损害责任

第一千二百四十五条　【饲养动物致害责任的一般规定】

饲养的动物造成他人损害的,动物饲养人或者管理人应当承担侵权责任;但是,能够证明损害是因被侵权人故意或者重大过失造成的,可以不承担或者减轻责任。

理解适用

[动物致人损害的构成要件]

动物致人损害的构成要件包括:(1)饲养的动物;(2)动物的加害行为;(3)造成他人损害的事实;(4)动物加害行为与损害之间的因果关系。一旦造成损害,动物的饲养人或者管理人就应承担民事责任,除具有法定的抗辩事由外,不能免责。

第一千二百四十六条　【违反规定未对动物采取安全措施致害责任】

违反管理规定,未对动物采取安全措施造成他人损害的,动物饲养人或者管理人应当承担侵权责任;但是,能够证明损害是因被侵权人故意造成的,可以减轻责任。

实用问答

人工繁育的野生动物造成他人损害的,由谁承担法律责任?

答:根据《野生动物保护法》第27条的规定,人工繁育野生动物应当采取安全措施,防止野生动物伤人和逃逸。人工繁育的野生动物造成他人损害、危害公共安全或者破坏生态的,饲养人、管理人等应当依法承担法律责任。

第一千二百四十七条 【禁止饲养的危险动物致害责任】

禁止饲养的烈性犬等危险动物造成他人损害的,动物饲养人或者管理人应当承担侵权责任。

实用问答

禁止饲养的烈性犬致人损害,动物饲养人或者管理人是否可以主张不承担责任或者减轻责任?

答:根据《侵权责任编解释一》第23条的规定,禁止饲养的烈性犬等危险动物造成他人损害,动物饲养人或者管理人主张不承担责任或者减轻责任的,人民法院不予支持。

案例指引

徐某某诉刘某某饲养动物损害责任纠纷案(《最高人民法院发布饲养动物损害责任典型案例》之一)

典型意义: 禁止饲养的烈性犬、大型犬造成他人损害与一般犬只造成他人损害在适用法律、举证责任分配上均不同。禁止饲养的烈性犬等危险动物造成他人损害的,饲养人、管理人承担非常严格的无过错责任,其没有任何的免责事由可以援引,显然其承担着更重的法律责任。本案明确认定禁止饲养的大型犬饲养人就被侵权人支出的合理费用承担全部赔偿责任,就是落实危险动物饲养人的法律责任和社会责任,引导饲养人、管理人遵守法律法规,牢固树立文明养犬、依规养犬观念。本案裁判结果对营造安全舒适的居住环境,建设和谐文明城市具有积极的促进作用。

第一千二百四十八条 【动物园的动物致害责任】

动物园的动物造成他人损害的,动物园应当承担侵权责任;但是,能够证明尽到管理职责的,不承担侵权责任。

条文参见

《城市动物园管理规定》第17、21条;《野生动物保护法》第14、19条

第一千二百四十九条 【遗弃、逃逸的动物致害责任】

遗弃、逃逸的动物在遗弃、逃逸期间造成他人损害的,由动物原饲养人或者管理人承担侵权责任。

第一千二百五十条 【因第三人的过错致使动物致害责任】

因第三人的过错致使动物造成他人损害的,被侵权人可以向动物饲养人或者管理人请求赔偿,也可以向第三人请求赔偿。动物饲养人或者管理人赔偿后,有权向第三人追偿。

理解适用

[第三人的过错]

第三人的过错,是指被侵权人和动物饲养人或者管理人以外的人对动物造成损害有过错。本条赋予了被侵权人选择权。因第三人的过错致使动物造成被侵权人损害的,被侵权人既可以请求第三人承担赔偿责任,也可以请求动物饲养人或者管理人承担赔偿责任。同时,本条还赋予了动物饲养人或者管理人追偿权。动物饲养人或者管理人对被侵权人赔偿后,有权向第三人追偿。

第一千二百五十一条 【饲养动物应履行的义务】

饲养动物应当遵守法律法规,尊重社会公德,不得妨碍他人生活。

第十章 建筑物和物件损害责任

第一千二百五十二条 【建筑物、构筑物或者其他设施倒塌、塌陷致害责任】

建筑物、构筑物或者其他设施倒塌、塌陷造成他人损害的,由建设单位与施工单位承担连带责任,但是建设单位与施工单位能够证明不存在质量缺陷的除外。建设单位、施工单位赔偿后,有其他责任人的,有权向其他责任人追偿。

因所有人、管理人、使用人或者第三人的原因,建筑物、构筑物或者其他设施倒塌、塌陷造成他人损害的,由所有人、管理人、使用人或者第三人承担侵权责任。

理解适用

[倒塌、塌陷]

倒塌、塌陷,是指建筑物、构筑物或者其他设施坍塌、倒覆,造成该建筑物、构筑物或者其他设施丧失基本使用功能。

实用问答

建筑设计单位不按照建筑工程质量、安全标准进行设计的,如何处罚?

答:根据《建筑法》第73条的规定,建筑设计单位不按照建筑工程质量、安全标准进行设计的,责令改正,处以罚款;造成工程质量事故的,责令停业整顿,降低资质等级或者吊销资质证书,没收违法所得,并处罚款;造成损失的,承担赔偿责任;构成犯罪的,依法追究刑事责任。

第一千二百五十三条 【建筑物、构筑物或者其他设施及其搁置物、悬挂物脱落、坠落致害责任】

建筑物、构筑物或者其他设施及其搁置物、悬挂物发生脱落、坠落造成他人损害,所有人、管理人或者使用人不能证明自己没有过错的,应当承担侵权责任。所有人、管理人或者使用人赔偿后,有其他责任人的,有权向其他责任人追偿。

理解适用

[使用人]

使用人,是指因租赁、借用或者其他情形使用建筑物等设施的人。一般来讲,使用人承担责任有两种情形:第一,使用人依法对其使用的建筑物、构筑物或者其他设施负有管理、维护的义务时,因其管理、维护不当造成他人损害。第二,使用人对建筑物、构筑物或者其他设施的搁置物、悬挂物管理、维护不当,造成他人损害。

第一千二百五十四条 【从建筑物中抛掷物、坠落物致害责任】

禁止从建筑物中抛掷物品。从建筑物中抛掷物品或者从建筑物上坠落的物品造成他人损害的,由侵权人依法承担侵权责任;经调查难以确定具体侵权人的,除能够证明自己不是侵权人的外,由可能加害的建筑物使用人给予补偿。可能加害的建筑物使用人补偿后,有权向侵权人追偿。

物业服务企业等建筑物管理人应当采取必要的安全保障措施防止前款规定情形的发生;未采取必要的安全保障措施的,应当依法承担未履行安全保障义务的侵权责任。

发生本条第一款规定的情形的,公安等机关应当依法及时调查,查清责任人。

理解适用

[可能加害的建筑物使用人]

在建筑物使用人是多人的情况下,从建筑物中抛掷物品或者从建筑物上坠落的物品造成他人损害,经调查难以确定具体侵权人的,要从这些使用人中确定可能的侵权人。如果根据社会生活实践经验、科学手段、监控手段、侦查措施等方法,可以推测认为抛掷物、坠落物有可能是从某人使用的建筑物中抛掷或坠落的,则该使用人就是本条所说的"可能加害的建筑物使用人"。当然,这种可能性必须在一定的合理范围内。

实用问答

无法确定高空抛掷物、坠落物致害的具体侵权人的,由谁承担侵权责任?相关责任主体承担责任后是否有权向将来确定的具体侵权人追偿?

答:根据《侵权责任编解释一》第25条的规定,物业服务企业等建筑物管理人未采取必要的安全保障措施防止从建筑物中抛掷物品或者从建筑物上坠落的物品造成他人损害,经公安等机关调查,在民事案件一审法庭辩论终结前仍难以确定具体侵权人的,未采取必要安全保障措施的物业服务企业等建筑物管理人承担与其过错相应的责任。被侵权人其余部分的损害,由可能加害的建筑物使用人给予适当补偿。具体侵权人确定后,已经承担责任的物业服务企业等建筑物管理人、可能加害的建筑物使用人向具体侵权人追偿的,人民法院依照《民法典》第1198条第2款、第1254条第1款的规定予以支持。

> **案例指引**

庚某娴诉黄某辉高空抛物损害责任纠纷案(《人民法院贯彻实施民法典典型案例(第一批)》之十三)

典型意义:本案是人民法院首次适用《民法典》第1254条判决高空抛物者承担赔偿责任,切实维护人民群众"头顶上的安全"的典型案例。《民法典》侵权责任编明确禁止从建筑物中抛掷物品,进一步完善了高空抛物的治理规则。本案依法判决高空抛物者承担赔偿责任,有利于通过公正裁判树立行为规则,进一步强化高空抛物、坠物行为预防和惩治工作,也有利于更好地保障居民合法权益,切实增强人民群众的幸福感、安全感。

第一千二百五十五条 【堆放物倒塌、滚落或者滑落致害责任】

堆放物倒塌、滚落或者滑落造成他人损害,堆放人不能证明自己没有过错的,应当承担侵权责任。

> **理解适用**

[堆放物]

堆放物,是指某一种或者几种相同或不同物品成堆的放置一处,在物理形态上形成的一个新的共同体。

第一千二百五十六条 【在公共道路上堆放、倾倒、遗撒妨碍通行的物品致害责任】

在公共道路上堆放、倾倒、遗撒妨碍通行的物品造成他人损害的,由行为人承担侵权责任。公共道路管理人不能证明已经尽到清理、防护、警示等义务的,应当承担相应的责任。

第一千二百五十七条 【林木折断、倾倒或者果实坠落等致人损害的侵权责任】

因林木折断、倾倒或者果实坠落等造成他人损害,林木的所有人或者管理人不能证明自己没有过错的,应当承担侵权责任。

> **理解适用**

需要说明的是,很多时候,林木的折断表面上是由于自然原因或者第三人等原因造成的,但实质上与所有人或者管理人的过错有关。因此,所有人或者管理人不能证明自己没有过错的,仍然要承担侵权责任。如果林木的折断完全是因自然原因、第三人或者受害人的过错造成,则林木的所有人或者管理人能够证明自己没有过错的,不承担侵权责任。

第一千二百五十八条 【公共场所或者道路上施工致害责任和窨井等地下设施致害责任】

在公共场所或者道路上挖掘、修缮安装地下设施等造成他人损害,施工人不能证明已经设置明显标志和采取安全措施的,应当承担侵权责任。

窨井等地下设施造成他人损害,管理人不能证明尽到管理职责的,应当承担侵权责任。

> **理解适用**

施工作业单位在施工时如何采取防范措施保障交通安全?

答:根据《道路交通安全法》第32条的规定,因工程建设需要占用、挖掘道路,或者跨越、穿越道路架设、增设管线设施,应当事先征得道路主管部门的同意;影响交通安全的,还应当征得公安机关交通管理部门的同意。施工作业单位应当在经批准的路段和时间内施工作业,并在距离施工作业地点来车方向安全距离处设置明显的安全警示标志,采取防护措施;施工作业完毕,应当迅速清除道路上的障碍物,消除安全隐患,经道路主管部门和公安机关交通管理部门验收合格,符合通行要求后,方可恢复通行。对未中断交通的施工作业道路,公安机关交通管理部门应当加强交通安全监督检查,维护道路交通秩序。

> **条文参见**

《公路法》第32条;《城市道路管理条例》第24、35条

附　则

第一千二百五十九条 【法律术语含义】

民法所称的"以上"、"以下"、"以内"、"届满",包括本数;所称的"不满"、"超过"、"以外",不包括本数。

理解适用

如何理解民法所称的"以上""以下""以内""届满""不满""超过""以外"?

答:在汉语词义的解释中,"以上"指的是位置或者数目等在某一点之上;"以下"指的是位置或者数目不高于某一点;"以内"指的是介于一定的时间、数量、范围之中;"届满"指的是规定的期限已满、到期。"不满"指的是不充满,量不足;"超过"指的是高出、超出;"以外"指的是一定的限制、界限或者范围之外。从上面的基本含义可以得知,"以上""以下""以内""届满",应当包括本数;"不满""超过""以外",不包括本数。

第一千二百六十条 【施行日期及旧法废止】

本法自 2021 年 1 月 1 日起施行。《中华人民共和国婚姻法》、《中华人民共和国继承法》、《中华人民共和国民法通则》、《中华人民共和国收养法》、《中华人民共和国担保法》、《中华人民共和国合同法》、《中华人民共和国物权法》、《中华人民共和国侵权责任法》、《中华人民共和国民法总则》同时废止。

附录一　配套核心法规

最高人民法院关于适用《中华人民共和国民法典》时间效力的若干规定

（2020年12月14日最高人民法院审判委员会第1821次会议通过　2020年12月29日公布　法释〔2020〕15号　自2021年1月1日起施行）

根据《中华人民共和国立法法》《中华人民共和国民法典》等法律规定，就人民法院在审理民事纠纷案件中有关适用民法典时间效力问题作出如下规定。

一、一般规定

第一条　民法典施行后的法律事实引起的民事纠纷案件，适用民法典的规定。

民法典施行前的法律事实引起的民事纠纷案件，适用当时的法律、司法解释的规定，但是法律、司法解释另有规定的除外。

民法典施行前的法律事实持续至民法典施行后，该法律事实引起的民事纠纷案件，适用民法典的规定，但是法律、司法解释另有规定的除外。

第二条　民法典施行前的法律事实引起的民事纠纷案件，当时的法律、司法解释有规定，适用当时的法律、司法解释的规定，但是适用民法典的规定更有利于保护民事主体合法权益，更有利于维护社会和经济秩序，更有利于弘扬社会主义核心价值观的除外。

第三条　民法典施行前的法律事实引起的民事纠纷案件，当时的法律、司法解释没有规定而民法典有规定的，可以适用民法典的规定，但是明显减损当事人合法权益、增加当事人法定义务或者背离当事人合理预期的除外。

第四条　民法典施行前的法律事实引起的民事纠纷案件，当时的法律、司法解释仅有原则性规定而民法典有具体规定的，适用当时的法律、司法解释的规定,但是可以依据民法典具体规定进行裁判说理。

第五条 民法典施行前已经终审的案件,当事人申请再审或者按照审判监督程序决定再审的,不适用民法典的规定。

二、溯及适用的具体规定

第六条 《中华人民共和国民法总则》施行前,侵害英雄烈士等的姓名、肖像、名誉、荣誉,损害社会公共利益引起的民事纠纷案件,适用民法典第一百八十五条的规定。

第七条 民法典施行前,当事人在债务履行期限届满前约定债务人不履行到期债务时抵押财产或者质押财产归债权人所有的,适用民法典第四百零一条和第四百二十八条的规定。

第八条 民法典施行前成立的合同,适用当时的法律、司法解释的规定合同无效而适用民法典的规定合同有效的,适用民法典的相关规定。

第九条 民法典施行前订立的合同,提供格式条款一方未履行提示或者说明义务,涉及格式条款效力认定的,适用民法典第四百九十六条的规定。

第十条 民法典施行前,当事人一方未通知对方而直接以提起诉讼方式依法主张解除合同的,适用民法典第五百六十五条第二款的规定。

第十一条 民法典施行前成立的合同,当事人一方不履行非金钱债务或者履行非金钱债务不符合约定,对方可以请求履行,但是有民法典第五百八十条第一款第一项、第二项、第三项除外情形之一,致使不能实现合同目的,当事人请求终止合同权利义务关系的,适用民法典第五百八十条第二款的规定。

第十二条 民法典施行前订立的保理合同发生争议的,适用民法典第三编第十六章的规定。

第十三条 民法典施行前,继承人有民法典第一千一百二十五条第一款第四项和第五项规定行为之一,对该继承人是否丧失继承权发生争议的,适用民法典第一千一百二十五条第一款和第二款的规定。

民法典施行前,受遗赠人有民法典第一千一百二十五条第一款规定行为之一,对受遗赠人是否丧失受遗赠权发生争议的,适用民法典第一千一百二十五条第一款和第三款的规定。

第十四条 被继承人在民法典施行前死亡,遗产无人继承又无人受遗赠,其兄弟姐妹的子女请求代位继承的,适用民法典第一千一百二十八条第二款和第三款的规定,但是遗产已经在民法典施行前处理完毕的除外。

第十五条 民法典施行前,遗嘱人以打印方式立的遗嘱,当事人对该遗嘱效力发生争议的,适用民法典第一千一百三十六条的规定,但是遗产已经在民法典施行前处理完毕的除外。

第十六条　民法典施行前,受害人自愿参加具有一定风险的文体活动受到损害引起的民事纠纷案件,适用民法典第一千一百七十六条的规定。

第十七条　民法典施行前,受害人为保护自己合法权益采取扣留侵权人的财物等措施引起的民事纠纷案件,适用民法典第一千一百七十七条的规定。

第十八条　民法典施行前,因非营运机动车发生交通事故造成无偿搭乘人损害引起的民事纠纷案件,适用民法典第一千二百一十七条的规定。

第十九条　民法典施行前,从建筑物中抛掷物品或者从建筑物上坠落的物品造成他人损害引起的民事纠纷案件,适用民法典第一千二百五十四条的规定。

三、衔接适用的具体规定

第二十条　民法典施行前成立的合同,依照法律规定或者当事人约定该合同的履行持续至民法典施行后,因民法典施行前履行合同发生争议的,适用当时的法律、司法解释的规定;因民法典施行后履行合同发生争议的,适用民法典第三编第四章和第五章的相关规定。

第二十一条　民法典施行前租赁期限届满,当事人主张适用民法典第七百三十四条第二款规定的,人民法院不予支持;租赁期限在民法典施行后届满,当事人主张适用民法典第七百三十四条第二款规定的,人民法院依法予以支持。

第二十二条　民法典施行前,经人民法院判决不准离婚后,双方又分居满一年,一方再次提起离婚诉讼的,适用民法典第一千零七十九条第五款的规定。

第二十三条　被继承人在民法典施行前立有公证遗嘱,民法典施行后又立有新遗嘱,其死亡后,因该数份遗嘱内容相抵触发生争议的,适用民法典第一千一百四十二条第三款的规定。

第二十四条　侵权行为发生在民法典施行前,但是损害后果出现在民法典施行后的民事纠纷案件,适用民法典的规定。

第二十五条　民法典施行前成立的合同,当时的法律、司法解释没有规定且当事人没有约定解除权行使期限,对方当事人也未催告的,解除权人在民法典施行前知道或者应当知道解除事由,自民法典施行之日起一年内不行使的,人民法院应当依法认定该解除权消灭;解除权人在民法典施行后知道或者应当知道解除事由的,适用民法典第五百六十四条第二款关于解除权行使期限的规定。

第二十六条 当事人以民法典施行前受胁迫结婚为由请求人民法院撤销婚姻的,撤销权的行使期限适用民法典第一千零五十二条第二款的规定。

第二十七条 民法典施行前成立的保证合同,当事人对保证期间约定不明确,主债务履行期限届满至民法典施行之日不满二年,当事人主张保证期间为主债务履行期限届满之日起二年的,人民法院依法予以支持;当事人对保证期间没有约定,主债务履行期限届满至民法典施行之日不满六个月,当事人主张保证期间为主债务履行期限届满之日起六个月的,人民法院依法予以支持。

四、附 则

第二十八条 本规定自2021年1月1日起施行。

本规定施行后,人民法院尚未审结的一审、二审案件适用本规定。

最高人民法院关于适用《中华人民共和国民法典》总则编若干问题的解释

(2021年12月30日最高人民法院审判委员会第1861次会议通过 2022年2月24日公布 法释〔2022〕6号 自2022年3月1日起施行)

为正确审理民事案件,依法保护民事主体的合法权益,维护社会和经济秩序,根据《中华人民共和国民法典》《中华人民共和国民事诉讼法》等相关法律规定,结合审判实践,制定本解释。

一、一 般 规 定

第一条 民法典第二编至第七编对民事关系有规定的,人民法院直接适用该规定;民法典第二编至第七编没有规定的,适用民法典第一编的规定,但是根据其性质不能适用的除外。

就同一民事关系,其他民事法律的规定属于对民法典相应规定的细化的,应当适用该民事法律的规定。民法典规定适用其他法律的,适用该法律的规定。

民法典及其他法律对民事关系没有具体规定的,可以遵循民法典关于基本原则的规定。

第二条 在一定地域、行业范围内长期为一般人从事民事活动时普遍遵守的民间习俗、惯常做法等,可以认定为民法典第十条规定的习惯。

当事人主张适用习惯的,应当就习惯及其具体内容提供相应证据;必要时,人民法院可以依职权查明。

适用习惯,不得违背社会主义核心价值观,不得违背公序良俗。

第三条 对于民法典第一百三十二条所称的滥用民事权利,人民法院可以根据权利行使的对象、目的、时间、方式、造成当事人之间利益失衡的程度等因素作出认定。

行为人以损害国家利益、社会公共利益、他人合法权益为主要目的行使民事权利的,人民法院应当认定构成滥用民事权利。

构成滥用民事权利的,人民法院应当认定该滥用行为不发生相应的法律效力。滥用民事权利造成损害的,依照民法典第七编等有关规定处理。

二、民事权利能力和民事行为能力

第四条 涉及遗产继承、接受赠与等胎儿利益保护,父母在胎儿娩出前作为法定代理人主张相应权利的,人民法院依法予以支持。

第五条 限制民事行为能力人实施的民事法律行为是否与其年龄、智力、精神健康状况相适应,人民法院可以从行为与本人生活相关联的程度,本人的智力、精神健康状况能否理解其行为并预见相应的后果,以及标的、数量、价款或者报酬等方面认定。

三、监　　护

第六条 人民法院认定自然人的监护能力,应当根据其年龄、身心健康状况、经济条件等因素确定;认定有关组织的监护能力,应当根据其资质、信用、财产状况等因素确定。

第七条 担任监护人的被监护人父母通过遗嘱指定监护人,遗嘱生效时被指定的人不同意担任监护人的,人民法院应当适用民法典第二十七条、第二十八条的规定确定监护人。

未成年人由父母担任监护人,父母中的一方通过遗嘱指定监护人,另一方在遗嘱生效时有监护能力,有关当事人对监护人的确定有争议的,人民法院应当适用民法典第二十七条第一款的规定确定监护人。

第八条　未成年人的父母与其他依法具有监护资格的人订立协议,约定免除具有监护能力的父母的监护职责的,人民法院不予支持。协议约定在未成年人的父母丧失监护能力时由该具有监护资格的人担任监护人的,人民法院依法予以支持。

依法具有监护资格的人之间依据民法典第三十条的规定,约定由民法典第二十七条第二款、第二十八条规定的不同顺序的人共同担任监护人,或者由顺序在后的人担任监护人的,人民法院依法予以支持。

第九条　人民法院依据民法典第三十一条第二款、第三十六条第一款的规定指定监护人时,应当尊重被监护人的真实意愿,按照最有利于被监护人的原则指定,具体参考以下因素:

(一)与被监护人生活、情感联系的密切程度;
(二)依法具有监护资格的人的监护顺序;
(三)是否有不利于履行监护职责的违法犯罪等情形;
(四)依法具有监护资格的人的监护能力、意愿、品行等。

人民法院依法指定的监护人一般应当是一人,由数人共同担任监护人更有利于保护被监护人利益的,也可以是数人。

第十条　有关当事人不服居民委员会、村民委员会或者民政部门的指定,在接到指定通知之日起三十日内向人民法院申请指定监护人的,人民法院经审理认为指定并无不当,依法裁定驳回申请;认为指定不当,依法判决撤销指定并另行指定监护人。

有关当事人在接到指定通知之日起三十日后提出申请的,人民法院应当按照变更监护关系处理。

第十一条　具有完全民事行为能力的成年人与他人依据民法典第三十三条的规定订立书面协议事先确定自己的监护人后,协议的任何一方在该成年人丧失或者部分丧失民事行为能力前请求解除协议的,人民法院依法予以支持。该成年人丧失或者部分丧失民事行为能力后,协议确定的监护人无正当理由请求解除协议的,人民法院不予支持。

该成年人丧失或者部分丧失民事行为能力后,协议确定的监护人有民法典第三十六条第一款规定的情形之一,该条第二款规定的有关个人、组织申请撤销其监护人资格的,人民法院依法予以支持。

第十二条　监护人、其他依法具有监护资格的人之间就监护人是否有民法典第三十九条第一款第二项、第四项规定的应当终止监护关系的情形发生争议,申请变更监护人的,人民法院应当依法受理。经审理认为理由成立的,人民法院依法予以支持。

被依法指定的监护人与其他具有监护资格的人之间协议变更监护人的,人民法院应当尊重被监护人的真实意愿,按照最有利于被监护人的原则作出裁判。

第十三条 监护人因患病、外出务工等原因在一定期限内不能完全履行监护职责,将全部或者部分监护职责委托给他人,当事人主张受托人因此成为监护人的,人民法院不予支持。

四、宣告失踪和宣告死亡

第十四条 人民法院审理宣告失踪案件时,下列人员应当认定为民法典第四十条规定的利害关系人:

(一)被申请人的近亲属;

(二)依据民法典第一千一百二十八条、第一千一百二十九条规定对被申请人有继承权的亲属;

(三)债权人、债务人、合伙人等与被申请人有民事权利义务关系的民事主体,但是不申请宣告失踪不影响其权利行使、义务履行的除外。

第十五条 失踪人的财产代管人向失踪人的债务人请求偿还债务的,人民法院应当将财产代管人列为原告。

债权人提起诉讼,请求失踪人的财产代管人支付失踪人所欠的债务和其他费用的,人民法院应当将财产代管人列为被告。经审理认为债权人的诉讼请求成立的,人民法院应当判决财产代管人从失踪人的财产中支付失踪人所欠的债务和其他费用。

第十六条 人民法院审理宣告死亡案件时,被申请人的配偶、父母、子女,以及依据民法典第一千一百二十九条规定对被申请人有继承权的亲属应当认定为民法典第四十六条规定的利害关系人。

符合下列情形之一的,被申请人的其他近亲属,以及依据民法典第一千一百二十八条规定对被申请人有继承权的亲属应当认定为民法典第四十六条规定的利害关系人:

(一)被申请人的配偶、父母、子女均已死亡或者下落不明的;

(二)不申请宣告死亡不能保护其相应合法权益的。

被申请人的债权人、债务人、合伙人等民事主体不能认定为民法典第四十六条规定的利害关系人,但是不申请宣告死亡不能保护其相应合法权益的除外。

第十七条 自然人在战争期间下落不明的,利害关系人申请宣告死亡的期间适用民法典第四十六条第一款第一项的规定,自战争结束之日或者有关机关确定的下落不明之日起计算。

五、民事法律行为

第十八条 当事人未采用书面形式或者口头形式,但是实施的行为本身表明已经作出相应意思表示,并符合民事法律行为成立条件的,人民法院可以认定为民法典第一百三十五条规定的采用其他形式实施的民事法律行为。

第十九条 行为人对行为的性质、对方当事人或者标的物的品种、质量、规格、价格、数量等产生错误认识,按照通常理解如果不发生该错误认识行为人就不会作出相应意思表示的,人民法院可以认定为民法典第一百四十七条规定的重大误解。

行为人能够证明自己实施民事法律行为时存在重大误解,并请求撤销该民事法律行为的,人民法院依法予以支持;但是,根据交易习惯等认定行为人无权请求撤销的除外。

第二十条 行为人以其意思表示存在第三人转达错误为由请求撤销民事法律行为的,适用本解释第十九条的规定。

第二十一条 故意告知虚假情况,或者负有告知义务的人故意隐瞒真实情况,致使当事人基于错误认识作出意思表示的,人民法院可以认定为民法典第一百四十八条、第一百四十九条规定的欺诈。

第二十二条 以给自然人及其近亲属等的人身权利、财产权利以及其他合法权益造成损害或者以给法人、非法人组织的名誉、荣誉、财产权益等造成损害为要挟,迫使其基于恐惧心理作出意思表示的,人民法院可以认定为民法典第一百五十条规定的胁迫。

第二十三条 民事法律行为不成立,当事人请求返还财产、折价补偿或者赔偿损失的,参照适用民法典第一百五十七条的规定。

第二十四条 民事法律行为所附条件不可能发生,当事人约定为生效条件的,人民法院应当认定民事法律行为不发生效力;当事人约定为解除条件的,应当认定未附条件,民事法律行为是否失效,依照民法典和相关法律、行政法规的规定认定。

六、代　　理

第二十五条 数个委托代理人共同行使代理权,其中一人或者数人未与其他委托代理人协商,擅自行使代理权的,依据民法典第一百七十一条、第一百七十二条等规定处理。

第二十六条 由于急病、通讯联络中断、疫情防控等特殊原因,委托代理人自己不能办理代理事项,又不能与被代理人及时取得联系,如不及时转委托第三人代理,会给被代理人的利益造成损失或者扩大损失的,人民法院应当认定为民法典第一百六十九条规定的紧急情况。

第二十七条 无权代理行为未被追认,相对人请求行为人履行债务或者赔偿损失的,由行为人就相对人知道或者应当知道行为人无权代理承担举证责任。行为人不能证明的,人民法院依法支持相对人的相应诉讼请求;行为人能够证明的,人民法院应当按照各自的过错认定行为人与相对人的责任。

第二十八条 同时符合下列条件的,人民法院可以认定为民法典第一百七十二条规定的相对人有理由相信行为人有代理权:

(一)存在代理权的外观;

(二)相对人不知道行为人行为时没有代理权,且无过失。

因是否构成表见代理发生争议的,相对人应当就无权代理符合前款第一项规定的条件承担举证责任;被代理人应当就相对人不符合前款第二项规定的条件承担举证责任。

第二十九条 法定代理人、被代理人依据民法典第一百四十五条、第一百七十一条的规定向相对人作出追认的意思表示的,人民法院应当依据民法典第一百三十七条的规定确认其追认意思表示的生效时间。

七、民 事 责 任

第三十条 为了使国家利益、社会公共利益、本人或者他人的人身权利、财产权利以及其他合法权益免受正在进行的不法侵害,而针对实施侵害行为的人采取的制止不法侵害的行为,应当认定为民法典第一百八十一条规定的正当防卫。

第三十一条 对于正当防卫是否超过必要的限度,人民法院应当综合不法侵害的性质、手段、强度、危害程度和防卫的时机、手段、强度、损害后果等因素判断。

经审理,正当防卫没有超过必要限度的,人民法院应当认定正当防卫人不承担责任。正当防卫超过必要限度的,人民法院应当认定正当防卫人在造成不应有的损害范围内承担部分责任;实施侵害行为的人请求正当防卫人承担全部责任的,人民法院不予支持。

实施侵害行为的人不能证明防卫行为造成不应有的损害,仅以正当防卫人采取的反击方式和强度与不法侵害不相当为由主张防卫过当的,人民法院不予支持。

第三十二条 为了使国家利益、社会公共利益、本人或者他人的人身权利、财产权利以及其他合法权益免受正在发生的急迫危险,不得已而采取紧急措施的,应当认定为民法典第一百八十二条规定的紧急避险。

第三十三条 对于紧急避险是否采取措施不当或者超过必要的限度,人民法院应当综合危险的性质、急迫程度、避险行为所保护的权益以及造成的损害后果等因素判断。

经审理,紧急避险采取措施并无不当且没有超过必要限度的,人民法院应当认定紧急避险人不承担责任。紧急避险采取措施不当或者超过必要限度的,人民法院应当根据紧急避险人的过错程度、避险措施造成不应有的损害的原因力大小、紧急避险人是否为受益人等因素认定紧急避险人在造成的不应有的损害范围内承担相应的责任。

第三十四条 因保护他人民事权益使自己受到损害,受害人依据民法典第一百八十三条的规定请求受益人适当补偿的,人民法院可以根据受害人所受损失和已获赔偿的情况、受益人受益的多少及其经济条件等因素确定受益人承担的补偿数额。

八、诉讼时效

第三十五条 民法典第一百八十八条第一款规定的三年诉讼时效期间,可以适用民法典有关诉讼时效中止、中断的规定,不适用延长的规定。该条第二款规定的二十年期间不适用中止、中断的规定。

第三十六条 无民事行为能力人或者限制民事行为能力人的权利受到损害的,诉讼时效期间自其法定代理人知道或者应当知道权利受到损害以及义务人之日起计算,但是法律另有规定的除外。

第三十七条 无民事行为能力人、限制民事行为能力人的权利受到原法定代理人损害,且在取得、恢复完全民事行为能力或者在原法定代理终止并确定新的法定代理人后,相应民事主体才知道或者应当知道权利受到损害的,有关请求权诉讼时效期间的计算适用民法典第一百八十八条第二款、本解释第三十六条的规定。

第三十八条 诉讼时效依据民法典第一百九十五条的规定中断后,在新的诉讼时效期间内,再次出现第一百九十五条规定的中断事由,可以认定为诉讼时效再次中断。

权利人向义务人的代理人、财产代管人或者遗产管理人等提出履行请求的,可以认定为民法典第一百九十五条规定的诉讼时效中断。

九、附　　则

第三十九条　本解释自 2022 年 3 月 1 日起施行。

民法典施行后的法律事实引起的民事案件,本解释施行后尚未终审的,适用本解释;本解释施行前已经终审,当事人申请再审或者按照审判监督程序决定再审的,不适用本解释。

最高人民法院关于适用《中华人民共和国民法典》物权编的解释(一)

(2020 年 12 月 25 日最高人民法院审判委员会第 1825 次会议通过　2020 年 12 月 29 日公布　法释〔2020〕24 号　自 2021 年 1 月 1 日起施行)

为正确审理物权纠纷案件,根据《中华人民共和国民法典》等相关法律规定,结合审判实践,制定本解释。

第一条　因不动产物权的归属,以及作为不动产物权登记基础的买卖、赠与、抵押等产生争议,当事人提起民事诉讼的,应当依法受理。当事人已经在行政诉讼中申请一并解决上述民事争议,且人民法院一并审理的除外。

第二条　当事人有证据证明不动产登记簿的记载与真实权利状态不符、其为该不动产物权的真实权利人,请求确认其享有物权的,应予支持。

第三条　异议登记因民法典第二百二十条第二款规定的事由失效后,当事人提起民事诉讼,请求确认物权归属的,应当依法受理。异议登记失效不影响人民法院对案件的实体审理。

第四条　未经预告登记的权利人同意,转让不动产所有权等物权,或者设立建设用地使用权、居住权、地役权、抵押权等其他物权的,应当依照民法典第二百二十一条第一款的规定,认定其不发生物权效力。

第五条 预告登记的买卖不动产物权的协议被认定无效、被撤销，或者预告登记的权利人放弃债权的，应当认定为民法典第二百二十一条第二款所称的"债权消灭"。

第六条 转让人转让船舶、航空器和机动车等所有权，受让人已经支付合理价款并取得占有，虽未经登记，但转让人的债权人主张其为民法典第二百二十五条所称的"善意第三人"的，不予支持，法律另有规定的除外。

第七条 人民法院、仲裁机构在分割共有不动产或者动产等案件中作出并依法生效的改变原有物权关系的判决书、裁决书、调解书，以及人民法院在执行程序中作出的拍卖成交裁定书、变卖成交裁定书、以物抵债裁定书，应当认定为民法典第二百二十九条所称导致物权设立、变更、转让或者消灭的人民法院、仲裁机构的法律文书。

第八条 依据民法典第二百二十九条至第二百三十一条规定享有物权，但尚未完成动产交付或者不动产登记的权利人，依据民法典第二百三十五条至第二百三十八条的规定，请求保护其物权的，应予支持。

第九条 共有份额的权利主体因继承、遗赠等原因发生变化时，其他按份共有人主张优先购买的，不予支持，但按份共有人之间另有约定的除外。

第十条 民法典第三百零五条所称的"同等条件"，应当综合共有份额的转让价格、价款履行方式及期限等因素确定。

第十一条 优先购买权的行使期间，按份共有人之间有约定的，按照约定处理；没有约定或者约定不明的，按照下列情形确定：

（一）转让人向其他按份共有人发出的包含同等条件内容的通知中载明行使期间的，以该期间为准；

（二）通知中未载明行使期间，或者载明的期间短于通知送达之日起十五日的，为十五日；

（三）转让人未通知的，为其他按份共有人知道或者应当知道最终确定的同等条件之日起十五日；

（四）转让人未通知，且无法确定其他按份共有人知道或者应当知道最终确定的同等条件的，为共有份额权属转移之日起六个月。

第十二条 按份共有人向共有人之外的人转让其份额，其他按份共有人根据法律、司法解释规定，请求按照同等条件优先购买该共有份额的，应予支持。其他按份共有人的请求具有下列情形之一的，不予支持：

（一）未在本解释第十一条规定的期间内主张优先购买，或者虽主张优先购买，但提出减少转让价款、增加转让人负担等实质性变更要求；

（二）以其优先购买权受到侵害为由，仅请求撤销共有份额转让合同或者认定该合同无效。

第十三条 按份共有人之间转让共有份额，其他按份共有人主张依据民法典第三百零五条规定优先购买的，不予支持，但按份共有人之间另有约定的除外。

第十四条 受让人受让不动产或者动产时，不知道转让人无处分权，且无重大过失的，应当认定受让人为善意。

真实权利人主张受让人不构成善意的，应当承担举证证明责任。

第十五条 具有下列情形之一的，应当认定不动产受让人知道转让人无处分权：

（一）登记簿上存在有效的异议登记；

（二）预告登记有效期内，未经预告登记的权利人同意；

（三）登记簿上已经记载司法机关或者行政机关依法裁定、决定查封或者以其他形式限制不动产权利的有关事项；

（四）受让人知道登记簿上记载的权利主体错误；

（五）受让人知道他人已经依法享有不动产物权。

真实权利人有证据证明不动产受让人应当知道转让人无处分权的，应当认定受让人具有重大过失。

第十六条 受让人受让动产时，交易的对象、场所或者时机等不符合交易习惯的，应当认定受让人具有重大过失。

第十七条 民法典第三百一十一条第一款第一项所称的"受让人受让该不动产或者动产时"，是指依法完成不动产物权转移登记或者动产交付之时。

当事人以民法典第二百二十六条规定的方式交付动产的，转让动产民事法律行为生效时为动产交付之时；当事人以民法典第二百二十七条规定的方式交付动产的，转让人与受让人之间有关转让返还原物请求权的协议生效时为动产交付之时。

法律对不动产、动产物权的设立另有规定的，应当按照法律规定的时间认定权利人是否为善意。

第十八条 民法典第三百一十一条第一款第二项所称"合理的价格"，应当根据转让标的物的性质、数量以及付款方式等具体情况，参考转让时交易地市场价格以及交易习惯等因素综合认定。

第十九条 转让人将民法典第二百二十五条规定的船舶、航空器和机动车等交付给受让人的，应当认定符合民法典第三百一十一条第一款第三项规定的善意取得的条件。

第二十条 具有下列情形之一,受让人主张依据民法典第三百一十一条规定取得所有权的,不予支持:

(一)转让合同被认定无效;

(二)转让合同被撤销。

第二十一条 本解释自 2021 年 1 月 1 日起施行。

最高人民法院关于适用《中华人民共和国民法典》合同编通则若干问题的解释

(2023 年 5 月 23 日最高人民法院审判委员会第 1889 次会议通过 2023 年 12 月 4 日公布 法释〔2023〕13 号 自 2023 年 12 月 5 日起施行)

为正确审理合同纠纷案件以及非因合同产生的债权债务关系纠纷案件,依法保护当事人的合法权益,根据《中华人民共和国民法典》《中华人民共和国民事诉讼法》等相关法律规定,结合审判实践,制定本解释。

一、一 般 规 定

第一条 人民法院依据民法典第一百四十二条第一款、第四百六十六条第一款的规定解释合同条款时,应当以词句的通常含义为基础,结合相关条款、合同的性质和目的、习惯以及诚信原则,参考缔约背景、磋商过程、履行行为等因素确定争议条款的含义。

有证据证明当事人之间对合同条款有不同于词句的通常含义的其他共同理解,一方主张按照词句的通常含义理解合同条款的,人民法院不予支持。

对合同条款有两种以上解释,可能影响该条款效力的,人民法院应当选择有利于该条款有效的解释;属于无偿合同的,应当选择对债务人负担较轻的解释。

第二条 下列情形,不违反法律、行政法规的强制性规定且不违背公序良俗的,人民法院可以认定为民法典所称的"交易习惯":

（一）当事人之间在交易活动中的惯常做法；
（二）在交易行为当地或者某一领域、某一行业通常采用并为交易对方订立合同时所知道或者应当知道的做法。

对于交易习惯，由提出主张的当事人一方承担举证责任。

二、合同的订立

第三条 当事人对合同是否成立存在争议，人民法院能够确定当事人姓名或者名称、标的和数量的，一般应当认定合同成立。但是，法律另有规定或者当事人另有约定的除外。

根据前款规定能够认定合同已经成立的，对合同欠缺的内容，人民法院应当依据民法典第五百一十条、第五百一十一条等规定予以确定。

当事人主张合同无效或者请求撤销、解除合同等，人民法院认为合同不成立的，应当依据《最高人民法院关于民事诉讼证据的若干规定》第五十三条的规定将合同是否成立作为焦点问题进行审理，并可以根据案件的具体情况重新指定举证期限。

第四条 采取招标方式订立合同，当事人请求确认合同自中标通知书到达中标人时成立的，人民法院应予支持。合同成立后，当事人拒绝签订书面合同的，人民法院应当依据招标文件、投标文件和中标通知书等确定合同内容。

采取现场拍卖、网络拍卖等公开竞价方式订立合同，当事人请求确认合同自拍卖师落槌、电子交易系统确认成交时成立的，人民法院应予支持。合同成立后，当事人拒绝签订成交确认书的，人民法院应当依据拍卖公告、竞买人的报价等确定合同内容。

产权交易所等机构主持拍卖、挂牌交易，其公布的拍卖公告、交易规则等文件公开确定了合同成立需要具备的条件，当事人请求确认合同自该条件具备时成立的，人民法院应予支持。

第五条 第三人实施欺诈、胁迫行为，使当事人在违背真实意思的情况下订立合同，受到损失的当事人请求第三人承担赔偿责任的，人民法院依法予以支持；当事人亦有违背诚信原则的行为的，人民法院应当根据各自的过错确定相应的责任。但是，法律、司法解释对当事人与第三人的民事责任另有规定的，依照其规定。

第六条 当事人以认购书、订购书、预订书等形式约定在将来一定期限内订立合同，或者为担保在将来一定期限内订立合同交付了定金，能够确定将来所要订立合同的主体、标的等内容的，人民法院应当认定预约合同成立。

当事人通过签订意向书或者备忘录等方式,仅表达交易的意向,未约定在将来一定期限内订立合同,或者虽然有约定但是难以确定将来所要订立合同的主体、标的等内容,一方主张预约合同成立的,人民法院不予支持。

当事人订立的认购书、订购书、预订书等已就合同标的、数量、价款或者报酬等主要内容达成合意,符合本解释第三条第一款规定的合同成立条件,未明确约定在将来一定期限内另行订立合同,或者虽然有约定但是当事人一方已实施履行行为且对方接受的,人民法院应当认定本约合同成立。

第七条 预约合同生效后,当事人一方拒绝订立本约合同或者在磋商订立本约合同时违背诚信原则导致未能订立本约合同的,人民法院应当认定该当事人不履行预约合同约定的义务。

人民法院认定当事人一方在磋商订立本约合同时是否违背诚信原则,应当综合考虑该当事人在磋商时提出的条件是否明显背离预约合同约定的内容以及是否已尽合理努力进行协商等因素。

第八条 预约合同生效后,当事人一方不履行订立本约合同的义务,对方请求其赔偿因此造成的损失的,人民法院依法予以支持。

前款规定的损失赔偿,当事人有约定的,按照约定;没有约定的,人民法院应当综合考虑预约合同在内容上的完备程度以及订立本约合同的条件的成就程度等因素酌定。

第九条 合同条款符合民法典第四百九十六条第一款规定的情形,当事人仅以合同系依据合同示范文本制作或者双方已经明确约定合同条款不属于格式条款为由主张该条款不是格式条款的,人民法院不予支持。

从事经营活动的当事人一方仅以未实际重复使用为由主张其预先拟定且未与对方协商的合同条款不是格式条款的,人民法院不予支持。但是,有证据证明该条款不是为了重复使用而预先拟定的除外。

第十条 提供格式条款的一方在合同订立时采用通常足以引起对方注意的文字、符号、字体等明显标识,提示对方注意免除或者减轻其责任、排除或者限制对方权利等与对方有重大利害关系的异常条款的,人民法院可以认定其已经履行民法典第四百九十六条第二款规定的提示义务。

提供格式条款的一方按照对方的要求,就与对方有重大利害关系的异常条款的概念、内容及其法律后果以书面或者口头形式向对方作出通常能够理解的解释说明的,人民法院可以认定其已经履行民法典第四百九十六条第二款规定的说明义务。

提供格式条款的一方对其已经尽到提示义务或者说明义务承担举证责任。

对于通过互联网等信息网络订立的电子合同,提供格式条款的一方仅以采取了设置勾选、弹窗等方式为由主张其已经履行提示义务或者说明义务的,人民法院不予支持,但是其举证符合前两款规定的除外。

三、合同的效力

第十一条 当事人一方是自然人,根据该当事人的年龄、智力、知识、经验并结合交易的复杂程度,能够认定其对合同的性质、合同订立的法律后果或者交易中存在的特定风险缺乏应有的认知能力的,人民法院可以认定该情形构成民法典第一百五十一条规定的"缺乏判断能力"。

第十二条 合同依法成立后,负有报批义务的当事人不履行报批义务或者履行报批义务不符合合同的约定或者法律、行政法规的规定,对方请求其继续履行报批义务的,人民法院应予支持;对方主张解除合同并请求其承担违反报批义务的赔偿责任的,人民法院应予支持。

人民法院判决当事人一方履行报批义务后,其仍不履行,对方主张解除合同并参照违反合同的违约责任请求其承担赔偿责任的,人民法院应予支持。

合同获得批准前,当事人一方起诉请求对方履行合同约定的主要义务,经释明后拒绝变更诉讼请求的,人民法院应当判决驳回其诉讼请求,但是不影响其另行提起诉讼。

负有报批义务的当事人已经办理申请批准等手续或者已经履行生效判决确定的报批义务,批准机关决定不予批准,对方请求其承担赔偿责任的,人民法院不予支持。但是,因迟延履行报批义务等可归责于当事人的原因导致合同未获批准,对方请求赔偿因此受到的损失的,人民法院应当依据民法典第一百五十七条的规定处理。

第十三条 合同存在无效或者可撤销的情形,当事人以该合同已在有关行政管理部门办理备案、已经批准机关批准或者已依据该合同办理财产权利的变更登记、移转登记等为由主张合同有效的,人民法院不予支持。

第十四条 当事人之间就同一交易订立多份合同,人民法院应当认定其中以虚假意思表示订立的合同无效。当事人为规避法律、行政法规的强制性规定,以虚假意思表示隐藏真实意思表示的,人民法院应当依据民法典第一百五十三条第一款的规定认定被隐藏合同的效力;当事人为规避法律、行政法规关于合同应当办理批准等手续的规定,以虚假意思表示隐藏真实意思表示的,人民法院应当依据民法典第五百零二条第二款的规定认定被隐藏合同的效力。

依据前款规定认定被隐藏合同无效或者确定不发生效力的,人民法院应当以被隐藏合同为事实基础,依据民法典第一百五十七条的规定确定当事人的民事责任。但是,法律另有规定的除外。

当事人就同一交易订立的多份合同均系真实意思表示,且不存在其他影响合同效力情形的,人民法院应当在查明各合同成立先后顺序和实际履行情况的基础上,认定合同内容是否发生变更。法律、行政法规禁止变更合同内容的,人民法院应当认定合同的相应变更无效。

第十五条　人民法院认定当事人之间的权利义务关系,不应当拘泥于合同使用的名称,而应当根据合同约定的内容。当事人主张的权利义务关系与根据合同内容认定的权利义务关系不一致的,人民法院应当结合缔约背景、交易目的、交易结构、履行行为以及当事人是否存在虚构交易标的等事实认定当事人之间的实际民事法律关系。

第十六条　合同违反法律、行政法规的强制性规定,有下列情形之一,由行为人承担行政责任或者刑事责任能够实现强制性规定的立法目的,人民法院可以依据民法典第一百五十三条第一款关于"该强制性规定不导致该民事法律行为无效的除外"的规定认定该合同不因违反强制性规定无效:

(一)强制性规定虽然旨在维护社会公共秩序,但是合同的实际履行对社会公共秩序造成的影响显著轻微,认定合同无效将导致案件处理结果有失公平公正;

(二)强制性规定旨在维护政府的税收、土地出让金等国家利益或者其他民事主体的合法利益而非合同当事人的民事权益,认定合同有效不会影响该规范目的的实现;

(三)强制性规定旨在要求当事人一方加强风险控制、内部管理等,对方无能力或者无义务审查合同是否违反强制性规定,认定合同无效将使其承担不利后果;

(四)当事人一方虽然在订立合同时违反强制性规定,但是在合同订立后其已经具备补正违反强制性规定的条件却违背诚信原则不予补正;

(五)法律、司法解释规定的其他情形。

法律、行政法规的强制性规定旨在规制合同订立后的履行行为,当事人以合同违反强制性规定为由请求认定合同无效的,人民法院不予支持。但是,合同履行必然导致违反强制性规定或者法律、司法解释另有规定的除外。

依据前两款认定合同有效,但是当事人的违法行为未经处理的,人民法院应当向有关行政管理部门提出司法建议。当事人的行为涉嫌犯罪的,应当将案件线索移送刑事侦查机关;属于刑事自诉案件的,应当告知当事人可以向有管辖权的人民法院另行提起诉讼。

第十七条 合同虽然不违反法律、行政法规的强制性规定,但是有下列情形之一,人民法院应当依据民法典第一百五十三条第二款的规定认定合同无效:

(一)合同影响政治安全、经济安全、军事安全等国家安全的;

(二)合同影响社会稳定、公平竞争秩序或者损害社会公共利益等违背社会公共秩序的;

(三)合同背离社会公德、家庭伦理或者有损人格尊严等违背善良风俗的。

人民法院在认定合同是否违背公序良俗时,应当以社会主义核心价值观为导向,综合考虑当事人的主观动机和交易目的、政府部门的监管强度、一定期限内当事人从事类似交易的频次、行为的社会后果等因素,并在裁判文书中充分说理。当事人确因生活需要进行交易,未给社会公共秩序造成重大影响,且不影响国家安全,也不违背善良风俗的,人民法院不应当认定合同无效。

第十八条 法律、行政法规的规定虽然有"应当""必须"或者"不得"等表述,但是该规定旨在限制或者赋予民事权利,行为人违反该规定将构成无权处分、无权代理、越权代表等,或者导致合同相对人、第三人因此获得撤销权、解除权等民事权利的,人民法院应当依据法律、行政法规规定的关于违反该规定的民事法律后果认定合同效力。

第十九条 以转让或者设定财产权利为目的订立的合同,当事人或者真正权利人仅以让与人在订立合同时对标的物没有所有权或者处分权为由主张合同无效的,人民法院不予支持;因未取得真正权利人事后同意或者让与人事后未取得处分权导致合同不能履行,受让人主张解除合同并请求让与人承担违反合同的赔偿责任的,人民法院依法予以支持。

前款规定的合同被认定有效,且让与人已经将财产交付或者移转登记至受让人,真正权利人请求认定财产权利未发生变动或者请求返还财产的,人民法院应予支持。但是,受让人依据民法典第三百一十一条等规定善意取得财产权利的除外。

第二十条 法律、行政法规为限制法人的法定代表人或者非法人组织的负责人的代表权,规定合同所涉事项应当由法人、非法人组织的权力机构或者决策机构决议,或者应当由法人、非法人组织的执行机构决定,法定代表人、负责人未取得授权而以法人、非法人组织的名义订立合同,未尽到合理审查义务的相对人主张该合同对法人、非法人组织发生效力并由其承担违约责任的,人民法院不予支持,但是法人、非法人组织有过错的,可以参照民法典第一百五十七条的规定判决其承担相应的赔偿责任。相对人已尽到合理审查义务,构成表见代表的,人民法院应当依据民法典第五百零四条的规定处理。

合同所涉事项未超越法律、行政法规规定的法定代表人或者负责人的代表权限,但是超越法人、非法人组织的章程或者权力机构等对代表权的限制,相对人主张该合同对法人、非法人组织发生效力并由其承担违约责任的,人民法院依法予以支持。但是,法人、非法人组织举证证明相对人知道或者应当知道该限制的除外。

法人、非法人组织承担民事责任后,向有过错的法定代表人、负责人追偿因越权代表行为造成的损失的,人民法院依法予以支持。法律、司法解释对法定代表人、负责人的民事责任另有规定的,依照其规定。

第二十一条 法人、非法人组织的工作人员就超越其职权范围的事项以法人、非法人组织的名义订立合同,相对人主张该合同对法人、非法人组织发生效力并由其承担违约责任的,人民法院不予支持。但是,法人、非法人组织有过错的,人民法院可以参照民法典第一百五十七条的规定判决其承担相应的赔偿责任。前述情形,构成表见代理的,人民法院应当依据民法典第一百七十二条的规定处理。

合同所涉事项有下列情形之一的,人民法院应当认定法人、非法人组织的工作人员在订立合同时超越其职权范围:

(一)依法应当由法人、非法人组织的权力机构或者决策机构决议的事项;

(二)依法应当由法人、非法人组织的执行机构决定的事项;

(三)依法应当由法定代表人、负责人代表法人、非法人组织实施的事项;

(四)不属于通常情形下依其职权可以处理的事项。

合同所涉事项未超越依据前款确定的职权范围,但是超越法人、非法人组织对工作人员职权范围的限制,相对人主张该合同对法人、非法人组织发生效力并由其承担违约责任的,人民法院应予支持。但是,法人、非法人组织举证证明相对人知道或者应当知道该限制的除外。

法人、非法人组织承担民事责任后,向故意或者有重大过失的工作人员追偿的,人民法院依法予以支持。

第二十二条 法定代表人、负责人或者工作人员以法人、非法人组织的名义订立合同且未超越权限,法人、非法人组织仅以合同加盖的印章不是备案印章或者系伪造的印章为由主张该合同对其不发生效力的,人民法院不予支持。

合同系以法人、非法人组织的名义订立,但是仅有法定代表人、负责人或者工作人员签名或者按指印而未加盖法人、非法人组织的印章,相对人能够证明法定代表人、负责人或者工作人员在订立合同时未超越权限的,人民法院应当认定合同对法人、非法人组织发生效力。但是,当事人约定以加盖印章作为合同成立条件的除外。

合同仅加盖法人、非法人组织的印章而无人员签名或者按指印,相对人能够证明合同系法定代表人、负责人或者工作人员在其权限范围内订立的,人民法院应当认定该合同对法人、非法人组织发生效力。

在前三款规定的情形下,法定代表人、负责人或者工作人员在订立合同时虽然超越代表或者代理权限,但是依据民法典第五百零四条的规定构成表见代表,或者依据民法典第一百七十二条的规定构成表见代理的,人民法院应当认定合同对法人、非法人组织发生效力。

第二十三条 法定代表人、负责人或者代理人与相对人恶意串通,以法人、非法人组织的名义订立合同,损害法人、非法人组织的合法权益,法人、非法人组织主张不承担民事责任的,人民法院应予支持。

法人、非法人组织请求法定代表人、负责人或者代理人与相对人对因此受到的损失承担连带赔偿责任的,人民法院应予支持。

根据法人、非法人组织的举证,综合考虑当事人之间的交易习惯、合同在订立时是否显失公平、相关人员是否获取了不正当利益、合同的履行情况等因素,人民法院能够认定法定代表人、负责人或者代理人与相对人存在恶意串通的高度可能性的,可以要求前述人员就合同订立、履行的过程等相关事实作出陈述或者提供相应的证据。其无正当理由拒绝作出陈述,或者所作陈述不具合理性又不能提供相应证据的,人民法院可以认定恶意串通的事实成立。

第二十四条 合同不成立、无效、被撤销或者确定不发生效力,当事人请求返还财产,经审查财产能够返还的,人民法院应当根据案件具体情况,单独或者合并适用返还占有的标的物、更正登记簿册记载等方式;经审查财产不能返还或者没有必要返还的,人民法院应当以认定合同不成立、无效、被撤销或者确定不发生效力之日该财产的市场价值或者以其他合理方式计算的价值为基准判决折价补偿。

除前款规定的情形外,当事人还请求赔偿损失的,人民法院应当结合财产返还或者折价补偿的情况,综合考虑财产增值收益和贬值损失、交易成本的支出等事实,按照双方当事人的过错程度及原因力大小,根据诚信原则和公平原则,合理确定损失赔偿额。

合同不成立、无效、被撤销或者确定不发生效力,当事人的行为涉嫌违法且未经处理,可能导致一方或者双方通过违法行为获得不当利益的,人民法院应当向有关行政管理部门提出司法建议。当事人的行为涉嫌犯罪的,应当将案件线索移送刑事侦查机关;属于刑事自诉案件的,应当告知当事人可以向有管辖权的人民法院另行提起诉讼。

第二十五条 合同不成立、无效、被撤销或者确定不发生效力,有权请求返还价款或者报酬的当事人一方请求对方支付资金占用费的,人民法院应当在当事人请求的范围内按照中国人民银行授权全国银行间同业拆借中心公布的一年期贷款市场报价利率(LPR)计算。但是,占用资金的当事人对于合同不成立、无效、被撤销或者确定不发生效力没有过错的,应当以中国人民银行公布的同期同类存款基准利率计算。

双方互负返还义务,当事人主张同时履行的,人民法院应予支持;占有标的物的一方对标的物存在使用或者依法可以使用的情形,对方请求将其应支付的资金占用费与应收取的标的物使用费相互抵销的,人民法院应予支持,但是法律另有规定的除外。

四、合同的履行

第二十六条 当事人一方未根据法律规定或者合同约定履行开具发票、提供证明文件等非主要债务,对方请求继续履行该债务并赔偿因怠于履行该债务造成的损失的,人民法院依法予以支持;对方请求解除合同的,人民法院不予支持,但是不履行该债务致使不能实现合同目的或者当事人另有约定的除外。

第二十七条 债务人或者第三人与债权人在债务履行期限届满后达成以物抵债协议,不存在影响合同效力情形的,人民法院应当认定该协议自当事人意思表示一致时生效。

债务人或者第三人履行以物抵债协议后,人民法院应当认定相应的原债务同时消灭;债务人或者第三人未按照约定履行以物抵债协议,经催告后在合理期限内仍不履行,债权人选择请求履行原债务或者以物抵债协议的,人民法院应予支持,但是法律另有规定或者当事人另有约定的除外。

前款规定的以物抵债协议经人民法院确认或者人民法院根据当事人达成的以物抵债协议制作成调解书,债权人主张财产权利自确认书、调解书生效时发生变动或者具有对抗善意第三人效力的,人民法院不予支持。

债务人或者第三人以自己不享有所有权或者处分权的财产权利订立以物抵债协议的,依据本解释第十九条的规定处理。

第二十八条 债务人或者第三人与债权人在债务履行期限届满前达成以物抵债协议的,人民法院应当在审理债权债务关系的基础上认定该协议的效力。

当事人约定债务人到期没有清偿债务,债权人可以对抵债财产拍卖、变卖、折价以实现债权的,人民法院应当认定该约定有效。当事人约定债务人到期没有清偿债务,抵债财产归债权人所有的,人民法院应当认定该约定无效,但是不影响其他部分的效力;债权人请求对抵债财产拍卖、变卖、折价以实现债权的,人民法院应予支持。

当事人订立前款规定的以物抵债协议后,债务人或者第三人未将财产权利转移至债权人名下,债权人主张优先受偿的,人民法院不予支持;债务人或者第三人已将财产权利转移至债权人名下的,依据《最高人民法院关于适用〈中华人民共和国民法典〉有关担保制度的解释》第六十八条的规定处理。

第二十九条 民法典第五百二十二条第二款规定的第三人请求债务人向自己履行债务的,人民法院应予支持;请求行使撤销权、解除权等民事权利的,人民法院不予支持,但是法律另有规定的除外。

合同依法被撤销或者被解除,债务人请求债权人返还财产的,人民法院应予支持。

债务人按照约定向第三人履行债务,第三人拒绝受领,债权人请求债务人向自己履行债务的,人民法院应予支持,但是债务人已经采取提存等方式消灭债务的除外。第三人拒绝受领或者受领迟延,债务人请求债权人赔偿因此造成的损失的,人民法院依法予以支持。

第三十条 下列民事主体,人民法院可以认定为民法典第五百二十四条第一款规定的对履行债务具有合法利益的第三人:

(一)保证人或者提供物的担保的第三人;

(二)担保财产的受让人、用益物权人、合法占有人;

(三)担保财产上的后顺位担保权人;

(四)对债务人的财产享有合法权益且该权益将因财产被强制执行而丧失的第三人;

(五)债务人为法人或者非法人组织的,其出资人或者设立人;

(六)债务人为自然人的,其近亲属;

(七)其他对履行债务具有合法利益的第三人。

第三人在其已经代为履行的范围内取得对债务人的债权,但是不得损害债权人的利益。

担保人代为履行债务取得债权后,向其他担保人主张担保权利的,依据《最高人民法院关于适用〈中华人民共和国民法典〉有关担保制度的解释》第十三条、第十四条、第十八条第二款等规定处理。

第三十一条 当事人互负债务,一方以对方没有履行非主要债务为由拒绝履行自己的主要债务的,人民法院不予支持。但是,对方不履行非主要债务致使不能实现合同目的或者当事人另有约定的除外。

当事人一方起诉请求对方履行债务,被告依据民法典第五百二十五条的规定主张双方同时履行的抗辩且抗辩成立,被告未提起反诉的,人民法院应当判决被告在原告履行债务的同时履行自己的债务,并在判项中明确原告申请强制执行的,人民法院应当在原告履行自己的债务后对被告采取执行行为;被告提起反诉的,人民法院应当判决双方同时履行自己的债务,并在判项中明确任何一方申请强制执行的,人民法院应当在该当事人履行自己的债务后对对方采取执行行为。

当事人一方起诉请求对方履行债务,被告依据民法典第五百二十六条的规定主张原告应先履行的抗辩且抗辩成立的,人民法院应当驳回原告的诉讼请求,但是不影响原告履行债务后另行提起诉讼。

第三十二条 合同成立后,因政策调整或者市场供求关系异常变动等原因导致价格发生当事人在订立合同时无法预见的、不属于商业风险的涨跌,继续履行合同对于当事人一方明显不公平的,人民法院应当认定合同的基础条件发生了民法典第五百三十三条第一款规定的"重大变化"。但是,合同涉及市场属性活跃、长期以来价格波动较大的大宗商品以及股票、期货等风险投资型金融产品的除外。

合同的基础条件发生了民法典第五百三十三条第一款规定的重大变化,当事人请求变更合同的,人民法院不得解除合同;当事人一方请求变更合同,对方请求解除合同的,或者当事人一方请求解除合同,对方请求变更合同的,人民法院应当结合案件的实际情况,根据公平原则判决变更或者解除合同。

人民法院依据民法典第五百三十三条的规定判决变更或者解除合同的,应当综合考虑合同基础条件发生重大变化的时间、当事人重新协商的情况以及因合同变更或者解除给当事人造成的损失等因素,在判项中明确合同变更或者解除的时间。

当事人事先约定排除民法典第五百三十三条适用的,人民法院应当认定该约定无效。

五、合同的保全

第三十三条 债务人不履行其对债权人的到期债务,又不以诉讼或者仲裁方式向相对人主张其享有的债权或者与该债权有关的从权利,致使债权人的到期债权未能实现的,人民法院可以认定为民法典第五百三十五条规定的"债务人怠于行使其债权或者与该债权有关的从权利,影响债权人的到期债权实现"。

第三十四条　下列权利,人民法院可以认定为民法典第五百三十五条第一款规定的专属于债务人自身的权利:

（一）抚养费、赡养费或者扶养费请求权;

（二）人身损害赔偿请求权;

（三）劳动报酬请求权,但是超过债务人及其所扶养家属的生活必需费用的部分除外;

（四）请求支付基本养老保险金、失业保险金、最低生活保障金等保障当事人基本生活的权利;

（五）其他专属于债务人自身的权利。

第三十五条　债权人依据民法典第五百三十五条的规定对债务人的相对人提起代位权诉讼的,由被告住所地人民法院管辖,但是依法应当适用专属管辖规定的除外。

债务人或者相对人以双方之间的债权债务关系订有管辖协议为由提出异议的,人民法院不予支持。

第三十六条　债权人提起代位权诉讼后,债务人或者相对人以双方之间的债权债务关系订有仲裁协议为由对法院主管提出异议的,人民法院不予支持。但是,债务人或者相对人在首次开庭前就债务人与相对人之间的债权债务关系申请仲裁的,人民法院可以依法中止代位权诉讼。

第三十七条　债权人以债务人的相对人为被告向人民法院提起代位权诉讼,未将债务人列为第三人的,人民法院应当追加债务人为第三人。

两个以上债权人以债务人的同一相对人为被告提起代位权诉讼的,人民法院可以合并审理。债务人对相对人享有的债权不足以清偿其对两个以上债权人负担的债务的,人民法院应当按照债权人享有的债权比例确定相对人的履行份额,但是法律另有规定的除外。

第三十八条　债权人向人民法院起诉债务人后,又向同一人民法院对债务人的相对人提起代位权诉讼,属于该人民法院管辖的,可以合并审理。不属于该人民法院管辖的,应当告知其向有管辖权的人民法院另行起诉;在起诉债务人的诉讼终结前,代位权诉讼应当中止。

第三十九条　在代位权诉讼中,债务人对超过债权人代位请求数额的债权部分起诉相对人,属于同一人民法院管辖的,可以合并审理。不属于同一人民法院管辖的,应当告知其向有管辖权的人民法院另行起诉;在代位权诉讼终结前,债务人对相对人的诉讼应当中止。

第四十条　代位权诉讼中,人民法院经审理认为债权人的主张不符合代位权行使条件的,应当驳回诉讼请求,但是不影响债权人根据新的事实再次起诉。

债务人的相对人仅以债权人提起代位权诉讼时债权人与债务人之间的债权债务关系未经生效法律文书确认为由,主张债权人提起的诉讼不符合代位权行使条件的,人民法院不予支持。

第四十一条　债权人提起代位权诉讼后,债务人无正当理由减免相对人的债务或者延长相对人的履行期限,相对人以此向债权人抗辩的,人民法院不予支持。

第四十二条　对于民法典第五百三十九条规定的"明显不合理"的低价或者高价,人民法院应当按照交易当地一般经营者的判断,并参考交易时交易地的市场交易价或者物价部门指导价予以认定。

转让价格未达到交易时交易地的市场交易价或者指导价百分之七十的,一般可以认定为"明显不合理的低价";受让价格高于交易时交易地的市场交易价或者指导价百分之三十的,一般可以认定为"明显不合理的高价"。

债务人与相对人存在亲属关系、关联关系的,不受前款规定的百分之七十、百分之三十的限制。

第四十三条　债务人以明显不合理的价格,实施互易财产、以物抵债、出租或者承租财产、知识产权许可使用等行为,影响债权人的债权实现,债务人的相对人知道或者应当知道该情形,债权人请求撤销债务人的行为的,人民法院应当依据民法典第五百三十九条的规定予以支持。

第四十四条　债权人依据民法典第五百三十八条、第五百三十九条的规定提起撤销权诉讼的,应当以债务人和债务人的相对人为共同被告,由债务人或者相对人的住所地人民法院管辖,但是依法应当适用专属管辖规定的除外。

两个以上债权人就债务人的同一行为提起撤销权诉讼的,人民法院可以合并审理。

第四十五条　在债权人撤销权诉讼中,被撤销行为的标的可分,当事人主张在受影响的债权范围内撤销债务人的行为的,人民法院应予支持;被撤销行为的标的不可分,债权人主张将债务人的行为全部撤销的,人民法院应予支持。

债权人行使撤销权所支付的合理的律师代理费、差旅费等费用,可以认定为民法典第五百四十条规定的"必要费用"。

第四十六条　债权人在撤销权诉讼中同时请求债务人的相对人向债务人

承担返还财产、折价补偿、履行到期债务等法律后果的,人民法院依法予以支持。

债权人请求受理撤销权诉讼的人民法院一并审理其与债务人之间的债权债务关系,属于该人民法院管辖的,可以合并审理。不属于该人民法院管辖的,应当告知其向有管辖权的人民法院另行起诉。

债权人依据其与债务人的诉讼、撤销权诉讼产生的生效法律文书申请强制执行的,人民法院可以就债务人对相对人享有的权利采取强制执行措施以实现债权人的债权。债权人在撤销权诉讼中,申请对相对人的财产采取保全措施的,人民法院依法予以准许。

六、合同的变更和转让

第四十七条 债权转让后,债务人向受让人主张其对让与人的抗辩的,人民法院可以追加让与人为第三人。

债务转移后,新债务人主张原债务人对债权人的抗辩的,人民法院可以追加原债务人为第三人。

当事人一方将合同权利义务一并转让后,对方就合同权利义务向受让人主张抗辩或者受让人就合同权利义务向对方主张抗辩的,人民法院可以追加让与人为第三人。

第四十八条 债务人在接到债权转让通知前已经向让与人履行,受让人请求债务人履行的,人民法院不予支持;债务人接到债权转让通知后仍然向让与人履行,受让人请求债务人履行的,人民法院应予支持。

让与人未通知债务人,受让人直接起诉债务人请求履行债务,人民法院经审理确认债权转让事实的,应当认定债权转让自起诉状副本送达时对债务人发生效力。债务人主张因未通知而给其增加的费用或者造成的损失从认定的债权数额中扣除的,人民法院依法予以支持。

第四十九条 债务人接到债权转让通知后,让与人以债权转让合同不成立、无效、被撤销或者确定不发生效力为由请求债务人向其履行的,人民法院不予支持。但是,该债权转让通知被依法撤销的除外。

受让人基于债务人对债权真实存在的确认受让债权后,债务人又以该债权不存在为由拒绝向受让人履行的,人民法院不予支持。但是,受让人知道或者应当知道该债权不存在的除外。

第五十条 让与人将同一债权转让给两个以上受让人,债务人以已经向最先通知的受让人履行为由主张其不再履行债务的,人民法院应予支持。债务人明知接受履行的受让人不是最先通知的受让人，最先通知的受让人请求债务人继续履行债务或者依据债权转让协议请求让与人承担违约责任的，人民法院应予支持；最先通知的受让人请求接受履行的受让人返还其接受的财产的，人民法院不予支持，但是接受履行的受让人明知该债权在其受让前已经转让给其他受让人的除外。

前款所称最先通知的受让人，是指最先到达债务人的转让通知中载明的受让人。当事人之间对通知到达时间有争议的，人民法院应当结合通知的方式等因素综合判断，而不能仅根据债务人认可的通知时间或者通知记载的时间予以认定。当事人采用邮寄、通讯电子系统等方式发出通知的，人民法院应当以邮戳时间或者通讯电子系统记载的时间等作为认定通知到达时间的依据。

第五十一条　第三人加入债务并与债务人约定了追偿权，其履行债务后主张向债务人追偿的，人民法院应予支持；没有约定追偿权，第三人依照民法典关于不当得利等的规定，在其已经向债权人履行债务的范围内请求债务人向其履行的，人民法院应予支持，但是第三人知道或者应当知道加入债务会损害债务人利益的除外。

债务人就其对债权人享有的抗辩向加入债务的第三人主张的，人民法院应予支持。

七、合同的权利义务终止

第五十二条　当事人就解除合同协商一致时未对合同解除后的违约责任、结算和清理等问题作出处理，一方主张合同已经解除的，人民法院应予支持。但是，当事人另有约定的除外。

有下列情形之一的，除当事人一方另有意思表示外，人民法院可以认定合同解除：

（一）当事人一方主张行使法律规定或者合同约定的解除权，经审理认为不符合解除权行使条件但是对方同意解除；

（二）双方当事人均不符合解除权行使的条件但是均主张解除合同。

前两款情形下的违约责任、结算和清理等问题，人民法院应当依据民法典第五百六十六条、第五百六十七条和有关违约责任的规定处理。

第五十三条　当事人一方以通知方式解除合同，并以对方未在约定的异议期限或者其他合理期限内提出异议为由主张合同已经解除的，人民法院应当对其是否享有法律规定或者合同约定的解除权进行审查。经审查，享有解除权的，合同自通知到达对方时解除；不享有解除权的，不发生合同解除的效力。

第五十四条　当事人一方未通知对方,直接以提起诉讼的方式主张解除合同,撤诉后再次起诉主张解除合同,人民法院经审理支持该主张的,合同自再次起诉的起诉状副本送达对方时解除。但是,当事人一方撤诉后又通知对方解除合同且该通知已经到达对方的除外。

第五十五条　当事人一方依据民法典第五百六十八条的规定主张抵销,人民法院经审理认为抵销权成立的,应当认定通知到达对方时双方互负的主债务、利息、违约金或者损害赔偿金等债务在同等数额内消灭。

第五十六条　行使抵销权的一方负担的数项债务种类相同,但是享有的债权不足以抵销全部债务,当事人因抵销的顺序发生争议的,人民法院可以参照民法典第五百六十条的规定处理。

行使抵销权的一方享有的债权不足以抵销其负担的包括主债务、利息、实现债权的有关费用在内的全部债务,当事人因抵销的顺序发生争议的,人民法院可以参照民法典第五百六十一条的规定处理。

第五十七条　因侵害自然人人身权益,或者故意、重大过失侵害他人财产权益产生的损害赔偿债务,侵权人主张抵销的,人民法院不予支持。

第五十八条　当事人互负债务,一方以其诉讼时效期间已经届满的债权通知对方主张抵销,对方提出诉讼时效抗辩的,人民法院对该抗辩应予支持。一方的债权诉讼时效期间已经届满,对方主张抵销的,人民法院应予支持。

八、违约责任

第五十九条　当事人一方依据民法典第五百八十条第二款的规定请求终止合同权利义务关系的,人民法院一般应当以起诉状副本送达对方的时间作为合同权利义务关系终止的时间。根据案件的具体情况,以其他时间作为合同权利义务关系终止的时间更加符合公平原则和诚信原则的,人民法院可以以该时间作为合同权利义务关系终止的时间,但是应当在裁判文书中充分说明理由。

第六十条　人民法院依据民法典第五百八十四条的规定确定合同履行后可以获得的利益时,可以在扣除非违约方为订立、履行合同支出的费用等合理成本后,按照非违约方能够获得的生产利润、经营利润或者转售利润等计算。

非违约方依法行使合同解除权并实施了替代交易,主张按照替代交易价格与合同价格的差额确定合同履行后可以获得的利益的,人民法院依法予以支持;替代交易价格明显偏离替代交易发生时当地的市场价格,违约方主张按照市场价格与合同价格的差额确定合同履行后可以获得的利益的,人民法院应予支持。

非违约方依法行使合同解除权但是未实施替代交易,主张按照违约行为发生后合理期间内合同履行地的市场价格与合同价格的差额确定合同履行后可以获得的利益的,人民法院应予支持。

第六十一条　在以持续履行的债务为内容的定期合同中,一方不履行支付价款、租金等金钱债务,对方请求解除合同,人民法院经审理认为合同应当依法解除的,可以根据当事人的主张,参考合同主体、交易类型、市场价格变化、剩余履行期限等因素确定非违约方寻找替代交易的合理期限,并按照该期限对应的价款、租金等扣除非违约方应当支付的相应履约成本确定合同履行后可以获得的利益。

非违约方主张按照合同解除后剩余履行期限相应的价款、租金等扣除履约成本确定合同履行后可以获得的利益的,人民法院不予支持。但是,剩余履行期限少于寻找替代交易的合理期限的除外。

第六十二条　非违约方在合同履行后可以获得的利益难以根据本解释第六十条、第六十一条的规定予以确定的,人民法院可以综合考虑违约方因违约获得的利益、违约方的过错程度、其他违约情节等因素,遵循公平原则和诚信原则确定。

第六十三条　在认定民法典第五百八十四条规定的"违约一方订立合同时预见到或者应当预见到的因违约可能造成的损失"时,人民法院应当根据当事人订立合同的目的,综合考虑合同主体、合同内容、交易类型、交易习惯、磋商过程等因素,按照与违约方处于相同或者类似情况的民事主体在订立合同时预见到或者应当预见到的损失予以确定。

除合同履行后可以获得的利益外,非违约方主张还有其向第三人承担违约责任应当支付的额外费用等其他因违约所造成的损失,并请求违约方赔偿,经审理认为该损失系违约一方订立合同时预见到或者应当预见到的,人民法院应予支持。

在确定违约损失赔偿额时,违约方主张扣除非违约方未采取适当措施导致的扩大损失、非违约方也有过错造成的相应损失、非违约方因违约获得的额外利益或者减少的必要支出的,人民法院依法予以支持。

第六十四条　当事人一方通过反诉或者抗辩的方式,请求调整违约金的,人民法院依法予以支持。

违约方主张约定的违约金过分高于违约造成的损失,请求予以适当减少的,应当承担举证责任。非违约方主张约定的违约金合理的,也应当提供相应的证据。

当事人仅以合同约定不得对违约金进行调整为由主张不予调整违约金的,人民法院不予支持。

第六十五条　当事人主张约定的违约金过分高于违约造成的损失,请求予以适当减少的,人民法院应当以民法典第五百八十四条规定的损失为基础,兼顾合同主体、交易类型、合同的履行情况、当事人的过错程度、履约背景等因素,遵循公平原则和诚信原则进行衡量,并作出裁判。

约定的违约金超过造成损失的百分之三十的,人民法院一般可以认定为过分高于造成的损失。

恶意违约的当事人一方请求减少违约金的,人民法院一般不予支持。

第六十六条　当事人一方请求对方支付违约金,对方以合同不成立、无效、被撤销、确定不发生效力、不构成违约或者非违约方不存在损失等为由抗辩,未主张调整过高的违约金的,人民法院应当就若不支持该抗辩,当事人是否请求调整违约金进行释明。第一审人民法院认为抗辩成立且未予释明,第二审人民法院认为应当判决支付违约金的,可以直接释明,并根据当事人的请求,在当事人就是否应当调整违约金充分举证、质证、辩论后,依法判决适当减少违约金。

被告因客观原因在第一审程序中未到庭参加诉讼,但是在第二审程序中到庭参加诉讼并请求减少违约金的,第二审人民法院可以在当事人就是否应当调整违约金充分举证、质证、辩论后,依法判决适当减少违约金。

第六十七条　当事人交付留置金、担保金、保证金、订约金、押金或者订金等,但是没有约定定金性质,一方主张适用民法典第五百八十七条规定的定金罚则的,人民法院不予支持。当事人约定了定金性质,但是未约定定金类型或者约定不明,一方主张为违约定金的,人民法院应予支持。

当事人约定以交付定金作为订立合同的担保,一方拒绝订立合同或者在磋商订立合同时违背诚信原则导致未能订立合同,对方主张适用民法典第五百八十七条规定的定金罚则的,人民法院应予支持。

当事人约定以交付定金作为合同成立或者生效条件,应当交付定金的一方未交付定金,但是合同主要义务已经履行完毕并为对方所接受的,人民法院应当认定合同在对方接受履行时已经成立或者生效。

当事人约定定金性质为解约定金,交付定金的一方主张以丧失定金为代价解除合同的,或者收受定金的一方主张以双倍返还定金为代价解除合同的,人民法院应予支持。

第六十八条　双方当事人均具有致使不能实现合同目的的违约行为,其中一方请求适用定金罚则的,人民法院不予支持。当事人一方仅有轻微违约,对方具有致使不能实现合同目的的违约行为,轻微违约方主张适用定金罚则,对方以轻微违约方也构成违约为由抗辩的,人民法院对该抗辩不予支持。

当事人一方已经部分履行合同,对方接受并主张按照未履行部分所占比例适用定金罚则的,人民法院应予支持。对方主张按照合同整体适用定金罚则的,人民法院不予支持,但是部分未履行致使不能实现合同目的的除外。

因不可抗力致使合同不能履行,非违约方主张适用定金罚则的,人民法院不予支持。

九、附　　则

第六十九条　本解释自 2023 年 12 月 5 日起施行。

民法典施行后的法律事实引起的民事案件,本解释施行后尚未终审的,适用本解释;本解释施行前已经终审,当事人申请再审或者按照审判监督程序决定再审的,不适用本解释。

最高人民法院关于适用《中华人民共和国民法典》有关担保制度的解释

(2020 年 12 月 25 日最高人民法院审判委员会第 1824 次会议通过　2020 年 12 月 31 日公布　法释〔2020〕28 号　自 2021 年 1 月 1 日起施行)

为正确适用《中华人民共和国民法典》有关担保制度的规定,结合民事审判实践,制定本解释。

一、关于一般规定

第一条　因抵押、质押、留置、保证等担保发生的纠纷,适用本解释。所有权保留买卖、融资租赁、保理等涉及担保功能发生的纠纷,适用本解释的有关规定。

第二条　当事人在担保合同中约定担保合同的效力独立于主合同,或者约定担保人对主合同无效的法律后果承担担保责任,该有关担保独立性的约定无效。主合同有效的,有关担保独立性的约定无效不影响担保合同的效力;主合同无效的,人民法院应当认定担保合同无效,但是法律另有规定的除外。

因金融机构开立的独立保函发生的纠纷,适用《最高人民法院关于审理独立保函纠纷案件若干问题的规定》。

第三条 当事人对担保责任的承担约定专门的违约责任,或者约定的担保责任范围超出债务人应当承担的责任范围,担保人主张仅在债务人应当承担的责任范围内承担责任的,人民法院应予支持。

担保人承担的责任超出债务人应当承担的责任范围,担保人向债务人追偿,债务人主张仅在其应当承担的责任范围内承担责任的,人民法院应予支持;担保人请求债权人返还超出部分的,人民法院依法予以支持。

第四条 有下列情形之一,当事人将担保物权登记在他人名下,债务人不履行到期债务或者发生当事人约定的实现担保物权的情形,债权人或者其受托人主张就该财产优先受偿的,人民法院依法予以支持:

(一)为债券持有人提供的担保物权登记在债券受托管理人名下;

(二)为委托贷款人提供的担保物权登记在受托人名下;

(三)担保人知道债权人与他人之间存在委托关系的其他情形。

第五条 机关法人提供担保的,人民法院应当认定担保合同无效,但是经国务院批准为使用外国政府或者国际经济组织贷款进行转贷的除外。

居民委员会、村民委员会提供担保的,人民法院应当认定担保合同无效,但是依法代行村集体经济组织职能的村民委员会,依照村民委员会组织法规定的讨论决定程序对外提供担保的除外。

第六条 以公益为目的的非营利性学校、幼儿园、医疗机构、养老机构等提供担保的,人民法院应当认定担保合同无效,但是有下列情形之一的除外:

(一)在购入或者以融资租赁方式承租教育设施、医疗卫生设施、养老服务设施和其他公益设施时,出卖人、出租人为担保价款或者租金实现而在该公益设施上保留所有权;

(二)以教育设施、医疗卫生设施、养老服务设施和其他公益设施以外的不动产、动产或者财产权利设立担保物权。

登记为营利法人的学校、幼儿园、医疗机构、养老机构等提供担保,当事人以其不具有担保资格为由主张担保合同无效的,人民法院不予支持。

第七条 公司的法定代表人违反公司法关于公司对外担保决议程序的规定,超越权限代表公司与相对人订立担保合同,人民法院应当依照民法典第六十一条和第五百零四条等规定处理:

（一）相对人善意的，担保合同对公司发生效力；相对人请求公司承担担保责任的，人民法院应予支持。

（二）相对人非善意的，担保合同对公司不发生效力；相对人请求公司承担赔偿责任的，参照适用本解释第十七条的有关规定。

法定代表人超越权限提供担保造成公司损失，公司请求法定代表人承担赔偿责任的，人民法院应予支持。

第一款所称善意，是指相对人在订立担保合同时不知道且不应当知道法定代表人超越权限。相对人有证据证明已对公司决议进行了合理审查，人民法院应当认定其构成善意，但是公司有证据证明相对人知道或者应当知道决议系伪造、变造的除外。

第八条 有下列情形之一，公司以其未依照公司法关于公司对外担保的规定作出决议为由主张不承担担保责任的，人民法院不予支持：

（一）金融机构开立保函或者担保公司提供担保；

（二）公司为其全资子公司开展经营活动提供担保；

（三）担保合同系由单独或者共同持有公司三分之二以上对担保事项有表决权的股东签字同意。

上市公司对外提供担保，不适用前款第二项、第三项的规定。

第九条 相对人根据上市公司公开披露的关于担保事项已经董事会或者股东大会决议通过的信息，与上市公司订立担保合同，相对人主张担保合同对上市公司发生效力，并由上市公司承担担保责任的，人民法院应予支持。

相对人未根据上市公司公开披露的关于担保事项已经董事会或者股东大会决议通过的信息，与上市公司订立担保合同，上市公司主张担保合同对其不发生效力，且不承担担保责任或者赔偿责任的，人民法院应予支持。

相对人与上市公司已公开披露的控股子公司订立的担保合同，或者相对人与股票在国务院批准的其他全国性证券交易场所交易的公司订立的担保合同，适用前两款规定。

第十条 一人有限责任公司为其股东提供担保，公司以违反公司法关于公司对外担保决议程序的规定为由主张不承担担保责任的，人民法院不予支持。公司因承担担保责任导致无法清偿其他债务，提供担保时的股东不能证明公司财产独立于自己的财产，其他债权人请求该股东承担连带责任的，人民法院应予支持。

第十一条 公司的分支机构未经公司股东（大）会或者董事会决议以自己的名义对外提供担保，相对人请求公司或者其分支机构承担担保责任的，人民法院不予支持,但是相对人不知道且不应当知道分支机构对外提供担保未经公司决议程序的除外。

金融机构的分支机构在其营业执照记载的经营范围内开立保函,或者经有权从事担保业务的上级机构授权开立保函,金融机构或者其分支机构以违反公司法关于公司对外担保决议程序的规定为由主张不承担担保责任的,人民法院不予支持。金融机构的分支机构未经金融机构授权提供保函之外的担保,金融机构或者其分支机构主张不承担担保责任的,人民法院应予支持,但是相对人不知道且不应当知道分支机构对外提供担保未经金融机构授权的除外。

担保公司的分支机构未经担保公司授权对外提供担保,担保公司或者其分支机构主张不承担担保责任的,人民法院应予支持,但是相对人不知道且不应当知道分支机构对外提供担保未经担保公司授权的除外。

公司的分支机构对外提供担保,相对人非善意,请求公司承担赔偿责任的,参照本解释第十七条的有关规定处理。

第十二条 法定代表人依照民法典第五百五十二条的规定以公司名义加入债务的,人民法院在认定该行为的效力时,可以参照本解释关于公司为他人提供担保的有关规则处理。

第十三条 同一债务有两个以上第三人提供担保,担保人之间约定相互追偿及分担份额,承担了担保责任的担保人请求其他担保人按照约定分担份额的,人民法院应予支持;担保人之间约定承担连带共同担保,或者约定相互追偿但是未约定分担份额的,各担保人按照比例分担向债务人不能追偿的部分。

同一债务有两个以上第三人提供担保,担保人之间未对相互追偿作出约定且未约定承担连带共同担保,但是各担保人在同一份合同书上签字、盖章或者按指印,承担了担保责任的担保人请求其他担保人按照比例分担向债务人不能追偿部分的,人民法院应予支持。

除前两款规定的情形外,承担了担保责任的担保人请求其他担保人分担向债务人不能追偿部分的,人民法院不予支持。

第十四条 同一债务有两个以上第三人提供担保,担保人受让债权的,人民法院应当认定该行为系承担担保责任。受让债权的担保人作为债权人请求其他担保人承担担保责任的,人民法院不予支持;该担保人请求其他担保人分担相应份额的,依照本解释第十三条的规定处理。

第十五条 最高额担保中的最高债权额,是指包括主债权及其利息、违约金、损害赔偿金、保管担保财产的费用、实现债权或者实现担保物权的费用等在内的全部债权,但是当事人另有约定的除外。

登记的最高债权额与当事人约定的最高债权额不一致的,人民法院应当依据登记的最高债权额确定债权人优先受偿的范围。

第十六条 主合同当事人协议以新贷偿还旧贷,债权人请求旧贷的担保人承担担保责任的,人民法院不予支持;债权人请求新贷的担保人承担担保责任的,按照下列情形处理:

(一)新贷与旧贷的担保人相同的,人民法院应予支持;

(二)新贷与旧贷的担保人不同,或者旧贷无担保新贷有担保的,人民法院不予支持,但是债权人有证据证明新贷的担保人提供担保时对以新贷偿还旧贷的事实知道或者应当知道的除外。

主合同当事人协议以新贷偿还旧贷,旧贷的物的担保人在登记尚未注销的情形下同意继续为新贷提供担保,在订立新的贷款合同前又以该担保财产为其他债权人设立担保物权,其他债权人主张其担保物权顺位优先于新贷债权人的,人民法院不予支持。

第十七条 主合同有效而第三人提供的担保合同无效,人民法院应当区分不同情形确定担保人的赔偿责任:

(一)债权人与担保人均有过错的,担保人承担的赔偿责任不应超过债务人不能清偿部分的二分之一;

(二)担保人有过错而债权人无过错的,担保人对债务人不能清偿的部分承担赔偿责任;

(三)债权人有过错而担保人无过错的,担保人不承担赔偿责任。

主合同无效导致第三人提供的担保合同无效,担保人无过错的,不承担赔偿责任;担保人有过错的,其承担的赔偿责任不应超过债务人不能清偿部分的三分之一。

第十八条 承担了担保责任或者赔偿责任的担保人,在其承担责任的范围内向债务人追偿的,人民法院应予支持。

同一债权既有债务人自己提供的物的担保,又有第三人提供的担保,承担了担保责任或者赔偿责任的第三人,主张行使债权人对债务人享有的担保物权的,人民法院应予支持。

第十九条 担保合同无效,承担了赔偿责任的担保人按照反担保合同的约定,在其承担赔偿责任的范围内请求反担保人承担担保责任的,人民法院应予支持。

反担保合同无效的,依照本解释第十七条的有关规定处理。当事人仅以担保合同无效为由主张反担保合同无效的,人民法院不予支持。

第二十条 人民法院在审理第三人提供的物的担保纠纷案件时,可以适用民法典第六百九十五条第一款、第六百九十六条第一款、第六百九十七条第二款、第六百九十九条、第七百条、第七百零一条、第七百零二条等关于保证合同的规定。

第二十一条 主合同或者担保合同约定了仲裁条款的,人民法院对约定仲裁条款的合同当事人之间的纠纷无管辖权。

债权人一并起诉债务人和担保人的,应当根据主合同确定管辖法院。

债权人依法可以单独起诉担保人且仅起诉担保人的,应当根据担保合同确定管辖法院。

第二十二条 人民法院受理债务人破产案件后,债权人请求担保人承担担保责任,担保人主张担保债务自人民法院受理破产申请之日起停止计息的,人民法院对担保人的主张应予支持。

第二十三条 人民法院受理债务人破产案件,债权人在破产程序中申报债权后又向人民法院提起诉讼,请求担保人承担担保责任的,人民法院依法予以支持。

担保人清偿债权人的全部债权后,可以代替债权人在破产程序中受偿;在债权人的债权未获全部清偿前,担保人不得代替债权人在破产程序中受偿,但是有权就债权人通过破产分配和实现担保债权等方式获得清偿总额中超出债权的部分,在其承担担保责任的范围内请求债权人返还。

债权人在债务人破产程序中未获全部清偿,请求担保人继续承担担保责任的,人民法院应予支持;担保人承担担保责任后,向和解协议或者重整计划执行完毕后的债务人追偿的,人民法院不予支持。

第二十四条 债权人知道或者应当知道债务人破产,既未申报债权也未通知担保人,致使担保人不能预先行使追偿权的,担保人就该债权在破产程序中可能受偿的范围内免除担保责任,但是担保人因自身过错未行使追偿权的除外。

二、关于保证合同

第二十五条 当事人在保证合同中约定了保证人在债务人不能履行债务或者无力偿还债务时才承担保证责任等类似内容,具有债务人应当先承担责任的意思表示的,人民法院应当将其认定为一般保证。

当事人在保证合同中约定了保证人在债务人不履行债务或者未偿还债务时即承担保证责任、无条件承担保证责任等类似内容,不具有债务人应当先承担责任的意思表示的,人民法院应当将其认定为连带责任保证。

第二十六条 一般保证中,债权人以债务人为被告提起诉讼的,人民法院应予受理。债权人未就主合同纠纷提起诉讼或者申请仲裁,仅起诉一般保证人的,人民法院应当驳回起诉。

一般保证中,债权人一并起诉债务人和保证人的,人民法院可以受理,但是在作出判决时,除有民法典第六百八十七条第二款但书规定的情形外,应当在判决书主文中明确,保证人仅对债务人财产依法强制执行后仍不能履行的部分承担保证责任。

债权人未对债务人的财产申请保全,或者保全的债务人的财产足以清偿债务,债权人申请对一般保证人的财产进行保全的,人民法院不予准许。

第二十七条 一般保证的债权人取得对债务人赋予强制执行效力的公证债权文书后,在保证期间内向人民法院申请强制执行,保证人以债权人未在保证期间内对债务人提起诉讼或者申请仲裁为由主张不承担保证责任的,人民法院不予支持。

第二十八条 一般保证中,债权人依据生效法律文书对债务人的财产依法申请强制执行,保证债务诉讼时效的起算时间按下列规则确定:

(一)人民法院作出终结本次执行程序裁定,或者依照民事诉讼法第二百五十七条第三项、第五项的规定作出终结执行裁定的,自裁定送达债权人之日起开始计算;

(二)人民法院自收到申请执行书之日起一年内未作出前项裁定的,自人民法院收到申请执行书满一年之日起开始计算,但是保证人有证据证明债务人仍有财产可供执行的除外。

一般保证的债权人在保证期间届满前对债务人提起诉讼或者申请仲裁,债权人举证证明存在民法典第六百八十七条第二款但书规定情形的,保证债务的诉讼时效自债权人知道或者应当知道该情形之日起开始计算。

第二十九条 同一债务有两个以上保证人,债权人以其已经在保证期间内依法向部分保证人行使权利为由,主张已经在保证期间内向其他保证人行使权利的,人民法院不予支持。

同一债务有两个以上保证人,保证人之间相互有追偿权,债权人未在保证期间内依法向部分保证人行使权利,导致其他保证人在承担保证责任后丧失追偿权,其他保证人主张在其不能追偿的范围内免除保证责任的,人民法院应予支持。

第三十条 最高额保证合同对保证期间的计算方式、起算时间等有约定的,按照其约定。

最高额保证合同对保证期间的计算方式、起算时间等没有约定或者约定不明,被担保债权的履行期限均已届满的,保证期间自债权确定之日起开始计算;被担保债权的履行期限尚未届满的,保证期间自最后到期债权的履行期限届满之日起开始计算。

前款所称债权确定之日,依照民法典第四百二十三条的规定认定。

第三十一条 一般保证的债权人在保证期间内对债务人提起诉讼或者申请仲裁后,又撤回起诉或者仲裁申请,债权人在保证期间届满前未再行提起诉讼或者申请仲裁,保证人主张不再承担保证责任的,人民法院应予支持。

连带责任保证的债权人在保证期间内对保证人提起诉讼或者申请仲裁后,又撤回起诉或者仲裁申请,起诉状副本或者仲裁申请书副本已经送达保证人的,人民法院应当认定债权人已经在保证期间内向保证人行使了权利。

第三十二条 保证合同约定保证人承担保证责任直至主债务本息还清时为止等类似内容的,视为约定不明,保证期间为主债务履行期限届满之日起六个月。

第三十三条 保证合同无效,债权人未在约定或者法定的保证期间内依法行使权利,保证人主张不承担赔偿责任的,人民法院应予支持。

第三十四条 人民法院在审理保证合同纠纷案件时,应当将保证期间是否届满、债权人是否在保证期间内依法行使权利等事实作为案件基本事实予以查明。

债权人在保证期间内未依法行使权利的,保证责任消灭。保证责任消灭后,债权人书面通知保证人要求承担保证责任,保证人在通知书上签字、盖章或者按指印,债权人请求保证人继续承担保证责任的,人民法院不予支持,但是债权人有证据证明成立了新的保证合同的除外。

第三十五条 保证人知道或者应当知道主债权诉讼时效期间届满仍然提供保证或者承担保证责任,又以诉讼时效期间届满为由拒绝承担保证责任或者请求返还财产的,人民法院不予支持;保证人承担保证责任后向债务人追偿的,人民法院不予支持,但是债务人放弃诉讼时效抗辩的除外。

第三十六条 第三人向债权人提供差额补足、流动性支持等类似承诺文件作为增信措施,具有提供担保的意思表示,债权人请求第三人承担保证责任的,人民法院应当依照保证的有关规定处理。

第三人向债权人提供的承诺文件,具有加入债务或者与债务人共同承担债务等意思表示的,人民法院应当认定为民法典第五百五十二条规定的债务加入。

前两款中第三人提供的承诺文件难以确定是保证还是债务加入的,人民法院应当将其认定为保证。

第三人向债权人提供的承诺文件不符合前三款规定的情形,债权人请求第三人承担保证责任或者连带责任的,人民法院不予支持,但是不影响其依据承诺文件请求第三人履行约定的义务或者承担相应的民事责任。

三、关于担保物权

(一)担保合同与担保物权的效力

第三十七条 当事人以所有权、使用权不明或者有争议的财产抵押,经审查构成无权处分的,人民法院应当依照民法典第三百一十一条的规定处理。

当事人以依法被查封或者扣押的财产抵押,抵押权人请求行使抵押权,经审查查封或者扣押措施已经解除的,人民法院应予支持。抵押人以抵押权设立时财产被查封或者扣押为由主张抵押合同无效的,人民法院不予支持。

以依法被监管的财产抵押的,适用前款规定。

第三十八条 主债权未受全部清偿,担保物权人主张就担保财产的全部行使担保物权的,人民法院应予支持,但是留置权人行使留置权的,应当依照民法典第四百五十条的规定处理。

担保财产被分割或者部分转让,担保物权人主张就分割或者转让后的担保财产行使担保物权的,人民法院应予支持,但是法律或者司法解释另有规定的除外。

第三十九条 主债权被分割或者部分转让,各债权人主张就其享有的债权份额行使担保物权的,人民法院应予支持,但是法律另有规定或者当事人另有约定的除外。

主债务被分割或者部分转移,债务人自己提供物的担保,债权人请求以该担保财产担保全部债务履行的,人民法院应予支持;第三人提供物的担保,主张对未经其书面同意转移的债务不再承担担保责任的,人民法院应予支持。

第四十条 从物产生于抵押权依法设立前,抵押权人主张抵押权的效力及于从物的,人民法院应予支持,但是当事人另有约定的除外。

从物产生于抵押权依法设立后,抵押权人主张抵押权的效力及于从物的,人民法院不予支持,但是在抵押权实现时可以一并处分。

第四十一条 抵押权依法设立后,抵押财产被添附,添附物归第三人所有,抵押权人主张抵押权效力及于补偿金的,人民法院应予支持。

抵押权依法设立后,抵押财产被添附,抵押人对添附物享有所有权,抵押权人主张抵押权的效力及于添附物的,人民法院应予支持,但是添附导致抵押财产价值增加的,抵押权的效力不及于增加的价值部分。

抵押权依法设立后,抵押人与第三人因添附成为添附物的共有人,抵押权人主张抵押权的效力及于抵押人对共有物享有的份额的,人民法院应予支持。

本条所称添附,包括附合、混合与加工。

第四十二条 抵押权依法设立后,抵押财产毁损、灭失或者被征收等,抵押权人请求按照原抵押权的顺位就保险金、赔偿金或者补偿金等优先受偿的,人民法院应予支持。

给付义务人已经向抵押人给付了保险金、赔偿金或者补偿金,抵押权人请求给付义务人向其给付保险金、赔偿金或者补偿金的,人民法院不予支持,但是给付义务人接到抵押权人要求向其给付的通知后仍然向抵押人给付的除外。

抵押权人请求给付义务人向其给付保险金、赔偿金或者补偿金的,人民法院可以通知抵押人作为第三人参加诉讼。

第四十三条 当事人约定禁止或者限制转让抵押财产但是未将约定登记,抵押人违反约定转让抵押财产,抵押权人请求确认转让合同无效的,人民法院不予支持;抵押财产已经交付或者登记,抵押权人请求确认转让不发生物权效力的,人民法院不予支持,但是抵押权人有证据证明受让人知道的除外;抵押权人请求抵押人承担违约责任的,人民法院依法予以支持。

当事人约定禁止或者限制转让抵押财产且已经将约定登记,抵押人违反约定转让抵押财产,抵押权人请求确认转让合同无效的,人民法院不予支持;抵押财产已经交付或者登记,抵押权人主张转让不发生物权效力的,人民法院应予支持,但是因受让人代替债务人清偿债务导致抵押权消灭的除外。

第四十四条 主债权诉讼时效期间届满后,抵押权人主张行使抵押权的,人民法院不予支持;抵押人以主债权诉讼时效期间届满为由,主张不承担担保责任的,人民法院应予支持。主债权诉讼时效期间届满前,债权人仅对债务人提起诉讼,经人民法院判决或者调解后未在民事诉讼法规定的申请执行时效期间内对债务人申请强制执行,其向抵押人主张行使抵押权的,人民法院不予支持。

主债权诉讼时效期间届满后,财产被留置的债务人或者对留置财产享有所有权的第三人请求债权人返还留置财产的,人民法院不予支持;债务人或者第三人请求拍卖、变卖留置财产并以所得价款清偿债务的,人民法院应予支持。

主债权诉讼时效期间届满的法律后果,以登记作为公示方式的权利质权,参照适用第一款的规定;动产质权、以交付权利凭证作为公示方式的权利质权,参照适用第二款的规定。

第四十五条 当事人约定当债务人不履行到期债务或者发生当事人约定的实现担保物权的情形,担保物权人有权将担保财产自行拍卖、变卖并就所得的价款优先受偿,该约定有效。因担保人的原因导致担保物权人无法自行对担保财产进行拍卖、变卖,担保物权人请求担保人承担因此增加的费用的,人民法院应予支持。

当事人依照民事诉讼法有关"实现担保物权案件"的规定,申请拍卖、变卖担保财产,被申请人以担保合同约定仲裁条款为由主张驳回申请的,人民法院经审查后,应当按照以下情形分别处理:

(一)当事人对担保物权无实质性争议且实现担保物权条件已经成就的,应当裁定准许拍卖、变卖担保财产;

(二)当事人对实现担保物权有部分实质性争议的,可以就无争议的部分裁定准许拍卖、变卖担保财产,并告知可以就有争议的部分申请仲裁;

(三)当事人对实现担保物权有实质性争议的,裁定驳回申请,并告知可以向仲裁机构申请仲裁。

债权人以诉讼方式行使担保物权的,应当以债务人和担保人作为共同被告。

(二)不动产抵押

第四十六条 不动产抵押合同生效后未办理抵押登记手续,债权人请求抵押人办理抵押登记手续的,人民法院应予支持。

抵押财产因不可归责于抵押人自身的原因灭失或者被征收等导致不能办理抵押登记,债权人请求抵押人在约定的担保范围内承担责任的,人民法院不予支持;但是抵押人已经获得保险金、赔偿金或者补偿金等,债权人请求抵押人在其所获金额范围内承担赔偿责任的,人民法院依法予以支持。

因抵押人转让抵押财产或者其他可归责于抵押人自身的原因导致不能办理抵押登记,债权人请求抵押人在约定的担保范围内承担责任的,人民法院依法予以支持,但是不得超过抵押权能够设立时抵押人应当承担的责任范围。

第四十七条 不动产登记簿就抵押财产、被担保的债权范围等所作的记载与抵押合同约定不一致的,人民法院应当根据登记簿的记载确定抵押财产、被担保的债权范围等事项。

第四十八条 当事人申请办理抵押登记手续时,因登记机构的过错致使其不能办理抵押登记,当事人请求登记机构承担赔偿责任的,人民法院依法予以支持。

第四十九条 以违法的建筑物抵押的,抵押合同无效,但是一审法庭辩论终结前已经办理合法手续的除外。抵押合同无效的法律后果,依照本解释第十七条的有关规定处理。

当事人以建设用地使用权依法设立抵押,抵押人以土地上存在违法的建筑物为由主张抵押合同无效的,人民法院不予支持。

第五十条 抵押人以划拨建设用地上的建筑物抵押,当事人以该建设用地使用权不能抵押或者未办理批准手续为由主张抵押合同无效或者不生效的,人民法院不予支持。抵押权依法实现时,拍卖、变卖建筑物所得的价款,应当优先用于补缴建设用地使用权出让金。

当事人以划拨方式取得的建设用地使用权抵押,抵押人以未办理批准手续为由主张抵押合同无效或者不生效的,人民法院不予支持。已经依法办理抵押登记,抵押权人主张行使抵押权的,人民法院应予支持。抵押权依法实现时所得的价款,参照前款有关规定处理。

第五十一条 当事人仅以建设用地使用权抵押,债权人主张抵押权的效力及于土地上已有的建筑物以及正在建造的建筑物已完成部分的,人民法院应予支持。债权人主张抵押权的效力及于正在建造的建筑物的续建部分以及新增建筑物的,人民法院不予支持。

当事人以正在建造的建筑物抵押,抵押权的效力范围限于已办理抵押登记的部分。当事人按照担保合同的约定,主张抵押权的效力及于续建部分、新增建筑物以及规划中尚未建造的建筑物的,人民法院不予支持。

抵押人将建设用地使用权、土地上的建筑物或者正在建造的建筑物分别抵押给不同债权人的,人民法院应当根据抵押登记的时间先后确定清偿顺序。

第五十二条 当事人办理抵押预告登记后,预告登记权利人请求就抵押财产优先受偿,经审查存在尚未办理建筑物所有权首次登记、预告登记的财产与办理建筑物所有权首次登记时的财产不一致、抵押预告登记已经失效等情形,导致不具备办理抵押登记条件的,人民法院不予支持;经审查已经办理建筑物所有权首次登记,且不存在预告登记失效等情形的,人民法院应予支持,并应当认定抵押权自预告登记之日起设立。

当事人办理了抵押预告登记,抵押人破产,经审查抵押财产属于破产财产,预告登记权利人主张就抵押财产优先受偿的,人民法院应当在受理破产申请时抵押财产的价值范围内予以支持,但是在人民法院受理破产申请前一年内,债务人对没有财产担保的债务设立抵押预告登记的除外。

(三) 动产与权利担保

第五十三条 当事人在动产和权利担保合同中对担保财产进行概括描述,该描述能够合理识别担保财产的,人民法院应当认定担保成立。

第五十四条 动产抵押合同订立后未办理抵押登记,动产抵押权的效力按照下列情形分别处理:

(一)抵押人转让抵押财产,受让人占有抵押财产后,抵押权人向受让人请求行使抵押权的,人民法院不予支持,但是抵押权人能够举证证明受让人知道或者应当知道已经订立抵押合同的除外;

(二)抵押人将抵押财产出租给他人并移转占有,抵押权人行使抵押权的,租赁关系不受影响,但是抵押权人能够举证证明承租人知道或者应当知道已经订立抵押合同的除外;

(三)抵押人的其他债权人向人民法院申请保全或者执行抵押财产,人民法院已经作出财产保全裁定或者采取执行措施,抵押权人主张对抵押财产优先受偿的,人民法院不予支持;

(四)抵押人破产,抵押权人主张对抵押财产优先受偿的,人民法院不予支持。

第五十五条 债权人、出质人与监管人订立三方协议,出质人以通过一定数量、品种等概括描述能够确定范围的货物为债务的履行提供担保,当事人有证据证明监管人系受债权人的委托监管并实际控制该货物的,人民法院应当认定质权于监管人实际控制货物之日起设立。监管人违反约定向出质人或者其他人放货、因保管不善导致货物毁损灭失,债权人请求监管人承担违约责任的,人民法院依法予以支持。

在前款规定情形下,当事人有证据证明监管人系受出质人委托监管该货物,或者虽然受债权人委托但是未实际履行监管职责,导致货物仍由出质人实际控制的,人民法院应当认定质权未设立。债权人可以基于质押合同的约定请求出质人承担违约责任,但是不得超过质权有效设立时出质人应当承担的责任范围。监管人未履行监管职责,债权人请求监管人承担责任的,人民法院依法予以支持。

第五十六条 买受人在出卖人正常经营活动中通过支付合理对价取得已被设立担保物权的动产,担保物权人请求就该动产优先受偿的,人民法院不予支持,但是有下列情形之一的除外:

（一）购买商品的数量明显超过一般买受人；
（二）购买出卖人的生产设备；
（三）订立买卖合同的目的在于担保出卖人或者第三人履行债务；
（四）买受人与出卖人存在直接或者间接的控制关系；
（五）买受人应当查询抵押登记而未查询的其他情形。

前款所称出卖人正常经营活动，是指出卖人的经营活动属于其营业执照明确记载的经营范围，且出卖人持续销售同类商品。前款所称担保物权人，是指已经办理登记的抵押权人、所有权保留买卖的出卖人、融资租赁合同的出租人。

第五十七条 担保人在设立动产浮动抵押并办理抵押登记后又购入或者以融资租赁方式承租新的动产，下列权利人为担保价款债权或者租金的实现而订立担保合同，并在该动产交付后十日内办理登记，主张其权利优先于在先设立的浮动抵押权的，人民法院应予支持：
（一）在该动产上设立抵押权或者保留所有权的出卖人；
（二）为价款支付提供融资而在该动产上设立抵押权的债权人；
（三）以融资租赁方式出租该动产的出租人。

买受人取得动产但未付清价款或者承租人以融资租赁方式占有租赁物但是未付清全部租金，又以标的物为他人设立担保物权，前款所列权利人为担保价款债权或者租金的实现而订立担保合同，并在该动产交付后十日内办理登记，主张其权利优先于买受人为他人设立的担保物权的，人民法院应予支持。

同一动产上存在多个价款优先权的，人民法院应当按照登记的时间先后确定清偿顺序。

第五十八条 以汇票出质，当事人以背书记载"质押"字样并在汇票上签章，汇票已经交付质权人的，人民法院应当认定质权自汇票交付质权人时设立。

第五十九条 存货人或者仓单持有人在仓单上以背书记载"质押"字样，并经保管人签章，仓单已经交付质权人的，人民法院应当认定质权自仓单交付质权人时设立。没有权利凭证的仓单，依法可以办理出质登记的，仓单质权自办理出质登记时设立。

出质人既以仓单出质，又以仓储物设立担保，按照公示的先后确定清偿顺序；难以确定先后的，按照债权比例清偿。

保管人为同一货物签发多份仓单，出质人在多份仓单上设立多个质权，按照公示的先后确定清偿顺序；难以确定先后的，按照债权比例受偿。

存在第二款、第三款规定的情形，债权人举证证明其损失系由出质人与保管人的共同行为所致，请求出质人与保管人承担连带赔偿责任的，人民法院应予支持。

第六十条　在跟单信用证交易中，开证行与开证申请人之间约定以提单作为担保的，人民法院应当依照民法典关于质权的有关规定处理。

在跟单信用证交易中，开证行依据其与开证申请人之间的约定或者跟单信用证的惯例持有提单，开证申请人未按照约定付款赎单，开证行主张对提单项下货物优先受偿的，人民法院应予支持；开证行主张对提单项下货物享有所有权的，人民法院不予支持。

在跟单信用证交易中，开证行依据其与开证申请人之间的约定或者跟单信用证的惯例，通过转让提单或者提单项下货物取得价款，开证申请人请求返还超出债权部分的，人民法院应予支持。

前三款规定不影响合法持有提单的开证行以提单持有人身份主张运输合同项下的权利。

第六十一条　以现有的应收账款出质，应收账款债务人向质权人确认应收账款的真实性后，又以应收账款不存在或者已经消灭为由主张不承担责任的，人民法院不予支持。

以现有的应收账款出质，应收账款债务人未确认应收账款的真实性，质权人以应收账款债务人为被告，请求就应收账款优先受偿，能够举证证明办理出质登记时应收账款真实存在的，人民法院应予支持；质权人不能举证证明办理出质登记时应收账款真实存在，仅以已经办理出质登记为由，请求就应收账款优先受偿的，人民法院不予支持。

以现有的应收账款出质，应收账款债务人已经向应收账款债权人履行了债务，质权人请求应收账款债务人履行债务的，人民法院不予支持，但是应收账款债务人接到质权人要求向其履行的通知后，仍然向应收账款债权人履行的除外。

以基础设施和公用事业项目收益权、提供服务或者劳务产生的债权以及其他将有的应收账款出质，当事人为应收账款设立特定账户，发生法定或者约定的质权实现事由时，质权人请求就该特定账户内的款项优先受偿的，人民法院应予支持；特定账户内的款项不足以清偿债务或者未设立特定账户，质权人请求折价或者拍卖、变卖项目收益权等将有的应收账款，并以所得的价款优先受偿的，人民法院依法予以支持。

第六十二条　债务人不履行到期债务，债权人因同一法律关系留置合法占有的第三人的动产，并主张就该留置财产优先受偿的，人民法院应予支持。第三人以该留置财产并非债务人的财产为由请求返还的，人民法院不予支持。

企业之间留置的动产与债权并非同一法律关系,债务人以该债权不属于企业持续经营中发生的债权为由请求债权人返还留置财产的,人民法院应予支持。

企业之间留置的动产与债权并非同一法律关系,债权人留置第三人的财产,第三人请求债权人返还留置财产的,人民法院应予支持。

四、关于非典型担保

第六十三条 债权人与担保人订立担保合同,约定以法律、行政法规尚未规定可以担保的财产权利设立担保,当事人主张合同无效的,人民法院不予支持。当事人未在法定的登记机构依法进行登记,主张该担保具有物权效力的,人民法院不予支持。

第六十四条 在所有权保留买卖中,出卖人依法有权取回标的物,但是与买受人协商不成,当事人请求参照民事诉讼法"实现担保物权案件"的有关规定,拍卖、变卖标的物的,人民法院应予准许。

出卖人请求取回标的物,符合民法典第六百四十二条规定的,人民法院应予支持;买受人以抗辩或者反诉的方式主张拍卖、变卖标的物,并在扣除买受人未支付的价款以及必要费用后返还剩余款项的,人民法院应当一并处理。

第六十五条 在融资租赁合同中,承租人未按照约定支付租金,经催告后在合理期限内仍不支付,出租人请求承租人支付全部剩余租金,并以拍卖、变卖租赁物所得的价款受偿的,人民法院应予支持;当事人请求参照民事诉讼法"实现担保物权案件"的有关规定,以拍卖、变卖租赁物所得价款支付租金的,人民法院应予准许。

出租人请求解除融资租赁合同并收回租赁物,承租人以抗辩或者反诉的方式主张返还租赁物价值超过欠付租金以及其他费用的,人民法院应当一并处理。当事人对租赁物的价值有争议的,应当按照下列规则确定租赁物的价值:

(一)融资租赁合同有约定的,按照其约定;

(二)融资租赁合同未约定或者约定不明的,根据约定的租赁物折旧以及合同到期后租赁物的残值来确定;

(三)根据前两项规定的方法仍然难以确定,或者当事人认为根据前两项规定的方法确定的价值严重偏离租赁物实际价值的,根据当事人的申请委托有资质的机构评估。

第六十六条 同一应收账款同时存在保理、应收账款质押和债权转让,当事人主张参照民法典第七百六十八条的规定确定优先顺序的,人民法院应予支持。

在有追索权的保理中,保理人以应收账款债权人或者应收账款债务人为被告提起诉讼,人民法院应予受理;保理人一并起诉应收账款债权人和应收账款债务人的,人民法院可以受理。

应收账款债权人向保理人返还保理融资款本息或者回购应收账款债权后,请求应收账款债务人向其履行应收账款债务的,人民法院应予支持。

第六十七条 在所有权保留买卖、融资租赁等合同中,出卖人、出租人的所有权未经登记不得对抗的"善意第三人"的范围及其效力,参照本解释第五十四条的规定处理。

第六十八条 债务人或者第三人与债权人约定将财产形式上转移至债权人名下,债务人不履行到期债务,债权人有权对财产折价或者以拍卖、变卖该财产所得价款偿还债务的,人民法院应当认定该约定有效。当事人已经完成财产权利变动的公示,债务人不履行到期债务,债权人请求参照民法典关于担保物权的有关规定就该财产优先受偿的,人民法院应予支持。

债务人或者第三人与债权人约定将财产形式上转移至债权人名下,债务人不履行到期债务,财产归债权人所有的,人民法院应当认定该约定无效,但是不影响当事人有关提供担保的意思表示的效力。当事人已经完成财产权利变动的公示,债务人不履行到期债务,债权人请求对该财产享有所有权的,人民法院不予支持;债权人请求参照民法典关于担保物权的规定对财产折价或者以拍卖、变卖该财产所得的价款优先受偿的,人民法院应予支持;债务人履行债务后请求返还财产,或者请求对财产折价或者以拍卖、变卖所得的价款清偿债务的,人民法院应予支持。

债务人与债权人约定将财产转移至债权人名下,在一定期间后再由债务人或者其指定的第三人以交易本金加上溢价款回购,债务人到期不履行回购义务,财产归债权人所有的,人民法院应当参照第二款规定处理。回购对象自始不存在的,人民法院应当依照民法典第一百四十六条第二款的规定,按照其实际构成的法律关系处理。

第六十九条 股东以将其股权转移至债权人名下的方式为债务履行提供担保,公司或者公司的债权人以股东未履行或者未全面履行出资义务、抽逃出资等为由,请求作为名义股东的债权人与股东承担连带责任的,人民法院不予支持。

第七十条 债务人或者第三人为担保债务的履行,设立专门的保证金账户并由债权人实际控制,或者将其资金存入债权人设立的保证金账户,债权人主张就账户内的款项优先受偿的,人民法院应予支持。当事人以保证金账户内的款项浮动为由,主张实际控制该账户的债权人对账户内的款项不享有优先受偿权的,人民法院不予支持。

在银行账户下设立的保证金分户,参照前款规定处理。

当事人约定的保证金并非为担保债务的履行设立,或者不符合前两款规定的情形,债权人主张就保证金优先受偿的,人民法院不予支持,但是不影响当事人依照法律的规定或者按照当事人的约定主张权利。

五、附　　则

第七十一条　本解释自 2021 年 1 月 1 日起施行。

最高人民法院关于适用《中华人民共和国民法典》婚姻家庭编的解释(一)

(2020 年 12 月 25 日最高人民法院审判委员会第 1825 次会议通过　2020 年 12 月 29 日公布　法释〔2020〕22 号　自 2021 年 1 月 1 日起施行)

为正确审理婚姻家庭纠纷案件,根据《中华人民共和国民法典》《中华人民共和国民事诉讼法》等相关法律规定,结合审判实践,制定本解释。

一、一 般 规 定

第一条　持续性、经常性的家庭暴力,可以认定为民法典第一千零四十二条、第一千零七十九条、第一千零九十一条所称的"虐待"。

第二条　民法典第一千零四十二条、第一千零七十九条、第一千零九十一条规定的"与他人同居"的情形,是指有配偶者与婚外异性,不以夫妻名义,持续、稳定地共同居住。

第三条　当事人提起诉讼仅请求解除同居关系的,人民法院不予受理;已经受理的,裁定驳回起诉。

当事人因同居期间财产分割或者子女抚养纠纷提起诉讼的,人民法院应当受理。

第四条 当事人仅以民法典第一千零四十三条为依据提起诉讼的,人民法院不予受理;已经受理的,裁定驳回起诉。

第五条 当事人请求返还按照习俗给付的彩礼的,如果查明属于以下情形,人民法院应当予以支持:

(一)双方未办理结婚登记手续;

(二)双方办理结婚登记手续但确未共同生活;

(三)婚前给付并导致给付人生活困难。

适用前款第二项、第三项的规定,应当以双方离婚为条件。

二、结　　婚

第六条 男女双方依据民法典第一千零四十九条规定补办结婚登记的,婚姻关系的效力从双方均符合民法典所规定的结婚的实质要件时起算。

第七条 未依据民法典第一千零四十九条规定办理结婚登记而以夫妻名义共同生活的男女,提起诉讼要求离婚的,应当区别对待:

(一)1994年2月1日民政部《婚姻登记管理条例》公布实施以前,男女双方已经符合结婚实质要件的,按事实婚姻处理。

(二)1994年2月1日民政部《婚姻登记管理条例》公布实施以后,男女双方符合结婚实质要件的,人民法院应当告知其补办结婚登记。未补办结婚登记的,依据本解释第三条规定处理。

第八条 未依据民法典第一千零四十九条规定办理结婚登记而以夫妻名义共同生活的男女,一方死亡,另一方以配偶身份主张享有继承权的,依据本解释第七条的原则处理。

第九条 有权依据民法典第一千零五十一条规定向人民法院就已办理结婚登记的婚姻请求确认婚姻无效的主体,包括婚姻当事人及利害关系人。其中,利害关系人包括:

(一)以重婚为由的,为当事人的近亲属及基层组织;

(二)以未到法定婚龄为由的,为未到法定婚龄者的近亲属;

(三)以有禁止结婚的亲属关系为由的,为当事人的近亲属。

第十条 当事人依据民法典第一千零五十一条规定向人民法院请求确认婚姻无效,法定的无效婚姻情形在提起诉讼时已经消失的,人民法院不予支持。

第十一条 人民法院受理请求确认婚姻无效案件后,原告申请撤诉的,不予准许。

对婚姻效力的审理不适用调解,应当依法作出判决。

涉及财产分割和子女抚养的,可以调解。调解达成协议的,另行制作调解书;未达成调解协议的,应当一并作出判决。

第十二条 人民法院受理离婚案件后,经审理确属无效婚姻的,应当将婚姻无效的情形告知当事人,并依法作出确认婚姻无效的判决。

第十三条 人民法院就同一婚姻关系分别受理了离婚和请求确认婚姻无效案件的,对于离婚案件的审理,应当待请求确认婚姻无效案件作出判决后进行。

第十四条 夫妻一方或者双方死亡后,生存一方或者利害关系人依据民法典第一千零五十一条的规定请求确认婚姻无效的,人民法院应当受理。

第十五条 利害关系人依据民法典第一千零五十一条的规定,请求人民法院确认婚姻无效的,利害关系人为原告,婚姻关系当事人双方为被告。

夫妻一方死亡的,生存一方为被告。

第十六条 人民法院审理重婚导致的无效婚姻案件时,涉及财产处理的,应当准许合法婚姻当事人作为有独立请求权的第三人参加诉讼。

第十七条 当事人以民法典第一千零五十一条规定的三种无效婚姻以外的情形请求确认婚姻无效的,人民法院应当判决驳回当事人的诉讼请求。

当事人以结婚登记程序存在瑕疵为由提起民事诉讼,主张撤销结婚登记的,告知其可以依法申请行政复议或者提起行政诉讼。

第十八条 行为人以给另一方当事人或者其近亲属的生命、身体、健康、名誉、财产等方面造成损害为要挟,迫使另一方当事人违背真实意愿结婚的,可以认定为民法典第一千零五十二条所称的"胁迫"。

因受胁迫而请求撤销婚姻的,只能是受胁迫一方的婚姻关系当事人本人。

第十九条 民法典第一千零五十二条规定的"一年",不适用诉讼时效中止、中断或者延长的规定。

受胁迫或者被非法限制人身自由的当事人请求撤销婚姻的,不适用民法典第一百五十二条第二款的规定。

第二十条 民法典第一千零五十四条所规定的"自始没有法律约束力",是指无效婚姻或者可撤销婚姻在依法被确认无效或者被撤销时,才确定该婚姻自始不受法律保护。

第二十一条 人民法院根据当事人的请求,依法确认婚姻无效或者撤销婚姻的,应当收缴双方的结婚证书并将生效的判决书寄送当地婚姻登记管理机关。

第二十二条 被确认无效或者被撤销的婚姻,当事人同居期间所得的财产,除有证据证明为当事人一方所有的以外,按共同共有处理。

三、夫妻关系

第二十三条 夫以妻擅自中止妊娠侵犯其生育权为由请求损害赔偿的,人民法院不予支持;夫妻双方因是否生育发生纠纷,致使感情确已破裂,一方请求离婚的,人民法院经调解无效,应依照民法典第一千零七十九条第三款第五项的规定处理。

第二十四条 民法典第一千零六十二条第一款第三项规定的"知识产权的收益",是指婚姻关系存续期间,实际取得或者已经明确可以取得的财产性收益。

第二十五条 婚姻关系存续期间,下列财产属于民法典第一千零六十二条规定的"其他应当归共同所有的财产":

(一)一方以个人财产投资取得的收益;
(二)男女双方实际取得或者应当取得的住房补贴、住房公积金;
(三)男女双方实际取得或者应当取得的基本养老金、破产安置补偿费。

第二十六条 夫妻一方个人财产在婚后产生的收益,除孳息和自然增值外,应认定为夫妻共同财产。

第二十七条 由一方婚前承租、婚后用共同财产购买的房屋,登记在一方名下的,应当认定为夫妻共同财产。

第二十八条 一方未经另一方同意出售夫妻共同所有的房屋,第三人善意购买、支付合理对价并已办理不动产登记,另一方主张追回该房屋的,人民法院不予支持。

夫妻一方擅自处分共同所有的房屋造成另一方损失,离婚时另一方请求赔偿损失的,人民法院应予支持。

第二十九条 当事人结婚前,父母为双方购置房屋出资的,该出资应当认定为对自己子女个人的赠与,但父母明确表示赠与双方的除外。

当事人结婚后,父母为双方购置房屋出资的,依照约定处理;没有约定或者约定不明确的,按照民法典第一千零六十二条第一款第四项规定的原则处理。

第三十条 军人的伤亡保险金、伤残补助金、医药生活补助费属于个人财产。

第三十一条 民法典第一千零六十三条规定为夫妻一方的个人财产,不因婚姻关系的延续而转化为夫妻共同财产。但当事人另有约定的除外。

第三十二条　婚前或者婚姻关系存续期间,当事人约定将一方所有的房产赠与另一方或者共有,赠与方在赠与房产变更登记之前撤销赠与,另一方请求判令继续履行的,人民法院可以按照民法典第六百五十八条的规定处理。

第三十三条　债权人就一方婚前所负个人债务向债务人的配偶主张权利的,人民法院不予支持。但债权人能够证明所负债务用于婚后家庭共同生活的除外。

第三十四条　夫妻一方与第三人串通,虚构债务,第三人主张该债务为夫妻共同债务的,人民法院不予支持。

夫妻一方在从事赌博、吸毒等违法犯罪活动中所负债务,第三人主张该债务为夫妻共同债务的,人民法院不予支持。

第三十五条　当事人的离婚协议或者人民法院生效判决、裁定、调解书已经对夫妻财产分割问题作出处理的,债权人仍有权就夫妻共同债务向男女双方主张权利。

一方就夫妻共同债务承担清偿责任后,主张由另一方按照离婚协议或者人民法院的法律文书承担相应债务的,人民法院应予支持。

第三十六条　夫或者妻一方死亡的,生存一方应当对婚姻关系存续期间的夫妻共同债务承担清偿责任。

第三十七条　民法典第一千零六十五条第三款所称"相对人知道该约定的",夫妻一方对此负有举证责任。

第三十八条　婚姻关系存续期间,除民法典第一千零六十六条规定情形以外,夫妻一方请求分割共同财产的,人民法院不予支持。

四、父母子女关系

第三十九条　父或者母向人民法院起诉请求否认亲子关系,并已提供必要证据予以证明,另一方没有相反证据又拒绝做亲子鉴定的,人民法院可以认定否认亲子关系一方的主张成立。

父或者母以及成年子女起诉请求确认亲子关系,并提供必要证据予以证明,另一方没有相反证据又拒绝做亲子鉴定的,人民法院可以认定确认亲子关系一方的主张成立。

第四十条　婚姻关系存续期间,夫妻双方一致同意进行人工授精,所生子女应视为婚生子女,父母子女间的权利义务关系适用民法典的有关规定。

第四十一条　尚在校接受高中及其以下学历教育,或者丧失、部分丧失劳动能力等非因主观原因而无法维持正常生活的成年子女,可以认定为民法典第一千零六十七条规定的"不能独立生活的成年子女"。

第四十二条 民法典第一千零六十七条所称"抚养费",包括子女生活费、教育费、医疗费等费用。

第四十三条 婚姻关系存续期间,父母双方或者一方拒不履行抚养子女义务,未成年子女或者不能独立生活的成年子女请求支付抚养费的,人民法院应予支持。

第四十四条 离婚案件涉及未成年子女抚养的,对不满两周岁的子女,按照民法典第一千零八十四条第三款规定的原则处理。母亲有下列情形之一,父亲请求直接抚养的,人民法院应予支持:

(一)患有久治不愈的传染性疾病或者其他严重疾病,子女不宜与其共同生活;

(二)有抚养条件不尽抚养义务,而父亲要求子女随其生活的;

(三)因其他原因,子女确不宜随母亲生活。

第四十五条 父母双方协议不满两周岁子女由父亲直接抚养,并对子女健康成长无不利影响的,人民法院应予支持。

第四十六条 对已满两周岁的未成年子女,父母均要求直接抚养,一方有下列情形之一的,可予优先考虑:

(一)已做绝育手术或者因其他原因丧失生育能力的;

(二)子女随其生活时间较长,改变生活环境对子女健康成长明显不利;

(三)无其他子女,而另一方有其他子女的;

(四)子女随其生活,对子女成长有利,而另一方患有久治不愈的传染性疾病或者其他严重疾病,或者有其他不利于子女身心健康的情形,不宜与子女共同生活。

第四十七条 父母抚养子女的条件基本相同,双方均要求直接抚养子女,但子女单独随祖父母或者外祖父母共同生活多年,且祖父母或者外祖父母要求并且有能力帮助子女照顾孙子女或者外孙子女的,可以作为父或者母直接抚养子女的优先条件予以考虑。

第四十八条 在有利于保护子女利益的前提下,父母双方协议轮流直接抚养子女的,人民法院应予支持。

第四十九条 抚养费的数额,可以根据子女的实际需要、父母双方的负担能力和当地的实际生活水平确定。

有固定收入的,抚养费一般可以按其月总收入的百分之二十至三十的比例给付。负担两个以上子女抚养费的,比例可以适当提高,但一般不得超过月总收入的百分之五十。

无固定收入的,抚养费的数额可以依据当年总收入或者同行业平均收入,参照上述比例确定。

有特殊情况的,可以适当提高或者降低上述比例。

第五十条 抚养费应当定期给付,有条件的可以一次性给付。

第五十一条 父母一方无经济收入或者下落不明的,可以用其财物折抵抚养费。

第五十二条 父母双方可以协议由一方直接抚养子女并由直接抚养方负担子女全部抚养费。但是,直接抚养方的抚养能力明显不能保障子女所需费用,影响子女健康成长的,人民法院不予支持。

第五十三条 抚养费的给付期限,一般至子女十八周岁为止。

十六周岁以上不满十八周岁,以其劳动收入为主要生活来源,并能维持当地一般生活水平的,父母可以停止给付抚养费。

第五十四条 生父与继母离婚或者生母与继父离婚时,对曾受其抚养教育的继子女,继父或者继母不同意继续抚养的,仍应由生父或者生母抚养。

第五十五条 离婚后,父母一方要求变更子女抚养关系的,或者子女要求增加抚养费的,应当另行提起诉讼。

第五十六条 具有下列情形之一,父母一方要求变更子女抚养关系的,人民法院应予支持:

(一)与子女共同生活的一方因患严重疾病或者因伤残无力继续抚养子女的;

(二)与子女共同生活的一方不尽抚养义务或有虐待子女行为,或者其与子女共同生活对子女身心健康确有不利影响;

(三)已满八周岁的子女,愿随另一方生活,该方又有抚养能力;

(四)有其他正当理由需要变更。

第五十七条 父母双方协议变更子女抚养关系的,人民法院应予支持。

第五十八条 具有下列情形之一,子女要求有负担能力的父或者母增加抚养费的,人民法院应予支持:

(一)原定抚养费数额不足以维持当地实际生活水平;

(二)因子女患病、上学,实际需要已超过原定数额;

(三)有其他正当理由应当增加。

第五十九条 父母不得因子女变更姓氏而拒付子女抚养费。父或者母擅自将子女姓氏改为继母或继父姓氏而引起纠纷的,应当责令恢复原姓氏。

第六十条 在离婚诉讼期间,双方均拒绝抚养子女的,可以先行裁定暂由一方抚养。

　　第六十一条　对拒不履行或者妨害他人履行生效判决、裁定、调解书中有关子女抚养义务的当事人或者其他人,人民法院可依照民事诉讼法第一百一十一条的规定采取强制措施。

五、离　　婚

　　第六十二条　无民事行为能力人的配偶有民法典第三十六条第一款规定行为,其他有监护资格的人可以要求撤销其监护资格,并依法指定新的监护人;变更后的监护人代理无民事行为能力一方提起离婚诉讼的,人民法院应予受理。

　　第六十三条　人民法院审理离婚案件,符合民法典第一千零七十九条第三款规定"应当准予离婚"情形的,不应当因当事人有过错而判决不准离婚。

　　第六十四条　民法典第一千零八十一条所称的"军人一方有重大过错",可以依据民法典第一千零七十九条第三款前三项规定及军人有其他重大过错导致夫妻感情破裂的情形予以判断。

　　第六十五条　人民法院作出的生效的离婚判决中未涉及探望权,当事人就探望权问题单独提起诉讼的,人民法院应予受理。

　　第六十六条　当事人在履行生效判决、裁定或者调解书的过程中,一方请求中止探望的,人民法院在征询双方当事人意见后,认为需要中止探望的,依法作出裁定;中止探望的情形消失后,人民法院应当根据当事人的请求书面通知其恢复探望。

　　第六十七条　未成年子女、直接抚养子女的父或者母以及其他对未成年子女负担抚养、教育、保护义务的法定监护人,有权向人民法院提出中止探望的请求。

　　第六十八条　对于拒不协助另一方行使探望权的有关个人或者组织,可以由人民法院依法采取拘留、罚款等强制措施,但是不能对子女的人身、探望行为进行强制执行。

　　第六十九条　当事人达成的以协议离婚或者到人民法院调解离婚为条件的财产以及债务处理协议,如果双方离婚未成,一方在离婚诉讼中反悔的,人民法院应当认定该财产以及债务处理协议没有生效,并根据实际情况依照民法典第一千零八十七条和第一千零八十九条的规定判决。

　　当事人依照民法典第一千零七十六条签订的离婚协议中关于财产以及债务处理的条款,对男女双方具有法律约束力。登记离婚后当事人因履行上述协议发生纠纷提起诉讼的,人民法院应当受理。

第七十条 夫妻双方协议离婚后就财产分割问题反悔,请求撤销财产分割协议的,人民法院应当受理。

人民法院审理后,未发现订立财产分割协议时存在欺诈、胁迫等情形的,应当依法驳回当事人的诉讼请求。

第七十一条 人民法院审理离婚案件,涉及分割发放到军人名下的复员费、自主择业费等一次性费用的,以夫妻婚姻关系存续年限乘以年平均值,所得数额为夫妻共同财产。

前款所称年平均值,是指将发放到军人名下的上述费用总额按具体年限均分得出的数额。其具体年限为人均寿命七十岁与军人入伍时实际年龄的差额。

第七十二条 夫妻双方分割共同财产中的股票、债券、投资基金份额等有价证券以及未上市股份有限公司股份时,协商不成或者按市价分配有困难的,人民法院可以根据数量按比例分配。

第七十三条 人民法院审理离婚案件,涉及分割夫妻共同财产中以一方名义在有限责任公司的出资额,另一方不是该公司股东的,按以下情形分别处理:

(一)夫妻双方协商一致将出资额部分或者全部转让给该股东的配偶,其他股东过半数同意,并且其他股东均明确表示放弃优先购买权的,该股东的配偶可以成为该公司股东;

(二)夫妻双方就出资额转让份额和转让价格等事项协商一致后,其他股东半数以上不同意转让,但愿意以同等条件购买该出资额的,人民法院可以对转让出资所得财产进行分割。其他股东半数以上不同意转让,也不愿意以同等条件购买该出资额的,视为其同意转让,该股东的配偶可以成为该公司股东。

用于证明前款规定的股东同意的证据,可以是股东会议材料,也可以是当事人通过其他合法途径取得的股东的书面声明材料。

第七十四条 人民法院审理离婚案件,涉及分割夫妻共同财产中以一方名义在合伙企业中的出资,另一方不是该企业合伙人的,当夫妻双方协商一致,将其合伙企业中的财产份额全部或者部分转让给对方时,按以下情形分别处理:

(一)其他合伙人一致同意的,该配偶依法取得合伙人地位;

(二)其他合伙人不同意转让,在同等条件下行使优先购买权的,可以对转让所得的财产进行分割;

(三)其他合伙人不同意转让,也不行使优先购买权,但同意该合伙人退伙或者削减部分财产份额的,可以对结算后的财产进行分割;

(四)其他合伙人既不同意转让,也不行使优先购买权,又不同意该合伙人退伙或者削减部分财产份额的,视为全体合伙人同意转让,该配偶依法取得合伙人地位。

第七十五条　夫妻以一方名义投资设立个人独资企业的,人民法院分割夫妻在该个人独资企业中的共同财产时,应当按照以下情形分别处理:

(一)一方主张经营该企业的,对企业资产进行评估后,由取得企业资产所有权一方给予另一方相应的补偿;

(二)双方均主张经营该企业的,在双方竞价基础上,由取得企业资产所有权的一方给予另一方相应的补偿;

(三)双方均不愿意经营该企业的,按照《中华人民共和国个人独资企业法》等有关规定办理。

第七十六条　双方对夫妻共同财产中的房屋价值及归属无法达成协议时,人民法院按以下情形分别处理:

(一)双方均主张房屋所有权并且同意竞价取得的,应当准许;

(二)一方主张房屋所有权的,由评估机构按市场价格对房屋作出评估,取得房屋所有权的一方应当给予另一方相应的补偿;

(三)双方均不主张房屋所有权的,根据当事人的申请拍卖、变卖房屋,就所得价款进行分割。

第七十七条　离婚时双方对尚未取得所有权或者尚未取得完全所有权的房屋有争议且协商不成的,人民法院不宜判决房屋所有权的归属,应当根据实际情况判决由当事人使用。

当事人就前款规定的房屋取得完全所有权后,有争议的,可以另行向人民法院提起诉讼。

第七十八条　夫妻一方婚前签订不动产买卖合同,以个人财产支付首付款并在银行贷款,婚后用夫妻共同财产还贷,不动产登记于首付款支付方名下的,离婚时该不动产由双方协议处理。

依前款规定不能达成协议的,人民法院可以判决该不动产归登记一方,尚未归还的贷款为不动产登记一方的个人债务。双方婚后共同还贷支付的款项及其相对应财产增值部分,离婚时应根据民法典第一千零八十七条第一款规定的原则,由不动产登记一方对另一方进行补偿。

第七十九条　婚姻关系存续期间,双方用夫妻共同财产出资购买以一方父母名义参加房改的房屋,登记在一方父母名下,离婚时另一方主张按照夫妻共同财产对该房屋进行分割的,人民法院不予支持。购买该房屋时的出资,可以作为债权处理。

第八十条 离婚时夫妻一方尚未退休、不符合领取基本养老金条件,另一方请求按照夫妻共同财产分割基本养老金的,人民法院不予支持;婚后以夫妻共同财产缴纳基本养老保险费,离婚时一方主张将养老金账户中婚姻关系存续期间个人实际缴纳部分及利息作为夫妻共同财产分割的,人民法院应予支持。

第八十一条 婚姻关系存续期间,夫妻一方作为继承人依法可以继承的遗产,在继承人之间尚未实际分割,起诉离婚时另一方请求分割的,人民法院应当告知当事人在继承人之间实际分割遗产后另行起诉。

第八十二条 夫妻之间订立借款协议,以夫妻共同财产出借给一方从事个人经营活动或者用于其他个人事务的,应视为双方约定处分夫妻共同财产的行为,离婚时可以按照借款协议的约定处理。

第八十三条 离婚后,一方以尚有夫妻共同财产未处理为由向人民法院起诉请求分割的,经审查该财产确属离婚时未涉及的夫妻共同财产,人民法院应当依法予以分割。

第八十四条 当事人依据民法典第一千零九十二条的规定向人民法院提起诉讼,请求再次分割夫妻共同财产的诉讼时效期间为三年,从当事人发现之日起计算。

第八十五条 夫妻一方申请对配偶的个人财产或者夫妻共同财产采取保全措施的,人民法院可以在采取保全措施可能造成损失的范围内,根据实际情况,确定合理的财产担保数额。

第八十六条 民法典第一千零九十一条规定的"损害赔偿",包括物质损害赔偿和精神损害赔偿。涉及精神损害赔偿的,适用《最高人民法院关于确定民事侵权精神损害赔偿责任若干问题的解释》的有关规定。

第八十七条 承担民法典第一千零九十一条规定的损害赔偿责任的主体,为离婚诉讼当事人中无过错方的配偶。

人民法院判决不准离婚的案件,对于当事人基于民法典第一千零九十一条提出的损害赔偿请求,不予支持。

在婚姻关系存续期间,当事人不起诉离婚而单独依据民法典第一千零九十一条提起损害赔偿请求的,人民法院不予受理。

第八十八条 人民法院受理离婚案件时,应当将民法典第一千零九十一条等规定中当事人的有关权利义务,书面告知当事人。在适用民法典第一千零九十一条时,应当区分以下不同情况:

(一)符合民法典第一千零九十一条规定的无过错方作为原告基于该条规定向人民法院提起损害赔偿请求的,必须在离婚诉讼的同时提出。

（二）符合民法典第一千零九十一条规定的无过错方作为被告的离婚诉讼案件，如果被告不同意离婚也不基于该条规定提起损害赔偿请求的，可以就此单独提起诉讼。

（三）无过错方作为被告的离婚诉讼案件，一审时被告未基于民法典第一千零九十一条规定提出损害赔偿请求，二审期间提出的，人民法院应当进行调解；调解不成的，告知当事人另行起诉。双方当事人同意由第二审人民法院一并审理的，第二审人民法院可以一并裁判。

第八十九条 当事人在婚姻登记机关办理离婚登记手续后，以民法典第一千零九十一条规定为由向人民法院提出损害赔偿请求的，人民法院应当受理。但当事人在协议离婚时已经明确表示放弃该项请求的，人民法院不予支持。

第九十条 夫妻双方均有民法典第一千零九十一条规定的过错情形，一方或者双方向对方提出离婚损害赔偿请求的，人民法院不予支持。

六、附　则

第九十一条 本解释自 2021 年 1 月 1 日起施行。

最高人民法院关于适用《中华人民共和国民法典》婚姻家庭编的解释（二）

（2024 年 11 月 25 日最高人民法院审判委员会第 1933 次会议通过　2025 年 1 月 15 日公布　法释〔2025〕1 号　自 2025 年 2 月 1 日起施行）

为正确审理婚姻家庭纠纷案件，根据《中华人民共和国民法典》《中华人民共和国民事诉讼法》等相关法律规定，结合审判实践，制定本解释。

第一条 当事人依据民法典第一千零五十一条第一项规定请求确认重婚的婚姻无效，提起诉讼时合法婚姻当事人已经离婚或者配偶已经死亡，被告以此为由抗辩后一婚姻自以上情形发生时转为有效的，人民法院不予支持。

第二条 夫妻登记离婚后，一方以双方意思表示虚假为由请求确认离婚无效的，人民法院不予支持。

第三条 夫妻一方的债权人有证据证明离婚协议中财产分割条款影响其债权实现,请求参照适用民法典第五百三十八条或者第五百三十九条规定撤销相关条款的,人民法院应当综合考虑夫妻共同财产整体分割及履行情况、子女抚养费负担、离婚过错等因素,依法予以支持。

第四条 双方均无配偶的同居关系析产纠纷案件中,对同居期间所得的财产,有约定的,按照约定处理;没有约定且协商不成的,人民法院按照以下情形分别处理:

(一)各自所得的工资、奖金、劳务报酬、知识产权收益,各自继承或者受赠的财产以及单独生产、经营、投资的收益等,归各自所有;

(二)共同出资购置的财产或者共同生产、经营、投资的收益以及其他无法区分的财产,以各自出资比例为基础,综合考虑共同生活情况、有无共同子女、对财产的贡献大小等因素进行分割。

第五条 婚前或者婚姻关系存续期间,当事人约定将一方所有的房屋转移登记至另一方或者双方名下,离婚诉讼时房屋所有权尚未转移登记,双方对房屋归属或者分割有争议且协商不成的,人民法院可以根据当事人诉讼请求,结合给予目的,综合考虑婚姻关系存续时间、共同生活及孕育共同子女情况、离婚过错、对家庭的贡献大小以及离婚时房屋市场价格等因素,判决房屋归其中一方所有,并确定是否由获得房屋一方对另一方予以补偿以及补偿的具体数额。

婚前或者婚姻关系存续期间,一方将其所有的房屋转移登记至另一方或者双方名下,离婚诉讼中,双方对房屋归属或者分割有争议且协商不成的,如果婚姻关系存续时间较短且给予方无重大过错,人民法院可以根据当事人诉讼请求,判决该房屋归给予方所有,并结合给予目的,综合考虑共同生活及孕育共同子女情况、离婚过错、对家庭的贡献大小以及离婚时房屋市场价格等因素,确定是否由获得房屋一方对另一方予以补偿以及补偿的具体数额。

给予方有证据证明另一方存在欺诈、胁迫、严重侵害给予方或者其近亲属合法权益、对给予方有扶养义务而不履行等情形,请求撤销前两款规定的民事法律行为的,人民法院依法予以支持。

第六条 夫妻一方未经另一方同意,在网络直播平台用夫妻共同财产打赏,数额明显超出其家庭一般消费水平,严重损害夫妻共同财产利益的,可以认定为民法典第一千零六十六条和第一千零九十二条规定的"挥霍"。另一方请求在婚姻关系存续期间分割夫妻共同财产,或者在离婚分割夫妻共同财产时请求对打赏一方少分或者不分的,人民法院应予支持。

第七条 夫妻一方为重婚、与他人同居以及其他违反夫妻忠实义务等目的,将夫妻共同财产赠与他人或者以明显不合理的价格处分夫妻共同财产,另一方主张该民事法律行为违背公序良俗无效的,人民法院应予支持并依照民法典第一百五十七条规定处理。

夫妻一方存在前款规定情形,另一方以该存在转移、变卖夫妻共同财产行为,严重损害夫妻共同财产利益为由,依据民法典第一千零六十六条规定请求在婚姻关系存续期间分割夫妻共同财产,或者依据民法典第一千零九十二条规定请求在离婚分割夫妻共同财产时对该方少分或者不分的,人民法院应予支持。

第八条　婚姻关系存续期间,夫妻购置房屋由一方父母全额出资,如果赠与合同明确约定只赠与自己子女一方的,按照约定处理;没有约定或者约定不明确的,离婚分割夫妻共同财产时,人民法院可以判决该房屋归出资人子女一方所有,并综合考虑共同生活及孕育共同子女情况、离婚过错、对家庭的贡献大小以及离婚时房屋市场价格等因素,确定是否由获得房屋一方对另一方予以补偿以及补偿的具体数额。

婚姻关系存续期间,夫妻购置房屋由一方父母部分出资或者双方父母出资,如果赠与合同明确约定相应出资只赠与自己子女一方的,按照约定处理;没有约定或者约定不明确的,离婚分割夫妻共同财产时,人民法院可以根据当事人诉讼请求,以出资来源及比例为基础,综合考虑共同生活及孕育共同子女情况、离婚过错、对家庭的贡献大小以及离婚时房屋市场价格等因素,判决房屋归其中一方所有,并由获得房屋一方对另一方予以合理补偿。

第九条　夫妻一方转让用夫妻共同财产出资但登记在自己名下的有限责任公司股权,另一方以未经其同意侵害夫妻共同财产利益为由请求确认股权转让合同无效的,人民法院不予支持,但有证据证明转让人与受让人恶意串通损害另一方合法权益的除外。

第十条　夫妻以共同财产投资有限责任公司,并均登记为股东,双方对相应股权的归属没有约定或者约定不明确,离婚时,一方请求按照股东名册或者公司章程记载的各自出资额确定股权分割比例的,人民法院不予支持;对当事人分割夫妻共同财产的请求,人民法院依照民法典第一千零八十七条规定处理。

第十一条　夫妻一方以另一方可继承的财产为夫妻共同财产、放弃继承侵害夫妻共同财产利益为由主张另一方放弃继承无效的,人民法院不予支持,但有证据证明放弃继承导致放弃一方不能履行法定扶养义务的除外。

第十二条　父母一方或者其近亲属等抢夺、藏匿未成年子女,另一方向人民法院申请人身安全保护令或者参照适用民法典第九百九十七条规定申请人格权侵害禁令的,人民法院依法予以支持。

抢夺、藏匿未成年子女一方以另一方存在赌博、吸毒、家庭暴力等严重侵害未成年子女合法权益情形,主张其抢夺、藏匿行为有合理事由的,人民法院应当告知其依法通过撤销监护人资格、中止探望或者变更抚养关系等途径解决。当事人对其上述主张未提供证据证明且未在合理期限内提出相关请求的,人民法院依照前款规定处理。

第十三条 夫妻分居期间,一方或者其近亲属等抢夺、藏匿未成年子女,致使另一方无法履行监护职责,另一方请求行为人承担民事责任的,人民法院可以参照适用民法典第一千零八十四条关于离婚后子女抚养的有关规定,暂时确定未成年子女的抚养事宜,并明确暂时直接抚养未成年子女一方有协助另一方履行监护职责的义务。

第十四条 离婚诉讼中,父母均要求直接抚养已满两周岁的未成年子女,一方有下列情形之一的,人民法院应当按照最有利于未成年子女的原则,优先考虑由另一方直接抚养:

(一)实施家庭暴力或者虐待、遗弃家庭成员;

(二)有赌博、吸毒等恶习;

(三)重婚、与他人同居或者其他严重违反夫妻忠实义务情形;

(四)抢夺、藏匿未成年子女且另一方不存在本条第一项或者第二项等严重侵害未成年子女合法权益情形;

(五)其他不利于未成年子女身心健康的情形。

第十五条 父母双方以法定代理人身份处分用夫妻共同财产购买并登记在未成年子女名下的房屋后,又以违反民法典第三十五条规定损害未成年子女利益为由向相对人主张该民事法律行为无效的,人民法院不予支持。

第十六条 离婚协议中关于一方直接抚养未成年子女或者不能独立生活的成年子女、另一方不负担抚养费的约定,对双方具有法律约束力。但是,离婚后,直接抚养子女一方经济状况发生变化导致原生活水平显著降低或者子女生活、教育、医疗等必要合理费用确有显著增加,未成年子女或者不能独立生活的成年子女请求另一方支付抚养费的,人民法院依法予以支持,并综合考虑离婚协议整体约定、子女实际需要、另一方的负担能力、当地生活水平等因素,确定抚养费的数额。

前款但书规定情形下,另一方以直接抚养子女一方无抚养能力为由请求变更抚养关系的,人民法院依照民法典第一千零八十四条规定处理。

第十七条 离婚后,不直接抚养子女一方未按照离婚协议约定或者以其他方式作出的承诺给付抚养费,未成年子女或者不能独立生活的成年子女请求其支付欠付的抚养费的,人民法院应予支持。

前款规定情形下,如果子女已经成年并能够独立生活,直接抚养子女一方请求另一方支付欠付的费用的,人民法院依法予以支持。

第十八条 对民法典第一千零七十二条中继子女受继父或者继母抚养教育的事实,人民法院应当以共同生活时间长短为基础,综合考虑共同生活期间继父母是否实际进行生活照料、是否履行家庭教育职责、是否承担抚养费等因素予以认定。

第十九条 生父与继母或者生母与继父离婚后,当事人主张继父或者继母和曾受其抚养教育的继子女之间的权利义务关系不再适用民法典关于父母子女关系规定的,人民法院应予支持,但继父或者继母与继子女存在依法成立的收养关系或者继子女仍与继父或者继母共同生活的除外。

继父母子女关系解除后,缺乏劳动能力又缺乏生活来源的继父或者继母请求曾受其抚养教育的成年继子女给付生活费的,人民法院可以综合考虑抚养教育情况、成年继子女负担能力等因素,依法予以支持,但是继父或者继母曾存在虐待、遗弃继子女等情况的除外。

第二十条 离婚协议约定将部分或者全部夫妻共同财产给予子女,离婚后,一方在财产权利转移之前请求撤销该约定的,人民法院不予支持,但另一方同意的除外。

一方不履行前款离婚协议约定的义务,另一方请求其承担继续履行或者因无法履行而赔偿损失等民事责任的,人民法院依法予以支持。

双方在离婚协议中明确约定子女可以就本条第一款中的相关财产直接主张权利,一方不履行离婚协议约定的义务,子女请求参照适用民法典第五百二十二条第二款规定,由该方承担继续履行或者因无法履行而赔偿损失等民事责任的,人民法院依法予以支持。

离婚协议约定将部分或者全部夫妻共同财产给予子女,离婚后,一方有证据证明签订离婚协议时存在欺诈、胁迫等情形,请求撤销该约定的,人民法院依法予以支持;当事人同时请求分割该部分夫妻共同财产的,人民法院依照民法典第一千零八十七条规定处理。

第二十一条 离婚诉讼中,夫妻一方有证据证明在婚姻关系存续期间因抚育子女、照料老年人、协助另一方工作等负担较多义务,依据民法典第一千零八十八条规定请求另一方给予补偿的,人民法院可以综合考虑负担相应义务投入的时间、精力和对双方的影响以及给付方负担能力、当地居民人均可支配收入等因素,确定补偿数额。

第二十二条 离婚诉讼中,一方存在年老、残疾、重病等生活困难情形,依据民法典第一千零九十条规定请求有负担能力的另一方给予适当帮助的,人民法院可以根据当事人请求,结合另一方财产状况,依法予以支持。

第二十三条 本解释自2025年2月1日起施行。

最高人民法院关于适用《中华人民共和国民法典》继承编的解释(一)

(2020年12月25日最高人民法院审判委员会第1825次会议通过 2020年12月29日公布 法释〔2020〕23号 自2021年1月1日起施行)

为正确审理继承纠纷案件,根据《中华人民共和国民法典》等相关法律规定,结合审判实践,制定本解释。

一、一 般 规 定

第一条 继承从被继承人生理死亡或者被宣告死亡时开始。

宣告死亡的,根据民法典第四十八条规定确定的死亡日期,为继承开始的时间。

第二条 承包人死亡时尚未取得承包收益的,可以将死者生前对承包所投入的资金和所付出的劳动及其增值和孳息,由发包单位或者接续承包合同的人合理折价、补偿。其价额作为遗产。

第三条 被继承人生前与他人订有遗赠扶养协议,同时又立有遗嘱的,继承开始后,如果遗赠扶养协议与遗嘱没有抵触,遗产分别按协议和遗嘱处理;如果有抵触,按协议处理,与协议抵触的遗嘱全部或者部分无效。

第四条 遗嘱继承人依遗嘱取得遗产后,仍有权依照民法典第一千一百三十条的规定取得遗嘱未处分的遗产。

第五条 在遗产继承中,继承人之间因是否丧失继承权发生纠纷,向人民法院提起诉讼的,由人民法院依据民法典第一千一百二十五条的规定,判决确认其是否丧失继承权。

第六条 继承人是否符合民法典第一千一百二十五条第一款第三项规定的"虐待被继承人情节严重",可以从实施虐待行为的时间、手段、后果和社会影响等方面认定。

虐待被继承人情节严重的,不论是否追究刑事责任,均可确认其丧失继承权。

第七条 继承人故意杀害被继承人的,不论是既遂还是未遂,均应当确认其丧失继承权。

第八条 继承人有民法典第一千一百二十五条第一款第一项或者第二项所列之行为,而被继承人以遗嘱将遗产指定由该继承人继承的,可以确认遗嘱无效,并确认该继承人丧失继承权。

第九条 继承人伪造、篡改、隐匿或者销毁遗嘱,侵害了缺乏劳动能力又无生活来源的继承人的利益,并造成其生活困难的,应当认定为民法典第一千一百二十五条第一款第四项规定的"情节严重"。

二、法 定 继 承

第十条 被收养人对养父母尽了赡养义务,同时又对生父母扶养较多的,除可以依照民法典第一千一百二十七条的规定继承养父母的遗产外,还可以依照民法典第一千一百三十一条的规定分得生父母适当的遗产。

第十一条 继子女继承了继父母遗产的,不影响其继承生父母的遗产。

继父母继承了继子女遗产的,不影响其继承生子女的遗产。

第十二条 养子女与生子女之间、养子女与养子女之间,系养兄弟姐妹,可以互为第二顺序继承人。

被收养人与其亲兄弟姐妹之间的权利义务关系,因收养关系的成立而消除,不能互为第二顺序继承人。

第十三条 继兄弟姐妹之间的继承权,因继兄弟姐妹之间的扶养关系而发生。没有扶养关系的,不能互为第二顺序继承人。

继兄弟姐妹之间相互继承了遗产的,不影响其继承亲兄弟姐妹的遗产。

第十四条 被继承人的孙子女、外孙子女、曾孙子女、外曾孙子女都可以代位继承,代位继承人不受辈数的限制。

第十五条 被继承人的养子女、已形成扶养关系的继子女的生子女可以代位继承;被继承人亲生子女的养子女可以代位继承;被继承人养子女的养子女可以代位继承;与被继承人已形成扶养关系的继子女的养子女也可以代位继承。

第十六条 代位继承人缺乏劳动能力又没有生活来源,或者对被继承人尽过主要赡养义务的,分配遗产时,可以多分。

第十七条 继承人丧失继承权的,其晚辈直系血亲不得代位继承。如该代位继承人缺乏劳动能力又没有生活来源,或者对被继承人尽赡养义务较多的,可以适当分给遗产。

第十八条 丧偶儿媳对公婆、丧偶女婿对岳父母,无论其是否再婚,依照民法典第一千一百二十九条规定作为第一顺序继承人时,不影响其子女代位继承。

第十九条 对被继承人生活提供了主要经济来源,或者在劳务等方面给予了主要扶助的,应当认定其尽了主要赡养义务或主要扶养义务。

第二十条 依照民法典第一千一百三十一条规定可以分给适当遗产的人,分给他们遗产时,按具体情况可以多于或者少于继承人。

第二十一条 依照民法典第一千一百三十一条规定可以分给适当遗产的人,在其依法取得被继承人遗产的权利受到侵犯时,本人有权以独立的诉讼主体资格向人民法院提起诉讼。

第二十二条 继承人有扶养能力和扶养条件,愿意尽扶养义务,但被继承人因有固定收入和劳动能力,明确表示不要求其扶养的,分配遗产时,一般不应因此而影响其继承份额。

第二十三条 有扶养能力和扶养条件的继承人虽然与被继承人共同生活,但对需要扶养的被继承人不尽扶养义务,分配遗产时,可以少分或者不分。

三、遗嘱继承和遗赠

第二十四条 继承人、受遗赠人的债权人、债务人,共同经营的合伙人,也应当视为与继承人、受遗赠人有利害关系,不能作为遗嘱的见证人。

第二十五条 遗嘱人未保留缺乏劳动能力又没有生活来源的继承人的遗产份额,遗产处理时,应当为该继承人留下必要的遗产,所剩余的部分,才可参照遗嘱确定的分配原则处理。

继承人是否缺乏劳动能力又没有生活来源,应当按遗嘱生效时该继承人的具体情况确定。

第二十六条 遗嘱人以遗嘱处分了国家、集体或者他人财产的,应当认定该部分遗嘱无效。

第二十七条　自然人在遗书中涉及死后个人财产处分的内容,确为死者的真实意思表示,有本人签名并注明了年、月、日,又无相反证据的,可以按自书遗嘱对待。

第二十八条　遗嘱人立遗嘱时必须具有完全民事行为能力。无民事行为能力人或者限制民事行为能力人所立的遗嘱,即使其本人后来具有完全民事行为能力,仍属无效遗嘱。遗嘱人立遗嘱时具有完全民事行为能力,后来成为无民事行为能力人或者限制民事行为能力人的,不影响遗嘱的效力。

第二十九条　附义务的遗嘱继承或者遗赠,如义务能够履行,而继承人、受遗赠人无正当理由不履行,经受益人或者其他继承人请求,人民法院可以取消其接受附义务部分遗产的权利,由提出请求的继承人或者受益人负责按遗嘱人的意愿履行义务,接受遗产。

四、遗产的处理

第三十条　人民法院在审理继承案件时,如果知道有继承人而无法通知的,分割遗产时,要保留其应继承的遗产,并确定该遗产的保管人或者保管单位。

第三十一条　应当为胎儿保留的遗产份额没有保留的,应从继承人所继承的遗产中扣回。

为胎儿保留的遗产份额,如胎儿出生后死亡的,由其继承人继承;如胎儿娩出时是死体的,由被继承人的继承人继承。

第三十二条　继承人因放弃继承权,致其不能履行法定义务的,放弃继承权的行为无效。

第三十三条　继承人放弃继承应当以书面形式向遗产管理人或者其他继承人表示。

第三十四条　在诉讼中,继承人向人民法院以口头方式表示放弃继承的,要制作笔录,由放弃继承的人签名。

第三十五条　继承人放弃继承的意思表示,应当在继承开始后、遗产分割前作出。遗产分割后表示放弃的不再是继承权,而是所有权。

第三十六条　遗产处理前或者在诉讼进行中,继承人对放弃继承反悔的,由人民法院根据其提出的具体理由,决定是否承认。遗产处理后,继承人对放弃继承反悔的,不予承认。

第三十七条　放弃继承的效力,追溯到继承开始的时间。

第三十八条　继承开始后,受遗赠人表示接受遗赠,并于遗产分割前死亡的,其接受遗赠的权利转移给他的继承人。

第三十九条 由国家或者集体组织供给生活费用的烈属和享受社会救济的自然人,其遗产仍应准许合法继承人继承。

第四十条 继承人以外的组织或者个人与自然人签订遗赠扶养协议后,无正当理由不履行,导致协议解除的,不能享有受遗赠的权利,其支付的供养费用一般不予补偿;遗赠人无正当理由不履行,导致协议解除的,则应当偿还继承人以外的组织或者个人已支付的供养费用。

第四十一条 遗产因无人继承又无人受遗赠归国家或者集体所有制组织所有时,按照民法典第一千一百三十一条规定可以分给适当遗产的人提出取得遗产的诉讼请求,人民法院应当视情况适当分给遗产。

第四十二条 人民法院在分割遗产中的房屋、生产资料和特定职业所需要的财产时,应当依据有利于发挥其使用效益和继承人的实际需要,兼顾各继承人的利益进行处理。

第四十三条 人民法院对故意隐匿、侵吞或者争抢遗产的继承人,可以酌情减少其应继承的遗产。

第四十四条 继承诉讼开始后,如继承人、受遗赠人中有既不愿参加诉讼,又不表示放弃实体权利的,应当追加为共同原告;继承人已书面表示放弃继承、受遗赠人在知道受遗赠后六十日内表示放弃受遗赠或者到期没有表示的,不再列为当事人。

五、附　则

第四十五条 本解释自 2021 年 1 月 1 日起施行。

最高人民法院关于适用《中华人民共和国民法典》侵权责任编的解释(一)

(2023 年 12 月 18 日最高人民法院审判委员会第 1909 次会议通过　2024 年 9 月 25 日公布　法释〔2024〕12 号　自 2024 年 9 月 27 日起施行)

为正确审理侵权责任纠纷案件,根据《中华人民共和国民法典》、《中华人民共和国民事诉讼法》等法律规定,结合审判实践,制定本解释。

第一条 非法使被监护人脱离监护,监护人请求赔偿为恢复监护状态而支出的合理费用等财产损失的,人民法院应予支持。

第二条 非法使被监护人脱离监护,导致父母子女关系或者其他近亲属关系受到严重损害的,应当认定为民法典第一千一百八十三条第一款规定的严重精神损害。

第三条 非法使被监护人脱离监护,被监护人在脱离监护期间死亡,作为近亲属的监护人既请求赔偿人身损害,又请求赔偿监护关系受侵害产生的损失的,人民法院依法予以支持。

第四条 无民事行为能力人、限制民事行为能力人造成他人损害,被侵权人请求监护人承担侵权责任,或者合并请求监护人和受托履行监护职责的人承担侵权责任的,人民法院应当将无民事行为能力人、限制民事行为能力人列为共同被告。

第五条 无民事行为能力人、限制民事行为能力人造成他人损害,被侵权人请求监护人承担侵权人应承担的全部责任的,人民法院应予支持,并在判决中明确,赔偿费用可以先从被监护人财产中支付,不足部分由监护人支付。

监护人抗辩主张承担补充责任,或者被侵权人、监护人主张人民法院判令有财产的无民事行为能力人、限制民事行为能力人承担赔偿责任的,人民法院不予支持。

从被监护人财产中支付赔偿费用的,应当保留被监护人所必需的生活费和完成义务教育所必需的费用。

第六条 行为人在侵权行为发生时不满十八周岁,被诉时已满十八周岁的,被侵权人请求原监护人承担侵权人应承担的全部责任的,人民法院应予支持,并在判决中明确,赔偿费用可以先从被监护人财产中支付,不足部分由监护人支付。

前款规定情形,被侵权人仅起诉行为人的,人民法院应当向原告释明申请追加原监护人为共同被告。

第七条 未成年子女造成他人损害,被侵权人请求父母共同承担侵权责任的,人民法院依照民法典第二十七条第一款、第一千零六十八条以及第一千一百八十八条的规定予以支持。

第八条 夫妻离婚后,未成年子女造成他人损害,被侵权人请求离异夫妻共同承担侵权责任的,人民法院依照民法典第一千零六十八条、第一千零八十四条以及第一千一百八十八条的规定予以支持。一方以未与该子女共同生活为由主张不承担或者少承担责任的,人民法院不予支持。

离异夫妻之间的责任份额,可以由双方协议确定;协议不成的,人民法院可以根据双方履行监护职责的约定和实际履行情况等确定。实际承担责任超过自己责任份额的一方向另一方追偿的,人民法院应予支持。

第九条 未成年子女造成他人损害的,依照民法典第一千零七十二条第二款的规定,未与该子女形成抚养教育关系的继父或者继母不承担监护人的侵权责任,由该子女的生父母依照本解释第八条的规定承担侵权责任。

第十条 无民事行为能力人、限制民事行为能力人造成他人损害,被侵权人合并请求监护人和受托履行监护职责的人承担侵权责任的,依照民法典第一千一百八十九条的规定,监护人承担侵权人应承担的全部责任;受托人在过错范围内与监护人共同承担责任,但责任主体实际支付的赔偿费用总和不应超出被侵权人应受偿的损失数额。

监护人承担责任后向受托人追偿的,人民法院可以参照民法典第九百二十九条的规定处理。

仅有一般过失的无偿受托人承担责任后向监护人追偿的,人民法院应予支持。

第十一条 教唆、帮助无民事行为能力人、限制民事行为能力人实施侵权行为,教唆人、帮助人以其不知道且不应当知道行为人为无民事行为能力人、限制民事行为能力人为由,主张不承担侵权责任或者与行为人的监护人承担连带责任的,人民法院不予支持。

第十二条 教唆、帮助无民事行为能力人、限制民事行为能力人实施侵权行为,被侵权人合并请求教唆人、帮助人以及监护人承担侵权责任的,依照民法典第一千一百六十九条第二款的规定,教唆人、帮助人承担侵权人应承担的全部责任;监护人在未尽到监护职责的范围内与教唆人、帮助人共同承担责任,但责任主体实际支付的赔偿费用总和不应超出被侵权人应受偿的损失数额。

监护人先行支付赔偿费用后,就超过自己相应责任的部分向教唆人、帮助人追偿的,人民法院应予支持。

第十三条 教唆、帮助无民事行为能力人、限制民事行为能力人实施侵权行为,被侵权人合并请求教唆人、帮助人与监护人以及受托履行监护职责的人承担侵权责任的,依照本解释第十条、第十二条的规定认定民事责任。

第十四条 无民事行为能力人或者限制民事行为能力人在幼儿园、学校或者其他教育机构学习、生活期间,受到教育机构以外的第三人人身损害,第三人、教育机构作为共同被告且依法应承担侵权责任的,人民法院应当在判决中明确,教育机构在人民法院就第三人的财产依法强制执行后仍不能履行的范围内,承担与其过错相应的补充责任。

被侵权人仅起诉教育机构的,人民法院应当向原告释明申请追加实施侵权行为的第三人为共同被告。

第三人不确定的,未尽到管理职责的教育机构先行承担与其过错相应的责任;教育机构承担责任后向已经确定的第三人追偿的,人民法院依照民法典第一千二百零一条的规定予以支持。

第十五条 与用人单位形成劳动关系的工作人员、执行用人单位工作任务的其他人员,因执行工作任务造成他人损害,被侵权人依照民法典第一千一百九十一条第一款的规定,请求用人单位承担侵权责任的,人民法院应予支持。

个体工商户的从业人员因执行工作任务造成他人损害的,适用民法典第一千一百九十一条第一款的规定认定民事责任。

第十六条 劳务派遣期间,被派遣的工作人员因执行工作任务造成他人损害,被侵权人合并请求劳务派遣单位与接受劳务派遣的用工单位承担侵权责任的,依照民法典第一千一百九十一条第二款的规定,接受劳务派遣的用工单位承担侵权人应承担的全部责任;劳务派遣单位在不当选派工作人员、未依法履行培训义务等过错范围内,与接受劳务派遣的用工单位共同承担责任,但责任主体实际支付的赔偿费用总和不应超出被侵权人应受偿的损失数额。

劳务派遣单位先行支付赔偿费用后,就超过自己相应责任的部分向接受劳务派遣的用工单位追偿的,人民法院应予支持,但双方另有约定的除外。

第十七条 工作人员在执行工作任务中实施的违法行为造成他人损害,构成自然人犯罪的,工作人员承担刑事责任不影响用人单位依法承担民事责任。依照民法典第一千一百九十一条规定用人单位应当承担侵权责任的,在刑事案件中已完成的追缴、退赔可以在民事判决书中明确并扣减,也可以在执行程序中予以扣减。

第十八条 承揽人在完成工作过程中造成第三人损害的,人民法院依照民法典第一千一百六十五条的规定认定承揽人的民事责任。

被侵权人合并请求定作人和承揽人承担侵权责任的,依照民法典第一千一百六十五条、第一千一百九十三条的规定,造成损害的承揽人承担侵权人应承担的全部责任;定作人在定作、指示或者选任过错范围内与承揽人共同承担责任,但责任主体实际支付的赔偿费用总和不应超出被侵权人应受偿的损失数额。

定作人先行支付赔偿费用后,就超过自己相应责任的部分向承揽人追偿的,人民法院应予支持,但双方另有约定的除外。

第十九条 因产品存在缺陷造成买受人财产损害,买受人请求产品的生产者或者销售者赔偿缺陷产品本身损害以及其他财产损害的,人民法院依照民法典第一千二百零二条、第一千二百零三条的规定予以支持。

第二十条 以买卖或者其他方式转让拼装或者已经达到报废标准的机动车,发生交通事故造成损害,转让人、受让人以其不知道且不应当知道该机动车系拼装或者已经达到报废标准为由,主张不承担侵权责任的,人民法院不予支持。

第二十一条 未依法投保强制保险的机动车发生交通事故造成损害,投保义务人和交通事故责任人不是同一人,被侵权人合并请求投保义务人和交通事故责任人承担侵权责任的,交通事故责任人承担侵权人应承担的全部责任;投保义务人在机动车强制保险责任限额范围内与交通事故责任人共同承担责任,但责任主体实际支付的赔偿费用总和不应超出被侵权人应受偿的损失数额。

投保义务人先行支付赔偿费用后,就超出机动车强制保险责任限额范围部分向交通事故责任人追偿的,人民法院应予支持。

第二十二条 机动车驾驶人离开本车后,因未采取制动措施等自身过错受到本车碰撞、碾压造成损害,机动车驾驶人请求承保本车机动车强制保险的保险人在强制保险责任限额范围内,以及承保本车机动车商业第三者责任保险的保险人按照保险合同的约定赔偿的,人民法院不予支持,但可以依据机动车车上人员责任保险的有关约定支持相应的赔偿请求。

第二十三条 禁止饲养的烈性犬等危险动物造成他人损害,动物饲养人或者管理人主张不承担责任或者减轻责任的,人民法院不予支持。

第二十四条 物业服务企业等建筑物管理人未采取必要的安全保障措施防止从建筑物中抛掷物品或者从建筑物上坠落的物品造成他人损害,具体侵权人、物业服务企业等建筑物管理人作为共同被告的,人民法院应当依照民法典第一千一百九十八条第二款、第一千二百五十四条的规定,在判决中明确,未采取必要安全保障措施的物业服务企业等建筑物管理人在人民法院就具体侵权人的财产依法强制执行后仍不能履行的范围内,承担与其过错相应的补充责任。

第二十五条 物业服务企业等建筑物管理人未采取必要的安全保障措施防止从建筑物中抛掷物品或者从建筑物上坠落的物品造成他人损害,经公安等机关调查,在民事案件一审法庭辩论终结前仍难以确定具体侵权人的,未采取必要安全保障措施的物业服务企业等建筑物管理人承担与其过错相应的责任。

被侵权人其余部分的损害,由可能加害的建筑物使用人给予适当补偿。

具体侵权人确定后,已经承担责任的物业服务企业等建筑物管理人、可能加害的建筑物使用人向具体侵权人追偿的,人民法院依照民法典第一千一百九十八条第二款、第一千二百五十四条第一款的规定予以支持。

第二十六条 本解释自 2024 年 9 月 27 日起施行。

本解释施行后,人民法院尚未审结的一审、二审案件适用本解释。本解释施行前已经终审,当事人申请再审或者按照审判监督程序决定再审的,适用当时的法律、司法解释规定。

附录二　其他相关法规

最高人民法院关于审理
劳动争议案件适用法律问题的解释(一)

(2020年12月25日最高人民法院审判委员会第1825次会议通过　2020年12月29日公布　法释〔2020〕26号　自2021年1月1日起施行)

为正确审理劳动争议案件,根据《中华人民共和国民法典》《中华人民共和国劳动法》《中华人民共和国劳动合同法》《中华人民共和国劳动争议调解仲裁法》《中华人民共和国民事诉讼法》等相关法律规定,结合审判实践,制定本解释。

第一条　劳动者与用人单位之间发生的下列纠纷,属于劳动争议,当事人不服劳动争议仲裁机构作出的裁决,依法提起诉讼的,人民法院应予受理:

(一)劳动者与用人单位在履行劳动合同过程中发生的纠纷;

(二)劳动者与用人单位之间没有订立书面劳动合同,但已形成劳动关系后发生的纠纷;

(三)劳动者与用人单位因劳动关系是否已经解除或者终止,以及应否支付解除或者终止劳动关系经济补偿金发生的纠纷;

(四)劳动者与用人单位解除或者终止劳动关系后,请求用人单位返还其收取的劳动合同定金、保证金、抵押金、抵押物发生的纠纷,或者办理劳动者的人事档案、社会保险关系等移转手续发生的纠纷;

(五)劳动者以用人单位未为其办理社会保险手续,且社会保险经办机构不能补办导致其无法享受社会保险待遇为由,要求用人单位赔偿损失发生的纠纷;

(六)劳动者退休后,与尚未参加社会保险统筹的原用人单位因追索养老金、医疗费、工伤保险待遇和其他社会保险待遇而发生的纠纷;

(七)劳动者因为工伤、职业病,请求用人单位依法给予工伤保险待遇发生

的纠纷;

(八)劳动者依据劳动合同法第八十五条规定,要求用人单位支付加付赔偿金发生的纠纷;

(九)因企业自主进行改制发生的纠纷。

第二条 下列纠纷不属于劳动争议:

(一)劳动者请求社会保险经办机构发放社会保险金的纠纷;

(二)劳动者与用人单位因住房制度改革产生的公有住房转让纠纷;

(三)劳动者对劳动能力鉴定委员会的伤残等级鉴定结论或者对职业病诊断鉴定委员会的职业病诊断鉴定结论的异议纠纷;

(四)家庭或者个人与家政服务人员之间的纠纷;

(五)个体工匠与帮工、学徒之间的纠纷;

(六)农村承包经营户与受雇人之间的纠纷。

第三条 劳动争议案件由用人单位所在地或者劳动合同履行地的基层人民法院管辖。

劳动合同履行地不明确的,由用人单位所在地的基层人民法院管辖。

法律另有规定的,依照其规定。

第四条 劳动者与用人单位均不服劳动争议仲裁机构的同一裁决,向同一人民法院起诉的,人民法院应当并案审理,双方当事人互为原告和被告,对双方的诉讼请求,人民法院应当一并作出裁决。在诉讼过程中,一方当事人撤诉的,人民法院应当根据另一方当事人的诉讼请求继续审理。双方当事人就同一仲裁裁决分别向有管辖权的人民法院起诉的,后受理的人民法院应当将案件移送给先受理的人民法院。

第五条 劳动争议仲裁机构以无管辖权为由对劳动争议案件不予受理,当事人提起诉讼的,人民法院按照以下情形分别处理:

(一)经审查认为该劳动争议仲裁机构对案件确无管辖权的,应当告知当事人向有管辖权的劳动争议仲裁机构申请仲裁;

(二)经审查认为该劳动争议仲裁机构有管辖权的,应当告知当事人申请仲裁,并将审查意见书面通知劳动争议仲裁机构;劳动争议仲裁机构仍不受理,当事人就该劳动争议事项提起诉讼的,人民法院应予受理。

第六条 劳动争议仲裁机构以当事人申请仲裁的事项不属于劳动争议为由,作出不予受理的书面裁决、决定或者通知,当事人不服依法提起诉讼的,人民法院应当分别情况予以处理:

(一)属于劳动争议案件的,应当受理;

（二）虽不属于劳动争议案件，但属于人民法院主管的其他案件，应当依法受理。

第七条 劳动争议仲裁机构以申请仲裁的主体不适格为由，作出不予受理的书面裁决、决定或者通知，当事人不服依法提起诉讼，经审查确属主体不适格的，人民法院不予受理；已经受理的，裁定驳回起诉。

第八条 劳动争议仲裁机构为纠正原仲裁裁决错误重新作出裁决，当事人不服依法提起诉讼的，人民法院应当受理。

第九条 劳动争议仲裁机构仲裁的事项不属于人民法院受理的案件范围，当事人不服依法提起诉讼的，人民法院不予受理；已经受理的，裁定驳回起诉。

第十条 当事人不服劳动争议仲裁机构作出的预先支付劳动者劳动报酬、工伤医疗费、经济补偿或者赔偿金的裁决，依法提起诉讼的，人民法院不予受理。

用人单位不履行上述裁决中的给付义务，劳动者依法申请强制执行的，人民法院应予受理。

第十一条 劳动争议仲裁机构作出的调解书已经发生法律效力，一方当事人反悔提起诉讼的，人民法院不予受理；已经受理的，裁定驳回起诉。

第十二条 劳动争议仲裁机构逾期未作出受理决定或仲裁裁决，当事人直接提起诉讼的，人民法院应予受理，但申请仲裁的案件存在下列事由的除外：

（一）移送管辖的；

（二）正在送达或者送达延误的；

（三）等待另案诉讼结果、评残结论的；

（四）正在等待劳动争议仲裁机构开庭的；

（五）启动鉴定程序或者委托其他部门调查取证的；

（六）其他正当事由。

当事人以劳动争议仲裁机构逾期未作出仲裁裁决为由提起诉讼的，应当提交该仲裁机构出具的受理通知书或者其他已接受仲裁申请的凭证、证明。

第十三条 劳动者依据劳动合同法第三十条第二款和调解仲裁法第十六条规定向人民法院申请支付令，符合民事诉讼法第十七章督促程序规定的，人民法院应予受理。

依据劳动合同法第三十条第二款规定申请支付令被人民法院裁定终结督促程序后，劳动者就劳动争议事项直接提起诉讼的，人民法院应当告知其先向劳动争议仲裁机构申请仲裁。

依据调解仲裁法第十六条规定申请支付令被人民法院裁定终结督促程序

后,劳动者依据调解协议直接提起诉讼的,人民法院应予受理。

第十四条 人民法院受理劳动争议案件后,当事人增加诉讼请求的,如该诉讼请求与讼争的劳动争议具有不可分性,应当合并审理;如属独立的劳动争议,应当告知当事人向劳动争议仲裁机构申请仲裁。

第十五条 劳动者以用人单位的工资欠条为证据直接提起诉讼,诉讼请求不涉及劳动关系其他争议的,视为拖欠劳动报酬争议,人民法院按照普通民事纠纷受理。

第十六条 劳动争议仲裁机构作出仲裁裁决后,当事人对裁决中的部分事项不服,依法提起诉讼的,劳动争议仲裁裁决不发生法律效力。

第十七条 劳动争议仲裁机构对多个劳动者的劳动争议作出仲裁裁决后,部分劳动者对仲裁裁决不服,依法提起诉讼的,仲裁裁决对提起诉讼的劳动者不发生法律效力;对未提起诉讼的部分劳动者,发生法律效力,如其申请执行的,人民法院应当受理。

第十八条 仲裁裁决的类型以仲裁裁决书确定为准。仲裁裁决书未载明该裁决为终局裁决或者非终局裁决,用人单位不服该仲裁裁决向基层人民法院提起诉讼的,应当按照以下情形分别处理:

(一)经审查认为该仲裁裁决为非终局裁决的,基层人民法院应予受理;

(二)经审查认为该仲裁裁决为终局裁决的,基层人民法院不予受理,但应告知用人单位可以自收到不予受理裁定书之日起三十日内向劳动争议仲裁机构所在地的中级人民法院申请撤销该仲裁裁决;已经受理的,裁定驳回起诉。

第十九条 仲裁裁决书未载明该裁决为终局裁决或者非终局裁决,劳动者依据调解仲裁法第四十七条第一项规定,追索劳动报酬、工伤医疗费、经济补偿或者赔偿金,如果仲裁裁决涉及数项,每项确定的数额均不超过当地月最低工资标准十二个月金额的,应当按照终局裁决处理。

第二十条 劳动争议仲裁机构作出的同一仲裁裁决同时包含终局裁决事项和非终局裁决事项,当事人不服该仲裁裁决向人民法院提起诉讼的,应当按照非终局裁决处理。

第二十一条 劳动者依据调解仲裁法第四十八条规定向基层人民法院提起诉讼,用人单位依据调解仲裁法第四十九条规定向劳动争议仲裁机构所在地的中级人民法院申请撤销仲裁裁决的,中级人民法院应当不予受理;已经受理的,应当裁定驳回申请。

被人民法院驳回起诉或者劳动者撤诉的,用人单位可以自收到裁定书之日起三十日内,向劳动争议仲裁机构所在地的中级人民法院申请撤销仲裁裁决。

第二十二条　用人单位依据调解仲裁法第四十九条规定向中级人民法院申请撤销仲裁裁决，中级人民法院作出的驳回申请或者撤销仲裁裁决的裁定为终审裁定。

第二十三条　中级人民法院审理用人单位申请撤销终局裁决的案件，应当组成合议庭开庭审理。经过阅卷、调查和询问当事人，对没有新的事实、证据或者理由，合议庭认为不需要开庭审理的，可以不开庭审理。

中级人民法院可以组织双方当事人调解。达成调解协议的，可以制作调解书。一方当事人逾期不履行调解协议的，另一方可以申请人民法院强制执行。

第二十四条　当事人申请人民法院执行劳动争议仲裁机构作出的发生法律效力的裁决书、调解书，被申请人提出证据证明劳动争议仲裁裁决书、调解书有下列情形之一，并经审查核实的，人民法院可以根据民事诉讼法第二百三十七条规定，裁定不予执行：

（一）裁决的事项不属于劳动争议仲裁范围，或者劳动争议仲裁机构无权仲裁的；

（二）适用法律、法规确有错误的；

（三）违反法定程序的；

（四）裁决所根据的证据是伪造的；

（五）对方当事人隐瞒了足以影响公正裁决的证据的；

（六）仲裁员在仲裁该案时有索贿受贿、徇私舞弊、枉法裁决行为的；

（七）人民法院认定执行该劳动争议仲裁裁决违背社会公共利益的。

人民法院在不予执行的裁定书中，应当告知当事人在收到裁定书之次日起三十日内，可以就该劳动争议事项向人民法院提起诉讼。

第二十五条　劳动争议仲裁机构作出终局裁决，劳动者向人民法院申请执行，用人单位向劳动争议仲裁机构所在地的中级人民法院申请撤销的，人民法院应当裁定中止执行。

用人单位撤回撤销终局裁决申请或者其申请被驳回的，人民法院应当裁定恢复执行。仲裁裁决被撤销的，人民法院应当裁定终结执行。

用人单位向人民法院申请撤销仲裁裁决被驳回后，又在执行程序中以相同理由提出不予执行抗辩的，人民法院不予支持。

第二十六条　用人单位与其它单位合并的，合并前发生的劳动争议，由合并后的单位为当事人；用人单位分立为若干单位的，其分立前发生的劳动争议，由分立后的实际用人单位为当事人。

用人单位分立为若干单位后，具体承受劳动权利义务的单位不明确的，分立后的单位均为当事人。

第二十七条 用人单位招用尚未解除劳动合同的劳动者,原用人单位与劳动者发生的劳动争议,可以列新的用人单位为第三人。

原用人单位以新的用人单位侵权为由提起诉讼的,可以列劳动者为第三人。

原用人单位以新的用人单位和劳动者共同侵权为由提起诉讼的,新的用人单位和劳动者列为共同被告。

第二十八条 劳动者在用人单位与其他平等主体之间的承包经营期间,与发包方和承包方双方或者一方发生劳动争议,依法提起诉讼的,应当将承包方和发包方作为当事人。

第二十九条 劳动者与未办理营业执照、营业执照被吊销或者营业期限届满仍继续经营的用人单位发生争议的,应当将用人单位或者其出资人列为当事人。

第三十条 未办理营业执照、营业执照被吊销或者营业期限届满仍继续经营的用人单位,以挂靠等方式借用他人营业执照经营的,应当将用人单位和营业执照出借方列为当事人。

第三十一条 当事人不服劳动争议仲裁机构作出的仲裁裁决,依法提起诉讼,人民法院审查认为仲裁裁决遗漏了必须共同参加仲裁的当事人的,应当依法追加遗漏的人为诉讼当事人。

被追加的当事人应当承担责任的,人民法院应当一并处理。

第三十二条 用人单位与其招用的已经依法享受养老保险待遇或者领取退休金的人员发生用工争议而提起诉讼的,人民法院应当按劳务关系处理。

企业停薪留职人员、未达到法定退休年龄的内退人员、下岗待岗人员以及企业经营性停产放长假人员,因与新的用人单位发生用工争议而提起诉讼的,人民法院应当按劳动关系处理。

第三十三条 外国人、无国籍人未依法取得就业证件即与中华人民共和国境内的用人单位签订劳动合同,当事人请求确认与用人单位存在劳动关系的,人民法院不予支持。

持有《外国专家证》并取得《外国人来华工作许可证》的外国人,与中华人民共和国境内的用人单位建立用工关系的,可以认定为劳动关系。

第三十四条 劳动合同期满后,劳动者仍在原用人单位工作,原用人单位未表示异议的,视为双方同意以原条件继续履行劳动合同。一方提出终止劳动关系的,人民法院应予支持。

根据劳动合同法第十四条规定,用人单位应当与劳动者签订无固定期限劳动合同而未签订的,人民法院可以视为双方之间存在无固定期限劳动合同关系,并以原劳动合同确定双方的权利义务关系。

第三十五条　劳动者与用人单位就解除或者终止劳动合同办理相关手续、支付工资报酬、加班费、经济补偿或者赔偿金等达成的协议,不违反法律、行政法规的强制性规定,且不存在欺诈、胁迫或者乘人之危情形的,应当认定有效。

前款协议存在重大误解或者显失公平情形,当事人请求撤销的,人民法院应予支持。

第三十六条　当事人在劳动合同或者保密协议中约定了竞业限制,但未约定解除或者终止劳动合同后给予劳动者经济补偿,劳动者履行了竞业限制义务,要求用人单位按照劳动者在劳动合同解除或者终止前十二个月平均工资的30%按月支付经济补偿的,人民法院应予支持。

前款规定的月平均工资的30%低于劳动合同履行地最低工资标准的,按照劳动合同履行地最低工资标准支付。

第三十七条　当事人在劳动合同或者保密协议中约定了竞业限制和经济补偿,当事人解除劳动合同时,除另有约定外,用人单位要求劳动者履行竞业限制义务,或者劳动者履行了竞业限制义务后要求用人单位支付经济补偿的,人民法院应予支持。

第三十八条　当事人在劳动合同或者保密协议中约定了竞业限制和经济补偿,劳动合同解除或者终止后,因用人单位的原因导致三个月未支付经济补偿,劳动者请求解除竞业限制约定的,人民法院应予支持。

第三十九条　在竞业限制期限内,用人单位请求解除竞业限制协议的,人民法院应予支持。

在解除竞业限制协议时,劳动者请求用人单位额外支付劳动者三个月的竞业限制经济补偿的,人民法院应予支持。

第四十条　劳动者违反竞业限制约定,向用人单位支付违约金后,用人单位要求劳动者按照约定继续履行竞业限制义务的,人民法院应予支持。

第四十一条　劳动合同被确认为无效,劳动者已付出劳动的,用人单位应当按照劳动合同法第二十八条、第四十六条、第四十七条的规定向劳动者支付劳动报酬和经济补偿。

由于用人单位原因订立无效劳动合同,给劳动者造成损害的,用人单位应当赔偿劳动者因合同无效所造成的经济损失。

第四十二条　劳动者主张加班费的,应当就加班事实的存在承担举证责任。但劳动者有证据证明用人单位掌握加班事实存在的证据，用人单位不提供的，由用人单位承担不利后果。

第四十三条　用人单位与劳动者协商一致变更劳动合同，虽未采用书面形式，但已经实际履行了口头变更的劳动合同超过一个月，变更后的劳动合同内容不违反法律、行政法规且不违背公序良俗，当事人以未采用书面形式为由主张劳动合同变更无效的，人民法院不予支持。

第四十四条　因用人单位作出的开除、除名、辞退、解除劳动合同、减少劳动报酬、计算劳动者工作年限等决定而发生的劳动争议，用人单位负举证责任。

第四十五条　用人单位有下列情形之一，迫使劳动者提出解除劳动合同的，用人单位应当支付劳动者的劳动报酬和经济补偿，并可支付赔偿金：

（一）以暴力、威胁或者非法限制人身自由的手段强迫劳动的；

（二）未按照劳动合同约定支付劳动报酬或者提供劳动条件的；

（三）克扣或者无故拖欠劳动者工资的；

（四）拒不支付劳动者延长工作时间工资报酬的；

（五）低于当地最低工资标准支付劳动者工资的。

第四十六条　劳动者非因本人原因从原用人单位被安排到新用人单位工作，原用人单位未支付经济补偿，劳动者依据劳动合同法第三十八条规定与新用人单位解除劳动合同，或者新用人单位向劳动者提出解除、终止劳动合同，在计算支付经济补偿或赔偿金的工作年限时，劳动者请求把在原用人单位的工作年限合并计算为新用人单位工作年限的，人民法院应予支持。

用人单位符合下列情形之一的，应当认定属于"劳动者非因本人原因从原用人单位被安排到新用人单位工作"：

（一）劳动者仍在原工作场所、工作岗位工作，劳动合同主体由原用人单位变更为新用人单位；

（二）用人单位以组织委派或任命形式对劳动者进行工作调动；

（三）因用人单位合并、分立等原因导致劳动者工作调动；

（四）用人单位及其关联企业与劳动者轮流订立劳动合同；

（五）其他合理情形。

第四十七条　建立了工会组织的用人单位解除劳动合同符合劳动合同法第三十九条、第四十条规定，但未按照劳动合同法第四十三条规定事先通知工会，劳动者以用人单位违法解除劳动合同为由请求用人单位支付赔偿金的，人民法院应予支持，但起诉前用人单位已经补正有关程序的除外。

第四十八条　劳动合同法施行后，因用人单位经营期限届满不再继续经营导致劳动合同不能继续履行,劳动者请求用人单位支付经济补偿的,人民法院应予支持。

第四十九条 在诉讼过程中,劳动者向人民法院申请采取财产保全措施,人民法院经审查认为申请人经济确有困难,或者有证据证明用人单位存在欠薪逃匿可能的,应当减轻或者免除劳动者提供担保的义务,及时采取保全措施。

人民法院作出的财产保全裁定中,应当告知当事人在劳动争议仲裁机构的裁决书或者在人民法院的裁判文书生效后三个月内申请强制执行。逾期不申请的,人民法院应当裁定解除保全措施。

第五十条 用人单位根据劳动合同法第四条规定,通过民主程序制定的规章制度,不违反国家法律、行政法规及政策规定,并已向劳动者公示的,可以作为确定双方权利义务的依据。

用人单位制定的内部规章制度与集体合同或者劳动合同约定的内容不一致,劳动者请求优先适用合同约定的,人民法院应予支持。

第五十一条 当事人在调解仲裁法第十条规定的调解组织主持下达成的具有劳动权利义务内容的调解协议,具有劳动合同的约束力,可以作为人民法院裁判的根据。

当事人在调解仲裁法第十条规定的调解组织主持下仅就劳动报酬争议达成调解协议,用人单位不履行调解协议确定的给付义务,劳动者直接提起诉讼的,人民法院可以按照普通民事纠纷受理。

第五十二条 当事人在人民调解委员会主持下仅就给付义务达成的调解协议,双方认为有必要的,可以共同向人民调解委员会所在地的基层人民法院申请司法确认。

第五十三条 用人单位对劳动者作出的开除、除名、辞退等处理,或者因其他原因解除劳动合同确有错误的,人民法院可以依法判决予以撤销。

对于追索劳动报酬、养老金、医疗费以及工伤保险待遇、经济补偿金、培训费及其他相关费用等案件,给付数额不当的,人民法院可以予以变更。

第五十四条 本解释自2021年1月1日起施行。

最高人民法院关于审理建设工程施工合同纠纷案件适用法律问题的解释(一)

(2020年12月25日最高人民法院审判委员会第1825次会议通过 2020年12月29日公布 法释〔2020〕25号 自2021年1月1日起施行)

为正确审理建设工程施工合同纠纷案件,依法保护当事人合法权益,维护建筑市场秩序,促进建筑市场健康发展,根据《中华人民共和国民法典》《中华人民共和国建筑法》《中华人民共和国招标投标法》《中华人民共和国民事诉讼法》等相关法律规定,结合审判实践,制定本解释。

第一条 建设工程施工合同具有下列情形之一的,应当依据民法典第一百五十三条第一款的规定,认定无效:

(一)承包人未取得建筑业企业资质或者超越资质等级的;

(二)没有资质的实际施工人借用有资质的建筑施工企业名义的;

(三)建设工程必须进行招标而未招标或者中标无效的。

承包人因转包、违法分包建设工程与他人签订的建设工程施工合同,应当依据民法典第一百五十三条第一款及第七百九十一条第二款、第三款的规定,认定无效。

第二条 招标人和中标人另行签订的建设工程施工合同约定的工程范围、建设工期、工程质量、工程价款等实质性内容,与中标合同不一致,一方当事人请求按照中标合同确定权利义务的,人民法院应予支持。

招标人和中标人在中标合同之外就明显高于市场价格购买承建房产、无偿建设住房配套设施、让利、向建设单位捐赠财物等另行签订合同,变相降低工程价款,一方当事人以该合同背离中标合同实质性内容为由请求确认无效的,人民法院应予支持。

第三条 当事人以发包人未取得建设工程规划许可证等规划审批手续为由,请求确认建设工程施工合同无效的,人民法院应予支持,但发包人在起诉前取得建设工程规划许可证等规划审批手续的除外。

发包人能够办理审批手续而未办理,并以未办理审批手续为由请求确认建设工程施工合同无效的,人民法院不予支持。

第四条 承包人超越资质等级许可的业务范围签订建设工程施工合同,在建设工程竣工前取得相应资质等级,当事人请求按照无效合同处理的,人民法院不予支持。

第五条 具有劳务作业法定资质的承包人与总承包人、分包人签订的劳务分包合同,当事人请求确认无效的,人民法院依法不予支持。

第六条 建设工程施工合同无效,一方当事人请求对方赔偿损失的,应当就对方过错、损失大小、过错与损失之间的因果关系承担举证责任。

损失大小无法确定,一方当事人请求参照合同约定的质量标准、建设工期、工程价款支付时间等内容确定损失大小的,人民法院可以结合双方过错程度、过错与损失之间的因果关系等因素作出裁判。

第七条 缺乏资质的单位或者个人借用有资质的建筑施工企业名义签订建设工程施工合同,发包人请求出借方与借用方对建设工程质量不合格等因出借资质造成的损失承担连带赔偿责任的,人民法院应予支持。

第八条 当事人对建设工程开工日期有争议的,人民法院应当分别按照以下情形予以认定:

(一)开工日期为发包人或者监理人发出的开工通知载明的开工日期;开工通知发出后,尚不具备开工条件的,以开工条件具备的时间为开工日期;因承包人原因导致开工时间推迟的,以开工通知载明的时间为开工日期。

(二)承包人经发包人同意已经实际进场施工的,以实际进场施工时间为开工日期。

(三)发包人或者监理人未发出开工通知,亦无相关证据证明实际开工日期的,应当综合考虑开工报告、合同、施工许可证、竣工验收报告或者竣工验收备案表等载明的时间,并结合是否具备开工条件的事实,认定开工日期。

第九条 当事人对建设工程实际竣工日期有争议的,人民法院应当分别按照以下情形予以认定:

(一)建设工程经竣工验收合格的,以竣工验收合格之日为竣工日期;

(二)承包人已经提交竣工验收报告,发包人拖延验收的,以承包人提交验收报告之日为竣工日期;

(三)建设工程未经竣工验收,发包人擅自使用的,以转移占有建设工程之日为竣工日期。

第十条 当事人约定顺延工期应当经发包人或者监理人签证等方式确认,

承包人虽未取得工期顺延的确认，但能够证明在合同约定的期限内向发包人或者监理人申请过工期顺延且顺延事由符合合同约定，承包人以此为由主张工期顺延的，人民法院应予支持。

当事人约定承包人未在约定期限内提出工期顺延申请视为工期不顺延的，按照约定处理，但发包人在约定期限后同意工期顺延或者承包人提出合理抗辩的除外。

第十一条　建设工程竣工前，当事人对工程质量发生争议，工程质量经鉴定合格的，鉴定期间为顺延工期期间。

第十二条　因承包人的原因造成建设工程质量不符合约定，承包人拒绝修理、返工或者改建，发包人请求减少支付工程价款的，人民法院应予支持。

第十三条　发包人具有下列情形之一，造成建设工程质量缺陷，应当承担过错责任：

（一）提供的设计有缺陷；

（二）提供或者指定购买的建筑材料、建筑构配件、设备不符合强制性标准；

（三）直接指定分包人分包专业工程。

承包人有过错的，也应当承担相应的过错责任。

第十四条　建设工程未经竣工验收，发包人擅自使用后，又以使用部分质量不符合约定为由主张权利的，人民法院不予支持；但是承包人应当在建设工程的合理使用寿命内对地基基础工程和主体结构质量承担民事责任。

第十五条　因建设工程质量发生争议的，发包人可以以总承包人、分包人和实际施工人为共同被告提起诉讼。

第十六条　发包人在承包人提起的建设工程施工合同纠纷案件中，以建设工程质量不符合合同约定或者法律规定为由，就承包人支付违约金或者赔偿修理、返工、改建的合理费用等损失提出反诉的，人民法院可以合并审理。

第十七条　有下列情形之一，承包人请求发包人返还工程质量保证金的，人民法院应予支持：

（一）当事人约定的工程质量保证金返还期限届满；

（二）当事人未约定工程质量保证金返还期限的，自建设工程通过竣工验收之日起满二年；

（三）因发包人原因建设工程未按约定期限进行竣工验收的，自承包人提交工程竣工验收报告九十日后当事人约定的工程质量保证金返还期限届满；当事人未约定工程质量保证金返还期限的，自承包人提交工程竣工验收报告九十日后起满二年。

发包人返还工程质量保证金后,不影响承包人根据合同约定或者法律规定履行工程保修义务。

第十八条 因保修人未及时履行保修义务,导致建筑物毁损或者造成人身损害、财产损失的,保修人应当承担赔偿责任。

保修人与建筑物所有人或者发包人对建筑物毁损均有过错的,各自承担相应的责任。

第十九条 当事人对建设工程的计价标准或者计价方法有约定的,按照约定结算工程价款。

因设计变更导致建设工程的工程量或者质量标准发生变化,当事人对该部分工程价款不能协商一致的,可以参照签订建设工程施工合同时当地建设行政主管部门发布的计价方法或者计价标准结算工程价款。

建设工程施工合同有效,但建设工程经竣工验收不合格的,依照民法典第五百七十七条规定处理。

第二十条 当事人对工程量有争议的,按照施工过程中形成的签证等书面文件确认。承包人能够证明发包人同意其施工,但未能提供签证文件证明工程量发生的,可以按照当事人提供的其他证据确认实际发生的工程量。

第二十一条 当事人约定,发包人收到竣工结算文件后,在约定期限内不予答复,视为认可竣工结算文件的,按照约定处理。承包人请求按照竣工结算文件结算工程价款的,人民法院应予支持。

第二十二条 当事人签订的建设工程施工合同与招标文件、投标文件、中标通知书载明的工程范围、建设工期、工程质量、工程价款不一致,一方当事人请求将招标文件、投标文件、中标通知书作为结算工程价款的依据的,人民法院应予支持。

第二十三条 发包人将依法不属于必须招标的建设工程进行招标后,与承包人另行订立的建设工程施工合同背离中标合同的实质性内容,当事人请求以中标合同作为结算建设工程价款依据的,人民法院应予支持,但发包人与承包人因客观情况发生了在招标投标时难以预见的变化而另行订立建设工程施工合同的除外。

第二十四条 当事人就同一建设工程订立的数份建设工程施工合同均无效,但建设工程质量合格,一方当事人请求参照实际履行的合同关于工程价款的约定折价补偿承包人的,人民法院应予支持。

实际履行的合同难以确定,当事人请求参照最后签订的合同关于工程价款的约定折价补偿承包人的,人民法院应予支持。

第二十五条 当事人对垫资和垫资利息有约定,承包人请求按照约定返还垫资及其利息的,人民法院应予支持,但是约定的利息计算标准高于垫资时的同类贷款利率或者同期贷款市场报价利率的部分除外。

当事人对垫资没有约定的,按照工程欠款处理。

当事人对垫资利息没有约定,承包人请求支付利息的,人民法院不予支持。

第二十六条 当事人对欠付工程价款利息计付标准有约定的,按照约定处理。没有约定的,按照同期同类贷款利率或者同期贷款市场报价利率计息。

第二十七条 利息从应付工程价款之日开始计付。当事人对付款时间没有约定或者约定不明的,下列时间视为应付款时间:

(一)建设工程已实际交付的,为交付之日;

(二)建设工程没有交付的,为提交竣工结算文件之日;

(三)建设工程未交付,工程价款也未结算的,为当事人起诉之日。

第二十八条 当事人约定按照固定价结算工程价款,一方当事人请求对建设工程造价进行鉴定的,人民法院不予支持。

第二十九条 当事人在诉讼前已经对建设工程价款结算达成协议,诉讼中一方当事人申请对工程造价进行鉴定的,人民法院不予准许。

第三十条 当事人在诉讼前共同委托有关机构、人员对建设工程造价出具咨询意见,诉讼中一方当事人不认可该咨询意见申请鉴定的,人民法院应予准许,但双方当事人明确表示受该咨询意见约束的除外。

第三十一条 当事人对部分案件事实有争议的,仅对有争议的事实进行鉴定,但争议事实范围不能确定,或者双方当事人请求对全部事实鉴定的除外。

第三十二条 当事人对工程造价、质量、修复费用等专门性问题有争议,人民法院认为需要鉴定的,应当向负有举证责任的当事人释明。当事人经释明未申请鉴定,虽申请鉴定但未支付鉴定费用或者拒不提供相关材料的,应当承担举证不能的法律后果。

一审诉讼中负有举证责任的当事人未申请鉴定,虽申请鉴定但未支付鉴定费用或者拒不提供相关材料,二审诉讼中申请鉴定,人民法院认为确有必要的,应当依照民事诉讼法第一百七十条第一款第三项的规定处理。

第三十三条 人民法院准许当事人的鉴定申请后,应当根据当事人申请及查明案件事实的需要,确定委托鉴定的事项、范围、鉴定期限等,并组织当事人对争议的鉴定材料进行质证。

第三十四条 人民法院应当组织当事人对鉴定意见进行质证。鉴定人将当事人有争议且未经质证的材料作为鉴定依据的,人民法院应当组织当事人就该部分材料进行质证。经质证认为不能作为鉴定依据的,根据该材料作出的鉴定意见不得作为认定案件事实的依据。

第三十五条 与发包人订立建设工程施工合同的承包人,依据民法典第八百零七条的规定请求其承建工程的价款就工程折价或者拍卖的价款优先受偿的,人民法院应予支持。

第三十六条 承包人根据民法典第八百零七条规定享有的建设工程价款优先受偿权优于抵押权和其他债权。

第三十七条 装饰装修工程具备折价或者拍卖条件,装饰装修工程的承包人请求工程价款就该装饰装修工程折价或者拍卖的价款优先受偿的,人民法院应予支持。

第三十八条 建设工程质量合格,承包人请求其承建工程的价款就工程折价或者拍卖的价款优先受偿的,人民法院应予支持。

第三十九条 未竣工的建设工程质量合格,承包人请求其承建工程的价款就其承建工程部分折价或者拍卖的价款优先受偿的,人民法院应予支持。

第四十条 承包人建设工程价款优先受偿的范围依照国务院有关行政主管部门关于建设工程价款范围的规定确定。

承包人就逾期支付建设工程价款的利息、违约金、损害赔偿金等主张优先受偿的,人民法院不予支持。

第四十一条 承包人应当在合理期限内行使建设工程价款优先受偿权,但最长不得超过十八个月,自发包人应当给付建设工程价款之日起算。

第四十二条 发包人与承包人约定放弃或者限制建设工程价款优先受偿权,损害建筑工人利益,发包人根据该约定主张承包人不享有建设工程价款优先受偿权的,人民法院不予支持。

第四十三条 实际施工人以转包人、违法分包人为被告起诉的,人民法院应当依法受理。

实际施工人以发包人为被告主张权利的,人民法院应当追加转包人或者违法分包人为本案第三人,在查明发包人欠付转包人或者违法分包人建设工程价款的数额后,判决发包人在欠付建设工程价款范围内对实际施工人承担责任。

第四十四条 实际施工人依据民法典第五百三十五条规定,以转包人或者违法分包人怠于向发包人行使到期债权或者与该债权有关的从权利,影响其到期债权实现,提起代位权诉讼的,人民法院应予支持。

第四十五条 本解释自 2021 年 1 月 1 日起施行。

最高人民法院关于审理
食品安全民事纠纷案件
适用法律若干问题的解释(一)

(2020年10月19日最高人民法院审判委员会第1813次会议通过 2020年12月8日公布 法释〔2020〕14号 自2021年1月1日起施行)

为正确审理食品安全民事纠纷案件,保障公众身体健康和生命安全,根据《中华人民共和国民法典》《中华人民共和国食品安全法》《中华人民共和国消费者权益保护法》《中华人民共和国民事诉讼法》等法律的规定,结合民事审判实践,制定本解释。

第一条 消费者因不符合食品安全标准的食品受到损害,依据食品安全法第一百四十八条第一款规定诉请食品生产者或者经营者赔偿损失,被诉的生产者或者经营者以赔偿责任应由生产经营者中的另一方承担为由主张免责的,人民法院不予支持。属于生产者责任的,经营者赔偿后有权向生产者追偿;属于经营者责任的,生产者赔偿后有权向经营者追偿。

第二条 电子商务平台经营者以标记自营业务方式所销售的食品或者虽未标记自营但实际开展自营业务所销售的食品不符合食品安全标准,消费者依据食品安全法第一百四十八条规定主张电子商务平台经营者承担作为食品经营者的赔偿责任的,人民法院应予支持。

电子商务平台经营者虽非实际开展自营业务,但其所作标识等足以误导消费者让消费者相信系电子商务平台经营者自营,消费者依据食品安全法第一百四十八条规定主张电子商务平台经营者承担作为食品经营者的赔偿责任的,人民法院应予支持。

第三条 电子商务平台经营者违反食品安全法第六十二条和第一百三十一条规定,未对平台内食品经营者进行实名登记、审查许可证,或者未履行报告、停止提供网络交易平台服务等义务,使消费者的合法权益受到损害,消费者主张电子商务平台经营者与平台内食品经营者承担连带责任的,人民法院应予支持。

第四条 公共交通运输的承运人向旅客提供的食品不符合食品安全标准，旅客主张承运人依据食品安全法第一百四十八条规定承担作为食品生产者或者经营者的赔偿责任的，人民法院应予支持；承运人以其不是食品的生产经营者或者食品是免费提供为由进行免责抗辩的，人民法院不予支持。

第五条 有关单位或者个人明知食品生产经营者从事食品安全法第一百二十三条第一款规定的违法行为而仍为其提供设备、技术、原料、销售渠道、运输、储存或者其他便利条件，消费者主张该单位或者个人依据食品安全法第一百二十三条第二款的规定与食品生产经营者承担连带责任的，人民法院应予支持。

第六条 食品经营者具有下列情形之一，消费者主张构成食品安全法第一百四十八条规定的"明知"的，人民法院应予支持：

（一）已过食品标明的保质期但仍然销售的；

（二）未能提供所售食品的合法进货来源的；

（三）以明显不合理的低价进货且无合理原因的；

（四）未依法履行进货查验义务的；

（五）虚假标注、更改食品生产日期、批号的；

（六）转移、隐匿、非法销毁食品进销货记录或者故意提供虚假信息的；

（七）其他能够认定为明知的情形。

第七条 消费者认为生产经营者生产经营不符合食品安全标准的食品同时构成欺诈的，有权选择依据食品安全法第一百四十八条第二款或者消费者权益保护法第五十五条第一款规定主张食品生产者或者经营者承担惩罚性赔偿责任。

第八条 经营者经营明知是不符合食品安全标准的食品，但向消费者承诺的赔偿标准高于食品安全法第一百四十八条规定的赔偿标准，消费者主张经营者按照承诺赔偿的，人民法院应当依法予以支持。

第九条 食品符合食品安全标准但未达到生产经营者承诺的质量标准，消费者依照民法典、消费者权益保护法等法律规定主张生产经营者承担责任的，人民法院应予支持，但消费者主张生产经营者依据食品安全法第一百四十八条规定承担赔偿责任的，人民法院不予支持。

第十条 食品不符合食品安全标准，消费者主张生产者或者经营者依据食品安全法第一百四十八条第二款规定承担惩罚性赔偿责任，生产者或者经营者以未造成消费者人身损害为由抗辩的，人民法院不予支持。

第十一条 生产经营未标明生产者名称、地址、成分或者配料表，或者未清晰标明生产日期、保质期的预包装食品，消费者主张生产者或者经营者依据食品安全法第一百四十八条第二款规定承担惩罚性赔偿责任的，人民法院应予支持,但法律、行政法规、食品安全国家标准对标签标注事项另有规定的除外。

第十二条 进口的食品不符合我国食品安全国家标准或者国务院卫生行政部门决定暂予适用的标准,消费者主张销售者、进口商等经营者依据食品安全法第一百四十八条规定承担赔偿责任,销售者、进口商等经营者仅以进口的食品符合出口地食品安全标准或者已经过我国出入境检验检疫机构检验检疫为由进行免责抗辩的,人民法院不予支持。

第十三条 生产经营不符合食品安全标准的食品,侵害众多消费者合法权益,损害社会公共利益,民事诉讼法、消费者权益保护法等法律规定的机关和有关组织依法提起公益诉讼的,人民法院应予受理。

第十四条 本解释自 2021 年 1 月 1 日起施行。

本解释施行后人民法院正在审理的一审、二审案件适用本解释。

本解释施行前已经终审,本解释施行后当事人申请再审或者按照审判监督程序决定再审的案件,不适用本解释。

最高人民法院以前发布的司法解释与本解释不一致的,以本解释为准。

最高人民法院关于审理使用人脸识别技术处理个人信息相关民事案件适用法律若干问题的规定

(2021 年 6 月 8 日最高人民法院审判委员会第 1841 次会议通过 2021 年 7 月 27 日公布 法释〔2021〕15 号 自 2021 年 8 月 1 日起施行)

为正确审理使用人脸识别技术处理个人信息相关民事案件,保护当事人合法权益,促进数字经济健康发展,根据《中华人民共和国民法典》《中华人民共和国网络安全法》《中华人民共和国消费者权益保护法》《中华人民共和国电子商务法》《中华人民共和国民事诉讼法》等法律的规定,结合审判实践,制定本规定。

第一条 因信息处理者违反法律、行政法规的规定或者双方的约定使用人脸识别技术处理人脸信息、处理基于人脸识别技术生成的人脸信息所引起的民事案件,适用本规定。

人脸信息的处理包括人脸信息的收集、存储、使用、加工、传输、提供、公开等。

本规定所称人脸信息属于民法典第一千零三十四条规定的"生物识别信息"。

第二条 信息处理者处理人脸信息有下列情形之一的，人民法院应当认定属于侵害自然人人格权益的行为：

（一）在宾馆、商场、银行、车站、机场、体育场馆、娱乐场所等经营场所、公共场所违反法律、行政法规的规定使用人脸识别技术进行人脸验证、辨识或者分析；

（二）未公开处理人脸信息的规则或者未明示处理的目的、方式、范围；

（三）基于个人同意处理人脸信息的，未征得自然人或者其监护人的单独同意，或者未按照法律、行政法规的规定征得自然人或者其监护人的书面同意；

（四）违反信息处理者明示或者双方约定的处理人脸信息的目的、方式、范围等；

（五）未采取应有的技术措施或者其他必要措施确保其收集、存储的人脸信息安全，致使人脸信息泄露、篡改、丢失；

（六）违反法律、行政法规的规定或者双方的约定，向他人提供人脸信息；

（七）违背公序良俗处理人脸信息；

（八）违反合法、正当、必要原则处理人脸信息的其他情形。

第三条 人民法院认定信息处理者承担侵害自然人人格权益的民事责任，应当适用民法典第九百九十八条的规定，并结合案件具体情况综合考量受害人是否为未成年人、告知同意情况以及信息处理的必要程度等因素。

第四条 有下列情形之一，信息处理者以已征得自然人或者其监护人同意为由抗辩的，人民法院不予支持：

（一）信息处理者要求自然人同意处理其人脸信息才提供产品或者服务的，但是处理人脸信息属于提供产品或者服务所必需的除外；

（二）信息处理者以与其他授权捆绑等方式要求自然人同意处理其人脸信息的；

（三）强迫或者变相强迫自然人同意处理其人脸信息的其他情形。

第五条 有下列情形之一，信息处理者主张其不承担民事责任的，人民法院依法予以支持：

（一）为应对突发公共卫生事件，或者紧急情况下为保护自然人的生命健康和财产安全所必需而处理人脸信息的；

（二）为维护公共安全，依据国家有关规定在公共场所使用人脸识别技术的；

（三）为公共利益实施新闻报道、舆论监督等行为在合理的范围内处理人脸信息的；

（四）在自然人或者其监护人同意的范围内合理处理人脸信息的；

（五）符合法律、行政法规规定的其他情形。

第六条 当事人请求信息处理者承担民事责任的，人民法院应当依据民事诉讼法第六十四条及《最高人民法院关于适用〈中华人民共和国民事诉讼法〉的解释》第九十条、第九十一条，《最高人民法院关于民事诉讼证据的若干规定》的相关规定确定双方当事人的举证责任。

信息处理者主张其行为符合民法典第一千零三十五条第一款规定情形的，应当就此所依据的事实承担举证责任。

信息处理者主张其不承担民事责任的，应当就其行为符合本规定第五条规定的情形承担举证责任。

第七条 多个信息处理者处理人脸信息侵害自然人人格权益，该自然人主张多个信息处理者按照过错程度和造成损害结果的大小承担侵权责任的，人民法院依法予以支持；符合民法典第一千一百六十八条、第一千一百六十九条第一款、第一千一百七十条、第一千一百七十一条等规定的相应情形，该自然人主张多个信息处理者承担连带责任的，人民法院依法予以支持。

信息处理者利用网络服务处理人脸信息侵害自然人人格权益的，适用民法典第一千一百九十五条、第一千一百九十六条、第一千一百九十七条等规定。

第八条 信息处理者处理人脸信息侵害自然人人格权益造成财产损失，该自然人依据民法典第一千一百八十二条主张财产损害赔偿的，人民法院依法予以支持。

自然人为制止侵权行为所支付的合理开支，可以认定为民法典第一千一百八十二条规定的财产损失。合理开支包括该自然人或者委托代理人对侵权行为进行调查、取证的合理费用。人民法院根据当事人的请求和具体案情，可以将合理的律师费用计算在赔偿范围内。

第九条 自然人有证据证明信息处理者使用人脸识别技术正在实施或者即将实施侵害其隐私权或者其他人格权益的行为，不及时制止将使其合法权益受到难以弥补的损害，向人民法院申请采取责令信息处理者停止有关行为的措施的，人民法院可以根据案件具体情况依法作出人格权侵害禁令。

第十条 物业服务企业或者其他建筑物管理人以人脸识别作为业主或者物业使用人出入物业服务区域的唯一验证方式，不同意的业主或者物业使用人请求其提供其他合理验证方式的，人民法院依法予以支持。

物业服务企业或者其他建筑物管理人存在本规定第二条规定的情形，当事人请求物业服务企业或者其他建筑物管理人承担侵权责任的,人民法院依法予以支持。

第十一条 信息处理者采用格式条款与自然人订立合同,要求自然人授予其无期限限制、不可撤销、可任意转授权等处理人脸信息的权利,该自然人依据民法典第四百九十七条请求确认格式条款无效的,人民法院依法予以支持。

第十二条 信息处理者违反约定处理自然人的人脸信息,该自然人请求其承担违约责任的,人民法院依法予以支持。该自然人请求信息处理者承担违约责任时,请求删除人脸信息的,人民法院依法予以支持;信息处理者以双方未对人脸信息的删除作出约定为由抗辩的,人民法院不予支持。

第十三条 基于同一信息处理者处理人脸信息侵害自然人人格权益发生的纠纷,多个受害人分别向同一人民法院起诉的,经当事人同意,人民法院可以合并审理。

第十四条 信息处理者处理人脸信息的行为符合民事诉讼法第五十五条、消费者权益保护法第四十七条或者其他法律关于民事公益诉讼的相关规定,法律规定的机关和有关组织提起民事公益诉讼的,人民法院应予受理。

第十五条 自然人死亡后,信息处理者违反法律、行政法规的规定或者双方的约定处理人脸信息,死者的近亲属依据民法典第九百九十四条请求信息处理者承担民事责任的,适用本规定。

第十六条 本规定自2021年8月1日起施行。

信息处理者使用人脸识别技术处理人脸信息、处理基于人脸识别技术生成的人脸信息的行为发生在本规定施行前的,不适用本规定。

最高人民法院关于办理人身安全保护令案件适用法律若干问题的规定

(2022年6月7日最高人民法院审判委员会第1870次会议通过 2022年7月14日公布 法释〔2022〕17号 自2022年8月1日起施行)

为正确办理人身安全保护令案件,及时保护家庭暴力受害人的合法权益,根据《中华人民共和国民法典》《中华人民共和国反家庭暴力法》《中华人民共和国民事诉讼法》等相关法律规定,结合审判实践,制定本规定。

第一条 当事人因遭受家庭暴力或者面临家庭暴力的现实危险,依照反家庭暴力法向人民法院申请人身安全保护令的,人民法院应当受理。

向人民法院申请人身安全保护令,不以提起离婚等民事诉讼为条件。

第二条 当事人因年老、残疾、重病等原因无法申请人身安全保护令,其近亲属、公安机关、民政部门、妇女联合会、居民委员会、村民委员会、残疾人联合会、依法设立的老年人组织、救助管理机构等,根据当事人意愿,依照反家庭暴力法第二十三条规定代为申请的,人民法院应当依法受理。

第三条 家庭成员之间以冻饿或者经常性侮辱、诽谤、威胁、跟踪、骚扰等方式实施的身体或者精神侵害行为,应当认定为反家庭暴力法第二条规定的"家庭暴力"。

第四条 反家庭暴力法第三十七条规定的"家庭成员以外共同生活的人"一般包括共同生活的儿媳、女婿、公婆、岳父母以及其他有监护、扶养、寄养等关系的人。

第五条 当事人及其代理人对因客观原因不能自行收集的证据,申请人民法院调查收集,符合《最高人民法院关于适用〈中华人民共和国民事诉讼法〉的解释》第九十四条第一款规定情形的,人民法院应当调查收集。

人民法院经审查,认为办理案件需要的证据符合《最高人民法院关于适用〈中华人民共和国民事诉讼法〉的解释》第九十六条规定的,应当调查收集。

第六条 人身安全保护令案件中,人民法院根据相关证据,认为申请人遭受家庭暴力或者面临家庭暴力现实危险的事实存在较大可能性的,可以依法作出人身安全保护令。

前款所称"相关证据"包括:

(一)当事人的陈述;

(二)公安机关出具的家庭暴力告诫书、行政处罚决定书;

(三)公安机关的出警记录、讯问笔录、询问笔录、接警记录、报警回执等;

(四)被申请人曾出具的悔过书或者保证书等;

(五)记录家庭暴力发生或者解决过程等的视听资料;

(六)被申请人与申请人或者其近亲属之间的电话录音、短信、即时通讯信息、电子邮件等;

(七)医疗机构的诊疗记录;

(八)申请人或者被申请人所在单位、民政部门、居民委员会、村民委员会、妇女联合会、残疾人联合会、未成年人保护组织、依法设立的老年人组织、救助管理机构、反家暴社会公益机构等单位收到投诉、反映或者求助的记录；

（九）未成年子女提供的与其年龄、智力相适应的证言或者亲友、邻居等其他证人证言；

（十）伤情鉴定意见；

（十一）其他能够证明申请人遭受家庭暴力或者面临家庭暴力现实危险的证据。

第七条 人民法院可以通过在线诉讼平台、电话、短信、即时通讯工具、电子邮件等简便方式询问被申请人。被申请人未发表意见的，不影响人民法院依法作出人身安全保护令。

第八条 被申请人认可存在家庭暴力行为，但辩称申请人有过错的，不影响人民法院依法作出人身安全保护令。

第九条 离婚等案件中，当事人仅以人民法院曾作出人身安全保护令为由，主张存在家庭暴力事实的，人民法院应当根据《最高人民法院关于适用〈中华人民共和国民事诉讼法〉的解释》第一百零八条的规定，综合认定是否存在该事实。

第十条 反家庭暴力法第二十九条第四项规定的"保护申请人人身安全的其他措施"可以包括下列措施：

（一）禁止被申请人以电话、短信、即时通讯工具、电子邮件等方式侮辱、诽谤、威胁申请人及其相关近亲属；

（二）禁止被申请人在申请人及其相关近亲属的住所、学校、工作单位等经常出入场所的一定范围内从事可能影响申请人及其相关近亲属正常生活、学习、工作的活动。

第十一条 离婚案件中，判决不准离婚或者调解和好后，被申请人违反人身安全保护令实施家庭暴力的，可以认定为民事诉讼法第一百二十七条第七项规定的"新情况、新理由"。

第十二条 被申请人违反人身安全保护令，符合《中华人民共和国刑法》第三百一十三条规定的，以拒不执行判决、裁定罪定罪处罚；同时构成其他犯罪的，依照刑法有关规定处理。

第十三条 本规定自2022年8月1日起施行。